Perl für System-Administration

Perl für System-Administration

David N. Blank-Edelman

Deutsche Übersetzung von
Andreas Karrer

Beijing · Cambridge · Farnham · Köln · Paris · Sebastopol · Taipei · Tokyo

Die Informationen in diesem Buch wurden mit größter Sorgfalt aufbereitet.
Dennoch können Fehler nicht vollständig ausgeschlossen werden. Verlag, Autoren und Übersetzer übernehmen keine juristische Verantwortung oder irgendeine Haftung für eventuell verbliebene Fehler und deren Folgen.
Alle Warennamen werden ohne Gewährleistung der freien Verwendbarkeit benutzt und sind möglicherweise eingetragene Warenzeichen. Der Verlag richtet sich im wesentlichen nach den Schreibweisen der Hersteller. Das Werk einschließlich aller seiner Teile ist urheberrechtlich geschützt. Alle Rechte vorbehalten einschließlich der Vervielfältigung, Übersetzung, Mikroverfilmung sowie Einspeicherung und Verarbeitung in elektronischen Systemen.

Kommentare und Fragen können Sie gerne an uns richten:
O'Reilly Verlag
Balthasarstr. 81
50670 Köln
Tel.: 0221/9731600
Fax: 0221/9731608
E-Mail: kommentar@oreilly.de

Copyright der deutschen Ausgabe:
© 2001 by O'Reilly Verlag GmbH & Co. KG
1. Auflage 2001

Die Originalausgabe erschien 2000 unter dem Titel
Perl for System Administration im Verlag O'Reilly & Associates, Inc.

Die Darstellung eines Seeotters im Zusammenhang mit dem Thema Perl für System-Administration ist ein Warenzeichen von O'Reilly & Associates, Inc.

Die Deutsche Bibliothek - CIP - Einheitsaufnahme

Ein Titeldatensatz für diese Publikation ist
bei der Deutschen Bibliothek erhältlich.

Übersetzung und deutsche Bearbeitung: Andreas Karrer
Lektorat: Michael Gerth, Köln
Korrektorat: Friederike Daenecke
Satz: Andreas Karrer
Umschlaggestaltung: Hanna Dyer, Pam Spremulli & Risa Graziano, Boston
Produktion: Geesche Kieckbusch, Köln
Belichtung, Druck und buchbinderische Verarbeitung:
Druckerei Kösel, Kempten; www.koeselbuch.de

ISBN 3-89721-145-9

Dieses Buch ist auf 100% chlorfrei gebleichtem Papier gedruckt.

Inhalt

Vorwort	*ix*
1: *Einführung*	***1***
Systemadministration als Kunstform	1
Wie kann Perl helfen?	1
Was dieses Buch zeigt	3
Was Sie benötigen	5
Module finden und installieren	6
Es ist nicht leicht, allmächtig zu sein	8
Hinweise auf weiterführende Informationen	13
2: *Dateisysteme*	***15***
Perl als Helfer in der Not	15
Unterschiedliche Dateisysteme	16
Durchsuchen und Traversieren von Dateisystemen	20
Dateisysteme mit dem File::Find-Modul traversieren	26
Diskquotas verwalten	37
Dateisystem-Auslastung abfragen	43
In diesem Kapitel verwendete Module	46
Hinweise auf weiterführende Informationen	46
3: *Benutzerkonten*	***47***
Benutzer unter Unix	48
Benutzer unter Windows NT/2000	56
Aufbau eines Benutzerkonten-Verwaltungssystems	66
In diesem Kapitel verwendete Module	100
Hinweise auf weiterführende Informationen	101

4: Benutzeraktivität *103*
    Kontrolle von Prozessen unter MacOS 104
    Kontrolle von Prozessen unter NT/2000 106
    Kontrolle von Prozessen unter Unix 123
    Datei- und Netzwerk-Verkehr überwachen 130
    In diesem Kapitel verwendete Module 140
    Hinweise auf weiterführende Informationen 141

5: Namensdienste unter TCP/IP *143*
    Host-Dateien 143
    NIS, NIS+ und WINS 157
    Domain Name Service (DNS) 161
    In diesem Kapitel verwendete Module 181
    Hinweise auf weiterführende Informationen 181

6: Verzeichnisdienste *183*
    Was ist ein Verzeichnisdienst? 183
    Finger: Ein ganz einfacher Verzeichnisdienst 184
    Der WHOIS-Verzeichnisdienst 188
    LDAP: Ein anspruchsvoller Verzeichnisdienst 191
    ADSI (Active Directory Service Interfaces) 218
    In diesem Kapitel verwendete Module 236
    Hinweise auf weiterführende Informationen 236

7: Administration von SQL-Datenbanken *239*
    SQL-Server von Perl aus ansprechen 240
    SQL mit dem DBI-System 242
    SQL mit dem ODBC-System 249
    Dokumentation von Datenbankservern 252
    Datenbank-Benutzer erzeugen 258
    Zustand von Datenbankservern überwachen 260
    In diesem Kapitel verwendete Module 267
    Hinweise auf weiterführende Informationen 267

8: Elektronische Mail *269*
    E-Mail verschicken 269
    Häufige Fehler beim Verschicken von E-Mail 276
    E-Mail empfangen 290

In diesem Kapitel verwendete Module 312
Hinweise auf weiterführende Informationen 312

9: Logdateien *315*
Logdateien in Textform 315
Binäre Logdateien 316
Zustandslose und zustandsbehaftete Daten 322
Probleme mit dem Plattenplatz 325
Analyse von Logdaten 332
In diesem Kapitel verwendete Module 359
Hinweise auf weiterführende Informationen 359

10: Sicherheitsaspekte und Netzwerk-Monitoring *361*
Unerwartete und unrechtmäßige Veränderungen feststellen 362
Verdächtige Aktivitäten 370
SNMP 378
Gefahr im Draht 387
Verdächtige Aktivitäten verhindern 397
In diesem Kapitel verwendete Module 402
Hinweise auf weiterführende Informationen 402

A: RCS in fünf Minuten *405*

B: LDAP in zehn Minuten *409*

C: XML in acht Minuten *415*

D: SQL in fünfzehn Minuten *421*

E: SNMP in zwanzig Minuten *435*

Index *449*

Vorwort

Perl ist eine mächtige Programmiersprache, die zumindest teilweise aus den Werkzeugen für die Systemadministration entstanden ist. Im Verlauf der Jahre hat sich Perl weiterentwickelt und sich an viele neue Betriebssysteme und Herausforderungen angepaßt. Bis jetzt hat sich noch kein Buch auf diese Tatsache eingelassen und sich ausschließlich mit der Rolle von Perl in der Systemadministration befaßt.

Wenn Sie etwas Perl können und Aufgaben in der Systemadministration erledigen müssen, dann ist dies das richtige Buch für Sie. Es bietet etwas für Anfänger und für Experten sowohl auf dem Gebiet der Perl-Programmierung als auch auf dem der Systemadministration.

Der Aufbau dieses Buches

Jedes Kapitel in diesem Buch behandelt einen besonderen Teilaspekt der Systemadministration und endet mit einer Liste der in diesem Kapitel benutzten Perl-Module sowie mit Hinweisen auf weiterführende Informationen. Das Buch besteht aus den folgenden Kapiteln:

Kapitel 1, *Einführung*
> In der Einführung wird das im Buch behandelte Material genauer vorgestellt. Es wird beschrieben, wofür man die Programme benutzen kann, und was Sie benötigen, um von den Kapiteln zu profitieren. Die hier behandelten Programme werden von Leuten mit hoher »Machtfülle« benutzt (d. h. vom Unix-Superuser und vom NT/2000-Administrator). Das Kapitel stellt deshalb eine Reihe von Richtlinien zum sicheren Programmieren in Perl auf.

Kapitel 2, *Dateisysteme*
> In diesem Kapitel geht es um Gebrauch, Wartung und Pflege von Dateisystemen in verschiedenen Betriebssystemen. Wir beginnen mit einem Vergleich der herausragenden Merkmale der verschiedenen Dateisysteme. Dann entwickeln wir Perl-

Programme, die ganze Dateisysteme durchsuchen, und betrachten Anwendungen für solche Programme. Am Ende untersuchen wir, wie man Diskquotas von Perl aus steuern kann.

Kapitel 3, *Benutzerkonten*
   Dieses Kapitel befaßt sich damit, wie Benutzerkonten auf zwei verschiedenen Betriebssystemen angelegt und unterhalten werden. Den Hauptteil des Kapitels macht die Entwicklung eines Benutzerkonten-Verwaltungssystems in Perl aus. Dabei lernen Sie, wie man eine solche Datenbank in XML aufbaut und wie man Benutzerkonten erzeugt und wieder löscht.

Kapitel 4, *Benutzeraktivität*
   In Kapitel 4 werden zunächst die unterschiedlichen Prozeßkontrollmechanismen unter den verschiedenen Betriebssystemen untersucht. Das reicht von einfachen (d. h. Prozesse unter MacOS) bis zu recht komplexen Modellen (z. B. die Windows Management Instrumentation (WMI) unter NT/2000). Diese Methoden werden in Hilfsprogrammen für die Systemadministration eingesetzt. Am Ende des Kapitels untersuchen wir, wie man Datei- und Netzwerk-Operationen in Perl überwachen kann.

Kapitel 5, *Namensdienste unter TCP/IP*
   Namensdienste sind notwendig, damit man in einem TCP/IP-Netzwerk Rechner freundschaftlich mit Namen statt nur mit Nummern ansprechen kann. Das Kapitel beginnt mit einem Rückblick auf die historische Entwicklung von Hostdateien hin zum Network Information Service (NIS) und schließlich hin zu dem Namensdienst, der das Internet zusammenhält, zu dem Domain Name Service (DNS). Bei jedem Schritt wird gezeigt, wie man diese Dienste mit Perl in professioneller Weise konfigurieren und nutzen kann.

Kapitel 6, *Verzeichnisdienste*
   Wegen der zunehmenden Komplexität der Daten, mit denen wir umgehen, werden Verzeichnisdienste immer wichtiger, mit denen wir auf diese Daten zugreifen können. Systemadministratoren müssen solche Dienste nicht nur benutzen können, sie müssen sie zunehmend auch aufbauen, unterhalten und verwalten und dafür unterstützende Programme schreiben können. In diesem Kapitel werden auf breiter Basis eingesetzte Dienste wie LDAP und ADSI behandelt, und es wird erläutert, wie man mit diesen Diensten von Perl aus umgeht.

Kapitel 7, *Administration von SQL-Datenbanken*
   In letzter Zeit werden im Bereich der Systemadministration immer häufiger relationale Datenbanken eingesetzt. Deshalb müssen sich Systemadministratoren oft auch mit der Datenbank-Administration befassen. In diesem Kapitel werden zwei Methoden vorgestellt, um mit Perl auf SQL-Datenbanken zuzugreifen (DBI und ODBC), und es werden Beispielprogramme mit diesen Methoden entwickelt.

Kapitel 8, *Elektronische Mail*
: Das Kapitel zeigt, wie man mit Perl E-Mail als Werkzeug in der Systemadministration einsetzen kann. Wir besprechen die Grundlagen – das Senden, Empfangen und Parsen von E-Mail-Nachrichten –, und wenden uns dann Anwendungen zu, insbesondere der Behandlung oder Abwehr von störender, unerwünschter Werbe-Mail (UCE, Spam), und zeigen, wie man E-Mail zur Unterstützung eines Support-Teams einsetzen kann.

Kapitel 9, *Logdateien*
: Systemadministratoren werden nicht selten von Logdaten aus den verschiedensten Quellen überschwemmt. Jeder Rechner, jedes Betriebssystem und oft sogar jedes Programm kann Logdaten erzeugen. In diesem Kapitel werden die Logging-Systeme von Unix und NT/2000 behandelt. Wir untersuchen Ansätze zur Analyse der Informationen in diesen Daten und zeigen, wie man sie sich zunutze machen kann.

Kapitel 10, *Sicherheitsaspekte und Netzwerk-Monitoring*
: Im letzten Kapitel steuern wir geradewegs auf den großen Wasserstrudel »Computer-Sicherheit« zu. Wir zeigen, wie man Rechner und Netzwerke mit Perl besser absichern kann. Dazu erläutert das Kapitel verschiedene Netz-Überwachungsverfahren, insbesondere das Simple Network Management Protocol (SNMP) und das Netzwerk-»Sniffing«.

Anhänge
: In einigen Kapiteln wird eine gewisse Vertrautheit mit einem bestimmten Thema vorausgesetzt. Wenn Ihnen ein solches Thema nichts sagt, lernen Sie im entsprechenden Anhang genug darüber, um das Kapitel verstehen zu können. Die Anhänge behandeln das Revision Control System (RCS), das Lightweight Directory Access Protocol (LDAP), die Structured Query Language (SQL), die eXtensible Markup Language (XML) und das Simple Network Management Protocol (SNMP).

Konventionen

Kursive Schrift
: wird für Datei- und Verzeichnisnamen, URLs, erstmals verwendete Fachbegriffe und ganz allgemein zur Hervorhebung benutzt.

`Nichtproportionalschrift`
: wird für Elemente aus Programmiersprachen, Beispielcode, Programmlistings und Ausgabetexte von Programmen verwendet.

`Nichtproportionalschrift fett`
: bezeichnet Benutzereingaben und manchmal Hervorhebungen in Programmbeispielen.

`Nichtproportionalschrift kursiv`
: bezeichnet Beispielcode, für den etwas anderes eingesetzt werden kann.

Online-Informationen zu diesem Buch

Die Webseite zu diesem Buch ist *http://www.oreilly.de/catalog/perlsysadmger/*. Von hier aus können Sie auch alle Programmbeispiele aus dem Buch herunterladen. Hinweise auf neue Ausgaben und von Lesern gefundene Fehler werden hier zu finden sein.

Dank

Das Schreiben dieses Buches läßt sich in gewisser Weise mit dem Bau eines steinernen Torbogens aus der Antike vergleichen. Es begann mit zwei Pfeilern in meinem Leben, die sich zueinander neigten – der eine technischer, der andere persönlicher Natur.

Auf der technischen Seite genießt Larry Wall meine größte Wertschätzung, der nicht nur Perl entwickelt hat, sondern auch die ganze Perl-Gemeinde mit seinem Gedankengut beeinflußt hat. Ich bin den großen Perl-Lehrern dankbar – Tom Christiansen und Randal L. Schwartz –, die mir wie zahllosen anderen bei all den kleinen, vertrackten Details der Sprache geholfen haben. Weiter oben auf diesem Pfeiler sind die Beiträge von Hunderten und Tausenden von Programmierern und Hackern zu finden, die ungezählte Nachtstunden und enorme Energie in die Sprache investiert und dann ihr Werk der Öffentlichkeit zur freien Verfügung gestellt haben. Wo es möglich war, habe ich die Autoren erwähnt, mein Dank geht an alle genannten und ungenannten Personen, die die Perl-Kultur mit ihrem Bemühen bereichern.

Noch weiter oben auf dem technischen Pfeiler kommen wir zum Bereich der Systemadministration. Auch hier finden wir eine ganze Reihe von Personen, die mir geholfen haben – bei meinem Beruf, dem Buch und dem ganzen Computer-Bereich. Die Usenix-Mitglieder, SAGE und die Autoren von Beiträgen zu LISA-Konferenzen verdienen unseren Dank, weil sie das Beste publizieren, was das Gebiet der Systemadministration zu bieten hat. Insbesondere danke ich Rémy Evard – meinem Freund, Mentor und Vorbild. Wenn ich einmal groß bin, möchte ich ein Systemadministrator wie er sein.

Fast zuoberst auf der beruflichen Seite stehen diejenigen, die direkt mit diesem Buch zu tun hatten. Zuerst möchte ich meinen Gutachtern und anderen Kritikern danken, die zahllose Stunden verbracht haben, dieses Buch umzuformen (in alphabetischer Reihenfolge): Jerry Carter, Toby Everett, Æleen Frisch, Joe Johnston, Tom Limoncelli, John A. Montgomery Jr., Chris Nandor, Michael Peppler, Michael Stok uns Nathan Torkington. Der Übersetzer der deutschen Ausgabe, Andreas Karrer, hat sich sehr um die Perfektionierung dieses Buches verdient gemacht. Bis zum Ende dieses Prozesses haben diese Leute mir die feineren Punkte von Perl beigebracht. Ich danke Rhon Porter für seine Illustrationen, Hanna Dyer und Lorrie LeJeune für die wunderbare Einbandgestaltung und all den Leuten aus der Produktion bei O'Reilly. Vor allem aber muß ich meiner Lektorin Linda Mui danken. Nur ihren Fähigkeiten, ihrer Raffinesse und ihrer Gründlichkeit ist es zu verdanken, daß das Buch geboren wurde und in gute Hände kam. Sie ist einfach toll.

Wie ein Bogen nicht nur auf einem Pfeiler ruhen kann, so hat auch dieses Buch eine zweite, mehr persönliche Säule. Ich möchte allen aus meiner spirituellen Gemeinde, den Leuten aus Havurat Shalom in Somerville, Massachusetts, für ihre beständige Unterstützung in dieser ganzen Zeit danken. Sie haben mir die Bedeutung des Wortes »Gemeinde« gelehrt. Vielen Dank, *M'kor HaChayim*, für dieses Buch und all den Segen in meinem Leben.

Auf einer ganz anderen spirituellen Ebene bin ich den Shona aus Simbabwe für ihre unglaubliche *Mbira*-Musik dankbar, die mich beim Schreiben dieses Buches vor dem Verrücktwerden bewahrt hat. Ich danke den Leuten, die mich diese Musik gelehrt haben, manche als Lehrer, manche als Mitschüler oder Mitmusizierende. Erica Azim, Stuart Carduner, Tute Chigamba, Wiri Chigonga, Musekiwa Chingodza, Forward Kwenda, Cosmas Magaya, Naomi Moland, Solomon Murungu, Paul Novitsky und Nina Rubin spielten bei diesem Prozeß alle eine Rolle.

Ich bin meinen Freunden Avner, Ellen und Phil Shapiro und Alex Skovronek für ihre Ermunterung dankbar. Ein ganz besonderes Dankeschön geht an Jon Orwant und Joel Segel, zwei Freunde, deren kluger Rat und Unterstützung mir sehr bei meinem Kampf mit Wörtern und Sätzen geholfen haben. Ich danke den Dozenten und Angestellten am College of Computer Science an der Northeastern University. Ich bin im besonderen den Leuten aus der Systems-Gruppe des CCS dankbar, die mir während des Schreibens den Raum, die Zeit und die Geduld zur Verfügung gestellt haben, die ich brauchte. Larry Finkelstein, der Dekan des College of Computer Science, muß besonders erwähnt werden. Ich habe noch keinen außerhalb des Feldes kennengelernt, der die Belange der Systemadministration besser verstand als er. Dekan Finkelstein ist für mich nach wie vor ein Beispiel und Vorbild für eine wirkliche Führungspersönlichkeit.

Kehren wir zurück zum Bild des antiken Torbogens – wir sind fast zuoberst angelangt. Hier finden wir meine weitere und engere Familie. Ich danke ihnen allen. Meine engste Familie – Myra, Jason und Steven Blank – sind die Menschen, deren Natur und Nahrung (und Liebe) mich über die Jahre zu dem gemacht haben, der ich bin. Ich danke Shimmer und Bendir, meinen schnurrenden Begleitern frühmorgens und spätabends bei einem Schreibstau. Ich danke den Werkstattleuten aus dem TCM, Kristen Porter und Thom Donovan.

Wenn Sie sich einen Bogen vorstellen, werden Sie bemerken, das etwas Entscheidendes fehlt: der Schlußstein. Ohne den Schlußstein halten Säulen und Leibung nicht zusammen. Cindy Blank-Edelman war für mich der Schlußstein beim Schreiben dieses Buches. Wenn es jemand gibt, der mehr für dieses Buch geopfert hat als ich, dann ist sie es. Ohne ihre Liebe, ihre Unterstützung, ihre Fürsorge, ihren Humor, ihre Lehre und ihre Inspiration wäre ich nicht der gleiche, und das Buch gäbe es nicht.

Das Buch ist Cindy gewidmet, der Liebe meines Lebens.

Anmerkungen des Übersetzers

Diese Übersetzung ist während eines längeren USA-Aufenthalts entstanden. Ich habe mich mit dem Autor mehrfach getroffen und mit ihm über das Buch diskutiert.

Sofort beim Erscheinen der Originalausgabe wurde auch Kritik laut. Insbesondere wurde von vielen bemängelt, daß die abgedruckten Programme bei eingeschalteter $-w$-Option haufenweise Warnungen erzeugten und bei Verwendung des empfohlenen Programmierhilfsmittels `use strict` nicht liefen.

Ich halte diese Kritik für berechtigt, und auch David nimmt sie ernst. Da ich ohnehin jedes Programm auf Lauffähigkeit getestet habe, habe ich auch gleich alle verwendeten Variablen im richtigen Gültigkeitsbereich deklariert und Warnungen abgefangen. Dabei habe ich nicht wenige Programmierfehler entdeckt; gerade das ist ja der Zweck dieser Programmierhilfsmittel. David wird die von mir vorgenommenen Verbesserungen in eine der nächsten Neuauflagen der Originalausgabe einfließen lassen.

Alle in diesem Buch vorhandenen Programme sollten daher mit `use strict` und mit $-w$ lauffähig sein. Nur die wenigen Programme, die einen Sybase- oder einen MS-SQL-Datenbankserver benutzen, konnte ich mangels eines solchen Servers nicht überprüfen.

Im Original wurde Perl Version 5.005 verwendet; ich habe alle Programme mit Perl Version 5.6.0 auf RedHat 6.2/Linux 2.2, Solaris 2.7 und Windows 2000 (hier mit dem Build 618 von ActiveState) getestet. Wo Anpassungen vorgenommen werden mußten, ist dies angemerkt.

Ich habe die deutsche Version vollständig mit *vi* und *ispell* geschrieben und unter Zuhilfenahme etlicher Perl-Programme mit LaTeX gesetzt. Michael Gerth vom O'Reilly Verlag hat das Buch betreut, Friederike Daenecke besorgte das Korrektorat, und mediaService Siegen hat die Illustrationen bearbeitet. Ich danke Christoph Wicki und Beat Döbeli von der ETH Zürich für ihre Unterstützung in technischen Fragen.

Gerda Bleuer danke ich für die Unterstützung in allen anderen Bereichen.

    Andreas Karrer
    San Francisco, im März 2001

1
Einführung

Systemadministration als Kunstform

In meinem Wohnort gibt es einige Buslinien mit Oberleitung, O-Busse oder Trolleybusse genannt. Als ich eines Tages mit einem solchen Bus in eine mir unbekanntes Viertel fuhr, bat ich den Busfahrer, mir zu sagen, wann wir eine bestimmte Straße erreichten. Er sagte »Ähm – weiß ich nicht. Ich kenn mich hier nicht aus. Ich fahr nur den Drähten nach.«

So etwas werden Sie von einem guten Systemadministrator nie hören. Bei der System- und Netzwerkverwaltung geht es gerade darum zu entscheiden, welche Drähte zu benutzen sind, wo sie hingehören, wie man sie benutzt, überwacht und wie man sie abreißt und wieder neu aufbaut. Gute Systemadministration ist kaum je Routine, und ganz bestimmt nicht in Umgebungen mit mehreren Plattformen, bei denen neue Herausforderungen schnell und dringend bewältigt werden müssen. Wie bei jeder Kunstform gibt es bessere und schlechtere Wege, diesen Herausforderungen zu begegnen. Dieses Buch ist für Leute geschrieben, die mit solchen Herausforderungen umgehen müssen, ob professionelle Systemadministratoren oder »Heimwerker«. Ich versuche zu zeigen, wie Perl dabei helfen kann.

Wie kann Perl helfen?

Bei der Systemadministration ist jede Sprache recht, die den geforderten Zweck erfüllt. Warum sollte sich ein Buch also auf Perl beschränken?

Die Antwort darauf dringt gleich zum Kern der Arbeit des Systemadministrators vor. Rémy Evard, ein Kollege und Freund von mir, beschrieb einmal die Aufgabe des Systemadministrators wie folgt: »Auf der einen Seite gibt es eine Menge von Ressourcen: Rechner, Netzwerke, Programme usw. Auf der anderen Seite gibt es eine Anzahl Benutzer mit Ansprüchen und Aufgaben – Leute, die ihre Arbeit erledigen wollen. Unsere

Arbeit besteht darin, diese zwei Seiten auf optimale Weise zusammenzubringen, zwischen der menschlichen Welt von vagen Vorstellungen und der technischen Welt zu vermitteln.«

Systemadministration läßt sich mit dem Kitt vergleichen, der Fenster und Scheibe zusammenhält; Perl ist eine der besten Sprachen, um Dinge zusammenzukitten. Perl wurde für die Systemverwaltung benutzt, lange bevor das World Wide Web schier unersättliche Verwendung für solche Kitt-Mechanismen fand.

Perl weist im Hinblick auf die Aufgaben des Systemadministrators eine ganze Reihe von Pluspunkten auf:

- Perl ist offensichtlich ein Abkömmling der Unix-Shells und von C, und beides ist bekanntes Terrain für Systemadministratoren.

- Perl läuft auf fast allen modernen Betriebssystemen und versucht, jedes dieser Systeme dem Programmierer in konsistenter Weise darzustellen. Dies ist wichtig, wenn mit verschiedenen Betriebssystemen gearbeitet wird.

- Perl hat hervorragende Werkzeuge zur Manipulation von Texten, zum Zugriff auf Datenbanken und zur Netzwerk-Programmierung – den drei Schwerpunkten des Berufes.

- Die eigentliche Sprache kann mit dem sorgfältig aufgebauten Modul-Mechanismus einfach erweitert werden.

- Die große Perl-Benutzergemeinde hat unzählige Arbeitsstunden in die Entwicklung von Modulen für jeden erdenklichen Zweck gesteckt. Die meisten dieser Module werden gesammelt und katalogisiert (mehr zu diesen Sammlungen in Kürze). Die Unterstützung durch die Benutzergemeinde ist kaum zu überschätzen.

- Programmieren in Perl macht einfach Spaß!

Um der ganzen Wahrheit Raum zu geben, muß auch gesagt sein, daß Perl nicht die Antwort auf alle Probleme dieser Welt ist. Manchmal ist Perl sogar für die Systemadministration nicht das geeignete Werkzeug:

- Der Mechanismus zum objektorientierten Programmieren wurde nachträglich hinzugefügt und ist etwas zusammengewürfelt. Python ist in dieser Hinsicht konsistenter.

- Perl ist nicht allgegenwärtig. Auf einem neu installierten System findet man viel eher eine Bourne-Shell als Perl.

- Perl ist nicht immer einfach oder in sich selbst klar; Perl ist voll von beinahe geheimen Besonderheiten. Tcl bietet in dieser Hinsicht kaum Überraschungen.

- Perl ist eine sehr mächtige Sprache, und diese Macht kann sich auch gegen den Programmierer richten.

Die Moral von der Geschicht': *Wählen Sie das geeignete Werkzeug*. Für mich war dieses Werkzeug fast in jeder Situation Perl, und darum ist dieses Buch entstanden.

Was dieses Buch zeigt

In der amerikanischen »Batman«-Fernsehserie von 1966–68 trug das »dynamische Duo« Gürtel mit vielen eingebauten Wunderwaffen. Wenn es darum ging, ein Gebäude zu erklettern, rief Batman so etwas wie: »Robin, schnell! Den Bat-Ankerwerfer!« Oder vielleicht: »Robin, schnell! Das Bat-K.O.-Gas!« und die beiden zückten aus ihren Gürteln das entsprechende Werkzeug. Dieses Buch versucht, der Wundergürtel für die Systemadministration zu sein.

Jedes Kapitel vermittelt drei Aspekte:

Klare und genaue Informationen über ein bestimmtes Gebiet der Systemadministration. In jedem Kapitel erläutere ich ein bestimmtes Thema aus der Welt der Systemadministration. Die Anzahl der möglichen Gebiete in einer Welt von verschiedenen Betriebssystemen ist gewaltig, viel größer, als daß man sie in einem einzelnen Buch behandeln könnte. Die besten Übersichtsbücher zur Systemadministration, *Unix System-Administration* von Æleen Frisch (O'Reilly) und *Unix System Administration Handbook* von Evi Nemeth, Garth Snyder und Trent R. Hein (Prentice-Hall) sind doppelt oder dreimal so dick wie dieses Buch. Wir werden jedes Thema von drei verschiedenen Betriebssystemen her beleuchten: Unix, Windows NT bzw. Windows 2000 und MacOS.

Aus diesem Grund mußten einige schwierige Entscheidungen gefällt werden, was in diesem Buch Platz haben sollte und was nicht. Meist habe ich mich für die Themen entschieden, von denen ich annehme, daß sie in den nächsten fünf Jahren wichtiger werden. Neue Gebiete wie XML werden deshalb besprochen, weil sie sehr wahrscheinlich einen großen Einfluß auf das Gebiet der Systemadministration bekommen werden. Durch diese Auswahl wurden leider traditionelle Themen wie Backup oder das Drucken aus dem Buch gekippt, um neuen Gebieten wie LDAP und SNMP Platz zu machen. Die Techniken, die in diesem Buch vermittelt werden, können Ihnen auch bei den weggelassenen Themen helfen, aber eine genaue Besprechung müssen Sie woanders suchen.

Ich habe versucht, einen Eintopf von Informationen zur System- und Netzwerkadministration zu bereiten, der Leuten mit verschiedener Erfahrung gleichermaßen schmeckt. Profis werden aus diesem Buch ganz andere Dinge lernen als Neulinge, aber jeder sollte hierin etwas Interessantes finden, an dem er zu knobeln hat. Am Ende jedes Kapitels steht eine Liste von Verweisen auf weiterführende Informationen, falls Sie tiefer in die Materie eintauchen wollen.

Zu jedem größeren Gebiet oder Thema – und besonders zu den Gebieten, bei denen der Einstieg erfahrungsgemäß schwerfällt – habe ich Anhänge mit Kurzlehrgängen beigefügt. Auch wenn Ihnen ein Thema bereits bekannt ist, finden Sie darin Informationen, die das Bekannte abrunden (z. B. wie etwas auf einem anderen Betriebssystem implementiert ist).

Wie Perl in der Systemadministration eingesetzt wird.
Um von diesem Buch zu profitieren, müssen Sie zumindest Basis-Kenntnisse von Perl besitzen. In jedem Kapitel gibt es eine ganze Menge Perl, seien es Beispiele, die auch ein Anfänger versteht, oder größere Programme, die fortgeschrittene Kenntnisse benötigen. Wenn ein Verfahren, eine Technik oder eine Programmier-Wendung eingesetzt wird, die fortgeschrittene oder Könner-Kenntnisse verlangt, nehme ich mir die Zeit und bespreche das Verfahren Schritt für Schritt, Zeile für Zeile. Dabei haben Sie die Chance, interessante »Perl-en« in Ihren Programmier-Wortschatz aufzunehmen. Ich hoffe, daß für Perl-Programmierer jeder Stufe etwas dabei ist, daß jeder von den behandelten Beispielen etwas lernen kann. Wenn Sie mit der Zeit mehr Perl verstehen, sollten Sie zu diesem Buch zurückkehren und erneut profitieren können.

Um diesen Lernvorgang weiter zu vertiefen, zeige ich oft mehrere Möglichkeiten, wie man ein bestimmtes Problem mit Perl lösen kann, und nicht nur eine Antwort, die dann in vielen Fällen doch zu kurz greift. Ganz nach dem Motto von Perl: »Viele Wege führen zum Ziel.«[1] Dieser Mehrfachansatz soll dazu dienen, Ihren Wundergürtel besser zu bestücken: Je mehr Werkzeuge Sie zur Hand haben, desto genauere Auswahl können Sie bei einem bestimmten Problem treffen.

Manchmal ist es ganz klar, daß ein Ansatz einem anderen überlegen ist. Aber in diesem Buch werden nur einige der Situationen aufgezeigt, in denen Sie sich wiederfinden werden. In einer anderen Umgebung kann eine Methode, die vorher hoffnungslos banal schien, die einzig richtige sein. Haben Sie also Geduld mit mir. Ich werde versuchen, zu jedem Lösungsansatz seine Vor- und Nachteile aufzuzeigen (und ich werde mich auch nicht damit zurückhalten, welche Methode ich für die bessere halte).

Bewährte Methoden der Systemadministration, grundlegende Prinzipien.
Wie ich eingangs erwähnte, gibt es bessere und schlechtere Verfahren, ein System zu administrieren. Ich selbst bin seit 15 Jahren System- und Netzwerkadministrator, und das in recht anspruchsvollen Multiplattform-Umgebungen. Ich versuche in jedem Kapitel, etwas von der dabei erworbenen Erfahrung zu vermitteln und die dahinter versteckten Prinzipien zu beleuchten. Dann und wann benutze ich Erlebnisse dieser »Fronterfahrung« als Aufhänger. Hoffentlich scheint etwas von der Tiefe der Kunst der Systemadministration dabei durch.

---

[1] »There's more than one way to do it.« Manchmal abgekürzt: TMTOWTDI.

Was Sie benötigen

Um von diesem Buch wirklich zu profitieren, brauchen Sie etwas an technischem Hintergrundwissen und einige Ressourcen. Fangen wir mit dem benötigten Wissen an:

Sie müssen Perl kennen
Hier ist nicht der Ort, die Grundlagen von Perl zu lernen. Wenn Sie diese nicht haben, müssen Sie woanders anfangen, bevor Sie dieses Buch angehen. Wenn Sie die Grundlagen mit einem Buch wie *Einführung in Perl* von Randal L. Schwartz und Tom Christiansen (O'Reilly) oder *Einführung in Perl für Win32-Systeme* von Randal L. Schwartz, Erik Olson und Tom Christiansen (O'Reilly) erarbeitet haben, kennen Sie genug Perl, um dieses Buch in Angriff zu nehmen.

Sie müssen die Grundlagen Ihres Betriebssystems beherrschen
Dieses Buch nimmt an, daß Sie gewohnt sind, mit dem Betriebssystem umzugehen, das Sie administrieren sollen. Sie müssen wissen, wie man sich in diesem Betriebssystem bewegt, wie man Befehle eingibt, etwas in der Dokumentation nachschaut usw. Tiefergehende Informationen zu komplexeren Teilen des OS werden hier vermittelt, wenn sie benötigt wird (z. B. WMI unter Windows 2000 oder SNMP).

Sie müssen bestimmte Feinheiten Ihres Betriebssystems kennen
Ich beschreibe die Unterschiede zwischen den wichtigeren Betriebssystemen, wenn solche auftauchen, aber ich kann unmöglich auf alle Unterschiede eingehen. Insbesondere unterscheidet sich jede Unix-Variante ein bißchen von der anderen. Daher müssen Sie unter Umständen die Eigenheiten Ihres OS selbst herausfinden und die hier gegebenen Informationen anpassen.

Als technische Voraussetzungen brauchen Sie nur diese zwei:

Perl
Sie brauchen auf jedem System, das Sie administrieren sollen, eine Perl-Installation. In der »Downloads«-Abteilung von *http://www.perl.com* findet man sowohl Quellcode als auch binäre Distributionen oder Verweise darauf. Die Beispiele in diesem Buch benutzen Perl 5.005 (das war zum Zeitpunkt der Drucklegung die aktuelle stabile Version). Auf Unix verwendeten wir die aus dem Quellcode übersetzte Grund-Distribution, auf den Win32-Systemen verwendeten wir die Version von ActiveState (Build 522) und auf MacOS verwendeten wir die MacPerl-Distribution (5.2.0r4).

Die Möglichkeit, Perl-Module zu finden und sie zu installieren
Im nächsten Abschnitt geht es ausschließlich darum, wie man Perl-Module findet und sie installiert – das ist eine sehr wichtige Fertigkeit. Es wird vorausgesetzt, daß Sie die Fähigkeit und die nötigen Berechtigungen haben, um neue Module zu installieren.

Am Ende jedes Kapitels steht eine Liste der Versionsnummern aller in diesem Kapitel verwendeten Module. Diese Versionsnummern sind deshalb wichtig, weil die Module dauernd durch neue Versionen ersetzt werden, und nicht immer wird auf die Rückwärtskompatibilität geachtet. Wenn ein Konflikt auftaucht, helfen Ihnen diese Versionsnummern, um festzustellen, ob sich das Modul seit der Drucklegung dieses Buches geändert hat.

Module finden und installieren

Ein großer Teil der Vorteile, Perl als Systemadministrationssprache zu benutzen, besteht darin, daß es eine große Menge von Gratis-Code in Modulform gibt. Die in diesem Buch verwendeten Module findet man an drei Orten:

Comprehensive Perl Archive Network (CPAN)
   Das CPAN ist ein riesiges Archiv von Perl-Programmen, Dokumentationen, Skripten und Modulen, das an Hunderten von Orten auf der ganzen Welt gespiegelt ist. Am einfachsten findet man ein Modul auf dem CPAN mit der Suchmaschine unter *http://search.cpan.org*, die von Elaine Ashton, Graham Barr und Clifton Posey entwickelt wurde und gewartet wird. Mit dem »CPAN Search:«-Eingabefeld findet man das richtige Modul für ein anstehendes Problem schnell und einfach.

Repositories für vorgefertigte Pakete
   Wir werden gleich den Perl Package Manager (PPM) besprechen, der insbesondere für Perl-Benutzer auf Win32 wichtig ist. Dieser nimmt zu sog. *Repositories* (dt. »Warenlager«, »Fundgrube«) Verbindung auf (das bekannteste davon ist das von ActiveState), und holt sich von dort vorkompilierte und -konfigurierte Module ab. Eine Liste dieser Repositories findet man in der FAQ-Liste zu PPM, *http://www.activestate.com/Products/ActivePerl/docs/faq/ActivePerl-faq2.html*. Wenn ein Win32-Paket von woanders als von ActiveState kommt, wird dies immer angegeben. Für MacOS ist die erste Liste, die man konsultiert, die Site der MacPerl Module Porters unter *http://pudge.net/mmp/*.

Einzelne Webseiten
   Manche Module werden nicht im CPAN oder in einem der PPM-Repositories publiziert. Wenn ein Modul nur abseits vielbegangener Wege erhältlich ist, weise ich immer darauf hin.

Und wie installiere ich ein Modul, wenn ich es gefunden habe? Die Antwort darauf hängt vom Betriebssystem ab, auf dem das Modul eingesetzt werden soll. Zu Perl erhalten Sie neuerdings auch eine Dokumentation, die diesen Vorgang genauer beschreibt und die Sie in der Datei *perlmodinstall.pod* finden (die man durch Eingabe von *perldoc perlmodinstall* anschauen kann). In den nächsten Abschnitten folgt eine kurze Zusammenfassung der für jedes Betriebssystem benötigten Schritte.

Installieren von Modulen unter Unix

In den meisten Fällen geht man wie folgt vor:

1. Modul herunterladen und auspacken.
2. Mit *perl Makefile.PL* das unerläßliche *Makefile* erzeugen.
3. Mit *make* das Paket zusammensetzen.
4. Mit *make test* die vom Autor des Moduls eventuell mitgelieferten Tests laufen lassen.
5. Mit *make install* das Paket dort installieren, wo auf Ihrem System Perl-Module üblicherweise hingehören.

Wenn Sie sich die Mühe sparen wollen, diese Schritte von Hand einzugeben, können Sie das CPAN-Modul von Andreas J. König verwenden, das mit Perl mitgeliefert wird. Mit diesem werden die obigen Schritte durch einen einzigen ersetzt:

```
% perl -MCPAN -e shell
cpan> install modulname
```

Das CPAN-Modul ist schlau genug, um Abhängigkeiten aufzulösen (wenn ein Modul ein anderes benötigt, werden automatisch beide installiert). Es gibt auch eine eingebaute Suchfunktion, mit der man verwandte Module und Pakete auffinden kann. Tippen Sie auf Ihrem System *perldoc CPAN* ein, und sehen Sie selbst, was für nützliche Funktionen dieses Modul aufweist.

Installieren von Modulen unter Win32

Die Prozedur für das Installieren von Modulen unter Win32 ähnelt der unter Unix, weist aber einen weiteren Schritt auf: *ppm*. Wenn Sie Module wie unter Unix von Hand installieren, benötigen Sie ein Programm wie WinZip (*http://www.winzip.com*), um das Archiv auszupacken, und *nmake* (*ftp://ftp.microsoft.com/Softlib/MSLFILES/nmake15.exe*) statt *make*, um das Modul aufzubauen und zu installieren.

Bei manchen Modulen müssen zum Aufbau des Moduls einige C-Dateien kompiliert werden. Ein größerer Teil der Perl-Benutzer auf Win32-Systemen hat aber die dafür benötigte Software nicht installiert. Um dem beizukommen, hat ActiveState den Perl Package Manager entwickelt, mit dem man vorkompilierte Module installieren kann.

Das PPM-System ähnelt dem CPAN-Modul. Es benutzt ein Perl-Skript namens *ppm.pl*, das das Herunterladen und Installieren von besonderen Archivdateien von PPM-Repositories erledigt. Man kann dieses Programm durch Eingabe von *ppm* oder *perl ppm.pl* im *bin*-Verzeichnis der Perl-Installation starten:

```
C:\Perl\bin>perl ppm.pl
PPM interactive shell (1.1.1) - type 'help' for available commands.
PPM> install modulname
```

ppm kann wie CPAN die Liste der verfügbaren bzw. bereits installierten Module durchsuchen. Durch Eingabe von *help* bei der *ppm*-Eingabeaufforderung erhält man Hinweise, wie diese Befehle zu verwenden sind.

Installieren von Modulen auf MacOS

Auf MacOS ist das Installieren von Modulen eine etwas merkwürdige Kreuzung der bisher behandelten Methoden. Chris Nandor hat unter dem Namen *cpan-mac* (das Sie entweder im CPAN oder bei *http://pudge.net/macperl* finden) eine Distribution bereitgestellt, die Portierungen auf den Mac und eine Reihe von anderen für Mac-Benutzer wichtigen Module enthält.

Wenn *cpan-mac* einmal installiert ist, kann man die meisten Module, die ausschließlich Perl-Code enthalten, ganz einfach herunterladen und installieren. Mit Chris Nandors MacPerl-»Droplet« namens *installme* geht das ganz einfach: Wenn man die Archiv-Datei (d. h. eine *.tar.gz*-Datei) mit der Maus auf das *installme*-Symbol verschiebt, wird das Modul ähnlich wie mit CPAN ausgepackt und installiert.

Weitere Informationen zur Installation von Modulen auf MacOS finden Sie in der erweiterten Version der *perlmodinstall.pod*-Anleitung, die Sie mit *macperl modinstall.pod* erhalten. Sie ist auch unter *http://pudge.net/macperl* zu finden.

Es ist nicht leicht, allmächtig zu sein

Bevor wir mit dem Buch fortfahren, muß ich doch ein paar Worte der Warnung anbringen. Programme für die Systemadministration haben eine Eigenart, die sie von den meisten anderen Programmen unterscheidet. Auf Unix oder NT/2000 laufen sie nämlich meist mit erweiterten Privilegien, d. h. als *root* oder *Administrator*. Mit dieser Macht ist aber auch Verantwortung verknüpft. Als zusätzliche Erfordernis muß unser Code daher sicher geschrieben sein. Solche Programme können und werden Sicherheitshürden überwinden, die dem Normalsterblichen gegeben sind. Wenn wir nicht vorsichtig sind, werden weniger »moralische« Benutzer Schwachstellen in unseren Programmen für üble Zwecke mißbrauchen. Hier einige Richtlinien, die Sie beim Gebrauch von Perl unter solchen Bedingungen beherzigen sollten.

Tun Sie's erst gar nicht!

Natürlich *sollen* Sie Perl benutzen. Wenn es aber irgendwie geht, soll vermieden werden, daß ein Programm im privilegierten Modus läuft. Für die meisten Zwecke braucht man gar nicht *root* oder *Administrator* zu sein. Zum Beispiel braucht ein Programm, das Logdateien analysiert, nicht als *root* zu laufen. Erzeugen Sie ein anderes, weniger privilegiertes Benutzerkonto, und lassen Sie das Programm unter dieser Kennung laufen. Wenn es notwendig sein sollte, schreiben Sie ein kleines Programm nur für diesen einen Zweck, die Daten diesem Benutzer zu übergeben.

Geben Sie Privilegien so bald wie möglich ab

Manchmal ist es nicht möglich, ein Skript nicht als *root* oder *Administrator* laufen zu lassen. Ein Programm, das E-Mail-Meldungen ausliefert, muß in der Lage sein, Dateien für jeden Benutzer des Systems zu erzeugen. Programme dieser Art sollen aber ihre Allmacht sofort aufgeben, wenn sie nicht mehr benötigt wird.

Unter Unix bzw. Linux weist man in Perl den Variablen $< und $> andere Werte zu:

```
# Privilegien für immer aufgeben
($<, $>) = (getpwnam('nobody'), getpwnam('nobody'));
```

Damit wird die reale und die effektive Benutzer-ID auf die des Benutzers *nobody* gesetzt, der hoffentlich ein unterprivilegiertes Individuum ist. Um es noch gründlicher zu machen, könnte man auch mit `$(` und `$)` die reale und effektive Gruppen-ID ändern.

Unter Windows NT und Windows 2000 gibt es nicht eigentliche Benutzer-IDs, aber das Vorgehen zum Aufgeben von Privilegien ist ähnlich. Windows 2000 kennt ein Leistungsmerkmal namens »RunAs«, mit dem man Prozesse unter einer anderen Benutzerkennung laufen lassen kann. Sowohl unter Windows NT als auch unter Windows 2000 können sich Benutzer mit dem Benutzerrecht `Als Teil des Betriebssystems handeln` (*Act as part of the operating system*) als andere Benutzer ausgeben. Dieses Benutzerrecht kann man mit dem *Benutzer-Manager* oder dem *Benutzer-Manager für Domänen* vergeben:

1. Wählen Sie im Menü »Richtlinien« den Punkt »Benutzerrechte ...«.
2. Kreuzen Sie den Punkt »Weitere Benutzerrechte anzeigen« an.
3. Wählen Sie »Als Teil des Betriebssystems handeln« aus dem Drop-down-Menü.
4. Wählen Sie »Hinzufügen ...«, und selektieren Sie die Benutzer oder Gruppen, denen diese Berechtigung zugewiesen werden soll. Wenn Sie diese Berechtigung einem einzelnen Benutzer zuteilen wollen, müssen Sie erst »Benutzer anzeigen« anwählen.
5. Wenn es sich um einen interaktiven Benutzer handelt, muß sich dieser vom System ab- und wieder anmelden, damit er von seiner neuen Macht Gebrauch machen kann.

Sie werden außerdem die Berechtigungen `Ein Prozessebenentoken ersetzen` (*Replace a process level token*) und unter Umständen auch `Durchsuchungsprüfung umgehen` (*Bypass traverse checking*) vergeben müssen (siehe die Dokumentation zum Modul `Win32::AdminMisc`). Wenn Sie einem Benutzer diese Berechtigungen geben, kann dieser Perl-Programme ausführen, die die Funktion `LogonAsUser()` aus dem Modul `Win32::AdminMisc` von David Roth benutzen (das Modul finden Sie unter *http://www.roth.net*):

```
my ($user, $userpw) = @ARGV;
use Win32::AdminMisc;
die "Kann mich nicht als $user ausgeben\n"
    if (!Win32::AdminMisc::LogonAsUser('', $user, $userpw);
```

Achtung: Hier besteht ein gewisses Sicherheitsrisiko, weil beim Aufruf der Funktion `LogonAsUser()` das Paßwort des Benutzers angegeben werden muß – im Gegensatz zum vorherigen Beispiel.

Seien Sie vorsichtig beim Einlesen von Daten

Wenn wichtige Daten wie Konfigurationsdateien eingelesen werden sollen, müssen gefährliche Situationen zuerst abgefangen werden. Zum Beispiel wird man überprüfen wollen, ob die Datei und alle Verzeichnisse, in denen die Datei enthalten ist, schreibgeschützt sind (sonst könnte jemand anders die Daten darin verändern). Im *Perl Kochbuch* von Tom Christiansen und Nathan Torkington (O'Reilly) gibt es ein gutes Rezept dafür.

Das andere heikle Thema sind Benutzereingaben. Auch wenn Sie klar und deutlich schreiben: »`Bitte geben Sie J (ja) oder N (nein) ein:`«, hindert das einen Benutzer natürlich nicht daran, 2049 zufällige Zeichen einzugeben (ob aus Bösartigkeit, Langeweile oder weil sein Zweijähriger die Tastatur als Spielzeug entdeckt hat).

Benutzereingaben können auch vertracktere Wirkungen haben. Mein Lieblingsbeispiel ist der sogenannte »Poison NULL Byte«-Angriff, der in einem Artikel über Perl/CGI-Sicherheitsprobleme publiziert wurde. Lesen Sie dazu den ganzen Artikel (Verweis am Ende des Kapitels). Bei diesem Angriff wird die Tatsache ausgenutzt, daß in Perl NULL-Zeichen (\000) in einem String anders behandelt werden als in den C-Routinen der Systembibliothek. Perl sieht an diesem Zeichen nichts Besonderes und behandelt es wie jedes andere. In den String-Routinen der Systembibliothek allerdings signalisiert das NULL-Byte das Ende eines Strings.

Praktisch bedeutet das, daß ein Benutzer einfache Sicherheitstests umgehen kann. In einem Beispiel aus dem Artikel wird ein Paßwort-Programm mit folgendem Code angegeben:

```
if ($user ne "root") { <Entsprechende C-Bibliotheksroutine aufrufen> }
```

Wenn die Variable `$user` auf `root\000` gesetzt wird (also `root` gefolgt von einem NULL-Byte), dann ist die Bedingung wahr. Wenn dieser String an die darunterliegende Bibliotheksfunktion übergeben wird, wird er nur als *root* aufgefaßt – jemand hat soeben eine Sicherheitslücke ausgenutzt. Wenn der Einbruch nicht erkannt wird, können damit beliebige Dateien und andere Ressourcen angezapft werden. Am einfachsten kann man dem Problem begegnen, indem man die Eingabedaten reinwäscht:

```
$input =~ tr/\000//d;
```

Das ist nur ein Beispiel, wie Benutzereingaben zu Problemen führen können. Weil das Problem so akut ist, gibt es in Perl eine spezielle Sicherheitsvorkehrung namens »Taint Mode«. In der Manpage *perlsec* werden der Umgang mit »befleckten« oder »verdorbenen« (engl. *tainted*) Daten und andere Sicherheitsvorkehrungen sehr genau erläutert.

Seien Sie vorsichtig beim Schreiben von Daten

Wenn Ihr Programm die Möglichkeit hat, jede Datei auf dem System zu schreiben oder zu überschreiben, dann müssen Sie sehr genau darauf achten, wie, wo und wann es Daten herausschreibt. Auf Unix ist das besonders wichtig, weil man mit symbolischen Links Dateien schnell gegen andere auswechseln und die Ausgabe eines Programms umlenken kann. Wenn Ihr Programm nicht sehr sorgfältig geschrieben ist, kann es leicht sein, daß Sie plötzlich in eine falsche Datei oder auf ein falsches Ausgabegerät schreiben. Es gibt zwei Klassen von Programmen, die hier Probleme bereiten.

Programme, die Daten an bestehende Dateien anhängen, bilden die erste Klasse. *Bevor* Ihr Programm Daten anhängt, sollte es die folgenden Punkte überprüfen:

1. Vor dem Öffnen der Datei werden die Dateiattribute mit `stat()` und den üblichen Dateitests festgestellt. Stellen Sie sicher, daß es sich nicht um einen symbolischen Link handelt und daß der Besitzer und die Zugriffsrechte korrekt sind.
2. Die Datei wird zum Anhängen geöffnet.
3. Mit `stat()` werden die Dateiattribute des offenen Dateihandles abgefragt.
4. Die Werte aus Schritt 1 müssen mit denen aus Schritt 3 übereinstimmen, damit sichergestellt ist, daß es sich wirklich um die richtige Datei handelt.

Im Programm *bigbuffy* in Kapitel 9, *Logdateien*, wird Code dieser Art eingesetzt (Seite 328).

Eine zweite Klasse von gefährdeten Programmen sind solche, die temporäre Dateien erzeugen. Man sieht oft Code dieser Art:

```
open(TEMPFILE, ">/tmp/temp.$$")
        or die "Kann Temporärdatei /tmp/temp.$$ nicht öffnen:$!\n";
```

Leider ist das auf einem Multiuser-System nicht genügend sicher. Auf den meisten Rechnern läßt sich leicht erraten, nach welchem Schema neue Prozeßnummern ($$) vergeben werden, und damit läßt sich auch vorhersagen, wie eine solche Temporärdatei heißen wird. Wenn dies möglich ist, kann ein anderer Benutzer diese Datei vorher anlegen, und das führt meist zu Komplikationen.

Manche Betriebssysteme haben eine Bibliotheksfunktion, die gute Zufallsalgorithmen zur Erzeugung von Temporärdateinamen benutzt. Um das zu überprüfen, können Sie das folgende Skript laufen lassen. Wenn die ausgegebenen Namen zufällig scheinen, haben Sie eine gute `POSIX::tmpnam()`-Funktion. Falls nicht, müssen Sie Ihre eigene Routine zur Erzeugung zufälliger Dateinamen schreiben:

```
use POSIX qw(tmpnam);
for (1..20) { print POSIX::tmpnam(), "\n"; }
```

Wenn Sie einmal einen nicht vorhersagbaren Dateinamen haben, müssen Sie die Datei auch korrekt öffnen:

```
sysopen(TEMPFILE, $tmpname, O_RDWR|O_CREAT|O_EXCL, 0666);
```

Es gibt eine zweite Möglichkeit, mit der sich die zwei Schritte (Erzeugen des Namens, Öffnen der Temporärdatei) zu einem einzigen Schritt zusammenfassen lassen. Die Methode IO::File->new_tmpfile() aus dem IO::File-Modul sucht sich nicht nur einen guten Namen aus (wenn die Systembibliothek dies vorsieht), sondern öffnet außerdem die Datei zum Lesen und zum Schreiben.

Beispiele zu POSIX::tmpnam() und IO::File->new_tmpfile() finden Sie nebst zusätzlichen Informationen in Kapitel 7 des *Perl Kochbuch*s. Auch das Modul File::Temp von Tim Jenness befaßt sich mit dem sicheren Umgang mit Temporärdateien.

Race Conditions vermeiden

Nach Möglichkeit soll stets vermieden werden, daß *Race Conditions* entstehen und ausgenutzt werden können. Die kanonische *Race Condition* entsteht, wenn angenommen wird, daß die folgende Sequenz korrekt ist:

1. Ihr Programm sammelt Daten.
2. Ihr Programm bearbeitet diese Daten.

Wenn ein Benutzer diese Sequenz manipulieren kann – beispielsweise beim Schritt 1,5 – und ein paar Werte vertauschen kann, dann haben Sie ein Problem. Wenn Ihr Programm im Schritt 2 ganz naiv andere Daten als die in Schritt 1 vorgesehenen bearbeitet, dann ist eine *Race Condition* ausgenutzt worden, anders gesagt, das andere Programm hat das Wettrennen (*race*) gegen Ihres gewonnen. Andere *Race Conditions* entstehen bei unsachgemäßem Gebrauch von Datei-Locking-Mechanismen.

Race Conditions treten oft bei Programmen zur Systemadministration auf, die in einem ersten Durchgang ein Dateisystem absuchen und in einem zweiten Durchgang Dinge darin verändern. Böswillige Benutzer können das Dateisystem kurz nach dem ersten Durchgang verändern, so daß im zweiten Durchgang die falsche Datei verändert wird. Stellen Sie sicher, daß Ihre Programme solches nicht zulassen.

Viel Vergnügen!

Es ist wichtig, sich daran zu erinnern, daß Systemadministration Spaß macht. Nicht immer natürlich, aber wenn man sich nicht gerade mit richtig frustrierenden Problemen herumschlagen muß, steckt doch ein gerüttelt Maß an Freude darin. Benutzer bei ihrer Arbeit zu unterstützen, ihnen eine Infrastruktur bereitzustellen, die das Leben erleichtert – darin steckt eine große Befriedigung. Wenn Ihre gesammelten Perl-Programme Leute zu einem gemeinsamen Zweck zusammenbringen, dann haben Sie einen Quell der Freude geschaffen.

Jetzt sind wir soweit bereit und können uns die Oberleitungsdrähte vornehmen.

Hinweise auf weiterführende Informationen

http://dwheeler.com/secure-programs/ – Ein Schritt-für-Schritt-Lehrgang für sicheres Programmieren unter Linux und Unix von David A. Wheeler – die zugrundeliegenden Begriffe und Vorgehensweisen sind auch auf andere Situationen übertragbar.

http://www.cs.ucdavis.edu/~bishop/secprog.html – Weitere Ressourcen zum sicheren Programmieren von Matt Bishop, einem anerkannten Sicherheitsexperten.

http://www.homeport.org/~adam/review.html – Richtlinien zum Schreiben von sicherem Code von Adam Shostack.

http://www.dnaco.net/~kragen/security-holes.html – Ein guter Artikel von Kragen Sitaker, in dem beschrieben wird, wie man Sicherheitslöcher in Programmen (insbesondere den eigenen) aufspürt.

http://www.shmoo.com/securecode/ – Eine gute Sammlung von Artikeln zum Thema »Sicheres Programmieren«.

Perl CGI Problems, von Rain Forest Puppy (Phrack Magazine, 1999), auch auf dem Netz unter *http://www.insecure.org/news/P55-07.txt* oder im Phrack-Archiv *http://www.phrack.com/archive.html* zu finden.

Perl Kochbuch, von Tom Christiansen und Nathan Torkington (O'Reilly, 1999). Enthält viele Tips zum Schreiben von sicheren Programmen.

2

Dateisysteme

Perl als Helfer in der Not

Laptops fallen in Zeitlupe. So schien es mir zumindest, als der Laptop, auf dem ich dieses Buch schrieb, vom Schreibtisch auf den harten Holzboden fiel. Die Maschine war äußerlich unbeschädigt, lief auch noch, aber ich hatte den Eindruck, daß bestimmte Operationen nun langsamer und immer langsamer abliefen. Nicht nur das, sporadisch gab nun die Festplatte äußerst beunruhigende Summ- und Klingeltöne von sich. Ich vermutete, daß die Verlangsamung ein Software-Problem wären und wollte den Laptop neu booten. Aber die Maschine wollte nicht sauber herunterfahren. Das war ein schlechtes Zeichen.

Noch schlimmer war, daß die Maschine nicht mehr sauber bootete. Der Boot-Prozeß von Windows NT brach mit einer »file not found«-Meldung ab. Jetzt war klar, daß die Festplatte beim Aufprall ernsthaft Schaden genommen hatte. Die Schreib-Leseköpfe hatten vielleicht die magnetisierbare Oberfläche zerkratzt und dabei Dateien und Verzeichnisse zerstört. Nun war die bange Frage: »Haben meine Dateien überlebt? Haben die Quelldateien für *dieses Buch* überlebt?«

Als nächstes versuchte ich, Linux zu booten, das andere auf diesem Laptop installierte Betriebssystem. Das verlief soweit gut, ein ermutigendes Zeichen. Die Dateien für dieses Buch waren allerdings auf der Windows-NT/NTFS-Partition, von der sich NT nicht mehr booten ließ. Mit dem NTFS-Driver für Linux von Martin von Löwis (zu finden unter *http://www.informatik.hu-berlin.de/~loewis/ntfs/*, wird mit dem Linux-Kernel ab Version 2.2 nun mitgeliefert) konnte ich die Partition mounten, es *schien* so, als wären alle meine Dateien vorhanden.

Aber als ich versuchte, diese Dateien auf ein anders Medium zu retten, ging alles gut bis zu einer bestimmten Datei. Dann traten wieder diese ominösen Töne auf, und die Kopieroperation schlug fehl. Mir war klar, daß bestimmte Dateien unwiederbringlich zerstört waren, und daß ich diese Dateien überspringen mußte. Das verwendete Programm (*gnutar*) bietet wohl die Möglichkeit, eine Liste von zu überspringenden

Dateien anzugeben, aber die Preisfrage war: welche Dateien? Auf der Partition waren zuvor *sechzehntausend* Dateien. Wie konnte ich unter diesen die zerstörten Dateien heraussuchen, so daß nur die intakten übrigblieben? *gnutar* immer wieder von Neuem laufen zu lassen, war keine brauchbare Strategie. Hier war Perl gefragt!

Ich werde das Programm, das ich für diese Aufgabe schrieb, etwas später vorstellen. Damit man diesen Code versteht, müssen wir zunächst genauer untersuchen, wie Dateisysteme im allgemeinen aufgebaut sind und wie man in Perl damit umgeht.

Unterschiedliche Dateisysteme

Wir beginnen mit einem kurzen Überblick über die in verschiedenen Betriebssystemen vorhandenen Dateisystem-Typen. Das mag für Sie kalter Kaffee sein, besonders, wenn Sie mit einem Betriebssystem gut vertraut sind. Es kann dennoch interessant sein, auf die feinen Unterschiede zwischen Dateisystemen (insbesondere solchen, die Sie nicht kennen) zu achten, wenn Sie beabsichtigen, plattformübergreifende Programme in Perl zu schreiben.

Unix

Alle modernen Unix-Varianten benutzen standardmäßig ein Dateisystem, das auf einen gemeinsamen Vorläufer zurückgeht, auf das Berkeley Fast File System. Die verschiedenen Hersteller haben dieses Dateisystem auf verschiedene Arten erweitert (z. B. gibt es bei Solaris Access Control Lists, mit denen man Zugriffsrechte feiner vergeben kann; Digital Unix (Compaq Tru64 Unix) hat ein raffiniertes transaktionsbasiertes Dateisystem namens *advfs* usw.). Wir werden Programme schreiben, die nur den kleinsten gemeinsamen Nenner dieser Varianten benutzen, so daß sie auf allen diesen Systemen laufen.

Die Spitze oder besser die Wurzel eines Unix-Dateisystems wird mit dem Slash bezeichnet (/). Um eine Datei oder ein Verzeichnis in einem Unix-Dateisystem eindeutig zu kennzeichnen, wird ein Pfadname aufgebaut, der mit diesem Slash beginnt. Mit durch weitere Slashes getrennten Verzeichnisnamen dringt man tiefer in die Hierarchie des Dateisystems ein; die letzte Komponente in diesem Pfadnamen bezeichnet die Datei oder das Verzeichnis. Bei allen modernen Unix-Varianten wird bei Datei- und Verzeichnisnamen zwischen Groß- und Kleinschreibung unterschieden. Man kann beinahe alle ASCII-Zeichen für Dateinamen verwenden, wenn man sich Mühe gibt, aber wenn man sich auf alphanumerische Zeichen und einige Interpunktionszeichen beschränkt, erspart man sich späteren Ärger.

Microsoft Windows NT/2000

Windows NT (Version 4.0 zum Zeitpunkt der Drucklegung) unterstützt zwei Dateisysteme: File Allocation Table (FAT) und NT FileSystem (NTFS). Bei Windows 2000 kommt FAT32 dazu, eine verbesserte Version von FAT, die größere Partitionen und kleinere Clustergrößen erlaubt.

Das FAT-Dateisystem unter Windows NT ist allerdings bereits eine erweiterte Version des ursprünglichen, von DOS her bekannten FAT-Systems. Bevor wir die aktuelle Version anschauen, ist es wichtig, die Einschränkungen des ursprünglichen FAT zu kennen. Beim ursprünglichen und beim *real-mode* FAT-Dateisystem sind Dateinamen auf das 8.3-Schema begrenzt, d. h., Datei- und Verzeichnisnamen beginnen mit maximal acht Zeichen, müssen einen Punkt enthalten und haben eine Erweiterung (ein Suffix) von maximal drei Zeichen. Im Gegensatz zu Unix, wo Punkte in Dateinamen nur Zeichen wie jedes andere sind, kann eine Datei im Grund-FAT-System nur den einen Punkt enthalten, der den eigentlichen Dateinamen von der Erweiterung trennt.

Real-Mode FAT wurde später zu einer Version namens VFAT oder »protected-mode FAT« verbessert. Das ist ungefähr die Version, die von Windows NT und Windows 2000 unterstützt wird. Bei VFAT werden die Einschränkungen für die Dateinamen vor dem Benutzer verborgen. Mit einem überraschenden Trick wird es möglich, lange Dateinamen und solche ohne Trennzeichen zu verwenden. Bei VFAT wird eine Kette von normalen Datei- und Verzeichnisblöcken verwendet, um diese erweiterten Dateinamen in die grundlegende FAT-Struktur hineinzuzwängen. Aus Kompatibilitätsgründen läßt sich aber nach wie vor jede Datei mit dem alten DOS-8.3-Namen ansprechen. Zum Beispiel gibt es für ein Verzeichnis wie *Heruntergeladene Programme* auch das DOS-Alias *HERUNT~1*.

Zwischen VFAT und einem Unix-Dateisystem gibt es vier entscheidende Unterschiede:

1. Bei FAT-Dateisystemen wird nicht zwischen Groß- und Kleinschreibung unterschieden. Unter Unix ergibt die Verwendung der falschen Sorte von Buchstaben einen Fehler (d. h. es geht schief, wenn man versucht, *meinelieblingsdatei* unter dem Namen *MEINELIEBLINGSDATEI* anzusprechen). Bei FAT oder VFAT ergibt sich hier kein Problem.

2. Der zweite Unterschied betrifft das Trennzeichen zwischen Pfad-Elementen. Statt des normalen Slashs wird bei FAT der Backslash (\) benutzt. Das hat direkte Auswirkungen für den Perl-Programmierer. In Perl wird der Backslash für das Quoting benutzt. Bei Pfadnamen in einfachen Anführungszeichen, in denen nur einfache Trennzeichen vorkommen, ergeben sich keine Schwierigkeiten (z. B. bei `$pfad = '\dir\dir\datei'`). Es gibt aber Pfadnamen, bei denen zwei Backslashes aufeinanderfolgen (wie bei *server**dir**datei* – hier entstehen Probleme. In solchen Fällen muß man speziell auf das Quoting achtgeben und Backslashes verdoppeln. Manche Perl-Funktionen und bestimmte Module akzeptieren auch Pfadnamen mit normalen Slashes, aber darauf sollte man sich beim Programmieren nicht verlassen. Es ist klüger, in den sauren Apfel zu beißen und Dinge wie `\\\\winnt\\temp\\` zu schreiben, als später herauszufinden, daß ein Programm abstürzt, weil sich jemand nicht an die Konvention gehalten hat.

3. FAT-Dateien haben bestimmte Merkmale, die *Attribute* genannt werden. Beispiele für solche Attribute sind »Read-only« und »System«.

4. Der letzte Unterschied betrifft die Angabe des Wurzelverzeichnisses. Die Wurzel des FAT-Dateisystems wird mit dem Laufwerksbuchstaben bezeichnet, der mit dem

Dateisystem verkoppelt ist. Die absolute Pfadangabe einer FAT-Datei ist beispielsweise *c:\home\cindy\docs\resume\current.doc*.

Bei FAT32 und NTFS sind die Regeln für Pfadnamen etwa dieselben wie bei FAT. Beide unterstützen lange Dateinamen und haben die gleiche Art, das Wurzelverzeichnis anzugeben. NTFS ist etwas weiter ausgebaut, hier sind Unicode-Zeichen in Dateinamen zugelassen. Unicode ist ein Mehrbyte-Zeichensatz, mit dem alle Zeichen aller auf der Erde verwendeten Sprachen darstellbar sind.

NTFS unterscheidet sich auch in anderen Merkmalen von den anderen Dateisystemen unter Windows NT/2000 und dem grundlegenden Unix-Filesystem. NTFS kennt ACLs (Access Control Lists, Zugriffskontrollisten). Mit ACLs kann man die Zugriffsrechte auf Dateien und Verzeichnisse viel genauer steuern. Weiter hinten in diesem Kapitel werden wir Programme antreffen, die manche dieser Unterschiede ausnutzen.

Bevor wir uns einem anderen Betriebssystem zuwenden, muß UNC, die Universal Naming Convention (Universelle Benennungskonvention) doch mindestens erwähnt werden. UNC dient dazu, Dinge (Dateien und Verzeichnisse in unserem Fall) in einer vernetzten Umgebung zu lokalisieren. Statt mit einem Laufwerksbuchstaben und einem Doppelpunkt (*c:*) beginnen absolute Pfadangaben mit *\\server\share*. Diese Konvention erzeugt mit Perl die gleichen Backslash-Probleme, die wir eben erwähnt haben. So ist es nicht ungewöhnlich, haufenweise Backslashes wie hier anzutreffen:

    $pfad = "\\\\server\\share\\verzeichnis\\datei"

MacOS

Obwohl sich MacOS sonst fast ausschließlich auf das GUI konzentriert, kann man auch beim Hierarchical File System (HFS) von MacOS Pfadnamen in Textform angeben – mit ein paar kleineren Spezialitäten. Absolute Pfadnamen haben hier die folgende Form: *Laufwerk/VolumeName:Ordner:Ordner:Ordner:Dateiname*. Eine Spezifikation ohne Doppelpunkte bezeichnet eine Datei im aktuellen Verzeichnis.

Anders als bei den bisher besprochenen Betriebssystemen werden unter HFS Pfadnamen als absolut angesehen, wenn sie *nicht* mit dem Trennzeichen (:) beginnen. Ein HFS-Pfad, der mit einem Doppelpunkt beginnt, ist ein relativer Pfad. Daraus ergibt sich ein subtiler Unterschied: Wenn man Objekte weiter oben in der Dateihierarchie bezeichnen will, muß man ein Trennzeichen mehr angeben. Zum Beispiel würde man unter Unix mit *../../../Dateiname* eine Datei bezeichnen, die drei Stufen über dem aktuellen Verzeichnis liegt. Unter MacOS muß man hier *vier* Trennzeichen angeben (also *::::Dateiname*), weil das erste Trennzeichen das aktuelle Verzeichnis bezeichnet, die anderen die drei darüberliegenden Verzeichnisse.

Datei- und Verzeichnisnamen sind bei HFS auf 31 Zeichen beschränkt. Mit MacOS 8.1 wurde ein zweites Format für Volumes eingeführt, das MacOS-Extended-Format oder HFS+ heißt und das bis zu 255 Unicode-Zeichen erlaubt. Obwohl HFS+ solche langen Namen erlaubt, können sie von MacOS (zumindest zum jetzigen Zeitpunkt) noch gar nicht genutzt werden.

Ein wesentlicher Unterschied zu den vorhergehenden Systemen (soweit es Perl betrifft) ist der Begriff einer »Fork« (engl. »Gabelung«) für die Speicherung von Daten. Jede Datei unter MacOS hat eine *Data Fork* und eine *Resource Fork*. Die erste enthält das, was man sonst als die eigentliche Datei bezeichnet. In der letzteren sind eine ganze Reihe von *Resources* gespeichert. Solche Ressourcen können zum Beispiel ausführbarer Code (bei Programmen), Beschreibungen des Benutzer-Interfaces (Dialog-Fenster, Schriften usw.) oder irgendwelche anderen Komponenten sein, die der Programmierer festlegt. MacPerl hat durchaus Methoden, Daten in beiden Forks zu lesen und zu schreiben, aber in diesem Kapitel befassen wir uns nicht damit.

Die grundlegenden Operatoren von Perl befassen sich in MacPerl nur mit der Data Fork. Zum Beispiel gibt der Operator *–s* die Größe der Data Fork einer Datei zurück, nicht den Speicherplatz für die ganze Datei. Wenn Sie auf die Resource Fork zugreifen wollen, müssen Sie einige der mitgelieferten Module aus der Macintosh Toolbox benutzen.

Jede HFS-Datei hat zudem zwei sogenannte Tags, einen *creator* und einen *type*. Damit kann das Betriebssystem feststellen, welche Applikation die Datei bearbeitet hat und um welche Art von Datei es sich handelt. Diese Tags erfüllen etwa den gleichen Zweck wie die Dateinamen-Erweiterungen beim FAT-Dateisystem (also *.doc* oder *.exe*). Später in diesem Kapitel werden wir im Vorbeigehen zeigen, wie man diese *type/creator*-Tags benutzen kann.

Unterschiede zwischen den Dateisystemen: Übersicht

Tabelle 2-1 enthält eine Zusammenfassung der Unterschiede, wie wir sie eben gesehen haben, und außerdem noch ein paar interessante Details.

Tabelle 2-1: Unterschiede zwischen den Dateisystemen

OS und Dateisystem	Pfad-Trennzeichen	Groß/Kleinschreibung beachten?	Max. Länge von Dateinamen	Absoluter Pfadname	Relativer Pfadname	Spezielle Eigenschaften
Unix (Berkeley Fast Filesystem und andere)	/	Ja	Vom OS abhängige Anzahl Zeichen	*/verz/datei*	*verz/datei*	Je nach OS diverse Erweiterungen
MacOS (HFS)	:	Ja	31 Zeichen (255 bei HFS+)	*volume: verz:datei*	*verz:date*	Data/Resource Fork, Creator/Type-Attribute
WinNT/ 2000 (NTFS)	\	Nein	255 Zeichen	*Laufwerk:\ verz\datei*	*verz\datei*	ACL, Attribute, Unicode in Dateinamen

19

Tabelle 2-1: Unterschiede zwischen Dateisystemen (Fortsetzung)

OS und Dateisystem	Pfad-Trenn-zeichen	Groß/Klein-schreibung beachten?	Max. Länge von Dateinamen	Absoluter Pfad-name	Relativer Pfad-name	Spezielle Eigen-schaften
DOS (ursprüngl. FAT)	\	Nein	8.3	*Laufwerk:\ verz\datei*	*verz\datei*	Attribute

Umgang mit Dateisystem-Unterschieden in Perl

Perl kennt Hilfen, mit denen man beim Schreiben von Programmen die meisten dieser Unterschiede vernachlässigen kann. Mit Perl wird ein Modul namens `File::Spec` geliefert, das einige dieser Unterschiede verbirgt. Wenn man zum Beispiel die Komponenten eines Pfadnamens der `catfile`-Methode übergibt:

```
use File::Spec;

$pfad = File::Spec->catfile("home", "cindy", "docs", "resume.doc");
```

dann wird $pfad auf Windows NT/2000 zu home\cindy\docs\resume.doc, auf Unix aber zu home/cindy/docs/resume.doc usw.

`File::Spec` hat außerdem Methoden wie `curdir` und `updir`, die das aktuelle bzw. das darüberliegende Verzeichnis in der richtigen Syntax zurückgeben (also ».« und »..«). Die Methoden dieses Moduls behandeln Pfadnamen, deren Konstruktion und Manipulation auf einer abstrakteren Ebene. Wenn Ihnen die objektorientierte Syntax dieses Moduls nicht liegt, können Sie mit dem Modul `File::Spec::Functions` die gleiche Funktionalität direkter benutzen.

Durchsuchen und Traversieren von Dateisystemen

Jetzt brennen Sie wahrscheinlich darauf, endlich einmal ein paar praktische Anwendungen in Perl zu sehen. Wir beginnen mit der Aufgabe »Dateisystem durchgehen«, dies ist bei der Administration von Dateisystemen eine der häufigsten Operationen. Die Aufgabe erfordert das Absuchen von ganzen Bäumen von Verzeichnissen und das Bearbeiten von jeder darin gefundenen Datei. Jedes OS sieht dafür ein bestimmtes Werkzeug vor. Bei Unix ist dies das Programm *find*, bei NT und Windows 2000 heißt das Programm *Dateien finden* bzw. *Suchen ... Dateien/Ordner*, und im MacOS ist es *Dateien finden* oder *Sherlock*. Diese Programme sind sehr nützlich zum Suchen von Dateien, aber sie sind nicht genügend vielseitig, um beliebige und kompliziertere Aktionen auf die gefundenen Dateien anzuwenden. Wir werden sehen, daß man mit Perl zunächst Programme zum Durchsuchen von Dateisystemen schreibt, und lernen, wie man sie erweitert und zu komplexen Aktionen befähigt.

Zu Anfang nehmen wir eine häufige Situation, die auf ein ganz klares Problem hinausläuft. Bei diesem Szenario sind wir ein Unix-Systemadministrator mit vollen Festplatten und leeren Taschen. (Wir beginnen mit Unix, die anderen Betriebssysteme kommen gleich dran.)

Ohne Geld können wir nicht einfach mehr Platten kaufen und anschließen, also müssen wir die verfügbaren Ressourcen besser einsetzen. Als ersten Schritt löschen wir alle Dateien, auf die wir verzichten können. Bei Unix sind die *core*-Dateien dafür ideale Kandidaten. Core-Dateien werden von Programmen zurückgelassen, die nicht eines natürlichen Todes sterben. Die meisten Benutzer bemerken gar nicht, daß diese Dateien erzeugt werden, oder sie ignorieren Sie einfach und verschleudern so ohne Sinn und Zweck große Mengen an Plattenplatz. Wir brauchen ein Programm, das die Platten nach solchen Dateien durchforstet und diese Schädlinge vernichtet.

Um ein Dateisystem zu durchsuchen, lesen wir den Inhalt eines Verzeichnisses und arbeiten uns von da aus weiter durch. Beginnen wir mit einem Programmstück, das den Inhalt des aktuellen Verzeichnisses untersucht und feststellt, ob eine *core*-Datei darin vorkommt oder aber Unterverzeichnisse, die durchsucht werden müssen.

Wir öffnen das Verzeichnis auf ähnliche Art, wie man das mit einer Datei machen würde. Wenn das nicht erfolgreich verläuft, beenden wir das Programm und geben die Fehlermeldung aus, die der Aufruf von `opendir()` ergeben hat ($!):

```
opendir(DIR, ".") or die "Kann aktuelles Verzeichnis nicht öffnen: $!\n";
```

Wir erhalten ein Verzeichnis-Handle, `DIR`, das wir der `readdir()`-Funktion übergeben, wodurch wir eine Liste aller Dateien und Verzeichnisse im aktuellen Verzeichnis erhalten. Wenn `readdir()` fehlschlägt, gibt unser Programm wiederum die Fehlermeldung aus (die hoffentlich darauf hinweist, warum der Fehler entstanden ist) und gibt auf:

```
# Datei- und Verzeichnisnamen im aktuellen Verzeichnis in @names einlesen.
@names = readdir(DIR) or die "Kann aktuelles Verzeichnis nicht lesen: $!\n";
```

Nun können wir das Verzeichnis-Handle schließen:

```
closedir(DIR);
```

Jetzt können wir jeden Verzeichnis-Eintrag untersuchen:

```
foreach $name (@names) {
    next if ($name eq ".");     # Aktuelles Verzeichnis überspringen.
    next if ($name eq "..");    # Eltern-Verzeichnis überspringen.

    if (-d $name) {             # Ist es ein Verzeichnis?
        print "Verzeichnis gefunden: $name\n";
        next;                   # Zum nächsten Namen in der for-Schleife gehen.
    }
    if ($name eq "core") {      # Ist es eine Datei namens core?
        print "gefunden!\n";
    }
}
```

Jetzt haben wir ein sehr einfaches Programm, das ein einzelnes Verzeichnis untersucht. Das ist noch kein *Durch*suchen oder Traversieren. Beim Traversieren muß jedes Verzeichnis, das gefunden wird, genauso untersucht werden wie das aktuelle. Wenn diese Unterverzeichnisse noch einmal Unterverzeichnisse haben, müssen auch diese untersucht werden.

Wenn man eine Hierarchie von Gebilden antrifft und die gleiche Operation bei jedem Gebilde und Untergebilde ausführen muß, dann ruft das nach einer rekursiven Lösung (zumindest bei Informatikern). Solange die Hierarchie nicht zu tief verschachtelt ist und keine Schleifen aufweist (d. h., alle Gebilde enthalten nur kleinere Untergebilde und keine Verweise auf höhere Stufen der Hierarchie), dann sind rekursive Lösungen die Methode der Wahl. Genauso ist es bei unserem Beispiel: Wir werden ein Verzeichnis untersuchen, seine Unterverzeichnisse, deren Unterverzeichnisse usw.

Wenn Sie noch nie rekursiven Programmcode gesehen haben (also Programmteile, die sich selbst aufrufen), dann wird ihnen das zunächst sehr merkwürdig vorkommen. Rekursiver Code ähnelt ein bißchen dem Bemalen der russischen *Matroschka*-Puppen. Das sind hohle Holzpuppen, die eine kleinere, aber sonst identische Holzpuppe enthalten, die wieder eine identische Holzpuppe enthält usw., bis die klitzekleine Puppe im Zentrum erreicht ist.

Eine Anweisung zum Bemalen solcher Puppen könnte wie folgt aussehen:

1. Betrachten Sie die Puppe vor sich. Enthält sie eine kleinere Puppe? Wenn ja, nehmen Sie den Inhalt heraus und legen Sie die äußere Puppe beiseite.
2. Wiederholen Sie Schritt 1 mit dem eben freigelegten Inhalt, bis Sie zum Zentrum vorstoßen.
3. Bemalen Sie die innerste Puppe. Wenn die Farbe trocken ist, verpacken sie diese in ihre äußere Puppe und wiederholen Schritt 3.

Der Vorgang ist auf jeder Ebene der gleiche. Wenn das Gebilde, das Sie in der Hand halten, Untergebilde aufweist, legen Sie das äußere Ding beiseite und befassen sich zuerst mit dem Untergebilde. Wenn das Gebilde in Ihrer Hand keine Unterordnungen mehr aufweist, bearbeiten Sie es und nehmen sich dann das Gebilde vor, das Sie als letztes beiseite gelegt haben.

In der Programmiersprache ergibt sich so üblicherweise eine Subroutine, die sich mit Untergebilden befaßt. Sie untersucht das aktuelle Gebilde darauf, ob es Untergebilde enthält. Wenn ja, ruft sie *sich selbst* auf, um das Untergebilde zu untersuchen. Wenn nicht, wird eine Aktion ausgeführt, und die Routine springt dahin zurück, von wo sie aufgerufen wurde. Wenn Sie noch nie ein Programm gesehen haben, das sich selbst aufruft, empfehle ich, den Programmfluß einmal mit Bleistift und Papier aufzuzeichnen und durchzuarbeiten, bis Sie überzeugt sind, daß das tatsächlich funktioniert.

Betrachten wir also ein rekursives Programm. Um unser kleines Beispiel rekursiv zu gestalten, verpacken wir zunächst die Operation, die ein einzelnes Verzeichnis untersucht, in eine Subroutine, die wir `ScanDirectory()` nennen. `ScanDirectory()` erwartet ein Argument, das Verzeichnis, das untersucht werden soll. Es stellt sein aktuelles Verzeichnis fest, begibt sich in das zu untersuchende Verzeichnis und untersucht es. Wenn dies abgeschlossen ist, springt es in das Verzeichnis von vorhin zurück, aus dem es aufgerufen wurde. Hier ist das neue Programm:

```perl
#!/usr/bin/perl -s
# Beachten Sie die Option -s. Unter NT/2000 muß das Skript explizit mit -s aufgerufen
# werden (d.h. perl -s skript), wenn die Perl-Dateiassoziation nicht eingerichtet ist.
#
# Viele Programmierer betrachten die -s-Option als veraltet und benutzen zum
# Verarbeiten von Optionen lieber ein separates Modul (aus der Getopt::-Familie).
use vars '$r';                     # Wird mit der -s-Option gesetzt.

use Cwd; # Modul zum Ermitteln des aktuellen Verzeichnisses.

# Diese Subroutine erwartet den Namen eines Verzeichnisses und sucht dieses
# rekursiv nach Dateien namens core ab.
sub ScanDirectory {
    my ($workdir) = shift;

    my ($startdir) = &cwd;          # Wir merken uns, wo wir waren.

    chdir($workdir)         or die "Kann nicht in $workdir wechseln: $!\n";
    opendir(DIR, ".")       or die "Kann $workdir nicht öffnen: $!\n";
    my @names = readdir(DIR);
    closedir(DIR);

    foreach my $name (@names) {
        next if ($name eq ".");
        next if ($name eq "..");

        if (-d $name) {             # Ist es ein Verzeichnis?
            &ScanDirectory($name);
            next;
        }
        if ($name eq "core") {      # Ist es eine Datei namens core?
            # Wenn beim Aufruf -r angegeben wurde, die Datei tatsächlich löschen.
            if (defined $r) {
                unlink($name) or die "Kann $name nicht löschen: $!\n";
            } else {
                print "core in $workdir gefunden!\n"
            }
        }
    }
    chdir($startdir) or die "Kann nicht in $startdir wechseln: $!\n";
}

&ScanDirectory(".");
```

Kapitel 2: Dateisysteme

Der entscheidende Unterschied zu vorhin ist das Verhalten dieses Programms, wenn es in dem zu untersuchenden Verzeichnis ein Unterverzeichnis antrifft. Wenn es ein Verzeichnis findet, wird nicht mehr wie im vorherigen Programmbeispiel bloß eine Meldung ausgegeben (»Verzeichnis gefunden!«), sondern die Routine ruft sich selbst auf, um das eben gefundene Verzeichnis zu untersuchen. Wenn das ganze Verzeichnis untersucht ist (wenn der Aufruf von ScanDirectory() zurückkommt), dann wird der Rest der Verzeichniseinträge untersucht.

Damit unser Programm ein voll funktionsfähiger *core*-Zerstörer ist, haben wir auch die Löschfunktion ergänzt. Beachten Sie, wie das geschrieben ist: Nur wenn das Skript mit der Option *–r* (für *remove*) gestartet wird, werden tatsächlich Dateien gelöscht.

Wir benutzten die eingebaute *–s*-Option von Perl, um die Parameter beim Aufruf zu parsen (#!/usr/bin/perl -s). Das ist die einfachste Möglichkeit – wenn wir Ausgefeilteres bräuchten, hätten wir ein Modul aus der Getopt-Familie benutzt. Wenn ein Parameter beim Aufruf angegeben wird (z. B. *–r*), dann wird eine globale skalare Variable gleichen Namens ($r) gesetzt. Unser Skript ist so programmiert, daß es beim Aufruf ohne *–r* das alte Verhalten zeigt. Es gibt dann nur aus, daß eine *core*-Datei gefunden wurde.

Wenn Sie automatisierte Skripte schreiben, stellen Sie sicher, daß Aktionen, die etwas zerstören, schwieriger auszuführen sind. Aber Vorsicht: Perl kann wie andere mächtige Sprachen ein ganzes Dateisystem in Null Komma nichts zerstören und kommt dabei nicht mal ins Schwitzen.

Damit nun die NT/2000-Benutzer nicht denken, das alles betreffe sie nicht, muß ich darauf hinweisen, daß das vorhergehende Programm auch für sie nützlich sein kann.

Man braucht nur die Zeile

```
if ($name eq "core") {
```

in

```
if ($name eq "MSCREATE.DIR") {
```

abzuändern und erhält so ein Programm, das die lästigen leeren, verborgenen Dateien löscht, die bestimmte Microsoft-Installationsprogramme hinterlassen.

Gewappnet mit diesen Code-Stückchen kehren wir nun zum Dilemma am Anfang dieses Kapitels zurück. Nachdem mein Laptop unsanft gelandet war, mußte ich unbedingt feststellen, welche Dateien noch lesbar und welche Dateien beschädigt waren.

Hier ist das Programm, das schließlich benutzt habe:

```
use Cwd;    # Modul zum Ermitteln des aktuellen Verzeichnisses.

$| = 1;     # Pufferung für die Standardausgabe ausschalten.
```

```perl
sub ScanDirectory {
    my ($workdir) = shift;

    my ($startdir) = &cwd;        # Wir merken uns, wo wir waren.

    chdir($workdir)          or die "Kann nicht in $workdir wechseln: $!\n";

    opendir(DIR, ".")        or die "Kann $workdir nicht öffnen: $!\n";
    my @names = readdir(DIR);
    closedir(DIR);

    foreach my $name (@names) {
        next if ($name eq ".");
        next if ($name eq "..");

        if (-d $name) {          # Ist es ein Verzeichnis?
            &ScanDirectory($name);
            next;
        }
        unless (&CheckFile($name)) {
            # Den Namen der beschädigten Datei ausgeben.
            print &cwd . "/" . $name . "\n";
        }
    }
    chdir($startdir)    or die "Kann nicht in $startdir wechseln: $!\n";
}

sub CheckFile {
    my($name) = shift;

    print STDERR "Teste " . &cwd . "/" . $name . "\n";

    # Versuchen, die Verzeichniseinträge zu dieser Datei zu lesen.
    my @stat = stat($name);
    if (!$stat[4] && !$stat[5] && !$stat[6] && !$stat[7] && !$stat[8]) {
        return 0;
    }
    # Versuchen, die Datei zu öffnen.
    open(T, "$name") or return 0;
    # Datei Byte für Byte einlesen.
    for (my $i = 0; $i < $stat[7]; $i++) {
        my $r = sysread(T, my $buf, 1);
        if ($r != 1) {
            close(T);
            return 0;
        }
    }
    close(T);
    return 1;
}

&ScanDirectory(".");
```

Der Unterschied zum vorherigen Programm ist die zusätzliche Subroutine, in der jede gefundene Datei genauer untersucht wird. Wir verwenden für jede Datei die stat()-Funktion, um festzustellen, ob wir die Metainformation zu der Datei (Größe usw.) lesen können. Wenn nicht, ist die Datei sicher beschädigt. Wenn der Verzeichniseintrag lesbar war, versuchen wir als nächstes, die Datei zum Lesen zu öffnen. Wenn auch dies gelingt, versuchen wir zuletzt, die Datei Byte für Byte zu lesen. Im Prinzip beweist das noch nicht, daß die Datei unbeschädigt ist (der Inhalt könnte verändert sein), aber zumindest ist diese Datei lesbar.

Sie werden sich fragen, warum wir die Datei mit der etwas esoterischen Funktion sysread() statt mit <> oder read() lesen, wie es in Perl weitaus üblicher ist. Nun, nur mit sysread() können wir eine Datei wirklich Byte für Byte einlesen, ohne daß das System irgendwelche Daten puffert. Wenn eine Datei bei der Position X beschädigt ist, wollen wir nicht, daß die Routinen in der Standard-I/O-Bibliothek auch noch versuchen, die Positionen X+1, X+2, X+3 usw. zu lesen, wie sie das normalerweise tun (dieses »Vorauslesen« (engl. *pre-fetch*) dient zur Leistungsverbesserung). In unserem Fall wollen wir aber sofort aufgeben, sobald wir nur ein einziges Byte nicht lesen können. Im allgemeinen will man im Gegenteil Dateien wenn immer möglich in großen Stücken einlesen, weil dies viel schneller geht; hier aber ist genau das unerwünscht, weil sonst der Laptop jedesmal für längere Zeit unschöne Töne von sich gibt, wenn wir auf eine beschädigte Datei stoßen.

Nachdem Sie die Programme gesehen haben, die ich verwendet habe, muß ich nun die Geschichte noch zu Ende erzählen. Das Skript von eben schuftete buchstäblich eine ganze Nacht lang und fand am Ende unter den 16 000 Dateien gerade 95 beschädigte. Keine davon gehörte zu dem Buch, das Sie gerade lesen; ich konnte die intakten Dateien retten und woanders hinkopieren. Perl hat mir wirklich aus der Patsche geholfen.

Dateisysteme mit dem File::Find-Modul traversieren

Wir haben nun gesehen, wie das Durchsuchen von Dateisystemen im Grundsatz funktioniert. Jetzt lernen wir eine etwas schlauere Methode kennen. Mit Perl wird ein Modul namens File::Find mitgeliefert, mit dem man die Eigenschaften des *find*-Programms von Unix in Perl nachbilden kann. Am einfachsten benutzt man dieses Modul mit dem *find2perl*-Programm, das beispielhaften Code mit File::Find erzeugt.

Nehmen wir zum Beispiel an, wird brauchen ein Programm, das das */home*-Verzeichnis nach Dateien namens *beesknees* absucht. Mit dem Unix-Programm *find* geht das wie folgt:

```
% find /home -name beesknees -print
```

Wenn man die gleichen Argumente mit dem *find2perl*-Programm verwendet:

```
% find2perl /home -name beesknees -print
```

erhält man die folgende Ausgabe:

```
#!/usr/bin/perl
    eval 'exec /usr/bin/perl -S $0 ${1+"$@"}'
        if $running_under_some_shell;

require "find.pl";

# Traverse desired filesystems

&find('/home');

exit;

sub wanted {
    /^beesknees$/ && print("$name\n");
}
```

find2perl ist auf Nicht-Unix-Systemen nicht immer einfach zu benutzen. Mac-Benutzer zum Beispiel benötigen dafür entweder den Macintosh Programmer's Workshop (MPW), oder sie müssen das Programm so abändern, daß es seine Argumente aus einer Dialogbox bezieht. Hier ein kleines Programmstück von Chris Nandor, dem Ko-Autor von *MacPerl: Power and Ease*, das dies besorgt:

```
@ARGV = @ARGV ? @ARGV : split "\s", MacPerl::Ask("Arguments?");
```

Bei allen Portierungen ist das `File::Find`-Modul dabei, das *find2perl* und *find.pl* benutzen, daher ist das nicht ein wirkliches Problem. Weiter hinten in diesem Kapitel werden wir sehen, wie man dieses Modul direkt aufruft.

Das von *find2perl* erzeugte Programm ist nicht schwierig zu verstehen. Zunächst wird das *find.pl*-Paket mit der `require`-Anweisung eingebunden. Danach wird die Subroutine `&find()` mit dem Namen des abzusuchenden Verzeichnisses als Argument aufgerufen. Die Subroutine `&wanted()` besprechen wir gleich, in ihr werden alle die interessanten Änderungen stattfinden, die wir untersuchen wollen.

Bevor wir aber diesen Code abändern, ist es wichtig, auf ein paar Dinge hinzuweisen, die beim ersten Lesen nicht gleich ins Auge springen:

- Die Leute, die an `File::Find`-Modul gearbeitet haben, haben sich ernsthaft Mühe gegeben, das Modul plattformübergreifend zu programmieren. Die internen Routinen von `File::Find` werkeln im Hintergrund und verbergen die Eigenheiten der verschiedenen Betriebssysteme vor dem Benutzer, so daß das gleiche Perl-Programm unter Unix, MacOS, NT, VMS usw. benutzt werden kann.

- Der von *find2perl* erzeugte Code scheint Perl Version 4 zu sein (z. B. wird `require` benutzt, um eine *.pl*-Datei zu laden). *find.pl* macht in Wahrheit nicht viel mehr, als ein paar Perl-5-Aliases aufzusetzen und danach `File::Find` zu benutzen. Ganz allgemein ist es oft ganz nützlich, einem Modul auch einmal unter die Motorhaube zu schauen, bevor man es in eigenem Code benutzt. Um herauszufinden, wo Perl nach bereits installierten Modulen sucht, kann man entweder die Ausgabe von *perl -V* oder die dieses Einzeilers anschauen:

```
% perl -e 'print join("\n", @INC, "")'
```

Betrachten wir nun die Subroutine `&wanted()`, die wir für unsere Zwecke anpassen werden. Diese Funktion wird von `&find()` (genauer: von `&File::Find::find()`) für jede gefundene Datei und jedes gefundene Verzeichnis einmal aufgerufen, mit dem Namen dieser Datei oder dieses Verzeichnisses im Argument. Die Subroutine `&wanted()` hat die Aufgabe festzustellen, ob diese Datei oder dieses Verzeichnis »interessant« ist, und wenn, was damit anzustellen ist. Im Beispiel oben wird untersucht, ob der Dateiname mit dem String `beesknees` übereinstimmt. Wenn ja, wird via den `&&`-Operator die `print`-Anweisung ausgeführt und der Dateiname ausgegeben.

Wenn wir eine eigene `&wanted()`-Subroutine schreiben, müssen wir zwei Gesichtspunkte beachten. Weil `&wanted()` für jeden gefundenen Pfadnamen einmal aufgerufen wird, ist es wichtig, daß die Subroutine kurz und bündig ist. Je schneller wir aus der Subroutine zurückkehren, desto schneller kann die `find`-Prozedur zur nächsten Datei oder zum nächsten Verzeichnis weitergehen und desto schneller läuft das Programm als Ganzes ab. Außerdem gilt es die vorhin angesprochene Portabilität zwischen Betriebssystemen zu beachten. Es wäre schade, wenn das an sich portable `&find()` eine unnötigerweise betriebssystemspezifische `&wanted()`-Funktion aufrufen würde, es sei denn, dies wäre unvermeidlich. Im Quellcode des `File::Find`-Moduls findet man Hinweise, wie man diese Situation vermeiden kann.

Als erstes Programm, das `File::Find` benutzt, schreiben wir unseren `core`-Aufräumer von vorhin auf andere Art:

```
% find2perl -name core -print
```

Damit erhalten wir:

```
require "find.pl";

# Traverse desired filesystems

&find('.');

exit;

sub wanted {
    /^core$/ && print("$name\n");
}
```

Wir fügen die *–s*-Option zum Perl-Aufruf hinzu und ändern die Subroutine &wanted() etwas ab:

```
sub wanted {
    /^core$/ && print("$name\n") && defined $r && unlink($name);
}
```

Damit löscht unser Programm wie gewünscht die gefundenen core-Dateien, aber nur, wenn der Benutzer das Programm mit *–r* aufruft. Wir fügen unserem »Zerstörer« gleich noch eine Verfeinerung hinzu:

```
sub wanted {
    /^core$/ && -s $name && print("$name\n") && defined $r && unlink($name);
}
```

Hier wird getestet, ob die Datei eine Länge größer Null hat. Ist das der Fall, wird der Name ausgegeben und die Datei gelöscht. Schlaue Benutzer benutzen oft symbolische Links namens *core*, die auf */dev/null* zeigen, damit in diesem Verzeichnis nicht unbeachteterweise große *core*-Dateien geschrieben werden. Mit dem *–s*-Test stellen wir sicher, daß solche Links oder leere *core*-Dateien nicht gelöscht werden. Wenn wir es noch etwas genauer haben wollten, könnten wir noch zwei weitere Tests hinzufügen:

1. Wir könnten die Datei einlesen und feststellen, ob es sich um einen wirklichen Speicherauszug handelt – entweder mit eigenem Perl-Code, oder indem wir den Unix-Befehl *file* aufrufen. Dieser Test kann aber überaus verzwickt werden, wenn unsere Maschine über das Netzwerk auf Dateisysteme von Maschinen mit anderer Rechnerarchitektur zugreift – bei diesen ist nämlich auch das Format der Speicherauszüge anders.

2. Wir könnten das Datum der letzten Änderung überprüfen. Wenn nämlich Ihre Mitarbeiterin gerade dabei ist, ein Programm zu debuggen, das eine *core*-Datei erzeugt hat, ist sie wahrscheinlich nicht gerade glücklich, wenn Sie ihr die Datei sozusagen unter den Füßen wegziehen.

Lassen wir die Unix-Welt einen Moment beiseite, und betrachten wir ein paar Beispiele zu MacOS und NT/2000. Weiter vorn in diesem Kapitel habe ich darauf hingewiesen, daß jede Datei in einem HFS-Dateisystem unter MacOS zwei Attribute besitzt, *creator* und *type*, mit denen das OS feststellt, welches Programm die Datei erzeugt hat und wozu die Datei dient. Diese Attribute sind vier Zeichen lange Strings. Zum Beispiel besitzt eine von SimpleText erzeugte Datei den *creator* ttxt und den *type* TEXT. Von Perl aus (aber nur mit MacPerl) lassen sich diese Informationen mit der Funktion MacPerl::GetFileInfo() feststellen. Die Syntax dazu ist:

```
$type = MacPerl::GetFileInfo(filename);
```

oder:

```
($creator, $type) = MacPerl::GetFileInfo(filename);
```

Um alle Textdateien in einem MacOS-Dateisystem zu finden, können wir wie folgt vorgehen:

```
use File::Find;

&File::Find::find(\&wanted, "Macintosh HD:");

sub wanted {
    -f $_ && MacPerl::GetFileInfo($_) eq "TEXT" &&
        print "$Find::File::name\n";
}
```

Sie werden feststellen, daß sich dieser Code etwas von den vorhergehenden Programmbeispielen unterscheidet, aber die Funktionalität ist dieselbe. Hier werden die Routinen des `File::Find`-Moduls direkt aufgerufen, ohne den Umweg über das *find.pl*-Zwischenstück. Wir verwenden außerdem die Variable `$name`, die im Namensraum von `File::Find` definiert wird und die den absoluten Pfadnamen der gefundenen Datei statt nur den Dateinamen enthält. In Tabelle 2-2 sind die von `File::Find` definierten Variablen erklärt.

Tabelle 2-2: Variablen des Moduls File::Find

Variablenname	Bedeutung
`$_`	Aktueller Dateiname
`$File::Find::dir`	Aktueller Verzeichnisname
`$File::Find::name`	Ganzer Pfadname der aktuellen Datei, d. h. "`$File::Find::dir/$_`"

Und nun ein Beispiel zu NT/2000:

```
use File::Find;
use Win32::File;

&File::Find::find(\&wanted, "\\");

sub wanted {
    -f $_ &&
        # $attr wird von der Funktion Win32::File::GetAttributes gesetzt.
        (Win32::File::GetAttributes($_, $attr)) &&
            ($attr & HIDDEN) &&
                print "$File::Find::name\n";
}
```

In diesem Beispiel wird das ganze Dateisystem nach verborgenen Dateien abgesucht, also solchen, bei denen das HIDDEN-Attribut gesetzt ist. Die funktioniert sowohl auf NTFS- als auch auf FAT-Dateisystemen.

Im folgenden NTFS-spezifischen Beispiel wird nach Dateien gesucht, auf die jeder aus der vordefinierten Gruppe `Jeder` vollen Zugriff hat. Die Namen dieser Dateien werden ausgegeben:

```
use File::Find;
use Win32::FileSecurity;

my %users;

# DACL-Maske für vollen Zugriff bestimmen.
my $fullmask = Win32::FileSecurity::MakeMask('FULL');

&find(\&wanted, "\\");

sub wanted {
    # Win32::FileSecurity::Get mag die Paging-Datei nicht; Datei überspringen.
    next if ($_ eq "pagefile.sys");
    (-f $_) &&
        Win32::FileSecurity::Get($_, \%users) &&
            (defined $users{"Jeder"}) &&
                ($users{"Jeder"} == $fullmask) &&
                    print "$File::Find::name\n";
}
```

Hier erfragen wir zu jeder Datei (außer der Paging-Datei von Windows NT) die Access Control List. Wir überprüfen, ob diese Liste ein Element für die Gruppe `Jeder` enthält. Wenn ja, fragen wir ab, ob dieser `Jeder`-Eintrag vollen Zugriff erlaubt, indem wir ihn mit der Maske vergleichen, die wir zuvor mit `MakeMask()` bestimmt haben, und geben bei Übereinstimmung den absoluten Pfadnamen aus.

Hier folgt ein weiteres, aus der Praxis gegriffenes Beispiel dafür, wie nützlich auch ganz einfache Skripten sein können. Ich hatte versucht, die (erst vor kurzem neu erstellte) NT-Partition meines Laptops zu defragmentieren, und erhielt vom Defragmentier-Programm eine Fehlermeldung `Metadata Corruption Error`. Ich schaute auf den Webseiten des Herstellers der Defragmentierungs-Software nach und fand eine Meldung vom technischen Support: »Diese Situation kann entstehen, wenn Dateinamen gefunden werden, die länger sind, als es Windows NT zuläßt.« Als Abhilfe wurde vorgeschlagen, diese Datei zu lokalisieren, indem man jedes Verzeichnis an einen anderen Ort kopiert. Wenn das kopierte Verzeichnis weniger Dateien als das ursprüngliche enthält, muß das ursprüngliche Verzeichnis die problematische Datei enthalten.

Angesichts der riesigen Anzahl von Verzeichnissen auf dieser NT-Partition war das ein völlig lächerlicher und unbrauchbarer Vorschlag. Ich habe statt dessen in ein, zwei Minuten dieses kleine Skript erstellt, das die vorhin erläuterten Verfahren benutzt:

```
require "find.pl";

my $max       = '';
my $maxlength = 0;
```

```perl
# Traverse desired filesystems

&find('.');
print "max: $max\n";

exit;

sub wanted {
    return unless -f $_;
    if (length($_) > $maxlength) {
        $max = $File::Find::name;
        $maxlength = length($_);
    }
    if (length($File::Find::name) > 200) { print $File::Find::name, "\n";}
}
```

Das Skript gab alle Dateinamen aus, die länger als 200 Zeichen waren, und am Ende den längsten Dateinamen nochmals. Problem erledigt – dank Perl.

Wann soll man File::Find nicht verwenden?

In welchen Fällen ist der Gebrauch des `File::Find`-Moduls *nicht* zu empfehlen? Mir fallen dazu vier Situationen ein:

1. Wenn das Dateisystem sich nicht normal verhält, kann man das Modul nicht benutzen. Bei dem Beispiel am Kapitelanfang mit dem heruntergefallenen Laptop war es so, daß der NTFS-Driver von Linux die merkwürdige Eigenart hatte, bei ansonsten leeren Verzeichnissen auch die Einträge ».« und »..« nicht anzugeben. Das hat das `File::Find`-Modul gar nicht gut vertragen.

2. Wenn *während des Traversierens* Verzeichnisse umbenannt werden müssen. `File::Find` mag das gar nicht und kann sich in diesem Fall völlig erratisch verhalten.

3. Wenn Ihr Programm (auf Unix) auch symbolischen Links folgen soll, die auf Verzeichnisse zeigen. Das `File::Find`-Modul ignoriert diese.

4. Wenn Sie ein Dateisystem eines fremden Typs auf dem lokalen Betriebssystem untersuchen müssen (zum Beispiel ein über NFS gemountetes Dateisystem einer Unix-Maschine auf einem Win32-Rechner). Das `File::Find`-Modul versucht in diesem Fall, die Semantik des lokalen Betriebssystems auf das fremde Dateisystem anzuwenden, was meist fehlschlägt.

Diese Situationen sind eher unwahrscheinlich, aber sollten sie dennoch auftreten, können Sie das Dateisystem »von Hand« nach dem Verfahren absuchen, das wir am Anfang des Kapitels besprochen hatten.

Wir kommen zu Unix zurück und beschließen das Kapitel mit einem komplizierteren Programmbeispiel. Eine wichtige Idee, die aber offenbar bei vielen Systemadministratoren kleingeschrieben wird, ist die der Benutzerschulung. Wenn Ihre Benutzer kleinere Probleme mit von Ihnen geschriebenen Programmen selbst lösen können, ist das am Ende für alle Seiten ein Gewinn.

Viele der Probleme in diesem Kapitel rühren daher, daß Plattenplatz knapp wird. Oft passiert das nur, weil die Benutzer zu wenig über ihre Umgebung wissen oder weil das Aufräumen von nicht mehr benötigtem Platz zu mühsam ist. Oft beginnt ein Anruf beim Support etwa so: »Ich habe keinen Platz mehr in meinem Verzeichnis und weiß nicht, warum.« Im Folgenden sehen Sie das Grundgerüst für ein Skript namens *mehr_platz*, das dem Benutzer in dieser Situation helfen kann. Der Benutzer tippt einfach *mehr_platz*, und das Skript versucht, Dateien im Home-Verzeichnis des Benutzers zu finden, die ohne Schaden gelöscht werden können. Es hält nach zwei Typen von Dateien Ausschau: Backup-Versionen mit bekanntem Namensschema und Dateien, die mit automatischen Methoden neu erzeugt werden können. Sehen wir uns das Programm an:

```
use File::Find;
use File::Basename;

# Hash mit Datei-Erweiterungen und den Erweiterungen der Quelldateien, aus denen
# die abgeleiteten Dateien erzeugt werden können.
my %ableitungen = (".dvi" => ".tex",
                   ".aux" => ".tex",
                   ".toc" => ".tex",
                   ".o"   => ".c",
                  );

my ($tempgroesse, %stamm_bekannt, %core, %emacs, %tex, %punkt_o);
```

Wir laden zunächst die benötigten Module aus der Bibliothek: unseren alten Freund `File::Find` und ein weiteres nützliches Modul, `File::Basename`. Dieses ist sehr praktisch beim Parsen von Pfadnamen. Wir initialisieren dann einen Hash mit bekannten Herleitungen. Wir wissen zum Beispiel, daß man mit den Befehlen *TeX* oder *LaTeX* aus der Datei *happy.tex* die Datei *happy.dvi* erzeugen kann oder daß eine Datei namens *happy.o* möglicherweise mit dem C-Compiler aus einer Quelltextdatei *happy.c* erzeugt werden kann. Das Wort »möglicherweise« besagt hier, daß es eben auch mehrere Dateien sein können, die zur Erzeugung einer einzelnen, abhängigen Datei benötigt werden. Die verallgemeinerte Abhängigkeitsanalyse ist ein komplexes Thema, an das wir uns hier nicht heranwagen.

Als nächstes ermitteln wir das Home-Verzeichnis des Benutzers, indem wir die Benutzer-ID der Aufrufers ($<) an die Funktion `getpwuid()` übergeben. Diese Funktion liefert die Paßwort-Information für diese UID (mehr dazu im nächsten Kapitel) als Liste zurück, und mit einem Arrayindex ([7]) wählen wir aus dieser Liste das Home-Verzeichnis aus. Es gibt andere Möglichkeiten, dieses Verzeichnis zu bestimmen, die aber von der verwendeten Shell abhängen (z. B. die Umgebungsvariable $HOME); die hier verwendete Methode ist portabler.

Wenn wir das Verzeichnis haben, begeben wir uns dahin und suchen es nach bekannter Art mit &find() ab:

```
my $homedir = (getpwuid($<))[7]; # Home-Verzeichnis des Benutzers bestimmen.

chdir($homedir)
    or die "Kann nicht ins Home-Verzeichnis $homedir wechseln: $!\n";

$| = 1; # Pufferung für STDOUT ausschalten.
print "Suchen ";
find(\&wanted, "."); # Verzeichnis absuchen, &wanted macht die eigentliche Arbeit.
```

Hier folgt die &wanted()-Subroutine, die von &find() aufgerufen wird. Zunächst halten wir nach *core*-Dateien und nach Backup- und Autosave-Dateien von *emacs* Ausschau. Wir nehmen an, daß diese gelöscht werden können, ohne daß wir uns davon überzeugen, daß die Quelldatei vorhanden ist (das ist eine möglicherweise zu optimistische Annahme). Zu jeder dieser Dateien werden der Pfadname und die Größe der Datei in einem Hash gespeichert, der Pfadname als Schlüssel und die Größe als Wert.

Die verbleibenden Tests für die Dateien, die aus anderen erzeugt werden können, sind sehr ähnlich. Bei diesen wird eine Subroutine &Quelldatei_existiert() aufgerufen, die feststellt, ob eine Datei aus einer anderen Quelldatei im gleichen Verzeichnis automatisch erzeugt werden kann. Wenn dieser Test erfolgreich ist, speichern wir auch diese Datei und ihre Größe für später in einem Hash:

```
sub wanted {
    # Für jedes Verzeichnis einen Punkt ausgeben, damit man sieht, daß etwas passiert.
    print "." if (-d $_);

    # Wir kümmern uns nur um echte Dateien.
    return unless (-f $_);

    # Auf core-Dateien testen, in der %core-Tabelle speichern.
    $_ eq "core" && ($core{$File::Find::name} = (stat(_))[7]) && return;

    # Auf Backup- und Autosave-Dateien des Editors Emacs testen.
    (/^#.*#$/ || /~$/) &&
        ($emacs{$File::Find::name} = (stat(_))[7]) &&
            return;

    # Auf wiederherstellbare TeX-Dateien testen.
    (/\.dvi$/ || /\.aux$/ || /\.toc$/) &&
        &Quelldatei_existiert($File::Find::name) &&
            ($tex{$File::Find::name} = (stat(_))[7]) &&
                return;

    # Auf wiederherstellbare .o-Dateien (Objektdateien) testen.
    /\.o$/ &&
        &Quelldatei_existiert($File::Find::name) &&
            ($punkt_o{$File::Find::name} = (stat(_))[7]) &&
                return;
}
```

Hier folgt schließlich die Subroutine, die prüft, ob eine bestimmte Datei aus einer Quelldatei im gleichen Verzeichnis hergeleitet werden kann, ob z. B. *happy.c* existiert, wenn wir einer Datei namens *happy.o* begegnet sind.

```
sub Quelldatei_existiert {
    my($name, $pfad, $suffix) = &File::Basename::fileparse($_[0], '\..*');

    # Wir wissen nicht, wie man diese Datei herleiten kann.
    return 0 unless (defined $ableitungen{$suffix});

    # Einfacher Fall, wir sind der Quelldatei schon begegnet.
    return 1 if (defined $stamm_bekannt{$pfad.$name.$ableitungen{$suffix}});

    # Falls eine Datei (oder ein Link auf eine Datei) existiert und nicht leer ist.
    return 1 if (-s $name.$ableitungen{$suffix} &&
                 ++$stamm_bekannt{$pfad.$name.$ableitungen{$suffix}});
}

print " fertig.\n\n";
```

Der Code geht wie folgt vor:

1. Mit der Funktion `&File::Basename::fileparse()` wird der volle Pfadname in seinen eigentlichen Dateinamen, in den Verzeichnisanteil und ein Suffix (Erweiterung) zerlegt (also etwa *resume.dvi*, */home/cindy/docs/*, *.dvi*).

2. Es wird überprüft, ob das Suffix in der Liste der automatisch herleitbaren Dateien vorkommt. Wenn nicht, wird 0 (im Booleschen Kontext *false*) zurückgegeben.

3. Wir prüfen, ob wir einer »Basisdatei« für diese bestimmte Datei schon begegnet sind. Wenn ja, geben wir true zurück. Unter Umständen (insbesondere TEX und LATEX) kann eine einzige Basisdatei mehrere anhängige Dateien erzeugen. Diese Prüfung spart Zeit, weil wir in diesem Fall nicht auf das Dateisystem zuzugreifen brauchen.

4. Wenn wir noch keiner Basisdatei für diese Datei begegnet sind, prüfen wir, ob eine solche existiert, und ob es sich dabei um eine nichtleere Datei handelt. Wenn ja, speichern wir diese Tatsache in einem Cache und geben 1 zurück (*true* im Booleschen Kontext).

Nun müssen wir nur noch am Ende die Daten ausgeben, die wir beim Durchsuchen des Home-Verzeichnisses gesammelt haben:

```
foreach my $pfad (keys %core) {
    print "Core-Datei gefunden, " . &MBytes($core{$pfad}) .
          " MB in " . &File::Basename::dirname($pfad) . ".\n";
}

if (keys %emacs) {
    print "\nDas folgende sind vermutlich Emacs-Backup-Dateien:\n";
```

```
            foreach my $pfad (keys %emacs) {
                $tempgroesse += $emacs{$pfad};
                $pfad =~ s/^$homedir/~/;        # Pfad für die Ausgabe schöner darstellen.
                print "$pfad ($emacs{$pfad} Bytes)\n";
            }
            print "Diese Daten belegen total " . &MBytes($tempgroesse) . " MB.\n";
            $tempgroesse = 0;
        }

        if (keys %tex) {
            print "\nFolgende Dateien wurden vermutlich von (La)TeX erzeugt:\n";
            foreach my $pfad (keys %tex) {
                $tempgroesse += $tex{$pfad};
                $pfad =~ s/^$homedir/~/;        # Pfad für die Ausgabe schöner darstellen.
                print "$pfad ($tex{$pfad} Bytes)\n";
            }
            print "Diese Daten belegen total " . &MBytes($tempgroesse) . " MB.\n";
            $tempgroesse = 0;
        }

        if (keys %punkt_o) {
            print "\nFolgende Dateien lassen sich vermutlich mit cc erzeugen:\n";
            foreach my $pfad (keys %punkt_o) {
                $tempgroesse += $punkt_o{$pfad};
                $pfad =~ s/^$homedir/~/;        # Pfad für die Ausgabe schöner darstellen.
                print "$pfad ($punkt_o{$pfad} Bytes)\n";
            }
            print "Diese Daten belegen total " . &MBytes($tempgroesse) . " MB.\n";
            $tempgroesse = 0;
        }

        sub MBytes { # Bytes in X.XX Megabytes verwandeln.
            return sprintf("%.2f", ($_[0]/1_000_000));
        }
```

Bevor wir uns anderen Dingen zuwenden, will ich noch darauf hinweisen, daß sich dieses Beispielprogramm vielfach ausbauen läßt. Die Menge der Erweiterungsmöglichkeiten für diese Art von Programmen ist nach oben offen. Hier ein paar Ideen:

- Man könnte für die Basisdateien und die erzeugten Dateien eine raffiniertere Datenstruktur vorsehen. Im obigen Beispiel wurde eine einfache Struktur gewählt, damit das Programm einfach bleibt und ohne allzu tiefes Verständnis für Datenstrukturen in Perl verständlich ist. Der Code wiederholt sich an einigen Orten und ist schwieriger zu erweitern, als es sein müßte. Im Idealfall möchte man nur eine Datenstruktur benutzen und nicht für jede Sorte von Dateien (z. B. für %tex) einen neuen Spezialfall ausprogrammieren.

- Man könnte die Cache-Verzeichnisse der Web-Browser aufräumen – da wird schnell viel Plattenplatz verbraucht.

- Man könnte dem Benutzer anbieten, die gefundenen Dateien auch gleich zu löschen – mit dem Perl-Operator `unlink()` und der Subroutine `rmpath` aus dem `File::Path`-Modul.
- Man könnte die gefundenen Dateien genauer untersuchen und nicht nur aufgrund der Dateinamen erraten, um was für Typen von Dateien es sich handelt.

Diskquotas verwalten

Perl-Programme wie der Core-Zerstörer aus dem letzten Abschnitt sind eine Methode, wie man das Problem »Zu wenig Plattenplatz« angehen kann. Aber auch, wenn man ein solches Programm regelmäßig laufen läßt, wird hier doch erst reagiert, nachdem das Problem schon akut geworden ist.

Die Verwendung von Quotas ist eine andere Möglichkeit, das Problem genau dann anzupacken, wenn unnötig Plattenplatz verschwendet wird. Mit Quotas kann man – sofern das Betriebssystem überhaupt Quotas unterstützt – den maximal zur Verfügung stehenden Plattenplatz pro Benutzer und Dateisystem einschränken. Quotas werden von Windows 2000 und allen modernen Unix-Versionen unterstützt. Für NT4 kann man ein Produkt eines Drittherstellers installieren. Macintosh-Benutzer haben hier nichts zu lachen, leider.

Auch wenn sie im Betriebssystem vorgesehen sind, ist die Verwendung von Quotas doch nicht so einfach. Die Quotas umfassen alle Dateien, nicht nur relativ selten auftretende wie die `core`-Speicherauszüge. Die meisten Systemadministratoren verwenden eine Mischung von automatisierten Aufräum-Skripten und eben Quotas. Die ersteren verhindern zunächst, daß die Quotas überhaupt in Aktion treten müssen.

In diesem Abschnitt untersuchen wir, wie wir mit Diskquotas unter Unix von Perl aus umgehen können. Dazu müssen wir zunächst verstehen, wie man Quotas »von Hand« setzt und abfragt. Quotas werden für ein bestimmtes Dateisystem eingeschaltet, indem der Systemadministrator in der Dateisystem-Tabelle (*/etc/fstab* oder */etc/vfstab*) eine bestimmte Option angibt und dann entweder den Rechner neu bootet oder mit einem bestimmten Befehl (meist *quotaon*) das Quota-System einschaltet. Die */etc/vfstab*-Datei unter Solaris sieht etwa so aus:

```
#device              device              mount   FS    fsck  mount    mount
#to mount            to fsck             point   type  pass  at boot  options
/dev/dsk/c0t0d0s7    /dev/rdsk/c0d0t0s7  /home   ufs   2     yes      rq
```

Die Option »*rq*« in der letzten Spalte besagt, daß für das `/home`-Dateisystem die Quotas eingeschaltet sind. Quotas werden vom System für jeden Benutzer separat gespeichert. Mit dem Befehl *quota* kann man die Quotas für einen bestimmten Benutzer auf allen Dateisystemen ausgeben, auf denen Quotas eingeschaltet sind:

```
$ quota -v sabrams
```

Das ergibt eine Ausgabe der folgenden Art:

```
Disk quotas for sabrams (uid 670):
  Filesystem    usage  quota   limit    timeleft  files  quota  limit timeleft
  /home/users  228731 250000  253000                 0      0      0
```

In den nächsten paar Beispielen befassen wir uns nur mit den ersten drei Zahlen dieser Ausgabe. Die erste Zahl ist die Anzahl von 1024-Byte-Blöcken, die der Benutzer *sabrams* auf dem Dateisystem */home/users* belegt. Die zweite Zahl sind die »soft quotas«. Wenn der Benutzer mehr als diese Menge Plattenplatz belegt, gibt das System eine Zeitlang Warnungen aus, aber der Plattenplatz wird noch nicht wirklich eingeschränkt. Erst wenn die dritte Zahl, die »hard quotas« erreicht sind, kann der Benutzer nicht mehr abspeichern: Das ist seine oberste Grenze für den Plattenplatz. Wenn dann ein Programm versucht, auf dieses Dateisystem für diesen Benutzer zu schreiben, wird das Betriebssystem diese Anfrage verweigern und einen Fehler wie `disk quota exceeded` zurückgeben.

Wenn der Systemadministrator diese Grenzen von Hand verändert, benutzt er den Befehl *edquota*. Dieser startet den Editor mit einer kleinen Textdatei, die die entsprechenden Zahlen enthält. Durch Setzen der Umgebungsvariablen EDITOR kann man den zu verwendenden Editor angeben. Hier sehen Sie ein Beispiel für eine solche Textdatei, das die Quotas eines Benutzers für vier Dateisysteme angibt. Das Home-Verzeichnis dieses Benutzers liegt sehr wahrscheinlich auf */exprt/server2*, weil nur auf diesem Dateisystem Quotas vorhanden sind:

```
fs /export/server1 blocks (soft = 0, hard = 0) inodes (soft = 0, hard = 0)
fs /export/server2 blocks (soft = 250000, hard = 253000) inodes (soft = 0, hard = 0)
fs /export/server3 blocks (soft = 0, hard = 0) inodes (soft = 0, hard = 0)
fs /export/server4 blocks (soft = 0, hard = 0) inodes (soft = 0, hard = 0)
```

edquota ist ja ganz recht, wenn man die Quotas für einen einzelnen Benutzer verändern will, aber es wird unbrauchbar, wenn man Quotas für zig, Hunderte oder Tausende von Benutzerkonten verwalten soll. Es gibt aber keinen Einzeilen-Befehl, mit dem man die Diskquotas verändern könnte – eine Schwäche von Unix: Es gibt wohl Bibliotheksroutinen in C für diesen Zweck, aber von der Kommandozeile aus oder in Skriptsprachen kann man diese nicht direkt benutzen. Getreu dem Motto von Perl »There's More Than One Way To Do It« werden wird zwei völlig verschiedene Arten kennenlernen, wie man von Perl aus Quotas setzen kann.

Quotas mit dem edquota-Trick verändern

Bei der ersten Methode wenden wir einen kleinen Trick an. Wir hatten eben erwähnt, wie man die Diskquotas eines Benutzers verändert: Mit *edquota* wird ein Editor aufgerufen, mit dem der Administrator eine kleine Textdatei editiert und so die Quotas anpaßt. Nun ist hier aber keineswegs vorgeschrieben, daß diese Editierarbeit von einem Menschen aus Fleisch und Blut vorgenommen werden muß. Es ist nicht einmal vorgeschrieben, daß das Editierprogramm ein wirklicher Text-Editor sein muß. *edquota* braucht nur ein Programm, das es starten kann und das eine kleine Textdatei verändert. Das kann irgendein Programm sein (man kann es ja in der Variablen EDITOR angeben) – warum also nicht ein Perl-Skript? Im nächsten Beispiel verwenden wir so ein Skript.

Unser Skript übernimmt dabei gleich zwei Aufgaben: Zunächst verarbeitet es die vom Benutzer angegebenen Argumente, setzt die EDITOR-Variable und ruft dann *edquota* auf. *edquota* ruft dann unser Skript ein zweites Mal auf, hier ist die Aufgabe die, die kleine temporäre Textdatei zu verändern. Abbildung 2-1 zeigt, was dabei passiert.

Beim zweiten Aufruf muß dem Skript vom ersten Programm aus irgendwie mitgeteilt werden, wie es die Datei zu verändern hat. Wie man diese Information vom ersten Skript über das *edquota*-Programm an den EDITOR weitergibt, ist nicht ganz so einfach. Die Dokumentation zu *edquota* sagt nur: »Der aufgerufene Editor ist *vi*, sofern nicht die Umgebungsvariable EDITOR einen anderen Editor angibt«. Die Idee, die zu verändernden Parameter *auch* in die EDITOR- oder eine andere Umgebungsvariable zu verpacken, ist gefährlich, weil wir nicht wissen, wie *edquota* damit umgeht. Statt dessen werden wir eine andere Art von Interprozeßkommunikation verwenden, die Perl anbietet. Zum Beispiel können zwei Prozesse

- einander eine temporäre Datei übergeben,
- über eine »Named Pipe« miteinander kommunizieren,
- AppleEvents weitergeben (unter MacOS),
- über einen Mutex oder einen Eintrag in der Registry (NT/2000) Daten austauschen,
- sich über einen Socket unterhalten,
- ein Stück des Hauptspeichers gemeinsam nutzen (Shared Memory)

und so weiter. Sie als Programmierer können die am besten geeignete Methode auswählen; oft aber wird die Methode von der Art der Daten diktiert. Wenn man die Daten betrachtet, muß folgendes in Betracht gezogen werden:

- Kommunikationsrichtung (Einbahnverkehr oder gegenseitig)
- Häufigkeit der Kommunikation (ist es ein einzelnes Datenpaket, oder müssen mehrere übertragen werden)
- Datenmenge (10 MB oder 20 Zeichen)
- Datenformat (binäre Daten oder Text, feste Feldlänge oder mit Feld-Trennzeichen)

Schließlich müssen Sie auch darauf achten, wie kompliziert das Skript werden darf.

Bei unserem Problem werden wir eine einfache, aber sehr mächtige Methode benutzen, um Informationen weiterzugeben. Weil der erste Prozeß dem zweiten nur ein einziges Paket von Änderungsinstruktionen mitteilen muß (welche Quotas in welche neuen Werte geändert werden sollen), werden wir eine gewöhnliche Pipe zwischen den Prozessen benutzen.[1] Der erste Prozeß schreibt die Änderungsinstruktionen auf

---

1 Um genau zu sein, verbinden wir die Pipe mir dem *edquota*-Programm, das seinerseits so nett ist, seinen Input und Output mit dem von ihm aufgerufenen Perl-Skript zu verbinden.

Kapitel 2: Dateisysteme

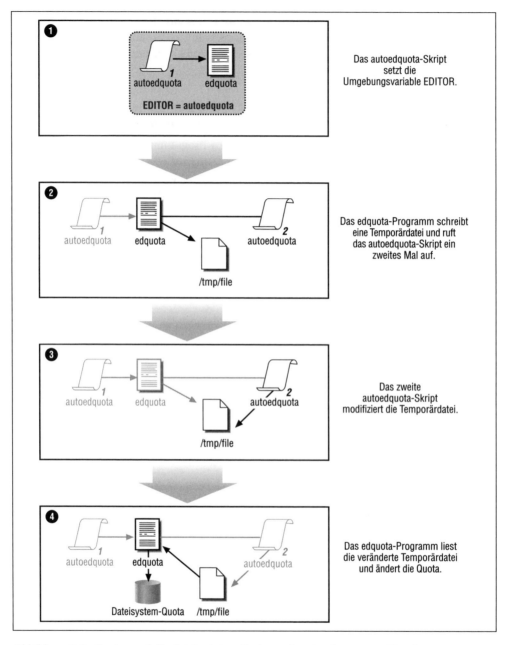

Abbildung 2-1: Quotas auf die gleiche Art verändern wie mit edquota von Hand

diese Pipe, und der zweite, von *edquota* aufgerufene Prozeß liest diese Informationen auf der Standardeingabe.

Schreiben wir nun das Programm. Zuallererst muß das Skript entscheiden, welche Rolle es zu übernehmen hat. Wir nehmen an, daß es beim ersten Mal mit mehreren Argumenten aufgerufen wird (nämlich mit den neuen Quota-Werten), aber beim zweiten Mal, wenn es von *edquota* aufgerufen wird, nur mit einem Argument, dem Namen der Temporärdatei. Wenn mehrere Argumente angegeben sind, erzwingt das Skript das Vorhandensein von mehreren Flags, also können wir einigermaßen sicher sein, daß die Auswahl in Ordnung ist. Hier ist der Code, der die Rolle des Programms bestimmt:

```perl
my $edquota = "/usr/sbin/edquota";     # edquota-Pfadname.
my $autoedq = "/usr/adm/autoedquota";  # Voller Pfadname dieses Skripts.

# Werden wir zum ersten oder zum zweiten Mal aufgerufen?

# Wenn mehr als ein Argument vorhanden ist, ist es das erste Mal.
if (@ARGV != 1) {
    &Args_parsen;
    &Edquota_aufrufen;
}
# Wir sind im zweiten Aufruf, und wir müssen editieren.
else {
    &EdQuota();
}
```

Der Code-Teil, der sich damit befaßt, die Argumente zu parsen und den *edquota*-Befehl via eine Pipe abzusetzen, sieht so aus:

```perl
sub Args_parsen {
    use Getopt::Std;  # Zur Verarbeitung der Flags in der Argumentliste.

    # Wir wollen in $opt_u den Benutzernamen, in $opt_f den Namen des Dateisystems,
    # in $opt_s die Soft Quotas und in $opt_h die Hard Quotas.
    getopt("u:f:s:h:");  # Doppelpunkt bedeutet: Dieses Flag benötigt ein Argument.
    die "Aufruf: $0 -u <username> -f <fsystem> -s <softq> -h <hardq>\n"
        if (!$opt_u || !$opt_f || !$opt_s || !$opt_h);
}

sub Edquota_aufrufen {
    $ENV{"EDITOR"} = $autoedq;  # Die Umgebungsvariable EDITOR zeigt auf uns selbst.

    open(EPROCESS, "|$edquota $opt_u")
        or die "Kann edquota nicht aufrufen: $!\n";

    # Änderungsinstruktionen an den zweiten Prozeß abschicken.
    print EPROCESS "$opt_f|$opt_s|$opt_h\n";

    close(EPROCESS);
}
```

Hier folgt der Teil, der beim zweiten Aufruf ausgeführt wird:

```perl
sub EdQuota {

    my $tmpdatei = $ARGV[0];  # Der Name der Temporärdatei von edquota.
    my $befehl;

    open(TEMPFILE, $tmpdatei)
        or die "Kann Temporärdatei $tmpdatei nicht öffnen: $!\n";

    # Hilfsdatei öffnen - wir könnten auch IO::File->new_tmpfile() verwenden.
    open(NEWTEMP, ">$tmpdatei.$$")
        or die "Kann Hilfsdatei $tmpdatei.$$ nicht öffnen: $!\n";

    # Instruktionen vom ersten Prozeß als eine Zeile einlesen; Newline abschneiden.
    chomp($befehl = <STDIN>);
    my($fs, $soft, $hard) = split(/\|/, $befehl);  # Befehle parsen.

    # Temporärdatei zeilenweise lesen. Wenn die Zeile das Dateisystem enthält, für das
    # wir die Quotas ändern wollen, tauschen wir die Werte aus. Die (möglicherweise
    # veränderte) Zeile wird in die Hilfsdatei geschrieben.

    while (<TEMPFILE>) {
        if (/^fs \Q$fs\E\s+/) {
            s/(soft\s*=\s*)\d+(, hard\s*=\s*)\d+/$1$soft$2$hard/;
        }
        print NEWTEMP;
    }

    close(TEMPFILE);
    close(NEWTEMP);

    # Wir überschreiben die Temporärdatei mit unserer Hilfsdatei und senden so die
    # Änderungen an edquota.
    rename("$tmpdatei.$$", $tmpdatei)
        or die "Kann $tmpdatei.$$ nicht in $tmpdatei umbenennen: $!\n";
}
```

Das Programm oben ist noch etwas nackt, aber es erlaubt uns, Quotas von der Befehlszeile aus zu ändern. Wenn Sie schon einmal viele Quotas von Hand ändern mußten, ist das eine große Hilfe. Wenn man ein solches Programm im Produktionsmodus einsetzt, sollte man sicherstellen, daß keine Eingabefehler vorkommen und daß das Programm nicht mehrfach zur gleichen Zeit aufgerufen werden kann. Jedenfalls kann diese Technik, das Vorgehen von Hand zu imitieren, auch woanders eingesetzt werden.

Quotas mit dem Quota-Modul verändern

Vor langer Zeit war die obige Methode (oder, um ehrlich zu sein, der obige Hack) die einzige, mit der man von Perl aus Quotas steuern konnte, außer man hätte auf äußerst aufwendige Art die Quota-Funktionen aus der C-Bibliothek in den Perl-Interpreter eingebunden. Mit dem Erweiterungsmechanismus von Perl Version 5 ist es viel einfacher geworden, Bibliotheksfunktionen für Perl nutzbar zu machen, und so konnte es nur eine Frage der Zeit sein, bis jemand ein Quota-Modul für Perl schrieb. Dank Tom Zoerner und anderen ist es nun viel einfacher, Quotas von Perl aus zu steuern, sofern Ihre Unix-Variante vom Quota-Modul unterstützt wird. Wenn nicht, können Sie noch immer die Methode von vorhin benutzen.

Hier sehen Sie ein Beispielprogramm, das Argumente in der gleichen Art wie vorhin erwartet:

```perl
use Getopt::Std;
use Quota;
use vars qw($opt_u $opt_f $opt_s $opt_h); # Für getopt

getopt("u:f:s:h:");
die "Aufruf: $0 -u uid -f <filesystem> -s <softquota> -h <hard quota>\n"
    if (!$opt_u || !$opt_f || !$opt_s || !$opt_h);

my $dev = Quota::getqcarg($opt_f) or die "Pfad $opt_f ungültig: $!\n";

my ($curblock, $soft, $hard, $btimeo, $curinode, $isoft, $ihard, $itimeo) =
    Quota::query($dev, $opt_u) or
        die "Kann Quotas für $opt_u nicht abfragen: " . Quota::strerr() . "\n";

Quota::setqlim($dev, $opt_u, $opt_s, $opt_h, $isoft, $ihard, 1) and
    die "Kann Quotas nicht setzen: " . Quota::strerr() . "\n";
```

Nach dem Parsen der Argumente bleiben nur drei einfache Schritte: Zunächst wird mit der Funktion Quota::getcarg() der Name des Dateisystems in einen Device-Bezeichner übersetzt, weil die anderen Quota-Routinen einen solchen erwarten. Dann fragen wir mit Quota::query() die Quotas für dieses Device und die interessierende Benutzer-ID ab. Schließlich setzen wir die veränderten Quota-Werte. Das ist alles: drei Zeilen Perl.

Beachten Sie, daß der Perl-Slogan »Viele Wege führen zum Ziel« nicht zwingend bedeutet: »Viele gleich gute Wege ... «.

Dateisystem-Auslastung abfragen

In Anbetracht der eben untersuchten Methoden, mit denen man die Verwendung des Plattenplatzes einschränken kann, ist es nur natürlich, daß wir wissen wollen, wie gut diese Programme funktionieren. Als Abschluß dieses Kapitels betrachten wir für jedes der in diesem Buch behandelten Betriebssysteme die Methoden, mit denen man feststellen kann, wie stark die Dateisysteme ausgelastet oder gefüllt sind.

Unter MacOS ist diese Aufgabe am schwierigsten zu lösen. Es gibt wohl eine Routine in der Macintosh-Toolbox, mit der man Informationen über Volumes abfragen kann (`PBHGetVInfo`), aber zur Zeit gibt es kein MacPerl-Modul, mit dem man diese Funktion auf einfache Weise benutzen kann. Wir schlagen einen anderen Weg ein und fragen statt dessen den *Finder*, ob er uns diese Information liefern kann. Zwischen Perl und dem Finder gibt es nämlich ein »Kitt«-Modul, aber dieses ist nicht ganz einfach aufzusetzen, und dadurch wird MacOS zu dem System, auf dem die Aufgabe am schwierigsten ist.

Das im folgenden Besprochene folgt einem Rezept von Chris Nandor, das unter *http://pudge.net* oder auf dem CPAN zu finden ist. Folgen Sie mir bei diesem Vorgehen Schritt für Schritt:

1. Installieren Sie das *cpan-mac-*»Bundle«, ein Bündel von Modulen. Darin sind das `CPAN.pm`-Modul von Andreas J. König und andere praktische Module enthalten, die wir in Kapitel 1, *Einführung*, erwähnt hatten. Auch wenn Sie gar nicht an der Dateisystem-Auslastung unter MacOS interessiert sind, ist dies ein Paket, das Sie in jedem Fall gut brauchen können. Bei der Installation des Bundles soll unbedingt nach der Beschreibung im *README* vorgegangen werden.

2. Installieren Sie das neueste `Mac::AppleEvents::Simple`-Modul, indem Sie die Datei vom Archiv auf das *installme*-Droplet verschieben.

3. Installieren Sie das »Kitt«-Modul `Mac::Glue`. Das *installme*-Droplet dekomprimiert die Archiv-Datei und packt den Inhalt des `Mac::Glue`-Moduls in einem neuen Ordner aus. Danach müssen die Skripten *gluedialect* und *gluescriptadds* aus dem Unterordner *scripts* ausgeführt werden.

4. Erzeugen Sie die *glue*-Datei für den Finder. Dazu öffnen Sie Ihren *System Folder* und bewegen das *Finder*-Dokument auf das *gluemac*-Droplet; dieses erzeugt nun die *glue*-Datei und – ein besonders nettes Detail von Chris Nandors Programm – auch die *pod*-Dokumentation zu diesem *glue*-Modul.

Nach diesem komplizierten Installationsprozedere können wir nun Code schreiben, der ganz einfach aussieht:

```
use Mac::Glue qw(:all);

$fobj  = new Mac::Glue 'Finder';

$volumename = "Macintosh HD"; # Name einer Festplatte.
$total = $fobj->get($fobj->prop('capacity',
                    disk => $volumename),
                    as => 'doub');
$free  = $fobj->get($fobj->prop('free_space',
                    disk => $volumename),
                    as => 'doub');

print "$free freie Bytes von total $total Bytes\n";
```

Bewegen wir uns nun in einfacheren Gefilden. Wenn wir die gleiche Information auf einem Win32-Rechner haben wollen, können wir das Win32::AdminMisc-Modul von Dave Roth benutzen:

```
use Win32::AdminMisc;

($total, $free) = Win32::AdminMisc::GetDriveSpace("c:\\");

print "$free freie Bytes von total $total Bytes\n";
```

Wir schließen das Kapitel mit dem Äquivalent dazu unter Unix ab. Hier gibt es mehrere Module, unter anderem Filesys::DiskSpace von Fabien Tassin, Filesys::Df von Ian Guthrie und Filesys::DiskFree von Alan R. Barclay. Die ersten beiden benutzen den Unix-Systemcall statvfs(), das letztere untersucht die Ausgabe des *df*-Befehls der Unix-Varianten, die es unterstützt. Die Wahl unter diesen hängt natürlich von der Unterstützung des Betriebssystem ab, ist sonst aber weitgehend Geschmackssache. Mir gefällt Filesys::Df, weil es viele Möglichkeiten zuläßt und keinen Unterprozeß erzeugt (das kann ein Sicherheitsproblem sein, wie wir in Kapitel 1, *Einführung*, erwähnt hatten). Hier ist eine Möglichkeit, wie man ein Skript nach Art der vorhin behandelten Betriebssysteme schreiben kann:

```
use Filesys::Df;

$fobj = df("/");

print $fobj->{su_bavail}*1024 . " Bytes von total " .
      $fobj->{su_blocks}*1024 . " Bytes unbenutzt.\n";
```

Wir mußten hier ein bißchen umrechnen (das *1024), weil Filesys::Df Größenangaben in Blöcken zurückgibt, und auf unseren Systemen sind die Blöcke 1024 Byte groß. Man kann der Funktion df() in diesem Modul auch ein zweites Argument mitgeben, das besagt, wie groß ein Block sein soll. Außerdem verdienen die Rückgabewerte in den zwei Hashwerten Beachtung. su_bavail und su_blocks sind die Werte für die »wirkliche« Größe des Dateisystems bzw. für seine Auslastung. Für die meisten Unix-Dateisysteme gibt der *df*-Befehl einen Wert zurück, der die 10% für den Superuser reservierten Plattenplatz verbirgt. Wenn wir am Plattenplatz aus der Sicht eines normalen Benutzers interessiert wären, hätten wir user_blocks und user_bavail benutzen können.

Die hier behandelten Methoden sind der Schlüssel dazu, viel ausgefeiltere Programme zur Überwachung und zur Kontrolle von Dateisystemen zu schreiben. Solche Programme können helfen, Plattenplatz-Probleme im Frühstadium zu erkennen, bevor sie wirklich akut werden.

Kapitel 2: Dateisysteme

In diesem Kapitel verwendete Module

Name	CPAN-ID	Version
`File::Find` (wird mit Perl geliefert)		
`File::Spec` (wird mit Perl geliefert)		
`Cwd` (wird mit Perl geliefert)		
`Win32::File::GetAttributes` (wird mit ActiveState-Perl geliefert)		
`Win32::FileSecurity` (wird mit ActiveState-Perl geliefert)		
`File::Basename` (wird mit Perl geliefert)		
`Getopt::Std` (wird mit Perl geliefert)		
`Quota`	TOMZO	1.2.3
cpan-mac (Bundle)	CNANDOR	0.40
`Mac::AppleEvents::Simple`	CNANDOR	0.81
`Mac::Glue`	CNANDOR	0.58

Hinweise auf weiterführende Informationen

Als Grundinformation über die Unterschiede zwischen den einzelnen Plattformen ist die *perlport*-Manpage unverzichtbar. Auf der Perl Conference 2.0 haben Chris Nandor und Gurusamy Sarathy einen Vortrag zu diesem Thema gehalten, der auf einer frühen Version dieser Manpage basiert; die Präsentation zu diesem Vortrag ist unter *http://pudge.net/macperl/tpc/98* zu finden.

3

Benutzerkonten

Eine Testfrage: Wenn es keine Benutzer gäbe, wäre die Systemadministration …
   a) viel angenehmer
   b) nicht existent

Obwohl man von geplagten Systemadministratoren an wirklich harten Tagen gelegentlich das Gegenteil hört, ist b) die beste Antwort auf diese Frage. Wie ich im ersten Kapitel schon erwähnte, ist es der eigentliche Zweck der Systemadministration, den Benutzern den Zugang zu den vorhandenen Ressourcen zu erleichtern.

Warum also immer dieses Gegrummel? Mit dem Benutzer erscheinen zwei neue Komplikationen in der Systemadministration: Unvorhersagbarkeit und Individualität. Mit den nicht vorhersagbaren Dingen befassen wir uns bei der Benutzeraktivität im nächsten Kapitel, hier konzentrieren wir uns auf das Individuum.

In den meisten Fällen wollen Benutzer ihre eigene Persönlichkeit behalten. Sie wollen nicht nur ihren Benutzernamen, sondern auch persönliches und eigenes »Zeug«. Sie wollen sagen können: »Das sind *meine* Dateien. Ich speichere sie in *meinem* Verzeichnis. Ich drucke sie auf *meinem* Drucker aus. Ich publiziere sie auf *meiner* Webseite.« Moderne Betriebssysteme speichern und verwalten alle diese persönlichen Eigenschaften und Details für jeden Benutzer.

Aber wer verwaltet alle die Benutzerkonten auf einem Rechner oder auf einem Netzwerk von Maschinen? Wer ist letztlich zuständig für das Erzeugen, Absichern, Unterhalten und am Ende für das Aufräumen dieser kleinen, persönlichen Umgebungen? Ich bin geneigt, zu sagen: »*Sie,* lieber Leser« – und wenn nicht Sie selbst, dann wohl die Programme, die Sie schreiben die die Kleinarbeit für Sie erledigen.

Beginnen wir die Behandlung der Benutzerkonten damit, daß wir die kleinen Einzelteile untersuchen, die zusammen die Benutzeridentität auf einem Rechner ausmachen, und uns ansehen, wie diese Einzelteile gespeichert werden. Wir beginnen mit Unix und seinen Varianten und besprechen später die gleichen Themen bei Windows NT/2000. Bei der aktuellen Generation von MacOS ist das Thema »Benutzerkonten« nicht existent, deshalb steht in diesem Kapitel nichts zu MacOS. Wenn wir die grundlegenden Eigenschaften beider Betriebssysteme kennen, wenden wir uns der größeren Aufgabe zu, ein einfaches Konten-Verwaltungssystem zu schreiben.

Benutzer unter Unix

Wenn wir uns diesem Thema genauer zuwenden, müssen wir zunächst einige besondere Systemdateien kennenlernen, in denen die »unveränderlichen Kennzeichen« eines Benutzers abgelegt sind. Mit unveränderlich oder *persistent* meine ich hier die Attribute, die während der ganzen »Computer-Lebenszeit« des Benutzers erhalten bleiben, auch wenn der Benutzer gerade keinen Rechner benutzt. Das für diese Daten übliche Wort ist »Benutzerkonto« oder »Account«. Wer ein Konto auf einem System hat, kann sich darauf einloggen und den Rechner benutzen.

Konten und damit Benutzer werden erzeugt, indem die zugehörigen Informationen in der Paßwortdatei eingetragen werden (oder in einer Datenbank, die den gleichen Zweck erfüllt). Benutzer verschwinden, wenn dieser Eintrag gelöscht wird. Wir untersuchen nun, wie diese Informationen gespeichert werden.

Die klassische Paßwortdatei unter Unix

Wir beginnen mit dem ursprünglichen, klassischen Format der Paßwortdatei unter Unix und wenden uns später raffinierteren Systemen zu. Ich nenne das Format klassisch, weil es der Vorgänger aller heute benutzten Paßwort-Dateiformate ist. Es wird noch heute auf einigen Unix-Varianten benutzt, unter anderem SunOS, Digital Unix (Compaq Tru64 Unix) und Linux. Normalerweise heißt diese Datei */etc/passwd* und besteht aus Textzeilen, von denen jede einem Konto entspricht oder ein Verweis auf eine andere Art der Kontoinformation ist. Eine Zeile besteht aus mehreren Feldern, die durch Doppelpunkte getrennt sind. Diese werden wir genauer unter die Lupe nehmen, sobald wir wissen, wie man die einzelnen Felder abfragt.

Hier folgt eine Beispielzeile aus */etc/passwd*:

```
dnb:fMP.olmno4jGA6:6700:520:David N. Blank-Edelman:/home/dnb:/bin/zsh
```

Es gibt in Perl mindestens zwei Methoden, wie man sich diese Informationen beschaffen kann:

1. Wir können die Datei wie jede andere Textdatei behandeln, sie »von Hand« einlesen und entsprechend parsen:

```
$passwd = "/etc/passwd";
open(PW, $passwd) or die "Kann $passwd nicht öffnen: $!\n";
while (<PW>) {
    chomp;
    ($name, $passwd, $uid, $gid, $gcos, $dir, $shell) = split(/:/);
    <Ihr Code>
}
close(PW);
```

2. Oder wir können die Arbeit dem System überlassen. Perl stellt einige Bibliotheksfunktionen zur Verfügung, mit denen man auf die Informationen in dieser Datei zugreifen kann. Das Programmstück von vorhin kann man z. B. auch so schreiben:

```
while (($name, $passwd, $uid, $gid, $quota, $comment, $gcos, $dir, $shell)
       = getpwent()) {
    <Ihr Code>
}
endpwent();
```

Die Verwendung der Bibliotheksfunktionen hat den Vorteil, daß diese automatisch einen Verzeichnisdienst anfragen (z. B. den Network Information Service, NIS), falls ein solcher auf dem System eingerichtet ist. Wir werden gleich weitere dieser Bibliotheksfunktionen verwenden und auch eine einfachere Art des Aufrufs von getpwent() sehen, aber im Moment interessieren wir uns mehr für die Bedeutung der einzelnen Felder:

Name

Das Benutzername-Feld enthält einen kurzen (meist acht oder weniger Zeichen langen), eindeutigen »Künstlernamen« für jedes Benutzerkonto. Wenn die Perl-Funktion getpwent() – die wir oben in einem Listenkontext verwendet haben – im skalaren Kontext aufgerufen wird, liefert sie nur gerade dieses Feld zurück:

```
$name = getpwent();
```

Benutzer-ID (UID)

Auf einem Unix-System ist eigentlich die Benutzer-ID in den meisten Fällen wichtiger als der Benutzername. Dateien zum Beispiel gehören zu einer Benutzer-ID, nicht zu einem Benutzernamen. Wenn wir in der Paßwortdatei den Benutzernamen zur UID 2397 von *danielr* auf *drinehart* ändern, werden sofort alle Dateien unter dem neuen Namen *drinehart* aufgelistet. Die UID ist der persistente Teil der Benutzerinformation, soweit es das Betriebssystem betrifft. Der Unix-Kernel und das Dateisystem befassen sich mit numerischen UIDs, nicht mit Benutzernamen, wenn es um den Besitzer einer Datei geht oder wenn Ressourcen zugeteilt werden. Der Benutzername kann als der Teil der Benutzeridentität aufgefaßt werden, der für die *externen* Teile des Betriebssystems relevant ist; er vereinfacht Menschen den Umgang mit dem System.

Hier sehen Sie ein einfaches Programmstück, das die nächste unbenutzte UID in einer Paßwortdatei heraussucht. Dieser Code merkt sich die höchste bisher benutzte UID und gibt die nächste aus:

```
my $hoechsteuid = -1;
my $passwd = "/etc/passwd";
open(PW, $passwd) or die "Kann $passwd nicht öffnen: $!\n";
while (<PW>) {
    my @feld = split(/:/);
    $hoechsteuid = ($hoechsteuid < $feld[2]) ? $feld[2] : $hoechsteuid;
}
```

```
close(PW);
print "Die nächste verfügbare UID ist " . ++$hoechsteuid . "\n";
```

In Tabelle 3-1 sind einige nützliche Perl-Funktionen und -Variablen aufgeführt, die mit Benutzernamen und UIDs zu tun haben.

Tabelle 3-1: Perl-Funktionen und vordefinierte Variablen zu Benutzernamen und UIDs

Funktion/Variable	Rückgabewert
`getpwnam($name)`	In skalarem Kontext: die zu diesem Benutzernamen gehörende UID. Im Listenkontext: alle Felder des Paßwort-Eintrags.
`getpwuid($uid)`	In skalarem Kontext: der zu dieser UID gehörende Benutzername. Im Listenkontext: alle Felder des Paßwort-Eintrags.
`$>`	Enthält die effektive UID des gerade laufenden Programms.
`$<`	Enthält die reale UID des gerade laufenden Programms.

Die primäre Gruppen-ID (GID)

Auf Multiuser-Systemen kommt es oft vor, daß Benutzer bestimmte Dateien oder andere Ressourcen auch bestimmten anderen Benutzern zugänglich machen wollen. Unix kennt für diesen Zweck das Konzept der Gruppe. Ein Benutzerkonto kann unter Unix zu mehreren Gruppen gehören, aber eine davon muß die *primäre* Gruppe sein. Das Gruppen-ID-Feld (GID) in der Paßwortdatei bezeichnet diese primäre Gruppe für das Benutzerkonto.

Gruppennamen, GIDs und andere Mitglieder der Gruppe werden typischerweise in der Datei */etc/group* aufgeführt. Um einem Benutzerkonto weitere Gruppen zuzuordnen, trägt man dieses Konto an möglicherweise mehreren Orten in dieser Datei ein. Manche Betriebssysteme haben eine obere Grenze für die Anzahl der Gruppen, zu denen ein Konto gehören kann (diese obere Grenze war lange Zeit acht, heute liegt sie meist höher). Hier sehen Sie zwei Zeilen aus einer typischen */etc/group*-Datei:

```
bin::2:root,bin,daemon
sys::3:root,bin,sys,adm
```

Das erste Feld ist der Gruppenname, das zweite das Paßwort (auf manchen Systemen können Benutzer Mitglied einer Gruppe werden, indem sie dieses Paßwort eingeben), das ist dritte die numerische Gruppen-ID dieser Gruppe, und das letzte Feld ist eine Liste der Konten, die außer zur primären Gruppe auch noch zu dieser Gruppe gehören.

Nach welchem Schema Gruppen-IDs vergeben werden, hängt ganz von den lokalen Gegebenheiten ab, weil die Grenzen zwischen administrativen Einheiten überall verschieden sind. Gruppen können bestimmte Personengruppen nachbilden (Studenten, Verkäufer) oder Aufgabenbereichen zugeteilt werden (Backup-Operatoren, Netzwerkadministratoren), oder sie können nach Verwendungszweck vergeben werden (Konten für Backup, für Batch-Jobs usw.).

Das Manipulieren von Gruppen mit Perl ähnelt stark dem Vorgehen bei der *passwd*-Datei. Wir können */etc/group* wieder wie eine ganz normale Textdatei behandeln, oder wir können die dafür vorgesehenen Perl-Funktionen benutzen. In Tabelle 3-2 sind diese Funktionen aufgeführt.

Tabelle 3-2: Perl-Funktionen und vordefinierte Variablen zu Gruppennamen und GIDs

Funktion/Variable	Rückgabewert
getgrent()	In skalarem Kontext: der Gruppenname. Im Listenkontext: die Felder $name, $passwd, $gid, $members.
getgrnam($name)	In skalarem Kontext: die Gruppen-ID. Im Listenkontext: die gleichen Felder wie bei getgrent().
getgrgid($gid)	In skalarem Kontext: der Gruppenname. Im Listenkontext: die gleichen Felder wie bei getgrent().
$)	Enthält die effektive GID des gerade laufenden Programms.
$(	Enthält die reale GID des gerade laufenden Programms.

Das »verschlüsselte« Paßwort

Bis jetzt haben wir drei wichtige Elemente der Identität eines Benutzers kennengelernt. Das nächste Feld ist nicht eigentlich Teil dieser Identität, aber es wird benutzt, um festzustellen, ob jemand die Identität, die Rechte, Verpflichtungen und Privilegien des Benutzerkontos einnehmen darf. Damit weiß das System, ob jemand, der sich als *kunstnam* ausgibt, tatsächlich eine bestimmte UID annehmen darf. Es gibt heutzutage andere, bessere Systeme zur Authentifizierung (z. B. asymmetrische, sogenannte *Public-Key*-Verschlüsselungsverfahren), aber das hier verwendete System stammt noch aus der Frühzeit von Unix.

Oft sieht man einen Stern (*) in diesem Feld der Paßwortdatei. Diese Konvention wird von vielen Systemadministratoren benutzt, um zu verhindern, daß jemand sich auf dieses Benutzerkonto einloggen kann, ohne das Konto vollständig zu löschen.

Der Umgang mit Benutzerpaßwörtern ist ein Thema für sich. Wir behandeln dies später, in Kapitel 10, *Sicherheitsaspekte und Netzwerk-Monitoring*.

Das GCOS-Feld

Das GCOS-Feld[1] ist das am wenigsten wichtige Feld (aus der Sicht des Betriebssystems). Es enthält meist den vollen Namen des Benutzers (also etwa »Roy G. Biv«). Oft werden hier auch die Telefonnummer und der Titel der Person eingetragen.

Systemadministratoren, die Sicherheitsaspekte für ihre Benutzer ernstnehmen – und das sollten eigentlich alle –, müssen sich genau überlegen, was in diesem Feld stehen darf. Von hier holen sich viele Programme die Zuordnung zwischen dem Namen des Benutzerkontos und dem vollen Namen der Person, der das Konto

---

1 Einige amüsante Details dazu, wie es zu diesem Namen gekommen ist, finden Sie im Eintrag »GCOS« im *Jargon Dictionary*: http://www.jargon.org.

gehört. Auf den meisten Unix-Systemen ist dieses Feld entweder Teil der Paßwortdatei oder über einen Verzeichnisdienst (*directory service*) verfügbar und damit für jeden lesbar. Viele Unix-Programme, E-Mail-Programme oder *finger*-Daemons zum Beispiel lesen dieses Feld, wenn sie Informationen zu diesem Benutzerkonto nach außen geben. Wenn es Gründe gibt, den Namen einer Person vor anderen zu verbergen (vielleicht ist der Benutzer ein Dissident, ein Zeuge in einem Mafia-Prozeß oder eine berühmte Person), dann ist dies eine Stelle, auf die man achten muß.

Nebenbei: Wenn Sie Benutzer haben, die noch nicht ganz der Pubertät entwachsen zu sein scheinen, kann es ratsam sein, die Programme außer Betrieb zu nehmen, mit denen ein Benutzer das GCOS-Feld seines eigenen Kontos verändern kann. Sie wollen vermeiden, daß die Paßwortdatei Obszönitäten oder sonstige unprofessionelle Daten enthält (aus den gleichen Gründen sind auch von Benutzern wählbare Benutzernamen manchmal problematisch).

Home-Verzeichnis

Das nächste Feld enthält das *Home-Verzeichnis* des Benutzers. In diesem Verzeichnis landet er, wenn er sich anmeldet, wenn er also seine Arbeit mit dem System aufnimmt. Das ist auch der Ort, an dem Konfigurationsdateien für die Umgebung des Benutzers abgelegt werden.

Aus Sicherheitsgründen ist es wichtig, daß das Home-Verzeichnis dem Benutzer gehört und daß nur dieser Benutzer darin Dateien schreiben kann. Für jeden schreibbare Verzeichnisse sind eine Einladung für Hacker. Es gibt sogar Fälle, in denen man vermeiden will, daß *der Benutzer selbst* Dateien schreiben kann. Zum Beispiel sind schreibbare Home-Verzeichnisse bei eingeschränkten Benutzerkonten (Konten, mit denen man sich nur für eine bestimmte Aufgabe einloggen kann, ohne irgend etwas am System zu verändern) tunlichst zu vermeiden.

Hier sehen Sie ein Perl-Programm, das überprüft, ob das Home-Verzeichnis jedes Benutzers ihm selbst gehört und daß es nicht für andere schreibbar ist.

```
use User::pwent;
use File::stat;

# Achtung: Dieses Programm erzeugt eine starke Systembelastung, wenn die
# Home-Verzeichnisse über den Automounter zugänglich sind.
while (my $pwent = getpwent()) {
    # Sicherstellen, daß wir das wirkliche Verzeichnis abfragen, auch wenn
    # der Pfad mehrere symbolische Links enthält.
    my $dirinfo = stat($pwent->dir . "/.");
    unless (defined $dirinfo) {
        warn "Kann " . $pwent->dir . " nicht stat()-en: $!\n";
        next;
    }
    warn "Das Home-Verzeichnis von " . $pwent->name . " gehört der " .
        "UID (" . $dirinfo->uid . " statt " . $pwent->uid . ")!\n"
        if ($dirinfo->uid != $pwent->uid);
```

```
    # Für »andere« schreibbare Verzeichnisse stellen kein Sicherheitsproblem dar,
    # wenn das »Sticky Bit« (01000) gesetzt ist. Siehe auch die Manpage zu »chmod«.
    warn "Das Home-Verzeichnis von " . $pwent->name .
         " ist für andere schreibbar!\n"
        if ($dirinfo->mode & 022 and not $dirinfo->mode & 01000);
}
endpwent();
```

Dieses Programm sieht anders aus als die Beispiele von vorhin, weil es zwei »magische« Module von Tom Christiansen benutzt: User::pwent und File::stat. Diese zwei überschreiben die normalen, in Perl eingebauten Funktionen getpwent() und stat(), und zwar so, daß sie wohl noch das gleiche erledigen, aber ihre Werte in anderer Art zurückgeben. Wenn User::pwent und File::stat eingebunden werden, geben diese zwei Funktionen Objekte statt Listen oder Skalaren zurück. Zu jedem Objekt gehören Methoden, die nach dem Feld benannt sind, das normalerweise im Listenkontext zurückgegeben werden würde. Damit kann man also ein Programmstück wie:

```
$gid = (stat("dateiname"))[5];
```

deutlich lesbarer schreiben:

```
use File::stat;
$stat = stat("dateiname");
$gid = $stat->gid;
```

Oder sogar so:

```
use File::stat;
$gid = stat("dateiname")->gid;
```

Shell

Das letzte Feld im klassischen Paßwort-Format bezeichnet die Shell des Benutzers. Normalerweise ist das eine aus einer kleinen Liste von bekannten Shells (z. B. *sh*, *csh*, *tcsh*, *ksh* oder *zsh*), aber es kann hier irgendein ausführbares Programm oder Skript angegeben werden. Manchmal hört man von Leuten (im Scherz), die hier gleich den Perl-Interpreter eintragen. Bei zumindest einer Shell (*zsh*) bestehen Überlegungen, ob und wie man Perl in die Shell einbauen kann. Außerdem gibt es Leute, die ernsthaft daran arbeiten, eine Perl-Shell zu schreiben (*http://www.focusresearch.com/gregor/psh/*) bzw. den Perl-Interpreter in Emacs unterzubringen – einen Editor, den man leicht mit einem Betriebssystem verwechseln könnte (*http://john-edwin-tobey.org/perlmacs/*).

Ab und zu ist es durchaus sinnvoll, hier ein interaktives Programm einzutragen, das man nicht im engeren Sinn als Shell bezeichnen würde. Wenn man ein Benutzerkonto erzeugen will, das vollständig menübasiert ist, würde man das entsprechende

Programm hier eintragen. In einem solchen Fall ist es wichtig zu verhindern, daß ein Benutzer eines solchen Kontos eine wirkliche Shell aufrufen kann, weil er damit die Konfiguration für das Konto zerstören kann. Ein typischer Fehler ist, daß man im Menü einen Punkt für E-Mail vorsieht und daß das entsprechende Mail-Programm einen Pager oder einen Editor zum Lesen bzw. Schreiben von Meldungen aufruft. Oft haben Pager und Editoren die Möglichkeit, eine Shell aufzurufen.

Die Liste der auf dem System üblichen Shells findet man oft in einer Datei namens */etc/shells*. Der FTP-Daemon liest diese Datei und weist Verbindungen zur Maschine ab, wenn das Benutzerkonto in */etc/passwd* (oder dem entsprechenden Verzeichnisdienst) eine Shell aufweist, die nicht in */etc/shells* eingetragen ist. Hier sehen Sie ein Perl-Programm, das die Konten ausgibt, die eine unübliche Shell haben:

```perl
use User::pwent;
my $shells  = "/etc/shells";
my %okshell = ("", 1);              # Leeres Feld bedeutet /bin/sh.
open (SHELLS, $shells) or die "Kann $shells nicht öffnen: $!\n";
while (<SHELLS>) {
    chomp;
    $okshell{$_}++;
}
close(SHELLS);

while (my $pwent = getpwent()) {
    warn $pwent->name." hat eine unübliche Shell (".$pwent->shell.")!\n"
        unless (exists $okshell{$pwent->shell});
}
endpwent();
```

Zusätzliche Felder in der Paßwortdatei von BSD 4.4

Bei BSD (Berkeley Software Distribution) wurde beim Übergang von der Version 4.3 auf 4.4 das Paßwortformat auf zwei Arten geändert: Einerseits wurden weitere Felder angefügt, und andererseits wurde die Datei in ein binäres Datenbankformat verwandelt.

Auf BSD-4.4-Systemen gibt es zwischen dem GID- und dem CGOS-Feld ein paar weitere Felder. Das erste davon heißt *class* und erlaubt es dem Systemadministrator, die Benutzerkonten in einzelne Klassen aufzuteilen (verschiedene Klassen könnten z. B. verschiedene CPU-Zeit-Limits haben). Manche BSD-Varianten haben hier Felder namens *change* und *expire*, die besagen, wann spätestens das Paßwort geändert werden muß und wann das Benutzerkonto abläuft. Diese Felder werden wir auch bei den weiteren Paßwort-Formaten sehen.

Wenn Perl auf einem Betriebssystem kompiliert wird, das diese zusätzlichen Felder kennt, werden die Felder auch von Routinen wie `getpwent()` zurückgegeben. Das ist ein guter Grund dafür, `getpwent()` zu verwenden und nicht die Datei von Hand einzulesen und die Felder mit `split()` aufzuteilen.

Binäre Paßwort-Datenbank bei BSD 4.4

Die zweite Änderung bei BSD ist die Verwendung eines Datenbankformats anstelle der ursprünglichen einfachen Textdatei. Bei BSD wurde das DB-Format verwendet, das eine stark erweiterte Form der alten DBM-Routinen (Database Management) darstellt, wie sie auf Unix-Systemen seit langem üblich sind. Mit diesem Datenbankformat werden die Zugriffe auf die Paßwortinformationen wesentlich schneller.

Das Programm *pwd_mkdb* liest die Textversion der Paßwortdatei ein, erzeugt zwei Datenbankdateien und verschiebt die ursprüngliche Textdatei nach */etc/master.passwd*. Die zwei Datenbankdateien unterscheiden sich in bezug auf das Paßwort-Feld und die Lese-Zugriffsrechte unterscheiden; damit wird ein *Shadow*-System implementiert, wie wir es im nächsten Abschnitt besprechen werden.

Perl hat die Möglichkeit, direkt auf DB-Dateien zuzugreifen (wir werden in Kapitel 9, *Logdateien*, mit solchen Datenbankdateien arbeiten). Hier aber rate ich davon ab, die Paßwort-Datenbankdateien direkt auf einem laufenden System zu verändern. Es gibt hier ein Lock-Problem: Es ist sehr wichtig, daß eine zentrale Datei wie die Paßwortdatei nur dann geändert wird, wenn nicht andere Programme schreibend oder lesend darauf zugreifen. Dafür sieht BSD ein Programm namens *chpasswd* vor, das Locking verwendet.[2] Der Ansatz, der das Vorgehen von Hand nachahmt, den wir zur Manipulation von Diskquotas mittels *edquota* und der Umgebungsvariablen EDITOR in Kapitel 2, *Dateisysteme*, verwendet hatten, ist hier mit *chpasswd* die Methode der Wahl.

Shadow-Paßwörter

Weiter oben hatte ich angesprochen, wie wichtig es sein kann, im GCOS-Feld keine wichtigen Personendaten zu speichern, weil es sich um Informationen handelt, die über verschiedene Kanäle allen zugänglich sind. Auch die verschlüsselten Paßwörter sind auf ähnliche Art nicht ganz so öffentlich zugänglich und enthalten sicher Informationen, die man nicht einfach jedem geben will. Obwohl die eigentlichen Paßwörter kryptographisch verschlüsselt sind, bedeuten allgemein lesbare Paßwort-Felder doch einen gewissen Grad von Unsicherheit. Teile der Paßwortdatei müssen unbedingt für alle lesbar sein (z. B. für die Abbildung von UIDs auf Benutzernamen), aber nicht alle. Man soll Leute, die Paßwort-Crack-Programme laufen lassen wollen, nicht unnötig ermuntern.

Eine Möglichkeit besteht darin, die verschlüsselten Paßwörter aus der Paßwortdatei zu entfernen und in einer separaten Datei abzulegen, die nur für *root* lesbar ist. Diese zweite Datei nennt man *Shadow*-Paßwortdatei, weil hier die verschlüsselten Paßwörter sozusagen im geschützten Schatten (engl. *shadow*) aufbewahrt werden.

---

2 Manche Versionen von *pwd_mkdb* beachten dieses Locking, andere nicht (abhängig von der Variante und Version von BSD), also Vorsicht!

Die ursprüngliche Paßwortdatei wird bis auf eine kleine Änderung beibehalten: Das verschlüsselte Paßwort wird durch ein spezielles Zeichen ersetzt, das anzeigt, daß *Shadow*-Paßwörter benutzt werden. Meist ist dies ein x, bei der allgemein zugänglichen Paßwort-Datenbankdatei von BSD ist es ein *.

In manchen *Shadow*-Paßwort-Systemen soll ein besonderer String benutzt werden, der aussieht wie ein normales, 13 Zeichen langes verschlüsseltes Paßwort. Wenn eine solche Paßwortdatei auf die Reise geht, können sich die Paßwort-Cracker lange die Zähne daran ausbeißen – es gibt gar kein Klartextpaßwort zu einem solchen String.

Bei den meisten Betriebssystemen wird diese zweite Shadow-Paßwortdatei dazu benutzt, weitere Informationen über das Benutzerkonto zu speichern. Diese zusätzlichen Felder entsprechen denen, die wir eben bei BSD kennengelernt haben; Daten, die sich mit der maximalen Lebenszeit von Paßwörtern und Benutzerkonten befassen.

In den meisten Fällen kann man mit den normalen Perl-Funktionen wie `getpwent()` auch Informationen aus der Shadow-Datei abfragen. Solange die C-Bibliotheksfunktionen des Betriebssystems dies unterstützen, macht auch Perl wie meistens das Richtige. »Das Richtige« heißt hier: Wenn das Skript mit entsprechenden Privilegien aufgerufen wird (als *root*), dann wird das verschlüsselte Paßwort zurückgegeben, in allen anderen Fällen nur das Ersatz-Zeichen aus der allgemein lesbaren Paßwortdatei.

Wenn man die zusätzlichen Felder aus der Shadow-Paßwortdatei abfragen will, wird es schwieriger; Perl wird diese nicht zurückgeben. Eric Estabrooks hat ein Modul namens `Passwd::Solaris` geschrieben, aber das hilft nur dem, der Solaris einsetzt. Wenn Sie diese Felder benötigen, ist wohl die traurige Wahrheit die, daß es keine andere Möglichkeit gibt, als die Shadow-Datei von Hand zu lesen und zu parsen – entgegen meiner Empfehlung von vorhin, nur Bibliotheksfunktionen wie `getpwent()` zu benutzen.

Benutzer unter Windows NT/2000

Jetzt kennen wir die einzelnen Teile, die unter Unix die Identität eines Benutzers ausmachen. Wir untersuchen nun das gleiche Thema unter NT/2000. Die zugrundeliegenden Konzepte sind in den meisten Fällen die gleichen, wir werden uns daher vor allem mit den Unterschieden befassen.

Speicherung der Benutzeridentität unter NT/2000

Unter NT/2000 werden die persistenten Informationen zur Identität eines Benutzers in einer Datenbank namens *SAM* (Security Accounts Manager) abgelegt. Diese Datenbank ist ein Teil der Registry in *%SYSTEMROOT%\system32\config*. Die Dateien der Registry sind Binärdateien; das bedeutet, daß man sie mit den üblichen Methoden zur Textmanipulation von Perl weder schreiben noch lesen kann. Theoretisch wäre es möglich, die Registry mit den binären Funktionen von Perl (d. h. mit `pack()` und `unpack()`) zu verändern, sofern NT/2000 nicht läuft, aber dieser Weg führt in eine Sackgasse.

Zum Glück gibt es bessere Möglichkeiten, mit Perl an diese Informationen heranzukommen.

Ein Ansatz könnte darin bestehen, über ein externes Programm mit dem Betriebssystem zu kommunizieren. Mit NT/2000 wird ein mit unzähligen Optionen befrachtetes Programm namens *net* mitgeliefert, mit dem man durchaus Benutzerkonten erzeugen, löschen oder abfragen kann. *net* ist aber nicht einfach im Gebrauch und hat seine Grenzen; diese Methode sollte also nur benutzt werden, wenn es nicht anders geht.

Hier folgt ein Aufruf des *net*-Befehls auf einem Rechner mit nur zwei Benutzerkonten:

```
C:\>net users

Benutzerkonten für \\PARTITUR
---------------------------------------------
Administrator           Gast
Der Befehl wurde erfolgreich ausgeführt.
```

Diese Art von Ausgabe läßt sich in Perl einfach parsen, wenn das notwendig wird. Außer *net* gibt es auch andere Programme von Drittanbietern, die ähnliche Dienste von der Befehlszeile aus erfüllen können.

Ein anderer Ansatz ist der Einsatz des `Win32::NetAdmin`-Moduls (das in der Perl-Distribution von ActiveState enthalten ist) oder eines der Module, die die Lücken in `Win32::NetAdmin` abdecken. Solche Module sind z. B. `Win32::AdminMisc` von David Roth (unter *http://www.roth.net*) oder `Win32::UserAdmin` (*ftp://ftp.oreilly.com/pub/examples/windows/winuser/*, dieses Modul wird im O'Reilly-Buch *Windows NT Benutzer-Administration* von Ashley Meggitt und Timothy Ritchey genau beschrieben).

Ich bevorzuge `Win32::AdminMisc` für die meisten Zwecke, weil es eine wahre Fundgrube von Werkzeugen für den Systemadministrator ist und weil es von David Roth in einer ganzen Anzahl von Diskussionsgruppen auf dem Netz unterstützt wird. Auch die Online-Dokumentation ist gut, noch besser ist aber das Buch zum Modul: *Win32 Perl Programming: The Standard Extensions* von David Roth (Macmillan Technical Publishing). Das Buch ist in jedem Fall von Nutzen, wenn Sie vorhaben, Perl-Programme für Win32 zu schreiben.

Hier sehen Sie ein Beispielprogramm, das die Benutzerinformationen vom System abfragt und ein paar Einzelheiten dazu ausgibt. Die Ausgabe ähnelt der */etc/passwd*-Datei unter Unix:

```perl
use Win32::AdminMisc;
my @users;
my %attribs;
# Alle lokalen Benutzer abfragen.
Win32::AdminMisc::GetUsers('', '', \@users) or
    die "Kann Benutzer nicht abfragen: $!\n";

# Attribute der Benutzer abfragen und ausgeben.
foreach my $user (@users) {
    Win32::AdminMisc::UserGetMiscAttributes('', $user, \%attribs) or
        warn "Kann Attribute nicht abfragen: $!\n";
```

```
            print join(":", $user,
                      '*',
                      $attribs{USER_USER_ID},
                      $attribs{USER_PRIMARY_GROUP_ID},
                      '',
                      $attribs{USER_COMMENT},
                      $attribs{USER_FULL_NAME},
                      $attribs{USER_HOME_DIR_DRIVE} . "\\" .
                      $attribs{USER_HOME_DIR},
                      ''), "\n";
        }
```

Als letzte Möglichkeit kann man mit dem `Win32::OLE`-Modul auf das Active Directory Service Interface (ADSI) zugreifen, das ein Teil von Windows 2000 ist und das man auf NT 4.0 installieren kann. Wir werden diese Methode bis in die Details in Kapitel 6, *Verzeichnisdienste*, besprechen und zeigen deshalb hier kein Beispiel.

Wir werden bald weitere Programme zum Abfragen und Verändern von NT/2000-Benutzerdaten sehen, aber im Moment konzentrieren wir uns auf die Unterschiede zwischen Benutzerkonten unter Unix und NT/2000.

Numerische Benutzer-ID unter NT/2000

Unter NT/2000 werden die numerischen Benutzer-IDs nicht von Sterblichen erzeugt, und sie können auch nicht wiederverwendet werden. Unter Unix konnten wir einfach eine noch nicht benutzte Nummer nehmen; unter NT/2000 besorgt das das Betriebssystem, wenn ein neues Benutzerkonto erzeugt wird. Die auf dem Rechner eindeutige Benutzer-ID (die bei NT/2000 *Relative ID*, RID, heißt) bildet zusammen mit der Rechner-ID und der Domänen-ID eine große Identifikationsnummer, SID oder *Security Identifier* genannt. Wenn eine RID zum Beispiel 500 lautet, ist das nur ein Teil der viel längeren SID, die etwa so aussehen kann:

```
S-1-5-21-2046255566-1111630368-2110791508-500
```

Die RID ist eine Zahl, die wir als Teil des Rückgabewertes von `UserGetMiscAttributes()` bekommen, wie wir das im obigen Programmstück gesehen haben. Man gibt die RID eines bestimmten Benutzers wie folgt aus:

```
use Win32::AdminMisc;

Win32::AdminMisc::UserGetMiscAttributes('', $user, \%attribs);
print $attribs{USER_USER_ID}, "\n";
```

Man kann ein Benutzerkonto nicht wiederherstellen, nachdem es einmal gelöscht wurde (zumindest nicht mit normalen Mitteln). Auch wenn man einen Benutzer mit dem gleichen Namen eines gelöschten Kontos wieder einrichtet, wird die entstehende SID nicht die gleiche sein. Der neue Benutzer kann nicht auf die Dateien und die anderen Ressourcen seines Vorgängers zugreifen.

Aus diesem Grund empfehlen manche Bücher über NT, Konten umzubenennen, wenn sie von einer anderen Person übernommen werden sollen. Wenn ein Mitarbeiter die Firma verläßt und ein neuer Mitarbeiter seine Stelle übernimmt, soll also das Konto umbenannt werden, damit die SID gleich bleibt, und nicht etwa ein neues Konto erzeugt und die Dateien transferiert werden. Mir persönlich gefällt diese Methode wenig, weil der neue Mitarbeiter auch alle vermurksten und nutzlosen Einstellungen aus der Registry seines Vorgängers bekommt. Aber es ist die schnellste Methode, und manchmal ist das entscheidend.

Dieses Vorgehen wird wohl auch deshalb empfohlen, weil es unter NT/2000 sehr mühsam ist, den Besitzer einer Datei zu ändern. Unter Unix kann ein privilegierter Benutzer einfach sagen: »Ändere den Besitzer dieser Dateien, so daß sie nun dem neuer Benutzer gehören«. Unter NT dagegen kann man Besitz nicht verleihen, man kann ihn nur nehmen. Zum Glück gibt es von Perl aus zwei Wege, wie man diese Einschränkung umgehen und so tun kann, als wäre man unter Unix:

- Man kann ein separates Programm aufrufen:
  - Das Programm *chown* aus dem Microsoft NT Resource Kit[3] (kommerziell, wir werden später in diesem Kapitel mehr dazu sehen) oder aus dem Cygwin-Paket von *http://www.cygnus.com* (freie Software).
  - Das *setowner*-Programm aus dem kommerziellen NTSEC-Paket von Pedestal Software (*http://www.pedestalsoftware.com*). Ich mag dieses Programm am liebsten, weil es mit wenig Aufwand die größte Flexibilität erreicht.
- Man kann das Win32::Perms-Modul von David Roth einbinden, das unter *http://www.roth.net/perl/perms* zu finden ist. Das folgende Beispielprogramm ändert den Besitzer eines Verzeichnisses, seines Inhalts und aller seiner Unterverzeichnisse:

  ```
  use Win32::Perms;

  $acl = new Win32::Perms();
  $acl->Owner($NewAccountName);
  $resultat = $acl->SetRecurse($dir);
  $acl->Close();
  ```

Paßwörter unter NT/2000

Die Algorithmen, die von NT/2000 verwendet werden, um das Paßwort zu einem Benutzerkonto zu verschlüsseln, sind nicht die gleichen wie die unter Unix. Die einmal verschlüsselten Paßwörter lassen sich nicht von einem System auf das andere übertragen und dort benutzen. Aus diesem Grund müssen zwei Paßwortdateien unterhalten werden. Diese Tatsache ist ein großes Hindernis für jeden Systemadministrator, der ein gemischtes Unix-NT/2000-Umfeld betreuen muß. Manche installieren deshalb freie oder kommerzielle Authentifizierungssysteme von Drittanbietern, die dieses Problem vermeiden.

---

3 Die deutsche Version des Resource Kit heißt offiziell »Windows NT/2000 Server, Die technische Referenz«, sie ist aber eher unter dem englischen Namen »Resource Kit« bekannt.

Wenn man sich auf die Authentifizierungsmechanismen beschränkt, die in den zwei Betriebssystemen enthalten sind, kann man als Perl-Programmierer nur so vorgehen, daß man vom Benutzer das Klartextpaßwort abfragt. Dieses Paßwort wird dann von den zwei Systemen auf verschiedene Art verschlüsselt und in dieser Form abgespeichert.

Benutzergruppen unter NT

Bis jetzt spielte es bei der Diskussion der Benutzeridentität auf den beiden Betriebssystemen keine Rolle, ob die Benutzerdaten in einer lokalen Datei auf dem System abgespeichert werden oder ob ein Verzeichnisdienst wie etwa NIS benutzt wird. Für die Benutzerdaten, die wir bis jetzt untersucht haben, spielte es in der Tat keine Rolle, ob diese Daten auf einem einzelnen System oder in einem Netzwerk oder in einer Gruppe von Maschinen ausgewertet wurden. Um den Begriff der Benutzergruppe und sein Zusammenspiel mit Perl unter NT/2000 korrekt wiederzugeben, müssen wir leider diese Unterscheidung machen. Wir konzentrieren uns zunächst auf Benutzergruppen unter NT 4.0. Bei Windows 2000 kommt eine weitere Komplikation hinzu. Deshalb wird die Besprechung von Gruppen unter Windows 2000 in einen eigenen Kasten verbannt (»Unterschiede bei Gruppen unter Windows 2000« etwas weiter hinten in diesem Kapitel).

Auf einem NT-System können die Daten zur Benutzeridentität an zwei Orten gespeichert werden: im SAM eines einzelnen Rechners oder aber im SAM eines Domänen-Controllers. Das macht den Unterschied aus zwischen einem *lokalen Benutzer*, der nur die einzelne Maschine benutzen kann, und einem *Domänenbenutzer*, der sich auf jeder der freigegebenen Maschinen dieser Domäne einloggen kann.

Auch von den eigentlichen Gruppen gibt es bei NT zwei verschiedene Typen: *globale* und *lokale*. Der Unterschied zwischen den zweien ist nicht gerade das, was die Namen zu suggerieren scheinen. Globale Gruppen bestehen *nicht* nur aus Domänenbenutzern, und lokale Gruppen bestehen *nicht* aus ausschließlich lokalen Benutzern. Es ist auch nicht so – wie jemand mit Unix-Erfahrung denken könnte –, daß lokale Gruppen nur auf dem lokalen Rechner existieren und globale Gruppen auf dem ganzen Netzwerk. Beide Vermutungen haben etwas für sich, aber beide sind nicht die ganze Wahrheit.

Wenn wir damit beginnen, was eigentlich die Ziele hinter dieser Namenskonvention und der Implementation sind, erscheint das Konzept vielleicht etwas sinnvoller. Die folgenden Ziele sollten mit den Gruppen unter NT erreicht werden:

- Benutzerkonten für die ganze Domäne sollten zentral verwaltet werden können. Dem Administrator soll es möglich sein, beliebige Gruppen unter diesen Konten zu bilden. Solchen Gruppen sollen zur administrativen Vereinfachung bestimmte Berechtigungen und Privilegien zugeteilt werden können.

- Alle Rechner in einer Domäne sollen von diesen zentralen Funktionen Gebrauch machen können, wenn sie es wollen. Der Administrator eines einzelnen Rechners soll aber auch Benutzerkonten erzeugen können, die nur auf dieser Maschine gültig sind.

- Der Administrator eines einzelnen Rechners soll entscheiden können, wem der Zugriff auf diesen Rechner erlaubt sein soll. Er soll dies mit domänenweit gültigen Gruppennamen tun können und nicht jeden Benutzer einzeln aufführen müssen.
- Die Mitglieder dieser Gruppen und ausgewählte lokale Benutzer sollen für bestimmte administrative Belange (Zugriffsrechte usw.) genau gleich behandelt werden können.

Mit globalen und lokalen Gruppen können diese Bedürfnisse abgedeckt werden. In zwei Sätzen: Globale Gruppen enthalten nur Domänenbenutzer. Lokale Gruppen enthalten lokale Benutzer und können globale Gruppen oder deren Benutzer importieren.

Wir illustrieren mit einem einfachen Beispiel, wie dieses Schema funktioniert. Wir nehmen an, daß wir eine NT-Domäne an einem Universitätsinstitut haben und daß schon Gruppen für Studenten, Lehrpersonen, und Festangestellte bestehen. Nun wird ein neues Forschungsprojekt namens Omphaloskepsis ins Leben gerufen. Die Administratoren des zentralen Systems erzeugen dafür eine globale Gruppe namens `Global-Omph Personen`, die alle Domänenbenutzer enthält, die an diesem Projekt beteiligt sind. Wenn Angestellte oder Studenten an dem Projekt teilnehmen oder es verlassen, werden sie in die Gruppe aufgenommen bzw. aus ihr entfernt.

Nun gibt es einen Rechnerraum, der nur von den Mitgliedern dieses Projekts genutzt werden darf. Auf diesen Maschinen gibt es aber Gast-Benutzerkonten für akademisches Personal aus anderen Instituten, das in der Domäne nicht bekannt ist und daher auch nicht in einer globalen Gruppe enthalten sein kann. Der Systemadministrator der Rechnerraum-Maschinen tut also folgendes (via Perl, selbstverständlich), damit nur die Projektmitarbeiter und die Gäste die Maschinen benutzen können:

1. Er erzeugt eine *lokale* Gruppe namens `Lokale-Omphies`.
2. Er fügt die lokalen Gastkonten dieser Gruppe hinzu.
3. Er fügt die *globale* Gruppe `Global-Omph Personen` zu dieser lokalen Gruppe hinzu.
4. Er vergibt das Benutzerrecht `Lokale Anmeldung` (`Log on Locally`) an die lokale Gruppe `Lokale-Omphies`.
5. Er entzieht allen anderen Gruppen das Benutzerrecht `Lokale Anmeldung`.

Das Resultat ist, daß nur die dazu berechtigten lokalen Benutzer und die Benutzer der berechtigten globalen Gruppe die Rechner in diesem Raum nutzen können. Wenn ein Benutzer zentral in die `Global-Omph Personen`-Gruppe aufgenommen wird, kann er sofort diese Rechner benutzen, und auf den einzelnen Maschinen muß nichts nachgeführt werden. Wenn Sie das Konzept dieser lokalen und globalen Gruppen einmal begriffen haben, werden Sie sehen, daß es oft sehr praktisch sein kann.[4]

---

[4] Für die Unix-Leute, die immer noch mitlesen: Ein ganz ähnlicher Effekt kann mit NIS-Netgroups und besonderen Einträgen in den einzelnen */etc/passwd*-Dateien der an der NIS-Domain beteiligten Rechnern erreicht werden. Mehr dazu in der *netgroup*-Manpage auf Ihrem System.

> ## Unterschiede bei Gruppen unter Windows 2000
>
> Fast alles, was bei NT zu lokalen und globalen Gruppen gesagt wurde, gilt auch für Windows 2000. Aber es gibt wie angetönt einige zusätzliche Komplikationen:
>
> 1. Windows 2000 benutzt zur Speicherung der Benutzerinformationen das Active Directory. Das bedeutet, daß die globalen Gruppen in einem *store* im Active Directory des Domänen-Controllers gespeichert werden, nicht in seinem SAM.
> 2. Lokale Gruppen heißen nun *Gruppen der lokalen Domäne* (engl. *domain-local*).
> 3. Es gibt einen dritten Typus von Gruppen oder *Gruppenbereichen* (engl. *scope*), wie sie jetzt heißen. Zu den globalen und domain-lokalen Gruppen gibt es jetzt *universelle* Gruppen. Universelle Gruppen überbrücken im wesentlichen die Grenzen zwischen Domänen. Sie können Benutzerkonten, globale Gruppen und andere universelle Gruppen von irgendwo aus dem Directory enthalten. So wie lokale Gruppen globale enthalten können, kann man ihnen nun auch universelle Gruppen hinzufügen.
>
> Zum Zeitpunkt der Drucklegung dieses Buches waren in den Perl-Modulen zur Benutzeradministration diese Änderungen noch nicht implementiert. Die Module können noch immer benutzt werden, weil die Schnittstellen zum NT4/SAM-Schema noch immer funktionieren, aber die neuen Möglichkeiten können natürlich nicht genutzt werden. Wegen dieses Hinterherhinkens ist dieser Kasten der einzige Ort in diesem Kapitel, an dem wir auf diese Unterschiede eingehen. Weitergehende Informationen finden Sie in Kapitel 6, *Verzeichnisdienste*, in dem das Active Directory Service Interface (ADSI) behandelt wird.

Das Konzept wäre noch praktischer, wenn die Programmierung in Perl dafür nicht so umständlich wäre. Alle Perl-Module folgen der Vorgabe des Win32-API insofern, als die Funktionen für lokale und globale Gruppen völlig voneinander getrennt sind. Zum Beispiel haben wir bei `Win32::NetAdmin`:

GroupCreate()	LocalGroupCreate()
GroupDelete()	LocalGroupDelete()
GroupGetAttributes()	LocalGroupGetAttributes()
GroupSetAttributes()	LocalGroupSetAttributes()
GroupAddUsers()	LocalGroupAddUsers()
GroupDeleteUsers()	LocalGroupDeleteUsers()
GroupIsMember()	LocalGroupIsMember()
GroupGetMembers()	LocalGroupGetMembers()

Wegen dieser Doppelspurigkeit muß man unter Umständen zwei Funktionsaufrufe für die gleiche Operation vorsehen. Wenn Sie zum Beispiel alle Gruppen auflisten wollen, zu denen ein Benutzer gehört, müssen Sie zwei Funktionen bemühen, eine für lokale Gruppen und eine für globale. Die Namen der Gruppen-Funktionen in der Tabelle sind weitgehend selbsterklärend. In der Online-Dokumentation und im Buch von David Roth findet man alle Einzelheiten dazu.

Ein kleiner Tip aus David Roths Buch: Zum Auslesen von lokalen Gruppen muß ein Programm mit Administrator-Privilegien laufen, für globale Gruppen genügen die normalen Benutzerrechte.

Benutzerrechte unter NT/2000

Der letzte Unterschied zwischen Unix und NT/2000-Benutzern betrifft die »Rechte« des Benutzers. Unter Unix sind die Aktionen, die ein Benutzer ausführen kann, durch die Datei-Zugriffsrechte und durch die Unterscheidung Superuser/Normaler Benutzer eingeschränkt. NT/2000 ähnelt eher den Kräften von Comic-Superhelden. Jeder Benutzer (und jede Gruppe) kann mit bestimmten »Kräften« ausgestattet werden, die Teil ihrer Identität werden. Zum Beispiel kann man einem ganz gewöhnlichen Benutzer das Benutzerrecht Change the System Time (Systemzeit ändern) vergeben, dieser Benutzer kann dann die Uhr auf dem lokalen Rechner stellen.

Manche Benutzer werden von diesen Benutzerrechten verwirrt, weil sie sich zu lange mit der unmöglichen Dialogbox *Richtlinien für Benutzerrechte* aus dem *Benutzer-Manager* oder dem *Benutzer-Manager für Domänen* von NT 4.0 herumgeschlagen haben. In diesem Dialog werden die Informationen genau umgekehrt dargestellt, als es von den meisten Leuten als natürlich empfunden wird. Es wird eine Liste von Benut-

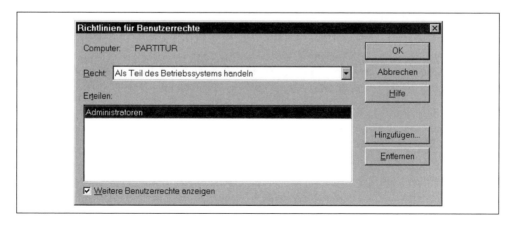

Abbildung 3-1: Die Benutzerrechte-Dialogbox des Benutzer-Managers von NT4

Die Microsoft Windows NT/ Windows 2000 Resource Kits

»Ohne das *NT 4.0 Server* und/oder *Workstation Resource Kit* geht gar nichts!« – das ist der generelle Tenor unter ernsthaften NT-Administratoren, und das wird auch in der Presse immer wieder betont (die deutsche Version des Resource Kit heißt »Windows NT/2000 Server, Die technische Referenz«). Microsoft Press publiziert je einen dicken Band für NT 4.0 und Windows 2000, die beide voller Einzelheiten zu diesen Betriebssystemen sind. Es sind aber nicht die gedruckten Informationen, die diese Bücher wertvoll machen, vielmehr ist es die beigelegte CD-ROM, die den Wert der Bücher in Zlotniks aufwiegt. Die CD-ROM enthält eine Schatzkiste voller Werkzeuge, die nach Meinung vieler für die Administration von NT/2000 unerläßlich sind. Die Version für die NT/2000 Server Edition enthält alle Programme der NT Workstation/Windows 2000 Professional Version und etliche mehr; wenn Sie also zwischen den zweien wählen können, nehmen Sie die Server-Ausführung.

Viele der Programme stammen von der NT/2000-Entwicklergruppe, die diese Programme selbst brauchten, weil keine verfügbar waren. Es gibt zum Beispiel Werkzeuge zum Anlegen von Benutzerkonten, zum Manipulieren der Sicherheitseinstellungen von Dateisystemen, zum Auflisten der installierten Druckertreiber, zum Arbeiten mit *Roaming*-Profilen, zur Hilfe beim Debuggen von Domänen- und Netzwerkdiensten usw.

Die Werkzeuge auf der CD-ROM werden ohne irgendwelche Unterstützung abgegeben. Das heißt: sollte etwas nicht funktionieren, kann man sich nirgends beklagen. Das mag hart klingen, aber auf diese Weise kann Microsoft wertvolle Programme an geplagte Systemadministratoren abgeben, ohne dafür exorbitante Wartungspreise verlangen zu müssen. Die Programme in den Resource Kits enthalten einige wenige Fehler, aber im großen Ganzen funktionieren sie fabelhaft. Manchmal werden auch Updates zu diesen Programmen auf den Webseiten von Microsoft veröffentlicht.

---

zerrechten angegeben und erwartet, daß man Gruppen oder Benutzer zu dieser Liste hinzufügt. Abbildung 3-1 zeigt ein solches Dialog-Fenster.

Ein Programm, das sich eher mit Benutzern als mit Rechten befaßt, würde anbieten, einem Benutzer oder einer Gruppe Rechte zu verleihen oder wegzunehmen. So werden wir auch in Perl mit Benutzerrechten umgehen.

Man kann einerseits das Programm *ntrights.exe* aus dem Microsoft *NT Resource Kit* verwenden. Wenn Sie von diesem Kit noch nichts gehört haben, lesen Sie bitte den Kasten oben.

Der Gebrauch von *ntrights.exe* ist ziemlich intuitiv: Wir rufen das Programm von Perl aus wie jedes andere auf (d. h. mit Backticks oder mit der `system()`-Funktion). In diesem Fall rufen wir *ntrights.exe* mit Argumenten dieser Art auf:

```
C:\>ntrights.exe +r <benutzerrecht> +u <benutzer oder gruppe> [-m \\rechner]
```

Damit wird einem Benutzer oder einer Gruppe ein Recht verliehen (eventuell nur auf einem bestimmten Rechner). Um dieses Recht wieder zu entziehen, schreiben wir:

```
C:\>ntrights.exe -r <benutzerrecht> +u <benutzer oder gruppe> [-m \\rechner]
```

Unix-Benutzern wird die Verwendung von + und - zur Vergabe und zum Entzug von Rechten bekannt vorkommen – das ist wie bei *chmod*. Hier wird dieses System bei der *–r*-Option benutzt, um Rechte zu vergeben und sie wieder zu entziehen. Die Liste der vorhandenen Privilegien wie etwa `SetSystemtimePrivilege` (Systemzeit ändern) finden Sie in der Dokumentation zum *ntrights*-Befehl im Microsoft *NT Resource Kit*.

Ein zweiter Ansatz verwendet nur Perl und ein Modul namens `Win32::Lanman` von Jens Helberg, das Sie unter *ftp://ftp.roth.net/pub/ntperl/Others/Lanman/* oder *http://jenda.krynicky.cz* finden. Sehen wir uns an, wie man damit die Benutzerrechte zu einem Konto abfragt. Das ist ein mehrstufiges Vorgehen, das wir uns Schritt für Schritt ansehen.

Zunächst müssen wir das Modul einbinden:

```
use Win32::Lanman;
my @info;
my $server = '';
my @rights;
```

Sodann brauchen wir die SID des Benutzerkontos, dessen Rechte wir abfragen bzw. verändern wollen. In diesem Beispiel nehmen wir das Konto *Gast*:

```
Win32::Lanman::LsaLookupNames($server, ['Gast'], \@info)
    or die "Kann SID nicht abfragen: ".Win32::Lanman::GetLastError()."\n";
```

`@info` enthält jetzt ein Array von Referenzen auf anonyme Hashes: ein Arrayelement für jedes abgefragte Benutzerkonto (in diesem Fall ist es nur ein Element, das für das Konto *Gast*). Jeder Hash enthält die folgenden Schlüssel: `domain`, `domainsid`, `relativeid`, `sid` und `use`. Uns interessiert im Moment nur `sid`. Jetzt können wir uns nach den Benutzerrechten erkundigen:

```
Win32::Lanman::LsaEnumerateAccountRights($server, ${$info[0]}{sid}, \@rights)
    or die "Kann Rechte nicht abfragen:".Win32::Lanman::GetLastError()."\n";

print "@rights\n";
```

Das Array `@rights` enthält jetzt die Namen der Benutzerrechte, die dem Konto *Gast* zugeteilt sind.

Es ist etwas verzwickt, den Namen eines Benutzerrechts auf der API-Ebene herauszufinden, und zu erfahren, was dieser Name bedeutet. Am einfachsten finden Sie diese Zuordnung in der Dokumentation zum SDK (Software Development Kit) unter *http://msdn.microsoft.com*. Man findet die Namen sehr leicht in der Dokumentation, weil Helberg die etablierten Namen aus dem SDK für seine Perl-Funktionen beibehalten hat. Um alle vorhandenen Benutzerrechte aufzulisten, müssen Sie auf der MSDN-Site (Microsoft Developer Network) nach »LsaEnumerateAccountRights« suchen. Dann finden Sie schnell Verweise auf jedes dieser Rechte.

Diese Informationen werden benötigt, wenn wir die Benutzerrechte verändern wollen. Um unserem Beispiel-Benutzer *Gast* das Recht zu verleihen, das System herunterzufahren, würde man so vorgehen:

```
use Win32::Lanman;
my @info;
my $server = '';

Win32::Lanman::LsaLookupNames($server, ['Gast'], \@info)
    or die "Kann SID nicht abfragen: ".Win32::Lanman::GetLastError()."\n";

Win32::Lanman::LsaAddAccountRights($server, ${$info[0]}{sid},
                                   [&SE_SHUTDOWN_NAME])
    or die "Kann Rechte nicht ändern: ".Win32::Lanman::GetLastError()."\n";
```

In diesem Fall habe ich den Namen des Benutzerrechts SE_SHUTDOWN_NAME direkt in der SDK-Dokumentation gefunden und habe die gleichlautende Subroutine &SE_SHUTDOWN_NAME (die von Win32::Lanman definiert wird) benutzt und so die entsprechende Konstante erhalten.

Bevor wir uns anderen Themen zuwenden, soll hier noch kurz erwähnt werden, daß Win32::Lanman auch eine Funktion enthält, die sich wie die erwähnte, übel beleumdete Benutzerschnittstelle des *Benutzer-Managers* verhält. Anstatt einem Benutzer Rechte zuzuteilen, kann man auch Benutzerrechten einzelne Benutzer zuordnen. Mit der Funktion Win32::Lanman::LsaEnumerateAccountsWithUserRight() kann man eine Liste von SIDs erhalten, die ein bestimmtes Benutzerrecht besitzen. Das kann in bestimmten Fällen nützlich sein.

Aufbau eines Benutzerkonten-Verwaltungssystems

Wir kennen uns nun mit Benutzerkonten aus und können uns jetzt daran machen, die administrativen Aspekte von Benutzerkonten zu beleuchten. Anstatt nur die Perl-Funktionen aufzuzählen, die für das Erzeugen, Unterhalten und Löschen von Benutzerkonten wichtig sind, tauchen wir diesmal tiefer in die Materie ein und zeigen den Gebrauch dieser Operationen in einem größeren Zusammenhang. Der ganze Rest dieses Kapitels befaßt sich mit dem Aufbau des Grundgerüsts zu einem Benutzerkonten-Verwaltungssystem, das sowohl NT- als auch Unix-Konten abdeckt.

Unser Kontensystem wird aus vier Teilen aufgebaut: dem Benutzerinterface, dem Datenspeicherungsteil, den Verarbeitungsskripten (bei Microsoft hießen diese »Business-Logik«) und den Bibliotheksroutinen, die auf der untersten Stufe die eigentliche Arbeit verrichten. Diese Teile arbeiten wie in Abbildung 3-2 gezeigt zusammen.

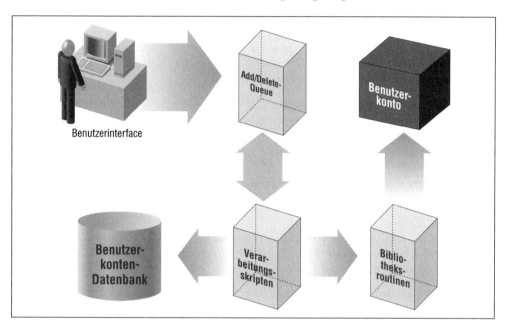

Abbildung 3-2: Die Struktur unseres Benutzerkonten-Verwaltungssystems

Aufträge zur Erzeugung von neuen Benutzerkonten werden vom Benutzerinterface entgegengenommen und landen in einer »Benutzerkonten-Erzeugungs-Queue«, die wir im folgenden »Add-Queue« nennen werden. Ein Verarbeitungsskript liest diese Queue, interpretiert die Instruktionen darin, erzeugt die Benutzerkonten und legt Informationen zu den eben erzeugten Konten in einer separaten Datenbank ab. So werden neue Benutzer erzeugt.

Das Löschen von Konten funktioniert ganz analog. Mit dem Benutzerinterface wird ein Eintrag in eine »Benutzerkonten-Lösch-Queue« oder »Delete-Queue« erzeugt. Ein zweites Verarbeitungsskript liest diese Queue, handelt nach den Befehlen darin und aktualisiert die zentrale Datenbank.

Wir teilen diese Operationen in verschiedene Teile auf, weil wir so flexibler sind, wenn wir später etwas ändern wollen. Wenn wir uns z. B. eines Tages dazu entschließen, die verwendete Datenbank gegen eine andere auszutauschen, brauchen wir nur die Verarbeitungsskripten abzuändern. Wenn beim Erzeugen von Konten weitere Schritte nötig werden (vielleicht müssen die Daten zur Person mit denen aus der Personalabteilung abgeglichen werden), dann muß nur das entsprechende Verarbeitungsskript angepaßt werden.

Befassen wir uns zunächst mit der ersten Komponente, dem Benutzerinterface, das die Einträge in die Add-Queue ablegt. Für das hier behandelte Grundgerüst belassen wir es bei einem einfachen, textbasierten Programm, das jeden Parameter für das Konto einzeln abfragt:

```perl
sub DatenEingeben {
    # Liste der benötigten Felder. Nur zu Demonstrationszwecken – diese Liste sollte
    # in einem ausgewachsenen System aus einer Konfigurationsdatei eingelesen werden.
    my @felder = ('login', 'fullname', 'id', 'type', 'password');
    my %datensatz;

    foreach my $feld (@felder) {
        print "Bitte Feld $feld eingeben: ";
        chomp($datensatz{$feld} = <STDIN>);
    }
    $datensatz{status} = "zu_erzeugen";
    return \%datensatz;
}
```

In dieser Subroutine wird eine Liste von Feldnamen erzeugt. Wie im Kommentar angegeben, ist die Liste nur darum direkt in der Routine aufgeführt, damit das Programm nicht zu lang wird. Ein guter Programmierstil würde hier gebieten, die Liste aus einer externen Datei einzulesen.

Wenn wir die Liste der Felder haben, wird zu jedem Feld ein Wert abgefragt. Jeder dieser Werte wird dann zusammen mit dem Feldnamen als Schlüssel in einem Hash abgelegt. Am Ende des Frage-und-Antwort-Spiels gibt die Routine eine Referenz auf diesen Hash zurück. Im nächsten Schritt soll diese Information in der Add-Queue abgelegt werden. Bevor wir das tun, sollten wir uns überlegen, welches Format wir dafür verwenden und wie wir die Daten in unserem System speichern wollen.

Die Konten-Datenbank

Die Datenbank spielt in unserem System eine zentrale Rolle. Manche Systemadministratoren benutzen dafür einfach die */etc/passwd*-Datei oder die SAM-Datenbank und die darin vorgesehenen Felder, aber diese Methode ist etwas kurzsichtig. Zusätzlich zu den behandelten Teilen der Benutzeridentität kann man in einer separaten Datenbank zu jedem Benutzerkonto noch weitere Informationen abspeichern, zum Beispiel das Datum der Erzeugung, wie lange das Konto gültig sein soll, wer (bei einem Gast-Konto) der Ansprechpartner ist, die Telefonnummer der Person usw. Wenn eine solche Datenbank einmal besteht, kann man sie auch für ganz andere Zwecke als nur zur Erzeugung und zum Löschen von Konten benutzen. Man kann damit ganz nette Dinge anstellen, etwa automatisch Adreßlisten erzeugen, einen LDAP-Server füttern oder eine Webseite mit Links auf die persönlichen Webseiten der Benutzer generieren.

Warum gute Systemadministratoren Benutzerkontensysteme schreiben

Systemadministratoren kann man in zwei Kategorien unterteilen: Mechaniker und Architekten. Die Mechaniker verbringen die meiste Zeit in der Werkstatt. Sie kennen jedes Detail der Hardware und jedes Programms, das sie benutzen. Wenn etwas schiefgeht, wissen sie sofort, welcher Befehl, welche Datei oder welcher Schraubenschlüssel benötigt wird. Talentierte Mechaniker können einem fast Angst einjagen, wenn sie ein Problem bei einer Maschine schon aus der entfernten Ecke des Rechnerraumes diagnostizieren können.

Architekten dagegen betrachten die Rechner-Landschaft lieber von höherer Warte. Sie denken in abstrakterer Weise darüber nach, wie die einzelnen Teile in einem größeren Ganzen zusammenspielen sollen. Architekten befassen sich mit Themen wie der Skalierbarkeit, der Ausbaufähigkeit und der Wiederverwendbarkeit.

Beide Typen von Administratoren sind wichtig. Am meisten Respekt habe ich vor denen, die wohl als Mechaniker taugen, die aber bevorzugt in den Gedenkengebäuden des Architekten zu Hause sind. Diese beheben ein Problem und denken nachher darüber nach, wie das Problem entstehen konnte und wie man es in Zukunft vermeiden könnte. Sie überlegen, wie auch kleine Beiträge in Zukunft zu einer Arbeitsersparnis führen können.

In einer gut funktionierenden Rechnerumgebung braucht man sowohl Architekten als auch Mechaniker, die miteinander zusammenarbeiten. Ein Mechaniker kann nur dann gut arbeiten, wenn er sich im Rahmen eines Konzeptes eines Architekten bewegt. Bei Autos braucht man zweifelsohne Mechaniker, die Autos reparieren können. Diese aber sind darauf angewiesen, daß die Autos nicht dauernd kaputtgehen und daß sie wartungsfreundlich konstruiert sind. Sie benötigen Infrastruktur wie Werkstätten, Werkzeuge, technische Beschreibungen, Ersatzteilkataloge usw., damit sie ihre Arbeit vernünftig ausführen können. Wenn der Architekt etwas von seiner Arbeit versteht, wird auch die Arbeit des Mechanikers einfacher.

Welchen Zusammenhang haben nun diese zwei unterschiedlichen Typen von Systemadministratoren mit unserem Thema? Nun, ein Mechaniker wird wahrscheinlich die vom Betriebssystem vorgesehenen Werkzeuge zur Verwaltung von Benutzerkonten verwenden. Vielleicht wird er kleinere Skripten schreiben, die immer wiederkehrende Vorgänge zusammenfassen. Ein Architekt dagegen wird sich sehr bald mit dem Aufbau eines Benutzerkonten-Verwaltungssystems befassen. Er überlegt sich Fragen wie diese:

- Wie man immer wiederkehrende Vorgänge automatisieren kann

– Weiter auf der nächsten Seite –

- Was für Arten von Informationen in einem Konten-Verwaltungssystem gesammelt werden sollen, damit man das System als Quelle für andere Dienste nutzen kann. Zum Beispiel könnte man einen LDAP-Verzeichnisdienst (Lightweight Directory Access Protocol) darauf aufbauen oder automatisch Webseiten erzeugen.
- Wie die Daten im System geschützt werden müssen (Datensicherheit)
- Ob das System mit einer wachsenden Anzahl von Benutzern mithalten kann
- Ob man das System auch an anderen Orten einsetzen kann
- Wie andere Systemadministratoren das gleiche Problem angepackt haben

Beim Begriff »Dankenbank« werden manche Leute nervös. Sie denken: »Nun soll ich also eine teure, kommerzielle Datenbank anschaffen, brauche dafür eine geeignete Maschine und muß zur Wartung womöglich noch einen Datenbankspezialisten anstellen!« Ja, wenn Sie Tausende oder Zehntausende von Benutzern haben, dann brauchen Sie all dies (obwohl Sie wahrscheinlich mit einer nichtkommerziellen Datenbank wie Postgres oder MySQL sehr weit kommen). Wenn Sie sich in dieser Lage befinden, finden Sie in Kapitel 7, *Administration von SQL-Datenbanken*, mehr Informationen dazu, wie man mittels Perl mit solchen SQL-Datenbanken umgeht.

Aber in diesem Kapitel benutze ich den Ausdruck *Datenbank* im weitesten Sinne. Eine ganz normale Textdatei erfüllt den Zweck bereits, wenn die Ansprüche gering sind. Auf Win32 könnte man sogar auf eine Access-Datenbank (d. h. *datenbank.mdb*) zugreifen. Aus Gründen der Portabilität werden wir hier für die verschiedenen Teile der Datenbank ganz bescheidene Textdateien verwenden. Damit die Sache etwas interessanter wird, werden wir für diese Dateien das XML-Format verwenden. Wenn Ihnen XML nichts sagt, sollten Sie sich zunächst Anhang C, *XML in acht Minuten*, vornehmen. Warum XML? XML hat einige Eigenschaften, die es zu einer guten Wahl für Dateien wie diese und für Konfigurationsdateien in der Systemadministration im allgemeinen machen:

- XML ist ein Format für ganz normale Textdateien, die sich mit Perl erstklassig bearbeiten lassen.
- XML ist selbstbeschreibend und weitgehend selbstdokumentierend. Bei einem Format, das Feldbegrenzer benutzt, wie etwa */etc/passwd*, ist es nicht immer leicht zu sagen, welches Feld welche Information enthält. Bei XML ist das kaum je ein Problem, weil jedes Feld von Tags mit beschreibenden Namen eingeklammert wird.
- Wenn der richtige Parser benutzt wird, ist XML sogar selbstvalidierend. Ein Parser, der XML-Dateien auf Gültigkeit überprüft, findet sofort Fehler in einem Eintrag, wenn dieser nicht mit der DTD (Document Type Definition) oder dem Schema des XML-Dokuments übereinstimmt. Die Perl-Module, die wir in diesem Kapitel verwenden, bauen allerdings auf einem nichtvalidierenden Parser auf. Es gibt aber durchaus ernsthafte Bemühungen (sowohl in diesem Programmbeispiel als auch

in anderen Modulen), den XML-Code zu validieren. Ein Schritt in diese Richtung ist `XML::Checker`, das ein Teil der Bibliothek *libxml-enno* von Enno Derksen ist. Der hier verwendete Parser, der immerhin auf Wohlgeformtheit prüft, findet damit immerhin eine ganze Anzahl von Fehlern.

- XML ist so flexibel, daß man damit beinahe alle Arten von Informationen beschreiben kann. Flexibel bedeutet hier, daß man mit einem Parser alle möglichen Datenformate lesen kann und nicht für jedes neue Format einen anderen Parser benötigt.

Wir werden solche XML-formatierten Textdateien sowohl für die eigentliche Benutzerkonten-Datenbank als auch für die Add- und Delete-Queues benutzen.

Während wir die XML-Teile unseres Systems entwickeln, schaut uns dauernd der »Viele Wege führen zum Ziel«-Polizist über die Schulter. Zu jeder XML-Operation werden wir mehrere Möglichkeiten untersuchen oder doch zumindest andere Verfahren erwähnen. Normalerweise wäre es bei einem solchen System klüger, sich auf eine Methode zu beschränken, aber auf diese Weise bekommen Sie eine Ahnung über die breite Palette von Programmiermöglichkeiten, die sich auftun, wenn man XML mit Perl verknüpft.

XML in Perl schreiben

Kehren wir zu dem Thema der Add-Queues zurück, das wir etwas abrupt verlassen hatten. Wir sagten, daß die Daten, die wir in `DatenEingeben()` gesammelt hatten, in eine Queue abgelegt werden sollen, aber wir hatten dafür noch keinen Code gesehen. Untersuchen wir, wie diese XML-formatierte Datei geschrieben wird.

Wir könnten mit den normalen `print`-Befehlen von Perl XML-Code schreiben, aber es gibt dafür bessere Methoden. Perl-Module wie der `XML::Generator` von Benjamin Holzman und `XML::Writer` von David Megginson vereinfachen diesen Vorgang und machen ihn zudem weniger fehleranfällig. Diese Module nehmen uns all die kleinen Einzelheiten ab, wie etwa übereinstimmende Start- und End-Tags und die korrekte Behandlung der Spezialzeichen (<, >, & usw.). Hier folgt das Programmstück, das mittels des Moduls `XML::Writer` den XML-Code für ein einzelnes Benutzerkonto herausschreibt:

```
sub KontenXML_anhaengen {
    # Voller Pfadname der Datei.
    my $dateiname = shift;
    # Referenz auf einen anonymen Hash mit den Benutzerdaten.
    my $datensatz = shift;

    # Das XML::Writer-Modul benutzt IO::File-Objekte für die Ausgabe.
    use IO::File;

    # Daten an das Ende der Queuedatei anhängen.
    my $fh = new IO::File(">>$dateiname") or
        die "Kann Datei $dateiname nicht erweitern: $!\n";
```

```perl
    # XML::Writer initialisieren, seine Ausgabe auf das Dateihandle $fh umlenken.
    use XML::Writer;
    my $w = new XML::Writer(OUTPUT => $fh);

    # Start-Tag für den <account>-Datensatz herausschreiben.
    $w->startTag("account");

    # Alle in <account> enthaltenen Start- und End-Tags mit Inhalt herausschreiben.
    foreach my $feld (keys %{$datensatz}) {
        print $fh "\n\t";
        $w->startTag($feld);
        $w->characters($$datensatz{$feld});
        $w->endTag;
    }
    print $fh "\n";

    # End-Tag für den <account>-Datensatz schreiben.
    $w->endTag;
    $w->end;
    $fh->close();
}
```

Jetzt können wir in einer Zeile die Daten für ein neues Benutzerkonto sammeln und in die Add-Queue ablegen:

```perl
my $addqueue = 'addqueue';
&KontenXML_anhaengen($addqueue, &DatenEingeben);
```

Hier sehen Sie ein Beispiel für die Ausgabe dieser Subroutine:[5]

```xml
<account>
    <login>maxk</login>
    <fullname>Max Klucker</fullname>
    <id>24-9057</id>
    <type>studierende</type>
    <password>geheim</password>
    <status>zu_erzeugen</status>
</account>
```

Jawohl, wir speichern Paßwörter im Klartext. Das ist eine *außergewöhnlich schlechte Idee* und nur verzeihlich, weil wir hier ein Demonstrationsprogramm vor uns haben, und auch dann soll man sich das zweimal überlegen. Bei einem richtigen Benutzerkontensystem würde man zum Beispiel die Paßwörter sofort verschlüsseln, bevor man sie in die Queue schreibt, oder aber diese Information gar nicht in der Queue aufbewahren.

---

[5] In der XML-Spezifikation wird empfohlen, jede XML-Datei mit einer Deklaration zu beginnen (d.h. mit `<?xml version="1.0"?>`). Das ist zwar keine Vorschrift, wenn wir uns aber an die Empfehlung halten wollen, stellt das XML::Writer-Modul dafür die Methode `xmlDecl()` bereit.

Die Funktion `KontenXML_anhaengen()` werden wir später wieder antreffen, wenn wir Daten in unsere zentrale Datenbank schreiben.

Zum Gebrauch des `XML::Writer`-Moduls in unserer `KontenXML_anhaengen()`-Routine ist noch folgendes zu sagen:

- Das Programm ist sehr gut lesbar; jeder, der schon einmal mit einer Markup-Sprache gearbeitet hat, wird verstehen, was die Methoden mit den Namen `startTag()`, `characters()` und `endTag()` bewirken.
- Obwohl das bei unseren Daten kaum erforderlich sein wird, sorgt die Methode `characters()` für die notwendige Konversion der Zeichen wie >, die in XML eine besondere Bedeutung haben.
- Wir brauchen uns für das Schließen eines Tags nicht zu merken, welches Tag wir als letztes begonnen haben. `XML::Writer` übernimmt das für uns; wir brauchen nur die Funktion `endTag()` ohne ein explizites End-Tag als Parameter aufzurufen. In unserem Fall wäre auch das kein Problem, weil unsere Daten nicht allzutief verschachtelt sind, aber diese Funktionalität kann bei komplexen Datenstrukturen ganz praktisch sein.

XML mit dem XML::Parser-Modul lesen

Wir werden noch andere Möglichkeiten kennenlernen, wie man XML-Daten schreiben kann, aber zuvor wollen wir untersuchen, wie man denn diese tollen XML-Daten wieder einliest. Das werden wir in den Skripten benötigen, die die Add- und Delete-Queues sowie die eigentliche Datenbank auslesen.

Für die geringen Ansprüche unseres Kontensystems könnte man einen XML-Parser in Perl mit regulären Ausdrücken zusammenstiefeln. Bei komplexerem XML-Code wird das aber schnell sehr mühsam.[6] Im allgemeinen Fall ist es aber einfacher, das Modul `XML::Parser` zu benutzen, das von Larry Wall geschrieben wurde. Clark Cooper hat es entscheidend verbessert und es wird auch von ihm gewartet.

`XML::Parser` ist ein Modul, das auf *Events*, also auf Ereignissen basiert. Event-basierte Module ähneln Händlern an der Börse. Vor dem eigentlichen Handel werden Regeln aufgestellt, nach denen sich die Händler verhalten sollen, wenn bestimmte Ereignisse eintreten (falls z. B. der Kurs einer Aktie unter 3,25 sinkt, sollen 1000 Stück davon verkauft werden; bestimmte Aktien sollen gleich zu Börsenbeginn gekauft werden usw.). Bei event-basierten Programmen nennt man diese Ereignisse eben *Events*, und die Instruktionen, die im Eintretensfall befolgt werden sollen, nennt man *Event-Handler*. Das sind zunächst einfach spezialisierte Subroutinen, die auf einen Event reagieren. Manche Leute bevorzugen den Ausdruck *Callback-Routine*, weil diese Subroutinen dann ablaufen, wenn das Hauptprogramm uns »zurückruft« (engl. »call back«), falls eine bestimmte Situation eintritt. Im Zusammenhang mit dem `XML::Parser`-Modul sind die Events Dinge wie »Parsing beginnt«, »Start-Tag gefunden« oder »XML-Kommentar gefunden«, und

---

[6] Es ist aber machbar. Siehe dazu z. B. das Modul von Eric Prud'hommeaux unter *http://www.w3.org/1999/02/26-modules/W3C-SAX-XmlParser-*.

die Handler führen Aktionen aus wie »Gib den Inhalt des eben gefundenen Elements aus«.[7]

Vor dem eigentlichen Parsing muß ein XML::Parser-Objekt erzeugt werden. Dabei geben wir den Modus oder den *Stil* an, nach dem geparst werden soll. XML::Parser kennt verschiedene Stile, die sich durch ihr Verhalten während des eigentlichen Parsings unterscheiden. Der gewählte Parsing-Stil bestimmt die Voreinstellung, bei welchen Events welche Handler aufgerufen werden und welche Datenstrukturen vom Parser zurückgegeben werden.

Bei bestimmten Stilen muß für jeden Event, den wir abarbeiten wollen, eine Verbindung zwischen dem Event und seinem Handler angegeben werden. Bei anderen Events, für die wir keine explizite Verbindung angegeben haben, wird gar nichts ausgeführt. Diese Verbindungen werden in einem simplen Hash gespeichert, bei dem die Schlüssel die Namen der Events und die Werte Referenzen auf die Handler-Subroutinen sind. Bei den Stilen, bei denen diese Verbindungen benötigt werden, wird dieser Hash bei der Erzeugung des Parser-Objekts als Parameter mit dem Namen Handlers übergeben (also z. B. Handlers => {Start => \&start_handler}).

Wir werden den stream-Stil benutzen, bei dem diese Verbindungen nicht benötigt werden. Bei diesem Stil wird einfach eine Anzahl von vordefinierten Event-Handlern aufgerufen, falls Subroutinen mit diesen Namen im Namensraum des Programms definiert sind. Wir werden nur einfache Event-Handler benutzen: StartTag, EndTag und Text. Die ersten zwei sind selbsterklärend. Text wird nach der XML::Parser-Dokumentation »gerade vor einem Start- oder End-Tag aufgerufen mit dem in $_ angesammelten Text, soweit dieser Text nicht Markup ist«. Wir werden Text benutzen, wenn wir am Inhalt eines bestimmten Elements interessiert sind.

In unserem Beispielprogramm wird der Parser wie folgt initialisiert:

```
use XML::Parser;
use Data::Dumper;  # Für Debug-Ausgabe, wird für das eigentliche Parsing nicht benötigt.

my (%datensatz, $queueinhalt);


my $p = new XML::Parser(ErrorContext => 3,
                        Style        => 'Stream',
                        Pkg          => 'Account::Parse');
```

Damit bekommen wir ein neues Parser-Objekt, das mit drei Parametern genauer spezifiziert wird. Der erste Parameter, ErrorContext, weist den Parser an, bei einem Syntaxfehler drei Zeilen der Textumgebung zurückzugeben. Der zweite Parameter ist der eben besprochene Stil. Mit dem dritten Parameter, Pkg, wird der Parser beauftragt, im hier angegebenen Namensraum statt im aktuellen nach Eventhandlern zu

---

[7] Beim Modul XML::Node von Chang Liu (das wir hier nicht verwenden) kann der Programmierer explizit angeben, bei welchen Elementen Callbacks ausgelöst werden sollen. Damit könnte der hier beschriebene Prozeß noch weiter vereinfacht werden.

suchen. Mit dem hier angegebenen Wert soll also der Parser nach Subroutinen namens `&Account::Parse::StartTag()`, `&Account::Parse::EndTag()` usw. statt nur nach `&StartTag()`, `&EndTag()` usw. forschen. Das hat keine direkte Auswirkung auf die Arbeitsweise des Programms, aber wir können so vermeiden, daß der Parser sozusagen versehentlich eine bestimmte Subroutine aufruft, nur weil jemand eine Routine namens `StartTag()` geschrieben hat. Statt dieses Parameters hätten wir auch vor dem Aufruf eine explizite Zeile `package Account::Parse;` eingeben können.

Betrachten wir nun die Subroutinen, die als Eventhandler aufgerufen werden, eine nach der anderen:

```perl
package Account::Parse;

sub StartTag {
    undef %datensatz if ($_[1] eq "account");
}
```

Die Routine `&StartTag()` wird jedesmal aktiviert, wenn wir einem Start-Tag begegnen. Sie wird mit zwei Argumenten aufgerufen: einer Referenz auf das Parser-Objekt und dem Namen des gerade gefundenen Tags. Wir wollen für jedes in der Datei enthaltene Benutzerkonto einen neuen Hash aufbauen. Wenn also ein `<account>`-Start-Tag den Anfang eines Datensatzes anzeigt, setzen wir den Hash zurück auf den undefinierten Wert und überschreiben so eventuell vorhandene Werte eines vorherigen Kontos. In allen anderen Fällen tun wir gar nichts.

```perl
sub Text {
    my $ce = $_[0]->current_element();
    $datensatz{$ce} = $_ unless ($ce eq "account");
}
```

Hier benutzen wir `&Text()`, um den Hash `%datensatz` mit Daten zu versehen. Wie die vorherige Funktion wird auch diese mit zwei Parametern aufgerufen: einer Referenz auf das Parser-Objekt und dem »gesammelten Text, der nicht Markup ist«, d. h. dem Text, den der Parser seit dem letzten Start- oder End-Tag gelesen hat. Wir bestimmen mit der `current_element()`-Methode des Parsers das aktuelle Element, in dem wir uns befinden. Nach der Dokumentation zu `XML::Parser::Expat` gibt diese Methode »den Namen des innersten offenen Elements« zurück. Solange dieser Name nicht »account« ist, sind wir bei einem Unterelement von `<account>` und speichern den Namen des Elements und seinen Inhalt.

```perl
sub EndTag {
    print Data::Dumper->Dump([\%datensatz], ["account"])
        if ($_[1] eq "account");
    # Hier würde man mit dem Datensatz etwas anfangen, anstatt ihn bloß auszugeben.
}
```

Der letzte Handler, `&EndTag()`, unterscheidet sich vom ersten, `&StartTag()`, nur dadurch, daß er eben beim End-Tag aufgerufen wird. Wenn wir das Ende eines Datensatzes erreichen, tun wir im Moment nichts Weltbewegendes: Wir geben den Datensatz aus. Hier sehen Sie ein Beispiel für eine solche Ausgabe:

```
$account = {
            'login' => 'maxk',
            'type' => 'studierende',
            'password' => 'geheim',
            'fullname' => 'Max Klucker',
            'id' => '24-9057'
          };
$account = {
            'login' => 'gerdab',
            'type' => 'dozenten',
            'password' => 'geheim',
            'fullname' => 'Gerda Bleuer',
            'id' => '50-9057'
          };
```

Wenn wir diesen Parser-Code tatsächlich in unserem Benutzerkonten-System verwendeten, würden wir eine Funktion wie `CreateAccount(\%datensatz)` aufrufen, anstatt den Datensatz nur einfach mit dem `Data::Dumper` auszugeben.

Nach der Initialisierung des `XML::Parsers` und der Definition der Callback-Routinen müssen wir das Parsing wirklich in Gang setzen:

```
package main;
my $addqueue = 'addqueue';

# Mehrere Benutzerkonten-Datensätze in einer einzigen XML-Datei verarbeiten.
open(FILE, $addqueue) or die "Kann $addqueue nicht öffnen: $!\n";
# Diese schlaue Formulierung zum Einlesen einer ganzen Datei stammt von Jeff Pinyan.
read(FILE, $queueinhalt, -s FILE);
$p->parse("<queue>" . $queueinhalt . "</queue>");
```

Hier haben wohl einige Leser einen Moment gestutzt. In den ersten zwei Zeilen wird die Queuedatei geöffnet und vollständig in eine skalare Variable namens `$queueinhalt` eingelesen. Die dritte Zeile wäre ohne den merkwürdigen Parameter von `parse()` eigentlich verständlich. Warum aber soll der Inhalt der Queuedatei vor dem eigentlichen Parsen noch einmal in XML-Tags verpackt werden?

Weil das ein *Hack* ist. Und wie das mit Hacks so geht: Sie sind oft gar nicht so schlecht. Hier die Begründung, warum dieser Umweg notwendig ist, um mehrere `<account>`-Datensätze in unserer Queuedatei behandeln zu können.

In jedem XML-Dokument muß es definitionsgemäß (nach der allerersten Produktionsregel in der XML-Spezifikation) ein Grundelement oder *Dokument-Element* geben. Dieses Element muß den ganzen Rest des Dokuments enthalten; alle anderen Elemente sind Unterelemente davon. Für einen XML-Parser ist das erste Start-Tag, das er antrifft, das Start-Tag eben dieses Dokument-Elements. Wenn er das End-Tag zu diesem Dokument-Element findet, ist das Parsing beendet. XML-Dateien, die nicht dieser Struktur entsprechen, sind nicht wohlgeformt.

Wenn wir unsere Queue in XML formulieren wollen, stoßen wir dabei auf ein Problem. Wenn wir gar nichts vorkehren, findet der Parser als erstes Tag ein `<account>`. So weit, so gut – bis der Parser das End-Tag `</account>` zu diesem Datensatz findet. Hier beendet er sein Parsing, auch wenn es noch weitere Datensätze in der Datei gibt, weil er annimmt, daß das Ende des Dokuments erreicht wurde.

Wir könnten ganz am Anfang, bei der Erzeugung der Queuedatei, mit einem Start-Tag (`<queue>`) beginnen, aber wie würde man das End-Tag (`</queue>`) behandeln? Dieses Tag muß immer am Ende der Datei stehen (und nur da), und wenn wir wiederholt Datensätze anfügen wollen, kann das schwierig werden.

Ein gangbarer, aber doch haarsträubender Hack wäre es, wenn man bei jedem Anfügen zuerst mit `seek()` an das Ende der Datei springen würde und dann mit weiteren `seek()`s in der Datei rückwärts ginge, bis das End-Tag übersprungen ist. Von diesem Punkt aus würde der neue Datensatz angefügt und ein neues End-Tag geschrieben. Schon wegen des Risikos, Daten zu überschreiben, (was passiert, wenn wir zu weit rückwärts gehen?), sollten wir davon Abstand nehmen. Verzwickt wird es in den Fällen, in denen es kein wirkliches Datei-Ende gibt, beispielsweise, wenn die XML-Daten über eine Netzverbindung gelesen werden. In solchen Fällen müßte man einen speziellen Puffer vorsehen, damit man am Ende der Übertragung einige Bytes rückwärts gehen kann.

Die angegebene Methode, die gelesenen Daten einzuklammern, mag ein Hack sein, sie schneidet aber im Vergleich zu den Alternativen sehr gut ab und wirkt nun schon fast elegant. Wenden wir uns aber angenehmeren Dingen zu.

XML mit dem XML::Simple-Modul lesen

Wir haben nun eine Methode für das Parsen von XML-Daten kennengelernt, aber ich habe Sie vor dem Motto »Viele Wege führen zum Ziel« gewarnt: Jetzt machen wir das Ganze noch einmal, diesmal aber noch einfacher. Einige Autoren haben Module geschrieben, die auf `XML::Parser` aufbauen, die Daten aber in einer Form zurückgeben, die für Perl eher geeignet ist. Das sind unter anderen die Module `XML::DOM` von Enno Derksen, `XML::Grove` und `ToObjects` als Teile des *libxml-perl*-Pakets von Ken MacLeod, `XML::DT` von Jose Joao Dias de Almeida und `XML::Simple` von Grant McLean. Von diesen ist wahrscheinlich `XML::Simple` am einfachsten im Gebrauch. Es ist für kleinere XML-Konfigurationsdateien ausgelegt und daher für unseren Zweck ideal.

`XML::Simple` enthält genau zwei Funktionen. Hier sehen Sie die erste in Aktion:

```
use XML::Simple;
use Data::Dumper;     # Nur für die Ausgabe unserer Datenstrukturen.

my $queuedatei = "addqueue";
my $queueinhalt;
open(FILE, $queuedatei) or die "Kann $queuedatei nicht öffnen: $!\n";
read(FILE, $queueinhalt, -s FILE);
my $queue = XMLin("<queue>" . $queueinhalt . "</queue>");
```

```
$queue = {
          'account' => {
                      '24-9057' => {
                                  'status' => 'zu_erzeugen',
                                  'fullname' => 'Max Klucker',
                                  'password' => 'geheim',
                                  'login' => 'maxk',
                                  'type' => 'studierende'
                                }
                      '50-9057' => {
                                  'status' => 'zu_erzeugen',
                                  'fullname' => 'Gerda Bleuer',
                                  'password' => 'geheim',
                                  'login' => 'gerdab',
                                  'type' => 'dozenten'
                                },
                    }
        };
```

Abbildung 3-3: Die von XMLin() ohne weitere Argumente erzeugte Datenstruktur

Wir geben den Inhalt der $queue mit dem Data::Dumper aus:

```
print Data::Dumper->Dump([$queue], ["queue"]);
```

Unsere Daten aus der Add-Queue sind jetzt eine Referenz auf einen Hash von einem Hash, dessen Schlüssel die `<id>`-Elemente sind. Diese Struktur ist in Abbildung 3-3 wiedergegeben.

Der Hashschlüssel `<id>` wurde ausgewählt, weil XML::Simple bestimmte Tags in den Daten gesondert behandelt. Wenn dieses Verhalten nicht erwünscht ist, kann man es ausschalten:

```
$queue = XMLin("<queue>" . $queueinhalt . "</queue>", keyattr => []);
```

Wir bekommen eine Referenz auf einen Hash, der einen einzigen Wert besitzt, ein anonymes Array. Dies ist in Abbildung 3-4 dargestellt.

Diese Datenstruktur hilft uns nicht viel weiter. Wir können aber diese Option zu unserem Vorteil ausnutzen:

```
$queue = XMLin("<queue>" . $queueinhalt . "</queue>", keyattr => ["login"]);
```

Jetzt haben wir eine Referenz auf unsere Datenstruktur in der genau richtigen Form (eine Referenz auf einen Hash von Hashes, bei dem die `login`-Namen die Schlüssel sind). Abbildung 3-5 zeigt diese Datenstruktur.

Aufbau eines Benutzerkonten-Verwaltungssystems

```
$queue = {
        'account' => [
                {
                    'status' => 'zu_erzeugen',
                    'fullname' => 'Max Klucker',
                    'id' => '24-9057',
                    'password' => 'geheim',
                    'login' => 'maxk',
                    'type' => 'studierende'
                },
                {
                    'status' => 'zu_erzeugen',
                    'fullname' => 'Gerda Bleuer',
                    'id' => '50-9057',
                    'password' => 'geheim',
                    'login' => 'gerdab',
                    'type' => 'dozenten'
                }
            ]
    };
```

Abbildung 3-4: Die von XMLin() erzeugte Datenstruktur, wenn »keyattr« ausgeschaltet ist

```
$queue = {
        'account' => {
                'maxk'    => {
                    'status' => 'zu_erzeugen',
                    'fullname' => 'Max Klucker',
                    'password' => 'geheim',
                    'id' => '24-9057',
                    'type' => 'studierende'
                }
                'gerdab' => {
                    'status' => 'zu_erzeugen',
                    'fullname' => 'Gerda Bleuer',
                    'password' => 'geheim',
                    'id' => '50-9057',
                    'type' => 'dozenten'
                },
            }
    };
```

Abbildung 3-5: Die von XMLin() erzeugte Datenstruktur mit explizitem »keyattr«

Warum ist das genau richtig? Mit diesem Vorgehen können wir nach der eigentlichen Verarbeitung einen einzelnen Datensatz in einer Zeile entfernen:

```
# Beispielsweise: $login = "maxk";
delete $queue->{account}{$login};
```

Wenn wir den Wert eines Feldes ändern wollen, bevor wir die Daten in unsere Datenbank schreiben, ist das auch einfach möglich:

```
# Beispielsweise: $login = "gerdab"; $feld = "status";
$queue->{account}{$login}{$feld} = "aktiv";
```

XML mit dem XML::Simple-Modul schreiben

Der Ausdruck »in unsere Datenbank schreiben« erinnert uns daran, daß es auch möglich sein muß, XML zu schreiben. Die zweite Funktion von XML::Simple erwartet eine Referenz auf eine Datenstruktur und erzeugt daraus XML:

```
# rootname setzt den Namen des äußersten Dokument-Elements.
# Wir könnten auch mit xmldecl eine XML-Deklaration ausgeben.
print XMLout($queue, rootname =>"queue");
```

Das ergibt (zur besseren Lesbarkeit umbrochen):

```
<queue>
  <account name="maxk" type="studierende"
           password="geheim" status="zu_erzeugen"
           fullname="Max Klucker" id="24-9057" />
  <account name="gerdab" type="dozenten"
           password="geheim" status="zu_erzeugen"
           fullname="Gerda Bleuer" id="50-9057" />
</queue>
```

Das ist absolut korrektes XML, aber nicht ganz in dem Format, das wir gewohnt sind. Hier sind die einzelnen Felder als Attribute in einem einzigen <account ... />-Element untergebracht, nicht als verschachtelte Elemente. XML::Simple kennt einige Regeln, nach denen es Datenstrukturen in XML abbildet. Zwei dieser Regeln (die übrigen finden Sie in der Dokumentation) lauten abgekürzt: »Einzelne Werte werden als XML-Attribute ausgegeben« und »Referenzen auf anonyme Arrays werden in verschachtelte Elemente übersetzt«.

Wir brauchen also im Hauptspeicher eine Datenstruktur wie die in Abbildung 3-6 dargestellte, damit wir »richtiges« XML generieren können (richtig bedeutet hier: im gleichen Stil und Format wie in unseren Queue-Dateien).

Häßlich, nicht? Es bleiben uns an diesem Punkt ein paar Alternativen:

1. Wir könnten das Format unserer Dateien ändern. Das scheint jedoch ein bißchen übertrieben zu sein.

```
    $queue = {
            'account' => [
                            {
                                'status' => ['zu_erzeugen'],
                                'fullname' => ['Max Klucker'],
                                'id' => ['24-9057'],
                                'password' => ['geheim'],
                                'login' => ['maxk'],
                                'type' => ['studierende']
                            },
                            {
                                'status' => ['zu_erzeugen'],
                                'fullname' => ['Gerda Bleuer'],
                                'id' => ['50-9057'],
                                'password' => ['geheim'],
                                'login' => ['gerdab'],
                                'type' => ['dozenten']
                            }
                         ]
            };
```

Abbildung 3-6: Die Datenstruktur, die wir für die Ausgabe in die XML-Queuedatei benötigen

2. Wir könnten mit `XML::Simple` die Daten anders lesen. Damit sich im Hauptspeicher eine Datenstruktur wie die in Abbildung 3-6 ergibt, könnten wir die Daten so einlesen:

```
$queue = XMLin("<queue>" . $queueinhalt . "</queue>", forcearray => 1,
                                                      keyattr => [""]);
```

Aber wenn wir die Art des Einlesens so optimieren, daß die Ausgabe einfach wird, verlieren wir die einfache Art des Umgangs mit einzelnen Datensätzen über Hashschlüssel.

3. Wir könnten die Daten nach dem Lesen, aber vor dem Herausschreiben umorganisieren. Wir lesen die Daten wie gehabt ein, verändern sie nach Herzenslust, und kurz vor dem Herausschreiben transformieren wie die Daten in eine Struktur, die `XML::Simple` »mag«.

Variante drei scheint die vernünftigste zu sein, also verfolgen wir diesen Weg. Hier sehen Sie eine Subroutine, die eine Datenstruktur wie in Abbildung 3-5 im Argument erwartet und eine Datenstruktur nach Abbildung 3-6 zurückgibt.

```
    sub fuer_Ausgabe_transformieren {
        my $queueref = shift;
        my $toplevel = scalar each %$queueref;
```

```
    foreach my $user (keys %{$queueref->{$toplevel}}) {
        my %innerhash =
            map { $_, [$queueref->{$toplevel}{$user}{$_}] }
                keys %{$queueref->{$toplevel}{$user}};
        $innerhash{'login'} = [$user];
        push @outputarray, \%innerhash;
    }

    $outputref = { $toplevel => \@outputarray };
    return $outputref;
}
```

Gehen wir die Subroutine fuer_Ausgabe_transformieren() Schritt für Schritt durch. Wenn Sie Abbildung 3-5 und Abbildung 3-6 vergleichen, stellen Sie fest, daß sie doch in einem Merkmal übereinstimmen: Es ist ein äußerer Hash mit dem gleichen Schlüssel (account) vorhanden. Mit dem folgenden Code wird dieser Schlüsselname ermittelt, der erste Schlüssel im Hash, auf den $queueref zeigt:

```
my $toplevel = scalar each %$queueref;
```

Nun wird die neue Datenstruktur von innen nach außen aufgebaut:

```
my %innerhash =
    map { $_, [$queueref->{$toplevel}{$user}{$_}] }
        keys %{$queueref->{$toplevel}{$user}};
```

Hier werden mit map() alle Schlüssel des innersten Hashs durchgegangen (d. h. login, type, password usw.). Die Schlüssel erhalten wir mit:

```
keys %{$queueref->{$toplevel}{$user}};
```

Der map-Operator liefert zu jedem dieser Schlüssel ein Paar von Werten: den Schlüssel selbst und eine Referenz auf ein anonymes Array, das als einziges Element den Wert zu diesem Schlüssel enthält.

```
map { $_, [$queueref->{$toplevel}{$user}{$_}] }
```

Die von map() erzeugte Liste sieht nun so aus:

```
(type,[studierende], password,[geheim], id,[24-9057] ...)
```

Die Liste besteht aus Schlüssel-Wert-Paaren, wobei die Werte in anonymen Arrays gespeichert sind. Eine derartig aufgebaute Liste kann man direkt einem Hash zuweisen, hier %innerhash; wir erhalten so den inneren Teil unserer gewünschten Datenstruktur (my %innerhash =). Wir konstruieren das noch fehlende Feld login mit dem aktuellen Benutzernamen als Wert:

```
$innerhash{'login'} = [$user];
```

Die Datenstruktur, die wir aufbauen wollen, ist eine Liste von Hashes von diesem Typ; wenn wir also den inneren Hash komplett haben, fügen wir eine Referenz darauf an das Ende unseres Resultat-Arrays an:

```
push @outputarray, \%innerhash;
```

Dieser Vorgang wird für jeden `login`-Schlüssel aus unserer ursprünglichen Datenstruktur wiederholt (einmal pro Benutzerkonto). Am Ende haben wir eine Liste von Referenzen auf Hashes in genau der Form, die wir benötigen. Wir erzeugen einen anonymen Hash, bei dem der einzige Schlüssel derselbe ist wie der Schlüssel im äußersten Hash der ursprünglichen Datenstruktur, und der zugehörige Wert ist unsere Liste von Hashes. Wir geben eine Referenz auf diesen anonymen Hash zurück, und fertig sind wir:

```
$outputref = { $toplevel => \@outputarray };
return $outputref;
```

Mit unserer Funktion `&fuer_Ausgabe_transformieren()` haben wir nun alle drei Bestandteile. Wir können die Daten einlesen, manipulieren und wieder herausschreiben:

```
$queue = XMLin("<queue>" . $queueinhalt . "</queue>", keyattr => ["login"]);
# Daten manipulieren...
print OUT XMLout(fuer_Ausgabe_transformieren($queue), rootname => "queue");
```

So werden die Daten im gleichen Format herausgeschrieben, wie wir sie eingelesen haben.

Bevor wir uns das nächste Bauteil unseres Benutzerkontensystems vornehmen, gibt es noch zwei kleinere Probleme zu besprechen:

1. Leser mit Adlerblick werden bemerken, daß es problematisch sein kann, im gleichen Programm die zwei Module `XML::Writer` und `XML::Simple` zu benutzen. Wenn wir `XML::Simple` zum Schreiben benutzen, wird automatisch ein äußeres Dokument-Element erzeugt. Bei `XML::Writer` (oder wenn wir *print* benutzen) müssen wir selbst dafür sorgen und also den Hack mit `"<queue\>"` . `$queueinhalt` . `"</queue\>"` benutzen. Diese manuelle Anpassung zwischen dem Lese- und Schreib-Code ist nicht gerade erwünscht.

   Um das zu vermeiden, müssen wir eine der versteckten Optionen des Moduls `XML::Simple` ausnutzen: Wenn `XMLout()` mit einem `rootname`-Parameter mit einem leeren oder undefinierten Wert aufgerufen wird, wird kein äußeres Dokument-Element erzeugt. In den meisten Fällen ist das gefährlich, weil das so erzeugte XML nicht wohlgeformt ist und daher nicht geparst werden kann. Mit unserem Hack wird das Problem gelöst, aber im allgemeinen wird man diese Option nur schweren Herzens verwenden.

2. Obwohl wir das in unseren Programmbeispielen nicht zeigen, müssen wir unbedingt Parsing-Fehler abfangen. Wenn die Dateien nichtwohlgeformtes XML enthalten, wird sich der Parser lauthals beklagen und via `die` aufgeben (ganz nach der XML-Spezifikation) – damit aber auch gleich das ganze Programm beenden. Wenn

man letzteres vermeiden will, packt man üblicherweise den »gefährlichen« Parser-Code in ein eval() ein und überprüft danach mit dem Wert von $@, ob das Parsing erfolgreich war; zum Beispiel:[8]

```
eval {$p->parse("<queue>" . $queueinhalt . "</queue>")};
if ($@) { Fehler auf anständige Art abfangen und aufgeben... }
```

Als andere Möglichkeit könnte man das erwähnte XML::Checker-Modul verwenden. Dieses behandelt Parsing-Fehler auf elegantere Weise.

Bibliotheksroutinen zur Manipulation von Benutzerkonten

Nun haben wir alle Werkzeuge, mit denen wir die Benutzerkontendaten bearbeiten können – also zum Erfassen, Lesen, Schreiben und Abspeichern. Nun befassen wir uns mit den tieferen Schichten, mit den Eingeweiden unseres Systems. Wir bauen die Routinen auf, die am Ende wirklich die Benutzerkonten erzeugen bzw. löschen. Nicht nur das, wir wollen eine kleine Bibliothek von wiederverwendbaren Komponenten für diesen Zweck erstellen. Je besser es gelingt, die Aufgaben in klar getrennte Teile aufzugliedern, desto leichter ist es, die Routinen einem neuen Betriebssystem anzupassen oder andere Änderungen vorzunehmen, weil nur ein kleines Teil geändert werden muß. Das mag etwas übervorsichtig erscheinen, aber beinahe die einzige Konstante in der Systemadministration ist der ständige Wechsel.

Routinen für das Erzeugen und Löschen von Konten unter Unix

Wir beginnen mit dem Programm, das Unix-Benutzerkonten erzeugt. Das meiste davon wird ziemlich einfacher Code sein, weil wir den einfachen Weg einschlagen: Wir werden die Programme wie »adduser«, »deluser«, »passwd« benutzen, die die Hersteller für diesen Zweck mitliefern, und diese mit den entsprechenden Parametern aufrufen.

Ist das schon Feigheit? Wir benutzen diese Programme, weil wir wissen, daß sie mit den anderen Teilen des Betriebssystems des Herstellers optimal zusammenspielen. Die Vorteile dieses Ansatzes sind folgende:

- Locking-Probleme werden vermieden (wenn etwa zwei Programme gleichzeitig versuchen, die Paßwortdatei zu schreiben).

- Unterschiede im Format der Paßwortdatei werden von diesen Programmen übernommen (auch z. B. verschiedene Verschlüsselungsalgorithmen für das Paßwort).

- Mit dieser Methode wird man eher die betriebssystemspezifischen Authentifizierungs- und Paßwort-Verteilungssysteme benutzen können. Bei Digital Unix (Compaq Tru64 Unix) ist das »adduser«-Programm in der Lage, einen Benutzer direkt im NIS-System auf dem Master Server einzutragen.

---

[8] Daniel Burckhardt hat in der Perl-XML-Liste darauf hingewiesen, daß dies nicht immer funktioniert. In einem Programm mit mehreren Threads ist die Überprüfung von $@ ohne weitere Vorsichtsmaßnahmen nicht sicher. Probleme mit Threads dieser Art wurden unter den Perl-Entwicklern zum Zeitpunkt der Drucklegung dieses Buches noch heiß diskutiert.

Die Verwendung von externen Programmen zum Erzeugen und Löschen von Benutzerkonten hat aber auch Nachteile:

Unterschiedliche Betriebssysteme

Bei jedem Betriebssystem heißen diese Programme anders, befinden sich in anderen Verzeichnissen oder erwarten etwas verschiedene Argumente. Es ist schon sehr erstaunlich, daß es auf fast allen Unix-Varianten (inklusive Linux, aber ohne die BSD-Varianten) Programme namens *useradd* und *userdel* gibt, die ungefähr das gleiche bewirken. Bei BSD heißen die Programme *adduser* und *rmuser*, sie erfüllen den gleichen Zweck, haben aber anders benannte Optionen und Parameter. Unterschiede dieser Art machen unseren Code komplizierter.

Sicherheitsaspekte

Wenn wir externe Programme aufrufen, werden deren Namen und die Argumente durch das *ps*-Programm für andere Benutzer sichtbar. Wenn Konten nur auf einer Server-Maschine erzeugt werden, auf der sich normale Benutzer gar nicht einloggen können, wird dieses Problem sicher entschärft.

Abhängigkeit

Wenn diese Programme aus irgendeinem Grund verschoben, verändert oder gelöscht werden, ist unser Kontensystem kaputt.

Verlust der absoluten Kontrolle

Wir müssen beim Erzeugen und Löschen von Konten mit externen Programmen akzeptieren, daß diese Prozesse *atomar* ablaufen, d. h., wir haben keinerlei Kontrolle über die einzelnen Schritte und können nicht etwa einen davon auslassen. Das Erkennen von Fehlern und deren Behandlung wird schwieriger.

Diese Programme erledigen nicht alles

In den meisten Fällen übernehmen diese Programme nicht *alle* Schritte, die für die Erzeugung eines vollständigen Benutzerkontos in Ihrer Umgebung wünschenswert sind. Vielleicht wollen Sie den Benutzer einer bestimmten, zusätzlichen Gruppe hinzufügen, in eine Mailingliste eintragen oder ihm die Berechtigung geben, ein bestimmtes lizenziertes Programmpaket zu benutzen. Für solche Dinge muß ohnehin besonderer Code geschrieben werden. Das ist nicht ein Problem an sich, es ist nur ein Argument dafür, daß ein Kontenverwaltungssystem mehr umfaßt als nur das Aufrufen von ein paar Programmen. Das erstaunt wohl die wenigsten Systemadministratoren, weil sie ohnehin wissen, daß Systemadministration kein Zuckerschlecken ist.

Für die Zwecke unseres Demonstrationssystems überwiegen hier die Pluspunkte, wir werden daher in den folgenden Programmlistings externe Programme verwenden. Um die Sache einigermaßen einfach zu halten, werden wir Code schreiben, der unter Solaris und Linux läuft, aber nur auf dem lokalen Rechner. Wir ignorieren also Komplikationen wie NIS oder die BSD-Varianten. Wesentlich weiter ausgebauten Code dieser Art finden Sie in der Modul-Familie `CfgTie` von Randy Maas.

Kapitel 3: Benutzerkonten

Hier folgt unsere grundlegende Routine zum Erzeugen von Konten:

```perl
# Variablen dieser Art sollten eigentlich in einer Konfigurationsdatei gesetzt werden.
$useraddprg    = "/usr/sbin/useradd";   # Pfad zum useradd-Programm.
$passwdprg     = "/usr/bin/passwd";     # Pfad zum passwd-Programm.
$homeUnixdirs  = "/home";               # Enthält alle Home-Verzeichnisse.
$skeldir       = "/home/skel";          # Prototyp eines Home-Verzeichnisses.
$defshell      = "/bin/zsh";            # Shell für neue Benutzerkonten.

sub UnixKonto_erzeugen {

    my ($account, $datensatz) = @_;

    ### Befehlszeile aufbauen mit:
    # -c = Kommentar (GCOS-Feld).
    # -d = Home-Verzeichnis.
    # -g = Gruppe (dasselbe wie type in unserer Datenbank).
    # -m = Home-Verzeichnis soll erstellt werden.
    # -k = Dateien von hier sollen in das Home-Verzeichnis kopiert werden.
    # (Wir könnten den Benutzer mit -G grp,grp,grp in anderen Gruppen eintragen.)
    my @cmd = ($useraddprg,
               "-c", $datensatz->{"fullname"},
               "-d", "$homeUnixdirs/$account",
               "-g", $datensatz->{"type"},
               "-m",
               "-k", $skeldir,
               "-s", $defshell,
               $account);

    print STDERR "Konto wird erzeugt...";
    my $resultat = 0xff & system @cmd;
    # Rückgabewert ist Null bei Erfolg, Nicht-Null bei Fehlern.
    if ($resultat) {
        print STDERR "Fehler.\n";
        return "Fehler in $useraddprg";
    }
    else {
        print STDERR "ok.\n";
    }

    print STDERR "Paßwort wird geändert...";
    unless ($resultat = &InitUnixPasswd($account, $datensatz->{"password"})) {
        print STDERR "ok.\n";
        return "";
    }
    else {
        print STDERR "Fehler.\n";
        return $resultat;
    }
}
```

Damit wird eine Zeile in die Paßwortdatei eingetragen, ein Home-Verzeichnis erzeugt, Dateien für die Benutzerumgebung aus einem »Skelett«-Verzeichnis hineinkopiert (*.profile*, *.tcshrc*, *.zshrc* usw. aus dem Verzeichnis `/home/skel`).

Sie werden bemerken, daß wir eine separate Subroutine für das Ändern des Paßworts vorgesehen haben. Auf manchen Systemen (Solaris) erzeugt das *useradd*-Programm ein zunächst deaktiviertes Konto, das erst mit *passwd* zum Leben erweckt wird. Dieses Ändern des Paßworts ist nicht ganz so einfach, deshalb verschieben wie die Details auf später. Wir werden die Subroutine bald kennenlernen, aber im Moment betrachten wir aus Symmetriegründen die einfachere Routine für das Löschen eines Kontos.

```
# Variablen dieser Art sollten eigentlich in einer Konfigurationsdatei gesetzt werden.
$userdelprg = "/usr/sbin/userdel";   # Pfad zum userdel-Programm.

sub UnixKonto_loeschen {

    my ($account, $datensatz) = @_;

    ### Befehlszeile aufbauen mit:
    # -r = Auch das Home-Verzeichnis soll gelöscht werden.
    my @cmd = ($userdelprg, "-r", $account);

    print STDERR "Konto wird gelöscht...";
    my $resultat = 0xff & system @cmd;
    # Rückgabewert ist Null bei Erfolg, Nicht-Null bei Fehlern; daher vertauscht.
    if (!$resultat) {
        print STDERR "ok.\n";
        return "";
    }
    else {
        print STDERR "Fehler.\n";
        return "Fehler in $userdelprg";
    }
}
```

Bevor wir zu den Konten-Operationen bei NT übergehen, müssen wir noch die Subroutine `InitUnixPasswd()` nachtragen. Um ein Benutzerkonto (zumindest auf Solaris) zu aktivieren, muß mit dem normalen *passwd*-Befehl ein neues Paßwort eingegeben werden. Mit *passwd <accountname>* kann man als Superuser das Paßwort für einen anderen Benutzer ändern.

Das klingt ja ganz einfach – wo ist das Problem? Nun, das *passwd*-Programm nimmt an, daß es von einem wirklichen Benutzer aus Fleisch und Blut aufgerufen wird. Es stellt dies so gut wie möglich sicher, indem es direkt auf das Terminal-Device des Benutzers zugreift. Aus diesem Grund wird folgendes *nicht* funktionieren:

```
# FUNKTIONIERT SO NICHT!
open(PW, "|passwd $account");
print PW $newpasswd, "\n";
print PW $newpasswd, "\n";
```

Wir müssen schon etwas raffinierter als sonst vorgehen; wir gaukeln dem *passwd*-Programm vor, daß es sich mit einem wirklichen Benutzer über ein Terminal-Device unterhält und nicht mit einem Perl-Programm. Dies ermöglicht das Perl-Modul *Expect.pm* von Austin Schulz, das ein Pseudo-Terminal (ein *pty*) erzeugt und darin ein Programm startet. *Expect.pm* basiert auf dem sehr bekannten Tcl-Programm *Expect* von Don Libes. Das Modul gehört zur Familie der Module für die bidirektionale Kommunikation. Wir werden in Kapitel 6, *Verzeichnisdienste*, einem nahen Verwandten begegnen, dem Modul Net::Telnet von Jay Rogers.

Diese Module folgen alle dem gleichen zugrundeliegenden Frage-und-Antwort-Modell: Sie warten auf die Ausgabe eines Programms, senden ihm etwas Input, warten auf eine Antwort usw. Der folgende Code startet das *passwd*-Programm in einem pty und wartet auf die Eingabeaufforderung für das Paßwort. Man kann das Gespräch mit *passwd* leicht verfolgen:

```perl
use Expect;

sub InitUnixPasswd {
    my ($account, $passwd) = @_;

    # Prozeßobjekt erzeugen.
    my $pobj = Expect->spawn($passwdprg, $account);
    die "Kann $passwdprg nicht aufrufen: $!\n" unless (defined $pobj);

    # Wir wollen nicht auf der Standardausgabe »mithören«.
    $pobj->log_stdout(0);

    # Auf die erste und die zweite Password:-Eingabeaufforderung warten
    # und eine entsprechende Eingabe absetzen.
    # Die erste Eingabeaufforderung ist die von Solaris, die zweite die von Linux.
    $pobj->expect(10, "New password: ", "New UNIX password: ");

    # Linux schreibt manchmal die Aufforderung heraus, bevor es zum Lesen bereit ist,
    # also warten wir einen Moment.
    sleep 1;
    print $pobj "$passwd\r";
    $pobj->expect(10, "Re-enter new password: ", "new UNIX password: ");
    print $pobj "$passwd\r";

    # Hat es geklappt?
    $resultat = (defined ($pobj->expect(10, "successfully"))) ?
                              "" : "Kann Paßwort nicht ändern");

    # Prozeßobjekt schließen, bis zu 15 Sekunden warten, bis der Prozeß endet.
    $pobj->soft_close();

    return $resultat;
}
```

Das *Expect.pm*-Modul kann unsere geringen Ansprüche ohne weiteres erfüllen, aber das Modul ist zu viel größeren Taten fähig. In der Dokumentation und dem Tutorial, die *Expect.pm* beigelegt sind, finden Sie weitere Informationen und Beispiele.

Routinen für das Erzeugen und Löschen von Konten unter NT/2000

Unter Windows NT/2000 ist der Vorgang, ein Konto zu erzeugen oder zu löschen geringfügig einfacher, weil es dafür standardisierte API-Aufrufe gibt. Wie unter Unix könnten wir für diese Aufgabe ein externes Programm aufrufen (d. h. den *net*-Befehl mit dem USERS/ADD-Parameter), aber der Gebrauch der eigentlichen API-Aufrufe aus den verschiedenen Perl-Modulen ist beinahe so einfach. Funktionen zum Erzeugen von Benutzerkonten gibt es in `Win32::NetAdmin`, `Win32::UserAdmin`, `Win32API::Net` und `Win32::Lanman` und vielleicht auch in anderen Modulen. Windows-2000-Benutzer werden unter den Informationen zu ADSI in Kapitel 6, *Verzeichnisdienste*, das Entsprechende finden.

Welches der NT4-Module man benutzt, ist schon fast Geschmackssache. Um die Unterschiede zwischen den Modulen zu verstehen, schauen wir kurz hinter die Kulissen und betrachten die nackten API-Aufrufe zur Erzeugung eines Kontos. Diese Aufrufe sind im Network Management SDK unter *http://msdn.microsoft.com* dokumentiert (Suchen Sie nach »NetUserAdd«, wenn Sie das Thema nicht sofort finden). Die Funktion `NetUserAdd()` und andere, ähnliche Funktionen benötigen einen Parameter, der besagt, wie viele Informationen in den weiteren Parametern mitgeliefert werden. Beim Informations-Level 1 muß eine C-Struktur dieser Form an die Funktion übergeben werden:

```
typedef struct _USER_INFO_1 {
  LPWSTR    usri1_name;
  LPWSTR    usri1_password;
  DWORD     usri1_password_age;
  DWORD     usri1_priv;
  LPWSTR    usri1_home_dir;
  LPWSTR    usri1_comment;
  DWORD     usri1_flags;
  LPWSTR    usri1_script_path;
}
```

Beim Informations-Level 2 ist die Struktur schon wesentlich weiter ausgebaut:

```
typedef struct _USER_INFO_2 {
  LPWSTR    usri2_name;
  LPWSTR    usri2_password;
  DWORD     usri2_password_age;
  DWORD     usri2_priv;
  LPWSTR    usri2_home_dir;
  LPWSTR    usri2_comment;
  DWORD     usri2_flags;
  LPWSTR    usri2_script_path;
```

```
    DWORD    usri2_auth_flags;
    LPWSTR   usri2_full_name;
    LPWSTR   usri2_usr_comment;
    LPWSTR   usri2_parms;
    LPWSTR   usri2_workstations;
    DWORD    usri2_last_logon;
    DWORD    usri2_last_logoff;
    DWORD    usri2_acct_expires;
    DWORD    usri2_max_storage;
    DWORD    usri2_units_per_week;
    PBYTE    usri2_logon_hours;
    DWORD    usri2_bad_pw_count;
    DWORD    usri2_num_logons;
    LPWSTR   usri2_logon_server;
    DWORD    usri2_country_code;
    DWORD    usri2_code_page;
}
```

Auch wenn uns diese Parameter überhaupt nichts sagen oder wenn wir gar kein C verstehen, ist es doch klar, daß auf einer höheren Stufe mehr Informationen über das zu erzeugende Benutzerkonto angegeben werden können. Außerdem enthält jede höhere Stufe alle Parameter der nächsttieferen.

Was hat das mit Perl zu tun? In jedem der genannten Module werden eine oder zwei Entscheidungen vorweggenommen:

1. Soll dieser Begriff der »Informations-Level« an den Perl-Programmierer weitergegeben werden?
2. Welchen Informations-Level (d. h. wie viele Parameter) kann der Programmierer benutzen?

Sowohl bei Win32API::Net als auch bei Win32::UserAdmin kann der Perl-Programmierer einen Informations-Level auswählen, bei den Modulen Win32::NetAdmin und bei Win32::Lanman geht das nicht. Beim Modul Win32::NetAdmin kann der Programmierer nur eine geringe Anzahl von Parametern festlegen, man kann z. B. den vollen Namen des Benutzers nicht angeben. Wenn man also Win32::NetAdmin verwendet, wird man diese Informationen auf andere Weise, mit anderen Modulen dem System mitteilen müssen. Wenn Sie eine Kombination von Win32::NetAdmin und Win32::AdminMisc benutzen wollen, sollten Sie sich das früher erwähnte Buch von David Roth vornehmen, weil es eine sehr gute Beschreibung des Win32::NetAdmin-Moduls enthält, das sonst kaum dokumentiert ist.

Jetzt ist Ihnen klar, warum die Wahl des zu verwendenden Moduls am Ende von persönlichen Vorlieben abhängt. Es ist wohl eine gute Strategie, wenn man zuerst festhält, welche Parameter man unbedingt angeben will, und danach das zu benutzende Modul auswählt. Für unser Demo-System verwenden wir mehr zufällig das Win32::Lanman-Modul. Hier folgt unser Code zum Erzeugen und Löschen von Konten:

```perl
use Win32::Lanman;     # Zum Erzeugen von Benutzerkonten.
use Win32::Perms;      # Zum Setzen der Zugriffsrechte auf das Home-Verzeichnis.

$homeNTdirs = "\\\\homeserver\\home";          # Enthält alle Home-Verzeichnisse.

sub NTKonto_erzeugen {

    my ($account, $datensatz) = @_;

    # Das Konto soll auf dem lokalen Rechner erzeugt werden –
    # daher der leere erste Parameter.
    $resultat = Win32::Lanman::NetUserAdd("",
                    {'name'      => $account,
                     'password'  => $datensatz->{password},
                     'home_dir'  => "$homeNTdirs\\$account",
                     'full_name' => $datensatz->{fullname}});
    return Win32::Lanman::GetLastError() unless ($resultat);

    # Wir bestimmen die SID zu dem neuen Konto, damit wir das Konto einer lokalen
    # Gruppe mit dem gleichen Namen wie type in unserer Datenbank zufügen können.
    die "SID nicht vorhanden: " . Win32::Lanman::GetLastError() . "\n" unless
        (Win32::Lanman::LsaLookupNames("", [$account], \@info));
    $resultat = Win32::Lanman::NetLocalGroupAddMember("", $datensatz->{type},
                                                     ${$info[0]}{sid});
    return Win32::Lanman::GetLastError() unless ($resultat);

    # Home-Verzeichnis erzeugen.
    mkdir "$homeNTdirs\\$account", 0777 or
        return "Kann Home-Verzeichnis nicht erzeugen: $!";

    # ACL (Zugriffsrechte) und Besitzer des Home-Verzeichnisses setzen.
    $acl = new Win32::Perms("$homeNTdirs\\$account");
    $acl->Owner($account);

    # Der Benutzer bekommt vollen Zugriff auf sein Verzeichnis und außerdem vollen
    # Zugriff auf alle Daten, die er darin ablegt – daher zwei Aufrufe.
    $acl->Allow($account, FULL, DIRECTORY|CONTAINER_INHERIT_ACE);
    $acl->Allow($account, FULL, FILE|OBJECT_INHERIT_ACE|INHERIT_ONLY_ACE);
    $resultat = $acl->Set();
    $acl->Close();

    return($resultat ? "" : $resultat);
}
```

Der Programmteil zum Löschen von Konten sieht so aus:

```perl
use Win32::Lanman;     # Zum Löschen von Benutzerkonten.
use File::Path;        # Für das rekursive Löschen von Verzeichnissen.
```

```perl
sub NTKonto_loeschen {

    my($account, $datensatz) = @_;

    # Den Benutzer aus lokalen Gruppen entfernen. Wenn das auch für globale
    # Gruppen gemacht werden soll – einfach das Wort Local aus den zwei
    # Win32::Lanman::NetUser*-Aufrufen streichen (d. h. NetUserGetGroups).
    die "SID nicht vorhanden: " . Win32::Lanman::GetLastError() . "\n" unless
        (Win32::Lanman::LsaLookupNames("", [$account], \@info));
    Win32::Lanman::NetUserGetLocalGroups("", $account, 0, \@groups);
    foreach $group (@groups) {
        print "Aus der lokalen Gruppe " . $group->{name} . " entfernen...";
        print(Win32::Lanman::NetLocalGroupDelMember("", $group->{name},
                        ${$info[0]}{sid}) ? "ok.\n" : "Fehler\n");
    }

    # Benutzerkonto auf dem lokalen Rechner (erster Parameter leer) löschen.
    $resultat = Win32::Lanman::NetUserDel("", $account);

    return Win32::Lanman::GetLastError() if ($resultat);

    # Home-Verzeichnis mit gesamtem Inhalt löschen.
    $resultat = rmtree("$homeNTdirs\\$account", 0, 1);

    # rmtree gibt die Anzahl der gelöschten Dateien und Verzeichnisse zurück,
    # wenn das mehr als 0 waren, ist wohl alles gut gelaufen.
    return $resultat;
}
```

Eine kleine Bemerkung: Das vorliegende Programm benutzt das portable `File::Path`-Modul, um das Home-Verzeichnis zu löschen. Wenn wir Windows-spezifischer sein wollten und etwa das Verzeichnis in den »Papierkorb« verfrachten wollten, dann könnten wir das Modul `Win32::FileOp` von Jenda Krynicky einsetzen (von *http://jenda.krynicky.cz/*). Die Zeile mit `rmtree()` würde durch den folgenden Aufruf einer Routine aus `Win32::FileOp` ersetzt:

```perl
# Verschiebt das Home-Verzeichnis in den Papierkorb. Fragt nach, ob wir das wirklich
# wollen, wenn in unserem eigenen Konto die entsprechende Papierkorb-Aktion gesetzt ist.
$resultat = Recycle("$homeNTdirs\\$account");
```

Das Modul enthält auch eine Funktion `Delete()`, mit der man die gleiche Operation wie mit `rmtree()` erreichen kann, schneller zwar, aber weniger portabel.

Die Verarbeitungsskripten

Wenn wir einmal eine Konten-Datenbank haben, wollen wir Skripten schreiben können, die die ab und zu oder regelmäßig zu erledigenden Arbeiten der Systemadministration übernehmen. Diese Skripten benutzen die »Low-level«-Bibliothek (*Account.pm*), die aus den gerade besprochenen Subroutinen besteht. Damit die richtigen Module eingebunden werden, fügen wir diese Initialisierungssubroutine hinzu:

```perl
sub InitAccount {

    use XML::Writer;

    $datensatz  = { felder => ['login', 'fullname', 'id', 'type', 'password'] };
    $addqueue   = "addqueue";   # Name der Add-Queue.
    $delqueue   = "delqueue";   # Name der Delete-Queue.
    $konten_db  = "accountdb";  # Name der zentralen Konten-Datenbank.

    if ($^O eq "MSWin32") {
        require Win32::Lanman;
        require Win32::Perms;
        require File::Path;

        # Verzeichnis unseres Benutzerkontensystems.
        $accountdir = "\\\\server\\accountsystem\\";
        # Mailinglisten, siehe Beispiel weiter unten.
        $maillists  = $accountdir . "maillists\\";
        # Verzeichnis, das alle Home-Verzeichnisse enthält.
        $homeNTdirs = "\\\\homeserver\\home";
        # Name der Subroutine, die Konten erzeugt.
        $accountadd = &NTKonto_erzeugen;
        # Name der Subroutine, die Konten löscht.
        $accountdel = &NTKonto_loeschen;
    }
    else {
        require Expect;
        # Verzeichnis unseres Benutzerkontensystems.
        $accountdir   = "/usr/accountsystem/";
        # Mailinglisten, siehe Beispiel weiter unten.
        $maillists    = $accountdir . "maillists/";
        # Pfad zum useradd-Programm.
        $useraddprg   = "/usr/sbin/useradd";
        # Pfad zum userdel-Programm.
        $userdelprg   = "/usr/sbin/userdel";
        # Pfad zum passwd-Programm.
        $passwdprg    = "/usr/bin/passwd";
        # Verzeichnis, das alle Home-Verzeichnisse enthält.
        $homeUnixdirs = "/home";
        # Prototyp eines Home-Verzeichnisses.
        $skeldir      = "/home/skel";
        # Shell für neue Benutzerkonten.
        $defshell     = "/bin/zsh";
        # Name der Subroutine, die Konten erzeugt.
        $accountadd   = &UnixKonto_erzeugen;
        # Name der Subroutine, die Konten löscht.
        $accountdel   = &UnixKonto_loeschen;
    }
}
1;
```

Kapitel 3: Benutzerkonten

Fangen wir mit dem Skript an, das die Add-Queue abarbeitet:

```perl
use Account;
use XML::Simple;

# Globale Variablen aus Account.pm deklarieren.
use vars qw/$accountdir $addqueue $konten_db $accountadd/;
my $queue;

&InitAccount;            # Unsere Low-level-Routinen aufsetzen.
&AddQueue_lesen;         # Add-Queue einlesen und parsen.
&AddQueue_abarbeiten;    # Zu jedem Eintrag in der Add-Queue ein neues Konto erzeugen.
&AddQueue_aufraeumen;    # Konto-Datensatz entweder in die Datenbank aufnehmen
                         # oder – bei Problemen – zurück in die Add-Queue schicken.

# Add-Queue einlesen, parsen und in die interne $queue-Datenstruktur bringen.
sub AddQueue_lesen {
    my $queueinhalt;

    open(ADD, $accountdir.$addqueue) or
        die "Kann ".$accountdir.$addqueue." nicht öffnen: $!\n";
    read(ADD, $queueinhalt, -s ADD);
    close(ADD);
    $queue = XMLin("<queue>" . $queueinhalt . "</queue>",
                   keyattr => ["login"]);
}

# Die Elemente der Queue-Struktur durchgehen und bei jedem Auftrag (d. h. für jeden
# Schlüssel in der Struktur) versuchen, das Konto zu erzeugen.
sub AddQueue_abarbeiten {
    my $resultat;

    foreach my $login (keys %{$queue->{account}}) {
        $resultat = &$accountadd($login, $queue->{account}->{$login});
        if (!$resultat) {
            $queue->{account}->{$login}{status} = "aktiv";
        }
        else {
            $queue->{account}->{$login}{status} = "fehler:$resultat";
        }
    }
}

# Die Queue-Struktur von neuem durchgehen. Jedes Konto mit dem Status aktiv können
# wir in die Datenbank aufnehmen, indem wir den Datensatz anhängen. Alle anderen
# werden wieder in die Add-Queue zurückgeschrieben; die Add-Queue wird dabei
# vollständig überschrieben.
sub AddQueue_aufraeumen {
    foreach my $login (keys %{$queue->{account}}) {
        if ($queue->{account}->{$login}{status} eq "aktiv") {
```

```perl
            $queue->{account}->{$login}{login} = $login;
            $queue->{account}->{$login}{creation_date} = time;
            &KontenXML_anhaengen($accountdir.$konten_db,
                            $queue->{account}->{$login});
            delete $queue->{account}->{$login};
            next;
        }
    }

    # Jetzt sind in $queue nur noch die Einträge, die nicht erzeugt werden konnten.

    # Queuedatei überschreiben.
    open(ADD, ">".$accountdir.$addqueue) or
        die "Kann ".$accountdir.$addqueue." nicht öffnen: $!\n";
    # Wenn noch Konten übrig sind, die nicht erzeugt werden konnten – herausschreiben.
    if (scalar keys %{$queue->{account}}) {
        print ADD XMLout(&fuer_Ausgabe_transformieren($queue),
                    rootname => undef);
    }
    close(ADD);
}
```

Das Skript, das die Einträge in der Delete-Queue liest und verarbeitet, ist sehr ähnlich aufgebaut:

```perl
use Account;
use XML::Simple;

# Globale Variablen aus Account.pm deklarieren.
use vars qw/$accountdir $delqueue $konten_db $accountdel/;
my ($queue, $maindb);

&InitAccount;           # Unsere Low-level-Routinen aufsetzen.
&DelQueue_lesen;        # Delete-Queue einlesen und parsen.
&DelQueue_abarbeiten;   # Versuchen, alle Konten aus der Queue zu löschen.
&DelQueue_aufraeumen;   # Konto-Datensatz entweder in der Datenbank als gelöscht
                        # markieren oder – bei Problemen – zurück in die
                        # Delete-Queue schicken.

# Delete-Queue in die $queue-Datenstruktur einlesen.
sub DelQueue_lesen {
    my $queueinhalt;

    open(DEL, $accountdir.$delqueue) or
        die "Kann ${accountdir}${delqueue} nicht öffnen: $!\n";
    read(DEL, $queueinhalt, -s DEL);
    close(DEL);
    $queue = XMLin("<queue>" . $queueinhalt . "</queue>",
            keyattr => ["login"]);
}
```

Kapitel 3: Benutzerkonten

```perl
# Die Elemente der Queue-Struktur durchgehen und bei jedem Auftrag (d. h. für jeden
# Schlüssel in der Struktur) versuchen, das Konto zu löschen.
sub DelQueue_abarbeiten {
    my $resultat;

    foreach my $login (keys %{$queue->{account}}) {
        $resultat = &$accountdel($login, $queue->{account}->{$login});
        if (!$resultat) {
            $queue->{account}->{$login}{status} = "geloescht";
        }
        else {
            $queue->{account}->{$login}{status} = "fehler:$resultat";
        }
    }
}

# Die Queue-Struktur ein zweites Mal durchgehen. Jedes Konto mit dem Status geloescht
# wird aus der Datenbank gelöscht. Danach schreiben wir die Datenbank neu.
# Alle Datensätze zu Konten, die entweder nicht gelöscht oder nicht aus der Datenbank
# entfernt werden konnten, werden in die Delete-Queue zurückgeschrieben.
# Wir überschreiben dazu die Delete-Queue.
sub DelQueue_aufraeumen {
    &KontenDB_lesen;

    foreach my $login (keys %{$queue->{account}}) {
        if ($queue->{account}->{$login}{status} eq "geloescht") {
            unless (exists $maindb->{account}->{$login}) {
                warn "Kann Konto $login in $konten_db nicht finden!\n";
                next;
            }
            $maindb->{account}->{$login}{status} = "geloescht";
            $maindb->{account}->{$login}{deletion_date} = time;
            delete $queue->{account}->{$login};
            next;
        }
    }

    &KontenDB_schreiben;

    # In $queue sind jetzt nur noch die Konten, die nicht gelöscht werden konnten.
    open(DEL, ">" . $accountdir . $delqueue) or
        die "Kann " . $accountdir . $delqueue . " nicht öffnen: $!\n";
    # Wenn Konten nicht gelöscht werden konnten – zurück in die Delete-Queue
    # schreiben, sonst die Delete-Queue auf Null setzen.
    if (scalar keys %{$queue->{account}}) {
        print DEL XMLout(&fuer_Ausgabe_transformieren($queue),
                        rootname => undef);
    }
    close(DEL);
}
```

```perl
sub KontenDB_lesen {
    my $dbinhalt;

    open(KDB, $accountdir . $konten_db) or
        die "Kann " . $accountdir . $konten_db . " nicht öffnen: $!\n";
    read (KDB, $dbinhalt, -s KDB);
    close(KDB);
    $maindb = XMLin("<maindb>" . $dbinhalt . "</maindb>",
            keyattr => ["login"]);
}

sub KontenDB_schreiben {
    # Es wäre viel, viel sicherer, die neue Datenbank zunächst in eine Temporärdatei
    # zu schreiben und erst am Ende mit der eigentlichen Datenbank zu vertauschen.
    open(KDB, ">" . $accountdir . $konten_db) or
        die "Kann " . $accountdir . $konten_db . " nicht öffnen: $!\n";
    print KDB XMLout(&fuer_Ausgabe_transformieren($maindb),
            rootname => undef);
    close(KDB);
}
```

Man kann sich noch viele andere Verarbeitungsskripten vorstellen. Zum Beispiel ist es sicher sinnvoll, Programme zu schreiben, die den Inhalt der Datenbank auf Konsistenz prüfen und mit der Realität vergleichen (ob z. B. das Home-Verzeichnis jedes Benutzers mit dem Eintrag in der Datenbank übereinstimmt oder ob der Benutzer in der richtigen Gruppe ist). Hier ist nicht genug Platz, um alle denkbaren Skripten vorzustellen; wir beenden den Abschnitt mit einem einzigen Beispiel, wofür man eine Benutzerkonten-Datenbank auch noch benutzen kann. Wir hatten erwähnt, daß es durchaus sinnvoll sein kann, zu jeder Gruppe von Benutzern auch eine entsprechende Mailingliste zu führen. Das folgende Skript liest unsere Datenbank und erzeugt für jeden Typ von Benutzer eine Datei gleichen Namens, die alle Benutzernamen dieser Gruppe enthält, und zwar einen pro Zeile:

```perl
use Account;          # Wir brauchen davon nur die Pfadnamen der XML-Dateien.
use XML::Simple;

# Globale Variablen aus Account.pm deklarieren.
use vars qw/$accountdir $konten_db $maillists/;
my $maindb;

&InitAccount;
&KontenDB_lesen;
&Mailinglisten_schreiben;

# Datenbank in einen Hash von Listen von Hashes einlesen.
sub KontenDB_lesen {
    my $dbinhalt;

    open(KDB, $accountdir . $konten_db) or
        die "Kann " . $accountdir . $konten_db . " nicht öffnen: $!\n";
```

```
        read (KDB, $dbinhalt, -s KDB);
        close(KDB);
        $maindb = XMLin("<maindb>" . $dbinhalt . "</maindb>", keyattr => [""]);
}

# Die Liste der Konten durchgehen. Wir bauen einen Hash von Listen auf, dessen Schlüssel
# die typen sind, die wir antreffen; die entsprechenden Benutzernamen werden zu
# Elementen der Liste. Am Ende schreiben wir jede Liste in eine separate Datei mit dem
# Namen des Schlüssels.
sub Mailinglisten_schreiben {
    my %types;

    foreach my $account (@{$maindb->{account}}) {
        next if $account->{status} eq "geloescht";
        push(@{$types{$account->{type}}}, $account->{login});
    }

    foreach my $type (keys %types) {
        open(OUT, ">" . $maillists . $type) or
            die "Kann " . $maillists . $type . " nicht schreiben: $!\n";
        print OUT join("\n", sort @{$types{$type}}) . "\n";
        close(OUT);
    }
}
```

Wenn wir uns im Verzeichnis der Mailinglisten umschauen, finden wir:

```
% ls
dozenten   studierende
```

Und jede dieser Dateien enthält die entsprechenden Benutzernamen.

Benutzerkontensystem - Zusammenfassung

Wir haben vier Grundkomponenten eines Benutzerkonten-Verwaltungssystems kennengelernt. Wir beschließen diesen Abschnitt mit einer Betrachtung über die noch fehlenden Teile (abgesehen von zusätzlicher Funktionalität):

Fehlerbehandlung

Unser Demonstrationssystem behandelt Fehler nur dort, wo es unbedingt notwendig ist. Jedes Konten-Verwaltungssystem, das den Namen verdient, würde bei jedem Schritt, der Daten betrifft oder mit dem Betriebssystem in Kontakt kommt, überprüfen, ob dieser erfolgreich war. Es würde dabei auch um mindestens die Hälfte länger.

Skalierbarkeit

Unser System funktioniert wahrscheinlich in kleinen und mittelgroßen Umgebungen. Aber wenn Sie Code sehen, bei dem die ganze Datei in den Hauptspeicher eingelesen wird, sollte bei Ihnen eine Warnglocke ertönen. Damit das System auch für sehr große Umgebungen taugt, müßte zuallermindest die Art angepaßt werden, mit der wir Daten einlesen und speichern. Das Modul `XML::Twig` von Michel Rodriguez kann dabei helfen, weil es mit sehr großen, wohlgeformten XML-Dateien umgehen kann, ohne sie komplett in den Hauptspeicher zu laden.

Sicherheit

Dieses Thema ist mit dem ersten, der Fehlerbehandlung, verwandt. Ganz abgesehen von dem einen elefantösen Sicherheitsproblem, dem Abspeichern von Klartextpaßwörtern, nehmen wir in unseren Programmen kaum Sicherheitstests vor. Wir überprüfen nicht, ob man den Datenquellen (wie etwa den Queuedateien) trauen kann. Wenn dies überprüft wird, wächst der Code um weitere 20 bis 30%.

Multiuser-Fähigkeit

Wir schützen uns nicht dagegen, daß mehrere Benutzer oder mehrere Skripten zur gleichen Zeit arbeiten können – das ist vielleicht die größte Nachlässigkeit in unserem Programm. Wenn das »Konten erzeugen«-Verarbeitungsskript gleichzeitig mit dem »Kontendaten eingeben«-Skript abläuft, ist die Wahrscheinlichkeit recht hoch, daß Daten verlorengehen oder beschädigt werden.

Das Multiuser-Problem kann man mit vorsichtigem Gebrauch von Locking-Mechanismen auf Dateiebene in den Griff bekommen. Wenn ein Skript eine Datei lesen oder schreiben will, muß es zunächst versuchen, ein Lock dafür zu setzen. Wenn das gelingt, darf es die Datei verändern. Wenn es kein Lock bekommt (weil ein anderes Skript die Datei gelockt hat), darf es nicht weiterarbeiten, weil sonst Daten überschrieben werden könnten. Das Thema »Locking« und ist aber wesentlich komplexer, als es diese kurze Beschreibung vermuten läßt; jedes Buch zu den Grundlagen von Betriebssystemen oder verteilten Systemen enthält dazu weitere Informationen. Besonders schwierig ist die Behandlung von Dateisystemen, auf die via Netzwerk zugegriffen wird, weil hier nicht immer zuverlässige Locking-Mechanismen vorhanden sind. Die folgenden Hinweise können Ihnen helfen, wenn Sie diese Probleme mit Perl angehen:

- Es gibt Tricks, die wirklich gut sind. Mein Lieblingstrick benutzt das *lockfile*-Programm, das zu dem bekannten *procmail*-Programm gehört, welches dazu dient, ankommende E-Mail zu filtern. Die Installationsprozedur von *procmail* gibt sich große Mühe herauszufinden, welche Arten von Locking auf Ihrem System verfügbar sind. Das *lockfile*-Programm tut genau das, was der Name vermuten läßt, und nimmt Ihnen die komplizierten Details ab.

- Wenn Sie kein externes Programm verwenden wollen, gibt es eine ganze Menge von Modulen, die sich mit Locking befassen. Beispiele sind: `File::Flock` von David Muir Sharnoff, das `File::LockDir`-Modul aus dem *Perl Kochbuch* von Tom Christiansen und Nathan Torkington (O'Reilly), die Win95/98-Version davon namens `File::FlockDir` von William Herrera, `File::Lock` von Kenneth Albanowski, `File::Lockf` von Paul Henson und `Lockfile::Simple` von Raphael Manfredi. Diese unterscheiden sich vor allem durch die Art, wie sie aufgerufen werden; nur `File::FlockDir` und `Lockfile::Simple` benutzen andere Locking-Mechanismen als das in Perl eingebaute `flock()`. Das ist auf Plattformen wie dem Macintosh von Nutzen, weil dort die `flock()`-Funktion nicht unterstützt wird. Probieren Sie es aus, und nehmen Sie, was Ihnen am besten gefällt.

- Beim Locking muß man sich darüber im klaren sein, daß man ein Lock anfordern muß, *bevor* Daten geändert werden (oder bevor man Daten liest, die sich ändern könnten), und daß man das Lock erst freigibt, *nachdem* alle Daten sicher geschrieben worden sind (und die Datei geschlossen ist). Mehr Informationen zum Locking finden Sie im bereits angesprochenen *Perl Kochbuch*, in der *perlfaq*-Manpage (der FAQ-Liste, die mit Perl mitgeliefert wird) und in der Dokumentation zur `flock()`-Funktion von Perl sowie zum `DB_File`-Modul.

Mit dieser Betrachtung aus dem Blickwinkel des Architekten beschließen wir unser Projekt »Benutzerkonten-Verwaltungssystem«. Wir haben uns in diesem Kapitel auf den Anfang und das Ende der Lebensspanne eines Benutzerkontos konzentriert. Im nächsten Kapitel geht es darum, was Benutzer zwischen diesen zwei Zeitpunkten anstellen.

In diesem Kapitel verwendete Module

Name	CPAN-ID	Version
`User::pwent` (wird mit Perl geliefert)		
`File::stat` (wird mit Perl geliefert)		
`Win32::AdminMisc` (von *http://www.roth.net*)		20000117
`Win32::Perms` (von *http://www.roth.net*)		20000261
`Win32::Lanman` (von *ftp://ftp.roth.net/pub/ntperl/Others/Lanman/*)		1.05
`IO::File` (wird mit Perl geliefert)	GBARR	1.20
`XML::Writer`	DMEGG	0.30
`XML::Parser`	COOPERCL	2.27
`Data::Dumper` (wird mit Perl geliefert)	GSAR	2.101
`XML::Simple`	GRANTM	1.01
Expect.pm	AUSCHUTZ	1.07
`File::Path` (wird mit Perl geliefert)		1.0401
`Win32::FileOp`	JENDA	0.10.4

Hinweise auf weiterführende Informationen

Paßwortdateien unter Unix

http://www.freebsd.org/cgi/man.cgi – Hier stellt das FreeBSD-Projekt Manpages zu *BSD und anderen Unix-Varianten zur Verfügung. Das ist überaus praktisch, wenn man Dateiformate und Administrationsbefehle (*useradd* usw.) verschiedener Betriebssysteme miteinander vergleichen muß.

Practical Unix & Internet Security, 2nd Edition, von Simson Garfinkel und Gene Spafford (O'Reilly, 1999) ist eine hervorragende Quelle, um Informationen zu Paßwortdateien zu finden.

NT User Administration

http://Jenda.Krynicky.cz – Eine Website, auf der weitere Module für die Benutzeradministration unter NT zu finden sind.

http://windows.microsoft.com/windows2000/de/server/help/ – Die Online-Hilfeseite zu Windows 2000 (Navigieren Sie zu Active Directory ➔ Grundbegriffe ➔ Verstehen von Active Directory ➔ Grundlagen von Gruppen). Dieser Abschnitt gibt einen guten Überblick über den neuen Gruppen-Mechanismus in Windows 2000. (Das englische Original finden Sie unter *http://windows.microsoft.com/windows2000/en/server/help/* Active Directory ➔ Concepts ➔ Understanding Active Directory ➔ Understanding Groups).

http://www.activestate.com/support/mailing_lists.htm – Die Mailinglisten für die Module Perl-Win32-Admin und Perl-Win32-Users. Beide sind für Perl-Programmierer unter Win32 fast unabdingbar.

Win32 Perl Programming: The Standard Extensions, von Dave Roth (Macmillan Technical Publishing, 1999). Das im Moment beste Referenzwerk zum Programmieren mit Perl-Modulen auf Win32-Systemen.

Windows NT Benutzer-Administration, von Ashley J. Meggitt und Timothy D. Ritchey (O'Reilly, 1998).

http://www.mspress.com – Die Webseite der Herausgeber des Microsoft NT Resource Kits. Es wird auch der Zugriff auf die neuesten Programme aus dem RK angeboten.

http://www.roth.net – Die Webseite von Dave Roth enthält neben anderen die Module `Win32::AdminMisc` und `Win32::Perms`, auf die sich die Win32-Gemeinde für die Benutzeradministration verläßt.

XML

In den letzten zwei Jahren ist die Menge der verfügbaren Informationen zu XML förmlich explodiert. Im folgenden finden Sie die besten Verweise, die mir bekannt sind, für Leute, die sich in XML einarbeiten wollen. Zum Zeitpunkt der Drucklegung dieses Buches gab es noch keine Perl-Bücher zum Thema XML, aber ich weiß von mehreren, die in Arbeit sind.

http://msdn.microsoft.com/xml und *http://www.ibm.com/developer/xml* enthalten beide große Mengen an Informationen. Microsoft und IBM nehmen XML überaus ernst.

http://www.activestate.com/support/mailing_lists.htm enthält die Perl-XML Mailingliste, die (zusammen mit dem Archiv) eine der besten Quellen zum Thema ist.

http://www.w3.org/TR/1998/REC-xml-19980210 ist die XML-Spezifikation, Version 1.0. Jeder, der sich ernsthaft mit XML befaßt, wird früher oder später die Spezifikation zu Rate ziehen müssen. Was über ein kurzes Nachschlagen hinausgeht – dafür empfehle ich eine kommentierte Version wie die in den nächsten zwei Verweisen.

http://www.xml.com – Eine Fundgrube für Artikel und Links zum Thema XML. Enthält außerdem eine hervorragende kommentierte Version der Spezifikation von Tim Bray, einem der Autoren der Spezifikation.

XML: The Annotated Specification, von Bob DuCharme (Prentice Hall, 1998) ist eine weitere hervorragende kommentierte Version der Spezifikation, voller Beispiele mit XML-Code.

XML – kurz & gut, von Robert Eckstein (O'Reilly, 1999). Eine knappe, aber erstaunlich vollständige Einführung in XML für den Ungeduldigen.

Anderes

http://www.mcs.anl.gov/~evard – die Home-Page von Rémy Evard. Die Verwendung von zentralen Datenbanken, aus denen automatisch Konfigurationsdateien generiert werden, ist eine der besten Methoden für die Systemadministration. Sie wird in diesem Buch mehrfach angewandt; ich habe diese Methode von Rémy kennengelernt. Zum erstenmal sah ich diese Methode in der Computer-Umgebung »Tenwen«, die er aufgebaut hat (siehe den Link zu »Tenwen« auf Evards Homepage). Der Abschnitt »Implemented the Hosts Database« zeigt ein weiteres Beispiel für diese Technik.

http://www.rpi.edu/~finkej/ enthält eine Anzahl von Publikationen von Jon Finke zum Gebrauch von relationalen Datenbanken für die Zwecke der Systemadministration.

4

Benutzeraktivität

Im letzten Kapitel haben wir untersucht, was eigentlich ein Benutzerkonto ausmacht, wie man ein Konto erzeugt und es unterhält. In diesem Kapitel geht es darum, wie man mit Benutzern umgeht, wenn sie die Rechner und Netzwerke benutzen, die wir betreuen.

Die Aktionen von Benutzern lassen sich in vier Gruppen unterteilen:

Prozesse
> Benutzer können auf einem Rechner Prozesse starten, beenden, pausieren lassen, nach einer Pause wieder aufnehmen usw. Diese Prozesse teilen sich alle die endliche Prozessorleistung und bilden damit einer Ressource, die der Systemadministrator unter Umständen zuteilen muß.

Dateioperationen
> Meist finden Operationen wie das Lesen, Schreiben, Erzeugen und Löschen von Dateien dann statt, wenn der Benutzer mit Dateien in seinem Home-Verzeichnis arbeitet. Unter Unix ist das aber eine zu enge Sicht der Dinge: Unix benutzt das Dateisystem noch für ganz andere Zwecke. Die Steuerung von Geräten, von Input/Output-Kanälen und manchmal sogar von Prozessen oder dem Netzwerk geschieht unter Unix über das Dateisystem. Mit Dateisystemen an sich haben wir uns schon in Kapitel 2, *Dateisysteme*, befaßt, aber in diesem Kapitel betrachten wir das Thema von der Warte der Benutzer-Administration.

Netzwerke
> Benutzer können über das Netzwerk Daten senden und empfangen. In diesem Buch behandeln wir Netzwerke auch an anderen Stellen, hier geht es primär um die Perspektive des Benutzers.

Betriebssystemspezifische Aktivitäten
 Diese Gruppe von Aktivitäten fängt alle auf, die sich nicht in die anderen drei einordnen lassen. Es sind Dinge wie die Steuerung von GUI-Elementen, der Gebrauch von Shared-Memory-Segmenten, spezielle Formen des Zugriffs auf Dateien, Audio usw. Diese Kategorie ist so weitläufig, daß es kaum sinnvoll ist, sie in diesem Zusammenhang zu behandeln. Betriebssystemspezifische Webseiten wie *http://www.macperl.com* enthalten weitere Informationen zu diesem Thema.

Sehen wir uns an, wie wir die ersten drei Bereiche mit Perl angehen können. Jedes der in diesem Buch betrachteten Betriebssysteme behandelt das Thema derart unterschiedlich, daß wir es für jedes OS gesondert betrachten müssen. Fast das einzige, was allen Betriebssystemen gemeinsam ist, ist vielleicht die `kill()`-Funktion von Perl, und in MacPerl gibt es nicht einmal diese. Wir behandeln jedes OS der Reihe nach und beginnen mit MacOS, dem (von Perl aus gesehen) einfachsten. Weil wir an der Benutzeradministration interessiert sind, konzentrieren wir uns hier auf Prozesse, die von anderen Benutzern gestartet wurden.

Kontrolle von Prozessen unter MacOS

MacOS ist kein Multiuser-Betriebssystem und auch nur gerade knapp ein Multitasking-Betriebssystem, daher kann man hier kaum von Prozeß-*Kontrolle* im eigentlichen Sinn sprechen. Mit dem Modul `Mac::Processes` können wir über das API der Macintosh Toolbox auf den Macintosh Process Manager Einfluß nehmen. Wenn Sie dieses Modul eingehender als nur ganz oberflächlich benutzen wollen, brauchen Sie das Buch *Inside Macintosh: Processes*, das den Process Manager beschreibt.

Wenn wir das Modul mit dem normalen use `Mac::Processes` laden, wird ein besonderer Hash namens `%Process` initialisiert. Dieser Hash hat magische Fähigkeiten, weil er zu jedem Zeitpunkt ein Abbild des *aktuellen* Prozeßzustandes des Rechners ist. Immer wenn der Inhalt von `%Process` abgefragt wird, spiegeln die zurückgegebenen Werte den aktuellen Zustand des Rechners wider. Um eine Liste der aktuellen *Process Serial Numbers* (PSN, der Macintosh-Name für Prozeß-IDs) zu erhalten, genügt es, die Schlüssel des Hashes auszugeben:

```
use Mac::Processes;
print map {"$_\n"} keys %Process;
```

Wenn wir zu einzelnen Prozessen mehr Informationen erhalten wollen, müssen wir mit den Werten arbeiten. Jeder Hasheintrag enthält ein Objekt, das einer `ProcessInfo`-Struktur entspricht. Um die einzelnen Felder dieser Struktur zu erhalten, ruft man Objekt-Methoden mit den Namen dieser Felder auf. Mehr Informationen zu den einzelnen Feldern und darüber, was sie bedeuten, finden Sie am üblichen Ort, in *Inside Macintosh: Processes*. Zur Zeit gibt es die folgenden Methoden: `processName()`, `processNumber()`, `processType()`, `processSignature()`, `processSize()`, `processMode()`, `processLocation()`, `processLauncher()`, `processLaunchDate()`, `processActiveTime()` und `processAppSpec()`.

Um eine Liste der gerade laufenden Prozesse mit ihren Namen auszugeben, schreiben wir:

```
use Mac::Processes;
while (($psn, $psi) = each (%Process)) {
    $name = $psi->processName();
    write;
}

format STDOUT_TOP =
Process Serial Number      Process Name
===================        =========================================
.

format STDOUT =
@<<<<<<                    @<<<<<<<<<<<<<<<<<<<<<<<<<<<<<<<
$psn,                      $name
.
```

das ergibt eine Ausgabe der folgenden Art:

```
Process Serial Number      Process Name
===================        =========================================
8192                       FaxMonitor
8193                       Queue Watcher
8194                       Finder
8195                       Serial Port Monitor
8198                       MacPerl
```

Wenn man die Namen der Prozesse kennt, ist es nur natürlich, daß man versucht, auf diese Einfluß zu nehmen, d. h. sie zu kontrollieren. Leider sind die Möglichkeiten auf diesem Gebiet sehr beschränkt, ja fast vernachlässigbar. Das Spannendste, was wir tun können, ist, den Prozeß mittels der Funktion SetFrontProcess($psn) in den Vordergrund zu bringen. Wir können den Prozeß nicht einmal unsanft beenden (killen), weil die kill()-Funktion in MacPerl nicht implementiert ist. Wir können bestenfalls ein AppleEvent an die laufende Applikation oder an den Finder senden, der das Programm bittet, sich zu beenden. Am einfachsten geht das mit dem Modul Mac::Apps::Launch von Chris Nandor. Es enthält eine Funktion namens QuitApps(), mit der man Applikationen über ihre Creator-ID beenden kann. Mac::Apps::Launch enthält nützliche Funktionen, mit denen man Applikationen starten oder sie in den Hintergrund schieben kann, ähnlich wie man mit Mac::Processes Applikationen in den Vordergrund bringt.

Beschäftigen wir uns nun mit einem Betriebssystem, bei dem die Einflußmöglichkeiten auf die Benutzerprozesse weniger eingeschränkt sind.

Kontrolle von Prozessen unter NT/2000

Wir werden vier verschiedene Ansätze behandeln, wie man unter NT/2000 mit Prozessen umgehen kann, aber alle nur kurz. Jeder dieser Ansätze birgt weitere Möglichkeiten in sich, diese würden aber den Rahmen dieses Buchs sprengen. Wir befassen uns hier nur mit zwei Aufgaben: Dem Finden von allen im Moment laufenden Prozessen und dem Beenden (»Killen«) von bestimmten Prozessen.

Programme aus dem Microsoft Resource Kit

Wie wir bereits in Kapitel 3, *Benutzerkonten*, erwähnt hatten, ist das NT Resource Kit eine wahre Fundgrube für Skripten und Informationen. Wir werden hier zwei Programme aus dem Resource Kit verwenden: *pulist.exe*, das Prozesse auflistet, und *kill.exe*, das Prozesse unsanft ins Jenseits befördert. Das Resource Kit enthält ein weiteres Programm namens *tlist.exe*, das wie *pulist.exe* die laufenden Prozesse anzeigt, dies aber in einer ansprechenden Baumstruktur. Es enthält jedoch einige Leistungsmerkmale von *pulist.exe* nicht, zum Beispiel kann man damit nicht Prozesse auf anderen Rechnern anzeigen.

Hier sehen Sie eine beispielhafte Ausgabe von *pulist*:

```
Process              PID    User
TAPISRV.EXE          119    NT AUTHORITY\SYSTEM
TpChrSrv.exe         125    NT AUTHORITY\SYSTEM
RASMAN.EXE           131    NT AUTHORITY\SYSTEM
mstask.exe           137    NT AUTHORITY\SYSTEM
mxserver.exe         147    NT AUTHORITY\SYSTEM
PSTORES.EXE          154    NT AUTHORITY\SYSTEM
NDDEAGNT.EXE         46     OMPHALOSKEPSIS\Administrator
explorer.exe         179    OMPHALOSKEPSIS\Administrator
SYSTRAY.EXE          74     OMPHALOSKEPSIS\Administrator
cardview.exe         184    OMPHALOSKEPSIS\Administrator
ltmsg.exe            167    OMPHALOSKEPSIS\Administrator
daemon.exe           185    OMPHALOSKEPSIS\Administrator
```

Der Gebrauch von *pulist.exe* von Perl aus ist sehr einfach. Hier sehen Sie eine mögliche Verwendung:

```
my $pulistprog = "\\bin\\PULIST.EXE"; # Pfadname des pulist-Programms.
open(PULIST, "$pulistprog|") or die "Kann $pulistprog nicht aufrufen: $!\n";

scalar <PULIST>; # Titelzeile überspringen.
while (defined($_ = <PULIST>)) {
    my ($pname, $pid, $puser) = /^(\S+)\s*(\d+)\s*(.+)/;
    print "$pname:$pid:$puser\n";
}
close(PULIST);
```

Das andere erwähnte Programm ist fast so einfach im Gebrauch. *kill.exe* erwartet die Prozeß-ID oder einen Teil eines Task-Namens als Argument. Ich empfehle ersteres – Prozeß-IDs sind eindeutig, Task-Namen nicht unbedingt; man kann so nur zu leicht den falschen Prozeß beenden.

kill.exe kann Prozesse auf zwei Arten beenden. Die erste Art ist die freundlichere: *kill.exe <Prozeß-ID>* gibt dem betreffenden Prozeß den Auftrag, sich selbst zu beenden. Die zweite Art bekommt man mit der */f*-Option: *kill.exe /f <Prozeß-ID>* ist wesentlich weniger behutsam und killt Prozesse in der Art, wie es die in Perl eingebaute `kill()`-Funktion unter Unix tut.

Das Win32::IProc-Modul

Unser zweiter Ansatz verwendet das Modul `Win32::IProc` von Amine Moulay Ramdane. Vom Namen her würde man das kaum vermuten, aber dieses Modul ist für unsere Zwecke viel nützlicher als `Win32::Process`. Dieses Modul hat wohl einen eingängigeren Namen, aber es hat einen großen Nachteil: Es lassen sich damit nur die Prozesse kontrollieren, die vom Modul selbst erzeugt worden sind. Wir sind aber hier eher an Prozessen von *anderen* Benutzern interessiert. Wenn Ihnen die Installation von `Win32::IProc` Mühe bereitet, finden Sie am Ende des Kapitels unter »In diesem Kapitel verwendete Module« einige Hinweise und Tips.

Zuerst erzeugen wir ein Prozeßobjekt:

```
use Win32::IProc;

# Groß- und Kleinschreibung beachten: Es heißt "IProc".
$pobj = new Win32::IProc or die "Kann Prozeßobjekt nicht erzeugen: $!\n";
```

Dieses Objekt dient fast nur als Sprungbrett für die Objekt-Methoden des Moduls. Mit der `EnumProccesses`-Methode kann man zum Beispiel alle Prozesse auf dem Rechner auflisten:

```
$pobj->EnumProccesses(\@prozessliste) or
    die "Kann Prozeßliste nicht abfragen: $!\n";
```

`@prozessliste` ist jetzt ein Array von Referenzen auf anonyme Hashes. Jeder anonyme Hash besitzt die zwei Schlüssel `ProcessName` und `ProcessId` und die zugehörigen Werte. Mit dem folgenden Programm geben wir diese Werte aus:

```
use Win32::IProc;
my @prozessliste;
use vars qw/$pid $name/;

my $pobj = new Win32::IProc or die "Kann Prozeßobjekt nicht erzeugen: $!\n";

$pobj->EnumProcesses(\@prozessliste) or
    die "Kann Prozeßliste nicht abfragen: $!\n";
```

```
foreach my $prozess (@prozessliste) {
    $pid   = $prozess->{ProcessId};
    $name  = $prozess->{ProcessName};
    write;
}

format STDOUT_TOP =
Prozeß-ID       Prozeßname
=========       ==============================
.
format STDOUT =
@<<<<<<<        @<<<<<<<<<<<<<<<<<<<<<<<<<<<<<
$pid,           $name
.
```

Wir erhalten eine Ausgabe der folgenden Art:

```
Prozeß-ID       Prozeßname
=========       ==============================
0               System-Idle
2               System
25              smss.exe
39              winlogon.exe
41              services.exe
48              lsass.exe
78              spoolss.exe
82              DKSERVICE.EXE
...
```

Mit `Win32::IProc` können wir im Gegensatz zur vorigen Methode (mit *pulist.exe*) nicht herausfinden, zu welchem Benutzer ein bestimmter Prozeß gehört. Wenn diese Information wichtig ist, müssen Sie die Methode mit *pulist.exe* verwenden.

Mit *pulist.exe* kann man nur eine Art der Ausgabe erreichen, aber mit dem Modul `Win32::IProc` fängt der Spaß erst an. Nehmen wir an, Sie sind nicht nur am Namen des Prozesses interessiert, sondern auch daran, welche dynamischen Bibliotheken (*dynamically loaded libraries, .dlls*) ein Prozeß benutzt. Diese Information ist leicht erhältlich:

```
# FULLPATH-Konstante für die dlls importieren – die andere Möglichkeit wäre NOPATH.
use Win32::IProc "FULLPATH";
my $pobj = new Win32::IProc;

my(@prozessliste, @module);
$pobj->EnumProcesses(\@prozessliste) or
    die "Kann Prozeßliste nicht abfragen: $!\n";

foreach my $prozess (@prozessliste) {
    print "\n", $prozess->{ProcessName},
          "\n", ('=' x length($prozess->{ProcessName})), "\n";
```

```
            $pobj->GetProcessModules($prozess->{ProcessId}, \@module, FULLPATH);
            print join("\n", map {lc $_->{ModuleName}} @module), "\n";
}
```

Die Methode `GetProcessModules()` erwartet als Parameter eine Prozeß-ID, eine Arrayreferenz und eine Konstante, die angibt, ob die vollen Pfadnamen der Bibliotheken oder nur die kurzen zurückgegeben werden sollen. In der Arrayreferenz wird eine Liste von anonymen Hashes zurückgegeben, in der jedes Element eine von diesem Prozeß benutzte Bibliothek beschreibt. Mit dem `map()`-Operator gehen wir die Liste durch, dereferenzieren jeden anonymen Hash und holen den Wert zum `ModuleName`-Schlüssel heraus.

Hier ist ein Teil der Ausgabe wiedergegeben:

```
smss.exe
========
\systemroot\system32\smss.exe
c:\winnt\system32\ntdll.dll

winlogon.exe
============
\??\c:\winnt\system32\winlogon.exe
c:\winnt\system32\ntdll.dll
c:\winnt\system32\msvcrt.dll
c:\winnt\system32\kernel32.dll
c:\winnt\system32\advapi32.dll
c:\winnt\system32\user32.dll
c:\winnt\system32\gdi32.dll
c:\winnt\system32\rpcrt4.dll
c:\winnt\system32\userenv.dll
c:\winnt\system32\shell32.dll
c:\winnt\system32\shlwapi.dll
c:\winnt\system32\comctl32.dll
c:\winnt\system32\netapi32.dll
c:\winnt\system32\netrap.dll
c:\winnt\system32\samlib.dll
c:\winnt\system32\winmm.dll
c:\winnt\system32\cwcmmsys.dll
c:\winnt\system32\cwcfm3.dll
c:\winnt\system32\msgina.dll
c:\winnt\system32\rpclts1.dll
c:\winnt\system32\rpcltc1.dll...
```

Verfolgen wir diesen Gedankengang einen Schritt weiter. Mit nur wenig Aufwand können wir *noch mehr* über einen laufenden Prozeß herausfinden. Um aber an diese Informationen heranzukommen, brauchen wir ein Prozeß-Handle.

Ein solches Prozeß-Handle kann man sich als Verbindung zu einem bestimmten Prozeß vorstellen. Um den Unterschied zwischen einem Prozeß-Handle und einer Prozeß-ID zu veranschaulichen, können Sie sich einen Campingplatz für Wohnmobile vorstellen.

Jedes Wohnmobil ist ein Prozeß, und die Prozeß-ID bildet dann die Adresse eines Wohnmobils. Ein Prozeß-Handle entspricht in diesem Bild einem Standplatz und den zugehörigen Strom-, Wasser- und eventuell Kabelfernseh- oder sogar Telefonanschlüssen. Wenn diese angeschlossen sind, kann man das Wohnmobil nicht nur über seine Adresse finden, sondern man kann mit ihm Informationen austauschen.

Zu einer bestimmten Prozeß-ID kann man mit der `Open()`-Methode des `Win32::IProc`-Moduls ein Prozeß-Handle erzeugen. `Open()` benötigt dafür die Prozeß-ID, einen Parameter, der Zugriffsrechte angibt, einen Vererbungsparameter und eine Referenz auf einen Skalar, in dem das Handle zurückgegeben wird. Wir verwenden bei den Zugriffsrechten gerade so viel, daß wir die Informationen zu einem Prozeß abfragen dürfen. Genaueres zu diesen Parametern steht in der Dokumentation zu `Win32::IProc` und dem Abschnitt »Processes and Threads« der SDK-Dokumentation unter *http://msdn.microsoft.com*. Prozeß-Handles werden mit `CloseHandle()` wieder aufgelöst.

Mit einem Prozeß-Handle können Sie mit der `Kill()`-Methode den zugehörigen Prozeß beenden:

```
# Prozeß beenden, der Prozeß soll $exitcode zurückgeben.
$pobj->Kill($handle, $exitcode);
```

Aber mit einem Prozeß-Handle kann man auch mehr machen, als nur den Prozeß killen. Die Methode `GetStatus()` liefert beispielsweise Zustandsinformationen zurück. Hier folgt ein Programmbeispiel, das zu einer gegebenen Prozeß-ID die Zeit-Informationen (Anfangs-, Endzeit, CPU-Zeiten) ausgibt:

```
my($handle, $statusinfo);
use Win32::IProc qw(PROCESS_QUERY_INFORMATION INHERITED FLOAT);

my $pobj = new Win32::IProc;
$pobj->Open($ARGV[0], PROCESS_QUERY_INFORMATION, INHERITED, \$handle) or
    warn "Kann Handle nicht öffnen: ".$pobj->LastError() . "\n";

# FLOAT : CPU-Zeitangaben werden in Sekunden und Dezimaldarstellung ausgegeben.
$pobj->GetStatus($handle, \$statusinfo, FLOAT);

$pobj->CloseHandle($handle);

while (my ($procname, $wert) = each %$statusinfo) {
    print "$procname: ", defined $wert ? $wert : "---", "\n";
}
```

Die Ausgabe sieht ungefähr so aus:

```
KernelTime: 22,442270
ExitDate: ---
ExitTime: ---
CreationDate: 29/7/1999
CreationTime: 17:09:28:100
UserTime: 11,566632
```

Nun wissen wir, wann dieser Prozeß gestartet wurde und wieviel CPU-Zeit er bisher verbraucht hat. Die Felder für `ExitDate` und `ExitTime` sind leer, weil der Prozeß ja noch läuft. Man kann sich fragen, ob diese Felder überhaupt jemals nicht-leer sein könnten, weil man ja zur Abfrage die Prozeß-ID eines noch laufenden Prozesses benötigt. Darauf gibt es zwei Antworten: Zunächst kann man ein Prozeß-Handle über den Tod eines Prozesses hinaus offenhalten, die Zustandsinformation abfragen und erst dann das Handle schließen. Zu diesem Zeitpunkt liefert `GetStatus()` auch die `ExitDate`- und `ExitTime`-Werte zurück. Bei der zweiten Antwort geht es um die Methode `Create()`.

Die `Create()`-Methode des `Win32::IProc`-Moduls erlaubt es, neue Prozesse zu starten, ganz ähnlich, wie beim Modul `Win32::Process` von vorhin. Wenn man einen Prozeß aus dem Modul heraus startet, dann enthält das Prozeßobjekt ($pobj), das wir bisher kaum beachtet hatten, Informationen über den eben erzeugten Prozeß und seine Threads. Mit diesen Informationen kann man spaßige Dinge tun, wie beispielsweise die Prioritäten von Threads verändern oder die CPU-Zeit, die jedem Thread zugeteilt wird. Wir werden das hier nicht vertiefen, aber es ergibt einen passenden Übergang zum nächsten Ansatz, wie man mit Prozessen unter NT/2000 umgehen kann.

Das Win32::Setupsup-Modul

Wenn die Erwähnung von CPU-Zeitfenstern und Prioritäten im vorherigen Abschnitt Ihr Interesse geweckt hat, dann werden Sie diesen Abschnitt mögen. Bei diesem Ansatz benutzen wir das Modul `Win32::Setupsup` von Jens Helberg. Den Namen (»Setup-Support«) hat es bekommen, weil es oft zur Erweiterung von *Setup.exe*-Programmen zur Installation von Software benutzt wird.

Manche Installationsprogramme kann man in einem »schweigsamen« oder automatischen Modus laufen lassen und so Software-Installationen vollautomatisch durchführen. In diesem Modus werden keine Fragen gestellt, und es müssen keine »OK«-Buttons angeklickt werden, der Administrator muß nicht Babysitter für das Programm spielen. Installationsprogramme ohne eine solche Option (und davon gibt es viel zu viele) machen den Alltag eines Systemadministrators mühevoll. `Win32::Setupsup` kann hier helfen. Es kann Informationen über laufende Prozesse sammeln und diese manipulieren, es kann sie auch ganz zum Schweigen bringen.

Informationen zum Herunterladen und Installieren des Moduls `Win32::Setupsup` finden Sie am Ende des Kapitels, im Abschnitt »In diesem Kapitel verwendete Module«.

Mit `Win32::Setupsup` erhält man eine Liste der laufenden Prozesse auf ganz einfache Art. Hier zeigen wir eine andere Version des ersten Programmbeispiels aus dem letzten Abschnitt:

```
use Win32::Setupsup;
my (@prozessliste, @threadliste);
use vars qw/$pid $name/;

my $rechner = "";   # Prozeßliste des lokalen Rechners abfragen.
```

```
Win32::Setupsup::GetProcessList($rechner, \@prozessliste, \@threadliste) or
    die "Kann Prozesse nicht listen: ".Win32::Setupsup::GetLastError()."\n";

pop(@prozessliste); # Letzter Eintrag ist eine End-Marke, entfernen.
foreach my $prozessliste (@prozessliste) {
    $pid   = $prozessliste->{pid};
    $name  = $prozessliste->{name};
    write;
}

format STDOUT_TOP =
Prozeß-ID      Prozeßname
=========      ==================================
.
format STDOUT =
@<<<<<<<<      @<<<<<<<<<<<<<<<<<<<<<<<<<<<<<<<<<
$pid,          $name
.
```

Auch das Beenden von Prozessen ist sehr einfach:

```
KillProcess($pid, $exitvalue, $systemprocessflag) or
    die "Kann Prozeß nicht killen: ".Win32::Setupsup::GetLastError()."\n";
```

Der im ersten Argument angegebene Prozeß wird beendet. Die beiden letzten Argumente sind fakultativ; im zweiten Argument kann der Status des eben beendeten Prozesses abgefragt werden, und durch die Angabe des dritten Arguments (Ersatzwert ist 0) kann man auch Systemprozesse beenden, sofern man das Benutzerrecht Programme debuggen hat.

Das ist der uninteressante Teil. Wir können Prozesse aber noch auf ganz andere Art beeinflussen; wir können mit einem Fenster in Verbindung treten, das ein Prozeß auf dem Bildschirm anzeigt. So bekommen wir die Liste aller Fenster auf dem Desktop:

```
Win32::Setupsup::EnumWindows(\@fensterliste) or
    die "Kann Fenster nicht listen: ".Win32::Setupsup::GetLastError()."\n";
```

@fensterliste enthält nun eine Liste von Fenster-Handles – wenn man diese ausgibt, sind es ganz normale Zahlen. Mit anderen Funktionen des Moduls kann man mehr über diese Fenster erfahren. Zum Beispiel kann man die Überschrift in der Menüleiste mit der Funktion GetWindowText() ermitteln:

```
use Win32::Setupsup;
my (@fensterliste, $text);

Win32::Setupsup::EnumWindows(\@fensterliste) or
    die "Kann Fenster nicht listen: ".Win32::Setupsup::GetLastError()."\n";
```

```
    foreach my $whandle (@fensterliste) {
        if (Win32::Setupsup::GetWindowText($whandle, \$text)) {
            print "$whandle: $text","\n";
        }
        else {
            warn "Kann Überschrift von $whandle nicht ermitteln: " .
                 Win32::Setupsup::GetLastError() . "\n";
        }
    }
```

So etwa kann die Ausgabe aussehen:

```
66130: chapter04 - Microsoft Word
66184: Style
194905150:
66634: setupsup - WordPad
65716: Fuel
328754: DDE Server Window
66652:
66646:
66632: OleMainThreadWndName
```

Offensichtlich haben bestimmte Fenster eine Überschrift, andere nicht. Neugierige Leser werden vielleicht etwas Interessantes in dieser Ausgabe bemerken. Das Fenster 66130 entspricht einem laufenden Microsoft-Word-Prozeß (rein zufällig der Prozeß, in dem dieses Kapitel eingetippt wurde). Das Fenster 66184 könnte mit diesem ersten Fenster in Verbindung stehen. Wie kann man das überprüfen?

Win32::Setupsup enthält auch eine Funktion namens EnumChildWindows(), mit der man die »Kinder« oder Abkömmlinge eines Fensters auflisten kann. Wir verwenden diese Funktion in einem Programm, das die Fensterhierarchie als Baumstruktur ausgibt:

```
use Win32::Setupsup;
my (@fensterliste, %fensterliste, @kinder, %kinder);

# Liste der Fenster ermitteln.
Win32::Setupsup::EnumWindows(\@fensterliste) or
    die "Kann Fenster nicht listen: ".Win32::Setupsup::GetLastError()."\n";

# Liste der Window-Handles in einen Hash verwandeln.
# Achtung – hier werden die Window-Handles als normale Zahlen in den Werten des
# Hashs abgespeichert. Manche Funktionen wie etwa GetWindowProperties() (das wir
# bald benutzen werden) kommen damit nicht mehr klar.
for (@fensterliste) { $fensterliste{$_}++ }

# Jedes Fenster auf Abkömmlinge abklopfen.
foreach my $whandle (@fensterliste) {
    if (Win32::Setupsup::EnumChildWindows($whandle, \@kinder)) {
        # Sortierte Liste von Unterfenstern aufbewahren.
        $kinder{$whandle} = [ sort { $a <=> $b } @kinder ];
```

Kapitel 4: Benutzeraktivität

```perl
            # Alle Unterfenster aus dem Hash entfernen, wir behandeln diese nicht explizit.
            foreach my $kind (@kinder) {
                delete $fensterliste{$kind};
            }
        }
    }

    # Die übrigen Fenster in der Liste durchgehen (also die Fenster, die keine Unterfenster
    # sind) und rekursiv jedes Window-Handle mit seinen Unterfenstern ausgeben (falls es
    # solche gibt).
    foreach my $window (sort { $a <=> $b } keys %fensterliste) {
        &printfamily($window, 0);
    }

    # Window-Handle ausgeben, rekursiv auch für Abkömmlinge aufrufen.
    sub printfamily {
        # Wie tief im Baum sind wir?
        my($startfenster, $tiefe) = @_;

        # Window-Handle mit der entsprechenden Einrückung ausgeben.
        print(("  " x $tiefe) . "$startfenster\n");

        return unless (exists $kinder{$startfenster}); # Keine Kinder – fertig.

        # Sonst: Rekursiven Aufruf für jeden Abkömmling.
        $tiefe++;
        foreach my $unterfenster (@{$kinder{$startfenster}}) {
            &printfamily($unterfenster, $tiefe);
        }
    }
```

Es gibt noch eine Funktion zu Fenstern, die wir betrachten wollen, bevor wir zu einem anderen Thema übergehen: GetWindowProperties(). Diese Funktion deckt so ungefähr alles ab, was wir mit den bisherigen Funktionen nicht bewerkstelligen konnten. Zum Beispiel kann man mit GetWindowProperties() die Prozeß-ID der Prozesses ermitteln, der das Fenster erzeugt hat. Das kann man sehr gut mit den Funktionen aus dem Win32::IProc-Modul verkoppeln.

Die Dokumentation zu Win32::Setupsup enthält eine Aufzählung der Eigenschaften von Fenstern, die man abfragen kann. Wir verwenden hier eine davon in einem ganz einfachen Programm, das die Höhe und Breite eines Fensters auf dem Desktop ausgibt. Die Funktion GetWindowProperties() erwartet drei Argumente: Ein Window-Handle, eine Referenz auf ein Array, dessen Elemente die abzufragenden Eigenschaften sind, und eine Hashreferenz, in der die Resultate zurückgegeben werden. Hier folgt das Programm:

```perl
use Win32::Setupsup;
my %info;
```

```
# Window-Handle in die für GetWindowProperties akzeptable Form bringen.
my $whandle = unpack 'U', pack 'U', $ARGV[0];
Win32::Setupsup::GetWindowProperties($whandle, ['rect'], \%info);

print "         " . $info{rect}{top} . "\n";
print $info{rect}{left} . " -" . $whandle . "- " . $info{rect}{right} . "\n";
print "         " . $info{rect}{bottom} . "\n";
```

Die Ausgabe sollte ein bißchen nett aussehen: Wir geben die oberen, linken, rechten und unteren Begrenzungen mit dem zugehörigen Window-Handle in der Mitte aus:

```
    154
272 -66180- 903
    595
```

Nur bei der Eigenschaft `rect` gibt die Funktion `GetWindowProperties()` diese besondere Datenstruktur zurück, in allen anderen Fällen enthält der Hash einfach Schlüssel/Wert-Paare. Wenn Ihnen der Rückgabewert einer Eigenschaft zu einem bestimmten Fensters nicht klar ist, kann das Programm *windowse* oft weiterhelfen – dieses finden Sie unter *http://greatis.virtualave.net/products.htm*.

Wir haben nun also einige Eigenschaften von Fenstern bestimmt – wäre es jetzt nicht an der Zeit, diese Eigenschaften zu verändern? Zum Beispiel wäre es ganz nützlich, die Überschrift in einer Menüleiste verändern zu können. So könnte man Skripten schreiben, die den Balken als Zustandsindikator benutzen:

```
"Däumchendrehen ... zu 32% fertig"
```

Das geht tatsächlich mit nur einem einzigen Aufruf:

```
Win32::Setupsup::SetWindowText($whandle, $text);
```

Auch die `rect`-Eigenschaft von vorhin läßt sich verändern. Mit diesem Programm springt das angegebene Fenster an einen neuen Ort:

```
use Win32::Setupsup;
my %info;

$info{rect}{left}   = 0;
$info{rect}{right}  = 600;
$info{rect}{top}    = 10;
$info{rect}{bottom} = 500;
my $whandle = unpack 'U', pack 'U', $ARGV[0];
Win32::Setupsup::SetWindowProperties($whandle, \%info);
```

Aber das Beste habe ich für den Schluß aufgehoben. Mit der Funktion `SendKeys()` können Sie beliebige Tastenklicks an irgendein Fenster auf dem Desktop schicken. Zum Beispiel:

```
use Win32::Setupsup;

my $texttosend = "\\DN\\Zahnfleischschwund";
my $whandle = unpack 'U', pack 'U', $ARGV[0];
Win32::Setupsup::SendKeys($whandle, $texttosend, 0, 0);
```

Damit wird ein »Pfeiltaste nach unten« und danach ein kurzer Text an das angegebene Fenster gesandt. Die Argumente zu `SendKeys()` sind recht einfach: das Window-Handle, der zu sendende Text, ein Parameter, der besagt, ob das Fenster aktiviert werden soll, und einer, in dem man eine Wartezeit zwischen den gesendeten Zeichen angeben kann. Spezielle Tasten wie »Pfeil nach unten« werden in Backslashes eingerahmt (`\DN\`); die Dokumentation zum Modul enthält eine Liste der verfügbaren Codes.

Mit der Hilfe dieses Moduls können wir Prozesse auf ganz neue Weise kontrollieren. Wir können jetzt Programme (und Teile des Betriebssystems) fernsteuern, ohne daß diese Programme dafür eingerichtet sein müssen. Wir benötigen dafür kein besonderes API und keine Unterstützung eines Befehlszeilen-Modus. Im Prinzip können wir so Skripten schreiben, die ein GUI steuern, was in sehr vielen Situationen in der Systemadministration nützlich sein kann.[1]

Die Window Management Instrumentation (WMI)

Wir betrachten jetzt eine letzte Möglichkeit zur Prozeßkontrolle, bevor wir uns einem anderen Betriebssystem zuwenden. Der Abschnitt könnte auch »Zukunftsmusik« heißen, weil diese Technik noch nicht allzuweit verbreitet ist. Aber das wird sich bald ändern: die Window Management Instrumentation (WMI) ist in Windows 2000 enthalten (oder auch in NT4.0 SP4+, wenn man das Paket explizit installiert)[2]. Wenn Windows 2000 auf breiterer Basis eingesetzt wird, ist es durchaus möglich, daß WMI zu einem zentralen Bestandteil der NT/2000-Administration wird.

Leider ist WMI eine dieser Techniken, die zuerst einmal abschrecken; sie wird sehr bald sehr kompliziert. WMI basiert auf einem Objekt-Modell, das nicht nur Daten darstellen kann, sondern auch Beziehungen zwischen Objekten. Zum Beispiel ist es möglich, eine Verbindung zwischen einem Webserver und dem RAID-System (Redundant Array of Independent Disks) herzustellen, auf dem die Daten dieses Servers gespeichert sind. Wenn das Plattensystem ein Problem hat, würde auch ein Problem-Report für den Webserver erzeugt. Derartige komplexe Probleme werden wir hier nicht erörtern, wir werden nur gerade an der Oberfläche dessen kratzen, was mit WMI denkbar ist; wir geben eine kurze, einfache Einführung und betrachten einige Programmbeispiele.

---

[1] Das Modul `Win32::GuiTest` von Ernesto Guisado eignet sich ebenfalls zur Steuerung von GUIs. Die Funktionalität ist der von `Win32::Setupsup` sehr ähnlich.

[2] Auf *http://msdn.microsoft.com/downloads/sdks/wmi/* finden Sie Links zum Herunterladen der benötigten Bibliotheken für Rechner unter NT4.0 SP4 (oder neuer).

Wenn Sie sich stärker in die Materie einarbeiten wollen, empfehle ich, die Dokumentation von *http://msdn.microsoft.com/library/psdk/wmisdk/wmistart_5kth.htm* herunterzuladen. Auch die Webseite der *Distributed Management Task Force, http://www.dtmf.org*, enthält wichtige Informationen zum Thema. Hier gebe ich nur eine kurze Zusammenfassung, damit wir überhaupt mit WMI etwas anfangen können.

WMI ist die Microsoft-Implementierung einer Unternehmung, die den etwas unglücklichen Namen *Web-Based Enterprise Management* oder kurz WBEM trägt. Der Name läßt die Verwendung eines Browsers vermuten, aber genau das ist es nicht; WBEM hat fast gar nichts mit dem World Wide Web zu tun. Die Firmen, die in der *Distributed Management Task Force* (DMTF) vertreten sind, wollten ein Werkzeug aufbauen, das es erleichtert, Systemadministrationsaufgaben über einen Browser zu erledigen. WBEM besteht (auch wenn der Name anderes vermuten läßt) aus einem Datenmodell für das Management und die Instrumentation von Daten. Es enthält Spezifikationen, wie Daten organisiert werden sollen, wie auf sie zugegriffen wird und wie sie übertragen werden. WBEM soll auch eine einheitliche Lösung zum Zugriff auf Daten bieten, die von anderen Mechanismen wie etwa dem Simple Network Management Protocol (SNMP, wir behandeln SNMP in Kapitel 10, *Sicherheitsaspekte und Netzwerk-Monitoring*) oder dem Common Management Information Protocol (CMIP) bereitgestellt werden.

Innerhalb von WBEM werden die Daten nach dem *Common Information Model* oder CIM organisiert. CIM ist für die Vielseitigkeit, aber auch für die Komplexität von WBEM verantwortlich. Es ist ein ausbaubares Datenmodell mit Objekten und Klassen, mit denen man jedes denkbare logische oder physikalische Ding beschreiben kann. Es gibt z. B. Objektklassen für ganze Netzwerke, aber auch Objekte für einen einzelnen Einschub in einem bestimmten Gerät. Es gibt Objekte für Hardware-Einstellungen wie auch solche für die Konfiguration von kleinen Einzelheiten von Programmen. Darüber hinaus kann man mit CIM Objektklassen definieren, die Zusammenhänge zwischen diesen anderen Objekten beschreiben.

Dieses Datenmodell ist in zwei Teilen dokumentiert: in der CIM-*Spezifikation* und in dem CIM-*Schema*. Das erste beschreibt das *Wie* von CIM (d. h. wie Daten angegeben werden, wie CIM mit früheren Management-Standards verknüpft ist usw.), das zweite das *Was* (die eigentlichen Objekte). Diese Zweiteilung erinnert an die Beziehung zwischen dem SMI und der MIB bei SNMP (siehe dazu Kapitel 10, *Sicherheitsaspekte und Netzwerk-Monitoring*, und Anhang E, *SNMP in zwanzig Minuten*).

In der Praxis wird man das CIM-Schema weit häufiger benutzen als die Spezifikation, wenn man einmal begriffen hat, wie die Daten dargestellt werden. Das Schema-Format (auch MOF oder *Managed Object Format* genannt) ist einigermaßen leicht lesbar.

Das CIM-Schema besteht aus zwei Schichten:

- Dem *core model* für Objekte und Klassen, die für alle Arten von WBEM-Interaktionen von Nutzen sind.

- Dem *common model* für generische Objekte, die unabhängig von Hersteller und Betriebssystem sind. Innerhalb dieses Modells sind im Moment fünf Gebiete definiert: Systeme, Geräte, Applikationen, Netzwerke und die *physische Ebene*.

Auf diesen zwei Schichten können beliebige *Extension-Schemas* aufbauen, in denen Objekte und Klassen für bestimmte Hersteller und Betriebssysteme definiert werden.

Was nun WMI im Kern von einer beliebigen WBEM-Implementierung unterscheidet, ist das Win32-Schema, ein Extension-Schema für Win32-eigene Informationen, das auf den *core*- und *common*-Modellen aufbaut. WMI erweitert aber auch das *common model* insofern, als es Win32-spezifische Zugriffsmechanismen auf die CIM-Daten definiert.[3] Mit diesem Extension-Schema und einigen der Zugriffsmechanismen können wir von Perl aus mittels WMI auf Prozesse Einfluß nehmen.

Zwei dieser Zugriffsmechanismen – Open Database Connectivity (ODBC) und Component Object Model/Distributed Component Object Model (COM/DCOM) – werden an anderen Stellen in diesem Buch genauer behandelt. Wir werden in den Beispielen das zweite verwenden, weil ODBC nur die Abfrage von Daten aus WMI zuläßt (dafür in einer einfachen, an Datenbanken angelehnten Weise). COM/DCOM dagegen ermöglicht neben der Abfrage auch die Einflußnahme auf die Management-Information, und das ist für die Prozeß-*Kontrolle* entscheidend.

Die Perl-Programme im folgenden sehen eigentlich recht einfach aus – warum hatte ich denn von »es wird sehr bald sehr kompliziert« gesprochen? Die Programme scheinen aus mehreren Gründen einfach zu sein:

- Wir behandeln WMI nur ganz oberflächlich. Tiefergehende Begriffe wie »Assoziationen« (Beziehungen zwischen Objekten und Objektklassen) lassen wir ganz aus.

- Wir führen nur ganz einfache Management-Operationen aus. Hier heißt »Prozeßkontrolle« nur gerade die Abfrage von laufenden Prozessen und deren Beendigung. Solche Operationen sind in WMI mit der Win32-Schema-Erweiterung ganz einfach.

- Unsere Beispiele verbergen, daß die Übersetzung der WMI-Dokumentation und von Microsoft-Programmstücken in VBscript/JScript in Perl nicht immer einfach ist.

- Unseren Beispielen sieht man das mühsame Debugging nicht an. Wenn Perl-Programme mit WMI-Code nicht laufen, ist der Grund dafür meist sehr undurchsichtig. Man bekommt wohl eine Fehlermeldung, aber nicht eine der Art: `ERROR: Das genaue Problem ist folgendes:...`, sondern viel eher etwas wie `wbemErrFailed 0x8004100` oder eine leere Datenstruktur. Um ehrlich zu sein, liegt diese Undurchsichtigkeit eher bei Perl; es versucht, die innere Komplexität von mehrschichtigen Operationen zu verbergen, und bekommt so nicht immer eine sinnvolle Rückmeldung, wenn das Programm auf einer tieferen Schicht versagt.

---

3 Auch wenn Microsoft es gern sähe, daß diese Zugriffsmechanismen überall benutzt würden, ist die Wahrscheinlichkeit sehr gering, daß man diese auf einem Nicht-Win32-Rechner antrifft. Ich nenne sie daher »Win32-spezifisch«.

Ich weiß, daß dies recht abschreckend klingt, und daher gebe ich auch ein paar aufbauende Ratschläge, bevor wir uns die eigentlichen Programme vornehmen:

- Nehmen Sie sich alle `Win32::OLE`-Beispiele vor, die Sie bekommen können. Die Archive der Mailingliste *Win32-Users* bei ActiveState (*http://www.activestate.com*) sind dafür eine gute Adresse. Wenn man solchen Code mit entsprechenden VBscript-Beispielen vergleicht, bekommt man rasch ein Gefühl für die notwendigen Übersetzungsschritte. Auch der Abschnitt »ADSI (Active Directory Service Interfaces)« in Kapitel 6, *Verzeichnisdienste*, kann hier von Nutzen sein.

- Machen Sie sich mit dem Perl-Debugger vertraut, und benutzen Sie den Debugger mit unseren Programmbeispielen. Auf Win32-Systemen kann man zum Austesten von Perl-Programmen das Programm *TurboPerl* von William P. Smith (zu finden unter *http://users.erols.com/turboperl/*) zusammen mit den *dumpvar.pl-* oder `Data::Dumper`-Modulen benutzen. Das Programm hat seine Macken – ich empfehle, die Arbeit öfter zu sichern –, aber im Ganzen vereinfacht es den Entwurf von Perl-Programmen doch sehr. Es gibt auch andere Entwicklungsumgebungen, die diese Art von Funktionalität anbieten.

- Beschaffen Sie sich auch das WMI-SDK. Die Beschreibung und die VBscript-Beispiele sind überaus hilfreich.

- Benutzen Sie den WMI-Object-Browser aus dem SDK. So verschaffen Sie sich einen Überblick über die Geographie von WMI.

Beginnen wir endlich mit dem Perl-Teil dieses Abschnittes. Als erste Aufgabe wollen wir herausfinden, welche Informationen wir über einen Win32-Prozeß erhalten können und wie wir diese Informationen benutzen können.

Zunächst müssen wir eine Verbindung zu einem *Namensraum* von WMI herstellen. Ein Namensraum wird im SDK definiert als »Einheit zum Gruppieren von Klassen und Instanzen, mit der deren Sichtbarkeit begrenzt werden kann«. In unserem Fall sind wir an dem standardmäßig vorhandenen Namensraum `cimv2` interessiert, der alle Daten enthält, die für uns von Interesse sind.

Wir müssen auch eine Verbindung zu den benötigten Privilegien und zum »Impersonation Level« herstellen. Unser Programm benötigt mindestens die Benutzerrechte »Programme debuggen« und muß sich als ein anderer Benutzer ausgeben können, d. h. als der Benutzer, der das Skript aufruft. Wenn wir diese Verbindung haben, können wir ein `Win32_Process`-Objekt (das im Win32-Schema definiert ist) anfordern und manipulieren.

Um diese Verbindungen einzurichten und das Objekt zu erzeugen, gibt es einen einfachen und einen schwierigeren Weg. Beim ersten Beispiel beschreiten wir beide Wege, damit Sie abschätzen können, wieviel Aufwand damit verbunden ist. Zunächst der schwierigere Weg:

```
use Win32::OLE('in');

my $server = ''; # Mit dem lokalen Rechner verbinden.
```

Kapitel 4: Benutzeraktivität

```perl
# Ein SWbemLocator-Objekt erzeugen.
my $lobj = Win32::OLE->new('WbemScripting.SWbemLocator') or
    die "Kann Locator-Objekt nicht erzeugen: ".Win32::OLE->LastError()."\n";

# »Impersonate Level« auf impersonate setzen.
$lobj->{Security_}->{impersonationlevel} = 3;

# Damit ein SWbemServices-Objekt anfordern.
my $sobj = $lobj->ConnectServer($server, 'root\cimv2') or
    die "Kann Server-Objekt nicht erzeugen: ".Win32::OLE->LastError()."\n";

# Schema-Objekt erzeugen.
my $prozessschema = $sobj->Get('Win32_Process');
```

Dieser kompliziertere Weg umfaßt also die folgenden Schritte:

- Ein Locator-Objekt erzeugen, mit dem man die Verbindung zum Server finden kann
- Das »Impersonate Level« setzen, so daß das Programm mit den notwendigen Privilegien ablaufen kann
- Mit dem Locator-Objekt eine Server-Verbindung in den WMI-Namensraum `cimv2` erzeugen
- Über diese Verbindung ein `Win32_Process`-Objekt anfordern

All dies läßt sich in einem Schritt erledigen, wenn man einen sogenannten *moniker's display name*[4] aus COM benutzt. Das WMI-SDK definiert ihn wie folgt: »Im Common Object Model (COM) ist ein Moniker ein Mechanismus, mit dem das Suchen (Locator) und das Binding (Verbindung herstellen) in einen Schritt zusammengefaßt wird. Die textliche Darstellung eines Monikers heißt Display Name.« So kann man die Schritte aus dem vorherigen Beispiel viel einfacher ausführen:

```perl
use Win32::OLE('in');

$prozessschema = Win32::OLE->GetObject(
            'winmgmts:{impersonationLevel=impersonate}!Win32_Process') or
    die "Kann Server-Objekt nicht erzeugen: ".Win32::OLE->LastError()."\n";
```

Jetzt haben wir das `Win32_Process`-Objekt und können es auf die uns interessierenden Eigenschaften des Schemas unter Win32 untersuchen. Darin sind alle verfügbaren `Win32_Process`-Eigenschaften und -Methoden enthalten. Das Programm ist recht einfach: Das einzig Besondere daran ist die Benutzung des in-Operators aus dem Modul `Win32::OLE`. Um das zu erklären, muß ich kurz abschweifen.

Unser `$prozessschema`-Objekt hat zwei besondere Eigenschaften: `Properties_` und `Methods_`. Beide enthalten besondere Unterobjekte, die in der Sprache von COM *Collection Objects* genannt werden. Das sind bloß Gefäße für andere Objekte; in diesem Fall

---

[4] Moniker: Umgangssprachlich für Spitzname, Übername. Anm. d. Ü.

für die Objekte, die die einzelnen Eigenschaften und Methoden des Schemas beschreiben. Der in-Operator gibt diese Objekte als Liste von Referenzen zurück. Wir können diese Liste durchgehen und zu jedem Unterobjekt seine Name-Eigenschaft abfragen und ausgeben. Der Abschnitt »ADSI (Active Directory Service Interfaces)« in Kapitel 6, *Verzeichnisdienste*, enthält ein weiteres, ausführlicheres Beispiel zur Verwendung von in. So sieht unser Code aus:

```
use Win32::OLE('in');

# Zum Namensraum verbinden, »Impersonate Level« setzen, Win32_Process-Objekt
# erzeugen - alles in einem Schritt über den Display Name.
my $prozessschema = Win32::OLE->GetObject(
            'winmgmts:{impersonationLevel=impersonate}!Win32_Process') or
    die "Kann Server-Objekt nicht erzeugen: ".Win32::OLE->LastError()."\n";

print "--- Eigenschaften ---\n";
print join("\n", map {$_->{Name}}(in $prozessschema->{Properties_})), "\n";
print "--- Methoden ---\n";
print join("\n", map {$_->{Name}}(in $prozessschema->{Methods_})), "\n";
```

Die Ausgabe (auf einem NT4.0-Rechner) sieht etwa so aus:

```
--- Eigenschaften ---
Caption
CreationClassName
CreationDate
CSCreationClassName
CSName
Description
ExecutablePath
ExecutionState
Handle
InstallDate
KernelModeTime
MaximumWorkingSetSize
MinimumWorkingSetSize
Name
OSCreationClassName
OSName
PageFaults
PageFileUsage
PeakPageFileUsage
PeakWorkingSetSize
Priority
ProcessId
QuotaNonPagedPoolUsage
QuotaPagedPoolUsage
QuotaPeakNonPagedPoolUsage
QuotaPeakPagedPoolUsage
```

```
Status
TerminationDate
UserModeTime
WindowsVersion
WorkingSetSize
--- Methoden ---
Create
Terminate
GetOwner
GetOwnerSid
```

Damit kommen wir endlich zu unserem eigentlichen Anliegen. Um eine Liste der gerade laufenden Prozesse zu erhalten, müssen wir nach allen Instanzen von `Win32_Process`-Objekten fragen:

```
use Win32::OLE('in');

# Alle Initialisierungsschritte in einem.

my $serv_obj = Win32::OLE->GetObject(
            'winmgmts:{impersonationLevel=impersonate}') or
    die "Kann Server-Objekt nicht erzeugen: ".Win32::OLE->LastError()."\n";

foreach my $prozess (in $serv_obj->InstancesOf("Win32_Process")) {
    printf "PID %5d Prozeß %s\n", $prozess->{ProcessId}, $prozess->{Name};
}
```

Unser Display Name enthält diesmal keinen Pfad zu einem bestimmten Objekt (wir haben !Win32_Process weggelassen), und so bekommen wir ein Server-Objekt. Mit der Methode `InstancesOf()` erhalten wir ein *Collection Object*, das alle Instanzen dieses Typs enthält. Unser Programm geht diese der Reihe nach durch und gibt jeweils die `ProcessId`- und `Name`-Eigenschaft aus. So bekommen wir eine Liste der laufenden Prozesse.

Wenn wir etwas weniger freundlich gestimmt wären, hätten wir eine der Methoden benutzen können, die das Programm aus dem vorherigen Abschnitt ausgegeben hat:

```
foreach $prozess (in $serv_obj->InstancesOf("Win32_Process")) {
    $prozess->Terminate(1);
}
```

Damit würde jeder laufende Prozeß beendet. Ich kann keinesfalls empfehlen, dieses Programm einfach so laufen zu lassen; man kann es beispielsweise so abändern, daß es nur bestimmte Prozesse terminiert.

Jetzt haben Sie das Rüstzeug, um WMI für die Prozeßkontrolle einzusetzen. WMI enthält Win32-Erweiterungen für viele andere Bereiche des Betriebsystems, inklusive der Registry und des Logging-Mechanismus.

Tiefer wollen wir nicht in das Thema Prozeßkontrolle unter NT/2000 eindringen. Wenden wir uns dem letzten unserer Betriebssysteme zu.

Kontrolle von Prozessen unter Unix

Auch unter Unix gibt es verschiedene Strategien zur Prozeßkontrolle. Zum Glück sind diese aber nicht annähernd so kompliziert wie die bei NT/2000. Wenn wir bei Unix von Prozeßkontrolle sprechen, meinen wir hier nur drei Operationen:

1. Das Aufzählen der auf einem Rechner laufenden Prozesse
2. Das Ändern der Priorität eines Prozesses oder einer Prozeßgruppe
3. Das Beenden eines Prozesses

Für die zwei letzten Aufgaben hält Perl eingebaute Funktionen bereit: `setpriority()`, `setpgrp()` und `kill()`. Für die erste Aufgabe stehen einige Varianten zur Verfügung. Um die laufenden Prozesse aufzulisten, kann man

- ein externes Programm wie etwa *ps* aufrufen,
- versuchen, aus */dev/kmem* etwas Entzifferbares herauszukriegen,
- das */proc*-Dateisystem genauer untersuchen oder
- das Modul `Proc::ProcessTable` benutzen.

Wir werden alle Möglichkeiten genauer untersuchen, aber ich kann jetzt schon verraten, daß ich die vierte Methode vorziehe; ungeduldige Leser mögen also bis zum Abschnitt »Gebrauch des Proc::ProcessTable-Moduls« weiterblättern. Aber auch die anderen Methoden können unter bestimmten Umständen sehr nützlich sein.

Aufrufen eines externen Programms

Auf allen modernen Unix-Varianten gibt es das *ps*-Programm, das die laufenden Prozesse ausgibt. Aber das Programm liegt nicht auf jedem System im gleichen Verzeichnis, und bei fast jeder Betriebssystem-Variante gibt es unterschiedliche Optionen. Darin liegt ein großes Problem mit diesem Ansatz: die Portierbarkeit.

Fast noch mühsamer sind die Schwierigkeiten, die sich beim Parsen der Ausgabe von *ps* ergeben (die ohnehin bei jeder Unix-Variante etwas anders aussieht). Hier sehen Sie ein Beispiel von einem Rechner unter SunOS:

```
USER       PID  %CPU %MEM    SZ  RSS TT STAT START    TIME COMMAND
dnb        385   0.0  0.0   268    0 p4 IW   Jul  2   0:00 /bin/zsh
dnb      24103   0.0  2.6 10504 1092 p3 S    Aug 10  35:49 emacs
dnb        389   0.0  2.5  3604 1044 p4 S    Jul  2  60:16 emacs
remy     15396   0.0  0.0   252    0 p9 IW   Jul  7   0:01 -zsh (zsh)
sys        393   0.0  0.0    28    0 ?  IW   Jul  2   0:02 in.identd
dnb      29488   0.0  0.0    68    0 p5 IW   20:15   0:00 screen
dnb      29544   0.0  0.4    24  148 p7 R    20:39   0:00 less
dnb       5707   0.0  0.0   260    0 p6 IW   Jul 24   0:00 -zsh (zsh)
root     28766   0.0  0.0   244    0 ?  IW   13:20   0:00 -:0 (xdm)
```

Beachten Sie die dritte Zeile. Hier sind zwei Spalten zu einer einzigen verschmolzen, was das Dekodieren dieser Zeile mühsam macht. Es ist nicht unmöglich, nur mühsam. Manche Unix-Varianten kennen dieses Problem nicht, aber man muß es doch berücksichtigen.

Der Perl-Code dafür ist sehr naheliegend: Sie starten *ps* mit einem open(), lesen die Ausgabe mit while (<FH>) { ... }, und mit split(), unpack() oder substr() dekodieren Sie jede Zeile. Tom Christiansen und Nathan Torkington geben in ihrem *Perl Kochbuch* ein Rezept dafür an.

Kernel-Strukturen untersuchen

Ich erwähne diese Möglichkeit nur der Vollständigkeit halber. Es ist möglich, ein Programm zu schreiben, das */dev/kmem* liest und dadurch auf die Datenstrukturen des laufenden Kernels im Hauptspeicher zugreift. Mit dieser Zugriffsmöglichkeit kann man die Prozeßtabelle aufsuchen und jede Einzelheit dazu auslesen. Das ist aber ungemein mühevoll (man muß komplizierte binäre Datenstrukturen von Hand auseinandernehmen) und ganz extrem schwer portierbar (schon ein kleiner Versionsunterschied des Betriebssystems macht das Programm wertlos); deshalb kann ich von dieser Möglichkeit nur abraten.

Wenn Sie meinem Rat zuwiderhandeln wollen, müssen Sie die Perl-Funktionen pack() und unpack() auswendig kennen und sich eine gute Kenntnis der Header-Dateien für den Kernel erarbeiten. Dann können Sie das Abbild des Kernel-Hauptspeichers (meist */dev/kmem*) öffnen, darin nach Herzenslust lesen und mit unpack() alle Informationen extrahieren. Es kann hilfreich sein, den Quellcode von Programmen wie *top* (von *ftp://ftp.groupsys.com/pub/top*) zu studieren, die genau diesen Weg in C einschlagen. Unser nächster Ansatz ist eine etwas schlauere Variante dieser Methode.

Gebrauch des /proc-Dateisystems

Eine der interessanteren Neuerungen in den meisten modernen Unix-Varianten ist das */proc*-Dateisystem. Das ist ein magisches Dateisystem, das fast gar nichts mit der Speicherung von Daten zu tun hat. Es bietet eine Schnittstelle zur Prozeßtabelle, indem es jeden laufenden Prozeß als Dateiform darstellt. In */proc* erscheint für jeden laufenden Prozeß ein »Verzeichnis« mit dem Namen der Prozeß-ID. In diesem Verzeichnis gibt es eine Reihe von »Dateien«, die Informationen zu diesem Prozeß enthalten. In manche dieser Dateien kann man Daten schreiben und so auf den Prozeß Einfluß nehmen.

Das ist eine wirklich sehr schlaue und schöne Idee und damit schon einmal gut. Das Schlechte daran ist, daß jeder Unix-Hersteller diese schöne Idee aufgenommen und dann in eine private Richtung erweitert hat. Als Resultat sind die Dateien in */proc* oft in Name und Format stark von der gerade benutzten Unix-Variante abhängig. Eine Beschreibung der verfügbaren Dateien und deren Formate finden Sie in den Manpages für *procfs* oder *mount_procfs* des betreffenden Systems.

Die beinahe einzige portable Eigenschaft des */proc*-Dateisystems ist die, daß jeder Prozeß ein Verzeichnis direkt unter */proc* belegt. Wenn wir nur eine Prozeßliste zusammen mit den zugehörigen Benutzern brauchen, können wir mit den Verzeichnisfunktionen und lstat() etwas anfangen:

```
opendir(PROC, "/proc") or die "Kann /proc nicht öffnen: $!\n";
while (defined($_ = readdir(PROC))) {
    next if ($_ eq "." or $_ eq "..");
    next unless /^\d+$/; # Nur Zahlen-Verzeichnisse berücksichtigen.
    print "$_\t" . getpwuid((lstat "/proc/$_")[4]) . "\n";
}
closedir(PROC);
```

Wenn Sie mehr über einen Prozeß erfahren wollen, müssen Sie die entsprechenden Binärdateien in den */proc*-Verzeichnissen öffnen und mit unpack() dekodieren. Typische Namen für diese Dateien sind *status* und *psinfo*. Die oben erwähnten Manpages sollten Auskunft über die darin enthaltenen C-Strukturen oder zumindest einen Verweis auf entsprechende Header-Dateien geben. Weil diese Strukturen stark vom verwendeten Betriebssystem und dessen Version abhängen, wird ein solches Programm die gleichen Portabilitätsprobleme haben wie eines nach der Methode aus dem vorherigen Abschnitt.

Bis jetzt sieht das alles eher entmutigend aus, weil jeder Ansatz zu Programmen mit vielen Fallunterscheidungen führt, weil alle Besonderheiten jeder Betriebssystemversion berücksichtigt werden müssen. Zum Glück haben wir noch ein As im Ärmel.

Gebrauch des Proc::ProcessTable-Moduls

Daniel J. Urist war so nett und hat zusammen mit ein paar Freiwilligen ein Modul namens Proc::ProcessTable geschrieben, das eine konsistente Schnittstelle zur Prozeßtabelle von allen wichtigen Unix-Varianten darstellt. Es verbirgt die Exzentritäten der diversen */proc*- und *kmem*-Implementierungen und erlaubt Ihnen dadurch, relativ portable Perl-Programme zu schreiben.

Man bindet das Modul ein, erzeugt ein Proc::ProcessTable::Process-Objekt und wendet Methoden auf dieses Objekt an:

```
use Proc::ProcessTable;

$tobj = new Proc::ProcessTable;
```

Bei diesem Objekt werden die Eigenschaften von tie in Perl ausgenutzt, damit es ein Abbild der aktuellen Situation darstellt. Man braucht nicht dauernd eine besondere Funktion aufzurufen, damit die Systemparameter erneut abgefragt werden; vielmehr wird bei jeder Abfrage die Prozeßtabelle neu gelesen. Das ähnelt dem Verhalten des %Process-Hashs bei der Beschreibung des Mac::Processes-Moduls weiter vorne in diesem Kapitel.

Um an die interessierenden Werte heranzukommen, benutzen Sie die Objektmethode table():

```
$proctable = $tobj->table();
```

Kapitel 4: Benutzeraktivität

`table()` gibt eine Referenz auf ein Array zurück, dessen Elemente Referenzen auf einzelne Prozeßobjekte sind. Jedes dieser Objekte hat seinen eigenen Satz von Methoden, mit denen man die Eigenschaften des Prozesses abfragen kann. So würde man z. B. eine Liste der Prozeß-IDs und der Besitzer erzeugen:

```
use Proc::ProcessTable;

my $tobj = new Proc::ProcessTable;
my $proctable = $tobj->table();
for (@$proctable) {
    print $_->pid . "\t" . getpwuid($_->uid) . "\n";
}
```

Wenn Sie wissen wollen, was für Methoden auf Ihrem Unix-System implementiert sind, können Sie die `fields()`-Methode auf das `Proc::ProcessTable`-Objekt (`$tobj` in unserem Beispiel) anwenden und bekommen eine Liste der vorhandenen Methoden.

Außerdem definiert `Proc::ProcessTable` zu jedem Prozeßobjekt die drei Methoden `kill()`, `priority()` und `pgrp()`, die die jeweiligen Perl-Operatoren, die wir zu Anfang des Kapitels kennengelernt hatten, auf etwas andere Art aufrufen.

Um das in einen größeren Rahmen zu stellen, wollen wir ein paar Anwendungen von solchen Prozeßkontrollmechanismen vorstellen. Wir kamen zum Thema Prozeßkontrolle, als es um die Aktionen von Benutzern ging, und wir betrachten nun ein paar winzige Skripten, bei denen es um diese Aktionen geht. Wir benutzen `Proc::ProcessTable` unter Unix als Beispiel, aber die Ideen dahinter sind unabhängig von einem bestimmten Betriebssystem.

Das erste Beispiel stammt aus der Dokumentation von `Proc::ProcessTable`:

```
use Proc::ProcessTable;

my $t = new Proc::ProcessTable;
foreach my $p (@{$t->table}) {
    if ($p->pctmem > 95) {
        $p->kill(9);
    }
}
```

Dieses Programm killt jeden Prozeß, der 95 % des Arbeitsspeichers des Rechners oder mehr belegt, sofern die verwendete Unix-Variante die Methode `pctmem()` unterstützt (die meisten tun das). Nur gerade so ist das Programm wohl etwas zu grob, als daß man es in einer normalen Umgebung benutzen würde. Vernünftigerweise würde man vor dem `kill()` den Benutzer fragen, ob er den Prozeß wirklich beenden will:

```
print "Prozeß " . $p->pid . "\t" . getpwuid($p->uid) . "\n";
print "Beenden? (ja/nein) ";
chomp($antw = <>);
next unless ($antw eq "ja");
```

Hier gibt es eine *Race Condition*: Es besteht die Möglichkeit, daß sich das System während des Wartens auf eine Benutzereingabe verändert. Da wir aber nur für enorm große Prozesse eine Benutzereingabe verlangen und weil große Prozesse meist auch solche sind, die lange laufen, können wir das Problem in erster Näherung ignorieren. Wer pedantischer sein will, testet zuerst, fragt den Benutzer und testet vor dem eigentlichen `kill()` nochmals.

Es gibt Prozesse, für die sogar ein `kill()` zu schade ist. Manchmal ist es wichtiger, festzustellen, daß ein unerwünschter Prozeß überhaupt existiert, damit man darauf reagieren kann (sprich: den Benutzer maßregelt). Auf den Rechnern unserer Universität sind z. B. sogenannte Internet-Relay-Chat-*Bots* verboten. *Bots* sind Prozesse, die im Hintergrund laufen, zu einem IRC-Server Kontakt aufnehmen und automatische Aktionen im IRC ausführen. Man kann *Bots* durchaus für vernünftige Zwecke benutzen, aber heutzutage sind es im IRC fast ausschließlich Störenfriede. Oft findet man *Bots* auch im Zusammenhang mit Einbrüchen in ein Computersystem, weil der Einbrecher oft an nichts anderem interessiert ist, als einen *Bot* auf einem neuen Rechner zu starten. Deshalb wollen wir solche Prozesse nicht sofort beseitigen, aber wir wollen darüber informiert werden, daß sie da sind.

Der mit Abstand häufigste *Bot* heißt *eggdrop*. Wenn wir die Prozeßtabelle nach Prozessen dieses Namens absuchen wollen, könnten wir dieses Programm benutzen:

```
use Proc::ProcessTable;

open(LOG, ">>$logfile") or die "Kann Logdatei nicht öffnen: $!\n";

my $t = new Proc::ProcessTable;
foreach my $p (@{$t->table}) {
    if ($p->fname() =~ /eggdrop/i) {
        print LOG time . "\t" . getpwuid($p->uid) . "\t" . $p->fname() . "\n";
    }
}
close(LOG);
```

Wenn Sie nun denken »Das bringt doch nur wenig! Der Benutzer braucht nur das eggdrop-Programm umzubenennen, und schon fällt er nicht mehr auf!« – dann haben Sie ganz recht. Im letzten Abschnitt des Kapitels werden wir das Problem seriöser angehen.

Bis dahin lernen wir mehr darüber, wie Perl uns bei der Kontrolle von Prozessen assistieren kann. Bisher waren alle unsere Anwendungen ziemlich negativ: Wir haben speicherfressende und unerwünschte Prozesse untersucht. Wenden wir uns nun angenehmeren Dingen zu.

Normalerweise geht es ja den Systemadministrator nichts an, was für Programme die Benutzer verwenden. Es gibt aber Sonderfälle: Lizenzierte Software darf oft nur von einer bestimmten Anzahl von Benutzern gleichzeitig genutzt werden. Dafür werden meist Lizenzierungsprogramme mitgeliefert, die das Erbsenzählen übernehmen. Wenn ein Übergang zu einem neuen Rechnertyp oder Betriebssystem ansteht, kann es aber sehr wichtig sein zu wissen, welche Programme von den Benutzern überhaupt gebraucht werden, damit man feststellen kann, ob die Programme auch auf dem neuen System verfügbar sind.

Bei einem möglichen Ansatz wird jedes Programm, das nicht zum eigentlichen Betriebssystem gehört, in ein Logging-Programm eingepackt, das zuerst in eine Logdatei schreibt, daß das Programm benutzt wurde, und dann das eigentliche Programm startet. Das kann bei einer großen Anzahl von Programmen schwierig durchzuführen sein. Es hat außerdem die unerwünschte Nebenwirkung, daß die Startzeit für jedes Programm erhöht wird.

Wenn es nicht auf absolute Genauigkeit ankommt, wenn es also genügt, ziemlich genau zu wissen, welche Programme benötigt werden, dann kann man das Problem auch mit `Proc::ProcessTable` angehen. Das folgende Programm erwacht alle fünf Minuten und notiert alle Programme in der Prozeßlandschaft. Es unterhält für jedes gefundene Program einen einfachen Zähler, ist aber schlau genug, daß es einen Prozeß von der letzten Wachphase nicht mehrfach zählt. Jede Stunde schreibt es eine Statistik heraus und beginnt von neuem mit der Prozeßzählerei. Wir warten fünf Minuten, weil das Absuchen der Prozeßtabelle eine einigermaßen kostspielige Angelegenheit ist und wir nicht wollen, daß unser Programm eine spürbare Systemlast verursacht.

```perl
use Proc::ProcessTable;

my $intervall     = 600;  # Aufwachintervall, 5 Minuten.
my $angebr_stunde =   0;  # Angebrauchte Stunde.
my(%last, %gesammelte_werte);

my $tobj = new Proc::ProcessTable;  # Prozeßobjekt erzeugen.

# Unendliche Schleife, alle $intervall Sekunden aufwachen, und jede Stunde
# Resultate ausgeben.
while (1) {
    &stat_sammeln;
    &ausgeben_und_nullsetzen if ($angebr_stunde >= 3600);
    sleep($intervall);
}

# Daten für die Prozeßstatistik sammeln.
sub stat_sammeln {
    my @last;
    foreach my $prozess (@{$tobj->table}) {

        # Die eigene Prozeß-ID ignorieren.
        next if ($prozess->pid() == $$);

        # Prozeßinfo für den nächsten Durchgang speichern.
        push(@last, $prozess->pid(), $prozess->fname());
```

```
        # Prozesse auf dem letzten Durchgang nicht erneut zählen.
        next if ( and $last{$prozess->pid()} eq $prozess->fname());

        # Neuer Prozeß, speichern.
        $gesammelte_werte{$prozess->fname()}++;
    }
    # Speicher für den nächsten Durchgang mit den Daten aus diesem Durchgang füllen.
    %last = @last;
    $angebr_stunde += $intervall;
}

# Resultate ausgeben und Zähler auf Null setzen.
sub ausgeben_und_nullsetzen {
    print scalar localtime(time) . ("-" x 50) . "\n";
    for (sort nach_anzahl_und_name keys %gesammelte_werte) {
        write;
    }

    undef %gesammelte_werte;
    $angebr_stunde = 0;
}

# Zuerst absteigend nach Zählerstand und dann nach Programmnamen sortieren.
sub nach_anzahl_und_name {
    return $gesammelte_werte{$b} <=> $gesammelte_werte{$a} || $a cmp $b;
}

format STDOUT =
@<<<<<<<<<<<   @>>>>>
$_,            $gesammelte_werte{$_}
.

format STDOUT_TOP =
Name           Anzahl
-------------- ------
.
```

Das Programm könnte natürlich auf vielerlei Arten verbessert werden. Es könnte Programme pro Benutzer registrieren (d. h. pro Benutzer und Programmnamen hochzählen), tägliche Statistiken abliefern, die Ausgabe in einem Balkendiagramm darstellen usw. Es ist nur eine Frage, wieviel Mühe Sie sich geben wollen.

Kapitel 4: Benutzeraktivität

Datei- und Netzwerk-Verkehr überwachen

Im letzten Teil des Kapitels kombinieren wir zwei Bereiche von Benutzeraktivitäten. Die Prozesse, die wir gerade ausführlich besprochen haben, verbrauchen nicht nur CPU-Zeit und Speicher. Sie führen auch Datei-Operationen aus und benutzen das Netzwerk. Die Systemadministration muß sich auch mit diesen Aspekten zweiter Ordnung befassen.

Unser Blickwinkel ist aber doch ziemlich eingeengt. Wir sind nur an den Datei- und Netzwerk-Operationen interessiert, die *andere* Benutzer auf unserem Rechner erzeugen. Wir werden nur die Operationen berücksichtigen, von denen wir herausfinden können, von welchem Benutzer sie ausgehen (oder von welchem Prozeß des Benutzers). Behalten Sie diese Einschränkungen im Auge.

Datei- und Netzwerk-Operationen auf NT/2000

Wenn wir auf NT/2000 die offenen Dateien von anderen Benutzern überwachen wollen, führt kein Weg an externen Programmen wie dem Programm *nthandle* von Mark Russinovich vorbei (zu finden unter *http://www.sysinternals.com*). Es kann alle geöffneten Dateien auf einem Rechner anzeigen. Hier sehen Sie einen Ausschnitt aus der Ausgabe, die recht lang werden kann:

```
System pid: 2
     10: File         C:\WINNT\SYSTEM32\CONFIG\SECURITY
     84: File         C:\WINNT\SYSTEM32\CONFIG\SAM.LOG
     cc: File         C:\WINNT\SYSTEM32\CONFIG\SYSTEM
     d0: File         C:\WINNT\SYSTEM32\CONFIG\SECURITY.LOG
     d4: File         C:\WINNT\SYSTEM32\CONFIG\DEFAULT
     e8: File         C:\WINNT\SYSTEM32\CONFIG\SYSTEM.ALT
     fc: File         C:\WINNT\SYSTEM32\CONFIG\SOFTWARE.LOG
    118: File         C:\WINNT\SYSTEM32\CONFIG\SAM
    128: File         C:\pagefile.sys
    134: File         C:\WINNT\SYSTEM32\CONFIG\DEFAULT.LOG
    154: File         C:\WINNT\SYSTEM32\CONFIG\SOFTWARE
    1b0: File         \Device\NamedPipe\
    294: File         C:\WINNT\PROFILES\Administrator\ntuser.dat.LOG
    2a4: File         C:\WINNT\PROFILES\Administrator\NTUSER.DAT
--------------------------------------------------------------------
SMSS.EXE pid: 27 (NT AUTHORITY:SYSTEM)
      4: Section      C:\WINNT\SYSTEM32\SMSS.EXE
      c: File         C:\WINNT
     28: File         C:\WINNT\SYSTEM32
```

Man kann auch Informationen über eine bestimmte Datei oder ein bestimmtes Verzeichnis anfordern:

```
c:\> nthandle c:\temp
Handle V1.11
Copyright (C) 1997 Mark Russinovich
http://www.sysinternals.com
```

```
WINWORD.EXE           pid: 652      C:\TEMP\~DFF2B3.tmp
WINWORD.EXE           pid: 652      C:\TEMP\~DFA773.tmp
WINWORD.EXE           pid: 652      C:\TEMP\~DF913E.tmp
```

Mit der Option *–p* kann man *nthandle* veranlassen, diese Informationen nur für einen bestimmten Prozeß auszugeben.

Der Gebrauch dieses Programms von Perl aus ist ganz einfach; wir geben dazu kein Beispiel. Wenden wir uns einem interessanteren Gebiet zu, dem Auditing, also dem Überwachen jeglicher Aktivität an einer Datei.

Unter NT/2000 kann man eine Datei, ein Verzeichnis oder eine ganze Verzeichnishierarchie vom Betriebssystem auf Änderungen überwachen lassen. Man könnte immer und immer wieder die Metadaten der interessierenden Objekte mit `stat()` abfragen, aber das wäre ein sehr CPU-intensives Unterfangen. Bei NT/2000 können wir das Betriebssystem beauftragen, diese Objekte zu überwachen.

Für Perl gibt es zu diesem speziellen Zweck zwei Module, die diesen Vorgang für uns erledigen können: `Win32::ChangeNotify` von Christopher J. Madsen und das Modul `Win32::AdvNotify` von Amine Moulay Ramdane. Das letztere ist etwas flexibler, und darum setzen wir es im Programmbeispiel in diesem Abschnitt ein.

Man benutzt `Win32::AdvNotify` in mehreren Schritten. Zunächst wird das Modul eingebunden und ein `AdvNotify`-Objekt erzeugt:

```
# Die zwei Konstanten werden wir später benutzen.
use Win32::AdvNotify qw(All INFINITE %ActionName);

my($dateiname, $time, $aktion, @status);

my $aobj = new Win32::AdvNotify() or die "Kann Objekt nicht erzeugen\n";
```

Im nächsten Schritt wird ein Monitor-Thread für das uns interessierende Verzeichnis gestartet. Man kann mit `Win32::AdvNotify` mehrere Verzeichnisse überwachen, indem man einfach mehrere Threads startet. Wir belassen es hier bei einem einzigen Verzeichnis:

```
my $thread = $aobj->StartThread(Directory => 'C:\temp',
                                Filter => All,
                                WatchSubtree => 0)
             or die "Kann Thread nicht starten\n";
```

Die Bedeutung des ersten Parameters der Methode ist klar, die anderen bedürfen einer Erklärung.

Wir können verschiedene Typen von Änderungen überwachen lassen, indem wir im `Filter`-Parameter eine Kombination verschiedener Typen (TYP1|TYP2|TYP3...) der Konstanten aus Tabelle 4-1 auf der nächsten Seite angeben.

Kapitel 4: Benutzeraktivität

Tabelle 4-1: Konstanten für den Filter-Parameter von Win32::AdvNotify

Konstante	Bedeutung
FILE_NAME	Erzeugen, Löschen, Umbenennen einer oder mehrerer Dateien
DIR_NAME	Erzeugen, Löschen, Umbenennen eines oder mehrerer Verzeichnisse
ATTRIBUTES	Änderung eines Datei- oder Verzeichnisattributes
SIZE	Änderung in der Dateigröße
LAST_WRITE	Änderung des Datums der letzten Änderung einer oder mehrerer Dateien
CREATION	Änderung des Erzeugungsdatums einer oder mehrerer Dateien
SECURITY	Änderung der Sicherheitsinformation (ACL usw.) von Dateien

Die Konstante `All` im obigen Beispiel ist einfach eine Abkürzung für die Kombination aller Konstanten aus Tabelle 4-1. Wenn man den `Filter`-Parameter ganz wegläßt, ist das gleichbedeutend mit `All`. Der zweite Parameter, `WatchSubtree`, gibt an, ob das Betriebssystem nur gerade das Verzeichnis oder auch alle seine Unterverzeichnisse überwachen soll.

Mit `StartThread()` wird ein Monitor-Thread erzeugt, aber dieser fängt erst an zu arbeiten, wenn ihm ein Überwachungsauftrag erteilt wird:

```
$thread->EnableWatch() or die "Kann Datei-Überwachung nicht starten\n";
```

Mit `DisableWatch()` kann man dementsprechend die Überwachung von Dateien unterbrechen.

Jetzt haben wir einen Monitor für unser Objekt – wie bekommen wir denn jetzt mitgeteilt, daß etwas vorgeht? Wir brauchen einen Mechanismus, mit dem uns ein Monitor-Thread mitteilen kann, daß ein Ereignis eingetreten ist. Der hier verwendete Mechanismus ist ganz analog zu dem, den wir in Kapitel 9, *Logdateien*, sehen werden, wenn es um das Überwachen von Sockets im Netzwerk geht. Im wesentlichen wird eine Funktion aufgerufen, die blockiert (oder »nichts tut«), bis eine Änderung auftritt:

```
while ($thread->Wait(INFINITE)) {
    print "Änderung!\n";
    last if ($changes++ == 5);
}
```

In dieser `while()`-Schleife wird die `Wait()`-Methode für unseren Thread aufgerufen. Dieser Aufruf blockiert, bis der Thread etwas signalisiert. Normalerweise würde man `Wait()` einen Parameter angeben, der besagt, wie viele Millisekunden maximal gewartet werden soll, wenn wir etwas anderes zu tun hätten. Die hier verwendete Konstante `INFINITE` bedeutet einfach »ewig«. Wenn die `Wait()`-Funktion aber zurückkehrt, geben wir eine Meldung aus und warten erneut, aber nur, bis fünf Ereignisse eingetreten sind. Dann räumen wir auf:

```
$thread->Terminate();
undef $aobj;
```

In diesem Zustand ist unser Programm noch zu kaum etwas nütze. Wir wissen nun zwar, *daß* etwas passiert ist, aber nicht, was verändert wurde und warum. Wenn wir den Inhalt der while()-Schleife etwas ausbauen und eine Format-Anweisung benutzen, wird das schon viel besser:

```
while ($thread->Wait(INFINITE)) {
    while ($thread->Read(\@status)) {
        foreach my $ereignis (@status) {
            $dateiname = $ereignis->{FileName};
            $time      = $ereignis->{DateTime};
            $aktion    = $ActionName{$ereignis->{Action}};
            write;
        }
    }
}

format STDOUT =
@<<<<<<<<<<<<<<<<<  @<<<<<<<<<<<<<<<<<<  @<<<<<<<<<<<<<<<<<<<
$dateiname,         $time,               $aktion
.

format STDOUT_TOP =
Dateiname           Zeit                 Aktion
-----------------   ------------------   --------------------
.
```

Die entscheidende Verbesserung wird hier durch die Read()-Methode bewirkt, die Informationen über das Ereignis abholt und sie in der Liste @status ablegt. Wir verwenden eine Liste, weil es auch mehrere Ereignisse sein können. Jedes Element dieser Liste ist ein anonymer Hash, der etwa wie folgt aussieht:

```
{ 'FileName' => '~GLF2425.TMP',
  'DateTime' => '11/08/1999 06:23:25p',
  'Directory' => 'C:\temp',
  'Action' => 3 }
```

Es können mehrere Sätze von Ereignissen in der Art einer Queue auflaufen, deshalb wird die Read()-Methode in einer inneren while()-Schleife aufgerufen, bis nichts mehr zu lesen da ist. Wir dereferenzieren die Elemente der Hashes, geben sie mit einer Format-Anweisung aus und erhalten so eine Ausgabe dieser Art:

```
Dateiname           Zeit                 Aktion
-----------------   ------------------   --------------------
~DF40DE.tmp         11/08/1999 07:29:56p FILE_ACTION_REMOVED
~DF6E5C.tmp         11/08/1999 07:29:56p FILE_ACTION_ADDED
~DF6E66.tmp         11/08/1999 07:29:56p FILE_ACTION_ADDED
~DF6E5C.tmp         11/08/1999 07:29:56p FILE_ACTION_REMOVED
```

Die Überwachung von Netzwerk-Ereignissen ist unter NT/2000 leider nicht annähernd soweit ausgebaut. Idealerweise müßte man sich als Systemadministrator darüber informieren können, welcher Prozeß (und damit welcher Benutzer) einen Netzwerk-Port belegt. Ich kenne kein Perl-Modul und auch kein frei erhältliches Programm, das dies bewerkstelligt. Es gibt ein kommerzielles Befehlszeilenprogramm namens *TCPVstat*, das die Verbindung zwischen Netzwerkverbindungen und Prozessen darstellt. *TCPVstat* ist Teil des Paketes »TCPView Professional Edition« und unter *http://www.winternals.com* zu finden.

Wenn wir nur freie Software verwenden, dann können wir hier nur eine einfache Liste der im Moment vorhandenen Netzwerk-Verbindungen mit IP-Adressen und Portnummern auf unserem System ausgeben. Dafür benutzen wir ein anderes Modul von Ramdane namens Win32::IpHelp. Das folgende Programmbeispiel gibt die benutzten Ports aus:

```
use Win32::IpHelp;

# Hinweis: Bei IpHelp Groß/Kleinschreibung beachten.
my $iobj = new Win32::IpHelp;
my @table;

# Erzeugt eine Liste von Hashes.
$iobj->GetTcpTable(\@table, 1);

foreach my $entry (@table) {
    print $entry->{LocalIP}->{Value}      . ":" .
          $entry->{LocalPort}->{Value}    . " -> ";
    print $entry->{RemoteIP}->{Value}     . ":" .
          $entry->{RemotePort}->{Value}   . "\n";
}
```

Untersuchen wir nun, wie wir die gleiche Aufgabe unter Unix lösen.

Datei- und Netzwerk-Operationen unter Unix

Unter Unix können wir sowohl Datei-Operationen als auch Netzwerk-Verbindungen in einem Aufwasch untersuchen. Dies ist einer der seltenen Fälle, daß der Aufruf eines externen Programmes allen anderen Ansätzen überlegen ist. Vic Abell hat den Systemadministratoren dieses wunderschöne Programm *lsof* (*LiSt Open Files*, offene Dateien listen) geschenkt. Er unterhält das Programm auch, Sie können es von *ftp://vic.cc.purdue.edu/pub/tools/unix/lsof* herunterladen. *lsof* kann alle Einzelheiten über offene Dateien und Netzwerk-Verbindungen ausgeben. Das wirklich Erstaunliche an diesem Programm ist die Portierbarkeit: Die zur Zeit der Drucklegung neueste Version läuft auf mindestens achtzehn Unix-Varianten und darunter noch auf verschiedenen Betriebssystem-Versionen.

Hier folgt ein Ausschnitt der Ausgabe von *lsof*, die einen meiner laufenden Prozesse betrifft. Die Zeilen in der Ausgabe von *lsof* werden oft recht lang, ich habe hier zur besseren Lesbarkeit Leerzeilen eingefügt.

```
COMMAND    PID  USER   FD    TYPE    DEVICE    SIZE/OFF    NODE NAME
netscape  1065   dnb   cwd   VDIR    172,2891      8192   12129 /home/dnb

netscape  1065   dnb   txt   VREG    172,1246  14382364  656749 /net/arch-solari
s (fileserver:/vol/systems/arch-solaris)

netscape  1065   dnb   txt   VREG      32,6      54656   35172 /usr (/dev/dsk/c
0t0d0s6)

netscape  1065   dnb   txt   VREG      32,6     146740    6321 /usr/lib/libelf.
so.1

netscape  1065   dnb   txt   VREG      32,6      69292  102611 /usr (/dev/dsk/c
0t0d0s6)

netscape  1065   dnb   txt   VREG      32,6      21376   79751 /usr/lib/locale/
en_US/en_US.so.1

netscape  1065   dnb   txt   VREG      32,6      19304    5804 /usr/lib/libmp.s
o.2

netscape  1065   dnb   txt   VREG      32,6      98284   22860 /usr/openwin/lib
/libICE.so.6

netscape  1065   dnb   txt   VREG      32,6      46576   22891 /usr/openwin/lib
/libSM.so.6

netscape  1065   dnb   txt   VREG      32,6    1014020    5810 /usr/lib/libc.so
.1

netscape  1065   dnb   txt   VREG      32,6     105788    5849 /usr/lib/libm.so
.1

netscape  1065   dnb   txt   VREG      32,6     721924    5806 /usr/lib/libnsl.
so.1

netscape  1065   dnb   txt   VREG      32,6     166196    5774 /usr/lib/ld.so.1

netscape  1065   dnb    0u   VCHR      24,3       0t73    5863 /devices/pseudo/
pts@0:3-> ttcompat->ldterm->ptem->pts

netscape  1065   dnb    3u   VCHR     13,12        0t0    5821 /devices/pseudo/
mm@0:zero

netscape  1065   dnb    7u   FIFO   0x6034d264     0t1   47151 PIPE->0x6034d1e0

netscape  1065   dnb    8u   inet   0x6084cb68 0xfb210ec       TCP host.ccs.neu.edu
:46575-> host2.ccs.neu.edu:6000 (ESTABLISHED)

netscape  1065   dnb   29u   inet   0x60642848  0t215868       TCP host.ccs.neu.edu
:46758-> www.mindbright.se:80 (CLOSE_WAIT)
```

An der Ausgabe kann man die ganze Mächtigkeit des Programms erahnen. Das aktuelle Verzeichnis erscheint (VDIR), ganz normale Dateien (VREG), Spezialdateien wie Character-Devices (VCHR), Pipes (FIFO) und Netzwerk-Verbindungen (inet) – alles Objekte, die der entsprechende Prozeß offenhält.

Von Perl aus rufen Sie *lsof* am besten mit dem besonderen »Feld«-Modus auf, mit dem Parameter -F. In diesem Modus werden die einzelnen Spalten der Ausgabe nicht wie oben in der Art von *ps* dargestellt, sondern es wird zwischen jedem Element ein Trennzeichen eingefügt. Das vereinfacht das Einlesen dieser Daten gewaltig.

Es gibt doch noch eine Schwierigkeit. Die Ausgabe besteht aus zwei verschiedenen Datensätzen, die der Autor »Process Sets« und »File Sets« nennt. Ein *Process Set* besteht aus mehreren Feldern, die einen Prozeß beschreiben, ein *File Set* beschreibt eine Datei genauer. Das wird sofort klarer, wenn wir den »Feld«-Modus mit dem Trennzeichen 0 benutzen. Dann werden die Felder durch NUL-Zeichen (ASCII 0) getrennt und Zeilen durch NL (ASCII 12). Hier sehen Sie die gleichen Informationen wie vorhin in diesem Format (NUL wird hier mit ^@ wiedergegeben):

```
p1065^@cnetscape^@u6700^@Ldnb^@

fcwd^@a ^@l ^@tVDIR^@D0x2b00b4b^@s8192^@i12129^@n/home/dnb^@

ftxt^@a ^@l ^@tVREG^@D0x2b004de^@s14382364^@i656749^@n/net/arch-solaris
 (fileserver:/vol/systems/arch-solaris)^@

ftxt^@a ^@l ^@tVREG^@D0x800006^@s54656^@i35172^@n/usr (/dev/dsk/c0t0d0s6)^@

ftxt^@a ^@l ^@tVREG^@D0x800006^@s146740^@i6321^@n/usr/lib/libelf.so.1^@

ftxt^@a ^@l ^@tVREG^@D0x800006^@s40184^@i6089^@n/usr (/dev/dsk/c0t0d0s6)^@

ftxt^@a ^@l ^@tVREG^@D0x800006^@s69292^@i102611^@n/usr (/dev/dsk/c0t0d0s6)^@

ftxt^@a ^@l ^@tVREG^@D0x800006^@s21376^@i79751^@n/usr/lib/locale/en_US/en_US
.so.1^@

ftxt^@a ^@l ^@tVREG^@D0x800006^@s19304^@i5804^@n/usr/lib/libmp.so.2^@

ftxt^@a ^@l ^@tVREG^@D0x800006^@s98284^@i22860^@n/usr/openwin/lib/libICE.so.
6^@

ftxt^@a ^@l ^@tVREG^@D0x800006^@s46576^@i22891^@n/usr/openwin/lib/libSM.so.6
^@

ftxt^@a ^@l ^@tVREG^@D0x800006^@s1014020^@i5810^@n/usr/lib/libc.so.1^@

ftxt^@a ^@l ^@tVREG^@D0x800006^@s105788^@i5849^@n/usr/lib/libm.so.1^@

ftxt^@a ^@l ^@tVREG^@D0x800006^@s721924^@i5806^@n/usr/lib/libnsl.so.1^@
```

```
ftxt^@a  ^@l  ^@tVREG^@D0x800006^@s166196^@i5774^@n/usr/lib/ld.so.1^@

f0^@au^@l  ^@tVCHR^@D0x600003^@o73^@i5863^@n/devices/pseudo/pts@0:3->ttcompat
->ldterm->ptem->pts^@

f3^@au^@l  ^@tVCHR^@D0x34000c^@o0^@i5821^@n/devices/pseudo/mm@0:zero^@

f7^@au^@l  ^@tFIFO^@d0x6034d264^@o1^@i47151^@nPIPE->0x6034d1e0^@

f8^@au^@l  ^@tinet^@d0x6084cb68^@o270380692^@PTCP^@nhost.ccs.neu.edu:46575->
host2.ccs.neu.edu:6000^@TST=ESTABLISHED^@

f29^@au^@l  ^@tinet^@d0x60642848^@o215868^@PTCP^@nhost.ccs.neu.edu:46758->
www.mindbright.se:80^@TST=CLOSE_WAIT^@
```

Wenn wir diese Ausgabe auseinandernehmen, sehen wir, daß die erste Zeile ein *Process Set* ist (weil sie mit p beginnt):

```
p21065^@cnetscape^@u6700^@Ldnb^@
```

Das Set besteht aus Feldern, die wieder mit einem Buchstaben beginnen, der den Inhalt des Feldes anzeigt (p für pid, c für command, u für uid und L für login), und endet mit einem Trennzeichen. Alle folgenden Datensätze bis zum nächsten *Process Set* sind *File Sets*, die die offenen Dateien oder Netzwerkverbindungen des aktuellen Prozesses beschreiben.

Verwenden wir diesen Modus in einem Programm. Wir sind an allen offenen Dateien und den zugehörigen Prozeß-IDs auf einem Rechner interessiert:

```
use Text::Wrap;

my $lsofprog = "/usr/local/bin/lsof";  # Pfadname des lsof-Programms.

# F: Field-Modus, 0: Trennzeichen NUL, L: login, t: Typ, n: Name anzeigen.
my $lsofflag = "-F0Ltn";
my (%pfade, %seen, $pid, $login);

open(LSOF, "$lsofprog $lsofflag|") or
    die "Kann $lsofprog nicht aufrufen: $!\n";

while (<LSOF>) {
    # Process Set verarbeiten.
    if (substr($_, 0, 1) eq "p") {
        ($pid, $login) = split(/\0/);
        $pid = substr($pid, 1, length($pid));
    }

    # File Set verarbeiten. Wir sind nur an gewöhnlichen Dateien interessiert.
    if (substr($_, 0, 4) eq "tREG") {
        my ($type, $pfadname) = split(/\0/);
```

Kapitel 4: Benutzeraktivität

```
            # Ein Prozeß kann die gleiche Datei mehrfach offenhalten. Mit den nächsten
            # zwei Zeilen stellen wir sicher, daß die Datei nur einmal abgespeichert wird.
            next if ($seen{$pfadname} eq $pid);
            $seen{$pfadname} = $pid;

            $pfadname = substr($pfadname, 1, length($pfadname));
            push(@{$pfade{$pfadname}}, $pid);
        }
    }

    close(LSOF);

    for (sort keys %pfade) {
        print "$_:\n";
        print wrap("\t", "\t", join(" ", @{$pfade{$_}})), "\n";
    }
```

Hier beschränken wir die Ausgabe von *lsof* auf nur wenige Felder. Wir gehen die Ausgabe durch und sammeln die Dateinamen und PIDs in einem Hash von Listen. Am Ende geben wir die Dateinamen sortiert aus, gefolgt von der Liste der dazugehörenden PIDs, die wir mit dem `Text::Wrap`-Modul von David Muir Sharnoff formatieren:

```
/usr (/dev/dsk/c0t0d0s6):
        115 117 128 145 150 152 167 171 184 191 200 222 232 238 247 251 276
        285 286 292 293 296 297 298 4244 4709 4991 4993 14697 20946 21065
        24530 25080 27266 27603
/usr/bin/tcsh:
        4246 4249 5159 14699 20949
/usr/bin/zsh:
        24532 25082 27292 27564
/usr/dt/lib/libXm.so.3:
        21065 21080
/usr/lib/ld.so.1:
        115 117 128 145 150 152 167 171 184 191 200 222 232 238 247 251 267
        276 285 286 292 293 296 297 298 4244 4246 4249 4709 4991 4993 5159
        14697 14699 20946 20949 21065 21080 24530 24532 25080 25082 25947
        27266 27273 27291 27292 27306 27307 27308 27563 27564 27603
/usr/lib/libc.so.1:
        267 4244 4246 4249 4991 4993 5159 14697 14699 20949 21065 21080
        24530 24532 25080 25082 25947 27273 27291 27292 27306 27307 27308
        27563 27564 27603
...
```

Bei unserem letzten Beispiel zu Netzwerk-Operationen unter Unix kehren wir zu einem schon bekannten Problem zurück. Wir wollten die IRC-*Bots* auf unseren Systemen aufspüren, hatten aber nur die Prozeßnamen zur Verfügung. Dazu gibt es zuverlässigere Indikatoren. Ein Benutzer kann sein *Bot*-Programm ohne weiteres umbenennen, aber die einmal geöffnete Netzwerkverbindung läßt sich viel schwerer verbergen. In den meisten Fällen verbindet sich ein *Bot* mit einem Server auf einer TCP-Portnummer im Bereich `6660-7000`. Mit *lsof* kann man solche Prozesse leicht aufspüren:

```
my $lsofprog = "/usr/local/bin/lsof";
my $lsofflag = "-FL0c -iTCP:6660-7000";

my %erlaubte_clients;
# Hier initialisieren wir einen Hash mit einem Hash-Slice mit den Schlüsseln, auf
# deren Existenz später geprüft wird. Üblicherweise würde man das so schreiben:
#    %erlaubte_clients = ("ircII" => undef, "xirc" => undef, ...);
# (Diese raffinierte Formulierung wurde von Mark-Jason Dominus propagiert.)
@erlaubte_clients{"ircII", "xirc", "pirc"} = ();

open(LSOF,"$lsofprog $lsofflag|") or
    die "Kann $lsofprog nicht aufrufen: $!\n";

while (<LSOF>) {
   my ($pid, $command, $login) = /p(\d+)\000
                                  c(.+)\000
                                  L(\w+)\000/x;
      warn "$login benutzt einen unerlaubten Client: $command (pid $pid)!\n"
          unless (exists $erlaubte_clients{$command});
}

close(LSOF);
```

Das ist die einfachste denkbare Prüfung. Damit erwischen wir bereits die Benutzer, die ihren *eggdrop-Bot* auf *pine* oder *–tcsh* umgetauft haben, und natürlich die, die nicht einmal versucht haben, ihren *Bot* zu verbergen. Aber es gibt doch noch ein Problem: Ein schlauer Benutzer kann seinem *Bot* den Namen eines unserer »erlaubten Clients« geben. Man kann dieses Katz-und-Maus-Spiel ein paar Runden weiter führen:

- Wir können mit *lsof* prüfen, ob der »erlaubte Client« auch den richtigen Pfadnamen hat und ob dieses Programm das Programm ist, das es vorgibt zu sein.

- Mit unseren Methoden aus der Prozeßkontrolle können wir feststellen, ob der Prozeß ein Kind-Prozeß einer noch laufenden Shell ist. Wenn außer diesem Prozeß kein anderer Prozeß dieses Benutzers vorhanden ist, können wir davon ausgehen, daß es sich um einen Daemon-Prozeß und also um einen *Bot* handelt.

Dieses Räuber-und-Gendarm-Spiel bringt uns zu dem Thema vom Anfang von Kapitel 3, *Benutzerkonten*, zurück: daß Benutzer unvorhersehbare Dinge tun. Es gibt ein Sprichwort in Ingenieurskreisen: »Nichts ist idiotensicher, weil die Idioten so raffiniert sind.« (Nicht, daß wir unsere Benutzer als Idioten ansehen würden.) Versuchen Sie, sich mit dieser Wahrheit anzufreunden, wenn Sie Perl-Programme für die Systemadministration schreiben. Ihre Programme werden dadurch robuster. Wenn Ihr Programm »hopsgeht«, weil ein Benutzer sich nicht so verhält, wie Sie sich das gedacht haben, können Sie sich zurücklehnen und die Raffinesse des Benutzers bewundern.

Kapitel 4: Benutzeraktivität

In diesem Kapitel verwendete Module

Name	CPAN-ID	Version
`Mac::Processes` (wird mit Mac-Perl geliefert, das Mac-Glue-Paket enthält eine veränderte Version)	CNANDOR	1.01
`Win32::API`		0.011
`Win32::ISync` (von *http://www.generation.net/~aminer/Perl*)		1.11
`Win32::IProc` (von *http://www.generation.net/~aminer/Perl*)		1.32
`Win32::Setupsup` (auch auf *ftp://ftp.roth.net/pub/NTPerl/Others/SetupSup/* und *http://Jenda.Krynicky.cz*)	JHELBERG	1.0.1.0
`Win32::Lanman` (von *ftp://ftp.roth.net/pub/ntperl/Others/Lanman/*)		1.05
`IO::OLE` (wird mit ActiveState-Perl geliefert)	JDB	1.11
`Proc::ProcessTable`	DURIST	0.26
`Win32::AdvNotify` (von *http://www.generation.net/~aminer/Perl*)		1.01
`Data::Dumper` (wird mit Perl geliefert)	GSAR	2.101
`Win32::IpHelp` (von *http://www.generation.net/~aminer/Perl*)		1.02
`Text::Wrap` (wird mit Perl geliefert)	MUIR	98.112902

Installation von Win32::IProc

Die Installation von `Win32::IProc` ist etwas mühsamer als die der meisten anderen Module. Das Modul ist wie die anderen Module von Ramdane unter *http://www.generation.net/~aminer/Perl/* zu finden. `Win32::IProc` setzt zwei andere Module voraus: `Win32::ISync` vom gleichen Autor und `Win32::API` von Aldo Calpini. `Win32::API` ist im Repository von ActiveState oder unter *http://dada.perl.it/* erhältlich.

Manche von Ramdanes Modulen müssen ohne *ppm*-Hilfe von Hand installiert werden, und ein paar Dateien müssen leicht angepaßt werden. Hier folgt das komplette Rezept – wir nehmen an, daß Sie ActiveState-Perl benutzen und dieses in *C:\Perl* installiert haben.

1. *ppm install Win32-API*
2. *md c:\Perl\site\lib\auto\Win32\Sync* und *C:\Perl\site\lib\auto\Win32\Iproc*
3. *timer.dll* und *sync.dll* nach *C:\Perl\site\lib\auto\Win32\Sync* kopieren
4. *iprocnt.dll, psapi.dll, iproc.dll* nach *C:\Perl\site\lib\auto\Win32\Iproc* kopieren
5. *iproc.pm, iipc.pm* und *isync.pm* nach *C:\Perl\site\lib\Win32* kopieren
6. Die `DLLPath`-Zeilen in *iproc.pm* wie folgt anpassen:

   ```
   my($DLLPath)  = "C:\\Perl\\site\\lib\\auto\\Win32\\Iproc\\IProc.dll";
   my($DLLPath1) = "C:\\Perl\\site\\lib\\auto\\Win32\\Iproc\\IprocNT.dll";
   my($DLLPath2) = "C:\\Perl\\site\\lib\\auto\\Win32\\Sync\\Sync.dll";
   ```

7. Die `DLLPath`-Zeile in *iipc.pm* wie folgt anpassen:

   ```
   my($DLLPath)  = "C:\\Perl\\site\\lib\\auto\\Win32\\Sync\\sync.dll";
   ```

8. Die `DLLPath`-Zeilen in *isync.pm* wie folgt anpassen:

   ```
   my($DLLPath)  = "C:\\Perl\\site\\lib\\auto\\Win32\\Sync\\sync.dll";
   my($DLLPath1) = "C:\\Perl\\site\\lib\\auto\\Win32\\Sync\\timer.dll";
   ```

Installation von Win32::Setupsup

Wenn Sie `Win32::Setupsup` von Hand installieren und auch einen Blick auf den Quellcode werfen wollen, dann benötigen Sie das ZIP-Archiv des Moduls von *ftp://ftp.roth.net/pub/NTPerl/Others/SetupSup/*. Leichter ist es mit der *ppm*-Methode. Sie finden das vorkonfigurierte Modul bei ActiveState, auf dem CPAN und (nebst anderen) bei *http://Jenda.Krynicky.cz*.

Bei manchen Versionen kann es sein, daß man die Dokumentation mittels *perldoc* oder in den HTML-Dateien nicht richtig lesen kann. Notfalls muß man die Dokumentation am Ende der *setupsup.pm*-Datei (sehr wahrscheinlich in *<IhrPerl-Verzeichnis>\site\lib\Win32*) mit einem normalen Texteditor lesen.

Hinweise auf weiterführende Informationen

http://pudget.net/macperl – Die Perl-Module von Chris Nandor. Nandor ist einer der aktivsten Entwickler von Perl-Modulen für den Macintosh (und Mitautor des unten aufgeführten Buches).

http://www.activestate.com/support/mailing_lists.htm – Die Mailinglisten *Perl-Win32--Admin* und *Perl-Win32-Users* und die dazugehörigen Archive sind wichtige Informationsquellen für Win32-Programmierer.

http://www.microsoft.com/management – Alles zu den Management-Systemen von Microsoft, auch zu WMI.

http://www.sysinternals.com – Enthält das *nthandle*-Programm (das auf diesen Webseiten nur *Handle* heißt) und außerdem weitere wertvolle NT/2000-Programme. Auf der verwandten Site *http://www.winternals.com* werden ebenso gute kommerzielle Programme angeboten.

MacPerl: Power and Ease von Vicki Brown und Chris Nandor (Prime Time Freeware, 1998) ist das beste Buch zu Perl-Modulen auf dem Mac. Der Verlag hat auch eine Webseite, *http://www.macperl.com*, die überaus nützlich ist.

http://www.dmtf.org – Die Webseiten der Distributed Management Task Force sind die erste Anlaufstelle für Informationen zu WBEM.

http://www.mspress.com – Herausgeber des Microsoft NT Resource Kit (»Die technische Referenz«). Sie können sich von hier über Updates und Neuerungen bei den Programmen aus dem RK informieren lassen.

5

Namensdienste unter TCP/IP

Der größte Teil des Datenverkehrs zwischen Rechnern benutzt heutzutage ein Protokoll namens *Transmission Control Protocol*, das seinerseits auf einer tieferen Schicht das *Internet Protocol* benutzt.[1] Diese zwei Protokolle bezeichnet man meist zusammen als TCP/IP. Jede Maschine in einem TCP/IP-Netzwerk benötigt eine eindeutige Bezeichnung, eine *IP-Adresse*. Diese wird konventionellerweise in der Form *NNN.NNN.N.N* angegeben, z. B. 192.168.1.9.

Rechner sind eigentlich zufrieden damit, wenn sie sich gegenseitig mit Nummern ansprechen, aber Menschen gefällt dies kaum. TCP/IP wäre nie zu einem Erfolg geworden, wenn sich die Benutzer für jeden Rechner, der angesprochen werden soll, zwölfziffrige Nummern hätten merken müssen. Man brauchte unbedingt eine Abbildung von Maschinen-Nummern auf Namen, mit denen die Benutzer gut umgehen können.

In diesem Kapitel geht es um die Evolution von Namensdiensten, die es ermöglichen, einen Namen wie *www.oog.org* statt 192.168.1.9 anzugeben. Wir werden sehen, was dabei hinter den Kulissen abläuft. Wir verbinden diesen historischen Abriß mit einer herzhaften Menge Perl-Code, der zeigt, wie man mit Perl diese zentralen Teile der Netzwerk-Administration steuert.

Host-Dateien

Der erste Ansatz für eine Abbildung von IP-Adressen auf Namen war der naheliegende: Man benutzt eine Tabelle. Man schreibt in einer ganz normalen Datei die IP-Adressen und die entsprechenden Rechnernamen auf. Diese Datei heißt unter Unix */etc/hosts*, auf dem Mac *Macintosh HD:System Folder:Preferences:hosts* und unter Windows NT/2000

---

[1] Dieses Kapitel befaßt sich nur mit IPv4, der heute allgemein benutzten Version. Diese wird wahrscheinlich zu gegebener Zeit durch IPv6 abgelöst, der nächsten Generation.

\%systemroot%\System32\Drivers\Etc\hosts. Unter Windows NT/2000 gibt es außerdem eine Datei *lmhosts*, deren etwas unterschiedlichen Zweck wir später erläutern. So sieht ein Beispiel einer Host-Datei unter Unix aus:

```
127.0.0.1       localhost
192.168.1.1     everest.oog.org         everest
192.168.1.2     rivendell.oog.org       rivendell
```

Die Grenzen dieser Methode werden sehr schnell sichtbar: Wenn die Systemadministratorin von *oog.org* zwei Rechner in einem TCP/IP-Netz hat und einen dritten anschließt, muß sie auf allen drei Rechnern die richtige Datei nachtragen. Beim nächsten Rechner muß sie schon vier Dateien (eine auf jedem Rechner) editieren.

So unwartbar das heute erscheint – so wurde das tatsächlich in der Frühzeit des Internets oder ARPAnets gehandhabt. Wenn eine neue Site zum Netz hinzukam, mußte jeder Rechner, der mit der neuen Site Kontakt aufnehmen wollte, seine Host-Datei aktualisieren. Es gab eine zentrale Stelle, das NIC (Network Information Center), oder damals genauer das SRI-NIC, weil der Computer, bei dem man neue Rechner registrierte und die Host-Tabelle des gesamten Netzes nachführte, bei SRI (Stanford Research Institute) stand. Die Systemadministratoren holten sich in regelmäßigen Abständen die aktuelle Version per anonymem FTP aus dem NETINFO-Verzeichnis von SRI-NIC.

Host-Dateien werden auch heute noch trotz der offensichtlichen Grenzen benutzt. Unter bestimmten Umständen geht es gar nicht ohne sie. Zum Beispiel holt sich ein SunOS-Rechner beim Bootvorgang seine eigene IP-Adresse aus der */etc/hosts*-Datei. Mit der Host-Datei wird hier eine Art von »Henne-und-Ei«-Problem gelöst. Wenn die Nameserver auf dem Netz per Namen angegeben sind, muß der Rechner eine Möglichkeit haben, die Adressen zu diesen Namen herauszufinden. Wenn aber der Namensdienst noch nicht funktioniert, können diese Adressen nicht ermittelt werden (außer mit einem Broadcast-Protokoll). Üblicherweise benutzt man in diesem Fall eine abgespeckte Host-Datei, die nur gerade die für den Bootvorgang benötigten Adressen enthält.

In einem kleineren Netzwerk ist es ganz nützlich, eine aktuelle Tabelle aller Computer zur Hand zu haben. Diese Datei muß auch nicht auf jedem Rechner vorhanden sein (wir werden Methoden kennenlernen, mit denen man diese Informationen verteilt benutzen kann). Die Tabelle wird beispielsweise konsultiert, wenn man eine freie Adresse für einen neuen Rechner sucht.

Diese Dateien werden nach wie vor täglich benutzt, und deshalb muß es bessere Methoden geben, sie zu verwalten. Perl und Host-Dateien passen sehr gut zusammen, weil die Verarbeitung von Textdateien eine Stärke von Perl ist. Aus diesem Grund werden wir das einfache Problem der Host-Dateien als Ausgangspunkt für ganz andere Untersuchungen nehmen.

Wie parst man eine Host-Datei? Nun, das kann ganz einfach aussehen:

```
my (%addrs, %namen);
open(HOSTS, "/etc/hosts") or die "Kann Hostdatei nicht öffnen: $!\n";
while (defined ($_ = <HOSTS>)) {
    s/\s*#.*$//;        # Kommentare und Whitespace davor entfernen.
    next if /^$/;       # Leerzeilen überspringen.
    my ($ip, @namen) = split;
    die "IP-Adresse $ip mehrfach vorhanden!\n" if (exists $addrs{$ip});
    $addrs{$ip} = [@namen];
    for (@namen) {
        die "Rechnername $_ mehrfach vorhanden!\n" if (exists $namen{$_});
        $namen{$_} = $ip;
    }
}
close(HOSTS);
```

Das obenstehende Programm geht eine Datei vom */etc/hosts*-Typ zeilenweise durch (und ignoriert dabei Kommentare und Leerzeilen) und baut dabei zwei Datenstrukturen für später auf. Die erste Datenstruktur ist ein Hash von Listen, der zu jeder IP-Adresse die Liste der Hostnamen enthält. Bei der kurzen Host-Datei von eben sähe die entsprechende Datenstruktur so aus:

```
$addrs{'127.0.0.1'} = ['localhost'];
$addrs{'192.168.1.2'} = ['rivendell.oog.org', 'rivendell'];
$addrs{'192.168.1.1'} = ['everest.oog.org', 'everest'];
```

Die zweite Datenstruktur ist ein einfacher Hash, bei dem zu jedem Rechnernamen die IP-Adresse als Wert vorhanden ist. Mit den gleichen Daten sieht der Hash %namen so aus:

```
$namen{'localhost'} = '127.0.0.1'
$namen{'everest'} = '192.168.1.1'
$namen{'everest.oog.org'} = '192.168.1.1'
$namen{'rivendell'} = '192.168.1.2'
$namen{'rivendell.oog.org'} = '192.168.1.2'
```

Sogar bei diesem einfachen Parsing-Programm ist schon eine zusätzliche Funktionalität vorhanden. Wir prüfen sowohl auf mehrfach vorhandene Adressen als auch auf mehrfach vorhandene Rechnernamen – beides führt in einem TCP/IP-Netz rasch zu Problemen. Ganz allgemein ist es ratsam, Netzwerkdaten bei jeder sich bietenden Gelegenheit auf Fehler und Plausibilität zu testen. Es ist immer besser, Fehler im Frühstadium zu erkennen, bevor sie sich im ganzen Netz ausgebreitet haben und man andere Rechner im Netz deswegen nicht mehr erreicht. Weil das so wichtig ist, werde ich später in diesem Kapitel noch einmal darauf zurückkommen.

Host-Dateien automatisch erzeugen

Befassen wir uns mit einem interessanteren Thema, nämlich damit, wie man Host-Dateien automatisch erzeugt. Nehmen wir an, es bestehe eine Rechnerdatenbank in folgendem Format:

```
name: shimmer
adresse: 192.168.1.11
aliases: shim shimmy shimmydoodles
benutzer: David Davis
abteilung: Software
gebaeude: Hochhaus
zimmer: 909
hersteller: Sun
modell: Ultra60
-=-
name: bendir
adresse: 192.168.1.3
aliases: ben bendoodles
benutzer: Cindy Coltrane
abteilung: IT
gebaeude: Altbau
zimmer: 143
hersteller: Apple
modell: 7500/100
-=-
name: sulawesi
adresse: 192.168.1.12
aliases: sula su-lee
benutzer: Ellen Monk
abteilung: Design
gebaeude: Hochhaus
zimmer: 1116
hersteller: Apple
modell: G3
-=-
name: sander
adresse: 192.168.1.55
aliases: sandy micky mickydoo
benutzer: Alex Rollins
abteilung: IT
gebaeude: Hochhaus
zimmer: 1101
hersteller: Intergraph
modell: TD-325
-=-
```

Das Format ist ganz einfach: `Feldname: Wert` und `-=-` als Trennsymbol zwischen den Datensätzen. Vielleicht benötigen Sie in ihrer Rechnerumgebung andere Felder, oder die Datenmenge ist so groß, daß eine einfache Textdatei unhandlich wird. Wir verwenden in diesem Kapitel eine bloße Textdatei als Backend, aber die behandelten Methoden sind nicht darauf beschränkt.

> ## Schon Anhänger der
> ## »Systemadministrationsdatenbank«-Religion?
>
> In Kapitel 3, *Benutzerkonten*, hatte ich dringend dazu geraten, eine eigene Datenbank für die Benutzerkonten zu führen und die auf dem System vorhandenen Dateien daraus zu erzeugen. Dieser Rat gilt doppelt für Daten, die das Netz betreffen. In diesem Kapitel zeigen wir, wie man Daten aus einer simplen Textdatei so benutzt, daß man jeden der hier behandelten Namensdienste damit steuern kann. Bei größeren Unternehmen werden Sie eine »echte« Datenbank benutzen. Ein Beispiel für ein solches Programm finden Sie, wenn Sie ein paar Seiten bis zum Abschnitt »Die Ausgabe für die Host-Datei verbessern« weiterblättern.
>
> Eine Rechnerdatenbank ist aus mehreren Gründen wertvoll. Zunächst müssen Änderungen nur an einem einzigen Punkt – Datei oder Datenbank – vorgenommen werden. Daten ändern, ein paar Verteilungsskripten laufen lassen – und schon haben wir die Konfigurationsdateien für mehrere Dienste aktualisiert. Diese Konfigurationsdateien haben kaum Fehler, weil sie automatisch generiert werden, während bei manuellem Editieren immer die Gefahr von kleinen, lästigen Flüchtigkeitsfehlern (vertauschte Kommentarzeichen, vergessene Strichpunkte) besteht. Wenn unser Programm korrekt ist, vermeiden wir damit viele Fehler, die sonst erst viel später erkannt würden.
>
> Wenn Sie noch nicht davon überzeugt sind, daß dies eine bewährte und sehr gute Methode ist, werden Sie am Ende des Kapitels anders darüber denken.

Das folgende Programmbeispiel erzeugt aus dieser Datenbank-Datei eine Host-Datei:

```perl
    my $datenbank   = "./rechnerdaten";
    my $trennsymbol = "-=-\n";

    open(DATA, $datenbank) or die "Kann $datenbank nicht öffnen: $!\n";
    print "#\n# Host-Datei - ERZEUGT VON $0\n# NICHT VON HAND VERÄNDERN!\n#\n";
    {                                  # Neuer lexikalischer Block für $/.
        local $/ = $trennsymbol;       # Datenbank in ganzen Datensätzen lesen.

        while (<DATA>) {
            chomp;                     # Trennsymbol am Ende entfernen.
            # Splitten in Schlüssel1, Wert1, Schlüssel2, Wert2 – schon haben wir einen Hash!
            my %datensatz = split /:\s*|\n/;
            print "$datensatz{adresse}\t$datensatz{name} $datensatz{aliases}\n";
        }
    }
    close(DATA);
```

So sieht die Ausgabe aus:

```
#
# Host-Datei - ERZEUGT VON createhosts
# NICHT VON HAND VERÄNDERN!
#
192.168.1.11      shimmer shim shimmy shimmydoodles
192.168.1.3       bendir ben bendoodles
192.168.1.12      sulawesi sula su-lee
192.168.1.55      sander sandy micky mickydoo
```

Betrachten wir den Perl-Code in diesem kleinen Programmstück etwas näher. Unüblich ist etwa die Zuweisung an $/. Von diesem Punkt an bis zum Ende des Blocks liest Perl nicht mehr einzelne Zeilen, sondern Datensätze, die durch -=-\n getrennt sind. Bei jedem Durchgang der while-Schleife wird also ein ganzer Datensatz eingelesen und der Variablen $_ zugewiesen.

Die zweite Eigentümlichkeit ist die Art, wie hier split verwendet wird. Wir wollen den Datensatz in einen Hash einlesen, so daß jeder Feldname ein Schlüssel und jeder Wert nach dem Doppelpunkt zum entsprechenden Hash-Wert wird. Wir werden später sehen, warum ein solcher Hash als Datenstruktur sehr sinnvoll ist. In einem ersten Schritt teilen wir den Datensatz in $_ mit dem split()-Operator in einzelne Elemente auf. split() liefert ein Array zurück, wie in Tabelle 5-1 gezeigt.

Tabelle 5-1: Das von split() erzeugte Array

Element	Wert
0	name
1	shimmer
2	adresse
3	192.168.1.11
4	aliases
5	shim shimmy shimmydoodles
6	benutzer
7	David Davis
8	abteilung
9	Software
10	gebaeude
11	Hochhaus
12	zimmer
13	909
14	hersteller
15	Sun
16	modell
17	Ultra60

Nehmen wir diesen Inhalt der Liste unter die Lupe. Ab Position 0 haben wir eine Liste von Schlüssel/Wert-Paaren (d. h. Schlüssel=name, Wert=shimmer, Schlüssel=adresse, Wert=192.168.1.11 ...), die wir direkt einem Hash zuweisen können. Mit dem Hash können wir die Teile aus dem Datensatz aussuchen, die wir gerade benötigen.

Konsistenzprüfung beim Erzeugen der Host-Datei

Das Ausgeben der eigentlichen Daten ist nur ein Teil dessen, was wir tun können. Mit unserer separaten Rechnerdatenbank haben wir den großen Vorteil, daß wir bei der Konvertierung in ein anderes Format die Daten auf Fehler und Konsistenz prüfen können. Wie oben erwähnt, vermeidet man damit simple Tippfehler, *bevor* sie sich überhaupt auswirken können. Im folgenden sehen Sie das gleiche Programm mit hinzugefügten Tests auf solche Tippfehler:

```
my $datenbank    = "./rechnerdaten";
my $trennsymbol  = "-=-\n";
my (%addrs, %datensatz);

open(DATA, $datenbank) or die "Kann $datenbank nicht öffnen: $!\n";
print "#\n# Host-Datei - ERZEUGT VON $0\n# NICHT VON HAND VERÄNDERN!\n#\n";
{                                      # Neuer lexikalischer Block für $/.
    local $/ = $trennsymbol;           # Datenbank in ganzen Datensätzen lesen.

    while (<DATA>) {
        chomp;                         # Trennsymbol entfernen.
        # Splitten in Schlüssel1, Wert1, Schlüssel2, Wert2 - schon haben wir einen Hash!
        %datensatz = split /:\s*|\n/;

        # Auf unzulässige Zeichen in Rechnernamen testen.
        if ($datensatz{name} =~ /[^-.a-zA-Z0-9]/) {
            warn "!!! Rechnername $datensatz{name} enthält unzulässige " .
                 "Zeichen, Datensatz ignoriert...\n";
            next;
        }

        # Auf unzulässige Zeichen in Aliasnamen testen.
        if ($datensatz{aliases} =~ /[^-.a-zA-Z0-9*]/) {
            warn "!!! Alias $datensatz{name} enthält unzulässige " .
                 "Zeichen, Datensatz ignoriert...\n";
            next;
        }

        # IP-Adresse muß vorhanden sein.
        if (! $datensatz{adresse}) {
            warn "!!! $datensatz{name} hat keine IP-Adresse, " .
                 "Datensatz ignoriert...\n";
            next;
        }
```

```
            # Auf mehrfach vergebene IP-Adressen prüfen.
            if (defined $addrs{$datensatz{adresse}}) {
                warn "!!! IP-Adresse mehrfach vorhanden: $datensatz{name} &" .
                     " $addrs{$datensatz{adresse}}, Datensatz ignoriert...\n";
                next;
            }
            else {
                $addrs{$datensatz{adresse}} = $datensatz{name};
            }

            print "$datensatz{adresse}\t$datensatz{name} $datensatz{aliases}\n";
        }
    }
    close(DATA);
```

Die Ausgabe für die Host-Datei verbessern

Greifen wir dem Kapitel 9, *Logdateien*, etwas vor, und analysieren wir die Daten vor dem eigentlichen Verarbeitungsschritt. So können wir automatisch Kopfzeilen, Kommentare und Trennzeilen einfügen, die unter Umständen nützlich sein können. So soll unsere endgültige Host-Datei aussehen:

```
#
# Host-Datei - ERZEUGT VON createhosts3
# NICHT VON HAND VERÄNDERN!
#
# Konvertiert durch David N. Blank-Edelman (dnb); Sun Jun  7 00:43:24 1998
#
# Anzahl Rechner in Abteilung IT: 2.
# Anzahl Rechner in Abteilung Software: 1.
# Anzahl Rechner in Abteilung Design: 1.
# Anzahl Rechner total: 4.
#

# Benutzer: Cindy Coltrane (IT): Altbau/143
192.168.1.3     bendir ben bendoodles

# Benutzer: David Davis (Software): Hochhaus/909
192.168.1.11    shimmer shim shimmy shimmydoodles

# Benutzer: Alex Rollins (IT): Hochhaus/1101
192.168.1.55    sander sandy micky mickydoo

# Benutzer: Ellen Monk (Design): Hochhaus/1116
192.168.1.12    sulawesi sula su-lee
```

Hier sehen Sie das Programm, das diese Datei erzeugt hat:

```perl
my $datenbank   = "./rechnerdaten";
my $trennsymbol = "-=-\n";
my (%eintrag, %n_abt, %addrs);

# Benutzername ermitteln – Unix oder NT/2000.
my $user = ($^O eq "MSWin32")? $ENV{USERNAME} :
                    (getpwuid($<))[6]." (".(getpwuid($<))[0].")";

open(DATA, $datenbank) or die "Kann $datenbank nicht öffnen: $!\n";
{
    local $/ = $trennsymbol;          # Neuer lexikalischer Block für $/.
                                      # Ganze Datensätze lesen.
    while (<DATA>) {
        chomp;                        # Trennsymbol entfernen.
        # In Schlüssel1, Wert1 usw. splitten.
        my @datensatz = split /:\s*|\n/;

        my $datensatz = {};           # Referenz auf einen leeren Hash erzeugen.
        %{$datensatz} = @datensatz;   # Diesen Hash mit den Elementen
                                      # von @datensatz füllen.
        # Auf unzulässige Zeichen in Rechnernamen testen.
        if ($datensatz->{name} =~ /[^-.a-zA-Z0-9]/) {
            warn "!!! Rechnername $datensatz->{name} enthält unzulässige " .
                "Zeichen, Datensatz ignoriert...\n";
            next;
        }

        # Auf unzulässige Zeichen in Aliasnamen testen.
        if ($datensatz->{aliases} =~ /[^-.a-zA-Z0-9*]/) {
            warn "!!! Alias $datensatz->{name} enthält unzulässige " .
                "Zeichen, Datensatz ignoriert...\n";
            next;
        }

        # IP-Adresse muß vorhanden sein.
        if (! $datensatz->{adresse}) {
            warn "!!! $datensatz->{name} hat keine IP-Adresse, " .
                "Datensatz ignoriert...\n";
            next;
        }

        # Auf mehrfach vergebene IP-Adressen prüfen.
        if (defined $addrs{$datensatz->{adresse}}) {
            warn "!!! IP-Adresse mehrfach vorhanden: $datensatz->{name} &" .
                " $addrs{$datensatz->{adresse}}, Datensatz ignoriert...\n";
            next;
        }
        else {
            $addrs{$datensatz->{adresse}} = $datensatz->{name};
        }
```

```
            # Im Hash von Hashes abspeichern.
            $eintrag{$datensatz->{name}} = $datensatz;
        }
    }
    close(DATA);

    # Kopfzeilen ausgeben.
    print "#\n# Host-Datei - ERZEUGT VON $0\n# NICHT VON HAND VERÄNDERN!\n#\n";
    print "# Konvertiert durch $user; " . scalar(localtime) . "\n#\n";

    # Anzahl der Einträge in jeder Abteilung zählen und ausgeben.
    foreach my $eintr (keys %eintrag) {
        $n_abt{$eintrag{$eintr}->{abteilung}}++;
    }
    foreach my $abt (keys %n_abt) {
        print "# Anzahl Rechner in Abteilung $abt: $n_abt{$abt}.\n";
    }
    print "# Anzahl Rechner total: " . scalar(keys %eintrag) . ".\n#\n\n";

    # Für jeden Rechner eine Kommentarzeile und den eigentlichen Eintrag ausgeben.
    foreach my $eintr (keys %eintrag) {
        print "# Benutzer: ", $eintrag{$eintr}->{benutzer}, " (",
              $eintrag{$eintr}->{abteilung}, "): ",
              $eintrag{$eintr}->{gebaeude},   "/",
              $eintrag{$eintr}->{zimmer},     "\n";
        print $eintrag{$eintr}->{adresse},    "\t",
              $eintrag{$eintr}->{name},       " ",
              $eintrag{$eintr}->{aliases},    "\n\n";
    }
```

Der markanteste Unterschied zur vorherigen Version des Programms liegt in der Darstellung der Daten. Vorhin bestand kein Anlaß, die Daten der einzelnen Einträge zwischen Durchgängen aufzubewahren, daher kamen wir mit einem Hash %datensatz für einen einzelnen Datensatz aus. Jetzt müssen wir die Einträge untereinander vergleichen und verwenden deshalb eine etwas kompliziertere Datenstruktur, einen Hash von Hashes.

Wir hätten (analog zum *mehr_platz*-Programm aus Kapitel 2, *Dateisysteme*) je einen einfachen Hash für jedes Feld nehmen können. Der hier verwendete Ansatz ist aber wesentlich eleganter und leichter zu warten: Wenn später der Datenbank z. B. ein seriennummer-Feld angefügt wird, brauchen wir im Programm rein gar nichts zu verändern; das neue Feld wird ganz einfach als $datensatz->{seriennummer} erscheinen. Ein Nachteil kann sein, daß der Code komplizierter aussieht, als er eigentlich ist.

Einfach ausgedrückt macht das Programm folgendes: Die Datenbank wird in genau der gleichen Weise geparst wie vorhin. Nur wird jetzt jeder Eintrag in einem neu erzeugten anonymen Hash abgespeichert. Anonyme Hashes benehmen sich wie gewöhnliche Hashvariablen, außer daß man sie nicht mit einem Namen, sondern nur über eine Referenz ansprechen kann.

Unsere neue, größere Datenstruktur (der Hash von Hashes) wird dadurch erzeugt, daß wir in unserem Haupt-Hash %eintrag Verweise auf die neuen, anonymen Hashes ablegen. Wir erzeugen zu dem Schlüssel einen Wert, der eine Referenz auf den eben gefüllten anonymen Hash ist. Am Ende enthält %eintrag für jeden Rechnernamen einen Schlüssel und einen zugehörigen Wert, der eine Referenz auf einen Hash mit allen bekannten Feldern (IP-Adresse, Zimmer usw.) ist.

Möchten Sie die Ausgabe lieber nach IP-Adressen sortiert? Nichts leichter als das – wir ersetzen die foreach-Schleife

```
foreach my $eintr (keys %eintrag) {
```

durch

```
cr3-0foreach my $eintr (sort nach_adresse keys %eintrag) {
```

und fügen eine maßgeschneiderte Vergleichsroutine hinzu:

```
sub nach_adresse {
    my @a = split(/\./, $eintrag{$a}->{adresse});
    my @b = split(/\./, $eintrag{$b}->{adresse});
    ($a[0] <=> $b[0]) ||
    ($a[1] <=> $b[1]) ||
    ($a[2] <=> $b[2]) ||
    ($a[3] <=> $b[3]);
}
```

Damit wird der betreffende Teil unserer Ausgabe korrekt sortiert:

```
# Benutzer: Cindy Coltrane (IT): Altbau/143
192.168.1.3      bendir ben bendoodles

# Benutzer: David Davis (Software): Hochhaus/909
192.168.1.11     shimmer shim shimmy shimmydoodles

# Benutzer: Ellen Monk (Design): Hochhaus/1116
192.168.1.12     sulawesi sula su-lee

# Benutzer: Alex Rollins (IT): Hochhaus/1101
192.168.1.55     sander sandy micky mickydoo
```

Verändern Sie die Ausgabe, so daß sie Ihnen richtig und ansprechend erscheint. Perl soll nicht nur Ihre professionellen, sondern auch Ihre ästhetischen Anliegen unterstützen!

Einbau einer Versionskontrolle

Wir werden gleich zur nächsten Methode übergehen, wie man IP-Adressen auf Rechnernamen abbilden kann. Zuvor allerdings wollen wir unsere Host-Dateien-Konversion um eine wichtige Funktion erweitern. Weil wir nun viele Dateien aus einer einzigen Datenbank generieren, erhält diese eine wesentlich größere Bedeutung. Ein kleiner Fehler in der Datenbank kann nun eine ganze Gruppe von Rechnern betreffen. Wir hätten gern ein Sicherheitsnetz, das uns erlaubt, zum vorherigen Zustand zurückzukehren.

Die eleganteste Möglichkeit dafür benutzt eine Quellcode-Versionskontrolle. Solche Systeme werden oft von Software-Entwicklern eingesetzt:

- Sie registrieren jede Veränderung an den beteiligten Dateien.
- Es wird sichergestellt, daß keine zwei Personen gleichzeitig dieselbe Datei ändern können (so daß niemand die Änderung der anderen Person zunichte machen kann).
- Sie ermöglichen es, zu einer früheren Version der Datei zurückzukehren, sollte sich eine Änderung als Irrweg erwiesen haben.

Diese Merkmale sind auch für den Systemadministrator extrem wertvoll. Die Fehlerüberprüfung, die wir im Abschnitt »Konsistenzprüfung beim Erzeugen der Host-Datei« eingebaut hatten, hilft wohl bei bestimmten Arten von Tipp- und Syntaxfehlern, aber semantische Fehler (z. B. das Löschen eines wichtigen Rechners, das Ausgeben der falschen IP-Adresse, das Vertippen bei der Eingabe eines Rechnernamens) werden damit nicht abgefangen. Man kann wohl gewisse Tests auf semantische Fehler entwickeln, aber alle Arten von möglichen Fehlern wird man damit kaum abdecken können. Wie schon erwähnt wurde ist nichts idiotensicher, weil die Idioten so raffiniert sind.

Vielleicht erwarten Sie, daß wir die Versionskontrolle bei der ursprünglichen Datenbank einsetzen, aber diese Lösung wäre aus zwei guten Gründen kurzsichtig:

Zeit

Bei großen Datenmengen braucht der Konversionsvorgang seine Zeit. Wenn die Netzverbindungen nicht so zuverlässig sind, wie sie sein sollten, wäre es sehr unvorteilhaft, wenn man zuerst ein Perl-Programm starten müßte, um eine Datei zu erzeugen (falls sich dann Perl überhaupt noch aufrufen läßt).

Datenbank

Wenn Sie die Rechnerdaten in einer echten SQL-Datenbank speichern (und in vielen Fällen ist das der richtige Weg), dann können Sie ein Versionskontrollprogramm wohl kaum verwenden. Sie müßten in einem solchen Fall einen eigenen Kontrollmechanismus für Änderungen an der Datenbank ausprogrammieren.

Als Versionskontrollprogramm verwende ich hier das Revision Control System (RCS). RCS hat ein paar Eigenschaften, die es sowohl für Perl als auch für die Systemadministration geeignet erscheinen lassen:

- RCS funktioniert auf verschiedenen Plattformen. GNU RCS 5.7 läuft auf den meisten Unix-Systemen, auf NT/2000, Macintosh usw.
- RCS hat eine klare Befehlszeilenstruktur. Alle Funktionen können direkt von der Befehlszeile aus ausgeführt werden, auch auf Systemen, die sonst sehr GUI-orientiert sind.

- RCS ist einfach zu benutzen. Die wichtigsten Befehle von RCS kann man in fünf Minuten lernen (siehe dazu Anhang A, *RCS in fünf Minuten*).

- RCS kennt Schlüsselwörter. Diese magischen Wörter kann man in die Dateien einbauen; sie werden von RCS automatisch expandiert. Zum Beispiel wird der String `$Date:$` durch das aktuelle Datum ersetzt, an dem die Datei zuletzt in das RCS-System eingecheckt wurde.

- RCS ist freie Software. Der Quellcode der GNU-Version darf frei verteilt werden, und es sind auch vorkompilierte Programme für viele Systeme erhältlich. Der Quellcode ist unter *ftp://ftp.gnu.org/gnu/rcs* zu finden.

Wenn RCS für Sie Neuland ist, nehmen Sie sich bitte die Zeit, und lesen Sie Anhang A, *RCS in fünf Minuten*. Im weiteren wird zumindest ein Grundwissen über die RCS-Befehle vorausgesetzt.

Craig Freter hat ein objektorientiertes Modul namens Rcs entwickelt, mit dem man RCS von Perl aus ganz einfach benutzen kann. Dazu müssen Sie die folgenden Schritte ausführen:

1. Binden Sie das Modul ein.

2. Teilen Sie dem Modul mit, in welchen Verzeichnissen sich die RCS-Programme befinden.

3. Erzeugen Sie ein neues Rcs-Objekt, und konfigurieren Sie es mit dem Namen der zu behandelnden Datei.

4. Rufen Sie die entsprechenden Objektmethoden auf. Die Methoden sind nach den entsprechenden RCS-Befehlen benannt.

Wir fügen diese Schritte unserem Programm hinzu, das Host-Dateien erzeugt. Außerdem haben wir das Programm dahingehend geändert, daß es die Host-Datei in eine Datei statt auf STDOUT wie bisher schreibt. Im folgenden sind nur die geänderten Zeilen dargestellt, die Punkte »...« stehen für bisherige Teile des Programms.

```
my $outputdatei = "hosts.$$"; # Temporäre Output-Datei.
my $hostsdatei  = "hosts";    # Datei für die konvertierten Daten.
...
open(OUTPUT, "> $outputdatei") or
    die "Kann $outputdatei nicht öffnen: $!\n";

print OUTPUT "#\n# Host-Datei - ERZEUGT VON $0\n",
             "# NICHT VON HAND VERÄNDERN!\n#\n";
print OUTPUT "# Konvertiert durch $user; " . scalar(localtime) . "\n#\n";

...
foreach my $abt (keys %n_abt) {
    print OUTPUT "# Anzahl Rechner in Abteilung $abt: $n_abt{$abt}.\n";
}
print OUTPUT "# Anzahl Rechner total: " . scalar(keys %eintrag) . ".\n#\n\n";
```

Kapitel 5: Namensdienste unter TCP/IP

```perl
    # Für jeden Rechner eine Kommentarzeile und den eigentlichen Eintrag ausgeben.
    foreach my $eintr (sort nach_adresse keys %eintrag) {
        print OUTPUT "# Benutzer: ", $eintrag{$eintr}->{benutzer}, " (",
                     $eintrag{$eintr}->{abteilung},   "): ",
                     $eintrag{$eintr}->{gebaeude},    "/",
                     $eintrag{$eintr}->{zimmer},      "\n";
        print OUTPUT $eintrag{$eintr}->{adresse},     "\t",
                     $eintrag{$eintr}->{name},        " ",
                     $eintrag{$eintr}->{aliases},     "\n\n";
    }
    close(OUTPUT);

    use Rcs;
    # Verzeichnis, in dem sich die RCS-Programme befinden.
    Rcs->bindir('/usr/local/bin');
    # RCS-Objekt erzeugen.
    my $rcsobj = Rcs->new;
    # Mit unserem Dateinamen konfigurieren.
    $rcsobj->file($hostsdatei);
    # Auschecken (muß bereits in RCS enthalten sein).
    $rcsobj->co('-l');
    # Unsere eben erzeugte Datei an den richtigen Ort verschieben.
    rename($outputdatei, $hostsdatei) or
        die "Kann $outputdatei nicht in $hostsdatei umbenennen: $!\n";
    # Einchecken.
    $rcsobj->ci("-u", "-m" . "Konvertiert durch $user; " . scalar(localtime));
```

Es wird hier angenommen, daß die Host-Datei bereits durch ein erstes Einchecken in das RCS-System aufgenommen worden ist.

Mit dem RCS-Befehl *rlog hosts* können wir die letzten paar Änderungen aus den Einträgen von RCS ausgeben:

```
revision 1.5
date: 1998/05/19 23:34:16;  author: dnb;  state: Exp;  lines: +1 -1
Konvertiert durch David N. Blank-Edelman (dnb); Tue May 19 19:34:16 1998
---------------------------
revision 1.4
date: 1998/05/19 23:34:05;  author: eviltwin;  state: Exp;  lines: +1 -1
Konvertiert durch Divad Knalb-Namlede (eviltwin); Tue May 19 19:34:05 1998
---------------------------
revision 1.3
date: 1998/05/19 23:33:35;  author: dnb;  state: Exp;  lines: +20 -0
Konvertiert durch David N. Blank-Edelman (dnb); Tue May 19 19:33:16 1998
```

Wie Sie aus den Einträgen (genauer gesagt aus den lines:-Teilen) erkennen können, wurde an der Datei nicht viel geändert, aber Sie sehen, daß jede Änderung festgehalten wurde. Sie könnten bei Bedarf mit *rcsdiff* die Unterschiede zwischen verschiedenen Versionen betrachten und herausfinden, was genau geändert wurde. Bei einem Unfall – auch wenn das Netz nicht mehr verfügbar ist – könnten Sie jede frühere Version der Datei wieder aktivieren.

NIS, NIS+ und WINS

Die Programmentwickler bei Sun Microsystems hatten irgendwann festgestellt, daß die Methode »Datei auf jedem Rechner aktualisieren«, die bei gewöhnlichen Host-Dateien benutzt werden muß, bei größeren Netzwerken nicht mehr funktioniert: Die Methode skaliert nicht. Als Abhilfe wurde ein System namens *Yellow Pages* (YP) entwickelt. Damit können die Informationen aus netzweiten Konfigurationsdateien wie */etc/hosts*, */etc/passwd* und */etc/services* usw. im ganzen Netz zugänglich gemacht werden. In diesem Kapitel beschäftigen wir uns nur mit der Abbildung von Rechnername auf IP-Adresse und umgekehrt, nicht mit den anderen Diensten von YP.

Sun mußte 1990 YP in NIS (*Network Information Service*) umtaufen, weil die British Telecom (bzw. deren Rechtsabteilung) auf der Schutzmarke »Yellow Pages« in Großbritannien beharrte. Das Gespenst »Yellow Pages« geht aber noch immer auf Unix-Systemen um, weil die Befehle wie *ypcat*, *ypmatch*, *yppush* usw. nicht umbenannt wurden. Alle aktuellen Unix-Versionen unterstützen NIS. NT kann NIS-Informationen als Client verwenden, wenn man spezielle Authentifizierungsbibliotheken einbaut;[2] nach meinem Wissen gibt es jedoch keine NIS-Server-Software für NT/2000. Ich kenne auch keine NIS-Implementation für Macs.

Unter NIS bezeichnet der Administrator einen oder mehrere Rechner als NIS-Server und die anderen als Clients. Einer der NIS-Server ist der *Master-Server*, die anderen sind *Slave-Server*. Nur auf dem Master werden die eigentlichen Dateien nachgeführt (d. h. */etc/hosts* oder */etc/passwd*), die Slaves erhalten über NIS Kopien der Daten vom Master.

Wenn ein Rechner im Netz zu einem Rechnernamen die entsprechende IP-Adresse wissen will, kann er einen Server fragen, anstatt sich auf die lokalen Dateien zu verlassen. Ein Client kann irgendeinen Server fragen, es spielt keine Rolle, ob Master oder Slave. Die Server beantworten die Anfrage mit der Information aus den *NIS-Maps*. Das sind die Dateien des Masters, die in das Unix-DBM-Format übersetzt und auf die Slave-Server verteilt wurden. Einzelheiten zu dieser Übersetzung (mit einem Programm namens *makedbm* und anderen) finden Sie im NIS-*Makefile*, das auf den meisten Systemen in */var/yp* zu finden ist. NIS-Masters, Slaves und Clients, die die gleichen NIS-Maps benutzen, bilden zusammen eine *NIS-Domain*.

Mit NIS wird die Netzwerk-Administration deutlich vereinfacht. Wenn z. B. bei *oog. org* ein neuer Rechner angeschafft wird, ist es kein Problem, diesen in das Netz zu integrieren. Der Administrator bearbeitet die Host-Datei auf dem Master-Server und sorgt dafür, daß die NIS-Maps erzeugt und verteilt werden – und schon »kennt« jede Maschine in der NIS-Domain den neuen Rechner. Mit NIS muß man Informationen nur an einem Ort eingeben, NIS bietet außerdem eine gewisse Redundanz (wenn ein Server aussteigt, kann ein Client einen anderen anfragen) und eine Lastverteilung (die Clients brauchen nicht alle den gleichen Server anzufragen).

---

2 NISGINA von Nigel Williams ist eine solche Bibliothek. Sie ist unter *http://www.dcs.qmw.ac.uk/~williams/* zu finden; suchen Sie in den Mailinglisten-Archiven nach Informationen zur neuesten Version.

Sehen wir nun zu, wie Perl uns bei Aufgaben unterstützen kann, die mit NIS zusammenhängen. Der erste Schritt ist das Einbringen der Daten in das NIS-System. Sie werden erstaunt sein: Das haben wir bereits erledigt. Unsere Programme erzeugen die Host-Datei für den Master-Server. Sie muß nur in das richtige Verzeichnis gebracht werden, und schon wird sie von NIS importiert (indem man im Verzeichnis /var/yp den Befehl *make* eingibt). Das *Makefile* im Verzeichnis /var/yp ist so voreingestellt, daß es die Konfigurationsdateien des Master-Servers gleich auch als Quelldateien für die NIS-Maps benutzt.

Es ist oft ratsam, die Quelldateien für das ganze Netz unabhängig von den Konfigurationsdateien des Master-Servers zu halten; dazu muß das *Makefile* entsprechend geändert werden. So kann man den NIS-Master anders konfigurieren als die restlichen Rechnern. Oft will man etwa eine andere /etc/passwd-Datei auf dem Server als auf den Clients haben, damit sich nicht jeder auf den Server einloggen kann.

Interessanter ist es, einen Server nach Daten aus dem NIS-System abzufragen. Am einfachsten macht man das von Perl aus mit dem `Net::NIS`-Modul von Rik Harris. Dieses Modul ist zwar seit 1995 im Alpha-Stadium, aber es funktioniert recht gut.[3]

In diesem Beispiel holen wir die ganze Hosts-NIS-Map mit einem einzigen Aufruf einer Routine aus `Net::NIS` und geben sie in ähnlicher Art aus, wie der NIS-Befehl *ypcat* das tun würde:

```
use Net::NIS;
# Name der Default-Domain feststellen.
my $domain = Net::NIS::yp_get_default_domain();
# Map abholen.
my ($status, $info) = Net::NIS::yp_all($domain, "hosts.byname");
foreach my $name (sort keys %{$info}) {
    print "$name => $info->{$name}\n";
}
```

Zunächst fragen wir den lokalen Rechner an, in welcher NIS-Domain wir uns befinden. Damit können wir `Net::NIS::yp_all()` aufrufen und die komplette Hosts-Map verlangen. Die Funktion gibt einen Status-Code zurück (den wir nicht auswerten können, siehe Fußnote) und eine Referenz auf einen Hash, der die Map enthält. Diese Map geben wir mit der üblichen Dereferenzierungssyntax aus.

---

3   Mir ist nur eine kleine Unzulänglichkeit aufgefallen: In der Dokumentation wird zum Testen auf Fehler der Vergleich mit vordefinierten Konstanten wie `Net::NIS::ERR_KEY`, `Net::NIS::ERR_MAP` usw. empfohlen. Leider definiert das Modul diese Konstanten gar nicht. Am einfachsten überprüft man die String-Länge der zurückgegebenen Daten, oder man vergleicht die Status-Codes mit den Konstanten aus den C-Header-Dateien von NIS.

Wenn wir an der IP-Adresse eines einzelnen Rechners interessiert sind, ist es effizienter, vom Server nur gerade diesen einen Eintrag aus der Map zu verlangen:

```
use Net::NIS;

my $hostname = "olaf.oog.org";

my $domain = Net::NIS::yp_get_default_domain();
my ($status, $info) = Net::NIS::yp_match($domain, "hosts.byname", $hostname);

print $info, "\n";
```

Die Routine `Net::NIS::yp_match()` gibt wieder einen Status-Code und den gesuchten Wert (diesmal als Skalar) zurück.

Wenn bei Ihnen das Modul `Net::NIS` nicht richtig läuft, können Sie immer noch auf die Methode »externes Programm aufrufen« zurückgreifen – z. B.:

```
@hosts = `<Pfadname>/ypcat hosts`;
```

oder:

```
open(YPCAT, "<Pfadname>/ypcat hosts|");
while (<YPCAT>) {...}
```

Wir beenden den Abschnitt mit einem Beispiel, das diese Technik mit dem `Net::NIS`-Modul kombiniert. Dieses kleine, aber nützliche Programm fragt NIS nach den vorhandenen Servern und versucht dann, jeden Server einzeln mit dem *yppoll*-Programm zu kontaktieren. Wenn ein Server nicht auf die normale Weise antwortet, beschwert es sich:

```
use Net::NIS;

my $yppoll_prog = "/usr/etc/yp/yppoll"; # Pfadname des yppoll-Programms.

my $domain = Net::NIS::yp_get_default_domain();

my ($status, $info) = Net::NIS::yp_all($domain, "ypservers");

foreach my $name (sort keys %{$info}) {
    my $answer = `$yppoll_prog -h $name hosts.byname`;
    if ($answer !~ /has order number/) {
        warn "Server $name antwortet nicht korrekt!\n";
    }
}
```

NIS+

Mit Solaris, dem neuen Betriebssystem von Sun, wurde auch NIS+ eingeführt. In NIS+ sind die meisten der ernsthaften Unzulänglichkeiten von NIS beseitigt, insbesondere die Sicherheitsprobleme. Leider (oder glücklicherweise, weil NIS+ nicht gerade ein leichter Brocken ist) war NIS+ in der Unix-Welt kein annähernd so großer Erfolg wie NIS beschieden. Bis vor kurzem gab es NIS+ ausschließlich auf Sun-Rechnern. Mit der Implementation von Thorsten Kukuk (vgl. *http://www.suse.de/~kukuk/nisplus/index.html*) faßt es langsam bei Linux-Distributionen Fuß, aber es ist nach wie vor in der Unix-Welt selten anzutreffen und auf NT/2000 oder MacOS gar nicht verfügbar.

Aus diesen Gründen ist NIS+ für uns nur am Rande interessant, und wir werden uns nicht weiter damit befassen. Wenn Sie NIS+ via Perl benutzen wollen, gibt es, ebenfalls von Rik Harris, dazu das Modul `Net::NISPlus`.

Windows Internet Name Server (WINS)

Als Microsoft sein proprietäres Protokoll NetBIOS auch über TCP/IP einsetzte, mußte auch hier eine Lösung für die Adreß-zu-Rechnernamen-Zuordnung gefunden werden. Der erste Versuch war die *lmhosts*-Datei, ganz nach der üblichen Hosts-Datei. Bald darauf gab es dazu ein NIS-ähnliches System. Mit NT Version 3.5 wurde ein zentralisiertes System mit dem Namen WINS (Windows Internet Name Server) eingeführt. WINS unterscheidet sich in einigen Aspekten von NIS:

- WINS ist auf die Zuordnung von Rechnernamen auf Rechneradressen beschränkt. Man kann damit nicht wie mit NIS auch andere Daten an zentraler Stelle halten (wie etwa Paßwörter, Netzwerk- und Portnummern, Benutzergruppen usw.).

- Ein WINS-Server bekommt seine Informationen von den einzelnen Clients, wenn sie sich beim Server registrieren (man kann auch serverseitig Informationen vorher laden). Wenn ein WINS-Client einmal manuell oder via DHCP (Dynamic Host Configuration Protocol) seine IP-Adresse erhalten hat, ist er selbst dafür verantwortlich, daß seine Daten beim Server registriert und wieder gelöscht werden. Das ist ein wesentlicher Unterschied zu NIS, wo alle Daten mit einer Ausnahme (Paßwörter) auf dem Server eingegeben werden und die Clients Informationen nur abfragen.

Wie bei NIS kann man die Server-Last auch bei WINS auf mehrere Rechner verteilen, was außerdem auch der Zuverlässigkeit dient. Mit der Einführung von Windows 2000 soll aber WINS nur noch wo nötig verwendet werden (d. h., es ist für Microsoft gestorben), weil es durch den *Dynamischen Domain Name Service* abgelöst wird, eine Erweiterung des normalen DNS, den wir gleich besprechen werden.

Da die Tage von WINS gezählt sind, werden wir kein Perl-Programm entwickeln, das sich damit befaßt. Es gibt wenig Unterstützung von WINS in Perl; mir ist kein Modul dafür bekannt. Die beste Methode wird sein, eines der Befehlszeilen-Programme aus dem Windows NT Server Resource Kit aufzurufen, z. B. *WINSCHK* oder *WINSCL*.

Domain Name Service (DNS)

So brauchbar NIS und WINS sind, sie beide haben Unzulänglichkeiten, die es unmöglich machen, diese Art von Namensdiensten auf das ganze Internet auszudehnen.

Skalierbarkeit
Bei beiden Systemen werden wohl mehrere Server unterstützt, aber jeder Server hat die vollständige Information über das ganze Netzwerk und seine Topologie.[4] Diese Topologie muß auf jeden Slave-Server transferiert werden, was bei großen Netzwerken seine Zeit braucht. Bei WINS steht das Konzept der dynamischen Registrierung im Wege. Wenn zu viele WINS-Clients sich gleichzeitig registrierten, würden zentrale WINS-Server sehr bald unter der Last zusammenbrechen.

Kontrolle der Administration
Bisher haben wir uns ausschließlich mit technischen Themen beschäftigt. Wenn wir zum Internet übergehen, müssen wir aber auch andere Gesichtspunkte in Betracht ziehen. Insbesondere bei NIS gibt es nur einen einzigen Administrator. Wer den Master-Server betreibt, kontrolliert auch die ganze NIS-Domain, also das ganze Netzwerk. Jede Änderung muß durch die Administration des Master-Servers hindurch. Ein solches Schema kann bei einem Namensraum von der Größe des Internets nicht funktionieren.

Der *Domain Name Service* (DNS) wurde entwickelt, um die Unzulänglichkeiten von Host-Dateien oder NIS/NIS+/WINS-artigen Systemen zu überwinden. Bei DNS wird der Namensraum des Netzwerks zunächst in eine etwas zufällig gewählte Anzahl von sogenannten »Top-Level-Domains« unterteilt. Jede Top-Level-Domain kann in Unterdomains aufgegliedert werden, jede davon kann wieder aufgeteilt werden usw. Bei jeder Aufteilungsstufe kann auch die Verantwortung und Administration an eine andere Organisation delegiert werden. So kann dem Problem der administrativen Kontrolle begegnet werden.

Ein Rechner, der auf einer beliebigen Stufe im Netzwerk steht, sendet seine Anfrage im allgemeinen an den nächsten Domainnamen-Server im Netzwerk. Wenn dieser die Anfrage beantworten kann, tut er das. Bei den meisten Netzen betrifft der überwiegende Teil der Anfragen zur Auflösung von Rechnernamen in Adressen das eigene, lokale Netz, also behandeln lokale Server vor allem lokale Anfragen. Damit wird das Problem der Skalierbarkeit gelöst. Man kann zusätzliche DNS-Server (die sekundäre Server oder Slave-Server genannt werden) einrichten und so die Ausfallsicherheit erhöhen und die Last verteilen.

Wenn ein DNS-Server eine Anfrage bekommt, zu der er keine Informationen hat, kann er entweder dem Client mitteilen, daß er woanders suchen soll (typischerweise weiter oben in der Hierarchie), oder er kann im Auftrag des Clients diese Suche selbst vornehmen, indem er andere DNS-Server fragt.

---

[4] Bei NIS+ kann ein Client auch auf Informationen von außerhalb der lokalen Organisation zugreifen, aber der Mechanismus ist nicht so flexibel wie bei DNS.

Mit diesem Schema braucht kein einziger Server die Topologie des ganzen Netzes zu kennen, die meisten Anfragen betreffen lokale Informationen, die lokalen Organisationen behalten die Kontrolle – Freude herrscht. DNS hat gegenüber anderen Verfahren derartige Vorteile, daß die meisten dieser anderen Systeme DNS-Anfragen integrieren können. Zum Beispiel kann man den NIS-Server auf einer Sun so konfigurieren, daß er eine Anfrage an das DNS-System schickt, wenn er einen Namen oder eine Adresse nicht kennt. Die Antwort wird in der gleichen Art wie eine normale NIS-Antwort zurückgegeben, so daß der Client gar nicht merkt, daß DNS im Spiel war. Umgekehrt kann ein DNS-Server von Microsoft einen WINS-Server anfragen, wenn ein Client die Adresse eines lokalen Rechners wissen will.

Konfigurationsdateien für DNS-Server erzeugen

Die Konfigurationsdateien für einen DNS-Server kann man nach dem gleichen schrittweisen Vorgehen wie bei Host-Dateien und NIS aufbauen:

- Die eigentlichen Daten werden in einer besonderen, separaten Datenbank abgelegt und nachgeführt (meist und mit Vorteil die gleiche Datenbank wie für die bisher behandelten Formate).
- Die Daten werden in das geforderte Format umgesetzt, dabei werden sie auf Unstimmigkeiten und Fehler überprüft.
- Wir benutzen RCS (oder ein anderes Versionskontrollsystem), damit wir jederzeit auf ältere Versionen der Dateien zurückgreifen können.

Für das DNS-System muß der zweite Schritt etwas ausgebaut werden, weil die Übersetzung in das DNS-Format etwas anspruchsvoller ist. Vielleicht hilft Ihnen das Buch *DNS und BIND* von Paul Albitz und Cricket Liu (O'Reilly), in dem die Konfigurationsdateien, die wir hier erzeugen werden, genauer erläutert sind.

Ausgabe des administrativen Header-Abschnitts

DNS-Konfigurationsdateien beginnen mit einem Abschnitt, der die administrativen Informationen zum Server und den darin vorhandenen Daten enthält. Datensätze in DNS-Konfigurationsdateien heißen *Resource Records*. Der wichtigste Teil des administrativen Abschnitts ist der sogenannte *Start of Authority*-(SOA-)Resource-Record. Er enthält:

- Den Namen der administrativen Domain, die der Server verwaltet
- Den Namen des primären DNS-Servers für diese Domain
- Die Kontaktadresse des Administrators
- Die Seriennummer der Konfigurationsdatei (mehr dazu später)
- Die *Refresh*- und *Retry*-Zeiten für die sekundären Server (d. h. die Angabe, wie oft sich diese mit dem primären Server synchronisieren sollen)
- Die *Time-To-Live*-Werte (TTL-Werte) für die Daten des Servers (d. h. die Angabe, wie lange die vom Server ausgegebenen Antworten gültig sind und daher aufbewahrt werden dürfen)

Hier sehen Sie ein Beispiel für einen SOA-Record:

```
@ IN SOA    dns.oog.org. hostmaster.oog.org. (
                1998052900 ; serial
                10800      ; refresh
                3600       ; retry
                604800     ; expire
                43200)     ; TTL

@                          IN NS    dns.oog.org.
```

Der größere Teil davon wird einfach am Anfang jeder Konfigurationsdatei genau so hingeschrieben. Wir müssen uns eigentlich nur um die Seriennummer kümmern. Alle X Sekunden (X ist dabei der *Refresh*-Wert von oben) fragen die sekundären Nameserver den Master-Server, ob neue Daten vorliegen. Bei neueren DNS-Servern (BIND v8+ oder dem DNS-Server von Microsoft) kann außerdem der Master-Server den sekundären Servern mitteilen, daß sie ihn kontaktieren sollen. In beiden Fällen erfragt der sekundäre Server vom primären nur den SOA-Record und vergleicht die Seriennummern. Wenn die Nummer vom Master höher ist, beginnt der Slave mit einem *Zone Transfer*, das heißt, er lädt die vollständigen Konfigurationsdateien vom Master herunter. Es ist daher sehr wichtig, daß die Seriennummern in den Master-Dateien bei jeder Änderung erhöht werden. Viele DNS-Probleme rühren von da her, daß die Seriennummer vergessen wurde.

Es gibt mindestens zwei Methoden, die sicherstellen, daß die Seriennummern jedesmal erhöht werden:

1. Man liest die letzte Version der Konfigurationsdatei ein und erhöht den Wert daraus um Eins.
2. Man berechnet die Nummer nach einem Algorithmus, der sicherstellt, daß die resultierende Zahl mit der Zeit monoton zunimmt (z. B. die Systemzeit oder der RCS-Zeitstempel aus der Datenbank).

Das folgende Programmbeispiel benutzt eine Kombination dieser zwei Ansätze und erzeugt einen Header-Abschnitt für eine DNS-Konfigurationsdatei. Die Seriennummer wird nach dem Vorschlag aus dem Buch von Albitz und Liu aufgebaut (JJJJMMTTXX mit J=Jahr, M=Monat, T=Tag und XX, einer zweistelligen Laufnummer, die mehr als eine Änderung pro Tag erlaubt):

```
# Das Datum von heute im Format JJJJMMTT.
@localtime = localtime;
$today = sprintf("%04d%02d%02d", $localtime[5]+1900,
                                 $localtime[4]+1,
                                 $localtime[3]);

# Benutzername ermitteln – Unix oder NT/2000.
$user = ($^O eq "MSWin32")? $ENV{USERNAME} :
                (getpwuid($<))[6]." (".(getpwuid($<))[0].")";
```

```perl
sub SOA_Header {
    my($header, $olddate, $count, %n_abt);

    # Alte Zonendatei öffnen und nach Seriennummer suchen – wir nehmen hier an,
    # daß die alte Version im gleichen Format geschrieben ist.
    if (open (OLDZONE, $zonedatei)) {
        while (<OLDZONE>) {
            last if ($olddate, $count) = /(\d{8})(\d{2}).*serial/;
        }
        close (OLDZONE);
    }

    # Wenn $count definiert ist, haben wir eine alte Seriennummer gefunden.
    # Wenn die alte Seriennummer mit dem Datum von heute beginnt, zählen wir die
    # letzten zwei Ziffern hinauf, sonst beginnen wir mit einer neuen Nummer für heute.
    $count = (defined $count and $olddate eq $today) ? $count+1 : 0;

    my $serien_nr = sprintf("%8d%02d", $today, $count);

    # Anfang des Headers.
    $header  = "; DNS-Zonendatei - ERZEUGT VON $0\n";
    $header .= "; NICHT VON HAND VERÄNDERN!\n;\n";
    $header .= "; Konvertiert durch $user; " . scalar((localtime)) . "\n;\n";

    # Anzahl der Rechner in jeder Abteilung und total als Kommentar eintragen.
    foreach my $eintr (keys %eintrag) {
        $n_abt{$eintrag{$eintr}->{abteilung}}++;
    }
    foreach my $abt (keys %n_abt) {
        $header .= "; Anzahl Rechner in Abteilung $abt: " .
                   $n_abt{$abt} . ".\n";
    }
    $header .= "; Anzahl Rechner total: " . scalar(keys %eintrag) . ".\n;\n\n";

    $header .= <<"EOH";

@ IN SOA    dns.oog.org. hostmaster.oog.org. (
                        $serien_nr ; serial
                        10800      ; refresh
                        3600       ; retry
                        604800     ; expire
                        43200      ; TTL

@                       IN NS    dns.oog.org.

EOH

    return $header;
}
```

Unsere Routine versucht, die bestehende Zonendatei zu öffnen und darin eine Seriennummer zu finden. Diese Zahl wird in einen Datum-Teil und eine Laufnummer aufgeteilt. Wenn das Datum das von heute ist, müssen wir die Laufnummer erhöhen, sonst erzeugen wir eine neue Seriennummer mit dem Datum von heute und der Laufnummer 00. Der Rest der Routine gibt den Header formatiert aus und fügt etwas Statistik in Kommentarform dazu.

Mehrere Zonendateien erzeugen

Jetzt wissen wir, wie man die Kopfzeilen der DNS-Konfigurationsdateien erzeugt, aber bei DNS ist die Sache etwas komplizierter als bisher. Ein richtig konfigurierter DNS-Server braucht nämlich für jede Domain oder *Zone*, die er kontrolliert, sowohl eine *Zonendatei* für die Vorwärtsrichtung (Rechnername zu IP-Adresse) als auch eine für die umgekehrte Richtung (IP-Adresse zu Rechnername). Also müssen wir für jede Zone zwei Dateien schreiben. Am besten erzeugt man beide Dateien zur gleichen Zeit, damit sich die Daten darin nicht widersprechen.

Dies ist das letzte Skript in diesem Kapitel, das Konfigurationsdateien erzeugt, deshalb packen wir alles hinein, was wir unterwegs gelernt haben. Unser Programm liest die bekannte einfache Text-Datenbank und schreibt die nötigen DNS-Zonendateien.

Damit das Programm nicht zu komplex wird, bin ich von ein paar Annahmen über die vorhandenen Daten ausgegangen, die im wesentlichen die Topologie des Netzes betreffen. Das Programm geht davon aus, daß wir nur ein einziges Klasse-C-Netz und eine einzige DNS-Zone haben. Daher müssen wir nur gerade eine Zonendatei für die Vorwärts- und eine für die Rückwärtsrichtung erzeugen. Das Hinzufügen von weiteren Subnetzen (d. h. das Erzeugen von weiteren Zonendateien) ist eine einfache Übung.

Wir gehen in folgenden Schritten vor:

1. Die Datenbank wird in einen Hash von Hashes eingelesen, dabei werden die Daten geprüft.
2. Der Header wird erzeugt.
3. Die Vorwärts-Zonendatei (Rechnername zu IP-Adresse) wird erzeugt und mit RCS eingecheckt.
4. Die Rückwärts-Zonendatei (IP-Adresse zu Rechnername) wird erzeugt und mit RCS eingecheckt.

Hier folgen das Programm und seine Ausgabe:

```
use Rcs;

my $datenbank     = "./rechnerdaten";   # Unsere Rechnerdatenbank.
my $outputdatei   = "zone.$$";          # Temporärdatei.
my $zonedatei     = "zone.db";          # Zonendatei für Vorwärtsrichtung.
my $rev_zone      = "rev.db";           # Zonendatei für Rückwärtsrichtung.
my $defzone       = ".oog.org";         # Name der Zone oder Domain.
my $trennsymbol   = "-=-\n";
my(%eintrag, %addrs);
```

```perl
# Das Datum von heute im Format JJJJMMTT.
my @localtime = localtime;
my $today = sprintf("%04d%02d%02d", $localtime[5]+1900,
                                    $localtime[4]+1,
                                    $localtime[3]);

# Benutzername ermitteln – Unix oder NT/2000.
my $user = ($^O eq "MSWin32")? $ENV{USERNAME} :
                               (getpwuid($<))[6]." (".(getpwuid($<))[0].")";

# Datenbank nicht in Zeilen, sondern in ganzen Datensätzen einlesen.
open(DATA, $datenbank) or die "Kann $datenbank nicht öffnen: $!\n";
{
    local $/ = $trennsymbol;
    while (<DATA>) {
        chomp; # Trennsymbol entfernen.
        # In Schlüssel1, Wert1 usw. splitten.
        my @datensatz = split /:\s*|\n/;

        my $datensatz = {};          # Referenz auf einen leeren Hash erzeugen.
        %{$datensatz} = @datensatz;  # Diesen Hash mit den Elementen
                                     # von @datensatz füllen.
        # Auf unzulässige Zeichen in Rechnernamen testen.
        if ($datensatz->{name} =~ /[^-.a-zA-Z0-9]/) {
            warn "!!! Rechnername $datensatz->{name} enthält unzulässige " .
                 "Zeichen, Datensatz ignoriert...\n";
            next;
        }

        # Auf unzulässige Zeichen in Aliasnamen testen.
        if ($datensatz->{aliases} =~ /[^-.a-zA-Z0-9*]/) {
            warn "!!! Alias $datensatz->{name} enthält unzulässige " .
                 "Zeichen, Datensatz ignoriert...\n";
            next;
        }

        # IP-Adresse muß vorhanden sein.
        if (! $datensatz->{adresse}) {
            warn "!!! $datensatz->{name} hat keine IP-Adresse, " .
                 "Datensatz ignoriert...\n";
            next;
        }

        # Auf mehrfach vergebene IP-Adressen prüfen.
        if (defined $addrs{$datensatz->{adresse}}) {
            warn "!!! IP-Adresse mehrfach vorhanden: $datensatz->{name} &" .
                 " $addrs{$datensatz->{adresse}}, Datensatz ignoriert...\n";
            next;
        }
        else {
            $addrs{$datensatz->{adresse}} = $datensatz->{name};
        }
```

```perl
            # Im Hash von Hashes abspeichern.
            $eintrag{$datensatz->{name}} = $datensatz;
    }
}
close(DATA);

my $header = &SOA_Header;

# Zonendatei für die Vorwärtsrichtung erzeugen.
open(OUTPUT, "> $outputdatei") or die "Kann $outputdatei nicht öffnen: $!\n";
print OUTPUT $header;

foreach my $eintr (sort nach_adresse keys %eintrag) {
    print OUTPUT "; Benutzer: ", $eintrag{$eintr}->{benutzer},   " (",
                                 $eintrag{$eintr}->{abteilung}, "): ",
                                 $eintrag{$eintr}->{gebaeude},  "/",
                                 $eintrag{$eintr}->{zimmer},    "\n";

    # DNS-Resource-Record vom Typ A (Adresse) ausgeben.
    printf OUTPUT "%-23s IN A      %s\n",
        $eintrag{$eintr}->{name}, $eintrag{$eintr}->{adresse};

    # Aliases (falls vorhanden) in Records vom Typ CNAME ausgeben.
    if (defined $eintrag{$eintr}->{aliases}) {
        foreach my $alias (split(' ', $eintrag{$eintr}->{aliases})) {
            printf OUTPUT "%-23s IN CNAME %s\n", $alias,
                                        $eintrag{$eintr}->{name};
        }
    }
    print OUTPUT "\n";
}
close(OUTPUT);

Rcs->bindir('/usr/local/bin');
my $rcsobj = Rcs->new;
$rcsobj->file($zonedatei);
$rcsobj->co('-l'); # Auschecken (muß bereits in RCS enthalten sein).
rename($outputdatei, $zonedatei) or
    die "Kann $outputdatei nicht in $zonedatei umbenennen: $!\n";
$rcsobj->ci("-u", "-m" . "Konvertiert durch $user; " . scalar(localtime));

# Nun die Zonendatei für die Rückwärtsrichtung.
open(OUTPUT, "> $outputdatei") or
    die "Kann $outputdatei nicht schreiben: $!\n";
print OUTPUT $header;
foreach my $eintr (sort nach_adresse keys %eintrag) {
    print OUTPUT "; Benutzer: ", $eintrag{$eintr}->{benutzer},   " (",
                                 $eintrag{$eintr}->{abteilung}, "): ",
                                 $eintrag{$eintr}->{gebaeude},  "/",
                                 $eintrag{$eintr}->{zimmer},    "\n";
```

```
        # DNS-Resource-Record vom Typ PTR (Pointer) ausgeben.
        printf OUTPUT "%-3d     IN PTR    %s$defzone.\n\n",
            (split/\./, $eintrag{$eintr}->{adresse})[3],
            $eintrag{$eintr}->{name};
    }

    close(OUTPUT);
    $rcsobj->file($rev_zone);
    $rcsobj->co('-l'); # Auschecken (muß bereits in RCS enthalten sein).
    rename($outputdatei, $rev_zone) or
        die "Kann $outputdatei nicht in $rev_zone umbenennen: $!\n";
    $rcsobj->ci("-u", "-m" . "Konvertiert durch $user; " . scalar(localtime));

    sub SOA_Header {
        my($header, $olddate, $count, %n_abt);
        if (open (OLDZONE, $zonedatei)) {
            while (<OLDZONE>) {
                last if ($olddate, $count) = /(\d{8})(\d{2}).*serial/;
            }
            close (OLDZONE);
        }

        $count = (defined $count and $olddate eq $today) ? $count+1 : 0;
        my $serien_nr = sprintf("%8d%02d", $today, $count);

        $header  = "; DNS-Zonendatei - ERZEUGT VON $0\n";
        $header .= "; NICHT VON HAND VERÄNDERN!\n;\n";
        $header .= "; Konvertiert durch $user; " . scalar((localtime)) . "\n;\n";

        # Anzahl der Rechner in jeder Abteilung und total als Kommentar eintragen.
        foreach my $eintr (keys %eintrag) {
            $n_abt{$eintrag{$eintr}->{abteilung}}++;
        }
        foreach my $abt (keys %n_abt) {
            $header .= "; Anzahl Rechner in Abteilung $abt: " .
                       $n_abt{$abt} . ".\n";
        }
        $header .= "; Anzahl Rechner total: " . scalar(keys %eintrag) . ".\n;\n";

        $header .= <<"EOH";
@  IN SOA   dns.oog.org. hostmaster.oog.org. (
                        $serien_nr ; serial
                        10800      ; refresh
                        3600       ; retry
                        604800     ; expire
                        43200)     ; TTL

@                 IN NS    dns.oog.org.

EOH
```

```
        return $header;
}

sub nach_adresse {
    my @a = split(/\./, $eintrag{$a}->{adresse});
    my @b = split(/\./, $eintrag{$b}->{adresse});
    ($a[0] <=> $b[0]) ||
    ($a[1] <=> $b[1]) ||
    ($a[2] <=> $b[2]) ||
    ($a[3] <=> $b[3]);
}
```

Die erzeugte Zonendatei für die Vorwärts-Abbildung (*zone.db*) sieht so aus:

```
; DNS-Zonendatei - ERZEUGT VON createdns
; NICHT VON HAND VERÄNDERN!
;
; Konvertiert durch David N. Blank-Edelman (dnb); Fri May 29 15:46:46 1998
;
; Anzahl Rechner in Abteilung IT: 2.
; Anzahl Rechner in Abteilung Software: 1.
; Anzahl Rechner in Abteilung Design: 1.
; Anzahl Rechner total: 4.
;

@ IN SOA    dns.oog.org. hostmaster.oog.org. (
                     2000121306 ; serial
                     10800      ; refresh
                     3600       ; retry
                     604800     ; expire
                     43200)     ; TTL

@                    IN NS    dns.oog.org.

; Benutzer: Cindy Coltrane (IT): Altbau/143
bendir               IN A     192.168.1.3
ben                  IN CNAME bendir
bendoodles           IN CNAME bendir

; Benutzer: David Davis (Software): Hochhaus/909
shimmer              IN A     192.168.1.11
shim                 IN CNAME shimmer
shimmy               IN CNAME shimmer
shimmydoodles        IN CNAME shimmer

; Benutzer: Ellen Monk (Design): Hochhaus/1116
sulawesi             IN A     192.168.1.12
sula                 IN CNAME sulawesi
su-lee               IN CNAME sulawesi
```

```
; Benutzer: Alex Rollins (IT): Hochhaus/1101
sander                  IN A      192.168.1.55
sandy                   IN CNAME  sander
micky                   IN CNAME  sander
mickydoo                IN CNAME  sander
```

Im folgenden ist die Datei für die umgekehrte Richtung (*rev.db*) dargestellt:

```
; DNS-Zonendatei - ERZEUGT VON createdns
; NICHT VON HAND VERÄNDERN!
;
; Konvertiert durch David N. Blank-Edelman (dnb); Fri May 29 15:46:46 1998
;
; Anzahl Rechner in Abteilung IT: 2.
; Anzahl Rechner in Abteilung Software: 1.
; Anzahl Rechner in Abteilung Design: 1.
; Anzahl Rechner total: 4.
;

@ IN SOA    dns.oog.org. hostmaster.oog.org. (
                2000121306  ; serial
                10800       ; refresh
                3600        ; retry
                604800      ; expire
                43200)      ; TTL

@                       IN NS     dns.oog.org.

; Benutzer: Cindy Coltrane (IT): Altbau/143
3         IN PTR     bendir.oog.org.

; Benutzer: David Davis (Software): Hochhaus/909
11        IN PTR     shimmer.oog.org.

; Benutzer: Ellen Monk (Design): Hochhaus/1116
12        IN PTR     sulawesi.oog.org.

; Benutzer: Alex Rollins (IT): Hochhaus/1101
55        IN PTR     sander.oog.org.
```

Diese Art, Dateien zu erzeugen, eröffnet viele neue Möglichkeiten. Bis jetzt enthielten die erzeugten Dateien ausschließlich Daten, die wir aus einer einzelnen Text-Datenbank eingelesen hatten. Wir lesen einen Datensatz aus unserer Datenbank und geben ihn in veränderter Form wieder aus, möglicherweise etwas ansprechender formatiert. Nur Daten, die auch in der Datenbank sind, landen schließlich in den erzeugten Dateien.

Manchmal ist es ganz vernünftig, auch während des Umsetzungsprozesses im Skript selbst zusätzliche Inhalte dazuzufügen. Zum Beispiel könnte man bei DNS-Zonendateien für jeden Rechner einen sogenannten MX-Eintrag (Mail eXchanger) einfügen, der auf einen zentralen E-Mail-Server verweist. Das erfordert nur eine beinahe triviale Änderung; die Zeile:

```
# DNS-Resource-Record vom Typ A (Adresse) ausgeben.
printf OUTPUT "%-23s IN A      %s\n",
    $eintrag{$eintr}->{name}, $eintrag{$eintr}->{adresse};
```

wird etwas erweitert:

```
# DNS-Resource-Record vom Typ A (Adresse) ausgeben.
printf OUTPUT "%-23s IN A      %s\n",
    $eintrag{$eintr}->{name}, $eintrag{$eintr}->{adresse};

# MX-Record ausgeben.
print OUTPUT "                        IN MX 10 $mailserver\n";
```

So teilt man dem DNS-System mit, daß E-Mail für alle Rechner dieser Domain an den Computer `$mailserver` gesandt werden soll. Wenn diese Maschine auch wirklich so konfiguriert ist, daß sie E-Mail-Meldungen für die ganze Domain empfangen kann, dann haben wir eine sehr wertvolle Arbeit geleistet: Wir haben die E-Mail-Verarbeitung mit einer Zeile Perl zentralisiert.

Konsistenzprüfung von DNS-Servern: Drei Versionen

Ein ansehnlicher Teil dieses Kapitels hat sich damit befaßt, wie man Konfigurationsdaten für einen Namensdienst erzeugen kann; aber für den Netz- oder Systemadministrator ist das ist nur eine Seite der Medaille. Zur Pflege eines Netzes gehört auch die Überprüfung dieser Dienste, das Testen, ob sie sich korrekt und konsistent verhalten.

Eine Frage, die bei im täglichen Betrieb oft auftaucht, ist etwa: »Laufen alle meine DNS-Server?« Wenn Probleme auftauchen, verändert sich die Frage bereits zu: »Geben alle Server die gleichen Informationen zurück?« oder noch genauer: »Beantworten alle Server dieselbe Anfrage gleich? Sind sie synchronisiert, wie es sein sollte?« Um solche Probleme geht es in diesem Abschnitt.

In Kapitel 2, *Dateisysteme*, haben wir das Motto von Perl »Viele Wege führen zum Ziel« zum ersten Mal ausgelotet. Weil Perl so vielseitig ist, kann man die Sprache sehr gut für die »iterative Programmentwicklung« brauchen. Iterative Programmentwicklung ist eine Art, den evolutionären Vorgang darzustellen, nach dem Programme in der Systemadministration (und auch in anderen Gebieten) oft entstehen. Mit Perl entstehen Programme in der ersten Phase oft als regelrechte Hacks, die ein im Moment brennendes Problem sehr schnell lösen. Später wird das Skript vielleicht überarbeitet und von Grund auf neu und eleganter geschrieben. Nicht selten gibt es eine dritte Version, bei der das Problem nochmal auf andere Art angegangen wird.

Hier präsentiere ich drei verschiedene Programme, die alle das gleiche Problem – Konsistenzprüfung von DNS-Servern – lösen sollen. Die Programme werden in der Reihenfolge aufgeführt, wie sie ein Systemadministrator in einer realen Umgebung entwickeln würde, wenn das Problem immer feiner und genauer angegangen wird. Die Reihenfolge spiegelt eine mögliche Art wider, das Problem anzugehen, Ihre Ansicht mag davon abweichen. Der dritte Ansatz, der das Net::DNS-Modul benutzt, ist wahrscheinlich der einfachste und der sicherste. Aber mit Net::DNS kann man nicht jeder Situation begegnen, daher besprechen wir noch zwei andere Methoden. Zu jedem Ansatz werden die Vor- und Nachteile diskutiert.

Wir haben die folgende Aufgabe: Es soll ein Perl-Skript geschrieben werden, das Anfragen an alle DNS-Server aus einer Liste sendet und die Antworten miteinander vergleicht. Damit die Programme nicht zu kompliziert werden, gehen wir davon aus, daß jeder Server nur eine einzige, statische IP-Adresse besitzt (d. h. er hat nur ein Netzwerk-Interface).

Alle Skripten haben zunächst das gleiche Grundschema, also den gleichen Kern:

```perl
my $hostname = $ARGV[0];
my @servers  = qw(nameserver1 nameserver2 nameserver3); # DNS-Nameserver.
my %resultate;

foreach my $server (@servers) {
    &lookupaddress($hostname, $server);    # Schreibt Ergebnis in %resultate.
}
my %inv = reverse %resultate;              # Resultat-Hash invertieren.
if (keys %inv > 1) {
    print "Die DNS-Server geben unterschiedliche Antworten:\n";
    use Data::Dumper;
    print Data::Dumper->Dump([\%resultate], ["resultate"]), "\n";
}
```

Wir rufen für jeden der in der Liste @servers aufgeführten DNS-Server die Subroutine &lookupaddress() auf. Die Funktion &lookupaddress() fragt den DNS-Server nach der Adresse des auf der Befehlszeile angegebenen Rechners und legt die Antwort in einem Hash %resultate ab. Zu jedem DNS-Server gibt es einen Schlüssel in diesem Hash, die Werte sind die gefundenen IP-Adressen.

Es gibt viele Möglichkeiten zu überprüfen, ob alle Werte des Hashes %resultate gleich sind, ob also alle DNS-Server die gleichen Antworten gegeben haben. Hier wird die folgende Methode verwendet: Aus dem Hash wird ein zweiter, umgedrehter Hash erzeugt, bei dem die Werte zu Schlüsseln und die Schlüssel zu Werten werden. Wenn alle Werte in %resultate gleich sind, sollte der inverse Hash nur genau einen Schlüssel besitzen. Wenn nicht, haben wir offenbar eine Unstimmigkeit, und wir geben den Inhalt von %resultate mittels Data::Dumper->Dump() formatiert aus.

So sieht die Ausgabe aus, wenn etwas schiefläuft:

```
Die DNS-Server geben unterschiedliche Antworten:
$resultate = {
            'nameserver1' => '192.168.1.2',
            'nameserver2' => '192.168.1.5',
            'nameserver3' => '192.168.1.2',
          };
```

Untersuchen wir nun die Teilnehmer beim Rennen um die beste `&lookupaddress()`-Routine.

Mit dem nslookup-Programm arbeiten

Wenn Unix Ihr Zuhause ist oder wenn Sie andere Skriptsprachen außer Perl kennen, dann wird Ihr erster Versuch wohl einem Shell-Skript recht nahe kommen. Im folgenden Skript erledigt ein externes Programm die eigentliche Arbeit:

```
use Data::Dumper;

my $hostname = $ARGV[0];
my $nslookup = "/usr/local/bin/nslookup";         # nslookup-Programm.
my @servers  = qw(nameserver1 nameserver2 nameserver3); # DNS-Nameserver.
my %resultate;
foreach my $server (@servers) {
    &lookupaddress($hostname, $server);      # Schreibt Ergebnis in %resultate.
}
my %inv = reverse %resultate;                # Resultat-Hash invertieren.
if (scalar(keys %inv) > 1) {
    print "Die DNS-Server geben unterschiedliche Antworten:\n";
    print Data::Dumper->Dump([\%resultate], ["resultate"]), "\n";
}

# Server soll die Adresse des Rechners $hostname ermitteln.
# Antwort in den %resultate-Hash packen.
sub lookupaddress {
    my($hostname, $server) = @_;

    open(NSLOOK, "$nslookup $hostname $server|") or
        die "Kann $nslookup nicht aufrufen: $!\n";

    while (<NSLOOK>) {
        # Alles bis "Name: " ignorieren.
        next until (/^Name:/);
        # Die nächste Zeile enthält nach dem String Address: die IP-Adresse(n).
        chomp($_ = <NSLOOK>);
        # Feldnamen entfernen.
        s/Address(es)?:\s+// or die "Fehler in der Ausgabe von nslookup\n";
        # Bei mehreren Interfaces Adressen sortieren.
        $resultate{$server} = join ', ', sort split /, /;
```

```
        # Den Rest der Ausgabe von nslookup brauchen wir nicht mehr.
        last;
    }
    close(NSLOOK);
}
```

Die Vorteile dieses Ansatzes sind folgende:

- Ein kleines Programm wie dieses ist schnell geschrieben (vielleicht wurde es Zeile für Zeile aus einem Shell-Skript übersetzt).
- Wir mußten uns nicht auf eine komplizierte Netzwerk-Programmierung einlassen.
- Der Ansatz befolgt eine Weisheit von Unix, nach der man kleine, spezialisierte Programme mit einer »Kitt-Sprache« wie Perl zu einem Programm zusammensetzen und nicht große, monolithische Programme schreiben soll.
- Unter bestimmten Umständen ist dies der einzig mögliche Ansatz, wenn man das Protokoll nicht in Perl programmieren kann oder wenn ein ganz spezieller Client benutzt werden muß.

Die Methode hat auch Nachteile:

- Sie verläßt sich auf ein Programm außerhalb des Skripts. Was geschieht aber, wenn das Programm nicht verfügbar ist oder wenn die Ausgabe des Programms verändert wird?
- Sie ist langsam. Für jede Anfrage muß ein Programm aufgerufen werden. Wir hätten dies mit einer Zweiwege-Pipe verbessern können, so daß ein einziger Aufruf von *nslookup* alle drei Anfragen erledigen könnte. Dazu wäre mehr Programmieraufwand und -erfahrung nötig, wenn aber diese Methode ausgebaut würde, wäre das sicher der Weg, den man einschlagen würde.
- Wir haben nicht die volle Kontrolle. Wir sind von den Möglichkeiten des externen Programms abhängig und können diese nicht erweitern. In diesem Beispiel können wir die Timeout-Werte, die Wiederholraten oder die Domain-Suchlisten des *nslookup*-Programms (oder, genauer gesagt, die der Resolver-Bibliotheksroutinen, die *nslookup* benutzt) nicht beeinflussen.

Arbeiten mit »nackten« Netzwerk-Sockets

Wenn Sie ein zu allem entschlossener, mit allen Wassern gewaschener Systemadministrator sind, dann ist natürlich der Aufruf eines externen Programms reine Kinderei. Sie programmieren das DNS-Protokoll direkt von Perl aus. Das bedeutet, daß Sie einzelne Netzwerkpakete von Hand zusammensetzen und diese abschicken müssen sowie die Antwortpakete vom Server auseinandernehmen müssen.

Dieses Programm enthält den vermutlich kompliziertesten Code in diesem Buch. Es ist aus der Lektüre der entsprechenden Referenzwerke und aus dem Studium von Beispielen (inklusive dem Modul von Michael Fuhr aus dem nächsten Abschnitt) entstanden. Hier bespreche ich nur im groben Zügen, was eigentlich vor sich geht. Die Anfrage an einen DNS-Server umfaßt zunächst den Aufbau eines ganz speziellen Paketes mit Header und Inhalt. Dieses Paket wird an einen DNS-Server geschickt, das Antwort-Paket wird empfangen und analysiert.[5]

Jedes DNS-Paket (der Sorte, an der wir interessiert sind) kann aus bis zu fünf Abschnitten aufgebaut sein:

Header (Kopfzeilen)
: Enthält Parameter und Zähler, die sich auf die Anfrage bzw. die Antwort beziehen (dieser Abschnitt ist in jedem Paket vorhanden).

Question (Anfrage)
: Enthält die eigentliche Anfrage an den Server (immer vorhanden).

Answer (Antwort)
: Enthält die vollständige Antwort des DNS-Servers (in jedem Antwort-Paket vorhanden).

Authority (maßgebliche Quelle)
: Enthält Informationen darüber, welche Server die ursprünglichen Daten im Antwort-Abschnitt besitzen; die Server also, die in der Terminologie von DNS *authoritative* sind.

Additional (Zusätzliches)
: Enthält zusätzliche Informationen, von denen der Server annimmt, daß sie dem Client nützlich sein können.

Unser Programm befaßt sich nur mit den ersten drei. Wir werden die notwendigen Datenstrukturen für den Header und den Inhalt der Pakete mit einer Reihe von `pack()`-Aufrufen erzeugen. Diese Struktur übergeben wir dem `IO::Socket`-Modul, das das Absenden des Pakets übernimmt. Das Modul empfängt auch die Antwort des Servers und gibt uns das Antwort-Paket zurück, das wir mittels `unpack()` auseinandernehmen. Vom generellen Schema her ist das nicht allzu schwierig.

Es gibt eine Komplikation, die nicht offensichtlich ist und die genauer erklärt werden muß. In RFC 1034 (Abschnitt 4.1.4) werden zwei Möglichkeiten angeboten, wie Domainnamen in DNS-Paketen kodiert werden können: unkomprimiert und komprimiert. Im unkomprimierten Fall wird einfach der komplette Domainname in das Paket geschrieben (z. B. *host.oog.org*). Wenn aber der gleiche Domainname mehrfach im Paket vorkommt, ist es wahrscheinlich, daß ein DNS-Server die komprimierte Darstellung wählt. Dabei wird der hintere Teil des Domainnamens durch einen Zeiger auf das erste Vorkommen des kompletten Domainnamens ersetzt. Wenn also in einem Paket *host1*, *host2* und *host3* vorkommen, muß die Domain *langeunterdomain.langedomain.oog.org* nur einmal aufgeführt werden und muß nicht jedesmal wiederholt werden. Unser Programm muß mit beiden Darstellungen umgehen können – die Subroutine `&dekomprimieren` erledigt das. Ohne weiteres Vorgeplänkel folgt auf den nächsten Seiten das Programm.

---

[5] Für die Einzelheiten kann ich RFC 1035, insbesondere den Abschnitt »Messages« wärmstens empfehlen.

```perl
use IO::Socket;
my $hostname = $ARGV[0];
my $defdomain = ".oog.org";          # Default-Domain, wenn keine angegeben.
my $id = 0;
use vars qw/$buf $respsize/;

my @servers = qw(nameserver1 nameserver2 nameserver3); # DNS-Nameserver.
my %resultate;
foreach my $server (@servers) {
    &lookupaddress($hostname, $server);    # Schreibt Ergebnis in %resultate.
}
my %inv = reverse %resultate;              # Resultat-Hash invertieren.
if (scalar(keys %inv) > 1) {               # Elemente zählen.
    print "Die DNS-Server geben unterschiedliche Antworten:\n";
    use Data::Dumper;
    print Data::Dumper->Dump([\%resultate], ["resultate"]), "\n";
}

sub lookupaddress {
    my($hostname, $server) = @_;

    my($qname, $rname, $header, $anfrage, $lformat, @labels, $count, $position);
    local($buf, $respsize);

    #
    # Paket-Header aufbauen.
    #
    $header = pack("n C2 n4",
                    ++$id,    # ID der Anfrage.
                    1,        # Felder qr, opcode, aa, tc und rd (nur rd wird benutzt)
                    0,        # ra, z, rcode
                    1,        # Eine einzige Anfrage (qdcount)
                    0,        # Keine Antwort (ancount)
                    0,        # Keine NS-Records im »Authority«-Abschnitt (nscount)
                    0);       # Kein »Additional«-Abschnitt (arcount)

    # Wenn der gesuchte Rechnername das Trennzeichen ».« nicht enthält, fügen
    # wir den Default-Domainnamen an.
    if (index($hostname, '.') == -1) {
        $hostname .= $defdomain;
    }

    # Den qname-Teil des Paketes aufbauen – Hostnamen in »Labels« zerlegen.
    for (split(/\./, $hostname)) {
        $lformat .= "C a* ";
        $labels[$count++] = length;
        $labels[$count++] = $_;
    }
```

```perl
#
# Den Anfrage-Abschnitt zusammensetzen.
#
$anfrage = pack($lformat."C n2",
                @labels,  # In Labels verpackter Hostname
                0,        # Keine weiteren Labels
                1,        # qtype ist A
                1);       # qclass ist IN

#
# Paket an den DNS-Server schicken und Antwort empfangen.
#
my $sock = new IO::Socket::INET(PeerAddr => $server,
                                PeerPort => "domain",
                                Proto    => "udp");

$sock->send($header.$anfrage);
# Wir benutzen UDP und kennen deshalb die maximal erlaubte Paketgröße, 512.
$sock->recv($buf, 512);
close($sock);

# Größe des Antwort-Paketes feststellen – wir benötigen diese beim Parsen der
# der Antwort, die wir mit dem Zähler $position durchgehen.
$respsize = length($buf);

#
# Header der Antwort auspacken.
#
my ($rid,
    $qr_opcode_aa_tc_rd,
    $ra_z_rcode,
    $qdcount,
    $ancount,
    $nscount,
    $arcount) = unpack("n C2 n4", $buf);

if (! $ancount) {
    warn "Kann Adresse von $hostname bei $server nicht ermitteln!\n";
    return;
}

#
# Anfrage-Abschnitt auspacken – dieser Abschnitt beginnt ab Byte 12.
#
($qname, $position)  = &dekomprimieren(12);
my ($qtype, $qclass) = unpack('@'.$position.'n2', $buf);
# Im Paket weitergehen bis zum Ende des Anfrage-Abschnitts.
$position += 4;
```

```perl
            #
            # Alle RRs (Resource-Records) im Antwort-Abschnitt auspacken.
            #
            while ($ancount--) {
                ($rname, $position) = &dekomprimieren($position);
                my ($rtype, $rclass, $rttl, $rdlength) =
                    unpack('@'.$position.'n2 N n', $buf);
                $position += 10;
                # Hier ist Platz für Verbesserungen. Bei mehreren RRs (Rechner mit mehreren
                # Netzwerk-Interfaces) wird hier nur gerade die letzte Adresse aufbewahrt.
                $resultate{$server} =
                    join('.', unpack('@'.$position.'C'.$rdlength, $buf));
                $position += $rdlength;
            }
        }

        # Nach RFC 1035 komprimierte Domainnamen auflösen.
        # Wir beginnen mit dem Startpunkt aus dem Antwort-Paket und geben den gefundenen
        # Namen zurück (nachdem wir den Zeiger des komprimierten Formats aufgelöst haben),
        # außerdem geben wir einen Positionszeiger auf das Ende des eben dekodierten
        # Namens zurück.
        sub dekomprimieren {
            my($start) = $_[0];
            my($domain, $i, $lenoct);

            for ($i = $start; $i <= $respsize;) {
                $lenoct = unpack('@'.$i.'C', $buf); # Länge dieses Labels.

                    if (! $lenoct) {            # 0 bedeutet letztes Label,
                        $i++;                   # wir sind mit diesem Domainnamen fertig.
                        last;
                    }

                    if ($lenoct == 192) {       # Ein Zeiger, also rekursiv aufrufen...
                        $domain .= &dekomprimieren((unpack('@'.$i.'n', $buf) & 1023));
                        $i += 2;
                        last;
                    }
                    else {                      # ...sonst offenbar ein normales Label.
                        $domain .= unpack('@'.++$i.'a'.$lenoct, $buf).'.';
                        $i += $lenoct;
                    }
            }
            return($domain, $i);
        }
```

Beachten Sie, daß dieses Programm nicht genau äquivalent zum vorhergehenden ist, weil wir nicht alle Eigenschaften von *nslookup* imitieren (Timeouts, Wiederholversuche, Suchlisten usw.) Wenn Sie die drei Lösungen hier vergleichen, geben nicht sofort sichtbare Unterschiede wie dieser unter Umständen den Ausschlag.

Die Vorteile dieses Ansatzes sind:

- Er ist unabhängig von anderen Programmen. Man braucht sich nicht darum zu kümmern, wie jemand anders programmiert.
- Er ist genauso schnell wie oder schneller als ein externes Programm.
- Man kann Parameter wie Timeouts einfacher einer gegebenen Situation anpassen.

Die Nachteile dieses Ansatzes sind:

- Das Schreiben eines Programms dieser Art dauert höchstwahrscheinlich länger, und das Programm ist komplizierter als das vorherige.
- Er erfordert einiges an Fachwissen über die Einzelheiten des Problems (d. h. Sie müssen wissen, wie man ein DNS-Paket zusammensetzt, es abschickt und dekodiert – um diese Dinge braucht sich ein Benutzer von *nslookup* nicht zu kümmern).
- Man muß unter Umständen Eigenheiten des Betriebssystems selbst behandeln und ausprogrammieren (im vorherigen Ansatz sind die Unterschiede zwischen Betriebssystemen im externen Programm verborgen).

Arbeiten mit dem Net::DNS-Modul

Wie schon in Kapitel 1, *Einführung*, erwähnt wurde, ist eine der wirklichen Stärken von Perl die Unterstützung durch die große Anzahl von Modulen, die die Entwickler aus der Perl-Gemeinschaft zur Verfügung stellen. Wenn Sie in Perl eine Aufgabe lösen sollen, die irgendwie nach einem allgemeinen Problem aussieht, dann stehen die Chancen nicht schlecht, daß es bereits ein Modul dafür gibt. In unserem Fall können wir das sehr schöne Modul `Net::DNS` von Michael Fuhr verwenden und unser Programm stark vereinfachen. Wir erzeugen ein DNS-Resolver-Objekt, konfigurieren es mit den Namen der DNS-Server, setzen eine Anfrage ab und werten die Antwort mit den vorhandenen Objekt-Methoden aus:

```perl
use Net::DNS;
my $hostname = $ARGV[0];
my @servers  = qw(nameserver1 nameserver2 nameserver3); # DNS-Nameserver.
my %resultate;
foreach my $server (@servers) {
    &lookupaddress($hostname, $server);      # Schreibt Ergebnis in %resultate.
}
my %inv = reverse %resultate;                # Resultat-Hash invertieren.
if (scalar(keys %inv) > 1) {                 # Elemente zählen.
    print "Die DNS-Server geben unterschiedliche Antworten:\n";
    use Data::Dumper;
    print Data::Dumper->Dump([\%resultate], ["resultate"]), "\n";
}
```

```perl
# Nur wenig verändertes Beispiel aus der Manpage zu Net::DNS.
sub lookupaddress {
    my($hostname, $server) = @_;

    my $res = new Net::DNS::Resolver;

    $res->nameservers($server);

    my $packet = $res->query($hostname);

    if (! $packet) {
        warn "Kann $hostname bei $server nicht finden!\n";
        return;
    }
    # Dies speichert nur den zuletzt erhaltenen RR.
    foreach my $rr ($packet->answer) {
        $resultate{$server} = $rr->address;
    }
}
```

Die Vorteile dieses Ansatzes sind:

- Das Programm ist wiederum klar lesbar.

- Ein Programm wie dieses ist im allgemeinen schnell geschrieben.

- Je nach Art des Moduls (reiner Perl-Code oder C/C++-Bibliotheksroutinen, die via Perl aufgerufen werden) ist das Programm so schnell wie ein externes, kompiliertes Programm.

- Das Programm kann portabel sein, wenn der Autor des Moduls sich um Portabilität gekümmert hat. Das Programm läuft auf allen Systemen, auf denen das Modul installiert ist.

- Wie beim ersten Ansatz brauchen wir nicht allzuviel Fachwissen; jemand anderes – der Autor des Moduls – hat die Einzelheiten bereits erledigt. Wir müssen bloß lernen, wie man das Modul benutzt, und nicht, wie es intern arbeitet.

- Bestehender Code wird wiederverwendet. Sie wollen das Rad nicht dauernd neu erfinden.

Die Nachteile dieses Ansatzes sind:

- Wir haben uns von anderen abhängig gemacht. Diesmal müssen wir sicherstellen, daß das Modul installiert ist. Wir müssen dem Autor vertrauen, daß er seine Sache richtig macht.

- Vielleicht gibt es für Ihr Problem kein Modul, oder es läuft auf Ihrem Betriebssystem nicht.

In den meisten Fällen bevorzuge ich ein fertiges Modul. Aber immerhin funktionieren alle der besprochenen Ansätze – TMTOWTDI: Es gibt mehr als einen Weg; schlagen Sie den Ihren ein!

In diesem Kapitel verwendete Module

Name	CPAN-ID	Version
Rcs	CFRETER	0.09
Net::NIS	RIK	a2
Data::Dumper (wird mit Perl geliefert)	GSAR	2.101
IO::Socket (wird mit Perl geliefert)	GBARR	1.20
Net::DNS	MFUHR	0.12

Hinweise auf weiterführende Informationen

DNS und BIND, 2. Auflage (deutsche Ausgabe der 3rd Edition), von Paul Albitz und Cricket Liu (O'Reilly, 1999).

RFC 849: Suggestions For Improved Host Table Distribution, Mark Crispin, 1983.

RFC 881: The Domain Names Plan and Schedule, J. Postel, 1983.

RFC 882: Domain Names: Concepts And Facilities, P. Mockapetris, 1983.

RFC 1035: Domain Names: Implementation And Specification, P. Mockapetris, 1987.

6

Verzeichnisdienste

Je größer die Informationssysteme werden, desto schwieriger wird es, etwas darin zu finden oder nur schon zu wissen, was für Arten von Informationen es überhaupt zu finden gibt. Wenn Netze wachsen und immer komplizierter werden, ist es wichtig, daß es Verzeichnisse gibt. Die Benutzer verwenden Verzeichnisse, um andere Personen zu suchen, für deren E-Mail-Adressen und anderes. Der Zugang zu Netz-Ressourcen wie Druckern, Festplattenservern usw. kann in einem Verzeichnisdienst angeboten werden. Die Verwaltung und Vergabe von kryptographischen öffentlichen Schlüsseln und Zertifikaten kann mit einem Verzeichnisdienst gelöst werden. In diesem Kapitel untersuchen wir, wie man mit Perl mit einigen häufig verwendeten Verzeichnisdiensten umgeht: mit Finger, WHOIS, LDAP und ADSI.

Was ist ein Verzeichnisdienst?

In Kapitel 7, *Administration von SQL-Datenbanken*, bemerke ich nebenher, daß alles in der Welt der Systemadministration letztlich eine Datenbank ist. Auch Verzeichnisdienste passen sehr gut zu diesem Argument. Im weiteren unterscheiden wir aber zwischen »Datenbank« und »Verzeichnis« nach folgenden Merkmalen:

Vernetzung
Verzeichnisdienste sind fast immer vernetzt. Manche Datenbanken sind nur auf dem gleichen Rechner wie die Client-Programme verfügbar (wie die gute, alte */etc/passwd*-Datei); auf ein Verzeichnis wird fast immer über das Netz zugegriffen.

Einfache Kommunikation und Datenverarbeitung
Bei Datenbanken werden meist hochkomplexe Abfragesprachen für die Abfrage und die Weiterverarbeitung von Daten verwendet. Die üblichste dieser Sprachen, SQL, werden wir in Kapitel 7, *Administration von SQL-Datenbanken*, und in Anhang D, *SQL in fünfzehn Minuten*, näher kennenlernen. Der Umgang mit Verzeichnisdiensten ist meist viel einfacher. Ein Client für einen Verzeichnisdienst umfaßt

normalerweise nur sehr rudimentäre Funktionen, und er benutzt kaum eine ausgewachsene Abfragesprache.

Hierarchischer Aufbau
In modernen Verzeichnisdiensten ist der Aufbau von baumartigen Strukturen vorgesehen und einfach zu implementieren. Bei Datenbanken ist dies meist unmöglich.

Viele Leser, wenige Schreiber
Moderne Verzeichnisdienste sind für eine ganz spezielle Mixtur von Zugriffsarten ausgelegt. Bei normalem Gebrauch überwiegt die Anzahl der Anfragen die Anzahl der Änderungen an den Daten bei weitem.

Wenn Sie etwas antreffen, das wie eine Datenbank aussieht, auf das aber die obigen Eigenschaften zutreffen, dann handelt es sich sehr wahrscheinlich um einen Verzeichnisdienst. Bei den vier Diensten, die wir hier behandeln, sind diese vier Merkmale leicht zu erkennen.

Finger: Ein ganz einfacher Verzeichnisdienst

Finger und WHOIS sind gute Beispiele für einfache Verzeichnisdienste. Mit Finger kann man persönliche Informationen über Computerbenutzer abfragen (wir werden in Kürze aber auch wesentlich lustigere Verwendungsmöglichkeiten kennenlernen). Neuere Versionen von Finger, wie etwa der Finger-Server von GNU, erweitern diese Grundfunktion auf ein Netz von Rechnern, man kann also eine Anfrage an eine Maschine aus einer Gruppe von Rechnern schicken und bekommt Informationen über die ganze Gruppe.

Finger war einer der ersten Verzeichnisdienste, der eine gewisse Verbreitung erfahren hat. Es gab einmal eine Zeit, da war es üblich, zum Suchen der E-Mail-Adresse einer Person den Finger-Server zu fragen. Mit *finger harry@hogwarts.edu* konnte man herausfinden, ob Harrys Adresse nun `harry`, `hpotter` oder sonstwie lautete, man bekam außerdem die Liste sämtlicher Harrys bei `hogwarts.edu`. Finger wird noch immer benutzt, aber die Funktionalität wurde zum größten Teil vom Web übernommen, außerdem sehen heute die meisten Leute die freie Herausgabe von Personendaten als problematisch an.

Die Verwendung des Finger-Protokolls in Perl ist wieder einmal ein gutes Beispiel für TMTOWTDI, für »Viele Wege führen zum Ziel«. Als ich zum erstenmal auf dem CPAN nachschaute, welche Module es für Finger gab, war nichts zu finden. Wenn Sie heute nachschauen, finden Sie zumindest das `Net::Finger`-Modul von Dennis Taylor, das er sechs Monate nach meiner erfolglosen Suche veröffentlicht hat. Nehmen wir für den Moment an, daß es dieses Modul nicht gäbe – wir lernen dabei, wie man ein solches Protokoll selbst »spricht«, wenn das perfekte Modul für unseren Zweck nicht verfügbar ist.

Das Finger-Protokoll ist ein ganz einfaches, textbasiertes TCP-Protokoll, das in RFC 1288 definiert wurde. Der Client baut eine ganz normale Verbindung zum Server auf Port 79 auf und schickt einen Anfrage-String, der mit CR-LF[1] abgeschlossen wird. Im String steht der Benutzername, zu dem Informationen gewünscht werden; ein leerer String fragt nach allen Benutzern auf dem Rechner, der die Anfrage empfängt. Der Server sendet die Informationen als normalen Text und bricht die Verbindung ab. Damit wird auch das Ende der Daten signalisiert. Man kann das ganz einfach ausprobieren, indem man mit *telnet* den Finger-Port eines Rechners anwählt:

```
$ telnet kantine.diku.dk 79
Trying 192.38.109.142 ...
Connected to kantine.diku.dk.
Escape character is '^]'.
cola<CR><LF>
Login: cola                    Name: RHS Linux User
Directory: /home/cola          Shell: /bin/noshell
Never logged in.
No mail.
Plan:

Current state of the coke machine at DIKU
This file is updated every 5 seconds
At the moment, it's necessary to use correct change.
This has been the case the last 19 hours and 17 minutes

Column 1 is currently *empty*.
    It's been 14 hours and 59 minutes since it became empty.
    31 items were sold from this column before it became empty.
Column 2 contains some cokes.
    It's been 2 days, 17 hours, and 43 minutes since it was filled.
    Meanwhile, 30 items have been sold from this column.
Column 3 contains some cokes.
    It's been 2 days, 17 hours, and 41 minutes since it was filled.
    Meanwhile, 11 items have been sold from this column.
Column 4 contains some cokes.
    It's been 5 days, 15 hours, and 28 minutes since it was filled.
    Meanwhile, 26 items have been sold from this column.
Column 5 contains some cokes.
    It's been 5 days, 15 hours, and 29 minutes since it was filled.
    Meanwhile, 18 items have been sold from this column.
Column 6 contains some coke-lights.
    It's been 5 days, 15 hours, and 30 minutes since it was filled.
    Meanwhile, 16 items have been sold from this column.

Connection closed by foreign host.
$
```

Bei diesem Beispiel haben wir eine Verbindung mit dem Finger-Port von *kantine.diku.dk* aufgebaut. Wir haben den Benutzernamen »cola« eingegeben, und der Server hat die Informationen zu diesem Benutzer geschickt.

---

[1] Carriage Return und Line Feed, ASCII 13 + ASCII 10 oder "\015\012".

Ich habe dieses Beispiel gewählt, weil es illustriert, für welche absonderlichen Dinge das Internet schon in der Frühzeit benutzt wurde. Man hat Finger-Server für alles mögliche eingesetzt. In diesem Fall kann[2] jeder im Internet feststellen, wie viele Flaschen in einem Cola-Automaten in der Informatikabteilung der Universität Kopenhagen vorhanden sind. Auf den Seiten »Internet Accessible Coke Machines« und »Internet Accessible Machines« von Bennet Yee finden Sie weitere Beispiele zu merkwürdigen Apparaten, die an das Internet angeschlossen sind (*http://www.cs.ucsd.edu/~bsy/fun.html*).

Übersetzen wir die Netzwerk-Kommunikation, die wir eben mit dem *telnet*-Programm ausgeführt haben, in Perl. Wir können natürlich auch in Perl eine Verbindung zu einem Server-Port aufbauen und uns mit dem Server unterhalten. Statt den eingebauten Socket-Routinen, die recht maschinennah sind, verwenden wir diesmal das `Net::Telnet`-Modul von Jay Rogers, eines aus einer Familie von Modulen, mit denen man »Netzwerk-Gespräche« führen kann. Zu dieser Familie gehören auch *Comm.pl* von Eric Arnold, *Expect.pm* von Austin Schutz (das wir in Kapitel 3 benutzt haben) und der Vorläufer von all diesen, *chat2.pl* von Randal L. Schwartz, das aber nicht portabel und veraltet ist.

`Net::Telnet` nimmt uns alle Vorbereitungen für die eigentliche Verbindung ab und präsentiert eine Schnittstelle zum Senden und Empfangen von Meldungen über diese Verbindung. Wir benutzen das hier nicht – aber mit `Net::Telnet` kann man die Antworten des Servers auf Muster absuchen und darauf reagieren.

Hier folgt die `Net::Telnet`-Version eines einfachen Finger-Clients. Das Programm erwartet ein Argument in der Art einer E-Mail-Adresse: *user@finger_server*. Wenn der Benutzername weggelassen wird, wird eine Liste aller aktiven Benutzer des Servers zurückgegeben. Wenn der *finger_server* weggelassen wird, wird die Anfrage an den lokalen Rechner gesandt.

```
use Net::Telnet;

my ($username, $host) = split(/\@/, $ARGV[0]);
$host = $host ? $host : 'localhost';

# Neue Verbindung aufbauen.
my $cn = new Net::Telnet(Host => $host,
                         Port => 'finger');

# Benutzername über die Verbindung senden.
unless ($cn->print("$username")) { # Oder "/W $username"
    $cn->close;
    die "Kann Finger-String nicht senden: " . $cn->errmsg . "\n";
}
```

---

2 Oder konnte. Zur Zeit der Übersetzung war der Cola-Server von *kantine.diku.dk* gerade im Umbau begriffen. Anm. d. Ü.

```perl
# Alle Daten lesen, bis die Verbindung vom Server unterbrochen wird.
my $data = '';
while (defined(my $ret = $cn->get)) {
    $data .= $ret;
}

# Verbindung schließen.
$cn->close;

# Angesammelte Daten ausgeben.
print $data;
```

In RFC 1288 ist festgelegt, daß man vor dem Benutzernamen ein /W angeben kann und so mehr Informationen über die Benutzer bekommt – daher der Kommentar im Beispiel.

Bei anderen textbasierten TCP-Protokollen verwendet man ganz ähnlichen Code. Ein Client, der den Daytime-Server auf dem lokalen Rechner abfragt (localhost, zeigt die Zeit an), sieht fast genauso aus:

```perl
use Net::Telnet;

my $host = $ARGV[0] ? $ARGV[0] : 'localhost';

my $cn = new Net::Telnet(Host => $host,
                         Port => 'daytime');

my $data = '';
while (defined(my $ret = $cn->get)) {
    $data .= $ret;
}
$cn->close;

print $data;
```

Das Programmieren eines einfachen TCP-Clients ist also ganz einfach. Wenn sich jemand die Mühe gemacht hat und ein spezifisches Modul für ein Protokoll entwickelt hat, wird es noch einfacher. Bei Finger können Sie das Modul von Dennis Taylor benutzen und alles mit einem einzigen Funktionsaufruf erledigen:

```perl
use Net::Finger;

# finger() erwartet ein Argument der Form benutzer@rechner und gibt die
# empfangenen Daten zurück.
print finger($ARGV[0]);
```

Mehr der Vollständigkeit halber folgt auch noch die Variante, die ein externes Programm benutzt (sofern es ein solches gibt):

```
my ($username, $host) = split('@', $ARGV[0]);
$host = $host ? $host : 'localhost';

# Pfadname zum »finger«-Programm. Auf Macs funktioniert diese Methode nicht.
my $fingerprog = ($^O eq "MSWin32") ?
                 $ENV{'SYSTEMROOT'}."\\System32\\finger" :
                 "/usr/ucb/finger";   # Manchmal auch /usr/bin/finger

print '$fingerprog ${username}\@${host}';
```

Wir haben drei verschiedene Methoden kennengelernt, mit denen man Finger-Anfragen absetzen kann. Die dritte ist wahrscheinlich die ungünstigste, weil sie einen neuen Prozeß benötigt. Mit `Net::Finger` kann man normale Finger-Anfragen behandeln, für alles andere gibt es `Net::Telnet` oder die erwähnten Module aus der gleichen Familie.

Der WHOIS-Verzeichnisdienst

WHOIS ist ein weiterer, einfacher, aber nützlicher Verzeichnisdienst. WHOIS ist so etwas wie ein Telefonbuch für Rechner, Netzwerke und die Personen, die dafür zuständig sind. Manche größeren Organisationen wie IBM oder die Universitäten Berkeley und MIT haben ihre eigenen Server, aber die wichtigsten WHOIS-Server sind die des InterNIC und anderer Registrierungsorganisationen wie etwa RIPE (IP-Adressen in Europa) und APNIC (in Asien und im pazifischen Raum).

Wenn Sie wegen verdächtiger Vorkommnisse auf dem Netz den Systemadministrator einer anderen Organisation kontaktieren müssen, dann ist WHOIS die richtige Quelle für Adressen. Es gibt dafür sowohl GUI- als auch Befehlszeilenprogramme. Unter Unix sieht eine typische Anfrage etwa so aus:

```
% whois -h whois.networksolutions.com brandeis.edu
<Juristisches gelöscht>
Registrant:
Brandeis University (BRANDEIS-DOM)
   Information Technology Services
   Waltham, MA 02454-9110
   US

   Domain Name: BRANDEIS.EDU

   Administrative Contact:
      Koskovich, Bob  (BK138)   user@BRANDEIS.EDU
      +1-781-555-1212 (FAX) +1-781-555-1212
   Technical Contact, Zone Contact:
      Hostmaster, Brandeis C  (RCG51)   hostmaster@BRANDEIS.EDU
      +1-781-555-1212 (FAX) +1-781-555-1212
```

```
Billing Contact:
    Koskovich, Bob   (BK138)   user@BRANDEIS.EDU
    +1-781-555-1212 (FAX) +1-781-555-1212

Record last updated on 13-Oct-1999.
Record created on 27-May-1987.
Database last updated on 19-Dec-1999 17:42:19 EST.

Domain servers in listed order:

LILITH.UNET.BRANDEIS.EDU       129.64.99.12
FRASIER.UNET.BRANDEIS.EDU      129.64.99.11
DIAMOND.CS.BRANDEIS.EDU        129.64.2.3
DNSAUTH1.SYS.GTEI.NET          4.2.49.2
DNSAUTH2.SYS.GTEI.NET          4.2.49.3
```

Auch wenn Sie den Besitzer einer bestimmten IP-Adresse oder eines Adreßbereichs ermitteln müssen, ist WHOIS das richtige Werkzeug:

```
% whois -h whois.arin.net 129.64.2
Brandeis University (NET-BRANDEIS)
   415 South Street
   Waltham, MA 02254

   Netname: BRANDEIS
   Netnumber: 129.64.0.0

   Coordinator:
       Koskovich, Bob   (BK138-ARIN)   user@BRANDEIS.EDU
       617-555-1212

   Domain System inverse mapping provided by:

   BINAH.CC.BRANDEIS.EDU         129.64.1.3
   NIC.NEAR.NET                  192.52.71.4
   NOC.CERF.NET                  192.153.156.22

   Record last updated on 10-Jul-97.
   Database last updated on 9-Oct-98 16:10:44 EDT.

   The ARIN Registration Services Host contains ONLY Internet
   Network Information: Networks, ASN's, and related POC's.
   Please use the whois server at rs.internic.net for DOMAIN related
   Information and nic.mil for NIPRNET Information.
```

Hier haben wir das Befehlszeilenprogramm *whois* unter Unix benutzt. Auf NT/2000 oder auf Macs wird ein solches Programm nicht mitgeliefert, aber deswegen sollten Benutzer dieser Systeme nicht auf die Whois-Dienste verzichten müssen. Es gibt einerseits viele Shareware-Clients dafür, aber die Programmierung eines simplen Perl-Clients mit dem Modul `Net::Whois` von Chip Salzenberg (das jetzt von Dana Hudes gewartet wird) ist ebenso einfach. Der folgende Code unterscheidet sich nur leicht von einem Beispiel aus der Dokumentation zu dem Modul:

```perl
use Net::Whois;

# Server anfragen. Wir bekommen ein Objekt mit den Resultaten der Suche zurück.
my $w = new Net::Whois::Domain $ARGV[0] or
    die "Kann Verbindung zum WHOIS-Server nicht aufbauen.\n";
die "Keine Domain-Daten zu $ARGV[0] gefunden.\n" unless ($w->ok);

# Die einzelnen Teile des Objekts ausgeben.
print "Domain: ", $w->domain, "\n";
print "Name: ", $w->name, "\n";
print "Tag: ", $w->tag, "\n";
print "Adresse:\n", map { "    $_\n" } $w->address;
print "Land: ", $w->country, "\n";
print "Eingetragen am: ", $w->record_created, "\n";
print "Letzte Aktualisierung: ", $w->record_updated, "\n";

# Nameserver ausgeben ($w->servers gibt eine Liste von Listen zurück).
print "DNS-Nameserver:\n", map { "    $$_[0] ($$_[1])\n" } @{$w->servers};

# Kontaktadressen ausgeben ($w->contacts gibt einen Hash von Listen zurück).
if (my $c = $w->contacts) {
    print "Kontaktadressen:\n";
    for my $t (sort keys %$c) {
        print "    $t:\n";
        print map { "\t$_\n" } @{$$c{$t}};
    }
}
```

Die Abfrage des WHOIS-Servers des InterNIC bei Network Solutions ist ein einfacher Vorgang. Mit `Net::Whois::Domain` bekommen wir ein Objekt, das die Daten der Antwort enthält. Die einzelnen Teile der Antwort können wir mit Methoden herausholen, die die gleichen Namen tragen wie die Felder im WHOIS-Eintrag.

WHOIS wird in Kapitel 8, *Elektronische Mail*, eine gewichtige Rolle spielen. Im Moment wollen wir uns aber mit komplexeren Verzeichnisdiensten befassen. Eigentlich haben wir diesen Übergang schon eingeleitet, als wir von Finger zu WHOIS gewechselt haben. Zwischen Finger und WHOIS besteht nämlich ein entscheidender Unterschied: die Struktur der Antwort.

Die Ausgabe von Finger ist bei jeder Implementation des Servers unterschiedlich, sie ist an keine Form gebunden. Die von den WHOIS-Servern von InterNIC/Network Solutions gegebene Antwort ist aber stärker strukturiert und organisiert. Wir können davon ausgehen, daß jede gültige Antwort zumindest die Felder `Name`, `Address` und `Domain` aufweist. Das `Net::Whois`-Modul verläßt sich darauf und zerlegt den Text in der Antwort nach diesem Schema für uns. Von Vipul Ved Prakash gibt es ein Modul namens `Net::XWhois`, das diesen Ansatz noch etwas weiter verfolgt; damit kann man die Ausgabeformate verschiedener WHOIS-Server verarbeiten.

Das WHOIS-Protokoll selbst kennt eigentlich keine Felder. Die obigen Module nehmen einfach an, daß die empfangenen Texte in einer bestimmten Art und Weise formatiert sind, und verlassen sich darauf. In den Verzeichnisdiensten, die wir von nun an besprechen werden, wird diese Struktur ernstgenommen, sie ist eine Voraussetzung für das Funktionieren dieser Dienste.

LDAP: Ein anspruchsvoller Verzeichnisdienst

LDAP und ADSI sind wesentlich umfassendere und ausgefeiltere Protokolle. LDAP ist die Abkürzung für Lightweight Directory Access Protocol. Davon sind zwei Versionen in Gebrauch (Version 2 und 3 – wenn wir etwas Versionsspezifisches benutzen, wird das eigens angemerkt). Dieses Protokoll scheint in Kürze zum Standard im Bereich der Verzeichnisdienste zu werden. Bei den Systemadministratoren steht es deshalb hoch im Kurs, weil es eine Möglichkeit bietet, vielerlei Arten von Infrastrukturdiensten zentral und plattformübergreifend anzubieten. Außer dem naheliegenden Telefonverzeichnis kann man mit LDAP-Programmen und -Servern unter anderem folgende Dinge verwirklichen:

- NIS-LDAP-Gateways
- Finger-LDAP-Gateways
- Datenbanken für die Authentifizierung (insbesondere im WWW)
- Bereitstellung von Informationen zur Verfügbarkeit von Ressourcen (z. B. welche Drucker und Rechner zur Verfügung stehen)

LDAP ist außerdem die Grundlage für noch weitergehende Dienste, insbesondere für das Active Directory von Microsoft, in das wir uns später, im Abschnitt »ADSI (Active Directory Service Interfaces)«, vertiefen werden.

Auch wenn LDAP in Ihrer Umgebung nur als aufgepepptes Telefonbuch genutzt wird, ist es doch sinnvoll, sich näher mit dem Protokoll zu befassen. Die LDAP-Server können nämlich mit dem LDAP-Protokoll konfiguriert werden, ganz ähnlich, wie SQL-Datenbanken via SQL administriert werden. Für diesen Zweck bildet Perl wieder einmal die Kitt-Sprache, mit der man LDAP-Aufgaben automatisieren kann. Zuvor müssen wir aber genügend LDAP verstehen.

Anhang B, *LDAP in zehn Minuten*, enthält eine Kurzeinführung in LDAP für Uneingeweihte. Der größte Brocken ist erfahrungsgemäß die verworrene Terminologie, die LDAP von seinem Vorgänger geerbt hat, vom X.500-Verzeichnisdienst. LDAP ist zwar eine vereinfachte Version des X.500-Protokolls, aber bei der Vereinfachung wurde offenbar bei den Begriffen nicht aufgeräumt. Wenn Sie sich die Zeit für Anhang B nehmen, wird Ihnen klarer, wie man LDAP von Perl aus nutzen kann.

LDAP-Programmierung mit Perl

Wie bei den meisten Systemadministrationsaufgaben in Perl ist die Auswahl des richtigen Moduls der erste wichtige Schritt. LDAP ist nicht das komplexeste je entworfene Protokoll, aber es ist kein textbasiertes Protokoll. Deshalb ist es nicht so einfach, ein Programm zusammenzustiefeln, das »irgendwie LDAP produziert«. Zum Glück haben uns die Autoren von zwei Modulen die große Arbeit bereits abgenommen: Es gibt das `Net::LDAP`-Modul von Graham Barr sowie das `Mozilla::LDAP` von Leif Hedstrom und Clayton Donley (auch unter dem Namen PerLDAP bekannt). In Tabelle 6-1 sind ein paar Unterschiede zwischen den beiden Modulen aufgeführt.

Tabelle 6-1: Vergleich der zwei LDAP-Module für Perl

Merkmal	Net::LDAP	Mozilla::LDAP (PerLDAP)
Portierbarkeit	Reines Perl	Verwendet das LDAP-C-SDK von Mozilla/Netscape (Quellcode dazu ist frei verfügbar). Das SDK läuft auf den meisten Unix-Systemen, auf NT/2000 und MacOS.
Mit SSL verschlüsselte Sessions	Ja (ab 0.20)	Ja
Asynchroner Betrieb	Ja	Nur mit dem eingeschränkten, nicht objektorientierten API

Beide Module sind für die relativ einfachen Aufgaben der Systemadministration, die wir untersuchen werden, genügend mächtig. Aber sie unterscheiden sich in der Art, wie sie aufgebaut sind und wie sie benutzt werden. Damit ergibt sich eine seltene didaktische Gelegenheit: Wir können beobachten, wie zwei Autoren mit ihren Modulen die gleiche Nische ausfüllen und dabei ein ansehnlich großes Problem auf verschiedene Arten lösen. Ein sorgfältiger Vergleich der Ansätze gibt uns einen Einblick, wie solche Module aufgebaut werden. Wir werden in Kapitel 10, *Sicherheitsaspekte und Netzwerk-Monitoring*, das Thema wieder aufnehmen. Wir forcieren diesen Vergleich, indem wir in den meisten Beispielen in diesem Abschnitt sowohl die Variante mit `Net::LDAP` als auch die mit `Mozilla::LDAP` angeben. Sie erkennen an der `use modulename`-Zeile, welches der Module gerade verwendet wird.

Als Server verwenden wir zu Demonstrationszwecken einerseits den kommerziellen Netscape 4.0 Directory Server und andererseits den freien OpenLDAP-Server (von *http://www.netscape.com* bzw. *http://www.openldap.org*). Die beiden Server sind in vielen Belangen identisch. Mit beiden werden fast gleiche Befehlszeilenprogramme mitgeliefert, mit denen man das Verhalten unserer Perl-Programme überprüfen kann.

Aufbau der LDAP-Verbindung

Die ersten Schritte bei jeder Client-Server-Transaktion in LDAP sind Verbindungsaufbau und Authentifizierung. In der LDAP-Sprache läuft das unter »Binding zum Server«. Unter LDAP v2 war das Binding eine Voraussetzung, bevor irgendwelche Anfragen abgeschickt werden konnten; bei LDAP v3 wurde diese Bedingung etwas aufgeweicht.

Wenn man einen Client an einen LDAP-Server bindet, geschieht das im Kontext eines *Distinguished Name*, den man den *Bind-DN* für diese Session nennt. Dieser Kontext ist mit dem Einloggen in ein Multiuser-System vergleichbar. Beim Multiuser-System bestimmt der Benutzername zum wesentlichen Teil den Grad von Zugriffsmöglichkeiten auf das System. Bei LDAP bestimmt der Bind-DN, welche Teile der LDAP-Daten man lesen und welche man verändern darf. Es gibt einen besonderen DN namens *Root Distinguished Name* (den man nicht abkürzt, damit keine Verwechslung mit dem Relative Distinguished Name entstehen kann). Im Kontext dieses Root Distinguished Name hat man vollen Zugriff auf die ganze LDAP-Baumstruktur, ganz ähnlich, wie wenn man als *root* unter Unix oder als *Administrator* unter NT/2000 eingeloggt ist. Bei manchen Servern heißt dieser DN auch *Manager-DN*.

Wenn ein Client beim Binding keine Authentifizierungsdaten angibt (keinen DN und kein Paßwort) oder wenn er ohne ein Binding gleich Anfragen schickt, dann bezeichnet man dies als *anonyme Authentifizierung*. Anonyme Clients bekommen im allgemeinen nur geringste Zugriffsrechte auf Serverdaten.

Bei LDAP v3 gibt es zwei Typen des Bindings: einfaches Binding und SASL. Beim einfachen Binding werden Klartext-Paßwörter benutzt. SASL (Simple Authentication and Security Layer) ist ein in RFC 2222 definiertes Authentifizierungsgerüst, in das man verschiedene Authentifizierungsmechanismen wie etwa Kerberos oder Einmalpaßwörter einbauen kann. Wenn ein Client Verbindung zum Server aufnimmt, verlangt er dabei einen bestimmten Authentifizierungsmechanismus. Falls der Server diesen unterstützt, beginnt dann der eigentliche Frage-und-Antwort-Dialog der Authentifizierung. Dabei können die Partner eine Sicherheitsebene vereinbaren, also festlegen, ob nach der Authentifizierung die eigentliche Session mit TLS verschlüsselt werden soll.

Bei manchen LDAP-Servern gibt es sogar noch eine weitere Authentifizierungsmethode zu den zwei im Standard vorgesehenen Möglichkeiten. Diese Methode entsteht beinahe als Abfallprodukt, wenn man LDAP über eine SSL-Verbindung verwendet (SSL: Secure Socket Layer). Wenn man einen SSL-Kanal öffnet, tauschen der LDAP-Client und der -Server kryptographische Zertifikate aus, wie das auch Browser und Webserver beim Aufbau einer HTTPS-Verbindung tun. Man kann nun den LDAP-Server so konfigurieren, daß er dem Zertifikat eines Clients aus der SSL-Ebene vertraut und auf eine weitere Authentifizierung verzichtet. Beide Perl-Module unterstützen LDAPS (LDAP über eine SSL-Session), `Net::LDAP` allerdings erst ab Version 0.20. Damit unsere Beispiele einfach bleiben, benutzen wir hier nur die einfache Authentifizierung mit Klartext-Paßwörtern und verwenden nur eine unverschlüsselte Transport-Ebene.

So programmiert man ein einfaches Binding in Perl:

```
use Mozilla::LDAP::Conn;
# Leeres $binddn und $passwd ergibt ein anonymes Binding.
my $c = new Mozilla::LDAP::Conn($server, $port, $binddn, $passwd);
die "Kann keine Verbindung zu $server herstellen" unless $c;
...
$c->close();
```

Kapitel 6: Verzeichnisdienste

oder:

```
use Net::LDAP;
my $c = Net::LDAP->new($server, port => $port) or
    die "Kann keine Verbindung zu $server herstellen: $@\n";
# Ein bind() ohne Parameter ergibt eine anonyme Session.
$c->bind($binddn, password => $passwd) or die "Fehler bei bind: $@\n";
...
$c->unbind();
```

Bei `Mozilla::LDAP::Conn` wird mit der Erzeugung eines Verbindungsobjekts auch gleich das Binding abgehandelt. Bei `Net::LDAP` geschieht dies explizit in zwei Schritten. Wenn man mit `Mozilla::LDAP` eine Verbindung ohne Binding will, muß man eine Funktion (`ldap_init()`) aus dem nicht objektorientierten `Mozilla::LDAP::API`-Modul benutzen.

Passen Sie bei bestimmten Zeichen in Attribut-Werten auf!

Ein kleiner Tip, bevor wir weiter in Perl programmieren: Wenn die Werte von Attributen in einem Ihrer Relative Distinguished Names eines der Zeichen »+«, » « (Leerzeichen), »,«, »'«, »>«, »<« oder »;« enthalten, müssen Sie den Wert in Anführungszeichen (»"«) einpacken oder dem Zeichen einen Backslash (\) voranstellen. Backslashes oder Anführungszeichen in Werten kann man wiederum mit einem weiteren Backslash schützen.

Hier ist große Sorgfalt am Platz.

Suchen mit LDAP

LDAP ist ein Verzeichnisdienst, und in Verzeichnissen will man ja in aller Regel etwas nachschlagen. Lernen wir also, wie man mit Perl in einem LDAP-Verzeichnis etwas sucht. Bei einer LDAP-Suche werden folgende Parameter benötigt:

Wo soll die Suche beginnen?
  Dies ist der *Base-DN* oder die Suchbasis. Das ist einfach der DN eines Eintrags im Verzeichnisbaum, bei dem die Suche beginnen soll.

Wo soll gesucht werden?
  Dies ist unter der Bezeichnung *Scope*, also Bereich der Suche, bekannt. Der Scope kann folgender sein: *base* (nur gerade der Base-DN), *one* (alle Einträge *eine* Stufe unterhalb des Base-DN absuchen ohne den Base-DN selbst) oder *sub* (der Base-DN und alle Teile des Verzeichnisbaums darunter).

Wonach soll gesucht werden?
  Dies ist der *Suchfilter*. Wir werden Filter und ihre Verwendung etwas weiter unten eingehender besprechen.

Was soll zurückgegeben werden?
  Hier kann man angeben, welche Attribute der Suchfilter zurückgeben soll. Die

Suche kann damit beschleunigt werden. Man kann auch angeben, daß z. B. nur der Name eines Attributs ohne den Wert zurückgegeben werden soll. Das ist dann sinnvoll, wenn man nur wissen will, welche Attribute überhaupt vorhanden sind.

In Perl formuliert man eine Suche wie folgt (die Punkte stehen für den Binding-Schritt):

```
use Mozilla::LDAP::Conn;
...
my $eintrag = $c->search($basedn, $scope, $filter);
die "Fehler bei search: " . $c->getErrorString() . "\n" if $c->getErrorCode();
```

oder:

```
use Net::LDAP;
...
my $suchobj = $c->search(base => $basedn, scope => $scope,
                        filter => $filter);
die "Fehler bei search(), Codenr. " . $suchobj->code() if $suchobj->code();
```

Bevor wir ein vollständiges Programm besprechen, noch einige Worte zu diesem rätselhaften `$filter`-Parameter. Einfache Filter haben diese Form:

```
<Attribut-Name> <Vergleichsoperator> <Attribut-Wert>
```

Die in Filtern zulässigen `<Vergleichsoperator>`en sind in RFC 2254 definiert und in Tabelle 6-2 aufgeführt,

Tabelle 6-2: Vergleichsoperatoren bei LDAP-Filtern

Operator	Bedeutung
=	Exakte Suche nach Attribut-Werten. Auf der `<Attribut-Wert>`-Seite können Sie mit dem Jokerzeichen * auch nach Teilen von Werten suchen (z. B. cn=Tim O*).
=*	Findet alle Einträge, die den `<Attribut-Name>` auf der linken Seite aufweisen, unabhängig von den Attribut-Werten. Wenn rechts das Jokerzeichen * angegeben wird, wird nur auf Existenz dieses Attributs geprüft und nicht der ganze Eintrag zurückgegeben (d. h., cn=* findet alle Einträge, die ein cn-Attribut haben).
~=	Ungefähre Suche nach Attribut-Werten
>=	Größer oder gleich groß wie der Attribut-Wert
<=	Kleiner oder gleich groß wie der Attribut-Wert

Das sieht aus wie Perl, ist es aber nicht. Besonders die zwei Operatoren ~= und =* könnten einen glauben machen, es handele sich um Perl. Der erste hat rein gar nichts mit regulären Ausdrücken zu tun; damit sucht man nach »ungefähr« dem angegebenen Wert. Was »ungefähr« heißt, ist vom verwendeten Server abhängig. Bei den meisten wird ein recht einfacher Algorithmus namens *Soundex* verwendet, der Wörter aufspürt, die verschieden geschrieben werden, die aber (im Englischen) ähnlich klingen.[3]

---

3 Wenn Sie mit dem Soundex-Algorithmus experimentieren wollen – es gibt ein in Perl geschriebenes Modul Text::Soundex von Mark Mielke.

Auch = erinnert an Perl. Dieser Operator testet auf Gleichheit (sowohl numerisch als auch auf Zeichenketten), es können aber auf der rechten Seite des Operators Jokerzeichen (*) als Präfix oder Suffix benutzt werden, ähnlich wie bei Dateinamen in der Shell. Mit cn=a* werden also alle Einträge mit einem *common name* gefunden, der mit »a« beginnt. cn=*a* verhält sich so, wie man es erwartet – es werden alle Einträge gefunden, bei denen das *common name*-Attribut ein »a« im Wert enthält.

Aus diesen einfachen Filtern der Form *<Attribut-Name>* *<Vergleichsoperator>* *<Attribut-Wert>* können mit Booleschen Operatoren kompliziertere Filter aufgebaut werden. Dabei wird so vorgegangen:

```
(<Boolescher Operator> (<Einfach1>) (<Einfach2>) (<Einfach3>) ... )
```

Wer LISP-Erfahrung hat, dem ist diese Syntax vertraut; alle anderen müssen daran denken, daß zuerst der Operator angegeben werden muß, der die einfachen Filter verbindet. Wenn man nur die Einträge haben will, die die Kriterien A *und* B erfüllen, dann schreibt man (& (A) (B)). Für Einträge, die Kriterium A *oder* B *oder* C erfüllen, gibt man (| (A) (B) (C)) an. Mit dem Ausrufezeichen wird negiert: A *und nicht* B ist (& (A) (!B)). Man kann solche zusammengesetzten Filter wieder verknüpfen und so beliebig komplizierte Ausdrücke aufbauen. Hier ein Beispiel, mit dem man alle Finkelsteins findet, die in Boston arbeiten:

```
(&(sn=Finkelstein)(l=Boston))
```

Oder alle Personen, die Finkelstein oder Hinds heißen:

```
(|(sn=Finkelstein)(sn=Hinds))
```

Alle Finkelsteins, die nicht in Boston arbeiten:

```
(&(sn=Finkelstein)(!(l=Boston)))
```

Und alle Finkelsteins oder Hinds, die nicht in Boston arbeiten:

```
(&(|(sn=Finkelstein)(sn=Hinds))(!l=Boston))
```

Die folgenden zwei Programmbeispiele erwarten den Namen eines LDAP-Servers und einen Suchfilter als Argument und geben das Resultat aus:

```
use Mozilla::LDAP::Conn;

my $server = $ARGV[0];
my $port   = getservbyname("ldap", "tcp") || "389";
my $basedn = "c=US";
my $scope  = "sub";

my $c = new Mozilla::LDAP::Conn($server, $port, "", ""); # Anonymes Binding
die "Kann Server $server nicht anfragen\n" unless $c;
```

```perl
    my $eintrag = $c->search($basedn, $scope, $ARGV[1]);
    die "Fehler bei search: " . $c->getErrorString() . "\n" if $c->getErrorCode();

    # Rückgabewerte von search() verarbeiten.
    while ($eintrag) {
        $eintrag->printLDIF();
        $eintrag = $c->nextEntry();
    }
    $c->close();

    use Net::LDAP;
    use Net::LDAP::LDIF;

    my $server = $ARGV[0];
    my $port   = getservbyname("ldap", "tcp") || "389";
    my $basedn = "c=US";
    my $scope  = "sub";

    my $c = new Net::LDAP($server, port=>$port) or
        die "Kann $server nicht anfragen: $@\n";
    $c->bind() or die "Fehler beim Binding: $@\n"; # Anonymes Binding.

    my $suchobj = $c->search(base => $basedn, scope => $scope,
                             filter => $ARGV[1]);
    die "Fehler bei search(), Codenr. " . $suchobj->code() if $suchobj->code();

    # Rückgabewerte von search() verarbeiten.
    if ($suchobj) {
        my $ldif = new Net::LDAP::LDIF("-", "w");
        $ldif->write($suchobj->entries());
        $ldif->done();
    }
```

Hier folgt ein Teil der Ausgabe eines Suchbeispiels:

```
$ ldapsrch ldap.bigfoot.com '(sn=Pooh)'
...
dn: cn="bear pooh",mail=poohbear219@hotmail.com,c=US,o=hotmail.com
mail: poohbear219@hotmail.com
cn: bear pooh
o: hotmail.com
givenname: bear
surname: pooh
...
```

Betrachten wir zunächst den Programmteil, der den Rückgabewert der search()-Funktion verarbeitet. Hier unterscheiden sich die zwei Module in ihrem Verhalten. Beide Module können wohl die Daten im LDIF-Format (LDAP Data Interchange Format) ausgeben, aber die Art, in der sie das tun, ist doch recht verschieden.

Das `Mozilla::LDAP`-Modul lehnt sich stark an die Parsing-Routinen an, die in RFC 1823 für das C-API spezifiziert sind. Wenn eine Suche erfolgreich ist, wird der erste Eintrag zurückgegeben. Für die Ausgabe geht man alle Einträge der Reihe nach durch und gibt jeden Eintrag einzeln mit der `printLDIF()`-Funktion aus.

Die Vorgehensweise bei `Net::LDAP` entspricht dagegen eher der Protokoll-Spezifikation in RFC 2251. Die Resultate einer LDAP-Suche werden in einem LDAP-Message-Objekt zurückgegeben. Im obigen Programm wird mit der `entries()`-Methode eine Liste aller Einträge in diesem Objekt verlangt. Das verwandte Modul `Net::LDAP::LDIF` enthält die Methode `write()`, mit der wir alle diese Einträge auf einmal im LDIF-Format ausgeben. Mit der `write()`-Methode könnte man auch einzelne Einträge ausgeben, das ist aber weniger effizient.

Erweitern wir unser Beispielprogramm ein bißchen. Etwas weiter vorne hatte ich erwähnt, daß eine LDAP-Suche beschleunigt werden kann, indem man angibt, daß nur bestimmte Attribute zurückgegeben werden sollen. Beim `Mozilla::LDAP`-Modul müssen Sie dazu nur ein paar weitere Parameter beim Aufruf der `search()`-Methode angeben:

```
use Mozilla::LDAP::Conn;
...
my $eintrag = $c->search($basedn, $scope, $ARGV[1], 0, @attr);
```

Das erste zusätzliche Argument ist ein Boolescher Wert, der angibt, ob nur in den Attribut-*Namen* gesucht werden soll. Die Voreinstellung dafür ist 0 (false), weil man meist durchaus an den Werten und nicht nur an den Namen der Attribute interessiert ist.

Die weiteren Parameter bilden eine Liste von Attribut-Namen, die zurückgegeben werden sollen. Mit etwas Erfahrung in Perl werden Sie wissen, daß eine Liste innerhalb einer Liste interpoliert wird, daß also die obige Zeile äquivalent zu der folgenden ist (und auch so geschrieben werden könnte):

```
my $eintrag =
    $c->search($basedn, $scope, $ARGV[1], 0, $attr[0], $attr[1], $attr[2], ...);
```

Wenn wir also den ursprünglichen Aufruf

```
my $eintrag = $c->search($basedn, $scope, $ARGV[1]);
```

wie folgt abändern

```
my @attr = qw(mail);
my $eintrag = $c->search($basedn, $scope, $ARGV[1], 0, @attr);
```

dann bekommen wir bei der Ausgabe nur den DN und das Mail-Attribut:

```
...
dn: cn="bear pooh",mail=poohbear219@hotmail.com,c=US,o=hotmail.com
mail: poohbear219@hotmail.com
...
```

Bei `Net::LDAP` ist die Änderung im Code ähnlich einfach:

```
use Net::LDAP;
...
# Hier könnte man mit typesonly => 1 die Suche auf die Attribut-Namen beschränken.
# (Wie oben mit dem ersten zusätzlichen Parameter).
my $suchobj = $c->search(base => $basedn, filter => $ARGV[1],
                         attrs => \@attr);
```

Beachten Sie, daß wir bei `Net::LDAP` eine *Referenz* auf ein Array mit den Namen der gewünschten Attribute angeben müssen, nicht ein einfaches Array wie bei `Mozilla::LDAP`.

Darstellung eines LDAP-Eintrags in Perl

Bei diesen Programmbeispielen taucht vielleicht die Frage nach den verwendeten Datenstrukturen auf und danach, wie man diese verarbeitet – d. h., wie werden die Einträge in einem Perl-Programm dargestellt, und wie geht man mit ihnen um? Dieses Thema wird in den folgenden Abschnitten vertieft, wenn wir Einträge hinzufügen und verändern; hier geht es um einen Überblick.

Wenn Sie mit `Mozilla::LDAP` gesucht haben und eine Instanz eines Entry-Objekts haben, dann können Sie die einzelnen Attribute dieses Eintrags mit der in Perl üblichen Syntax für Hashes von Listen ansprechen. `$eintrag->{<attributname>}` ist eine *Liste* der Werte zu diesem Attribut-Namen. Ich betone hier »Liste«, weil auch einzelne Werte als anonyme Listen gespeichert werden, auf die man über den Hashschlüssel zugreifen kann. Das erste und einzige Element einer solchen Liste wäre dann `$eintrag->{<attributname>}->[0]`. In Tabelle 6-3 sind einige der Methoden aus dem Modul `Mozilla::LDAP::Entry` zum Ermitteln von Attribut-Namen und -Werten aufgeführt.

Tabelle 6-3: Mozilla::LDAP::Entry-Methoden

Methodenaufruf	Rückgabewert
`$eintrag->exists($attrname)`	*Wahr*, wenn der Eintrag ein Attribut dieses Namens enthält.
`$eintrag->hasValue($attrname, $attrwert)`	*Wahr*, wenn der Eintrag ein Attribut dieses Namens mit diesem Wert enthält.
`$eintrag->matchValue($attrname, $attrwert)`	Wie oben, aber der Wert wird gegen einen regulären Ausdruck geprüft.
`$eintrag->size($attrname)`	Die Anzahl der Werte zu diesem Attribut (meist 1, bei Listen-Attributen mehr).

Bei manchen dieser Methoden sind weitere Parameter möglich; in der Dokumentation zu `Mozilla::LDAP::Entry` finden Sie mehr darüber.

Schon im Programmbeispiel war zu erkennen, daß sich die Methoden für den Zugriff auf die Attribute bei `Net::LDAP` unterscheiden. Nach erfolgter Suche sind sämtliche gefundenen Resultate in ein einziges Objekt verpackt. Um die einzelnen Einträge zu erhalten, können Sie auf zwei Arten vorgehen.

Zunächst können Sie das Modul beauftragen, sämtliche der gefundenen Einträge in eine einzige, große Datenstruktur zu verwandeln. Mit `$suchobj->as_struct()` bekommen Sie eine Referenz auf einen Hash, dessen Schlüssel die DNs der gefundenen Einträge sind. Die entsprechenden Werte sind Referenzen auf anonyme Hashes, bei denen die Attributnamen die Schlüssel sind. Diese Schlüssel wiederum haben Werte, die Referenzen auf anonyme Arrays sind, die die eigentlichen Werte enthalten. Abbildung 6-1 macht dies etwas klarer.

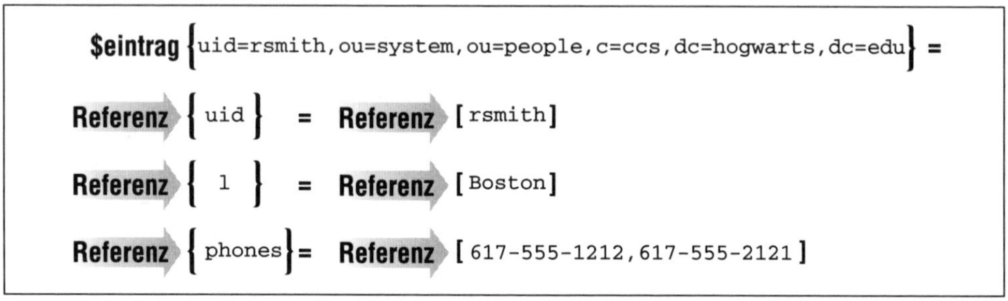

$eintrag {uid=rsmith,ou=system,ou=people,c=ccs,dc=hogwarts,dc=edu} =

Referenz { uid } = Referenz [rsmith]

Referenz { l } = Referenz [Boston]

Referenz { phones } = Referenz [617-555-1212, 617-555-2121]

Abbildung 6-1: Die von as_struct() zurückgegebene Datenstruktur

Der folgende Code gibt den jeweils ersten Wert der cn-Attribute jedes Eintrags in der Datenstruktur aus:

```
my $such_struct = $suchobj->as_struct;
for (keys %$such_struct) {
    print $such_struct->{$_}{cn}[0], "\n";
}
```

Als zweite Möglichkeit können Sie mit den folgenden Methoden einzelne Einträge aus dem Resultatobjekt der Suche herausholen:

```
# Eintrag mit einer bestimmten Nummer.
$eintrag    = $suchobj->entry($nummer);

# Behandelt das Suchobjekt gleich wie der shift()-Operator in Perl.
$eintrag    = $suchobj->shift_entry;

# Behandelt das Suchobjekt gleich wie der pop()-Operator in Perl.
$eintrag    = $suchobj->pop_entry;

# Gibt eine Liste der Einträge zurück.
@eintraege = $suchobj->entries;
```

Auf ein in dieser Weise erhaltenes Eintragsobjekt lassen sich die in Tabelle 6-4 aufgeführten Methoden anwenden.

Tabelle 6-4: *Methoden zur Behandlung von Einträgen bei Net::LDAP*

Methodenaufruf	Rückgabewert
`$eintrag->get_value($attrname)`	Der Wert zum Attribut-Namen dieses Eintrags
`$eintrag->attributes()`	Die Liste der Attribut-Namen dieses Eintrags

Man kann diese Methodenaufrufe verketten und auf diese Weise leicht lesbaren, kompakten Code schreiben. Die nächste Zeile z. B. ermittelt den Wert des cn-Attributs des ersten Eintrags der Resultate:

```
$wert = $suchobj->entry(1)->get_value('cn')
```

Wir können nun Attribute von einzelnen Einträgen und deren Werte aus einer LDAP-Suche verarbeiten. Untersuchen wir nun, wie diese Art von Daten eigentlich in einen LDAP-Server eingetragen wird.

Einträge mit LDIF hinzufügen

Bevor wir die generellen Verfahren untersuchen, mit denen man Daten in ein LDAP-Verzeichnis eintragen kann, betrachten wir zunächst eine Methode, die dem Titel dieses Buches gerecht wird, eine Methode, die insbesondere Systemadministratoren benutzen werden. Mit Daten im LDIF-Format kann man im großen Stil Einträge in einem LDAP-Server vornehmen. Wir untersuchen hier, wie man LDIF-Dateien schreibt und liest.

Das LDIF-Format war zum Zeitpunkt der Drucklegung erst in einigen Dokumenten definiert, die noch nicht RFC-Status besitzen.[4] LDIF beschreibt einen LDAP-Eintrag in einer einfachen Textdarstellung. Hier ein Beispiel aus dem letzten Entwurf des Standards von Gordon Good:

```
version: 1
dn: cn=Barbara Jensen, ou=Product Development, dc=airius, dc=com
objectclass: top
objectclass: person
objectclass: organizationalPerson
cn: Barbara Jensen
cn: Barbara J Jensen
cn: Babs Jensen
sn: Jensen
uid: bjensen
telephonenumber: +1 408 555 1212
description: A big sailing fan.

dn: cn=Bjorn Jensen, ou=Accounting, dc=airius, dc=com
objectclass: top
objectclass: person
```

---

[4] In der Zwischenzeit ist aus dem Entwurf RFC 2849 geworden. Siehe dazu die Hinweise am Ende des Kapitels. Anm. d. Ü.

```
objectclass: organizationalPerson
cn: Bjorn Jensen
sn: Jensen
telephonenumber: +1 408 555 1212
```

Das Format ist nach dem bisher Behandelten beinahe selbsterklärend. Zuoberst kommt die Versionsnummer des LDIF-Formats. Dann erscheinen zu jedem Eintrag der DN, die `objectClass`-Definition und die einzelnen Attribute. Einträge werden durch Leerzeilen voneinander getrennt.

Als erste Aufgabe wollen wir bestehende Verzeichniseinträge in eine LDIF-Datei schreiben. So erhalten wir Übungsdaten für den nächsten Abschnitt (in dem wir LDIF-Dateien einlesen), und außerdem können wir LDIF-Daten mit Perl auf die übliche Art und Weise nach Herzenslust verändern.

Wir hatten schon bei der LDAP-Suche gesehen, wie man Einträge im LDIF-Format ausgibt. Verändern wir das Programm so, daß eine Datei erzeugt wird:

```
use Mozilla::LDAP::Conn;
use Mozilla::LDAP::LDIF;

<Zum Server verbinden und suchen>

open(LDIF, ">$LDIFfile") or die "Kann $LDIFfile nicht öffnen: $!\n";
# LDIF-Objekt erzeugen, dem Objekt das geöffnete Ausgabe-Filehandle übergeben.
$ldif = new Mozilla::LDAP::LDIF(\*LDIF);

while ($eintrag) {
    $ldif->writeOneEntry($eintrag);
    $eintrag = $c->nextEntry();
}

$c->close();
close(LDIF);
```

Das `Mozilla::LDAP`-Modul enthält außerdem eine `writeEntries()`-Methode, mit der man ein ganzes Array von Einträgen statt nur immer einen Eintrag ausgeben kann.

Bei `Net::LDAP` ist die Änderung gegenüber dem ursprünglichen Programm geradezu trivial. Statt

```
$ldif = new Net::LDAP::LDIF("-", "w");
```

schreiben wir

```
$ldif = new Net::LDAP::LDIF($dateiname, "w");
```

Und schon werden die LDIF-Daten in die angegebene Datei statt auf die Standardausgabe geschrieben.

Nehmen wir uns jetzt die umgekehrte Richtung vor: das Einlesen von LDIF-Dateien. Die Objekt-Methoden unserer LDAP-Module können problemlos Einträge aus LDIF-Dateien einem LDAP-Verzeichnis hinzufügen.[5]

Beim Lesen von LDIF-Daten mit Perl ist das Vorgehen genau umgekehrt wie beim Schreiben. Aus jedem Eintrag im LDIF-Format wird eine Objekt-Instanz für einen LDAP-Eintrag erzeugt, und dieser wird mit einer entsprechenden Methode an den Server geschickt. Beide Module übernehmen das Einlesen und Parsen der LDIF-Daten; das geht also ziemlich schmerzlos. Mit `Mozilla::LDAP` verwenden wir Perl-Code dieser Art:

```
use Mozilla::LDAP::Conn;
use Mozilla::LDAP::LDIF;

my $server   = $ARGV[0];
my $LDIFfile = $ARGV[1];
my $port     = getservbyname("ldap", "tcp") || "389";
my $rootdn   = "cn=Manager, ou=Systems, dc=ccs, dc=hogwarts, dc=edu";
my $pw       = "geheim";

# LDIF-Datei aus dem zweiten Argument öffnen und einlesen.
open(LDIF, "$LDIFfile") or die "Kann $LDIFfile nicht öffnen: $!\n";
my $ldif = new Mozilla::LDAP::LDIF(\*LDIF);

# Einträge parsen und im Array @eintraege speichern.
my @eintraege = $ldif->readEntries();
close(LDIF);

# Diesmal kein anonymes Binding, wir fügen Daten hinzu.
my $c = new Mozilla::LDAP::Conn($server, $port, $rootdn, $pw);
die "Fehler beim Binding zu $server\n" unless $c;

# Liste der Einträge durchgehen und jeden einzeln einfügen.
for (@eintraege) {
    $c->add($_); # Diesen Eintrag in das Verzeichnis einfügen.
    warn "Fehler bei add(" . $_->getDN().")": " . $c->getErrorString() . "\n"
        if $c->getErrorCode();
}
$c->close();
```

In diesem Beispiel wird auch die Verwendung der Methoden `getErrorCode()` und `getErrorString()` gezeigt, mit denen man Fehler abfangen und Fehlermeldungen ausgeben kann. Fehler können aus vielerlei Gründen auftreten, zum Beispiel bei nicht eindeutigen DN oder RDN, bei Mißachtung der Schema-Definition, bei falscher Einordnung in die Hierarchie usw. Man muß bei jeder Änderung eines Eintrags den Status überprüfen.

---

[5] LDIF-Dateien können eine besondere Direktive namens `changetype:` enthalten. Diese bewirkt, daß der entsprechende Eintrag modifiziert oder gelöscht anstatt nur hinzugefügt wird. Von den zwei Modulen versteht nur `Net::LDAP` die `changetype:`-Direktive direkt mit der `Net::LDAP::LDIF::read_cmd()`-Methode.

Eine andere kleine Bemerkung, bevor wir zum äquivalenten Code mit `Net::LDAP` übergehen: In diesem und anderen Beispielen benutzen wir den Kontext des Root- oder Manager-DNs zu Demonstrationszwecken. In der täglichen Arbeit sollte man dies nach Möglichkeit vermeiden. Beim Einrichten eines LDAP-Servers besteht das bewährte Vorgehen darin, daß man ein besonderes Benutzerkonto (oder eine Gruppe) für die Pflege des LDAP-Dienstes einrichtet, damit nicht der Manager-DN benutzt werden muß. Diese Sicherheitsmaßnahmen sollten bei allen LDAP-Programmen befolgt werden.

Mit `Net::LDAP` sieht das Programm zum Einlesen und Hinzufügen von Einträgen im LDIF-Format sehr ähnlich aus:

```perl
use Net::LDAP;
use Net::LDAP::LDIF;

my $server   = $ARGV[0];
my $LDIFfile = $ARGV[1];
my $port     = getservbyname("ldap", "tcp") || "389";
my $rootdn   = "cn=Manager, ou=Systems, dc=ccs, dc=hogwarts, dc=edu";
my $pw       = "geheim";

# LDIF-Datei aus dem zweiten Argument öffnen und einlesen.
# Der zweite Parameter ist "r" zum Lesen und "w" zum Schreiben.
my $ldif = new Net::LDAP::LDIF($LDIFfile, "r");
my @eintraege = $ldif->read();

my $c = new Net::LDAP($server, port => $port) or
    die "Kann Server $server nicht erreichen: $@\n";
$c->bind(dn => $rootdn, password => $pw) or die "Fehler beim Binding: $@\n";

for (@eintraege) {
    my $res = $c->add($_);
    warn "Fehler: add(" . $_->dn() . "): code " . $res->code . "\n"
        if $res->code();
}

$c->unbind();
```

Ein paar Bemerkungen zu diesem Programmbeispiel:

- Wir hätten das Einlesen der LDIF-Datei in einer Zeile schreiben können:
    ```perl
    my @eintraege = new Net::LDAP::LDIF($LDIFfile, "r")->read;
    ```

- Wenn der Aufruf von `add()` fehlschlägt, bekommen wir nur einen numerischen Fehlercode. Zum Beispiel kann unser Programm etwa folgende Ausgabe erzeugen:
    ```
    Fehler: add(cn=Ursula Hampster, ou=Alumni Association, ou=People,
    o=University of Michigan, c=US): code 68
    ```
    Wenn der Server auch eine Fehlermeldung in Textform zurückgibt, könnte man diese mit der `error()`-Methode ausgeben:
    ```perl
    warn "Fehler: add(" . $_->dn() . "): " . $res->error . "\n"
    ```

Aber es ist sicherer, nur auf den numerischen Fehlercode zu prüfen, weil die LDAP-Server nicht immer zum Fehlercode auch den Text mitliefern. Zur Umsetzung von numerischen Fehlercodes in Textmeldungen und umgekehrt sind in `Net::LDAP::Util` die Routinen `ldap_error_text()` und `ldap_error_name()` vorgesehen.

Einträge mit den Standardmethoden von LDAP hinzufügen

Nun wird es aber Zeit, daß wir den Modulen etwas unter die Motorhaube gucken und lernen, wie ein einzelner Eintrag letztlich in das LDAP-Verzeichnis eingefügt wird. Bei unseren zwei Modulen geschieht dies auf sehr unterschiedliche Weise, wir behandeln sie daher separat. Bei `Mozilla::LDAP` wird hier in ganz klassischer Art objektorientiert programmiert. Wir erzeugen eine neue Instanz des Objekts

```
use Mozilla::LDAP::Entry;
my $e = new Mozilla::LDAP::Entry();
```

und füllen Daten in das Objekt ein. Zuerst benötigt das Objekt einen DN. Das wird mit der `setDN()`-Methode erledigt:

```
$e->setDN("uid=jay, ou=systems, ou=people, dc=ccs, dc=hogwarts, dc=edu");
```

Das Eintragen der anderen Attribute wie etwa `objectClass` kann auf zwei Arten erfolgen. Wir können mutmaßen, wie die interne Datenstruktur des Eintragsobjekts aussieht (im wesentlichen ist sie ein Hash von Listen) und der Datenstruktur direkt Werte zuweisen:

```
$e->{cn} = ['Jay Sekora'];
```

Wir benutzen hier den Attribut-Namen als Hashschlüssel und als Wert eine Referenz auf ein anonymes Array, das die Daten enthält. Das `Mozilla::LDAP`-Modul erwartet eine Arrayreferenz als Hashwert, nicht die Daten selbst, deshalb funktioniert das folgende nicht, so naheliegend es scheint:

```
# Bösartige Reinkarnation (oder ganz einfach falsch...)
$e->{cn} = 'Jay Sekora';
```

Sicherer ist es aber, die vorgesehenen Methoden zu benutzen:

```
$e->addValue('cn', 'Jay Sekora');
```

Mehrwertige Attribute erzeugt man einfach durch mehrmaligen Aufruf von `addValue()`:

```
$e->addValue('title', 'Unix-SysAdmin');
$e->addValue('title', 'Teilzeit-Dozent');
```

Ich neige stark zu dieser zweiten Vorgehensweise, weil sie auch dann noch funktioniert, wenn die im Modul verborgene Datenstruktur bei einer neuen Version anders aufgebaut ist.

Wenn der Eintrag komplett ist, wird er mit der `add()`-Methode in das LDAP-Verzeichnis eingefügt. Das folgende kurze Skript fügt einen Eintrag in den Verzeichnisdienst ein. Es erwartet den Namen des Servers, eine UID (die Teil des DN wird) und einen *common name* auf der Befehlszeile:

```perl
use Mozilla::LDAP::Conn;

my $server  = $ARGV[0];
my $port    = getservbyname("ldap", "tcp") || "389";
my $suffix  = "ou=People, ou=Systems, dc=ccs, dc=hogwarts, dc=edu";
my $rootdn  = "cn=Manager, ou=Systems, dc=ccs, dc=hogwarts, dc=edu";
my $pw      = "geheim";

# Kein anonymes Binding; wir fügen Daten hinzu.
my $c = new Mozilla::LDAP::Conn($server, $port, $rootdn, $pw);
die "Fehler beim Binding zu $server\n" unless $c;

my $e = new Mozilla::LDAP::Entry;
# Der DN besteht aus UID und einem Suffix, das besagt, wo im Verzeichnisbaum der
# Eintrag hinkommen soll.
$e->setDN("uid=$ARGV[1], $suffix");
$e->addValue('objectClass', 'inetOrgPerson');
$e->addValue('uid', $ARGV[1]);
$e->addValue('cn', $ARGV[2]);
$e->addValue('sn', (split ' ', $ARGV[2])[-1]);
$c->add($e);
die "Fehler bei add(): " . $c->getErrorString() . "\n" if $c->getErrorCode();
```

Wir überprüfen hier die Inputdaten in keiner Weise. Wenn ein solches Skript interaktiv benutzt werden soll, dann müssen die Argumente zumindest auf Zeichen mit einer Spezialbedeutung geprüft werden. Ein Komma beispielsweise muß bei LDAP in Anführungszeichen eingepackt werden, oder man setzt einen Backslash davor. Beachten Sie dazu den Eulen-Tip auf Seite 194.

Wenden wir uns `Net::LDAP` zu. Hier kann man einzelne Einträge in weniger objektorientierter Weise aufbauen. Es gibt zwar auch ein `Entry`-Modul (`Net::LDAP::Entry`) und einen Konstruktor für ein Eintragsobjekt, aber mit der Funktion `add()` kann man eine »nackte« Datenstruktur in einem Schritt eingeben:

```perl
my $res = $c->add(
    dn => 'uid=jay, ou=People, ou=Systems, dc=ccs, dc=hogwarts, dc=edu',
    attr => [ 'cn'          => 'Jay Sekora',
              'objectClass' => 'inetOrgPerson',
              'sn'          => 'Sekora',
              'mail'        => 'jayguy@ccs.hogwarts.edu',
              'title'       => ['Unix-SysAdmin', 'Teilzeit-Dozent'],
              'uid'         => 'jayguy',
            ]
    );
die "Fehler bei add(), Code " . $res->code() if $res->code();
```

Hier übergeben wir der Funktion `add()` zwei Argumente. Das erste ist der DN, den wir eintragen wollen; das zweite ist eine Referenz auf ein anonymes Array mit Schlüssel/Wert-Paaren. Bei mehrwertigen Attributen wie `title` benutzt man einfach wieder ein verschachteltes anonymes Array. Wenn Sie eine Aversion gegen objektorientiertes Programmieren haben, werden Sie damit besser klarkommen.

Einträge löschen

Das Löschen von Einträgen ist einfach (und nicht rückgängig zu machen, also Vorsicht!). Bei den folgenden Programmbeispielen ist wiederum die Verbindungsaufnahme mit dem LDAP-Server aus Platzgründen nur durch Punkte angedeutet:

```
use Mozilla::LDAP::Conn;
...
# Wenn der Eintrag schon als Datenstruktur vorhanden ist, geht auch
# $c->delete($eintrag->getDN())
$c->delete($dn) or
    die "Kann Eintrag nicht löschen: " . $c->getErrorString() . "\n";

use Net::LDAP;
...
$res = $c->delete($dn);
die "Kann Eintrag nicht löschen: Code " . $res->code() if $res->code();
```

Die `delete()`-Methode aus beiden Modulen kann nur jeweils einen Eintrag löschen. Wenn Sie einen ganzen Teilbaum löschen wollen, geht das nur, indem Sie zuerst mit einem *Scope* (Suchbereich) von `sub` oder `one` alle Unter-Einträge finden und löschen. Erst wenn alle Kinder gelöscht sind, können Sie auch die übergeordneten Einträge löschen.

Namen von Einträgen verändern

Als letzte Operationen auf Einträgen in LDAP-Verzeichnisdiensten untersuchen wir zwei verschiedene Arten von Umbenennungen. Bei der ersten Art wird der DN oder RDN verändert. Das Umbenennen des RDN wird von beiden Modulen unterstützt und funktioniert recht einfach. Hier die Variante mit `Mozilla::LDAP`:

```
use Mozilla::LDAP::Conn;
...
$c->modifyRDN($neuRDN, $altDN, $delold) or
    die "Kann Eintrag nicht umbenennen:" . $c->getErrorString() . "\n";
```

Das Beispiel ist bis auf den `$delold`-Parameter von `modifyRDN()` selbsterklärend. Wenn dieser Parameter *wahr* ist, dann soll der LDAP-Server den alten Wert entfernen. Wenn z. B. der alte DN das Attribut `l` (*location*, Ort) enthielt und im neuen RDN dessen Wert geändert wird, dann soll das alte `l`-Attribut im Eintrag gelöscht und nur der neue Wert eingetragen werden.

Die gleiche Operation mit `Net::LDAP` sieht wie folgt aus:

```
use Net::LDAP;
...
$res = $c->moddn($altDN,
                newrdn       => $neuRDN,
                deleteoldrdn => 1);
    die "Kann Eintrag nicht umbenennen: Code " . $res->code() if $res->code();
```

Die Funktion `moddn()` aus dem `Net::LDAP`-Modul kann aber noch mehr. Bisher haben wir nur den RDN eines Eintrags verändert, aber seine Position im Verzeichnisbaum unberührt gelassen. Mit LDAP Version 3 wurde eine wesentlich mächtigere Umbenennungsfunktion eingeführt, mit der man einen Eintrag von seinem alten Ort an eine ganz andere Stelle in der Verzeichnishierarchie verschieben kann. Mit `moddn()` muß man dazu den Parameter `newsuperior` benutzen:

```
$res = $c->moddn($altDN,
                newrdn       => $neuRDN,
                deleteoldrdn => 1,
                newsuperior  => $parentDN);
    die "Kann Eintrag nicht umbenennen: Code " . $res->code() if $res->code();
```

Dadurch wird der Eintrag `$altDN` so verschoben, daß er zu einem Untereintrag des in `$parentDN` angegebenen DN wird. Diese Methode ist effizienter als eine Kombination von Löschen mit `delete()` und Eintragen mit `add()`, wie man das bei früheren Versionen des Protokolls machen mußte, aber sie wird nicht von allen Servern unterstützt. Wenn Sie Ihre Verzeichnishierarchie sorgfältig planen, werden Sie kaum Bedarf für diese Funktion haben.

Attribute von Einträgen verändern

Gehen wir nun zu einer häufigeren Operation über, zum Ändern von Attributen von bestehenden Einträgen. Auch hier gibt es deutliche Unterschiede zwischen `Mozilla::LDAP` und `Net::LDAP`. Bei `Mozilla::LDAP` verändern wir Attribute von Einträgen mit einer der Methoden aus Tabelle 6-5.

Tabelle 6-5: Methoden zur Änderung von Einträgen in Mozilla::LDAP

Methodenaufruf	Beschreibung
`$eintrag->addValue($attrname, $attrwert)`	Fügt dem angegebenen Attribut einen Wert hinzu.
`$eintrag->removeValue($attrname, $attrwert)`	Entfernt den angegebenen Wert aus dem Attribut. Wenn dies der einzige Wert war, wird das ganze Attribut entfernt.
`$eintrag->setValue($attrname, $attrwert1, $attrwert2, ...)`	Setzt die Werte des Attributs auf die angegebenen Werte.
`$eintrag->remove($attrname)`	Entfernt das Attribut mit all seinen Werten.

Nach der Änderung von Attributen eines Eintrags mit einer oder mehreren dieser Methoden müssen diese Änderungen mit `update()` auf dem LDAP-Server aktiviert werden. Die `update()`-Funktion erwartet eine Referenz auf ein Eintragsobjekt im Argument, also `$c->update($eintrag)`.

Wir illustrieren diese Methodenaufrufe an einem Beispiel, in dem ein ganzer Verzeichnisteil verändert wird. Hier die Aufgabe: Ein Teil Ihres Unternehmens zieht von Boston nach Indiana um. Dieses Programm ändert alle Einträge, die ein l-Attribut (*Location*) mit dem Wert »Boston« haben:

```
use Mozilla::LDAP::Conn;

my $server  = $ARGV[0];
my $port    = getservbyname("ldap", "tcp") || "389";
my $basedn  = "dc=ccs, dc=hogwarts, dc=edu";
my $scope   = "sub";
my $rootdn  = "cn=Manager, ou=Systems, dc=ccs, dc=hogwarts, dc=edu";
my $pw      = "geheim";

# Kein anonymes Binding; wir verändern Daten.
my $c = new Mozilla::LDAP::Conn($server, $port, $rootdn, $pw);
die "Fehler beim Binding zu $server\n" unless $c;

# Wir fordern nur die kleinstmögliche Informationsmenge an, damit die Suche
# schneller abläuft.
my $eintrag = $c->search($basedn, $scope, "(l=Boston)", 1, '');
die "Fehler bei search: " . $c->getErrorString() . "\n" if $c->getErrorCode();

if ($eintrag) {
    while ($eintrag) {
        $eintrag->removeValue("l", "Boston");
        $eintrag->addValue("l", "Indiana");
        $c->update($eintrag);
        die "Fehler bei update():" . $c->getErrorString() . "\n"
            if $c->getErrorCode();
        $eintrag = $c->nextEntry();
    };
}
$c->close();
```

Bei `Net::LDAP` wird zum Ändern von Attributen ganz anders vorgegangen. Alle die einzelnen Methoden, die wir bei `Mozilla::LDAP` kennengelernt haben, werden hier in eine einzige Mega-Methode namens `modify()` hineingepackt. Die Parameter zu dieser Funktion bestimmen, was mit den Attributen passieren soll. In Tabelle 6-6 sind die möglichen Parameter aufgeführt.

Achten Sie genau auf die Klammerungen in der Tabelle. Manche Parameter erfordern eine Hashreferenz, andere eine Referenz auf ein anonymes Array. Eine Verwechslung führt hier zu Problemen.

Tabelle 6-6: Parameter für die modify()-Methode zum Ändern von Einträgen in Net::LDAP

Parameter	Beschreibung
add => {$attrname => $attrwert}	Fügt dem angegebenen Attribut einen Wert hinzu.
add => {$attrname => [$attrwert1, $attrwert2, ...]}	Fügt dem angegebenen Attribut die angegebenen Werte hinzu.
delete => {$attrname => $attrwert}	Löscht den angegebenen Wert des Attributs.
delete => {$attrname => []} delete => [$attrname1, $attrname2, ...]	Löscht ein Attribut oder eine Anzahl von Attributen mit allen dazugehörenden Werten.
replace => {$attrname => $attrwert}	Wie add, aber es werden die alten Attribute durch die angegebenen neuen ersetzt. Wenn $attrwert eine leere anonyme Liste ist ([]), dann werden die bestehenden Werte gelöscht (wie mit delete).

Wir können mehrere dieser Parameter in einem einzigen Aufruf von modify() zusammenfassen, aber das kann problematisch werden. Wenn man modify() mit mehreren Parametern wie diesen aufruft:

```
$c->modify($dn, replace => {'l' => "Medford"},
                add     => {'l' => "Boston"},
                add     => {'l' => "Cambridge"});
```

dann besteht keine Garantie, daß die Optionen in der angegebenen Reihenfolge abgearbeitet werden. Aber auch dies kann man erreichen, allerdings mit einer noch komplizierteren Syntax. Die modify()-Methode hat nämlich einen weiteren möglichen Parameter, changes, mit dem man eine Liste von Änderungen angeben kann, für die garantiert wird, daß sie in der angegebenen Reihenfolge abgearbeitet werden. Die Liste wird paarweise durchgegangen. Die jeweils ersten Elemente geben den Typ der Änderung an; die zweiten sind Referenzen auf anonyme Arrays, die die Argumente zu den Änderungsparametern sind. Man könnte also die obige Änderung mit gewährleisteter Reihenfolge so ausführen:

```
$c->modify($dn, changes =>
                [ replace => ['l' => "Medford"],
                  add     => ['l' => "Boston"],
                  add     => ['l' => "Cambridge"]
                ]);
```

Achten Sie auch hier wieder auf die verschiedenen Klammern, sie unterscheiden sich vom vorherigen Beispiel.

Jetzt wissen wir genug über `modify()` und können die `Net::LDAP`-Version unseres Boston-Indiana-Programms schreiben:

```
use Net::LDAP;

my $server   = $ARGV[0];
my $port     = getservbyname("ldap", "tcp") || "389";
my $basedn   = "dc=ccs, dc=hogwarts, dc=edu";
my $scope    = "sub";
my $rootdn   = "cn=Manager, ou=Systems, dc=ccs, dc=hogwarts, dc=edu";
my $pw       = "geheim";

my $c = new Net::LDAP($server, port => $port) or
    die "Fehler bei der Initialisierung von $server: $@\n";
$c->bind(dn => $rootdn, password => $pw) or die "Fehler bei bind: $@\n";

my $suchobj = $c->search(base   => $basedn, filter => "(l=Boston)",
                         scope  => $scope,  attrs  => [''],
                         typesonly => 1);
die "Fehler bei search: " . $suchobj->error() . "\n" if ($suchobj->code());

if ($suchobj) {
    my @eintraege = $suchobj->entries;
    for (@eintraege) {
        my $res = $c->modify($_->dn(), # dn() liefert den DN zum Eintrag.
                       delete => {"l" => "Boston"},
                       add    => {"l" => "Indiana"});
        die "Fehler bei modify: Code " . $res->code() if $res->code();
    }
}

$c->unbind();
```

Das Puzzle zusammensetzen

Wir haben unsere Rundreise zu den verschiedenen LDAP-Funktionen beendet und wollen sie nun nutzbringend einsetzen. Wir nehmen noch einmal unsere Rechnerdatenbank aus Kapitel 5, *Namensdienste unter TCP/IP*, vor und verwandeln sie in einen LDAP-Verzeichnisdienst. Diesen können wir abfragen und die Ausgabe in andere Formate umsetzen. Zur Erinnerung: So sah das Format der Rechnerdatenbank aus – eine einfache Textdatei:

```
name: shimmer
adresse: 192.168.1.11
aliases: shim shimmy shimmydoodles
benutzer: David Davis
abteilung: Software
gebaeude: Hochhaus
zimmer: 909
```

```
hersteller: Sun
modell: Ultra60
-=-
name: bendir
adresse: 192.168.1.3
aliases: ben bendoodles
benutzer: Cindy Coltrane
abteilung: IT
gebaeude: Altbau
zimmer: 143
hersteller: Apple
modell: 7500/100
-=-
```

Zunächst müssen wir den LDAP-Server so konfigurieren, daß er diese Art von Daten abspeichern kann. Wir verwenden Attribute, die in keinem Standard erwähnt sind, und müssen daher das Schema des Servers aktualisieren. Dieser Vorgang ist bei den verschiedenen Implementationen von LDAP-Servern völlig unterschiedlich gelöst. Der Directory Server von Netscape hat ein angenehmes GUI zum Konfigurieren von solchen Einzelheiten. Bei anderen muß eine Konfigurationsdatei im Textformat aufgebaut werden. Bei OpenLDAP kann man eine Datei der folgenden Art mit der `include`-Direktive in die Konfiguration einbinden und definiert so eine neue Objektklasse:

```
objectclass machine
        requires
                objectClass,
                cn
        allows
                adresse,
                aliases,
                benutzer,
                abteilung,
                gebaeude,
                zimmer,
                hersteller,
                modell
```

Wenn der Server richtig konfiguriert ist, können wir die Daten importieren. Zum einen können wir das in einem Schritt über das LDIF-Dateiformat machen. Wenn Sie das Format unserer Rechnerdatenbank etwas an LDIF erinnert, ist das wohl kaum ein Zufall. Wegen der großen Ähnlichkeit ist die Umsetzung sehr einfach. Wir müssen aber doch ein paar Eigenheiten beachten:

Fortsetzungszeilen

In unserer Text-Datenbank haben wir keine Einträge, die mehrere Zeilen umfassen – wenn es solche gäbe, würden wir sie entsprechend der LDIF-Spezifikation schreiben. Nach LDIF beginnen Fortsetzungszeilen mit genau einem Leerzeichen.

Trennzeichen zwischen Einträgen
   In unserer Datenbank werden Einträge durch die Zeile -=- getrennt. In LDIF müssen das zwei aufeinanderfolgende Zeilenendzeichen (d. h. eine Leerzeile) sein, also müssen wir unser dekoratives Trennzeichen beim Einlesen fortwerfen.

Mehrwertige Attribute
   Im Moment besitzt unsere Datenbank nur ein einziges Attribut, das mehrere Werte haben kann: `aliases`. In LDIF müssen solche Attribute auf mehrere Zeilen verteilt werden. Wenn wir beim Einlesen mehrere Aliases antreffen, müssen wir diese gesondert behandeln und in mehreren Zeilen ausgeben. Wenn unsere Rechnerdatenbank diese Eigenheit nicht hätte, wäre die Übersetzung in LDIF ein Perl-Einzeiler.

Aber auch so ist das Konversionsprogramm sehr einfach:

```perl
my $datenbank    = "rechnerdaten";
my $trennsymbol  = "-=-\n";
my $suffix       = "ou=data, ou=systems, dc=ccs, dc=hogwarts, dc=edu";
my $objectclass  = <<EOC;
objectclass: top
objectclass: machine
EOC

open(DATA, $datenbank) or die "Kann $datenbank nicht öffnen: $!\n";

# Die Perl-LDAP-Module vertragen die version:-Zeile nicht, obwohl sie in der
# Spezifikation definiert ist:
# print "version: 1\n";

while (<DATA>) {
    # Kopfzeile mit dem DN für jeden Eintrag ausgeben.
    if (/name:\s*(.*)/) {
        print "dn: cn=$1, $suffix\n";
        print $objectclass;
        print "cn: $1\n";
        next;
    }
    # Aliases mit mehreren Attribut-Werten gesondert behandeln.
    if (s/^aliases:\s*//) {
        my @aliases = split;
        foreach my $name (@aliases) {
            print "aliases: $name\n";
        }
        next;
    }
    # Trennzeichen durch Leerzeile ersetzen.
    if ($_ eq $trennsymbol) {
        print "\n";
        next;
    }
```

```
            # Normaler Eintrag – unverändert ausgeben.
            print;
    }
    close(DATA);
```

Das Programm gibt etwa folgendes aus:

```
    dn: cn=shimmer, ou=data, ou=systems, dc=ccs, dc=hogwarts, dc=edu
    objectclass: top
    objectclass: machine
    cn: shimmer
    adresse: 192.168.1.11
    aliases: shim
    aliases: shimmy
    aliases: shimmydoodles
    benutzer: David Davis
    abteilung: Software
    gebaeude: Hochhaus
    zimmer: 909
    hersteller: Sun
    modell: Ultra60

    dn: cn=bendir, ou=data, ou=systems, dc=ccs, dc=hogwarts, dc=edu
    objectclass: top
    objectclass: machine
    cn: bendir
    adresse: 192.168.1.3
    aliases: ben
    aliases: bendoodles
    benutzer: Cindy Coltrane
    abteilung: IT
    gebaeude: Altbau
    zimmer: 143
    hersteller: Apple
    modell: 7500/100
    ...
```

Diese LDIF-Datei kann man mit einem der Dienstprogramme einlesen, die mit den LDAP-Servern meist mitgeliefert werden. Das *ldif2ldbm*-Programm z. B., das sowohl dem Netscape- als auch dem OpenLDAP-Server beiliegt, kann das LDIF-Format direkt in das interne Datenbankformat des LDAP-Servers übersetzen, ohne daß der LDAP-Server überhaupt involviert ist. Man kann dieses Programm daher nur verwenden, wenn der Server nicht läuft; aber bei großen Datenmengen ist das sicher die schnellste Methode. Wenn man den LDAP-Server nicht herunterfahren kann, gibt es immer noch die Möglichkeit, die LDIF-Daten mit einem unserer eigenen Perl-Programme vom Anfang des Abschnitts einzulesen.

Wir würden nicht in Perl programmieren, wenn es nicht noch eine weitere Möglichkeit gäbe. Dieses Programm überspringt den Zwischenschritt; es erzeugt kein LDIF, sondern liest unser eigenes Datenbankformat direkt und verfüttert die Daten dem LDAP-Server:

```perl
use Net::LDAP;
use Net::LDAP::Entry;

my $datenbank    = "rechnerdaten";
my $trennsymbol  = "-=-";
my $server       = $ARGV[0];
my $port         = getservbyname("ldap", "tcp") || "389";
my $suffix       = "ou=data, ou=systems, dc=ccs, dc=hogwarts, dc=edu";
my $rootdn       = "cn=Manager, ou=Systems, dc=ccs, dc=hogwarts, dc=edu";
my $pw           = "geheim";
my ($eintrag, $dn);

my $c = new Net::LDAP($server, port => $port) or
    die "Kann Server $server nicht ansprechen: $@\n";
$c->bind(dn => $rootdn, password => $pw) or die "Fehler bei bind: $@\n";

open(DATA, $datenbank) or die "Kann $datenbank nicht öffnen: $!\n";

while (<DATA>) {
    chomp;
    # Am Anfang des Eintrags eine Instanz eines Eintragsobjekts erzeugen.
    if (/^name:\s*(.*)/) {
        $dn = "cn=$1, $suffix";
        $eintrag = new Net::LDAP::Entry;
        $eintrag->add("cn", $1);
        next;
    }
    # Spezialfall Aliases: mehrwertiges Attribut.
    if (s/^aliases:\s*//) {
        $eintrag->add('aliases', [split()]);
        next;
    }

    # Ende des Eintrags erreicht – dem Server verfüttern.
    if ($_ eq $trennsymbol) {
        $eintrag->add("objectclass", ["top", "machine"]);
        $eintrag->dn($dn);
        my $res = $c->add($eintrag);
        warn "Fehler bei add(" . $eintrag->dn() . "): Code " . $res->code . "\n"
            if $res->code();
        undef $eintrag;
        next;
    }

    # Alle anderen Attribute – wir nehmen an, daß keines davon mehrwertig ist.
    $eintrag->add(split(':\s*'));
}

close(DATA);
$c->unbind();
```

Jetzt sind die Daten im Server, und wir können endlich beginnen, damit etwas Interessantes anzustellen. In den folgenden Beispielprogrammen verwenden wir die zwei LDAP-Module abwechselnd. Die Programmzeilen zu Anfang, in denen die Verbindung mit dem Server aufgebaut wird, sind aus Platzgründen nicht jedesmal abgedruckt.

Was also fangen Sie mit den Rechnerdaten im LDAP-Server an? Nun, Sie können damit eine */etc/hosts*-Datei erzeugen:

```
use Mozilla::LDAP::Conn;
...
my $eintrag = $c->search($basedn, 'one', '(objectclass=machine)', 0,
                         'cn', 'adresse', 'aliases');
die "Fehler bei search: " . $c->getErrorString() . "\n" if $c->getErrorCode();

if ($eintrag) {
    print "#\n# Host-Datei - ERZEUGT VON $0\n",
          "# NICHT VON HAND VERÄNDERN!\n#\n";
    while($eintrag) {
        print $eintrag->{adresse}[0], "\t",
              $eintrag->{cn}[0], " ",
              join(' ', @{$eintrag->{aliases}}), "\n";
        $eintrag = $c->nextEntry();
    };
}
$c->close();
```

Die Ausgabe sieht wie folgt aus:

```
#
# Host-Datei - ERZEUGT VON ldap2hosts
# NICHT VON HAND VERÄNDERN!
#
192.168.1.11      shimmer shim shimmy shimmydoodles
192.168.1.3       bendir ben bendoodles
192.168.1.12      sulawesi sula su-lee
192.168.1.55      sander sandy micky mickydoo
```

Sie können wie folgt alle Apple-Rechner heraussuchen:

```
use Net::LDAP;
...
my $suchobj = $c->search(base => $basedn,
                         filter => "(hersteller=Apple)",
                         scope => 'one', attrs => ['cn']);
die "Fehler bei search: " . $suchobj->error() . "\n" if ($suchobj->code());

if ($suchobj) {
    for ($suchobj->entries) {
        print $_->get_value('cn'), "\n";
    }
}
$c->unbind();
```

Sie erhalten:

```
bendir
sulawesi
```

Sie können eine Liste von Benutzern und ihren Rechnern erstellen:

```
use Mozilla::LDAP::Conn;
...
my %benutzer;
my $eintrag = $c->search($basedn, 'one', '(objectclass=machine)', 0,
                  'cn', 'benutzer');
die "Fehler bei search: " . $c->getErrorString() . "\n" if $c->getErrorCode();

if ($eintrag) {
    while($eintrag) {
        push(@{$benutzer{$eintrag->{benutzer}[0]}}, $eintrag->{cn}[0]);
        $eintrag = $c->nextEntry();
    };
}
$c->close();
for (sort keys %benutzer) {
    print $_ . ":\t" . join(' ', @{$benutzer{$_}}) . "\n";
}
```

Die Ausgabe sieht so aus:

```
Alex Rollins:    sander
Cindy Coltrane:  bendir
David Davis:     shimmer
Ellen Monk:      sulawesi
```

Sie können auch überprüfen, ob der Benutzer des Skripts der »rechtmäßige« Benutzer des Rechners ist (ein Art von Pseudo-Authentifizierung):

```
use Mozilla::LDAP::Conn;
use Sys::Hostname;

my $benutzer = (getpwuid($<))[6];   # Name aus dem GCOS-Feld.

my $rechner = hostname;
$rechner    =~ s/\..*$//;           # Domain-Anteil des Rechnernamens entfernen.
...
my $eintrag = $c->search("cn=$rechner, $basedn", 'base',
                  "(benutzer=$benutzer)", 1, '');
if ($eintrag) {
    print "$benutzer benutzt seinen eigenen Rechner, $rechner.\n";
}
else {
    print "$benutzer ist auf einem fremden Rechner ($rechner) eingeloggt.\n";
}
$c->close();
```

Diese kleinen Beispiele mögen eine Ahnung davon vermitteln, wozu man LDAP in der Systemadministration benutzen kann. Im nächsten Abschnitt werden diese Ideen wesentlich erweitert. Wir sehen, wie man ein ganzes Administrationssystem auf LDAP aufbauen kann.

ADSI (Active Directory Service Interfaces)

Im letzten Teil dieses Kapitels behandeln wir einen plattformspezifischen Verzeichnisdienst, bei dem viele der eben behandelten Themen verwendet werden.

Für Windows 2000 hat Microsoft einen komplexen, anspruchsvollen Verzeichnisdienst entwickelt, das *Active Directory*, das auf LDAP aufbaut und mitten im Zentrum des Betriebssystems steht. Im Active Directory sind alle wichtigen Konfigurationsinformationen (Benutzer, Gruppen, Systemrichtlinien, Daten zu installierter Software usw.) eines Netzwerks von Windows-2000-Rechnern verzeichnet.

Bei der Entwicklung des Active Directory hat Microsoft erkannt, daß zu diesem Verzeichnisdienst eine Programmierschnittstelle auf höherer Ebene unbedingt notwendig ist. Dazu wurde ADSI, das Active Directory Service Interface, entwickelt. Man muß den Microsoft-Entwicklern zugutehalten, daß sie dabei auch erkannt haben, daß das ADSI-Fundament auch auf weitere Bereiche der Systemadministration, auf das Drucken und die Dienste unter NT (Services) ausgeweitet werden kann. Damit wird ASDI zu einem äußerst nützlichen Instrument für diejenigen, die Aufgaben der Systemadministration mit Skripten automatisieren wollen. Wir werden das tun, zuvor müssen wir aber etwas Terminologie lernen und ein paar Begriffe aus ADSI verstehen.

Grundlagen von ADSI

ADSI ist so etwas wie eine Verpackung um einen Verzeichnisdienst, der in das ADSI-Gerüst eingebunden werden soll. Diese Verzeichnisdienste heißen *Provider* (Dienstanbieter), das sind LDAP, WinNT 4.0, der Directory Service von Novell und andere. In der ADSI-Terminologie heißen diese Verzeichnisdienste und Datenquellen (WinNT ist kein eigentlicher Verzeichnisdienst) *Namensräume* (engl. *Namespaces*). Mit ADSI kann man die Daten von diesen Providern über die Namensräume in konsistenter Art benutzen.

Wenn man ADSI verstehen will, muß man auch ein bißchen über das Microsoft Component Object Model (COM) wissen, auf dem ADSI aufbaut. Über COM gibt es viele Bücher, wir kondensieren hier alles auf ein paar Schlüsselbegriffe:

- In COM arbeitet man ausschließlich mit *Objekten*.[6]
- Objekte haben *Schnittstellen*, diese stellen *Methoden* zur Verfügung, mit denen man mit den Objekten in Beziehung tritt. Von Perl aus benutzen wir die Methoden der

---

[6] Eigentlich ist COM das Protokoll, das diese Objekte miteinander verbindet; Protokoll und Objekte sind Teil eines übergeordneten Gerüstes, nämlich von OLE (Object Linking and Embedding). Ich versuche in diesem Abschnitt, nicht im Sumpf von Microsoft-Abkürzungen zu versinken. Wenn Sie mehr darüber wissen wollen, fangen Sie am besten bei *http://www.microsoft.com/com* an.

Schnittstelle *IDispatch* oder einer davon abgeleiteten Schnittstelle. Glücklicherweise sind die meisten ADSI-Methoden der ADSI-Schnittstellen und ihrer Abkömmlinge (IADsUser, IADsComputer, IADsPrintQueue usw.) von *IDispatch* abgeleitet.

- Die in einem Objekt verpackten Werte heißen *Eigenschaften* (engl. *Properties*). Man kann sie mit diesen Methoden abfragen und abändern. In diesem Kapitel werden wir zwei verschiedene Typen von Methoden antreffen: *Schnittstellen-Eigenschaften*, also solche, die als Teil der Schnittstelle definiert sind, und *Schema-Eigenschaften*, die in einem Schema-Objekt definiert werden (mehr zu Schemas in Kürze). Wenn nichts anderes angegeben ist, benutzen wir nur Schnittstellen-Eigenschaften.

Soweit ist das ja nur der normale Sprachgebrauch in der objektorientierten Programmierung. Verzwickt wird es erst, wenn diese Ausdrücke aus ADSI/COM mit denen aus der LDAP-Welt zusammentreffen.

Zum Beispiel gibt es in ADSI zwei Arten von Objekten: *Endknoten*-Objekte und *Container*-Objekte. Erstere enthalten die eigentlichen Daten, die Container-Objekte enthalten weitere Objekte. In der LDAP-Sprache wären die besten Entsprechungen dafür »Eintrag« und »Verzweigung«. In der einen Welt enthalten Objekte Eigenschaften, in der anderen sind es Attribute. Wie löst man diesen Wirrwar, weil ja beide Begriffe eigentlich dasselbe bedeuten?

Man kann sich das etwa so vorstellen: Der LDAP-Server enthält tatsächlich einen Baum von Einträgen mit Attributen. Wenn wir nun via ADSI statt mit dem normalen LDAP auf diesen Server zugreifen, verpackt ADSI den Eintrag vom LDAP-Server in ein paar Lagen Geschenkpapier und schickt ihn uns als COM-Objekt. Wir benutzen die dafür vorgesehenen Methoden, wickeln das Paket aus und dringen zum Inhalt vor, der nun »Eigenschaft« heißt. Wenn wir an den Daten etwas verändern, können wir das Paket an ADSI zurückschicken; es kümmert sich um die richtige Verpackung und schickt es für uns an den LDAP-Server zurück.

Man kann sich an diesem Punkt die Frage stellen: »Warum haben wir nicht gleich direkt den LDAP-Server angefragt?« Für ADSI sprechen zwei gewichtige Argumente: Wenn wir wissen, wie man via ASDI mit den Daten *eines* Providers umgeht, können wir das mit den Daten von allen Providern. Die zweite Antwort wird gleich illustriert; wir werden sehen, daß die Verpackungsstrategie von ADSI die Programmierung von Verzeichnisdiensten etwas erleichtert.

Um uns weiter zur ADSI-Programmierung in Perl vorzuarbeiten, müssen wir uns mit *ADsPfaden* befassen. Ein ADsPfad bezeichnet ein Objekt in irgendeinem Namensraum auf eindeutige Art. ADsPfade sehen wie folgt aus:

```
<progID>:<Pfad-zum-Objekt>
```

`<progID>` ist der festgelegte Name des Providers (z. B. »WinNT« oder ein Verzeichnisdienst wie »LDAP«), und `<Pfad-zum-Objekt>` ist die vom Provider abhängige Art, wie man ein Objekt in diesem Namensraum bezeichnet. Beim `<progID>`-Teil wird zwischen Groß- und Kleinschreibung unterschieden; mit `winnt`, `ldap` oder `WINNT` statt der korrekten Schreibweisen `WinNT` und `LDAP` erhält man einen Fehler.

Kapitel 6: Verzeichnisdienste

> ### *Der ADSI-Werkzeugkasten*
>
> Für den in diesem Abschnitt behandelten Stoff müssen Sie ADSI auf mindestens einem Rechner in Ihrem Netzwerk installiert haben. Dieser kann (via DCOM) als Gateway-Rechner für alle anderen fungieren. Auf Toby Everetts Website (siehe unten) ist erklärt, wie man ADSI und DCOM aufsetzt.
>
> Auf jedem Rechner unter Windows 2000 ist ADSI bereits im Betriebssystem integriert. Bei allen anderen Win32-Systemen müssen Sie zuerst die (freie) ADSI-2.5-Distribution von *http://www.microsoft.com/adsi* herunterladen und installieren. Unter diesem URL finden Sie auch die unbedingt notwendige ADSI-Dokumentation, insbesondere *adsi25.chm*, eine komprimierte HTML-Hilfedatei, die zu den besten verfügbaren ADSI-Dokumentationen gehört.
>
> Auch wenn Sie Windows 2000 benutzen, empfehle ich dennoch, das ADSI-SDK herunterzuladen, weil es einerseits die erwähnte Dokumentation und andererseits einen schönen ADSI-Browser namens *ADsVW* enthält. Das SDK enthält außerdem Programmbeispiele in etlichen Sprachen, auch in Perl. Leider verwenden die Perl-Beispiele im SDK das überholte *OLE.pm*-Modul; Sie können sich davon höchstens ein paar Tips abschauen, aber Sie sollten diese Beispiele nicht als Ausgangspunkt für Ihr eigenes Programmieren nehmen.
>
> Vor dem Programmieren sollten Sie außerdem den in Perl geschriebenen ADSI-Browser von Toby Everett von *http://opensource.activestate.com/authors/tobyeverett* herunterladen und installieren. Damit finden Sie sich in den ADSI-Namensräumen besser zurecht. Die Webseite von Toby Everett ist überhaupt eine der besten zu Perl und ADSI; Sie sollten sie früh in Ihrer Laufbahn als ADSI-Programmierer ansteuern.

Hier sehen Sie ein paar Beispiele für ADsPfade aus der Dokumentation zum ASDI-SDK:

```
WinNT://MyDomain/MyServer/User
WinNT://MyDomain/JohnSmith,user
LDAP://ldapsvr/CN=TopHat,DC=DEV,DC=MSFT,DC=COM,O=Internet
LDAP://MyDomain.microsoft.com/CN=TopH,DC=DEV,DC=MSFT,DC=COM,O=Internet
```

Daß diese stark an URLs erinnern, ist kein Zufall, schließlich dienen beide ähnlichen Zwecken. Bei beiden wird versucht, Daten aus verschiedensten Quellen mit einem einheitlichen Benennungsmuster anzusprechen. Im Falle von LDAP-ADsPfaden verwenden wir die LDAP-URL-Syntax aus dem in Anhang B erwähnten RFC 2255.

Wir gehen näher auf ADsPfade ein, wenn wir die beiden Namensräume *WinNT* und *LDAP* genauer behandeln. Davor müssen wir aber wissen, wie man ADSI ganz allgemein von Perl aus verwendet.

ADSI von Perl aus benutzen

Die `Win32::OLE`-Modulfamilie schlägt die Brücke von Perl zu ADSI (das auf COM aufbaut und Teil von OLE ist). `Win32::OLE` wurde von Jan Dubois und Gurusamy Sarathy entwickelt und wird von ihnen gewartet. Nach dem Einbinden des Hauptmoduls fordern wir ein ADSI-Objekt an:

```
use Win32::OLE;

$adsobj = Win32::OLE->GetObject($ADsPath) or
    die "Kann das Objekt zu $ADsPath nicht anfordern\n";
```

`Win32::OLE->GetObject()` erwartet einen OLE-*Moniker* (einen eindeutigen Bezeichner für ein Objekt, in unserem Fall ein ADsPfad) und gibt ein ADSI-Objekt zurück. Dabei wird auch das *Binding* erledigt, ein Vorgang, den wir aus der Behandlung von LDAP weiter vorne in diesem Kapitel kennen. Ohne weitere Vereinbarung binden wir das Objekt mit der *Echtheitsbestätigung* (engl. *credentials*) des Benutzers ein, der das Skript ausführt.

Ein Hinweis, der ihnen einiges an Bestürzung ersparen kann: Sie führen die obigen zwei Zeilen im Perl-Debugger aus und sehen sich mit x (eXamine) die erhaltene Objektreferenz an. Völlig konsterniert starren Sie auf die Ausgabe:

```
DB<3> x $adsobj
0  Win32::OLE=HASH(0x10fe0d4)
     empty hash
```

Nur ruhig Blut. `Win32::OLE` verwendet Variablen, die mit dem `tie`-Mechanismus von Perl an Methoden gekoppelt sind. Die scheinbar leere Datenstruktur wird sukzessive mit Daten gefüllt, sobald man in der vorgesehenen Art auf diese zugreift.

Auf die Werte der Schnittstellen-Eigenschaften eines ADSI-Objekts wird mit der Syntax für Hashreferenzen zugegriffen:

```
$value = $adsobj->{schluessel}
```

Wenn z. B. ein Objekt eine Eigenschaft namens `Name` besitzt (alle ADSI-Objekte tun das), dann kann man den Wert dazu so ausgeben:

```
print $adsobj->{Name} . "\n";
```

Auf die gleiche Weise kann man den Schnittstellen-Eigenschaften Werte zuweisen:

```
$adsobj->{FullName} = "Oog";    # Eigenschaft im Cache zuweisen.
```

Die Eigenschaften eines ADSI-Objekts werden in einem Cache im Hauptspeicher untergebracht, im »Eigenschaftenzwischenspeicher« (*puh!*) oder Eigenschaften-Cache (engl. *property cache*). Beim ersten Gebrauch einer Eigenschaft werden die Daten in den

Cache geladen. Bei weiteren Abfragen nach der gleichen Eigenschaft wird nur dieser zwischengespeicherte Wert abgefragt, *es wird keine Anfrage an den Server geschickt*. Wenn man den Cache von Hand laden will, kann man die Methode GetInfo() zu der entsprechenden Objekt-Instanz aufrufen (oder die erweiterte Form, GetInfoEx()).

Weil die erste Abfrage vom Server automatisch geschieht, werden GetInfo() oder GetInfoEx() oft übersehen. Es gibt jedoch – wenn auch nicht in diesem Buch – Situationen, in denen man diese Methoden ausdrücklich benutzen muß. Zwei Beispiele:

1. Manche Objekt-Eigenschaften werden nur durch einen expliziten Aufruf der Funktion GetInfoEx() vom Server abgeholt. Der LDAP-Provider von Microsoft Exchange 5.5 ist ein besonders übles Beispiel dafür; viele seiner Eigenschaften sind erst nach einem expliziten GetInfoEx() verfügbar. Auf *http://opensource.activestate. com/authors/tobyeverett* finden Sie mehr zu dieser Inkonsistenz.

2. Wenn mehrere Personen und Prozesse die Daten in Ihrem Verzeichnisdienst ändern können, kann es sein, daß ein vor einiger Zeit in den Cache geladenes Objekt auf dem Server verändert wird, während wir gerade an ihm arbeiten. Wenn das passiert, enthält der Eigenschaften-Cache ungültige Daten. Mit den Methoden GetInfo() und GetInfoEx() kann man die Daten auffrischen.

Wenn die Daten im eigentlichen Verzeichnisdienst oder in der sonst via ADSI verwendeten Datenquelle verändert werden sollen, dann *muß* nach einer Veränderung des Objekts die besondere SetInfo()-Methode aufgerufen werden. Mit SetInfo() werden die Daten aus dem Eigenschaften-Cache an das Verzeichnis oder an die Datenquelle weitergegeben. (Das erinnert an Mozilla::LDAP, wo Änderungen erst nach dem Aufruf der update()-Methode auf dem Server wirksam werden.)

Der Aufruf einer Methode einer ADSI-Objektinstanz ist sehr einfach:

```
$adsobj->Methode($argumente...)
```

Wenn wir also die Eigenschaften dieses Objekts verändert haben, müssen wir nach der Erläuterung im letzten Abschnitt diese Zeile hinzufügen:

```
$adsobj->SetInfo();
```

Damit werden die veränderten Daten aus dem Eigenschaften-Cache auch im eigentlichen Verzeichnisdienst oder in der Datenquelle nachgeführt.

Eine häufig benutzte Funktion aus Win32::OLE ist Win32::OLE->LastError(). Diese liefert den Laufzeitfehler der letzten OLE-Operation (wenn überhaupt ein Fehler aufgetreten ist). Auch beim Gebrauch der *–w*-Option (d. h. mit *perl –w Skript*) erzeugen die OLE-Routinen im Fehlerfall ausführlichere Fehlermeldungen. Benutzen Sie diese Option, denn oft ist diese Fehlermeldung die einzige Hilfe, die Sie bekommen können.

Die bisherigen ADSI-Programmbeispiele sehen weitgehend wie normales Perl aus, und so ist es auch, zumindest oberflächlich. Nun aber wird die Geschichte komplizierter.

Umgang mit Container-Objekten

Weiter vorne hatten wir erwähnt, daß es zwei Typen von ADSI-Objekten gibt: Endknoten und Container (letztere heißen in der Terminologie von OLE/COM *collection objects*). Endknoten enthalten nur reine Daten, und Container enthalten andere Objekte. Anders gesagt haben Endknoten in einer Hierarchie keine Kinder, Container schon.

Container-Objekte müssen gesondert behandelt werden, weil wir in den meisten Fällen an den Daten der in ihnen enthaltenen Kind-Objekte interessiert sind. Man kann Container-Objekte in Perl auf zwei Arten behandeln. Man kann die Funktion in() aus Win32::OLE benutzen, die aber beim normalen Gebrauch des Moduls nicht verfügbar ist, sie muß explizit beim Laden des Moduls importiert werden:

```
use Win32::OLE 'in';
```

Die Funktion in() gibt eine Liste von Referenzen auf die Kind-Objekte eines Containers zurück. Damit kann man sehr leicht lesbaren Code wie diesen schreiben:

```
foreach $kind (in $adsobj) {
    print $kind->{Name}
}
```

Alternativ kann man ein Untermodul von Win32::OLE namens Win32::OLE::Enum benutzen. Damit wird ein Aufzählungsobjekt zu unserem Container erzeugt:

```
use Win32::OLE::Enum;

my $aufzobj = Win32::OLE::Enum->new($adsobj);
```

Dieses Aufzählungsobjekt besitzt Methoden, die die Kinder von $adsobj zurückgeben. Das erinnert wieder an die Suchoperationen bei Mozilla::LDAP, es ist das gleiche Verfahren.

Mit $aufzobj->Next() bekommen wir eine Referenz auf das nächste Kindobjekt (oder auf die nächsten X Kindobjekte, wenn man als optionalen Parameter X angibt). Mit $aufzobj->All() erhalten wir eine Liste von Referenzen auf die Kind-Objektinstanzen. Win32::OLE::Enum enthält noch weitere Methoden – siehe dazu die Dokumentation –, aber diese zwei sind wohl die am häufigsten verwendeten.

Ein Containerobjekt identifizieren

Man kann nicht von vornherein wissen, ob ein Objekt ein Containerobjekt ist oder nicht. Man kann von Perl aus auch nicht ein Objekt auf seine »Containerhaftigkeit« befragen. Am besten erzeugt man ein Aufzählungsobjekt und fängt einen möglichen Laufzeitfehler ab – wenn dies nicht gelingt, war es wohl kein Containerobjekt. Dieses Programmbeispiel illustriert das:

```
use Win32::OLE;
use Win32::OLE::Enum;
```

```
my $aufzobj;
eval {$aufzobj = Win32::OLE::Enum->new($adsobj)};
print "Das Objekt ist " . ($@ ? "k" : "") . "ein Container\n";
```

Man kann außerdem nach anderen Merkmalen des Objekts fahnden. Das führt uns zwanglos zur dritten Komplikation der ADSI-Geschichte.

Wie findet man überhaupt etwas über ein Objekt heraus?

Die zentrale und wohl wichtigste Frage haben wir bis zum Ende aufgespart. Wir werden gleich mit Objekten aus zwei verschiedenen Namensräumen umgehen. Wir wissen, wie man Eigenschaften abfragt und verändert, wie man Objektmethoden aufruft – aber nur, wenn wir die Namen dieser Eigenschaften und Methoden kennen. Woher kennt man diese Namen? Wie findet man sie?

Dafür gibt es leider nicht eine einzige simple Antwort, aber es gibt einige Quellen, aus denen man die meisten Fragen beantworten kann. Zuerst schaut man in der ADSI-Dokumentation nach, insbesondere in der Hilfedatei, die im Kasten auf Seite 220 erwähnt wurde. Diese Datei enthält eine erstaunliche Menge an wertvollen Informationen. Die spezielle Frage nach den Namen von Eigenschafen und Methoden wird in *Active Directory Service Interfaces 2.5* ➔ *ADSI Reference* ➔ *ADSI System Providers* beantwortet.

Manchmal findet man die Methodennamen nur in der Dokumentation, aber für die Namen der vorhandenen Eigenschaften gibt es eine zweite, interessantere Möglichkeit. Wir können die Metadaten verwenden, die ADSI mitliefert. Hier kommt das Konzept der Schema-Eigenschaften zum Tragen, das wir weiter vorne kurz angesprochen hatten.

Jedes ADSI-Objekt besitzt eine Eigenschaft namens Schema, die den ADsPfad zu seinem Schema-Objekt enthält. Zum Beispiel gibt der Code

```
use Win32::OLE;

my $ADsPath = "WinNT://BEESKNEES,computer";
my $adsobj  = Win32::OLE->GetObject($ADsPath) or
    die "Kann Objekt zu $ADsPath nicht anfordern\n";
print "Dies ist ein " . $adsobj->{Class} .
    "-Objekt, das Schema dazu ist bei:\n" . $adsobj->{Schema} . "\n";
```

diese Zeilen aus:

```
Dies ist ein Computer-Objekt, das Schema dazu ist bei:
WinNT://DomainName/Schema/Computer
```

Der Wert von `$adsobj->{Schema}` ist ein ADsPfad zu einem Objekt, das das Schema für die Objektklasse Computer in dieser Domäne beschreibt. Wir verwenden hier den Ausdruck »Schema« im gleichen Sinne bei der Behandlung von LDAP. Bei LDAP definiert das Schema, welche Attribute in einer Objektklasse vorhanden sein müssen und dürfen.

Bei ADSI enthält das Schema die gleichen Informationen zu den Schema-Eigenschaften von Objekten einer bestimmten Klasse.

Wenn Sie die möglichen Attribut-Namen eines Objekts wissen wollen, können Sie die Werte zweier Eigenschaften des zum Objekt gehörenden Schema-Objekts abfragen: `MandatoryProperties` und `OptionalProperties` (obligatorische und fakultative Eigenschaften). Wir ändern die `print`-Anweisung von vorhin wie folgt ab:

```
my $schmobj = Win32::OLE->GetObject($adsobj->{Schema}) or
    die "Kann Objekt zu " . $adsobj->{Schema} . " nicht anfordern\n";
print join("\n", @{$schmobj->{MandatoryProperties}},
                 @{$schmobj->{OptionalProperties}}), "\n";
```

Wir erhalten:

```
Owner
Division
OperatingSystem
OperatingSystemVersion
Processor
ProcessorCount
```

Jetzt kennen wir die Namen der möglichen Schema-Eigenschaften im WinNT-Namensraum für unser `Computer`-Objekt.

Schema-Eigenschaften werden auf eine etwas andere Art abgefragt und verändert als Schnittstellen-Eigenschaften. Zur Erinnerung:

```
# Abfragen und Setzen von SCHNITTSTELLEN-Eigenschaften.
$wert = $obj->{eigenschaft};
$obj->{eigenschaft} = $wert;
```

Für Schema-Eigenschaften benutzt man besondere Methoden:

```
# Abfragen und Setzen von SCHEMA-Eigenschaften.
$wert = $obj->Get("eigenschaft");
$obj->Put("eigenschaft", "wert");
```

Alles andere, was wir zu Schnittstellen-Eigenschaften gesagt hatten, trifft auch auf Schema-Eigenschaften zu (z. B. Eigenschaften-Cache, `SetInfo()` usw.). Außer bei der benutzten Syntax für das Abfragen und Setzen von Werten ist fast der einzige Unterschied der Name: Manchmal gibt es zu einem Objekt zwei verschieden benannte Eigenschaften für das gleiche Ding; einmal der Name der Schnittstellen-Eigenschaft und der für die Schema-Eigenschaft. Zum Beispiel wird hier zweimal die gleiche Einstellung eines Benutzerkontos abgefragt:

```
$len = $userobj->{PasswordMinimumLength};   # Schnittstellen-Eigenschaft.
$len = $userobj->Get("MinPasswordLength");  # Schema-Eigenschaft.
```

Kapitel 6: Verzeichnisdienste

Es gibt hier zwei Typen von Eigenschaften, weil die Schnittstellen-Eigenschaft vom verwendeten COM-Modell herrührt. Wenn ein Entwickler eine Schnittstelle für ein neues Programm entwirft, definiert er auch die zugehörigen Schnittstellen-Eigenschaften. Wenn später die Anzahl und Art der Eigenschaften erweitert werden sollen, müssen sowohl die COM-Schnittstelle als auch die Programme, die diese Schnittstelle benutzen, geändert werden. Bei ADSI können aber die Schema-Eigenschaften eines Providers erweitert werden, ohne daß die darunterliegende COM-Schicht für diesen Provider angepaßt werden muß. Für uns ist es nur wichtig, daß wir mit beiden Typen von Eigenschaften umgehen können, weil oft Daten zu einem Objekt nur in einem Typ von Eigenschaft vorhanden sind.

Vom praktischen Standpunkt aus betrachtet ist es viel einfacher, den bereits erwähnten ADSI-Browser von Toby Everett zu benutzen, um die Namen von Schnittstellen- oder Schema-Eigenschaften herauszubekommen. Abbildung 6-2 zeigt diesen Browser in Aktion.

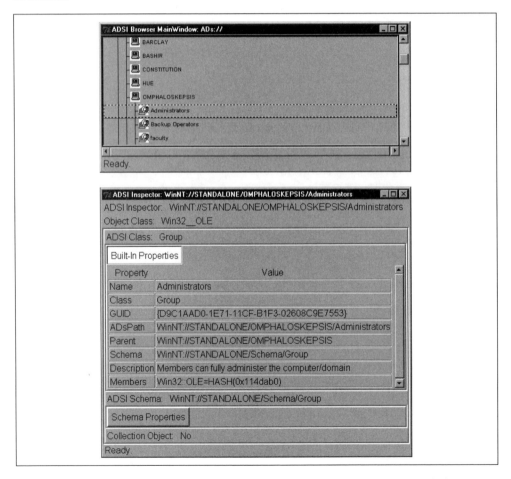

Abbildung 6-2: Der ADSI-Browser von Toby Everett. Angezeigt wird ein Gruppen-Objekt.

Im SDK gibt es ein Verzeichnis *General*, das Beispielprogramme enthält, unter anderem auch ein Programm namens *ADSIDump*, das den Inhalt eines ganzen ADSI-Baums ausgeben kann.

Suchen

Dies ist die letzte Komplikation in unserer ADSI-Geschichte. Im Abschnitt »LDAP: Ein anspruchsvoller Verzeichnisdienst« hatten wir uns länger mit Suchmethoden in LDAP-Bäumen befaßt. Aber hier im ADSI-Land haben wir bisher kein Wort darüber verloren. Das liegt daran, daß das Suchen mit ADSI von Perl aus (oder irgendeiner Programmiersprache, die OLE benutzt) überaus mühsam ist. Zumindest das Absuchen von Unterbäumen oder generell jede Suche, die über das absolut Triviale hinausgeht, ist bei ADSI sehr mühsam. Komplexere Suchvorgänge sind deshalb schwierig, weil man das ADSI-Gerüst verlassen und mit ganz anderen Methoden suchen muß (und jede Menge neuer Microsoft-Abkürzungen lernen muß).

Aber ein tapferer Systemadministrator erträgt fast jeden Schmerz. Wir beginnen also mit ein paar einfachen Suchvorgängen und nehmen uns erst danach den harten Brocken vor. Eine einfache Suche umfaßt nur ein einzelnes Objekt (Suchbereich oder *Scope* von `base`) oder seine unmittelbaren Kinder (Suchbereich `one`) und kann direkt in Perl erledigt werden:

- Bei einem einzelnen Objekt fordern wir alle interessierenden Eigenschaften an und vergleichen die Werte mit den ganz normalen Vergleichsoperatoren von Perl:

    ```
    if ($adsobj->{cn} eq "Mark Sausville" and $adsobj->{State} eq "CA") { ... }
    ```

- Wenn auch alle direkten Abkömmlinge untersucht werden sollen, verwenden wir die Methoden zum Bearbeiten von Container-Objekten und vergleichen die Eigenschaften jedes Kind-Objekts. Sie werden gleich Beispiele zu dieser Art der Suche sehen.

Wenn Sie kompliziertere Suchoperationen ausführen wollen, müssen Sie eine andere »Middleware« benutzen, nämlich ADO (ActiveX Data Objects). Mit ADO können Skriptsprachen wie Perl eine Schnittstelle zu Microsofts OLE-DB-Schicht benutzen. OLE-DB wiederum ist eine datenbankorientierte Schnittstelle zu Datenbanken und Verzeichnisdiensten. In unserem Fall werden wir via ADO auf ADSI zugreifen (und ADSI greift wiederum auf den eigentlichen Verzeichnisdienst zu). Weil ADO datenbankorientiert ist, greift der Code hier dem ODBC-Material aus Kapitel 7, *Administration von SQL-Datenbanken*, vor.

 ADO funktioniert mit ADSI nur mit dem Provider (Dienstanbieter) LDAP. Im WinNT-Namensraum ist ADO nicht verwendbar.

Kapitel 6: Verzeichnisdienste

ADO ist ein weites Feld, das nur am Rand etwas mit unserem Thema »Verzeichnisdienste« zu tun hat, daher belassen wir es hier bei einem einzigen kommentierten Beispiel und gehen dann zu anderen ADSI-Themen über. Mehr Informationen zu ADO finden Sie unter *http://www.microsoft.com/ado*.

Dieses Programmbeispiel gibt die Namen aller in einer Domäne bekannten Gruppen aus. Wir werden dieses Programm Stück für Stück durchgehen.

```
use Win32::OLE 'in';

# ADO-Objekt erzeugen, Provider angeben und Verbindung aufnehmen.
my $c = Win32::OLE->new("ADODB.Connection");
$c->{Provider} = "ADsDSOObject";
$c->Open("ADSI Provider");
die Win32::OLE->LastError() if Win32::OLE->LastError();

# Anfrage vorbereiten und ausführen.
my $ADsPath = "LDAP://ldapserver/dc=example,dc=com";
my $rs = $c->Execute("<$ADsPath>;(objectClass=Group);Name;SubTree");
die Win32::OLE->LastError() if Win32::OLE->LastError();

until ($rs->EOF) {
    print $rs->Fields(0)->{Value}, "\n";
    $rs->MoveNext;
}

$rs->Close;
$c->Close;
```

Das Programmstück nach dem Laden des Moduls erzeugt eine Instanz eines ADO-Verbindungsobjekts, übergibt diesem den Namen des Providers und beauftragt das Objekt, die Verbindung herzustellen. Die Verbindung läuft unter der Echtheitsbestätigung (den *credentials*) des Benutzers, der das Skript ausführt; aber auch das könnte man mit entsprechenden Eigenschaften und Methoden ändern.

Danach wird die eigentliche Suche mit `Execute()` ausgeführt. Die Suche kann in zwei »Dialekten« formuliert werden, in SQL oder in ADSI.[7] Im hier verwendeten ADSI-Dialekt besteht der Suchstring aus vier Argumenten, die durch Strichpunkte voneinander getrennt werden.[8] Die Argumente sind:

- Ein ADsPfad (in spitzen Klammern), der den Server und die Suchbasis (den Base-DN) angibt

---

7 Wenn Sie mit SQL vertraut sind, ist Ihnen der SQL-Dialekt vielleicht geläufiger. Mit dem SQL-Dialekt ergeben sich ein paar interessante Möglichkeiten. Zum Beispiel kann der MS-SQL-Server Version 7.0 so konfiguriert werden, daß er auch ADSI-Provider und nicht nur »normale« Datenbanken kennt. Dann kann man SQL-Anfragen absetzen, die gleichzeitig via ADSI auf Objekte aus dem Active Directory zugreifen.

8 Durch Strichpunkte *und nur durch Strichpunkte* getrennt. Wenn allein ein Leerzeichen dazukommt, funktioniert die Suche nicht.

- Ein Suchfilter (mit der bekannten Syntax für LDAP-Filter)
- Der Name (oder mehrere, durch Komma getrennte Namen) der Eigenschaften, die zurückgegeben werden sollen
- Der Suchbereich (Scope) – Base, OneLevel oder SubTree (entsprechend den LDAP-Standard)

Mit `Execute()` bekommen wir eine Referenz auf das erste ADO-`RecordSet`-Objekt in den gefundenen Resultatdaten. Wir packen das Objekt aus und geben die `Value`-Eigenschaft der `Fields()`-Methode aus. Die `Value`-Eigenschaft entspricht dem in der Anfrage angefordertem Wert (dem Namen des `Group`-Objekts). Wir gehen die `RecordSet`-Objekte mit `MoveNext()` durch, bis keine weiteren mehr vorhanden sind. Hier die Ausgabe von einem Windows-2000-Rechner:

```
Administrators
Users
Guests
Backup Operators
Replicator
Server Operators
Account Operators
Print Operators
DHCP Users
DHCP Administrators
Domain Computers
Domain Controllers
Schema Admins
Enterprise Admins
Cert Publishers
Domain Admins
Domain Users
Domain Guests
Group Policy Admins
RAS and IAS Servers
DnsAdmins
DnsUpdateProxy
```

Typische Aufgaben mit ADSI mit den WinNT- und LDAP-Namensräumen

Wir haben nun glücklich unsere Liste von Komplikationen durchgearbeitet und können uns darauf verlegen, wirkliche Aufgaben aus der Systemadministration mit Perl und ADSI zu erledigen. Es soll hier im wesentlichen illustriert werden, was für Dinge mit ADSI erledigt werden können. Die Programmbeispiele können dann als Ausgangspunkt für die eigene Programmierung benutzt werden.

Bei diesen Beispielen benutzen wir zwei Namensräume. Der erste Namensraum ist *WinNT* – damit haben wir Zugriff auf Objekte aus Windows NT 4.0 wie Benutzer, Gruppen, Drucker, Dienste usw.

Der zweite Namensraum ist unser Freund *LDAP*. Beim Übergang zu Windows 2000 wird *LDAP* zum Provider der Wahl, weil das Active Directory darauf aufbaut. Aber auch bei Windows 2000 gibt es noch immer Dinge, die sich nur im WinNT-Namensraum erledigen lassen (etwa das Einrichten von lokalen Benutzerkonten).

Die Programme für die zwei Namensräume sehen sehr ähnlich aus – das ist ja eines der Ziele von ADSI. Es gibt aber zwei wichtige Unterschiede. Zunächst ist das Format der ADsPfade leicht verschieden. Bei WinNT können die ADsPfade nach dem ADSI-SDK diese Formen aufweisen:

```
WinNT:[//DomainName[/ComputerName[/ObjectName[,className]]]
WinNT:[//DomainName[/ObjectName[,className]]]
WinNT:[//ComputerName,computer]
WinNT:
```

Ein LDAP-ADsPfad sieht so aus:

```
LDAP://ServerName[:PortNumber][/DistinguishedName]
```

Beachten Sie, daß unter NT 4 der LDAP-ADsPfad einen Servernamen enthalten *muß* – bei Windows 2000 kann dieser weggelassen werden. Das bedeutet, daß Sie den LDAP-Namensraum nicht einfach so von »zuoberst«, vom Stamm her durchsuchen können; es muß ein Startpunkt, der Servername, angegeben werden. Im WinNT-Namensraum können Sie einfach beim ADsPfad `WinNT:` beginnen und die ganze Hierarchie durchsuchen.

Außerdem sind die Eigenschaften der Objekte aus den zwei Namensräumen sehr ähnlich, aber nicht genau gleich. Sie können wohl das gleiche Benutzer-Objekt aus dem WinNT- und dem LDAP-Namensraum ansprechen, aber nur im LDAP-Namensraum sind bestimmte Eigenschaften sichtbar, die mit dem Active Directory zusammenhängen.

Sie müssen insbesondere auf die Unterschiede in den Schemas in den zwei Namensräumen achtgeben. Zum Beispiel kennt die `User`-Klasse für WinNT keine obligatorischen Eigenschaften, während im LDAP-Namensraum die Eigenschaften `cn` (*common name*, allgemeiner Name) und `samAccountName` in jedem `User`-Objekt vorhanden sein müssen.

Wir sollten diese Unterschiede berücksichtigen, wenn wir die folgenden Beispiele besprechen. Aus Platzgründen ist hier in den meisten Fällen die Fehlerbehandlung weggelassen; bei wirklichen Programmen werden Sie die –*w*-Option von Perl benutzen und viele Zeilen dieser Art einstreuen:

```
die "OLE error :".Win32::OLE->LastError() if Win32::OLE->LastError();
```

Umgang mit Benutzerkonten mit ADSI

So geben wir die Benutzer in einer Domäne aus:

```
use Win32::OLE 'in';

my $ADsPath = "WinNT://DomainName/PDCName,computer";
my $c = Win32::OLE->GetObject($ADsPath) or die "Fehler bei Get $ADsPath\n";
foreach my $adsobj (in $c) {
    print $adsobj->{Name}, "\n" if ($adsobj->{Class} eq "User");
}
```

Mit dem folgenden Code wird ein neuer Benutzer mit dem vollen Namen erzeugt:

```
use Win32::OLE;

my $ADsPath = "WinNT://DomainName/ComputerName,computer";
my $c = Win32::OLE->GetObject($ADsPath) or die "Fehler bei Get $ADsPath\n";

# Benutzerkonto-Objekt erzeugen.
my $u = $c->Create("user", $username);
$u->SetInfo();   # Benutzerkonto muß existieren, bevor es verändert werden kann.

# Vollen Namen eintragen.
$u->{FullName} = $fullname;
$u->SetInfo();
```

Wenn `ComputerName` der Name eines PDC (Primary Domain Controllers) ist, dann wird ein Domänenbenutzer erzeugt, sonst ein lokales Benutzerkonto auf dem angegebenen Rechner.

Das entsprechende Programm zur Erzeugung eines globalen Benutzers im Active Directory (mit LDAP lassen sich keine lokalen Benutzer erzeugen) sieht so aus:

```
use Win32::OLE;

my $ADsPath = "LDAP://ldapserver/CN=Users,dc=example,dc=com";

my $c = Win32::OLE->GetObject($ADsPath) or die "Fehler bei Get $ADsPath\n";

# Benutzerkonto-Objekt erzeugen.
my $u = $c->Create("user", "cn=" . $commonname);
$u->{samAccountName} = $username;
# Benutzerkonto muß existieren, bevor es verändert werden kann.
$u->SetInfo();

# Der FullName heißt manchmal auch Display Name.
$u->{'FullName'} = $fullname;
$u->SetInfo();
```

Zum Löschen eines Benutzers muß nur wenig verändert werden:

```
use Win32::OLE;

my $ADsPath = "WinNT://DomainName/ComputerName,computer";
my $c = Win32::OLE->GetObject($ADsPath) or die "Fehler bei Get $ADsPath\n";

# Benutzer-Objekt löschen.
# Beachte: Wir sind mit dem Container- und nicht mit dem Benutzer-Objekt verbunden.
$c->Delete("user", $username);
```

Für das Ändern des Paßwortes eines Benutzers ist nur ein einziger Methodenaufruf erforderlich:

```
use Win32::OLE;

my $ADsPath = "WinNT://DomainName/ComputerName/" . $username;
my $u = Win32::OLE->GetObject($ADsPath) or die "Fehler bei Get $ADsPath\n";

$u->ChangePassword($oldpassword, $newpassword);
$u->SetInfo();
```

Gruppen mit ADSI verwalten

Um die vorhandenen Gruppen aufzuzählen, muß das Programm zur Aufzählung von Benutzern nur ganz leicht angepaßt werden. Hier sehen Sie die geänderte Zeile:

```
print $adsobj->{Name}, "\n" if ($adsobj->{Class} eq "Group");
```

Gruppen werden mit den gleichen `Create()`- und `Delete()`-Funktionen erzeugt und gelöscht, wie wir sie eben bei Benutzerkonten verwendet hatten, nur muß das erste Argument »group« lauten. Zum Beispiel:

```
my $g = $c->Create("group", $groupname);
```

So trägt man einen Benutzer in eine Gruppe (in *GroupName* angegeben) ein, nachdem man die Gruppe erzeugt hat:

```
use Win32::OLE;

my $ADsPath = "WinNT://DomainName/GroupName,group";

my $g = Win32::OLE->GetObject($ADsPath) or die "Fehler bei Get $ADsPath\n";

# $userADsPath zeigt auf ein Benutzer-Objekt.
$g->Add($userADsPath);
```

Auch hier gelten die gleichen Regeln in bezug auf globale Benutzer (Domänenbenutzer) und lokale Benutzer. Wenn wir einen Domänenbenutzer in unsere Gruppe eintragen wollen, muß `$userADsPath` auf einen Benutzer auf dem PDC der Domäne zeigen.

Mit der folgenden Zeile entfernen Sie einen Benutzer aus einer Gruppe:

```
$g->Remove($userADsPath);
```

Datei-Shares mit ADSI verwalten

Jetzt kommen wir zu den esoterischeren Anwendungen von ADSI. Man kann mit ADSI *Shares* oder *Freigaben* einrichten und so Teile des lokalen Dateisystems anderen Rechnern zur Verfügung stellen:

```
use Win32::OLE;

my $ADsPath = "WinNT://ComputerName/lanmanserver";

my $c = Win32::OLE->GetObject($ADsPath) or die "Fehler bei Get $ADsPath\n";

my $s = $c->Create("fileshare", $sharename);
$s->{path}        = 'C:\verzeichnis';
$s->{description} = "Dieses Share wurde mit Perl erzeugt";
$s->SetInfo();
```

Datei-Shares kann man mit der `Delete()`-Methode wieder löschen.

Bevor wir zu anderen Themen übergehen, möchte ich noch daran erinnern, daß Sie die Dokumentation zum SDK nach Möglichkeit genau studieren sollten. Manchmal wird man angenehm überrascht. Wenn Sie den Abschnitt *Active Directory Service Interfaces 2.5* ➤ *ADSI Reference* ➤ *ADSI Interfaces* ➤ *Persistent Object Interfaces* ➤ *IADsFileShare* der Hilfedatei zum ADSI SDK 2.5 lesen, werden Sie entdecken, daß das `fileshare`-Objekt die interessante Eigenschaft `CurrentUserCount` besitzt, die anzeigt, wie viele Benutzer gerade das Share benutzen. Das kann unter Umständen sehr wertvoll sein.

Umgang mit Druckerwarteschlangen und Druckaufträgen via ADSI

Dieses Programmbeispiel listet die auf einem bestimmten Server verfügbaren Druckerwarteschlangen (engl. *print queues*) und die Typen der Drucker auf:

```
use Win32::OLE 'in';

my $ADsPath = "WinNT://DomainName/PrintServerName,computer";

my $c = Win32::OLE->GetObject($ADsPath) or die "Fehler bei Get $ADsPath\n";

foreach my $adsobj (in $c) {
    print $adsobj->{Name} . ":" . $adsobj->{Model} . "\n"
        if ($adsobj->{Class} eq "PrintQueue");
}
```

Wenn der Name der Druckerwarteschlange bekannt ist, kann man sich direkt damit verbinden und die Warteschlange kontrollieren oder den Zustand abfragen:

```
use Win32::OLE 'in';
```

Kapitel 6: Verzeichnisdienste

```
# Diese Tabelle stammt aus dem ADSI 2.5 SDK, Abschnitt »Active Directory Service
# Interfaces 2.5 ➤ ADSI Reference ➤ ADSI Interfaces ➤ Dynamic Object Interfaces ➤
# IADsPrintQueueOperations ➤ IADsPrintQueueOperations Property Methods« – Puh!

my %status =
    (0x00000001 => 'PAUSED',          0x00000002 => 'PENDING_DELETION',
     0x00000003 => 'ERROR' ,          0x00000004 => 'PAPER_JAM',
     0x00000005 => 'PAPER_OUT',       0x00000006 => 'MANUAL_FEED',
     0x00000007 => 'PAPER_PROBLEM',   0x00000008 => 'OFFLINE',
     0x00000100 => 'IO_ACTIVE',       0x00000200 => 'BUSY',
     0x00000400 => 'PRINTING',        0x00000800 => 'OUTPUT_BIN_FULL',
     0x00001000 => 'NOT_AVAILABLE',   0x00002000 => 'WAITING',
     0x00004000 => 'PROCESSING',      0x00008000 => 'INITIALIZING',
     0x00010000 => 'WARMING_UP',      0x00020000 => 'TONER_LOW',
     0x00040000 => 'NO_TONER',        0x00080000 => 'PAGE_PUNT',
     0x00100000 => 'USER_INTERVENTION', 0x00200000 => 'OUT_OF_MEMORY',
     0x00400000 => 'DOOR_OPEN',       0x00800000 => 'SERVER_UNKNOWN',
     0x01000000 => 'POWER_SAVE');

my $ADsPath = "WinNT://PrintServerName/PrintQueueName";

my $p = Win32::OLE->GetObject($ADsPath) or die "Fehler bei Get $ADsPath\n";

print "Status des Druckers " . $p->{Name} . " ist: " .
      (exists $status{$p->{status}} ? $status{$p->{status}} : "INAKTIV") . "\n";
```

Mit dem `PrintQueue`-Objekt kann man Drucker so kontrollieren, wie man es erwartet: Es gibt die Methoden `Pause()`, `Resume()` (Drucken wiederaufnehmen) und `Purge()` (Druckaufträge löschen). Damit kann man die Warteschlange steuern und kontrollieren. Aber wie greifen wir auf einen einzelnen Druckauftrag zu?

Dazu benutzen wir die Objektmethode `PrintJobs()` des `PrintQueue`-Objekts. Wir erhalten ein Container-Objekt zurück, das `PrintJob`-Objekte enthält, von denen jedes seine Eigenschaften und Methoden besitzt. So listet man die Aufträge in einer bestimmten Warteschlange auf:

```
use Win32::OLE 'in';

# Diese Tabelle stammt aus dem ADSI 2.5 SDK, Abschnitt »Active Directory Service
# Interfaces 2.5 ➤ ADSI Reference ➤ ADSI Interfaces ➤ Dynamic Object Interfaces ➤
# IADsPrintJobOperations ➤ IADsPrintJobOperations Property Methods« – Nochmal Puh!

my %status = (0x00000001 => 'PAUSED',   0x00000002 => 'ERROR',
              0x00000004 => 'DELETING', 0x00000010 => 'PRINTING',
              0x00000020 => 'OFFLINE',  0x00000040 => 'PAPEROUT',
              0x00000080 => 'PRINTED',  0x00000100 => 'DELETED');

my $ADsPath = "WinNT://PrintServerName/PrintQueueName";

my $p = Win32::OLE->GetObject($ADsPath) or die "Fehler bei Get $ADsPath\n";
```

```
    my $jobs = $p->PrintJobs();
    foreach my $job (in $jobs) {
        print $job->{User} . "\t" . $job->{Description} . "\t" .
              $status{$job->{status}} . "\n";
    }
```

Man kann jeden Druckauftrag einzeln mit `Pause()` anhalten und mit `Resume()` weiterlaufen lassen.

Dienste unter NT/2000 via ADSI steuern

Die letzten Beispiele in diesem Kapitel befassen sich mit Diensten (engl. *services*) auf einem NT/2000-Server. Wir untersuchen, wie man die verfügbaren Dienste findet, startet und wieder anhält. Wie bei anderen Beispielen in diesem Kapitel wird angenommen, daß die Beispielprogramme von einem Konto mit entsprechenden Berechtigungen ausgeführt werden.

Dieses Programm gibt zu jedem auf einem Rechner vorhandenen Dienst den Namen und den Zustand aus:

```
use Win32::OLE 'in';

# Diese Tabelle stammt aus dem ADSI 2.5 SDK, Abschnitt »Active Directory Service
# Interfaces 2.5 → ADSI Reference → ADSI Interfaces → Dynamic Object Interfaces →
# IADsServiceOperations → IADsServiceOperations Property Methods«

my %status =
   (0x00000001 => 'STOPPED',           0x00000002 => 'START_PENDING',
    0x00000003 => 'STOP_PENDING',      0x00000004 => 'RUNNING',
    0x00000005 => 'CONTINUE_PENDING',  0x00000006 => 'PAUSE_PENDING',
    0x00000007 => 'PAUSED',            0x00000008 => 'ERROR');

my $ADsPath = "WinNT://DomainName/ComputerName,computer";

my $c = Win32::OLE->GetObject($ADsPath) or die "Fehler bei Get $ADsPath\n";

foreach my $adsobj (in $c) {
    print $adsobj->{DisplayName} . ":" . $status{$adsobj->{status}} . "\n"
        if ($adsobj->{Class} eq "Service");
}
```

Zum Starten, Stoppen und vorübergehenden Unterbrechen eines Dienstes werden Methoden mit naheliegenden Namen (`Start()`, `Stop()` usw.) benutzt. Dieses Programmbeispiel startet den Netzwerk-Time-Dienst auf einem Windows-2000-Rechner:

```
use Win32::OLE;

my $ADsPath = "WinNT://DomainName/ComputerName/W32Time,service";

my $s = Win32::OLE->GetObject($ADsPath) or die "Fehler bei Get $ADsPath\n";
```

```
$s->Start();
# Hier würde man den Zustand des Dienstes überprüfen und ihn, wenn nötig,
# in einer Schleife wiederholt starten.
```

Damit mögliche Zweideutigkeiten zwischen Benutzer- und Rechnernamen mit Sicherheit vermieden werden, kann man dies auch so schreiben:

```
use Win32::OLE;

my $d = Win32::OLE->GetObject("WinNT://DomainName");
my $c = $d->GetObject("Computer", $computername);
my $s = $c->GetObject("Service", "W32Time");

$s->Start();
```

Zum Anhalten des Dienstes braucht man nur die letzte Zeile abzuändern:

```
$s->Stop();
# Hier Zustand des Dienstes überprüfen und, wenn nötig, wiederholt stoppen.
```

Mit diesen Beispielen haben Sie einen Eindruck davon bekommen, was die Kombination von Perl und ADSI an Möglichkeiten zur Kontrolle von Systemaufgaben bietet. Verzeichnisdienste und deren Schnittstellen können ein wichtiger und mächtiger Teil der Rechner-Infrastruktur sein.

In diesem Kapitel verwendete Module

Name	CPAN-ID	Version
Net::Telnet	JROGERS	3.01
Net::Finger	FIMM	1.05
Net::Whois	DHUDES	1.9
Net::LDAP	GBARR	0.20
Mozilla::LDAP	LEIFHED	1.4
Sys::Hostname (wird mit Perl geliefert)		
Win32::OLE (wird mit ActiveState-Perl geliefert)	JDB	0.11

Hinweise auf weiterführende Informationen

Finger

RFC 1288: The Finger User Information Protocol, D. Zimmerman, 1991.

WHOIS

ftp://sipb.mit.edu/pub/whois/whois-servers.list – Eine Liste aller wichtigen Whois-Server.

RFC 954: NICNAME/WHOIS, K. Harrenstien, M. Stahl und E. Feinler, 1985.

LDAP

An Internet Approach to Directories, Netscape, 1997 (auf *http://developer.netscape.com/docs/manuals/ldap/ldap.html*). Eine sehr gute Einführung in LDAP.

An LDAP Roadmap & FAQ,
Jeff Hodges, 1999 (*http://www.kingsmountain.com/ldapRoadmap.shtml*).

http://www.ogre.com/ldap/ und *http://www.linc-dev.com/*
Die Homepages der Mitentwickler von PerLDAP.

http://www.openldap.org/
Ein frei erhältlicher LDAP-Server, der aktiv weiterentwickelt wird.

http://www.umich.edu/~dirsvcs/ldap/index.html
Von hier stammt der ursprüngliche Code sowohl für den LDAP-Server von Netscape als auch für den OpenLDAP-Server. Die Einführungsdokumentation ist noch immer recht nützlich.

Implementing LDAP, Mark Wilcox (Wrox Press, 1999).

LDAP-HOWTO, Mark Grennan, 1999 (*http://www.grennan.com/ldap-HOWTO.html*).

LDAPOverviewPresentation,
Bruce Greenblatt, 1999 (*http://www.directory-applications.com/presentation/*).

LDAP: Programming Directory-Enabled Applications With Lightweight Directory Access Protocol, Tim Howes und Mark Smith (Macmillan Technical Publishing, 1997).

Netscape Directory Server Administrator's/Installation/Deployment Guides
Dokumentation zum LDAP-Server und zum SDK von Netscape (*http://developer.netscape.com/docs/manuals/directory.html*).

RFC 1823: The LDAP Application Program Interface, T. Howes und M. Smith, 1995.

RFC 2222: Simple Authentication and Security Layer (SASL), J. Myers, 1997.

RFC 2251: Lightweight Directory Access Protocol (v3),
M. Wahl, T. Howes und S.Kille, 1997.

RFC 2252: Lightweight Directory Access Protocol (v3): Attribute Syntax Definitions,
M.Wahl, A. Coulbeck, T. Howes und S. Kille, 1997.

RFC 2254: The String Representation of LDAP Search Filters, T. Howes, 1997.

RFC 2255: The LDAP URL Format, T. Howes and M. Smith, 1997.

RFC 2256: A Summary of the X.500(96) User Schema for use with LDAPv3,
M. Wahl, 1997.

RFC 2849: The LDAP Data Interchange Format (LDIF) – Technical Specification,
   G. Good, 2000.

Understanding and Deploying Ldap Directory Services,
   Tim Howes, Mark Smith und Gordon Good (Macmillan Technical Publishing, 1998).

Understanding LDAP,
   Heinz Jonner, Larry Brown, Franz-Stefan Hinner, Wolfgang Reis und Johan Westman, 1998 (*http://www.redbooks.ibm.com/abstracts/sg244986.html*). Eine erstklassige Einführung in LDAP, die wohl einmal ein Standardwerk sein wird.

ADSI

http://cwashington.netreach.net/ – Eine gute Site zum Thema Scripting mit ADSI und anderen Microsoft-Techniken. Nicht speziell auf Perl bezogen.

http://www.microsoft.com/adsi – Die Referenz-Site zu ADSI, von hier kann und sollte man das ADSI-SDK herunterladen.

http://opensource.activestate.com/authors/tobyeverett
   Toby Everetts Sammlung von Programmen und Texten zu ADSI und Perl.

http://www.15seconds.com – Eine gute Site zum Thema Scripting mit ADSI und anderen Microsoft-Techniken. Nicht Perl-spezifisch.

Windows 2000 Active Directory,
   Alistair G. Lowe-Norris (O'Reilly, 2000).

7

Administration von SQL-Datenbanken

Was hat ein Kapitel über Datenbankadministration in einem Buch über Systemadministration zu suchen? Es gibt mindestens drei gewichtige Argumente dafür, daß sich Leute mit Interesse an Perl und an der Systemadministration auch mit Datenbanken befassen sollten:

1. In diesem Buch wird immer wieder darauf hingewiesen, daß Datenbanken in der Systemadministration eine immer größere Rolle spielen. Wir haben für die Benutzerverwaltung eine (wenn auch einfache) Datenbank entwickelt und auch eine für Rechnerdaten; aber das ist nur die Spitze des Eisberges. Mailinglisten, Paßwortdateien und sogar die Registry von Windows NT/2000 sind Beispiele für Datenbanken, die Sie alle Tage antreffen. Alle großen Pakete zur Systemadministration (von CA, Tivoli, HP, Microsoft und anderen) stützen sich letztlich auf Datenbanken. Wenn Sie Größeres in der Systemadministration beabsichtigen, werden Sie früher oder später mit Datenbanken zu tun haben.

2. In der Datenbankadministration kommen viele der Themen der Systemadministration nochmals zur Sprache. Datenbankadministratoren (DBAs) befassen sich, nebst anderem, mit:

    – Benutzern und Konten
    – Logdateien
    – Datenspeicherung (Plattenplatz usw.)
    – Prozeßkontrolle
    – Verbindungen zwischen Rechnern
    – Backup
    – Sicherheit

    Klingt vertraut? Eben. Wir können und sollen aus dem Wissen des jeweils anderen Gebietes lernen.

3. Perl ist eine »Kitt«-Sprache, und wahrscheinlich die beste, die es gibt. Gerade für die Anbindung von Datenbanken an Perl wurde sehr viel Arbeit investiert, was sich wohl vor allem auf die große Energie zurückführen läßt, mit der die Entwicklung von Web-Applikationen betrieben wird. Diese Arbeit können wir uns zunutze machen. Wir können von Perl aus bereits auf verschiedene Datenbankformate wie Unix DBM, Berkeley DB usw. zugreifen; in diesem Kapitel aber konzentrieren wir uns auf die Schnittstellen zu ausgewachsenen, relationalen Datenbanken. Die anderen DB-Formate werden in diesem Buch an anderer Stelle behandelt.

Auch ein Anfänger in der Datenbankadministration muß ein wenig SQL (Structured Query Language) können – die *lingua franca* der meisten kommerziellen und frei erhältlichen Datenbank-Produkte. Wenn wir Perl-Skripten zur Administration von Datenbanken schreiben, enthalten diese meist ein paar einfache SQL-Befehle. In Anhang D, *SQL in fünfzehn Minuten*, lernen Sie genug über SQL, damit Sie das folgende verstehen können. In den Beispielen dieses Kapitels werden die gleichen Daten wie in den früheren benutzt, damit wir uns nicht zu weit von den eigentlichen Aufgaben der Systemadministrations entfernen.

SQL-Server von Perl aus ansprechen

Es gibt zwei Standardmethoden, wie man von Perl aus einen SQL-Server anspricht: DBI (DataBase Interface) und ODBC (Open DataBase Connectivity). Früher einmal war DBI der Standard auf Unix-Systemen und ODBC der Standard für Win32, aber die Grenzen verwischen sich, weil jetzt ODBC auch auf Unix erhältlich ist und DBI auf Win32 portiert wurde. Noch komplizierter macht es das DBD::ODBC-Paket, ein DBI-Modul, mit dem man ODBC-Datenbanken ansprechen kann.[1]

DBI und ODBC haben ähnliche Aufgaben und werden ähnlich benutzt, wir besprechen daher beide Methoden gleichzeitig. Sowohl DBI als auch ODBC bilden so etwas wie *Middleware*, also Software, die zwischen zwei Bereichen vermittelt. Sie implementieren eine höhere Abstraktionsebene, die sich von den eigentlichen Datenbanken entfernt, so daß der Programmierer weitgehend datenbankunabhängige DBI- oder ODBC-Aufrufe benutzen kann. Die DBI/ODBC-Software muß diese Aufrufe in das herstellerspezifische Format übersetzen. Bei DBI wird dafür der entsprechende DBD-Treiber aufgerufen, bei ODBC sucht der ODBC-Manager den richtigen Treiber für die jeweilige Datenquelle aus. Die datenbankspezifischen Treiber müssen die Eigenheiten der jeweiligen Datenbanken berücksichtigen, wenn sie mit ihrem Datenbankserver kommunizieren. Abbildung 7-1 illustriert diese Architektur. In beiden Fällen gibt es (mindestens) drei Ebenen:

1. Eine Datenbank (Oracle, MySQL, Sybase, Microsoft SQL Server usw.)

---

[1] Zu den Standardschnittstellen, die wir hier besprechen, gibt es auch einige nicht minder gute serverspezifische Ansätze in Perl. *Sybperl* von Michael Peppler ist ein Beispiel dafür. Viele von diesen herstellerspezifischen Mechanismen sind bereits als DBI-fizierte Module verfügbar; alle Möglichkeiten von *Sybperl* sind jetzt auch von dem Modul DBI::Sybase aus nutzbar. Auf der Win32-Seite wird jetzt der ADO-Ansatz (ActiveX Data Objects) häufiger genutzt.

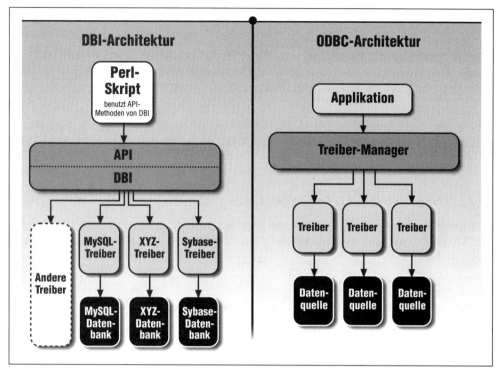

Abbildung 7-1: Die DBI- und die ODBC-Architektur

2. Eine datenbankspezifische Schicht, die für den Programmierer die eigentlichen (unter Umständen serverspezifischen) Anfragen abschickt und Antworten empfängt. Der Programmierer berührt diese Schicht nicht direkt, er geht nur mit der dritten Ebene um. Bei DBI wird diese zweite Ebene durch ein besonderes DBD-Modul für jeden Servertyp implementiert. Wenn ein Oracle-Server verwendet wird, benötigt man das `DBD::Oracle`-Modul. Bei ODBC wird diese Ebene von einem vom Hersteller gelieferten Treiber abgedeckt.

3. Die eigentliche datenbankunabhängige Programmierschnittstelle, das API. Wir werden bald Perl-Skripten schreiben, die dieses API benutzen. Bei DBI ist diese Schicht als DBI-Ebene bekannt (d.h. wir machen DBI-Aufrufe). Bei ODBC wird mit dem Treiber-Manager über Aufrufe aus dem ODBC-API kommuniziert.

Dieser Ansatz ist elegant und hat den Vorteil, daß Programme, die DBI oder ODBC benutzen, ohne weiteres von einer Datenbank auf die andere portiert werden können. Die API-Aufrufe sind dieselben, unabhängig von der zugrundeliegenden Datenbank. Zumindest ist das die Idee dahinter, und diese Idee steht eigentlich hinter jeder Art von Datenbankprogrammierung. Leider ist die Art von Programmen, wie wir sie schreiben werden – nämlich Programme zur Administration von Datenbanken –, genau die Art von Programmen, die nach wie vor serverspezifisch ist, weil keine zwei Server auf auch nur annähernd ähnliche Weise administriert werden.[2] Gute Systemadministratoren lieben portable Lösungen, aber sie sind nicht darauf angewiesen.

Scheuchen wir diese trübsinnigen Gedanken weg, und programmieren wir mit DBI und ODBC. Bei beiden Methoden sind die ersten Schritte dieselben, also werden Sie bei den zwei Ansätzen dasselbe mehrfach antreffen, zumindest bei den Überschriften.

In den nächsten Abschnitten wird angenommen, daß Sie einen Datenbankserver am Laufen und die entsprechenden Perl-Module installiert haben. Bei den Beispielen zu DBI verwenden wir den freien MySQL-Server, bei denen zu ODBC den SQL-Server von Microsoft.

SQL mit dem DBI-System

Hier unternehmen wir ersten Schritte zur Datenbankprogrammierung mit DBI. Mehr zu DBI finden Sie im Buch *Programmierung mit Perl DBI* von Alligator Descartes und Tim Bunce (O'Reilly).

Schritt 1: Laden der benötigten Perl-Module
Da ist gar nichts besonderes dabei – wir brauchen bloß:

```
use DBI;
```

Schritt 2: Verbindung zur Datenbank ergibt ein Datenbank-Handle
Die folgenden Zeilen stellen die Verbindung zum SQL-Server her und geben ein Datenbank-Handle zurück:

```
# Verbindung zur Datenbank $datenbank aufnehmen, mit Benutzername
# und Paßwort. Wir bekommen ein Datenbank-Handle zurück.
my $datenbank = "sysadm";
my $dbh = DBI->connect("DBI:mysql:$datenbank", $username, $pw);
die "Kann nicht verbinden: $DBI::errstr\n" unless (defined $dbh);
```

DBI lädt hier den benötigten DBD-Treiber (`DBD::mysql`) und setzt dann die Verbindung zum Server auf. Wir überprüfen den Rückgabewert von `connect()`. Die `connect()`-Methode kann auch mit den Optionen `RaiseError` und `PrintError` aufgerufen werden, wenn wir wollen, daß DBI diese Überprüfung selbst übernimmt, oder wenn DBI selbst eine Fehlermeldung ausgeben soll. Wenn wir den folgenden Code benutzen

```
my $dbh = DBI->connect("DBI:mysql:$datenbank",
                       $username, $pw, {RaiseError => 1});
```

dann beendet DBI das Programm via `die`, wenn bei `connect()` ein Fehler auftritt.

---

[2] MS-SQL stammt ursprünglich von Sybase, daher bilden diese zwei eines der seltenen Gegenbeispiele.

Brücken über den Unix-NT/2000-Datenbank-Graben

Eine der ersten Fragen von Systemadministratoren aus heterogenen Umgebungen ist jeweils: »Wie kann ich den SQL-Server von Microsoft von Unix aus ansteuern?« Wenn die Administration einer Rechnerumgebung auf Unix basiert, dann ist die Einführung einer MS-SQL-Datenbank in der Tat eine Herausforderung. Mir sind drei Methoden bekannt, wie man das Problem angehen kann. Die zweite und dritte davon sind nicht von einem bestimmten SQL-Server abhängig; man kann sie verwenden, wenn gar kein SQL-Server von Microsoft vorhanden ist.

1. Installieren und benutzen Sie `DBD::Sybase`. Dafür benötigen Sie allerdings Bibliotheksroutinen, die die Datenkommunikation zum Server übernehmen. Es gibt zwei Bibliotheken, die diese Aufgabe übernehmen können. Die erste, die *Sybase OpenClient*-Bibliotheken, sind möglicherweise für Ihre Plattform erhältlich (sie werden z. B. in manchen Linux-Distributionen als Teil von Sybase Adaptive Server Enterprise mitgeliefert). Wenn Ihr MS-SQL-Server die Version 6.5 oder älter ist, wird das genügen. Für die MS-SQL-Server-Version 7.0 müssen Sie eventuell einen Patch von Microsoft installieren. Mehr zu diesem Patch ist unter *http://support.microsoft.com/support/kb/articles/q239/8/83.asp* zu finden. Als zweite Möglichkeit gibt es die frei erhältliche FreeTDS-Bibliothek von *http://www.freetds.org*. Auf dieser Site finden Sie auch Anweisungen, wie Sie die richtige Protokollversion für Ihren Server bauen.

2. Benutzen Sie `DBD::Proxy`. Das `DBD::Proxy`-Modul wird mit DBI mitgeliefert. Damit können Sie einen kleinen Netzwerk-Server laufen lassen, über den man in transparenter Weise von einem Unix-Client aus auf den MS-SQL-Server zugreifen kann.

3. Beschaffen Sie sich ODBC-Software für Unix. Damit können Sie via `DBD::ODBC` einen MS-SQL-Server benutzen. Solche Software wird von verschiedenen Herstellern, unter anderen MERANT (*http://www.merant.com*) und OpenLink Software (*http://www.openlinksw.com*) angeboten, oder Sie können eines der diversen Open Source-Pakete ausprobieren. Dazu gibt es auf den Seiten von Brian Jepson (*http://users.ids.net/~bjepson/freeODBC*) mehr Informationen. Sie brauchen nicht nur einen ODBC-Treiber, sondern auch den ODBC-Manager (z. B. `unixODBC` oder `iODBC`).

Schritt 3: SQL-Anweisungen an den Server senden

Mit unserem Perl-Modul und dem Datenbank-Handle können wir nun loslegen! Wir schicken dem Server ein paar Befehle. Wir verwenden einige der Anfragen aus Anhang D als Beispiele. Die Anfragen verwenden den q-Operator von Perl als verallgemeinertes Anführungszeichen (d. h., `dingsda` wird wie `q{dingsda}` geschrieben), damit wir uns nicht um einfache oder doppelte Anführungszeichen in den SQL-Anweisungen kümmern müssen. Dies ist die erste der zwei DBI-Methoden für das Senden von SQL-Anweisungen:

```
my $resultate = $dbh->do(q{UPDATE hosts
                SET gebaeude = 'Hochhaus'
                WHERE name = 'bendir'});
die "Fehler bei UPDATE: $DBI::errstr\n" unless (defined $resultate);
```

In `$resultate` bekommen wir entweder die Anzahl der geänderten Zeilen oder, bei Fehlern, den undefinierten Wert. Manchmal ist nur diese eine Zahl von Interesse, aber bei einem SELECT wollen wir die gefundenen Daten zurückhaben. Dafür wird die zweite Methode eingesetzt.

Bei der zweiten Methode wird mit `prepare` zunächst eine SQL-Anweisung vorbereitet und später mit `execute` vom Server ausgeführt. Hier ein Beispiel:

```
my $sth = $dbh->prepare(q{SELECT * FROM hosts}) or
    die "Kann Anfrage nicht vorbereiten: " . $dbh->errstr . "\n";
$rc = $sth->execute or
    die "Kann Anfrage nicht ausführen: " . $dbh->errstr . "\n";
```

Der Rückgabewert von `prepare` ist ein uns bisher unbekanntes Wesen: ein *Statement-Handle*. So wie ein Datenbank-Handle eine offene Verbindung zu einer Datenbank darstellt, so zeigt ein Statement-Handle auf eine bestimmte SQL-Anweisung, die wir mit `prepare()` aufgesetzt haben. Erst mit diesem Statement-Handle können wir die Anweisung mit `execute` wirklich an den Server zur Ausführung senden. Nachher werden wir die Resultate über das gleiche Statement-Handle abfragen.

Vielleicht fragen Sie sich, warum man sich die Mühe mit `prepare()` machen soll und nicht einfach die Anweisung in einem Schritt an den Server schickt. Nun, mit dem Vorbereitungsschritt hat der DBD-Treiber (oder wahrscheinlich eher die Bibliotheksroutinen, die von ihm aufgerufen werden) die Möglichkeit, die SQL-Anfrage zu überprüfen und zu parsen. Diese vorbereitete Anweisung kann dann mehrfach ausgeführt werden, ohne daß sie jedesmal neu geparst werden muß. Das kann in manchen Situationen ein enormer Effizienzgewinn sein. In Wirklichkeit wird bei der ersten DBI-Methode mit `do()` hinter den Kulissen für jede Anweisung eine Kombination von `prepare()` und `execute()` ausgeführt.

Wie bei `do()` vorhin wird auch bei `execute()` die Anzahl der betroffenen Zeilen zurückgegeben. Wenn diese Anzahl null ist, wird der String `0E0` zurückgegeben, damit sich dieser Resultatwert in einem Booleschen Kontext von *false* unterscheidet. Wenn der Driver diese Anzahl nicht ermitteln kann, gibt er `-1` zurück.

Bevor wir zu ODBC übergehen, soll noch das Thema »Platzhalter« besprochen werden, das von den meisten DBD-Treibern unterstützt wird. Mit Platzhaltern (*placeholders*, manchmal *positional markers* genannt) kann man beim `prepare()` eine SQL-Anweisung mit »Löchern« vorbereiten, die später beim `execute()` mit einem einfachen skalaren Wert ausgefüllt werden. Damit kann man etwas komplexere Anfragen wiederholt verwenden, ohne die gesamte Anfrage jedesmal neu parsen zu müssen. Für einen einfachen, skalaren Platzhalter verwendet man das Fragezeichen. Hier ein Perl-Beispiel, das den Gebrauch von Platzhaltern demonstriert:

```
my @rechner = qw(bendir shimmer sander);
my $sth = $dbh->prepare(q{SELECT name,adresse FROM hosts WHERE name = ?});
foreach my $name (@rechner) {
    $sth->execute($name);
    <Resultate verarbeiten>
}
```

Bei jeder Iteration der foreach-Schleife wird eine neue SELECT-Anfrage mit einer anderen WHERE-Klausel abgesetzt. Mit mehreren Platzhaltern funktioniert das ganz analog:

```
$sth->prepare(
    q{SELECT name, adresse FROM hosts
        WHERE (name = ? AND gebaeude = ? AND abteilung = ?)});
$sth->execute($name, $gebaeude, $abteilung);
```

Jetzt wissen wir, wie man feststellt, wie viele Zeilen von den SQL-Anweisungen außer SELECT betroffen wurden. Wie also bekommen wir die Resultate unserer SELECT-Anfragen?

Schritt 4: Resultate von SELECT auswerten

Das Vorgehen hier ähnelt etwas dem bei den Cursorn, das in der SQL-Übersicht in Anhang D besprochen wird. Wenn wir mit execute() eine SELECT-Anweisung an den Server schicken, verwenden wir einen Mechanismus, mit dem wir die Resultate Zeile für Zeile auswerten können.

Bei DBI benutzen wir dafür eine der in Tabelle 7-1 aufgeführten Methoden.

Tabelle 7-1: DBI-Methoden zum Auswerten von Resultaten von SELECT

Methode	Rückgabewert	Wenn keine weiteren Zeilen mehr da sind
fetchrow_arrayref()	Eine Arrayreferenz auf ein anonymes Array, dessen Werte die Spalten der nächsten Zeile aus dem Resultat sind	undef
fetchrow_array()	Ein Array, dessen Werte die Spalten der nächsten Zeile aus dem Resultat sind	Eine leere Liste
fetchrow_hashref()	Eine Hashreferenz auf einen anonymen Hash. Die Schlüssel dieses Hashs sind die Spaltennamen, und die Werte sind die Spalten der nächsten Zeile aus dem Resultat	undef
fetchall_arrayref()	Eine Referenz auf ein Array von Arrays; eine Datenstruktur, die einer Tabelle entspricht	Eine Referenz auf ein leeres Array

Verwenden wir diese Methoden im Zusammenhang. Bei jedem dieser Beispiele wird angenommen, daß gerade vorher diese Anfrage ausgeführt wurde:

```
my $sth = $dbh->prepare(q{SELECT name, adresse, abteilung FROM hosts}) or
    die "Kann Anfrage nicht vorbereiten: " . $dbh->errstr . "\n";
$sth->execute or
    die "Kann Anfrage nicht ausführen: " . $dbh->errstr . "\n";
```

Hier sehen Sie ein Beispiel mit fetchrow_arrayref():

```
while (my $aref = $sth->fetchrow_arrayref) {
    print "Name: "      . $aref->[0] . "\n";
    print "Adresse: "   . $aref->[1] . "\n";
    print "Abteilung: " . $aref->[2] . "\n";
}
```

Die Dokumentation zu DBI sagt wohl, daß fetchrow_hashref() weniger effizient ist als fetchrow_arrayref(), weil auch die Spaltennamen ausgewertet werden müssen, aber ein Programm mit fetchrow_hashref() ist oft leichter verständlich:

```
while (my $href = $sth->fetchrow_hashref) {
    print "Name: "      . $href->{name}      . "\n";
    print "Adresse: "   . $href->{adresse}   . "\n";
    print "Abteilung: " . $href->{abteilung} . "\n";
}
```

Schließlich gibt es noch die »Alles-in-einem«-Methode, fetchall_arrayref(). Hier werden die gesamten Resultatwerte in eine einzige Datenstruktur eingelesen, und es wird eine Referenz auf diese Tabelle zurückgegeben, eine Referenz auf ein Array von Referenzen. Stellen Sie sicher, daß die Resultatmenge nicht zu groß wird, weil alle Resultate in den Hauptspeicher geschrieben werden. Bei 100 GB Daten kann das zu Problemen führen.

Jede Referenz ist genauso aufgebaut wie der Rückgabewert, den wir Zeile für Zeile von fetchrow_arrayref() erhielten (siehe Abbildung 7-2).

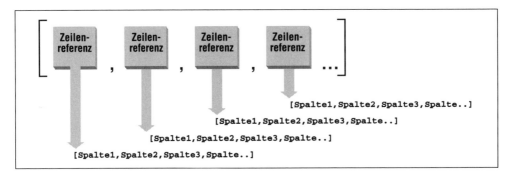

Abbildung 7-2: Die von fetchall_arrayref() zurückgegebene Datenstruktur

Mit diesem Programmstück werden die gesamten Resultat-Daten ausgegeben:

```
my $aref_aref = $sth->fetchall_arrayref;
foreach my $zeilen_ref (@$aref_aref) {
    print "Name: "       . $zeilen_ref->[0] . "\n";
    print "Adresse: "    . $zeilen_ref->[1] . "\n";
    print "Abteilung: "  . $zeilen_ref->[2] . "\n";
    print '-' x 30, "\n";
}
```

Dieses Beispiel funktioniert so nur mit unserem Datensatz, weil wir annehmen, daß er eine bestimmte Anzahl von Spalten in einer bestimmten Reihenfolge enthält. Zum Beispiel wird angenommen, daß in der ersten Spalte der Rechnername steht ($zeilen_ref->[0]).

Wir können die »magischen Attribute« – auch Metadaten genannt – unserer Statement-Handles auswerten und so die Auswertung etwas allgemeingültiger gestalten. Insbesondere sind wir hier an der Anzahl der Spalten interessiert, und diese wird nach einer Anfrage in $sth->{NUM_OF_FIELDS} zurückgegeben. Mit $sth->{NAME} bekommen wir eine Referenz auf ein Array mit den Namen der Spalten. Diese Version paßt für jede Anzahl von Spalten:

```
my $namen = $sth->{NAME};
my $aref_aref = $sth->fetchall_arrayref;
foreach my $zeilen_ref (@$aref_aref) {
    for (my $i = 0; $i < $sth->{NUM_OF_FIELDS}; $i++) {
        print $namen->[$i] . ": " . $zeilen_ref->[$i] . "\n";
    }
    print '-' x 30, "\n";
}
```

In der Dokumentation zu DBI sind viele weitere Metadaten-Attribute aufgeführt.

Schritt 5: Verbindung zum Server schließen
Bei DBI geht das einfach:

```
# Teilt dem Server mit, daß wir keine weiteren Daten von diesem Statement-Handle
# wollen (fakultativ, da wir die Verbindung ohnehin gleich abbrechen).
$sth->finish;
# Trennt das Handle von der Datenbank.
$dbh->disconnect;
```

Verschiedenes zu DBI

Zu DBI gibt es noch zwei Themen, die ich sonst nirgends unterbringen konnte. Zunächst kennt DBI Methoden, die ich »Abkürzungsmethoden« nennen würde, und die die Schritte 3 und 4 von eben zusammenfassen. Diese Methoden sind in Tabelle 7-2 aufgeführt.

Tabelle 7-2: Abkürzungsmethoden bei DBI

Methode	Vereint diese Methoden in einer
`selectrow_arrayref($stmnt)`	`prepare($stmnt),` `execute(),` `fetchrow_arrayref()`
`selectcol_arrayref($stmnt)`	`prepare($stmnt),` `execute(),` `(@{fetchrow_arrayref()})[0]` (d. h. gibt die erste Spalte jeder Zeile zurück)
`selectrow_array($stmnt)`	`prepare($stmnt),` `execute(),` `fetchrow_array()`

Die andere erwähnenswerte Eigenschaft von DBI ist die, daß man mit DBI Variablen mit Resultaten verbinden kann. Mit den Methoden `bind_col()` und `bind_columns()` kann man das DBI-Modul beauftragen, die Resultate einer Anfrage automatisch in einer Variablen oder in einer Liste von Variablen abzulegen. Das erspart beim Programmieren oft einen oder zwei Schritte. Das folgende Beispiel mit `bind_columns()` macht das deutlich:

```
my $sth = $dbh->prepare(q{SELECT name, adresse, abteilung FROM hosts}) or
    die "Kann Anfrage nicht vorbereiten: " . $dbh->errstr . "\n";

my $rc = $sth->execute or
    die "Kann Anfrage nicht ausführen: " . $dbh->errstr . "\n";

# Diese Variablen sollen die Werte aus der ersten, zweiten und dritten Spalte
# des Resultats aus unserem SELECT erhalten.
$rc = $sth->bind_columns(\$name, \$adresse, \$abteilung);

while ($sth->fetchrow_arrayref) {
    # Die Variablen $name, $adresse und $abteilung werden automatisch mit den
    # Resultaten gefüllt.
    <Resultate verarbeiten>
}
```

SQL mit dem ODBC-System

Die ersten Schritte bei ODBC sind denen bei DBI ganz ähnlich.

Schritt 1: Laden der benötigten Perl-Module
```
use Win32::ODBC;
```

Schritt 2: Verbindung zur Datenbank ergibt ein Datenbank-Handle

Bei ODBC kommt vor dem eigentlichen Verbindungsaufbau ein weiterer Schritt dazu: Wir benötigen einen sogenannten *Data Source Name* (DSN), den Namen der Datenquelle. Ein DSN ist eine Referenz auf eine Datenstruktur, in der Konfigurationsinformationen wie der Server- und der Datenbankname abgelegt sind und die zum Verbindungsaufbau zu einem SQL-Server benötigt wird. Es gibt zwei Arten von DSNs: *User* und *System*. Damit wird zwischen Verbindungen unterschieden, die nur von einem einzelnen Benutzer auf einem Rechner genutzt werden können, und solchen, die allen Benutzern und Diensten zugänglich sind.[3]

DSNs können mit dem ODBC-Kontrollfeld unter Windows 2000 oder aber mit einem Programm von Perl aus erzeugt werden. Wir wählen hier den zweiten Weg, und wenn es nur darum ist, daß die Unix-Leute nicht hämisch vor sich hin kichern. So erzeugt man einen User-DSN für unsere Datenbank auf einem MS-SQL-Server:

```
# Erzeugt einen User-DSN für einen Microsoft-SQL-Server.
# Hinweis: Für einen System-DSN ODBC_ADD_DSN durch ODBC_ADD_SYS_DSN ersetzen.
if (Win32::ODBC::ConfigDSN(
                ODBC_ADD_DSN,
                "SQL Server",
                ("DSN=PerlSysAdm",
                 "DESCRIPTION=DSN für PerlSysAdm",
                 "SERVER=mssql.happy.edu",   # Name des Server-Rechners.
                 "ADDRESS=192.168.1.4",      # IP-Adresse des Server-Rechners.
                 "DATABASE=sysadm",          # Name unserer Datenbank.
                 "NETWORK=DBMSSOCN",         # TCP/IP-Socket-Bibliothek.
                ))) {
    print "DSN erzeugt\n";
}
else {
    die "Kann DSN nicht erzeugen: " . Win32::ODBC::Error() . "\n";
}
```

Mit einem DSN können wir nun die Verbindung zur Datenbank aufbauen:

```
# Mit dem DSN Verbindung aufbauen, wir erhalten ein Datenbank-Handle.
my $dbh = new Win32::ODBC("DSN=PerlSysAdm;UID=$username;PWD=$pw;");
die "Keine Verbindung mit DSN PerlSysAdm: " . Win32::ODBC::Error() . "\n"
    unless defined $dbh;
```

---

[3] Eigentlich gibt es noch eine dritte Art, *File*. Dabei werden die DSN-Informationen in eine Datei geschrieben und können so über das Netzwerk unter Umständen von verschiedenen Rechnern genutzt werden, aber diese Methode wird von `Win32::ODBC` nicht unterstützt.

Schritt 3: SQL-Anweisungen an den Server senden

Das Äquivalent zu den Funktionen `do()`, `prepare()` und `execute()` bei DBI ist etwas einfacher: Bei `Win32::ODBC` gibt es nur die eine Methode `Sql()`, mit der Anweisungen an den Server geschickt werden. Es gibt zwar bei ODBC theoretisch so etwas wie vorbereitete Anweisungen und Platzhalter, aber in der aktuellen Version des `Win32::ODBC`-Moduls sind sie nicht implementiert.[4] Außerdem gibt es bei `Win32::ODBC` keine Statement-Handles, die ganze Kommunikation verläuft über das Datenbank-Handle, das wir eben mit der `new`-Methode erzeugt haben. Die Befehlsstruktur wird dadurch sehr einfach:

```
my $rc = $dbh->Sql(q{SELECT * FROM hosts});
```

Ein wichtiger Unterschied zwischen ODBC und DBI:
Ganz anders als `do()` bei DBI gibt die `Sql()`-Methode von ODBC im *Erfolgsfall* den Wert `undef` zurück, und eine Zahl ungleich null, wenn ein Fehler auftritt.

Wenn Sie wissen wollen, wie viele Zeilen von einem INSERT, DELETE oder UPDATE berührt wurden, benutzen Sie die Methode `RowCount()`. Die Dokumentation zu `Win32::ODBC` warnt aber davor, daß nicht alle Treiber diesen Aufruf unterstützen (oder daß er nur für bestimmte SQL-Anweisungen unterstützt ist) – verlassen Sie sich nicht darauf, und probieren Sie es aus. Wie bei `execute()` von DBI wird -1 zurückgegeben, wenn der Driver die Anzahl der tangierten Zeilen nicht ermitteln kann.

Hier ein Programmbeispiel, das dem mit `do` aus dem Abschnitt über DBI entspricht:

```
if (defined $dbh->Sql(q{UPDATE hosts
                   SET gebaeude = 'Hochhaus'
                   WHERE name = 'bendir'})) {
    die "Fehler bei update: " . Win32::ODBC::Error() . "\n"
}
else {
    $resultate = $dbh->RowCount();
}
```

Schritt 4: Resultate von SELECT auswerten

Die Resultate einer Anfrage mit SELECT werden bei ODBC in der fast gleichen Art wie bei DBI vom Server abgeholt, mit einem Unterschied: Bei `Win32::ODBC` sind das *Abholen* der Daten vom Server und der *Zugriff* darauf zwei separate Schritte. Mit `FetchRow()` bekommen Sie die nächste Zeile, außerdem als Statuswert

---

4 Zum Zeitpunkt der Drucklegung war Dave Roth damit beschäftigt, eine neue Version von `Win32::ODBC` zu testen, bei der in der Art von DBI ein `prepare()` und dann ein `Sql()` möglich ist, außerdem ein *Parameter-Binding* und weitere ODBC-Spezialitäten. Unter *http://www.roth.net* erfahren Sie mehr dazu.

1 bei Erfolg und `undef`, wenn keine Zeilen mehr vorhanden sind. Auf die Daten in der Zeile können Sie mit zwei Methoden zugreifen. Mit `Data()` bekommen Sie im Listenkontext eine Liste der erhaltenen Spalten; im skalaren Kontext werden die Spalten zu einem String zusammengehängt. Sie können in der Argumentliste die gewünschten Spaltennamen in der Reihenfolge angeben, in der Sie die Werte haben wollen (wenn Sie diese Namen weglassen, bekommen Sie alle Spalten laut Dokumentation in einer »nicht spezifizierten« Reihenfolge).

Mit `DataHash()` erhalten Sie die Daten aus der Zeile in einem Hash zurück, bei dem die Spaltennamen die Schlüssel und die Spaltenwerte die Hashwerte sind. Das entspricht etwa der `fetchrow_hashref()`-Methode bei DBI, nur bekommen Sie hier einen Hash und nicht eine Referenz darauf. Wie bei `Data()` können Sie die gewünschten Spalten in der Argumentliste angeben.

Sie benutzen die Methoden wie folgt:

```
if ($dbh->FetchRow()) {
    @ar = $dbh->Data();
    Irgendwas-mit-@ar-anstellen
}
```

bzw.:

```
if ($dbh->FetchRow()) {
    $ha = $dbh->DataHash('name', 'adresse');
    Irgendwas-mit-$ha{name}-und-$ha{adresse}-anstellen
}
```

Mehr der Vollständigkeit halber und aus Symmetriegründen: Die Informationen, die wir mit den Attribut-Methoden zu den Statement-Handles bei DBI bekommen haben (`{NAME}`), können wir im Land von `Win32::ODBC` mittels `FieldNames()` bekommen. Für die Anzahl der Spalten (`NUM_OF_FIELDS` bei DBI) müssen wir einfach die Anzahl der Elemente in der Liste aus `FieldNames()` zählen.

Schritt 5: Verbindung zum Server schließen

Wenn ein DSN nach Gebrauch gelöscht werden soll, kann man dies in ähnlicher Weise wie bei der Erzeugung tun:

```
# Bei einem System-DSN ODBC_ADD_DSN durch ODBC_ADD_SYS_DSN ersetzen.
if (Win32::ODBC::ConfigDSN(ODBC_REMOVE_DSN,
                    "SQL Server", "DSN=PerlSysAdm")) {
    print "DSN gelöscht\n";
}
else {
    die "Kann DSN nicht löschen: " . Win32::ODBC::Error() . "\n";
}
```

Jetzt wissen wir, wie man Datenbanken, sowohl mit DBI als auch mit ODBC, von Perl aus benutzt. Wir wenden dieses Wissen nun in einigen größeren Beispielprogrammen aus dem Bereich der Datenbankadministration an.

Kapitel 7: Administration von SQL-Datenbanken

Dokumentation von Datenbankservern

Die Konfiguration eines SQL-Servers und seiner Datenbanken verschlingt viel Zeit und Arbeit. Da ist es ist nur natürlich, daß man diese Konfigurationsarbeit dokumentiert haben will. Wenn eine Datenbank kaputtgeht und kein Backup verfügbar ist, muß man die Tabellen von neuem aufbauen. Wenn der SQL-Server durch einen neuen Rechner ersetzt werden soll, muß die Struktur der Datenbank repliziert werden. Auch für die eigene Datenbankprogrammierung ist ein Ausdruck der Tabellen auf Papier oft hilfreich.

In diesem Abschnitt bekommen Sie ein Gefühl dafür, wie wenig portabel die Datenbankadministration ist. Wir werden die gleiche eigentlich einfache Aufgabe für drei verschiedene SQL-Server sowohl mit DBI als auch mit ODBC lösen. Jedes der drei folgenden Programme tut das gleiche: Es gibt eine Liste der Datenbanken des Servers aus, der Namen der darin vorhandenen Tabellen und der Grundstruktur jeder Tabelle. Man könnte alle drei Skripten leicht so ausbauen, daß zu jedem Objekt mehr Informationen ausgegeben würden. Es könnte z. B. hilfreich sein, bei jeder Spalte ein NULL oder NOT NULL anzugeben. Die Ausgabe der drei Programme sieht ungefähr so aus:

```
   ---sysadm---
        hosts
                name [char(30)]
                adresse [char(15)]
                aliases [char(50)]
                benutzer [char(40)]
                abteilung [char(15)]
                gebaeude [char(10)]
                zimmer [char(4)]
                hersteller [char(10)]
                modell [char(10)]
   ---hpotter---
        kunden
                kid [char(4)]
                kname [varchar(13)]
                adresse [varchar(20)]
                rabatt [real(7)]
        verkaeufer
                vid [char(3)]
                vname [varchar(13)]
                adresse [varchar(20)]
                komission [int(10)]
        produkte
                pid [char(3)]
                pname [varchar(13)]
                adresse [varchar(20)]
                anzahl [int(10)]
                preis [real(7)]
        bestellungen
                bestellnr [int(10)]
                monat [char(3)]
```

```
                kid [char(4)]
                vid [char(3)]
                pid [char(3)]
                anzahl [int(10)]
                endpreis [real(7)]
...
```

MySQL-Server via DBI

Dieses Programm holt die Informationen zu den vorhandenen Datenbanken und den Tabellen darin mit dem DBI-Interface von einem MySQL-Server ab. Mit den MySQL-Erweiterungen zur *SHOW*-Anweisung geht das ganz einfach:

```
use DBI;

print "Datenbank-Benutzername: ";
chomp(my $user = <STDIN>);
print "Datenbank-Paßwort für $user: ";
chomp(my $pw = <STDIN>);

my $start = "mysql"; # MySQL-interne Meta-Datenbank.

# Zunächst mit der MySQL-internen Datenbank verbinden.
my $dbh = DBI->connect("DBI:mysql:$start", $user, $pw);
die "Kann nicht verbinden: " . $DBI::errstr . "\n" unless (defined $dbh);

# Alle Datenbanken auf dem Server finden.
my @dbs = ();
my $sth = $dbh->prepare(q{SHOW DATABASES}) or
    die "Kann SHOW DATABASES nicht vorbereiten: " . $dbh->errstr . "\n";
$sth->execute or
    die "Kann SHOW DATABASES nicht ausführen: " . $dbh->errstr . "\n";
while (my $aref = $sth->fetchrow_arrayref) {
    push(@dbs, $aref->[0]);
}
$sth->finish;

# Zu jeder Datenbank alle Tabellen ausgeben.
foreach my $db (@dbs) {
    print "---$db---\n";

    $sth = $dbh->prepare(qq{SHOW TABLES FROM $db}) or
        die "Kann SHOW TABLES nicht vorbereiten: " . $dbh->errstr . "\n";
    $sth->execute or
        die "Kann SHOW TABLES nicht ausführen: " . $dbh->errstr . "\n";

    my @tables = ();
    while (my $aref = $sth->fetchrow_arrayref) {
        push(@tables, $aref->[0]);
    }
```

```
    $sth->finish;

    # Spalteninformation zu jeder Tabelle heraussuchen.
    foreach my $table (@tables) {
        print "\t$table\n";

        $sth = $dbh->prepare(qq{SHOW COLUMNS FROM $table FROM $db}) or
            die "Kann SHOW COLUMNS nicht vorbereiten: " . $dbh->errstr . "\n";
        $sth->execute or
            die "Kann SHOW COLUMNS nicht ausführen: " . $dbh->errstr . "\n";

        while (my $aref = $sth->fetchrow_arrayref) {
            print "\t\t", $aref->[0], " [", $aref->[1], "]\n";
        }

        $sth->finish;
    }
}
$dbh->disconnect;
```

Ein paar Anmerkungen zu diesem Programm:

- Die Verbindung zu einer Datenbank (hier zur in MySQL eingebauten System-Datenbank) wird nur aufgebaut, weil die Funktionsweise von DBI das verlangt. Für die eigentliche Auswertung ist das nicht nötig, weil man bei MySQL die gewünschte Datenbank bei der SHOW-Anweisung angeben kann. Bei den anderen zwei Beispielprogrammen wird das nicht so sein.

- Wenn Sie denken, daß sich die Anweisungen SHOW TABLES und SHOW COLUMNS hervorragend für Platzhalter eignen, haben Sie vollkommen recht. Leider werden Platzhalter in diesem Zusammenhang bei dieser DBD-Treiber/Server-Kombination nicht unterstützt (zumindest war das so, als dieses Buch geschrieben wurde). Im nächsten Beispielprogramm werden wir eine ähnliche Situation antreffen.

- Unser Skript fragt interaktiv nach dem Datenbank-Benutzer und dem Paßwort, weil die Alternativen (direkt in das Programm eintragen, auf der Befehlszeile mitgeben) noch schlechter sind. Hier erscheint das Paßwort beim Eintippen auf dem Bildschirm; vorsichtiger wäre es, mit Term::Readkey oder ähnlichem das Echo abzuschalten.

Sybase Server via DBI

Hier folgt das Äquivalent für Sybase. Gehen Sie das Programm durch, und lesen Sie die Anmerkungen dazu.

```
use DBI;

print "Datenbank-Benutzername: ";
chomp(my $user = <STDIN>);
```

```perl
print "Datenbank-Paßwort für $user: ";
chomp(my $pw = <STDIN>);

my $dbh = DBI->connect('dbi:Sybase:', $user, $pw);
die "Kann nicht verbinden: $DBI::errstr\n"
    unless (defined $dbh);

# Im Server vorhandene Datenbanken finden.
my $sth = $dbh->prepare(q{SELECT name from master.dbo.sysdatabases}) or
    die "Kann sysdatabases-Anfrage nicht vorbereiten: " . $dbh->errstr . "\n";
$sth->execute or
    die "Kann sysdatabases-Anfrage nicht ausführen: " . $dbh->errstr . "\n";

my @dbs = ();
while (my $aref = $sth->fetchrow_arrayref) {
    push(@dbs, $aref->[0]);
}
$sth->finish;

foreach my $db (@dbs) {
    $dbh->do("USE $db") or
        die "Fehler bei USE $db: " . $dbh->errstr . "\n";
    print "---$db---\n";

    # Tabellen in jeder Datenbank finden.
    $sth = $dbh->prepare(q{SELECT name FROM sysobjects WHERE type = "U"}) or
        die "Fehler bei prepare sysobjects: " . $dbh->errstr . "\n";
    $sth->execute or
        die "Fehler bei execute sysobjects: " . $dbh->errstr . "\n";

    my @tables = ();
    while (my $aref = $sth->fetchrow_arrayref) {
        push(@tables, $aref->[0]);
    }
    $sth->finish;

    # Für den nächsten Schritt müssen wir »in« der Datenbank sein.
    $dbh->do("USE $db") or
        die "Fehler bei USE $db: " . $dbh->errstr . "\n";

    # Spalteninformation zu jeder Tabelle heraussuchen.
    foreach my $table (@tables) {
        print "\t$table\n";

        $sth = $dbh->prepare(qq{EXEC sp_columns $table}) or
            die "Fehler bei prepare sp_columns: " . $dbh->errstr . "\n";
        $sth->execute or
            die "Fehler bei execute sp_columns: " . $dbh->errstr . "\n";
```

```
            while (my $aref = $sth->fetchrow_arrayref) {
                print "\t\t", $aref->[3], " [", $aref->[5], "(",
                    $aref->[6], ")]\n";
            }
            $sth->finish;
        }
    }
    $dbh->disconnect or
        warn "Kann Verbindung zum Server nicht lösen: " . $dbh->errstr . "\n";
```

Hier die wichtigsten Einzelheiten zur Sybase-Lösung:

- Sybase bewahrt die Informationen über vorhandene Datenbanken und Tabellen in den besonderen Systemtabellen *sysdatabases* und *sysobjects* auf. Jede Datenbank hat ihre eigene *sysobjects*-Tabelle; der Server führt die Tabelle *sysdatabases* in der `master`-Datenbank. Wir benutzen zur exakten Beschreibung beim ersten SELECT die ausführliche `datenbank.benutzer.tabelle`-Syntax. Wir könnten diese Syntax auch für jede *sysobjects*-Tabelle verwenden. Aber wie es oftmals angenehmer ist, mit *cd* das aktuelle Verzeichnis zu wechseln, benutzen wir auch hier USE und arbeiten mit der neuen Datenbank implizit weiter.

- Das SELECT bei der *sysobjects*-Tabelle benutzt eine besondere WHERE-Klausel, damit wir nur die vom Benutzer erzeugten Tabellen zurückerhalten. Damit wird die Ausgabemenge etwas eingedämmt. Wenn wir auch die System-Tabellen dazu haben wollten, könnten wir folgendes schreiben:

```
WHERE type = "U" AND type = "S"
```

- Platzhalter sind bei DBD::Sybase leider so implementiert, daß man sie mit *Stored Procedures* nicht verwenden kann. Andernfalls hätten wir sie bei EXEC sp_columns sicher verwendet.

Microsoft-SQL-Server via ODBC

Zuletzt betrachten wir das Programm, das die gleichen Informationen aus einer Microsoft-SQL-Server-Datenbank mit ODBC herausholt. Sie werden bemerken, daß der eigentliche SQL-Code fast identisch mit dem vorhergehenden ist; dies liegt an der engen Verwandtschaft von Sybase und MS-SQL-Server. Die interessanteren Unterschiede zwischen diesem Programm und dem vorhergehenden sind:

- Es wird ein DSN verwendet, der auch einen Datenbank-Kontext vorgibt, daher brauchen wir nicht ausführlich anzugeben, wo sich die *sysdatabases*-Tabelle befindet.
- Der Aufruf von `$dbh->DropCursor()` ist ungefähr analog zu `$sth->finish`.
- Die etwas mühselige Art, mit der man hier *Stored Procedures* aufrufen muß. Die Webseiten zu Win32::ODBC enthalten alles Weitere zu *Stored Procedures* und anderen Anomalien.

Das Programm sieht wie folgt aus:

```perl
use Win32::ODBC;

print "Datenbank-Benutzername: ";
chomp(my $user = <STDIN>);
print "Datenbank-Paßwort für $user: ";
chomp(my $pw = <STDIN>);

my $dsn = "sysadm"; # Name des verwendeten DSN.

# Vorhandenen DSN suchen, wenn keiner existiert, einen neuen $dsn erzeugen.
die "Kann vorhandene DSNs nicht ermitteln: " . Win32::ODBC::Error() . "\n"
    unless (my %dsnavail = Win32::ODBC::DataSources());
if (!defined $dsnavail{$dsn}) {
    die "Kann kein DSN erzeugen:" . Win32::ODBC::Error() . "\n"
        unless (Win32::ODBC::ConfigDSN(ODBC_ADD_DSN, "SQL Server",
            ("DSN=$dsn",
             "DESCRIPTION=DSN für PerlSysAdm",
             "SERVER=mssql.happy.edu",
             "DATABASE=master",
             "NETWORK=DBMSSOCN", # TCP/IP-Socket-Bibliothek
            )));
}

# Mit der Datenbank master verbinden.
my $dbh = new Win32::ODBC("DSN=$dsn;UID=$user;PWD=$pw;");
die "Keine Verbindung mit DSN $dsn:" . Win32::ODBC::Error() . "\n"
    unless (defined $dbh);

# Alle Datenbanken auf dem Server finden.
if (defined $dbh->Sql(q{SELECT name FROM sysdatabases})) {
    die "Kann Datenbanken nicht abfragen:" . Win32::ODBC::Error() . "\n";
}

my @dbs = ();
while ($dbh->FetchRow()) {
    push(@dbs, $dbh->Data("name"));
}
$dbh->DropCursor();

# Benutzer-Tabellen in jeder Datenbank finden.
foreach my $db (@dbs) {
    if (defined $dbh->Sql("USE $db")) {
        die "Kann nicht zu Datenbank $db wechseln: " .
            Win32::ODBC::Error() . "\n";
    }
    print "---$db---\n";
    my @tables = ();
```

```
    if (defined $dbh->Sql(q{SELECT name FROM sysobjects WHERE type="U"})) {
        die "Kann Tabellen aus $db nicht ermitteln: " .
            Win32::ODBC::Error() . "\n";
    }
    while ($dbh->FetchRow()) {
        push(@tables, $dbh->Data("name"));
    }
    $dbh->DropCursor();

    # Spalteninformation zu jeder Tabelle heraussuchen.
    foreach my $table (@tables) {
        print "\t$table\n";
        if (defined $dbh->Sql(" {call sp_columns (\'$table\')} ")) {
            die "Kann Spalten aus Tabelle $table nicht abfragen:" .
                Win32::ODBC::Error() . "\n";
        }
        while ($dbh->FetchRow()) {
            my @cols = $dbh->Data("COLUMN_NAME", "TYPE_NAME", "PRECISION");
            print "\t\t", $cols[0], " [", $cols[1], "(", $cols[2], ")]\n";
        }
        $dbh->DropCursor();
    }
}
$dbh->Close();

die "Kann DSN nicht löschen: " . Win32::ODBC::Error() . "\n"
    unless (Win32::ODBC::ConfigDSN(ODBC_REMOVE_DSN,
                                  "SQL Server", "DSN=$dsn"));
```

Datenbank-Benutzer erzeugen

Wie bereits erwähnt, müssen sich Datenbankadministratoren oft mit ganz ähnlichen Problemen befassen wie Systemadministratoren – zum Beispiel mit Benutzern und Konten. In meinem Umfeld gibt es z. B. Datenbank-Programmierkurse; jeder Teilnehmer bekommt dafür ein Benutzerkonto auf unserem Sybase-Server und darauf eine eigene (wenn auch kleine) Datenbank zum Üben und Spielen. Hier folgt eine vereinfachte Version des Skripts, das wir zum Erzeugen von solchen Übungskonten und -Datenbanken benutzen:

```
use DBI;

# Aufruf: syaccreate <Benutzername>

my $admin = 'sa';
print "Datenbank-Paßwort für $admin: ";
chomp(my $pw = <STDIN>);
my $user  = $ARGV[0];
```

```
# Plumpes Paßwort generieren - Benutzername rückwärts, und auf sechs Zeichen
# mit Strichen auffüllen.
my $genpass = reverse($user) . "-" x (6-length($user));

# Wir bauen eine Liste von SQL-Anweisungen auf, die nacheinander abgearbeitet werden:
#   1) Auf dem USER_DISK-Device eine Datenbank erzeugen mit Log auf USER_LOG
#   2) Ein Benutzerkonto auf dem SQL-Server einrichten
#   3) Zur eben erzeugten neuen Datenbank gehen (mit USE)
#   4) Ihren Besitzer auf den eben erzeugten Benutzer setzen
my @anweisungen = ("create database $user on USER_DISK=5 log on USER_LOG=5",
                   "sp_addlogin $user, \"$genpass\", $user",
                   "use $user",
                   "sp_changedbowner $user");

# Mit dem Server verbinden.
my $dbh = DBI->connect('dbi:Sybase:', $admin, $pw);
die "Kann nicht verbinden: $DBI::errstr\n" unless (defined $dbh);

# Alle Anweisungen nacheinander ausführen.
for (@anweisungen) {
    $dbh->do($_) or die "Fehler bei $_: " . $dbh->errstr . "\n";
}

$dbh->disconnect;
```

Die Aufgabe hier besteht aus mehreren SQL-Anweisungen, die keine Datensätze zurückgeben, daher können wir sie in einer Schleife schreiben und mit $dbh->do() abarbeiten. Ein ganz ähnliches Skript wird am Ende der Programmierkurse zum Löschen von Datenbank und Konto benutzt:

```
use DBI;

# Aufruf: syacdelete <Benutzername>

my $admin = 'sa';
print "Datenbank-Paßwort für $admin: ";
chomp(my $pw = <STDIN>);
my $benutzer = $ARGV[0];

# Liste der SQL-Anweisungen:
#   1) Datenbank löschen (mit DROP)
#   2) Benutzerkonto auf dem SQL-Server löschen
my @anweisungen = ("drop database $benutzer",
                   "sp_droplogin $benutzer");

# Mit dem Server verbinden.
my $dbh = DBI->connect('dbi:Sybase:', $admin, $pw);
die "Kann nicht verbinden: $DBI::errstr\n" unless (defined $dbh);
```

Kapitel 7: Administration von SQL-Datenbanken

```
# Alle Anweisungen nacheinander ausführen.
for (@anweisungen) {
    $dbh->do($_) or die "Fehler bei $_: " . $dbh->errstr . "\n";
}

$dbh->disconnect or
    warn "Kann Verbindung zum Server nicht lösen: " . $dbh->errstr . "\n";
```

Es gibt etliche Administrationsaufgaben zu Datenbanken, die mit Benutzerkonten zu tun haben und die man mit Skripten dieser Art lösen kann. Hier ein paar Beispiele:

Paßwort-Checker
Mit dem Server verbinden und eine Liste von Datenbanken und Benutzernamen erstellen. Auf schlecht gewählte Paßwörter testen (Benutzernamen, leere Paßwörter, leicht zu erratende Paßwörter wie »geheim« usw.).

Zuordnungstabellen
Eine Liste ausgeben, welche Benutzer auf welche Datenbanken zugreifen können.

Paßwort-Kontrolle
Ein System aufbauen, bei dem Paßwörter nur für eine bestimmte Zeit gültig sind und dann geändert werden müssen.

Zustand von Datenbankservern überwachen

Bei unseren letzten Programmbeispielen geht es darum, den Zustand eines Datenbankservers zu überwachen, ähnlich wie wir in Kapitel 5, *Namensdienste unter TCP/IP*, Programme zur Überwachung von Netzwerken geschrieben hatten.

Speicherplatz überwachen

Hier werden wir einen Moment lang etwas technisch. Datenbanken sollen Daten aufnehmen und benötigen dafür Plattenplatz. Wenn dieser Platz knapp wird oder keiner mehr verfügbar ist, dann ist das entweder *schlecht* oder *ganz enorm schlecht*. Daher ist es sehr nützlich und sinnvoll, ein Programm zu haben, das den von den Daten belegten Platz überwacht. Wir sehen uns jetzt ein DBI-Programm an, das den Speicherplatz eines Sybase-Servers überwacht.

Hier ist ein Teil der Ausgabe dieses Programms wiedergegeben. Für jede Datenbank wird in einem Balkendiagramm ausgegeben, wieviel Prozent des allozierten Platzes für die Daten und Logdaten verbraucht werden. Dabei steht d für Daten und l für Logs. Bei jedem Balken sind neben den Prozentzahlen auch die absoluten Werte des total verfügbaren Speicherplatzes in MB angegeben.

```
                 |ddddddd                          |15.23%/5MB
   hpotter-----|                                   |
                 |                                 |0.90%/5MB
```

Zustand von Datenbankservern überwachen

```
              |ddddddd                                  |15.23%/5MB
dumbledore--|                                           |
            |                                           |1.52%/5MB

              |ddddddddd                                |16.48%/5MB
hgranger----|                                           |
            |                                           |1.52%/5MB

              |dddddd                                   |15.23%/5MB
rweasley----|                                           |
            |1                                          |3.40%/5MB

              |dddddddddddddddddddddddddd               |54.39%/2MB
hagrid------|                                           |
            |- (kein Log)                               |
```

Diese Ausgabe wurde mit dem folgenden Programm erzeugt:

```
use DBI;

my $admin = 'sa';
print "Datenbank-Paßwort für $admin: ";
chomp(my $pw = <STDIN>);
my $pages = 2;  # Daten werden in Pages zu 2 KB gespeichert.

my $dbh = DBI->connect('dbi:Sybase:', $admin, $pw);
die "Kann nicht verbinden: $DBI::errstr\n"
    unless (defined $dbh);

# Im Server vorhandene Datenbanken finden.
my $sth = $dbh->prepare(q{SELECT name from master.dbo.sysdatabases}) or
    die "Kann sysdatabases-Anfrage nicht vorbereiten: " . $dbh->errstr . "\n";
$sth->execute or
    die "Kann sysdatabases-Anfrage nicht ausführen: " . $dbh->errstr . "\n";

my @dbs = ();
while (my $aref = $sth->fetchrow_arrayref) {
    push(@dbs, $aref->[0]);
}
$sth->finish;

# Statistikdaten zu jeder Datenbank ermitteln.
foreach my $db (@dbs) {

    # Größe aller Datensegmente ohne Logs abfragen und summieren.
    my $size    = &querysum(qq{SELECT size FROM master.dbo.sysusages
                               WHERE   dbid = db_id(\'$db\')
                               AND     segmap != 4});
    # Größe aller Logsegmente abfragen und summieren.
    my $logsize = &querysum(qq{SELECT size FROM master.dbo.sysusages
                               WHERE   dbid = db_id(\'$db\')
                               AND     segmap = 4});
```

```perl
    # Zu dieser Datenbank wechseln und Benutzungsstatistik abfragen.
    $dbh->do(q{USE $db}) or
        die "Fehler bei USE $db : " . $dbh->errstr . "\n";

    # Die Funktion reserved_pgs gibt die Anzahl der benutzten Pages der Datenbank
    # zurück, wir wollen den Daten- (doampg) und auch den Index-Anteil (ioampg).
    my $used    = &querysum(qq{SELECT reserved_pgs(id, doampg)
                                    + reserved_pgs(id, ioampg)
                               FROM   sysindexes
                               WHERE  id != 8});

    # Nochmals, aber diesmal nur der Speicherplatz für die Logs.
    my $logused = &querysum(qq{SELECT reserved_pgs(id, doampg)
                               FROM   sysindexes
                               WHERE  id = 8});

    # Informationen graphisch ausgeben.
    &graph($db, $size, $logsize, $used, $logused);
}
$dbh->disconnect;

# Ein SELECT für eine einzelne Spalte vorbereiten und ausführen,
# Resultate summieren und die Summe zurückgeben.
sub querysum {
    my $query   = shift;
    my $sum     = 0;

    my $sth = $dbh->prepare($query) or
        die "Fehler bei prepare $query: " . $dbh->errstr . "\n";
    $sth->execute or
        die "Fehler bei execute $query: " . $dbh->errstr . "\n";

    while (my $aref = $sth->fetchrow_arrayref) {
        $sum += $aref->[0];
    }
    $sth->finish;

    $sum;
}

# Balkengraphik mit Datenbankname, alloziertem Daten- und Logbereich und
# Prozentanteil der belegten Daten ausgeben.
sub graph {
    my($dbname, $size, $logsize, $used, $logused) = @_;

    # Zeile für die belegten Daten.
    print ' ' x 12 . '|' . 'd' x (50 *($used/$size)) .
          ' ' x (50-(50*($used/$size))) . '|';
    # Prozentsatz der belegten Daten und Total des Datenbereichs.
    printf("%.2f", ($used/$size*100));
    print "%/" . (($size * $pages)/1024)."MB\n";
    print $dbname.'-' x (14-length($dbname)) . '-|' . (' ' x 49) . "|\n";
```

```
    if (defined $logsize) { # Zeile für die Log-Daten.
        print ' ' x 12 . '|' . '1' x (50 *($logused/$logsize)) .
              ' ' x (50-(50*($logused/$logsize))) . '|';
        # Prozentsatz der Log-Daten und Total des Log-Bereichs.
        printf("%.2f", ($logused/$logsize*100));
        print "%/" . (($logsize * $pages)/1024)."MB\n";
    }
    else { # Manche Datenbanken haben keinen separaten Log-Bereich.
        print ' ' x 12 . "|- (kein Log)" . (' ' x 37) . "|\n";
    }
    print "\n";
}
```

Wenn Sie Erfahrung mit SQL haben, werden Sie sich fragen, warum wir eine besondere Subroutine (querysum()) vorsehen, nur um die Elemente einer einzelnen Spalte zusammenzuzählen, wo es doch dafür den SUM-Operator in SQL gibt. Die Subroutine querysum() ist nur als Illustration dafür gedacht, was man mit Perl und SQL alles anstellen kann. Eine Perl-Subroutine würde man im allgemeinen nur bei komplizierteren Vorgängen schreiben. Wenn wir z. B. mit einem regulären Ausdruck eine Datenbank oder mehrere auswählen und dafür separat summieren, dann läßt sich dies in Perl wohl einfacher erledigen, als wenn wir dafür SQL-Anweisungen vom Server ausführen ließen (obwohl auch das möglich wäre).

Wer erledigt eigentlich welche Arbeit?

Beim SQL-Programmieren in Perl taucht oft die Frage auf: »Soll ich die Daten mit SQL auf dem Server bearbeiten oder auf dem Client mit Perl?« Oft ist nämlich beides möglich, wenn es für eine SQL-Funktion (wie SUM()) ein Pendant in Perl gibt.

Es ist wahrscheinlich in den meisten Fällen wesentlich effizienter, mit dem Schlüsselwort DISTINCT auf dem Server Duplikate auszumerzen, bevor der Resultat-Datensatz auf den Client übertragen wird, obschon man dies problemlos auch in Perl erledigen könnte.

Die Situation ist aber so komplex, daß man nicht einfach ein Patentrezept geben kann. Hier folgen einige der Faktoren, die zu berücksichtigen sind:

- Wie effizient ist die Implementation einer bestimmten Anfrage auf dem Server?
- Wie große Datenmengen sind im Spiel?
- Wie stark müssen die Resultatdaten verändert werden, und wie kostspielig ist diese Manipulation?
- Wie leistungsfähig sind der Server und der Client, und wie schnell ist das Netzwerk dazwischen?
- Soll der SQL-Code auf andere Datenbanken portierbar sein?

Nicht selten muß man beide Varianten ausprobieren und erst dann entscheiden.

Kapitel 7: Administration von SQL-Datenbanken

Die CPU-Auslastung eines SQL-Servers überwachen

Im letzten Programmbeispiel in diesem Kapitel überwachen wir den Zustand der CPU eines SQL-Servers, indem wir mit DBI jede Minute einen Zustandsbericht anfordern. Damit das Programm etwas interessanter wird, überwachen wir mit dem gleichen Skript gleich zwei Server verschiedenen Typs. Weitere Kommentare zu diesem Programm finden Sie am Ende:

```
use DBI;

my $syadmin = "sa";
print "Sysadmin-Paßwort für Sybase: ";
chomp(my $sypw = <STDIN>);

my $msadmin = "sa";
print "Sysadmin-Paßwort für MS-SQL: ";
chomp(my $mspw = <STDIN>);

# Mit dem Sybase-Server verbinden.
my $sydbh = DBI->connect("dbi:Sybase:server=SYBASE", $syadmin, $sypw);
die "Kann Sybase-Server nicht ansprechen: $DBI::errstr\n"
    unless defined $sydbh;

# Mit ChopBlanks wird Whitespace am Ende von Spaltendaten entfernt.
$sydbh->{ChopBlanks} = 1;

# Mit dem MS-SQL-Server verbinden (auch das geht praktischerweise mit DBD::Sybase!).
my $msdbh = DBI->connect("dbi:Sybase:server=MSSQL", $msadmin, $mspw);
die "Kann MS-SQL-Server nicht ansprechen: $DBI::errstr\n"
    unless defined $msdbh;

# Mit ChopBlanks wird Whitespace am Ende von Spaltendaten entfernt.
$msdbh->{ChopBlanks} = 1;

$| = 1;  # Pufferung für die Standardausgabe abschalten.

# Signal-Handler aufsetzen, damit wir das Skript sauber beenden können.
my $byebye = 0;
$SIG{INT} = sub {$byebye = 1};

# Unendliche Schleife – bis das $byebye-Flag über ein INT-Signal gesetzt wird.
while (1) {
    last if ($byebye);

    # Die Stored Procedure sp_monitor aufrufen.
    my $systh = $sydbh->prepare(q{sp_monitor}) or
        die "Fehler bei prepare sy sp_monitor:" . $sydbh->errstr . "\n";
```

```perl
    $systh->execute or
        die "Fehler bei execute sy sp_monitor:" . $sydbh->errstr . "\n";

    # Zeilen durchgehen, bis alle interessanten Daten eingelesen sind.
    # Wir haben alles, wenn die cpu_busy-Daten auftauchen.
    my $href;
    while ($href = $systh->fetchrow_hashref or $systh->{syb_more_results}) {
        last if defined $href->{cpu_busy};        # Alles da, nicht weiter fragen.
    }
    $systh->finish;

    # Wir sind nur an der Prozentzahl im Resultat interessiert.
    for (keys %{$href}) {
        $href->{$_} =~ s/.*-(\d+%)/$1/;
    }

    # Alle uns interessierenden Daten in eine einzige Zeile verpacken.
    my $info = "Sybase: (" . $href->{cpu_busy} . " CPU), " .
                      "(" . $href->{io_busy}  . " IO), "  .
                      "(" . $href->{idle}     . " frei) ";

    # OK, das Ganze noch einmal mit dem zweiten (MS-SQL)-Server.
    my $mssth = $msdbh->prepare(q{sp_monitor}) or
        die "Fehler bei prepare ms sp_monitor:" . $msdbh->errstr . "\n";
    $mssth->execute or
        die "Fehler bei execute ms sp_monitor:" . $msdbh->errstr . "\n";
    while ($href = $mssth->fetchrow_hashref or $mssth->{syb_more_results}) {
        last if defined $href->{cpu_busy};        # Alles da, nicht weiter fragen.
    }
    $mssth->finish;

    # Wir sind nur an der Prozentzahl im Resultat interessiert.
    for (keys %{$href}) {
        $href->{$_} =~ s/.*-(\d+%)/$1/;
    }

    $info .= "MSSQL: (" . $href->{'cpu_busy'} . " CPU), " .
                    "(" . $href->{'io_busy'}  . " IO), "  .
                    "(" . $href->{'idle'}     . " frei)";
    print " " x 78, "\r";
    print $info, "\r";

    sleep(5) unless $byebye;
}

# Hier landen wir nur bei einer Unterbrechung durch ein INT-Signal.
$sydbh->disconnect;
$msdbh->disconnect;
```

Das Programm schreibt eine Zeile der folgenden Art heraus und erneuert sie alle fünf Sekunden:

```
Sybase: (33% CPU), (33% IO), (0% frei)   MSSQL: (0% CPU), (0% IO), (100% frei)
```

Im Zentrum dieses Programms wird die *Stored Procedure* sp_monitor aufgerufen, die es sowohl auf Sybase- als auch auf MS-SQL-Servern gibt. Die Ausgabe von sp_monitor sieht etwa wie folgt aus:

```
last_run                    current_run                 seconds
-------------------------   -------------------------   ----------
Aug  3 1998 12:05AM         Aug  3 1998 12:05AM         1

cpu_busy                    io_busy                     idle
-------------------------   -------------------------   -------------------------
0(0)-0%                     0(0)-0%                     40335(0)-0%

packets_received            packets_sent                packet_errors
-------------------------   -------------------------   -------------------------
1648(0)                     1635(0)                     0(0)

total_read          total_write         total_errors        connections
-----------------   -----------------   -----------------   -----------------
391(0)              180(0)              0(0)                11(0)
```

Leider wird bei sp_monitor eine nicht portable Eigenheit von Sybase sichtbar, die auch an MS-SQL vererbt wurde: mehrfache Resultat-Datensätze. Jede der obigen Datenzeilen kommt als separater Datensatz beim Client an. Bei DBD::Sybase wird diese Situation so gelöst, daß bei einer solchen Anweisung ein spezielles Attribut gesetzt wird. Darum wird im Programm dieser Test benutzt:

```
while ($href = $systh->fetchrow_hashref or $systh->{syb_more_results}) {
```

Deshalb müssen wir auch die Schleife vorzeitig beenden, sobald wir die uns interessierenden Daten vorfinden:

```
last if defined $href->{cpu_busy};          # Alles da, nicht weiter fragen.
```

Das Programm läuft, bis es ein INT-Signal erhält – typischerweise vom Benutzer, der ein Strg-C eingibt. In dieser Situation sind wir vorsichtig: Wir setzen nur gerade ein Flag, das im weiteren Verlauf des Programms abgefragt wird. Diese Programmiertechnik wird in der *perlipc*-Dokumentation als sichere Methode empfohlen. Wenn das Perl-Programm ein INT-Signal erhält, wird die $byebye-Variable gesetzt, die am Anfang der nächsten Iteration abgefragt wird. Damit können wir das Programm auf saubere Art beenden: Wir schließen alle Datenbank-Verbindungen und lassen so die Datenbank in einem definierten Zustand zurück.

Das kleine Programm tippt nur gerade die Möglichkeiten an, die mit dieser Art der Server-Überwachung denkbar sind. Es wäre ganz einfach, die Resultate von sp_monitor zu sammeln und als Funktion der Zeit graphisch darzustellen – damit erhielte man ein besseres Bild der Server-Auslastung. Man könnte das Programm mit einem derartigen Wust von Optionen überladen, daß man den ursprünglichen Zweck des Programms kaum noch erkennt, eine Erscheinung, die auch unter der Bezeichnung *creeping featurism* bekannt ist.

In diesem Kapitel verwendete Module

Name	CPAN-ID	Version
DBI	TIMB	1.13
Msql-Mysql-Modules (DBD::mysql)	JWIED	1.2210
DBD::Sybase	MEWP	0.21
Win32::ODBC (von *http://www.roth.net*)	GBARR	970208

Hinweise auf weiterführende Informationen

SQL

http://w3.one.net/~jhoffman/sqltut.htm enthält den hervorragenden SQL-Lehrgang von James Hoffman. Am Ende des Lehrgangs finden Sie außerdem Links zu weiteren SQL-Sites.

DBI

Fortgeschrittene Perl-Programmierung, von Sriram Srinivasan (O'Reilly, 1998).

http://www.symbolstone.org/technology/perl/DBI/index.html
Die offizielle DBI-Homepage.

Programmierung mit Perl DBI, von Alligator Descartes und Tim Bunce (O'Reilly, 2000).

ODBC

http://www.microsoft.com/odbc – Hier publiziert Microsoft Informationen zu ODBC. Man kann außerdem unter *http://msdn.microsoft.com* nach ODBC suchen, insbesondere im MDAC-SDK.

http://www.roth.net/perl/odbc/ – Die Homepage zu Win32::ODBC.

Win32 Perl Programming: The Standard Extensions, von Dave Roth (Macmillan Technical Publishing, 1999). Vom Autor von Win32::ODBC, im Moment die beste Adresse zur Modul-Programmierung unter Perl auf Win32.

Verwandte Themen

http://sybooks.sybase.com – Hier publiziert Sybase die gesamte Dokumentation zu seinen Servern; die Site läßt sich einfach navigieren und durchsuchen. Das ist nicht nur bei Problemen mit Sybase/MS-SQL bequem, sondern auch ganz allgemein bei Fragen zu SQL.

http://www.mbay.net/~mpeppler/ – Die Homepage von Michael Peppler, dem Autor von *SybPerl* und des `DBD::Sybase`-Moduls. Enthält wertvolle Informationen nicht nur zu Sybase, sondern auch zu SQL und zur Datenbankprogrammierung im allgemeinen.

8

Elektronische Mail

Anders als in den übrigen Kapiteln dieses Buches wird hier nicht ein bestimmter Dienst, eine Technik oder ein Wissensgebiet behandelt. Wir untersuchen hier, wie man elektronische Mail als Werkzeug in der Systemadministration einsetzen kann.

Perl kann dabei den Systemadministrator unterstützen, weil man mit Perl E-Mail sowohl verschicken als auch empfangen kann. E-Mail ist sehr gut als Alarmierungsmedium geeignet: Wir möchten, daß uns ein Programm mitteilt, wenn etwas schiefläuft; wir möchten die Resultate von lange laufenden Programmen (oder Cron-Jobs bzw. vom NT Scheduler gestarteten Programmen) zugeschickt bekommen oder wir möchten darüber informiert werden, wenn ein bestimmtes Ereignis eintritt. Wir lernen, wie man E-Mail in diesen Fällen einsetzt, und besprechen die kritischen Punkte bei diesem Vorgehen.

Außerdem untersuchen wir, wie man mit Perl eingehende E-Mail verarbeiten kann. So können wir besser mit Fragen von Benutzern und mit Spam (unerwünschter Werbung per E-Mail) umgehen.

In diesem Kapitel setzen wir voraus, daß eine funktionierende und zuverlässige E-Mail-Infrastruktur vorhanden ist. Wir nehmen außerdem an, daß Ihr Mail-System den IETF-Spezifikationen für das Senden und Empfangen von E-Mail entspricht. Die Beispiele in diesem Kapitel verwenden SMTP (Simple Mail Transfer Protocol, RFC 821) und nehmen an, daß die Meldungen nach RFC 822 formatiert sind. Wir behandeln diese Begriffe gleich näher.

E-Mail verschicken

Zunächst untersuchen wir, wie man ganz einfache E-Mails verschickt. Die komplizierteren Begriffe lernen wir später. Üblicherweise verschickt man eine E-Mail-Meldung (unter Unix) wie in diesem Beispiel, das der Perl-FAQ entnommen ist:

```
# Wir nehmen an, daß sendmail installiert ist.
open(SENDMAIL, "|/usr/lib/sendmail -oi -t -odq") or
    die "Kann sendmail nicht fork()-en: $!\n";
```

Kapitel 8: Elektronische Mail

```
print SENDMAIL <<"EOF";
From: Absender <ich\@example.com>
To: Empfaenger <du\@example.com>
Subject: Eine vielsagende Betreffzeile

Der eigentliche Text der Meldung kommt nach einer Leerzeile hier hin.
Das können so viele Zeilen sein, wie Sie wollen.
EOF
close(SENDMAIL) or warn "Pipe zu Sendmail unsanft beendet";
```

Beim Übergang von Perl Version 4 zu Perl 5 wurden die Regeln geändert, nach denen Arrays innerhalb von Anführungszeichen interpoliert werden. Damit funktionierten viele Skripten nicht mehr, die E-Mail verschicken. Auch heute muß man auf Zeilen wie diese besonders achtgeben:

```
$adresse = "fred@example.com";
```

Diese Zeile muß in eine der folgenden Formen umgeschrieben werden:

```
$adresse = "fred\@example.com";
$adresse = 'fred@example.com';
$adresse = join('@', 'fred', 'example.com');
```

Programme, die wie das obige Beispiel *sendmail* benutzen, funktionieren in vielen Fällen problemlos, aber natürlich nicht unter Betriebssystemen, die keinen MTA (Mail Transport Agent) namens *sendmail* kennen (d. h. NT/2000 und MacOS). Auf diesen Betriebssystemen gibt es andere Möglichkeiten.

E-Mail mit Sendmail (oder einem ähnlichen MTA)

Win32-Benutzer haben hier kein Problem. Mir sind drei Portierungen des eigentlichen *sendmail*-Programms auf Win32 bekannt:

- Die Cygwin-Portierung (*http://dome/weeg.uiowa.edu/pub/domestic/sos/ports*)
- Die kommerzielle Portierung von Mercury Systems (*http://www.demobuilder.com/sendmail.htm*)
- Das kommerzielle *Sendmail for NT* von Sendmail, Inc. (*http://www.sendmail.com*)

Wenn Sie etwas Einfacheres wollen und dafür bereit sind, Ihren Perl-Code leicht abzuändern (weil die Optionen auf der Befehlszeile anders sind), dann kommen Sie auch mit einem der folgenden Win32-Programme aus:

- *blat* (*http://www.interlog.com/~tcharron/blat.html*)
- *netmail95* (*http://www.geocities.com/SiliconValley/Lakes/2382/netmail.html*)
- *wmailto* (*http://www.impaqcomp.com/jgaa/wmailto.html*)

Der Vorteil dieser Methode ist, daß alle Komplikationen beim Versenden von E-Mails an das Programm abgegeben werden. Ein guter Mail Transport Agent (MTA) versucht, Meldungen später erneut zu verschicken, wenn der Zielrechner im Moment nicht erreichbar ist. Er wählt den richtigen Zielrechner aus (indem er MX-DNS-Records abfragt und auswertet), er schreibt eventuell Kopfzeilen um, er kümmert sich um zurückgeschickte Mails usw. Wenn Sie es sich leisten können, diese Probleme nicht selbst zu behandeln, dann ist das die Methode der Wahl.

E-Mail mit der Interprozeßkommunikation des Betriebssystems verschicken

Auf MacOS oder Windows NT/2000 kann man einen Mail-Client mit den Mitteln der Interprozeßkommunikation (IPC) des Betriebssystems fernsteuern.

Mir ist keine Portierung von *sendmail* auf den Mac bekannt, aber man kann mit Perl und AppleScript ein Mail-Programm aufrufen:

```
my $to      = "irgendwer\@example.com";
my $from    = "ich\@example.com";
my $subject = "Hallo Velo";
my $text    = "Text der Meldung.\n";

MacPerl::DoAppleScript(<<EOC);
tell application "Eudora"

    make message at end of mailbox "out"

    -- 0 ist die aktuelle Meldung
    set field \"from\" of message 0 to \"$from\"
    set field \"to\" of message 0 to \"$to\"
    set field \"subject\" of message 0 to \"$subject\"
    set body of message 0 to \"$text\"
    queue message 0
    connect with sending without checking
    quit
end tell
EOC
```

Dieses Perl-Programm erzeugt ein sehr einfaches AppleScript und führt es aus. Das AppleScript steuert das Mail-Programm *Eudora* von Qualcomm. Es erzeugt eine neue, leere Meldung, füllt die einzelnen Felder und den Text ein und instruiert Eudora, die Meldung ohne weitere Überprüfung zu verschicken.

Mit dem Modul `Mac::Glue`, das wir schon in Kapitel 2, *Dateisysteme*, kennengelernt hatten, kann man das Gleiche etwas effizienter erreichen:

```
use Mac::Glue ':glue';

my $eu      = new Mac::Glue 'Eudora';
```

```
my $to      = "irgendwer\@example.com";
my $from    = "ich\@example.com";
my $subject = "Hallo Velo";
my $text    = "Text der Meldung";

$eu->make(
          new => 'message',
          at  => location(end => $eu->obj(mailbox => 'Out'))
);

$eu->set($eu->obj(field => from    => message => 0), to => $from);
$eu->set($eu->obj(field => to      => message => 0), to => $to);
$eu->set($eu->obj(field => subject => message => 0), to => $subject);
$eu->set($eu->prop(body => message => 0), to => $text);

$eu->queue($eu->obj(message => 0));
$eu->connect(sending => 1, checking => 0);
$eu->quit;
```

Bei NT/2000 können wir die »Collaborative Data Objects Library« (früher unter dem Namen »Active Messaging« bekannt) von Microsoft verwenden; das ist eine vereinfachte Methode, die MAPI-Architektur (Messaging Application Programming Interface, ebenfalls von Microsoft) zu benutzen. Über diese Bibliothek kann man einen Mail-Client via Outlook steuern. Von Perl aus verwenden wir das `Win32::OLE`-Modul wie folgt:

```
my $to      = "ich\@example.com";
my $subject = "Hallo Velo";
my $text    = "Text der Meldung\n";

use Win32::OLE;

# OLE initialisieren.
# COINIT_OLEINITIALIZE ist bei Verwendung von MAPI.Session-Objekten notwendig.
Win32::OLE->Initialize(Win32::OLE::COINIT_OLEINITIALIZE);
die Win32::OLE->LastError() . "\n" if Win32::OLE->LastError();

# Ein Session-Objekt erzeugen, das beim Löschen automatisch »Logoff« aufruft.
my $session = Win32::OLE->new('MAPI.Session', 'Logoff');
die Win32::OLE->LastError() . "\n" if Win32::OLE->LastError();

# In die Session einloggen – Normale Einstellungen von OL98.
$session->Logon('Microsoft Outlook Internet Settings');
die Win32::OLE->LastError() . "\n" if Win32::OLE->LastError();

# Message-Objekt erzeugen.
my $message = $session->Outbox->Messages->Add;
die Win32::OLE->LastError() . "\n" if Win32::OLE->LastError();
```

```perl
# Zu dieser Meldung ein Recipient-(Empfänger-)Objekt erzeugen.
my $recipient = $message->Recipients->Add;
die Win32::OLE->LastError() . "\n" if Win32::OLE->LastError();

# Dem Recipient-Objekt die Empfängeradresse mitteilen.
$recipient->{Name} = $to;
$recipient->{Type} = 1;    # 1 = "To:", 2 = "Cc:", 3 = "Bcc:"

# Alle verwendeten Adressen müssen aufgelöst (resolved) werden können.
# Entweder sind das Adressen aus einem Verzeichnis (z.B. aus Ihrem Adreßbuch) oder
# aber vollständige Adressen, die dann unverändert erhalten bleiben und auch das
# Recipient-Objekt nicht verändern.
$recipient->Resolve();
die Win32::OLE->LastError() . "\n" if Win32::OLE->LastError();

# Betreffzeile und Text der Meldung eingeben.
$message->{Subject} = $subject;
$message->{Text} = $text;

# Meldung in die Queue abschicken. Parameter:
#   1: Kopie der Meldung aufbewahren
#   2: Benutzer kann die Meldung in einem Dialog-Fenster noch verändern.
#   3: Parent-Fenster des Dialogfensters, wenn 2. Parameter gesetzt ist.
$message->Send(0, 0, 0);
die Win32::OLE->LastError() . "\n" if Win32::OLE->LastError();

# Session-Objekt explizit löschen - dabei wird $session->Logoff aufgerufen.
undef $session;
```

Anders als in den vorherigen Beispielen wird hier die Meldung nicht direkt verschickt, sondern nur in eine Queue (Warteschlange) eingetragen. Der Mail-Client (z.B. Outlook) oder der MTA (z.B. Exchange) ist dafür verantwortlich, die Meldungen in dieser Queue periodisch durchzugehen und wirklich abzuschicken. Eigentlich gäbe es auch eine CDO/AM-1.1-Methode namens `DeliverNow()` zum `Session`-Objekt, mit der man MAPI zwingen kann, die Meldungen in allen ein- und ausgehenden Mail-Queues abzuarbeiten. Leider ist sie in Perl nicht verfügbar und würde ohnehin nur unter bestimmten Voraussetzungen funktionieren, daher habe ich sie in diesem Beispiel weggelassen.

Im obigen Code wird MAPI »von Hand« mit OLE-Aufrufen benutzt. Wenn Sie sich die Finger nicht derartig schmutzig machen wollen, können Sie das Modul `Win32::MAPI` von Amine Moulay Ramdane (das Sie unter *http://www.generation.net/~aminer/Perl/* finden) benutzen; es übernimmt einiges der Schmutzarbeit.

Programme, die AppleScript/Apple Events oder MAPI benutzen, sind mindestens so unportabel wie die, die sich auf ein *sendmail*-Programm verlassen. Sie nehmen Ihnen Arbeit ab, sind aber nicht besonders effizient und sollten nur benutzt werden, wenn es nicht anders geht.

Das Mail-Protokoll direkt benutzen

Als letzte Möglichkeit schreiben wir Programme, die sich direkt mit dem Mail-Server in seiner Muttersprache unterhalten. Der größte Teil dieser Sprache ist in RFC 821 definiert. Im folgenden sehen Sie eine typische, einfache Unterhaltung in SMTP, dem Simple Mail Transport Protocol. Die gesendeten Daten sind halbfett gedruckt:

```
% telnet example.com 25            -- Zum SMTP-Port von example.com verbinden.
Trying 192.168.1.10 ...
Connected to example.com.
Escape character is '^]'.
220 mailhub.example.com ESMTP Sendmail 8.9.1a/8.9.1; Sun, 11 Apr 1999 15:32:
16 -0400 (EDT)
HELO client.example.com            -- Unsere eigene Maschine identifizieren
                                   -- (wir könnten auch EHLO benutzen).
250 mailhub.example.com Hello dnb@client.example.com [192.168.1.11], pleased
  to meet you
MAIL FROM: <dnb@example.com>       -- Sender angeben.
250 <dnb@example.com>... Sender ok
RCPT TO: <dnb@example.com>         -- Empfänger angeben.
250 <dnb@example.com>... Recipient ok
DATA                               -- Meldung eingeben; mehrere Headerzeilen.
354 Enter mail, end with "." on a line by itself
From: David N. Blank-Edelman (David N. Blank-Edelman)
To: dnb@example.com
Subject: SMTP ist ein tolles Protokoll

Ich wollte mich nur daran erinnern, wie sehr ich SMTP mag.
      Peace,
         dNb
.                                  -- Ein einzelner Punkt beendet die Meldung.
250 PAA26624 Message accepted for delivery
QUIT                               -- Verbindung aufheben.
221 mailhub.example.com closing connection
Connection closed by foreign host.
```

Es ist nicht allzu schwierig, eine solche Netzwerk-Konversation von einem Skript aus zu führen. Wir könnten das `Socket`-Modul verwenden oder ein Modul wie `Net::Telnet`, wie in Kapitel 6, *Verzeichnisdienste*. Es existieren jedoch einige gute E-Mail-Module, die diese Aufgabe weiter vereinfachen: das `Mail::Sender`-Modul von Jenda Krynicky, `Mail::Sendmail` von Milivoj Ivkovic und `Mail::Mailer` aus dem *MailTools*-Paket von Graham Barr. Alle drei sind betriebssystemunabhängig und funktionieren auf fast jedem System, auf dem eine moderne Perl-Version läuft. Wir betrachten hier `Mail::Mailer` näher, weil dieses Modul außerdem zwei der oben besprochenen Methoden zum Verschicken von E-Mail in einer einzigen Schnittstelle unterstützt. Wie bei den meisten objektorientiert geschriebenen Perl-Modulen besteht auch hier der erste Schritt im Erzeugen einer neuen Instanz eines Objekts:

```perl
use Mail::Mailer;

my $from    = "ich\@example.com";
```

```
my $to       = "du\@example.com";
my $subject  = "Hallo Velo";
my $text     = "Text der Meldung\n";

my $type     = "smtp";
my $server   = "mail.example.com";

my $mailer = Mail::Mailer->new($type, Server => $server) or
    die "Kann kein neues Mail::Mailer-Objekt erzeugen: $!\n";
```

Mit der $type-Variable kann man aus den drei unterstützten Verfahren zum Verschicken von E-Mail auswählen:

smtp

Die Meldung mit dem Net::SMTP-Modul (Bestandteil des *libnet*-Pakets von Graham Barr) verschicken, das es ebenso auch auf den meisten Plattformen gibt. Bei *MailTools* Version 1.13 und neueren Versionen kann man den Namen des SMTP-Servers mit der =>-Notation wie oben gezeigt angeben. Bei älteren Versionen wird der Servername beim Installieren des *libnet*-Pakets fest einkonfiguriert.

mail

E-Mail mit dem Unix-Mail-UA (User Agent) *mail* verschicken (oder mit dem im zweiten Argument angegebenen Programm). Diese Methode entspricht ungefähr dem Ansatz mit AppleScript oder MAPI von vorhin.

sendmail

Die Meldung mit dem *sendmail*-Programm wie zu Anfang dieses Abschnitts verschicken.

Man kann in der Umgebungsvariablen PERL_MAILERS Programme angeben, die bei den Methoden *mail* und *sendmail* statt der voreingestellten Programme benutzt werden sollen.

Nachdem die open()-Methode des Mail::Mailer-Objekts aufgerufen wurde, kann man ebendieses Objekt wie ein Dateihandle benutzen. Beim Aufruf von open() werden die Headerzeilen in Form eines anonymen Hashs angegeben:

```
$mailer->open({From => $from,
               To => $to,
               Subject => $subject}) or
    die "Kann Mail::Mailer-Objekt nicht öffnen: $!\n";
```

Mit dem ganz normalen print-Operator schreiben wir den Text der Meldung auf das Pseudo-Dateihandle und verschicken die Meldung beim close:

```
print $mailer $text;
$mailer->close;
```

So einfach ist es, mit Perl E-Mail auf portable Weise zu verschicken.

Je nach dem mit `$type` gewählten Verhalten deckt das Modul alle oder nur Teile der zu Anfang von einem MTA geforderten Eigenschaften ab. Der obige Code verwendet `smtp`; das bedeutet, daß sich unser Programm selbst um unvorhergesehene Situationen wie nicht erreichbare SMTP-Server kümmern muß. So wie das Programm dasteht, tut es das nicht. In einer produktiven Umgebung muß eine solche Situation aber korrekt behandelt werden.

Häufige Fehler beim Verschicken von E-Mail

Jetzt sind wir soweit, daß wir E-Mail als Alarmierungseinrichtung einsetzen können. Sobald Sie aber Programme schreiben, die das tun, werden Sie sehen, daß sich das Problem vom *wie* dahin verlagert, *wann* und *was* per E-Mail verschickt werden soll.

In diesem Abschnitt gehen wir das Problem vom anderen Ende her an. Wir erörtern, wann und wie wir besser *nicht* E-Mail-Meldungen verschicken sollten, und klären das Problem auf diese Weise. Wir untersuchen hier die häufigsten Fehler, die Programme in der Systemadministration beim Verschicken von E-Mail begehen.

Übereifriges Versenden von Mail

Das bei weitem größte Problem ist das Erzeugen von zu vielen Meldungen. Es ist ja sehr gut und praktisch, wenn ein Überwachungsskript bei einer Unregelmäßigkeit eine E-Mail oder gar eine Pager-Meldung verschickt. Aber in den meisten Fällen ist es eine sehr schlechte Idee, alle fünf Minuten oder noch häufiger die gleiche Meldung wiederholt zu senden, bis das Problem behoben ist. Solche übereifrigen Alarm-Meldungen landen sehr schnell auf der Schwarzen Liste eines Mail-Filters und werden von der Person, für die sie eigentlich bestimmt wären, überhaupt nicht mehr beachtet. Als Resultat wird unter Umständen wichtige Mail komplett ignoriert.

Frequenz der verschickten Meldungen kontrollieren

Einer solchen E-Mail-Schwemme kann dadurch begegnet werden, daß man in die Programme, die die Meldungen erzeugen, Schutzfunktionen einbaut, so daß zwischen mehreren Meldungen eine vernünftige Wartezeit eingehalten wird. Bei permanent laufenden Skripten ist es ganz einfach, den Absendezeitpunkt der letzten Meldung in einer Variablen abzuspeichern:

```
$last_sent = time;
```

Wenn Ihr Programm alle N Minuten über den *cron*-Daemon unter Unix oder durch den Scheduler-Dienst von NT neu aufgerufen wird, muß dieser letzte Absendezeitpunkt in eine Datei geschrieben werden, damit sich das Programm beim nächsten Aufruf daran erinnern kann. Dann aber muß man die Vorsichtsmaßnahmen hinsichtlich der Sicherheit beachten, die wir in Kapitel 1, *Einführung*, aufgeführt haben.

Je nach Situation kann man die Wartezeit zwischen dem Absenden von Meldungen mehr oder weniger raffiniert wählen. Beim folgenden Beispiel nimmt diese Wartezeit exponentiell zu:

```perl
my $max  = 24*60*60;  # Maximale Wartezeit in Sekunden (1 Tag).
my $unit = 60;        # Wartezeit in Potenzen dieser Einheit hinaufzählen (1 Min.).

# Erzeugt eine Closure mit der Absendezeit der letzten Meldung und der letzten
# Zweierpotenz, mit der wir die Wartezeit berechnet haben. Diese hier erzeugte anonyme
# Subroutine gibt eine Referenz auf ein anonymes Array mit diesen zwei Werten zurück.
sub time_closure {
    my($stored_sent, $stored_power) = (0, -1);
    return sub {
        ($stored_sent, $stored_power) = @_ if @_;
        [$stored_sent, $stored_power];
    }
};

my $last_data = &time_closure;  # Closure erzeugen.

# Beim ersten Aufruf wird »wahr« (1) zurückgegeben, bei späteren Aufrufen wird
# erst nach der exponentiell wachsenden Wartezeit »wahr« zurückgegeben.
sub expbackoff {
    my($last_sent, $last_power) = @{&$last_data};

    # Wir geben 1 zurück, wenn wir zum erstenmal aufgerufen werden oder wenn
    # die aktuelle Wartezeit abgelaufen ist. Wenn wir 1 zurückgeben, speichern
    # wir den Zeitpunkt unserer letzten positiven Antwort und inkrementieren den
    # Exponenten für die Zweierpotenz, mit der wir die neue Wartezeit berechnen.
    if (!$last_sent or
        ($last_sent +
          (($unit * 2**$last_power >= $max) ?
            $max : $unit * 2**$last_power) <= time())) {
        &$last_data(time(), ++$last_power);
        return 1;
    }
    else {
        return 0;
    }
}
```

Die Subroutine `expbackoff()` gibt 1 (*wahr*) zurück, wenn eine E-Mail-Meldung verschickt werden soll, und 0 (*falsch*), wenn nicht. Beim ersten Mal gibt sie *wahr* zurück, danach nimmt die Wartezeit zwischen Aufrufen exponentiell zu, bis die Funktion am Ende nur noch einmal pro Tag *wahr* zurückgibt.

Damit dieser Code etwas interessanter ist, habe ich hier eine besondere Programmiertechnik angewandt: eine *Closure*, die die Werte für die letzte Absendezeit und die zuletzt benutzte Zweierpotenz »unsichtbar« abspeichert. Diese Werte sind für den Rest des Programms unsichtbar, und genau das soll mit der Closure erreicht werden. In einem derart kurzen Programm ist das nicht sehr wichtig, aber in einem größeren Programm kann es ganz hilfreich sein, Variablen vor unsachgemäßem Gebrauch zu schützen. Hier folgt eine kurze Erläuterung, wie eine Closure funktioniert.

Die Subroutine `&time_closure()` gibt eine Referenz auf eine anonyme Subroutine zurück; das ist im wesentlichen ein namenloses kleines Programmstück. Später wird dieses Programmstück mit der normalen Syntax für symbolische Referenzen ausgeführt: `&$last_data`. Der Code in unserer anonymen Subroutine gibt eine Referenz auf ein Array zurück. Damit wir die zwei verborgen abgespeicherten Werte erhalten, brauchen wir eine ganze Batterie von Sonderzeichen:

```
my($last_sent, $last_power) = @{&$last_data};
```

Der magische Trick mit der Closure funktioniert wie folgt: Weil die Referenz im gleichen lexikalischen Block erzeugt wird wie die mit `my()` deklarierten Variablen `$stored_sent` und `$stored_power`, sind diese Variablen nur über diese Code-Referenz zugänglich. Sie können nur in der anonymen Subroutine ausgelesen und verändert werden. Ihre Werte bleiben aber erhalten, solange eine Referenz auf diesen lexikalischen Block existiert, also auch zwischen Aufrufen. Ein Beispiel:

```
# Closure erzeugen.
my $last_data = &time_closure;

# Subroutine aufrufen und die zwei Werte zuweisen.
&$last_data(1, 1);

# Versuch, die zwei Variablen von außerhalb der Closure zu verändern.
$stored_sent = $stored_power = 2;

# Die Werte der zwei Variablen der Closure mittels der Subroutine ausgeben.
print "@{&$last_data}\n";
```

Das Programm gibt nur »1 1« aus, obwohl es so aussieht, als ob wir den Variablen `$stored_sent` und `$stored_power` jeweils eine 2 zugewiesen hätten. Für die globalen Variablen mit diesen Namen stimmt das auch, aber nicht für die durch die Closure geschützten Variablen.

Man kann sich Variablen in einer Closure als Satelliten eines sich bewegenden Planeten vorstellen. Ein solcher Satellit ist durch die Gravitation des Planeten an ihn gebunden, er kann nicht entfliehen und wandert mit dem Planeten mit. Die Position des Satelliten kann nur relativ zum Planeten angegeben werden: Wenn man den Satelliten sucht, muß man erst den Planeten finden. Wenn aber ein Planet gefunden ist, ist auch der Satellit mit Sicherheit dort, auf genau der gleichen Umlaufbahn wie beim letzten Mal. Man kann sich die Variablen als Satelliten vorstellen, die um ihre Closure kreisen, völlig unberührt vom Universum des gesamten Programms.

Lassen wir die Astrophysik beiseite, und kehren wir zum prosaischen Verschicken von E-Mail zurück. Manchmal soll sich ein Programm eher wie ein Zweijähriger in der Trotzphase benehmen und sich mit der Zeit immer häufiger beklagen. Der folgende

Code ähnelt dem obigen Programm. Hier verkürzt sich aber die Zeit zwischen dem Verschicken von Meldungen. Wir beginnen mit nur einer Warnmeldung pro Tag und verkürzen die Intervalle, bis wir bei fünf Minuten angelangt sind:

```
my $max  = 60*60*24;   # Maximale Wartezeit in Sekunden (1 Tag).
my $min  = 60*5;       # Minimale Wartezeit in Sekunden (5 Min.).
my $unit = 60;         # Wartezeit in Potenzen dieser Einheit verkürzen (1 Min.).

my $start_power = int log($max/$unit)/log(2);  # Nächste Zweierpotenz.

sub time_closure {
    my($last_sent, $last_power) = (0, $start_power+1);
    return sub {
        ($last_sent, $last_power) = @_ if @_;
        # Sicherstellen, daß der Exponent positiv ist.
        $last_power = ($last_power > 0) ? $last_power : 0;
        [$last_sent, $last_power];
    }
}

my $last_data = &time_closure;  # Closure erzeugen.

# Beim ersten Mal 1 zurückgeben, danach nur, wenn die exponentiell abnehmende
# Wartezeit zwischen den Aufrufen vorüber ist.
sub exprampup {
    my($last_sent, $last_power) = @{&$last_data};

    # Wir geben 1 zurück, wenn wir zum ersten Mal aufgerufen werden oder wenn
    # die aktuelle Wartezeit abgelaufen ist. Wenn wir 1 zurückgeben, speichern wir
    # den Zeitpunkt unserer letzten positiven Antwort und setzen den Exponenten
    # für die Zweierpotenz, mit der wir die neue Wartezeit berechnen, herab.
    if (!$last_sent or
        ($last_sent +
          (($unit * 2**$last_power <= $min) ?
            $min : $unit * 2**$last_power) <= time())) {
        &$last_data(time(), --$last_power);
        return 1;
    }
    else {
        return 0;
    }
}
```

In beiden Beispielen benutzen wir die zusätzliche Subroutine (`&$last_data`), mit der wir ermitteln, wann die letzte Meldung verschickt wurde und wie die aktuelle Wartezeit ist. Wenn wir das Programm später abändern, kommt uns diese Verpackung in einzelne Routinen unter Umständen sehr zustatten. Wenn z. B. unser Programm nicht dauernd läuft, sondern in Abständen immer wieder aufgerufen wird, können wir einfach die Closure durch eine normale Routine ersetzen, die die zwei Werte in einer Datei ablegt.

Die Anzahl der verschickten Meldungen kontrollieren

Ein Unterproblem der Syndroms »übereifriges Versenden von Mail« ist das »Jeder ist sich selbst der nächste«-Problem. Wenn alle Rechner im Netz zur gleichen Zeit eine E-Mail-Meldung verschicken, kann es leicht passieren, daß man ob der niederprasselnden Meldungen etwas Wichtiges übersieht. Es ist klüger, wenn die einzelnen Rechner ihre Meldungen an eine zentrale Sammelstelle schicken. Diese kann die Meldungen sammeln und Meldungen zum gleichen Thema in eine einzelne, größere Meldung verpacken.

Betrachten wir ein einigermaßen konstruiertes Beispiel. Ein ganzer Rechnerverbund wird für wissenschaftliche Berechnungen verwendet. Alle Rechner im Netz schreiben eine Einzeilen-Meldung in ein Verzeichnis, das über das Netzwerk zugänglich ist.[1] Jeder Rechner benutzt eine Datei mit seinem Namen und schreibt jede Nacht eine Zusammenfassung der Resultate der Berechnungen in diese Datei. Die eine Zeile mit diesen Resultaten sieht so aus:

```
Rechnername "Erfolg"/"Fehlschlag" Anzahl-der-Berechnungen
```

Ein Programm, das die Informationen in diesen Dateien sammelt, zusammenstellt und per E-Mail verschickt, könnte etwa so aussehen:

```perl
use Mail::Mailer;
use Text::Wrap;

# Liste der an der Berechnung teilnehmenden Rechner.
my $replist     = "/project/rechnerliste";
# Verzeichnis, in dem jeder Rechner seine Resultate ablegt.
my $repverz     = "/project/reportddir";
# Dateisystem-Trennzeichen (Portierbarkeit, wir könnten auch File::Spec verwenden).
my $trennzeichen = "/";
# Empfängeradresse.
my $repfromadr  = "project\@example.com";
# Absenderadresse.
my $reptoadr    = "project\@example.com";
my (%fehlende, %erfolg, %fehl, $anz_rechner, $anz_erfolg, $anz_fehl);

# Liste der Maschinennamen in einen Hash einlesen. Später löschen wir den Hasheintrag
# zu jeder gefundenen Resultatdatei – übrig bleiben die »fehlenden« Rechner, von denen
# wir keine Resultate gefunden haben.
open(LIST, $replist) or die "Kann Liste $replist nicht öffnen: $!\n";
while (<LIST>) {
    chomp;
    $fehlende{$_} = 1;
    $anz_rechner++;
}
```

---

[1] Eine Datenbank würde sich für einen solchen Treffpunkt fast noch besser eignen.

```perl
# Resultatdateien aus dem zentralen Verzeichnis einlesen.
# Dieses Verzeichnis sollte täglich von einem anderen Skript aufgeräumt werden.
opendir(REPO, $repverz) or die "Kann Verz. $repverz nicht lesen: $!\n";

while (defined(my $resdatei = readdir(REPO))) {
    next unless -f $repverz . $trennzeichen . $resdatei;

    # Jede Resultatdatei öffnen und die Resultatzeile einlesen.
    open(STAT, $repverz . $trennzeichen . $resdatei)
        or die "Kann $resdatei nicht öffnen: $!\n";

    chomp(my $report = <STAT>);

    my ($rechner, $resultat, $details) = split(' ', $report, 3);

    warn "Datei $resdatei von $rechner erzeugt!\n"
        if ($rechner ne $resdatei);

    # Dieser Rechner ist nicht mehr »fehlend«.
    delete $fehlende{$rechner};
    # Je nach Resultat Daten im Hash %erfolg oder %fehl speichern.
    if ($resultat eq "Erfolg") {
        $erfolg{$rechner} = $details;
        $anz_erfolg++;
    }
    else {
        $fehl{$rechner} = $details;
        $anz_fehl++;
    }
    close(STAT);
}
closedir(REPO);

# Informative Betreffzeile für unsere E-Mail-Meldung schreiben.
my $subject;
if ($anz_erfolg == $anz_rechner) {
    $subject = "[report] Erfolg: $anz_rechner";
}
elsif ($anz_fehl == $anz_rechner or scalar keys %fehlende >= $anz_rechner) {
    $subject = "[report] Fehlschlag: $anz_rechner";
}
else {
    $subject = "[report] Teilerfolg: $anz_erfolg OK, $anz_fehl nicht OK" .
        ((%fehlende) ? ", " . keys(%fehlende) . " Fehlende" : "");
}

# Mailer-Objekt erzeugen und Header eintragen.
my $type = "sendmail";
my $mailer = Mail::Mailer->new($type) or
    die "Kann Mail::Mailer-Objekt nicht erzeugen: $!\n";
```

```perl
    $mailer->open({From=>$repfromadr, To=>$reptoadr, Subject=>$subject}) or
        die "Kann Header nicht eintragen: $!\n";

    # Text der Meldung zusammenstellen und schreiben.
    print $mailer "Zusammenfassung von $0 am " . localtime() . "\n";

    if (keys %erfolg) {
        print $mailer "\n==Erfolg==\n";
        foreach my $rechner (sort keys %erfolg)  {
            print $mailer "$rechner: $erfolg{$rechner}\n";
        }
    }

    if (keys %fehl) {
        print $mailer "\n==Fehlschlag==\n";
        foreach my $rechner (sort keys %fehl) {
            print $mailer "$rechner: $fehl{$rechner}\n";
        }
    }

    if (keys %fehlende) {
        print $mailer "\n==Fehlende==\n";
        print $mailer wrap("", "", join(" ", sort keys %fehlende)), "\n";
    }

    # Meldung abschicken.
    $mailer->close;
```

Das Programm liest zunächst die Namen der beteiligten Rechner aus einer Liste ein und trägt diese Namen in einen Hash ein. Dieser wird später verwendet, um festzustellen, ob von allen beteiligten Rechnern Daten im zentralen Verzeichnis gefunden wurden. Jede Datei in diesem Verzeichnis wird gelesen, die Resultate werden gesammelt und gezählt. Dann wird die E-Mail-Meldung zusammengestellt und abgeschickt.

Eine typische E-Mail-Meldung von diesem Programm sieht so aus:

```
Date: Wed, 14 Apr 1999 13:06:09 -0400 (EDT)
Message-Id: <199904141706.NAA08780@example.com>
Subject: [report] Fehlende: 3 OK, 4 nicht OK, 1 Fehlende
To: project@example.com
From: project@example.com

Zusammenfassung von reportscript am Wed Apr 14 13:06:08 1999

==Erfolg==
barney: 23123 Oogatrons berechnet
betty: 6745634 Oogatrons berechnet
fred: 56344 Oogatrons berechnet

==Fehlschlag==
bambam: 0 Oogatrons berechnet
```

```
dino: 0 Oogatrons berechnet
pebbles: 0 Oogatrons berechnet
wilma: 0 Oogatrons berechnet

==Fehlende==
mrslate
```

Man könnte die Resultate auch auf andere Art zusammentragen, beispielsweise mit einem Daemon-Prozeß, zu dem jeder der beteiligten Rechner eine Verbindung aufbaut und die Resultate abliefert. Betrachten wir zunächst den Code für den Server. Im folgenden Programmbeispiel wird viel Code vom vorherigen Programm wiederverwendet. Die wichtigen Änderungen werden nach dem Listing behandelt:

```
use IO::Socket;
use Text::Wrap; # Verschönert die Ausgabe.

# Liste der an der Berechnung teilnehmenden Rechner.
my $replist = "/project/rechnerliste";
# Portnummer, auf der der Daemon wartet.
my $serverport = "9967";

my (%fehlende, %erfolg, %fehl);
my ($anz_rechner, $anz_erfolg, $anz_fehl) = (0, 0, 0);

&rechnerliste_lesen; # Liste der beteiligten Rechner einlesen.

# Unsere (Server-)Seite des Sockets aufsetzen.
my $reserver = IO::Socket::INET->new(LocalPort => $serverport,
                                     Proto     => "tcp",
                                     Type      => SOCK_STREAM,
                                     Listen    => 5,
                                     Reuse     => 1)
    or die "Kann Socket nicht erzeugen: $!\n";

# Auf Verbindungen von Clients warten.
while (my ($clientsock, $clientaddr) = $reserver->accept()) {

    # Name des Rechners, der uns eben angewählt hat.
    my $clientname = gethostbyaddr((sockaddr_in($clientaddr))[1], AF_INET);

    chomp(my $report = $clientsock->getline);

    my ($rechner, $resultat, $details) = split(' ', $report, 3);

    # Wenn wir das Signal zum Ausgeben erhalten – E-Mail-Meldung zusammenstellen,
    # abschicken und alle Hashes und Zähler initialisieren.
    if ($rechner eq "MAIL_SCHICKEN") {
        &printmail($clientsock);
        close($clientsock);
```

```perl
            undef %erfolg;
            undef %fehl;
            $anz_erfolg = $anz_fehl = 0;
            &rechnerliste_lesen;
            next;
        }

        warn "Client $clientname liefert Resultate für $rechner!\n"
            if $rechner ne $clientname;
        delete $fehlende{$rechner};
        if ($resultat eq "Erfolg") {
            $erfolg{$rechner} = $details;
            $anz_erfolg++;
        }
        else {
            $fehl{$rechner} = $details;
            $anz_fehl++;
        }
        close($clientsock);
    }
    close($reserver);

# Liest die Namen der beteiligten Rechner aus der angegebenen Datei ein.
sub rechnerliste_lesen {
    undef %fehlende;
    $anz_rechner = 0;
    open(LIST, $replist) or die "Kann Liste $replist nicht öffnen: $!\n";
    while (<LIST>) {
        chomp;
        $fehlende{$_} = 1;
        $anz_rechner++;
    }
}

# Gibt die E-Mail-Meldung aus. Die erste Zeile ist die Betreffzeile, die anderen
# machen den eigentlichen Text aus.
sub printmail {
    my ($socket) = $_[0];
    my $subject;

    if ($anz_erfolg == $anz_rechner) {
        $subject = "[report] Erfolg: $anz_rechner";
    }
    elsif ($anz_fehl == $anz_rechner or scalar keys %fehlende >= $anz_rechner) {
        $subject = "[report] Fehlschlag: $anz_rechner";
    }
    else {
        $subject = "[report] Teilerfolg: $anz_erfolg OK, $anz_fehl nicht OK".
                   ((%fehlende) ? ", " . keys(%fehlende) . " Fehlende" : "");
    }
```

```
        print $socket "$subject\n";

        print $socket "Zusammenfassung von $0 am " . localtime() . "\n";

        if (keys %erfolg) {
            print $socket "\n==Erfolg==\n";
            foreach my $rechner (sort keys %erfolg) {
                print $socket "$rechner: $erfolg{$rechner}\n";
            }
        }

        if (keys %fehl) {
            print $socket "\n==Fehlschlag==\n";
            foreach my $rechner (sort keys %fehl) {
                print $socket "$rechner: $fehl{$rechner}\n";
            }
        }

        if (keys %fehlende) {
            print $socket "\n==Fehlende==\n";
            print $socket wrap("", "", join(" ", sort keys %fehlende)), "\n";
        }
    }
```

Abgesehen davon, daß ein paar Programmteile in Subroutinen verpackt wurden, ist der Netzwerk-Code die entscheidende Änderung. Mit dem IO::Socket-Modul sind das Aufsetzen und die Verwendung von Sockets ein Kinderspiel. Sockets werden oft mit Telefonverbindungen verglichen. Das Aufsetzen entspricht in dieser Analogie dem Anschließen des Telefons (IO::Socket->new()), danach warten wir auf Anrufe von anderen Teilnehmern aus dem Netzwerk (IO::Socket->accept()). Unser Programm tut gar nichts (es »blockiert«), bis jemand anruft. Wenn eine Verbindung ankommt, wird als erstes der Name des Anrufenden festgehalten. Dann lesen wir eine Zeile von dieser Socket-Verbindung.

Diese Zeile soll genauso aussehen wie die der einzelnen Resultatdateien in der vorherigen Version des Programms. Hier gibt es aber einen Unterschied: Lautet der Rechnername in dieser Zeile *MAIL_SCHICKEN*, dann verhält sich unser Programm ganz anders. Dieser besondere Name wird als Signal aufgefaßt, die Betreffzeile und den Text der Resultat-Zusammenfassung auf die Socket-Verbindung hinauszuschreiben. Der Client muß in diesem Fall die Meldung einlesen und als E-Mail-Meldung abschicken. Betrachten wir den Perl-Code für diesen Client:

```
    use IO::Socket;

    # Portnummer, auf der der Daemon wartet.
    my $serverport = "9967";
    # Name des Servers.
    my $servername = "reportserver";
    # n-to-a: Name-zu-Adreß-Konversion.
    my $serveraddr = inet_ntoa(scalar gethostbyname($servername));
```

```perl
    my $reptoadr    = "project\@example.com";
    my $repfromadr  = "project\@example.com";

    my $reserver = IO::Socket::INET->new(PeerAddr => $serveraddr,
                                         PeerPort => $serverport,
                                         Proto    => "tcp",
                                         Type     => SOCK_STREAM)
        or die "Kann Socket nicht erzeugen: $!\n";

    if ($ARGV[0] ne "-m") {
        print $reserver $ARGV[0];
    }
    else {
        use Mail::Mailer;

        print $reserver "MAIL_SCHICKEN\n";
        chomp(my $subject = <$reserver>);
        my $text = join("", <$reserver>);

        my $type = "sendmail";
        my $mailer = Mail::Mailer->new($type) or
            die "Kann kein neues Mail::Mailer-Objekt erzeugen: $!\n";

        $mailer->open({
                    From => $repfromadr,
                    To => $reptoadr,
                    Subject => $subject
                    }) or
            die "Kann Mail::Mailer-Objekt nicht öffnen: $!\n";

        print $mailer $text;
        $mailer->close;
    }

    close($reserver);
```

Dies ist ein einfacheres Programm als das auf der Server-Seite. Zunächst setzen wir eine Socket-Verbindung zum Server auf. Im Normalfall wird die eine Zeile mit den Resultatwerten (die wir von der Befehlszeile in `$ARGV[0]` bekommen) übermittelt und die Verbindung abgebrochen. In einem ausgewachsenen Client-Server-System würden wir diesen Schritt sicherlich in eine Subroutine verpacken und diese am Ende der Berechnungen aufrufen.

Wenn das Skript aber mit der -m-Option aufgerufen wird, dann sendet es eine Zeile mit dem Pseudo-Rechnernamen »MAIL_SCHICKEN« an den Server und bekommt zuerst die Betreffzeile und dann den Text der Meldung als Antwort vom Server. Damit wird mit dem gleichen Code wie vorhin mit `Mail::Mailer` eine E-Mail-Meldung aufgebaut und abgeschickt.

Aus Platzgründen und auch, damit der Beispielcode nicht vom eigentlichen Thema ablenkt, wurde der Code so einfach wie möglich gehalten. Die Inputdaten werden nicht überprüft, es gibt keinerlei Zugriffskontrolle oder Authentifizierung (jeder auf dem Netz kann die Resultatdaten von unserem Server abholen), die Daten werden nur im Hauptspeicher aufbewahrt (und sind verloren, wenn der Daemon abstürzt) – kurz, keine der üblichen Vorsichtsmaßnahmen wurde getroffen. Außerdem kann unser Server nur eine Verbindung auf einmal behandeln. Wenn ein Client nach der Übermittlung der Zeile nicht sofort die Verbindung abbricht, ist unser Server nicht mehr erreichbar. Im Buch *Fortgeschrittene Perl-Programmierung* von Sriram Srinivasan und im *Perl Kochbuch* von Tom Christiansen und Nathan Torkington werden Client/Server-Programme sehr viel eingehender besprochen. Das Net::Daemon-Modul von Jochen Wiedmann ist für den Bau von komplexeren Server-Programmen von Nutzen.

Betrachten wir nun andere Fehler, die häufig auftreten, wenn Programme in der Systemadministration E-Mail-Meldungen verschicken.

Verschwendete Betreffzeilen

Die *Subject:*-Zeile in einer E-Mail-Meldung ist ein wertvolles Gut, mit dem nicht leichtfertig umgegangen werden sollte. Auch wenn E-Mail automatisch erzeugt wird, sollte die Betreffzeile so informativ wie möglich sein. Es gibt keine Entschuldigung für den Programmierer, wenn der elektronische Briefkasten am Morgen wie folgt aussieht

```
Super-User      Backup Zusammenfassung
Super-User      Backup Zusammenfassung
Super-User      Backup Zusammenfassung
Super-User      Backup Zusammenfassung
Super-User      Backup Zusammenfassung
Super-User      Backup Zusammenfassung
Super-User      Backup Zusammenfassung
```

wenn er doch auch so aussehen könnte:

```
Super-User      Backup OK, 1 Band, 1.400 GB Daten.
Super-User      Backup OK, 1 Band, 1.768 GB Daten.
Super-User      Backup OK, 1 Band, 2.294 GB Daten.
Super-User      Backup OK, 1 Band, 2.817 GB Daten.
Super-User      Backup OK, 1 Band, 3.438 GB Daten.
Super-User      Backup OK, 2 Bänder, 23.37 GB Daten.
Super-User      Backup OK, 3 Bänder, 75.40 GB Daten.
```

Die *Subject:*-Zeile sollte eine knappe, aber genaue Zusammenfassung der Daten enthalten. Dem Leser soll sofort klar sein, ob es sich um eine normale Meldung handelt, bei der alles in Butter ist, oder ob Probleme aufgetreten sind. Mit nur wenig Programmieraufwand kann hier viel Zeit beim Lesen der Mail eingespart werden.

Zu wenige Informationen in der E-Mail-Meldung

Dieses Problem gehört eigentlich in die gleiche Kategorie wie das aus dem letzten Abschnitt. Wenn Ihr Skript Fehlermeldungen via E-Mail verschickt, sollten diese Meldungen so informativ wie möglich sein. Letztlich geht es um die gleichen fünf W, die auch eine gute Zeitungsmeldung ausmachen:

Wer?
> Welches Skript hat die Fehlermeldung erzeugt? Die Meldung soll den Wert von $0 oder den absoluten Pfad zum Skript enthalten. Wenn das Programm eine Versionsnummer hat, soll auch diese verschickt werden.

Wo?
> Geben Sie an, an welcher Stelle in Ihrem Programm Probleme aufgetreten sind. Die Funktion `caller()` liefert mehr als genug Informationen dazu:

```
# Hinweis: Die Rückgabewerte von caller() sind zum Teil von der verwendeten
# Perl-Version abhängig (siehe die perlfunc-Dokumentation).
($package, $filename, $line, $subroutine, $hasargs, $wantarray,
    $evaltext, $is_require) = caller($frames);
```

> Für `$frames` wird die Anzahl der gewünschten Stack-Frames erwartet, also die Verschachtelungstiefe der Subroutinen-Aufrufe. Meistens wird man für `$frames` den Wert 1 angeben. Hier sehen Sie, was `caller()` zurückgibt, wenn die Funktion in der Mitte des Daemon-Programms oben aufgerufen wird:

```
('main', 'sciencedaemon', 32, 'main::printmail', 1, undef, ... )
```

> Das besagt, daß das Skript *sciencedaemon* im Package `main` auf Zeile 32 die `caller()`-Funktion aufgerufen hat. Der Aufruf geschah innerhalb der Subroutine `main::printmail`, die Parameter besitzt und nicht in einem Listenkontext aufgerufen wurde.
>
> Wenn Sie die `caller()`-Funktion nicht von Hand verwenden wollen, kann das das Carp-Modul für Sie übernehmen.

Wann?
> Geben Sie den Zustand des Programms zu dem Zeitpunkt an, als der Fehler entdeckt wurde. Das kann zum Beispiel die letzte eingelesene Zeile sein.

Warum?
> Versuchen Sie, die unausgesprochene Frage des Adressaten im voraus zu beantworten: »Warum kriege ich schon wieder eine E-Mail von dem Programm?« Das kann ganz einfach sein: »Accounting-Daten nicht vollständig erfaßt«, »DNS-Server antwortet nicht« oder »Feuer im Rechnerraum!« Damit wird dem Leser ein Zusammenhang gegeben, aus dem heraus er die restlichen Informationen leichter versteht (und sich vielleicht eher um das Problem kümmert).

Was?
Vergessen Sie nicht zu sagen, was eigentlich los ist.

Hier sehen Sie ein Beispiel-Skript, in dem alle diese Tips befolgt wurden:

```perl
use Text::Wrap;

sub problemreport {
    # $kurztext: Eine kurze Beschreibung des Problems (eine Zeile).
    # $usertext: Eine längere Problembeschreibung.
    # $nextstep: Ein Vorschlag zur Behebung des Problems.
    my($kurztext, $usertext, $nextstep) = @_;
    my($filename, $line, $subroutine) = (caller(1))[1,2,3];
    my @return;

    push(@return, "Problem mit $filename: $kurztext\n");
    push(@return, "*** Problem mit $filename ***\n\n");
    push(@return, fill("", "  ", "- Problem: $usertext") . "\n\n");
    push(@return, "- Ort: Zeile $line, Datei $filename in $subroutine\n\n");
    push(@return, "- Zeit: " . localtime() . "\n\n");
    push(@return, "- Vorschlag zur Behebung: $nextstep\n");

    \@return;
}

sub rechnerbrennt {
    my $report = &problemreport("Feuer im Rechnerraum!", <<EOR, <<EON);
Während des täglichen Buchhaltungsabschlusses entwickelte sich
plötzlich starker Rauch auf der Hinterseite des Hauptrechners.
Während dieser Zeit wurden gerade die Pensionskassenansprüche berechnet.
EOR
Bitte Feuer löschen.
EON

  print @{$report};

}

&rechnerbrennt;
```

Die Routine `&problemreport` gibt eine Meldung aus – zunächst eine Betreffzeile, dann den eigentlichen Text der Meldung – ganz so, wie das in den Beispielen oben benutzt wurde. Die Subroutine `&rechnerbrennt` testet die Routine mit einem Beispieltext.

Jetzt wissen wir, wie man E-Mails verschickt, und wollen uns nun mit der anderen Seite befassen.

E-Mail empfangen

Mit »E-Mail empfangen« ist in diesem Abschnitt nicht »E-Mail abholen« gemeint. Das Verschieben von E-Mail-Meldungen von einem Rechner auf den anderen ist an sich nicht besonders interessant. Mit den Modulen `Mail::POP3Client` von Sean Dowd und `Mail::Cclient` von Malcolm Beattie kann man E-Mail-Meldungen mit den Protokollen POP (Post Office Protocol) oder IMAP (Internet Message Access Protocol) sehr einfach vom Server abholen. Interessanter ist die Untersuchung, was mit ankommender Mail geschehen soll, und darum geht es in diesem Abschnitt.

Wir beginnen mit den grundlegenden Funktionen und besprechen die Werkzeuge, mit denen man E-Mail-Meldungen und ganze Mailboxen bearbeiten kann. Im ersten Teil werden wir wieder das *MailTools*-Paket von Graham Barr benutzen, diesmal die Module `Mail::Internet` und `Mail::Header`.

Eine einzelne E-Mail-Meldung auseinandernehmen

Mit den Modulen `Mail::Internet` und `Mail::Header` kann man E-Mail-Meldungen sehr einfach in Header-Zeilen nach RFC 822 zerlegen. In RFC 822 wird das allgemeine Format einer E-Mail-Meldung definiert, insbesondere die Namen der zulässigen Headerzeilen und ihrer Formate.

Zum Gebrauch von `Mail::Internet` benötigt man ein Dateihandle zu einer Datei mit Meldungen oder aber eine Referenz auf ein Array, dessen Elemente die Zeilen einer Meldung sind.

```
use Mail::Internet;

my $msgdatei = "mail";

open(MESSAGE, "$msgdatei") or die "Kann $msgdatei nicht öffnen: $!\n";
my $message = new Mail::Internet \*MESSAGE;
close(MESSAGE);
```

Wenn die Meldung nicht in einer Datei vorliegt, sondern uns auf der Standardeingabe geliefert wird (z. B. in einer Pipe), dann können wir sie so einlesen:

```
use Mail::Internet;

my $message = new Mail::Internet \*STDIN;
```

Mit `Mail::Internet` bekommen wir ein Message-Objekt. Üblicherweise werden wir zwei Objektmethoden, `body()` und `head()`, dazu benutzen. `body()` gibt einfach eine Referenz auf ein anonymes Array mit den Zeilen der Meldung zurück. `head()` ist etwas interessanter und führt uns geradewegs zum `Mail::Header`-Modul.

Das `Mail::Header`-Modul wird beim Gebrauch von `Mail::Internet` automatisch mitgeladen. Der Resultatwert der `head()`-Methode aus `Mail::Internet` ist nämlich eine Instanz eines Header-Objekts aus `Mail::Header`. Das gleiche Objekt hätten wir bekommen, wenn wir `Mail::Header` explizit benutzt hätten:

```
use Mail::Header;

my $msgdatei = "mail";

open(MESSAGE, "$msgdatei") or die "Kann $msgdatei nicht öffnen: $!\n";
my $header = new Mail::Header \*MESSAGE;
close(MESSAGE);
```

Das $header-Objekt besitzt einige Methoden, mit denen man die einzelnen Headerzeilen sehr einfach bearbeiten kann. Zum Beispiel können wir eine alphabetisch sortierte Liste der vorhandenen Headertypen (die in diesem Modul »Tags« genannt werden) ausgeben:

```
print join("\n", sort $header->tags), "\n";
```

Je nach Meldung ergibt das eine Ausgabe ungefähr dieser Art:

```
Cc
Date
From
Message-Id
Organization
Received
Reply-To
Sender
Subject
To
```

Wenn wir alle *Received:*-Zeilen einer Meldung benötigen, schreiben wir:

```
my @received = $header->get("Received");
```

Man verwendet die `Mail::Header`-Methoden oft zusammen mit einem Objekt aus `Mail::Internet`. Man kann die Methodenaufrufe aus den zwei Modulen verketten und alles in eine Zeile packen:

```
my @received = $message->head->get("Received");
```

Beachten Sie, daß die `get()`-Methode im Listenkontext benutzt wird. In einem skalaren Kontext hätte sie nur den ersten angeforderten Header zurückgegeben, es sei denn, man würde in einem zweiten Argument eine andere Headernummer anfordern. Mit `get("Received", 2)` erhielte man so die dritte *Received:*-Zeile der Meldung, weil die Zählung bei null beginnt. Das Modul enthält außerdem Methoden, mit denen man Tags im Header löschen und neue hinzufügen kann; weitere Einzelheiten dazu finden Sie in der Dokumentation zum Modul.

Eine ganze Mailbox auseinandernehmen

Der Übergang zur nächsten Stufe, zum Verarbeiten von ganzen Mailboxen, ist nicht schwierig. Wenn unsere E-Mail-Meldungen im »klassischen« Unix-mbox-Format oder im *qmail*-Format (*qmail* ist ein MTA (Message Transfer Agent) wie *sendmail*) vorliegen, dann können wir das Modul `Mail::Folder` von Kevin Johnson einsetzen. Das funktioniert auch auf manchen Nicht-Unix-Systemen; Eudora beispielsweise benutzt das Unix-mbox-Format.

Die Verwendung ist stark an die obigen Beispiele angelehnt:

```
use Mail::Folder::Mbox;   # Für das »klassische« Unix-mbox-Format.

my $folder = new Mail::Folder('mbox', "dateiname");
```

Dem Konstruktor `new()` müssen wir den Typ und den Namen der Mailbox übergeben. Wir erhalten ein `folder`-Objekt, mit dem wir einzelne Meldungen abfragen, hinzufügen, löschen und verändern können. Die sechste Meldung aus der angewählten Mailbox erhalten wir wie folgt:

```
my $message = $folder->get_message(6);
```

Die Variable `$message` enthält jetzt eine Instanz eines `Mail::Internet`-Objekts. Auf diese können wir alle vorhin besprochenen Methoden anwenden. Wenn wir nur die Header der Meldung benötigen, können wir das auch so schreiben:

```
$header = $folder->get_header(6);
```

Das überrascht kaum; wir erhalten eine Referenz auf eine Instanz eines `Mail::Header`-Objekts. In der Dokumentation zu `Mail::Folder` sind auch die anderen verfügbaren Methoden beschrieben.

Unerwünschte Werbe-Mail vermeiden

Wir wissen jetzt, wie man mit E-Mail-Meldungen umgeht und wollen das jetzt auf ein Problem aus der realen Welt anwenden. Als erstes nehmen wir uns UCE vor (Unsolicited Commercial E-Mail oder »unerwünschte Werbe-Mail«, manchmal auch *SPAM* genannt). Die meisten Benutzer empfinden diese Werbe-Mails zumindest als Störung, wenn nicht gar als Plage. Systemadministratoren hassen sie noch mehr, weil die Mail-Verzeichnisse und Logdateien wegen solcher Werbesendungen überlaufen können. Schlimmer noch: Jede Werbe-Mail-Sendung erzeugt oft eine Flut von ungehaltenen Antworten und Beschwerden an die Systemverantwortlichen – nicht selten werden so aus einer Werbe-Mail zehn.

Die beste Art, unerwünschte Werbe-E-Mail zu vermeiden, besteht darin, eine Netz-Kultur oder »Netiquette« hochzuhalten, in der solches Verhalten geächtet wird und in der das Verschicken von unerwünschter Werbe-E-Mail zuviel Mühe macht. Wenn man sich beim ISP beschwert (bei den meisten Internet-Providern ist das Verschicken von

Massen-E-Mails explizit verboten), wird das Konto des Spammers – des Urhebers von Spam – im allgemeinen sehr schnell gesperrt. Wenn das alle ISPs so handhaben, wird es für einen Spammer immer schwieriger, einen Rechner zu finden, von dem aus er zuschlagen kann. Je schwieriger sein Geschäft wird, desto eher wird er aufgeben.

Oft ist es aber nicht so einfach, sich beim richtigen ISP zu beschweren:

- Spammer fälschen meist Teile der E-Mail-Header, um Spuren zu verwischen. Allein dieses Verhalten ist ein Grund, gegen Spammer vorzugehen. Zumindest spricht es aber Bände über die Lauterkeit ihres Tuns.

- Spammer schicken ihren Schund oft durch an sich harmlose (aber schlecht konfigurierte) Mail-Server hindurch. Dieser Vorgang ist unter dem Namen »Relaying« bekannt, weil der unbeteiligte Server die Rolle einer Relais-Station übernimmt; weder kommt die Spam-Mail vom Relay-System noch ist sie dafür bestimmt. Systemadministratoren von offenen Relays haben sehr schnell ein sehr großes Problem: Ihr Server wird mit Tausenden von Meldungen überhäuft (und kann oft seine eigentliche Aufgabe nicht mehr wahrnehmen), der Domain-Name landet auf einer Schwarzen Liste, und ein großer Teil der normalen Mail besteht aus wütenden Beschwerden von Spam-Empfängern von ganz anderen Sites.

Perl kann uns dabei helfen, eine Spam-Meldung zu analysieren und die eigentliche Quelle der Meldung zu finden. Wir beginnen mit einfachem Parsing und wenden dann immer mehr von den Techniken an, die wir in Kapitel 5, *Namensdienste unter TCP/IP*, und Kapitel 6, *Verzeichnisdienste*, kennengelernt haben. Das *adcomplain*-Skript von Bill McFadden (das Sie unter *http://www.rdrop.com/users/billmc/adcomplain.html* finden) verfolgt den gleichen Zweck zur Abwehr von Spam, ist aber wesentlich weiter ausgebaut.

Hier sehen Sie eine wirkliche Spam-E-Mail, nur der Text der Meldung wurde geändert – wir wollen schließlich dem Spammer keine Genugtuung verschaffen.

```
Received: from isiteinc.com (www.isiteinc.com [206.136.243.2])
    by mailhost.example.com (8.8.6/8.8.6) with ESMTP id NAA14955
    for <webadmin@example.com>; Fri, 7 Aug 1998 13:55:41 -0400 (EDT)
From: responses@example.com
Received: from extreme (host-209-214-9-150.mia.bellsouth.net [209.214.9.150])
    by isiteinc.com (8.8.3/8.8.3) with SMTP id KAA19050 for
    webadmin@example.com; Fri, 7 Aug 1998 10:48:09 -0700 (EDT)
Date: Fri, 7 Aug 1998 10:48:09 -0700 (EDT)
Received: from login_0246.whynot.net (mx.whynot.net [206.212.231.88])
    by whynot.net (8.8.5/8.7.3) with SMTP id XAA06927 for
    <webadmin@example.com>; Fri, 7 August 1998 13:48:11 -0700 (EDT)
To: <webadmin@example.com>
Subject: ***ADVERTISE VACATION RENTALS - $25/year*** - http://www.example.com
Reply-To: sample@whynot.net
X-PMFLAGS: 10322341.10
X-UIDL: 10293287_192832.222
Comments: Authenticated Sender is <user122@whynot.net>
Message-Id: <77126959_36550609>
```

```
We are proud to announce the all new http://www.example.com website brought
to you by Extreme Technologies, Inc.

Our exciting new travel resource contains some of the most visually appealing
vacation listings available on the WWW. Within our site you will find
information on properties for rent, properties for sale, international
properties, bed & breakfast and Inns presented in a highly efficient, and
easily navigable fashion. Our listings come complete with color photos,
animated graphics, concise descriptions, and information on how to contact
the renter/seller directly. Plus, we change our site graphics every month!
```

Nehmen wir die Meldung unter die Lupe. Zunächst sind fast alle Header suspekt. Wie wir weiter vorn in diesem Kapitel gesehen haben, werden die meisten Header (*To:*, *From:* usw.) im DATA-Teil der SMTP-Konversation eingegeben und können sehr leicht gefälscht werden. Schwieriger ist das bei den Headertypen, die vom MTA (z. B. *sendmail*) bei jeder Zwischenstation eingefügt werden.

Insbesondere müssen wir die *Received:*-Zeilen sehr genau analysieren. Ein Spammer kann wohl zusätzliche *Received:*-Zeilen einfügen, aber er kann nicht verhindern, daß Mailer bei späteren Stationen solche Zeilen einfügen. Es ist möglich, sogar den Inhalt von solchen Zeilen zu verfälschen, aber dafür braucht es mehr technischen Sachverstand, als der typische Spammer besitzt (man muß dafür TCP/IP-Pakete fälschen oder falsche DNS-Resource Records eintragen können).

Wir beginnen damit, die *Received:*-Zeilen aus der Meldung herauszuholen und sie in etwas lesbarerer Form wieder auszugeben. Wir geben sie in der Reihenfolge aus, wie die Meldung weitergegeben wurde, vom ersten bis zum letzten (unserem) Mail-Server:

```perl
use Mail::Header;
my ($ehelo, $validname, $validip);

my $header = new Mail::Header \*STDIN;

$header->unfold('Received');
my @received = $header->get('Received');

for (reverse @received) {
    chomp;
    parseline($_);
    if (!defined $ehelo and !defined $validname and !defined $validip) {
        print "$_\n";
    }
    else {
        write;
    }
}

format STDOUT =
@<<<<<<<<<<<<<<<<<<<  @<<<<<<<<<<<<<<<<<<<  @<<<<<<<<<<<<<<
$ehelo,               $validname,           $validip
.
```

```perl
sub parseline {
    my $line = $_;

    # »Normale« Syntax: from HELO (REAL [IP])
    if (/from\s+(\w\S+)\s*\((\S+)\s*\[(\d+\.\d+\.\d+\.\d+)/) {
        ($ehelo, $validname, $validip) = ($1, $2, $3);
    }
    # Rechnername konnte nicht aus der IP-Adresse ermittelt werden: from HELO ([IP])
    elsif (/from\s+(\w\S+)\s+\(\[(\d+\.\d+\.\d+\.\d+)\]/) {
        ($ehelo, $validname, $validip) = ($1, undef, $2);
    }
    # Syntax des exim-Mailers: from [IP] (helo=[HELO IP])
    elsif (/from\s+\[(\d+\.\d+\.\d+\.\d+)\]\s+\(helo=\[(\d+\.\d+\.\d+\.\d+)\]/) {
        ($validip, $ehelo, $validname) = ($1, $2, undef);
    }
    # Sun Internet Mail Server: from [IP] by HELO
    elsif (/from\s+\[(\d+\.\d+\.\d+\.\d+)\]\s+by\s+(\S+)/) {
        ($validip, $ehelo, $validname) = ($1, $2, undef);
    }
    # Microsoft SMTPSVC: from HELO - (IP)
    elsif (/from\s+(\S+)\s+-\s+(\d+\.\d+\.\d+\.\d+)\s+/) {
        ($ehelo, $validname, $validip) = ($1, $2, $3);
    }
    else { # Unbekannte Syntax.
        $ehelo = $validname = $validip = undef;
    }

    return [$ehelo, $validname, $validip];
}
```

Zuerst wird in diesem Programm jede der meist mehrzeiligen *Received:*-Zeilen mit `unfold()` auf eine einzige Zeile geschrieben. Damit wird das folgende Parsing einfacher.

Wir gehen die *Received:*-Zeilen in umgekehrter Reihenfolge durch, da jedes Mail-System eine neue *Received:*-Zeile hinzufügt. Die eigentliche Arbeit wird in der Subroutine `&parseline` verrichtet. Hier wird mit einigen regulären Ausdrücken versucht, die folgenden Daten aus verschieden formatierten *Received:*-Zeilen herauszuknobeln:

Der HELO/EHLO-Rechnername
   Das ist der Name, den das Client-System beim HELO- oder EHLO-Befehl auf der SMTP-Ebene angegeben hat.

Eine »gültige« IP-Adresse
   Die IP-Adresse des Client-Systems der Verbindung, wie sie der MTA festgestellt hat, der die *Received:*-Zeile generiert hat. Die Echtheit dieser Adresse ist etwas wahrscheinlicher, weil sie auf andere Art als der HELO/EHLO-Name ermittelt wurde – es wird hier nicht einfach dem SMTP-Gebrabbel des Clients geglaubt. Das ist wichtig, weil das Client-System des Spammers sehr wahrscheinlich zwanghaft lügt.

Das Wort »gültig« steht hier aber immer noch in Anführungszeichen, weil es möglich ist, auch diese Adresse zu fälschen.

Ein »gültiger« Rechnername
Der Domainname des Client-Rechners, wie sie der MTA zu der Zeit mit einer umgekehrten DNS-Anfrage ermittelt hat, als die Verbindung aufgenommen wurde. Wie die IP-Adresse oben kommt auch dieser Name nicht direkt vom Client (kann aber dennoch gefälscht werden).

Das genaue Format einer *Received:*-Zeile wird in RFC 821 und RFC 822 nur suggeriert und nicht rigoros definiert. Deshalb findet man in wirklichen Meldungen eine Vielzahl von unterschiedlichen Formaten. Unser Programm erkennt die häufigsten Formate (ich habe die regulären Ausdrücke dafür durch Untersuchung von vielen E-Mail-Meldungen konstruiert). In der freien Wildbahn gibt es aber durchaus noch viele andere Formate. Wenn Sie das erwähnte *adcomplain*-Skript studieren, bekommen Sie einen Eindruck davon.

Wenn wir an unser Skript die Spam-Meldung von oben verfüttern, erhalten wir:

```
login_0246.whynot.net    mx.whynot.net              206.212.231.88
extreme                  host-209-214-9-150.mia     209.214.9.150
isiteinc.com             www.isiteinc.com           206.136.243.2
```

In der ersten Spalte ist der Name des Rechners angegeben, als der er sich selbst ausgibt, in der zweiten Spalte der Name aus der umgekehrten DNS-Anfrage des Mail-Servers und in der dritten Spalte die IP-Adresse des Client-Rechners, wie sie der MTA festgestellt hat. Wie bereits erwähnt wurde, ist die Liste so geordnet, daß der letzte Rechner in der Liste derjenige ist, der uns die Meldung geschickt hat.

Spammer können *Received:*-Zeilen nicht entfernen, aber sie können den Inhalt dieser Zeilen in gewissem Maße steuern, indem sie bei der HELO- oder EHLO-Begrüßung einen falschen Namen angeben. Im obigen Beispiel ist das bei der zweiten Zeile der Fall, weil der Name in der ersten Spalte keinerlei Ähnlichkeit mit dem »gültigen« Namen aus der zweiten Spalte hat.

Aber wenn die zwei Namen wirklich nicht übereinstimmen – wie wissen wir, ob die Zeile wirklich gefälscht ist? Wir können zur »gültigen« IP-Adresse in der dritten Spalte selbst den zugehörigen Rechnernamen mit einer umgekehrten DNS-Anfrage bestimmen. Die folgende Subroutine erledigt dies und gibt *wahr* (1) zurück, wenn der so gefundene Name sich vom »gültigen« Namen unterscheidet. Wir werden die Subroutine weiter hinten in einem größeren Programm verwenden:

```perl
use Socket;

sub checkrev {
    my ($ip, $name) = @_;

    return 0 unless ($ip and $name);
```

```
    my $DNSname = gethostbyaddr(inet_aton($ip), AF_INET) or return 1;
    my $DNSip   = gethostbyname($name)                    or return 1;
    $DNSip      = inet_ntoa($DNSip);

    # Der DNS-Eintrag kann eine andere Groß-/Kleinschreibung aufweisen.
    return ($DNSip ne $ip or lc $DNSname ne lc $name);
}
```

Auch dieser Test ist nicht absolut sicher, weil es durchaus möglich (wenn auch nicht erwünscht) ist, einen Rechner im Internet ohne eingetragenen Namen oder ohne einen PTR-Eintrag zu betreiben. Abgesehen davon kann man DNS-Server mit gefälschten Informationen füttern – das bedeutet für uns, daß man sich auf `gethostbyaddr()` nicht unbedingt verlassen kann.

Aber in den *Received:*-Zeilen steckt noch mehr. Bevor wir die Betreiber jedes einzelnen Mail-Systems unterwegs ermitteln, können wir nachsehen, ob eines der involvierten Systeme eine bekannte Spam-Quelle ist.

Vergleich mit einer lokalen Schwarzen Liste

Manche Systemadministratoren führen eine Liste von bekannten Spam-Rechnern. Dies war der erste Ansatz, als sich die unerwünschten E-Mail-Meldungen zu einem Problem entwickelten und sich gewisse Internet-Provider weigerten, die Konten von Spammern zu sperren. Die üblichen MTAs haben heute alle die Möglichkeit, Verbindungen von asozialen Rechnern und Domains aus einer solchen Schwarzen Liste zu sperren.

Wir können eine solche Liste ebenfalls nutzen, um herauszufinden, ob unsere E-Mail-Meldung von einem der Rechner aus der Liste verarbeitet wurde. Wir wissen, daß der letzte Rechner nicht in der Liste ist (sonst hätte unser Mail-Server die Meldung sofort zurückgewiesen), aber die Rechner aus den anderen *Received:*-Zeilen sind nach wie vor suspekt.

Es ist kaum möglich, ein allgemeines Programm zu schreiben, das solche Schwarzen Listen einliest, weil jeder MTA hier sein eigenes Format benutzt. Die Mehrheit der Rechner im Internet benutzt zur Zeit *sendmail* als MTA, deshalb befassen wir uns hier mit dem Format, das von *sendmail* benutzt wird. Die neueren Versionen von *sendmail* speichern die Schwarze Liste in einer Datenbank im Berkeley-DB-Format Version 2.X. Die Berkeley-DB-Bibliothek ist unter *http://www.sleepycat.com* zu finden.

Von Paul Marquess gibt es ein Perl-Modul speziell für die Versionen 2.x- und 3.x der Berkeley-DB-Bibliothek. Das mag verwirren, weil es vom gleichen Autor auch das bekannte Modul `DB_File` gibt, das mit Perl mitgeliefert wird, und weil auch für dieses die Versionen 2.x/3.x empfohlen werden. Aber bei `DB_File` wird die Berkeley-DB-Bibliothek der Version 2.x oder 3.x im sogenannten »compatible mode« benutzt (die Bibliothek muß dafür mit der Option `--enable-compat185` erzeugt werden). Damit ist das API der 1.x-Version verfügbar. Nur mit dem `BerkeleyDB`-Modul kann der Perl-Programmierer die erweiterten Möglichkeiten der 2.x/3.x-API nutzen.

Neue Versionen von *sendmail* benutzen diese neuen Möglichkeiten, und daher müssen wir zum Lesen der Schwarzen Liste das `BerkeleyDB`-Modul installieren. Das folgende Programm gibt den Inhalt der lokalen Schwarzen Liste aus:

```
my $blacklist = "/etc/mail/blacklist.db";

use BerkeleyDB;

# Den Hash %blist mit tie und der Berkeley-DB an die Blacklist-Datei koppeln.
tie my %blist, 'BerkeleyDB::Hash', -Filename => $blacklist
    or die "Kann DB-Datei $blacklist nicht öffnen: $! $BerkeleyDB::Error\n";

# Alle Schlüssel und Werte in der Datei durchgehen und nur die Einträge mit REJECT
# ausgeben.
while (my ($schluessel, $wert) = each %blist) {
    # Andere mögliche Werte sind OK, RELAY usw.
    next if $wert ne "REJECT";

    print "$schluessel\n";
}
```

Aufbauend auf diesem Beispiel entwickeln wir eine Subroutine, die überprüft, ob ein Rechner oder dessen Domain in der lokalen Schwarzen Liste verzeichnet ist. Um den Namen *mailserver.spammer.com* zu überprüfen, müssen wir alle Einträge in unserer Blacklist (die vielleicht *mailserver.spammer.com*, *spammer.com* oder gar nur *spammer* enthält) durchgehen und feststellen, ob einer davon paßt.

In Perl gibt es viele Möglichkeiten, einen Satz von Werten in einer Datei zu finden. Damit das Beispiel interessant und effizient wird, verwenden wir hier zwei verschiedene, ausgefeilte Methoden. Es geht hier darum, die Kompilierung von regulären Ausdrücken zur Laufzeit des Programms wenn immer möglich zu vermeiden. Jedesmal, wenn ein Perl-Programm einen »neuen« regulären Ausdruck in einem interpolativen Kontext antrifft, muß die Regex-Maschine in Perl den Ausdruck neu kompilieren. So wird im folgenden Programmstück bei jeder Iteration der `foreach`-Schleife ein neuer regulärer Ausdruck kompiliert, weil die Variable `$regex` interpoliert werden muß:

```
# Stellen Sie sich eine weitere Schleife um diese hier vor, so daß dieser Code
# x-millionenmal aufgerufen wird.
foreach $regex (qw(alewife davis porter harvard central kendall park)) {
    $haltestelle =~ /$regex/ and print "Haltestelle gefunden!";
}
```

Das benötigt sehr viel CPU-Zeit. Wenn wir die Anzahl der Regex-Kompilierungen reduzieren können, wird unser Programm sehr viel schneller. Das Problem wird im allgemeinen erst akut, wenn über eine Liste von regulären Ausdrücken iteriert wird.

In diesem Beispielprogramm wird das Problem mit der ersten Methode gelöst:

```perl
use BerkeleyDB;

my $blacklist = "/etc/mail/blacklist.db";
my @blisttests;

&blist_einlesen;

# Rechnername von der Befehlszeile mit der Schwarzen Liste vergleichen.
if (defined(my $gefunden = &checkblist($ARGV[0]))) {
    print "*** $gefunden in der Schwarzen Liste gefunden!\n";
}

# Die Blacklist in ein Array von anonymen Subroutinen einlesen.
sub blist_einlesen {
    tie my %blist, 'BerkeleyDB::Hash', -Filename => $blacklist
        or die "Kann Datei $blacklist nicht öffnen: $! $BerkeleyDB::Error\n";

    while (my ($key, $wert) = each %blist) {
        # Die Blacklist kann auch OK, RELAY usw. enthalten.
        next if $wert ne "REJECT";
        push(@blisttests, eval 'sub {$_[0] =~ /\Q$key/o and $key}');
    }
}

sub checkblist {
    my $rechner = shift;
    my $gefunden;

    foreach my $subref (@blisttests) {
        return $gefunden if $gefunden = &$subref($rechner);
    }
    return undef;
}
```

In diesem Beispiel wird eine Technik mit anonymen Subroutinen aus dem Buch *Effektiv Perl programmieren* von Joseph Hall (Addison-Wesley, 1998) angewandt. Zu jedem Eintrag in der Schwarzen Liste wird eine anonyme Subroutine erzeugt. Jede dieser Subroutinen vergleicht ihr Argument mit einem Eintrag aus der Schwarzen Liste. Wenn der Eintrag paßt, wird er zurückgegeben. Beim Einlesen der Schwarzen Liste werden die anonymen Subroutinen erzeugt und Referenzen darauf in eine Liste eingetragen. Die folgende Programmzeile erzeugt die Codereferenz und speichert sie in einem Array:

```perl
push(@blisttests, eval 'sub {$_[0] =~ /\Q$key/o and $key}');
```

Wenn unsere Schwarze Liste einen Eintrag *spammer* enthält, dann sieht die erzeugte und abgespeicherte anonyme Subroutine so aus:

```perl
sub {
    $_[0] =~ /\Qspammer/o and "spammer";
}
```

Das \Q am Anfang des regulären Ausdrucks verhindert, daß nichtalphanumerische Zeichen wie etwa der Punkt in *.com* als Regex-Metazeichen fehlinterpretiert werden.

Später im Programm wird über die Liste von Codereferenzen iteriert; jede der kleinen anonymen Subroutinen wird mit dem zu überprüfenden Rechnernamen aufgerufen. Wenn eine davon true zurückgibt, wird der Rückgabewert der Subroutine weitergegeben:

```
return $gefunden if $gefunden = &$subref($rechner);
```

Jeder reguläre Ausdruck wird nur genau einmal kompiliert, nämlich dann, wenn die Codereferenz erzeugt wird. Wir können jede Subroutine aufrufen, so oft wir wollen, ohne daß die Regex neu kompiliert werden muß.

Wenn Sie Perl Version 5.005 oder eine neuere Version benutzen, gibt es eine etwas weniger verzwickte Technik mit dem gleichen Ziel. Seit Version 5.005 gibt es nämlich ein neues Sprachkonstrukt namens »vorkompilierte reguläre Ausdrücke«, mit dem die Sache etwas einfacher wird. Mit diesem neuen Konstrukt würden wir das Programm etwa so umschreiben:

```
sub blist_einlesen {
    tie my %blist, 'BerkeleyDB::Hash', -Filename => $blacklist
        or die "Kann Datei $blacklist nicht öffnen: $! $BerkeleyDB::Error\n";

    while (my($key, $wert) = each %blist) {
        # Die Blacklist kann auch OK, RELAY usw. enthalten.
        next if $wert ne "REJECT";
        push(@blisttests, [qr/\Q$key/, $key]);
    }
}

sub checkblist {
    my $rechner = shift;

    foreach my $test (@blisttests) {
        my ($regex, $key) = @{$test};
        return $key if ($rechner =~ /$regex/);
    }
    return undef;
}
```

Diesmal speichern wir im Array @blisttest ein anonymes Array, dessen erstes Element ein vorkompilierter regulärer Ausdruck ist, den wir mit dem neuen »Quote-Regex«-Operator (qr//) erzeugt haben. Damit können wir einen regulären Ausdruck nach der Kompilierung abspeichern. Mit vorkompilierten regulären Ausdrücken läßt sich ein großer Leistungsgewinn erzielen, wenn abwechslungsweise verschiedene reguläre Ausdrücke benutzt werden. Das zweite Element im anonymen Array ist einfach der Eintrag aus der Schwarzen Liste, den wir ausgeben, wenn unser vorkompilierter Ausdruck einen Treffer findet.

Vergleich mit einer dynamischen Schwarzen Liste aus dem Internet

Was ist unerwünschte Werbe-E-Mail? Bei unserem letzten Beispielprogramm wird diese Frage nach Richtlinien in der lokalen Installation beantwortet. Aber im Internet ist viel Wissen zu diesem Thema versammelt. Es gibt etwas kontroverse[2] Dienste im Internet, die einfachen Zugriff auf Internet-weite Listen von Spammern und offenen Relays anbieten. Zwei bekannte dieser Dienste sind RBL, die »Abuse Prevention System's Realtime Blackhole List« und ORBS, das »Open Relay Behaviour-modification System«. Diese Dienste werden über das DNS-System wie folgt benutzt:

1. Die Bytes in der zu prüfenden IP-Adresse werden umgedreht. Zum Beispiel wird aus 192.168.1.34 jetzt 34.1.168.192.

2. Der neuen Adresse wird ein besonderer Domainname angehängt. Zum Vergleich mit der RBL-Liste verwendet man 34.1.168.192.rbl.maps.vix.com.

3. Zu dem so erhaltenen Domainnamen wird im DNS-System nach einem Eintrag gesucht.

Wenn Sie eine positive Antwort erhalten (d. h. wenn die Antwort einen A-Resource Record enthält), dann steht die IP-Adresse auf der Schwarzen Liste.

Etwas weniger umstritten ist die *Dial-up User List*, die von den gleichen Leuten wie RBL geführt wird. Hier können Betreiber von Modem-Einwahlknoten auf freiwilliger Basis ihre IP-Adreßbereiche eintragen. Die Idee ist, daß eine SMTP-Verbindung nie von einem solchen Rechner ausgehen sollte. Wer eine Modemverbindung benutzt, soll seine SMTP-Mail an den Mail-Server seines Internet-Providers schicken (dieser Mail-Server ist natürlich nicht auf der Liste).

Mit der folgenden Subroutine kann man überprüfen, ob eine IP-Adresse in einer dieser Listen enthalten ist:

```
sub checkaddr {
    my ($ip, $domain) = @_;

    return undef unless (defined $ip);

    my $lookupip = join('.', reverse split(/\./, $ip));

    if (gethostbyname($lookupip . $domain)) {
        return $ip;
    }
    else {
        return undef;
    }
}
```

---

[2] Umstritten sind neben vielen anderen politischen Fragen die folgenden Punkte: Sollen solche Schwarzen Listen überhaupt geführt werden? Wer soll sie führen? Wie sollen die Listen verwendet werden? Nach welchen Gesichtspunkten soll ein Rechner oder eine Domain in der Schwarzen Liste landen oder von ihr entfernt werden? Mehr Informationen zu diesen Blacklist-Diensten finden Sie auf *http://www.maps.vix.com* und *http://www.orbs.org*.

Die Subroutine wird in Kürze, im zweitletzten Programm dieses Abschnitts, verwendet. Da wir nun viel mehr Informationen zu unseren *Received:*-Zeilen haben, unternehmen wir auch gleich den Versuch, die für die einzelnen Rechner verantwortlichen Personen zu eruieren. Das Net::Whois-Modul, das wir in Kapitel 6, *Verzeichnisdienste*, verwendet haben, sollte dafür in idealer Weise geeignet sein.

Leider ist aber dieses Modul nur für die Name-zu-Domain-Zuordnung gedacht, und wir benötigen die umgekehrte Richtung. Außerdem erwartet es die vom Whois-Server abgegebene Information in dem Format, das das InterNIC verwendet; aber es gibt andere Whois-Server, die eine andere Formatierung verwenden. Wir müssen zumindest die Informationen der Whois-Server bei *http://whois.arin.net* (American Registry for Internet Numbers), *http://whois.ripe.net* (European IP Address Allocations) und *http://whois.apnic.net* (Asia Pacific Address Allocations) abfragen können. Dafür gibt es kein Modul; das ist die erste Hürde, die wir überwinden müssen.

Auch wenn wir uns mit diesen drei Whois-Diensten unterhalten und die verschiedenen Antwort-Formate parsen können, wissen wir noch nicht, welchem der drei Dienste wir für eine bestimmte IP-Adresse eine Anfrage schicken sollen. Das ist die zweite Hürde. Zum Glück stellt es sich heraus, daß das ARIN uns an den richtigen Server verweist, wenn wir nach einer Adresse suchen, die nicht in der ARIN-Datenbank enthalten ist. Wenn wir ARIN nach einer IP-Adresse in Japan fragen, verweist es uns an das APNIC.

Die erste Hürde könnten wir mit einem allgemeinen Kommunikationspaket in Angriff nehmen, zum Beispiel mit dem Net::Telnet-Modul, das wir schon in Kapitel 6, *Verzeichnisdienste*, benutzt haben. Eine andere Möglichkeit wäre das IO::Socket-Modul wie zu Anfang dieses Kapitels. Den Ausschlag geben hier persönliche Vorlieben oder die Verfügbarkeit eines Moduls auf der verwendeten Plattform.

Das Whois-Protokoll benutzt den TCP-Port 43, wir werden aber sicherheitshalber den Namen des Dienstes verwenden und das Modul die Portnummer bestimmen lassen. Das »Gespräch« mit einem Whois-Server ist ganz einfach. Man stellt die Verbindung her, sendet den Anfrage-String ab (in diesem Fall einfach eine IP-Adresse) und liest die Antwortzeilen. Das folgende Programmstück erledigt das:

```perl
sub getwhois {
    my $ip = shift;
    my $info;

    my $cn = new Net::Telnet(Host    => $whoishost,
                             Port    => 'whois',
                             Errmode => "return",
                             Timeout => 30)
        or die "Kann nicht zu $whoishost verbinden: $!\n";

    unless ($cn->print($ip . "\n")) {
        $cn->close;
        die "Kann $ip nicht an $whoishost senden: " . $cn->errmsg . "\n";
    }
```

```
    while (my $ret = $cn->get) {
        $info .= $ret;
    };

    $cn->close;

    return $info;
}
```

Die zweite Hürde – welcher Whois-Server ist der richtige? – können wir auf zwei verschiedene Arten angehen. Wir können eine Anfrage an *http://whois.arin.net* senden und dessen Antwort untersuchen. Im folgenden Listing habe ich ARIN nach einer IP-Adresse eines Rechners in Japan gefragt. Meine Eingaben sind halbfett wiedergegeben:

```
% telnet whois.arin.net 43
Trying 192.149.252.22 ...
Connected to whois.arin.net.
Escape character is '^]'.
210.161.92.226
Asia Pacific Network Information Center (NETBLK-APNIC-CIDR-BLK)
   Level 1 - 33 Park Road
   Milton, 4064
   AU

   Netname: APNIC-CIDR-BLK2
   Netblock: 210.0.0.0 - 211.255.255.0

   Coordinator:
      Administrator, System   (SA90-ARIN)   sysadm@APNIC.NET
      +61-7-3367-0490

   Domain System inverse mapping provided by:

   SVC01.APNIC.NET              202.12.28.131
   NS.TELSTRA.NET               203.50.0.137
   NS.KRNIC.NET                 202.30.64.21
   NS.RIPE.NET                  193.0.0.193

   *** please refer to whois.apnic.net for more information ***
   *** before contacting APNIC                             ***
   *** use whois -h whois.apnic.net <object>               ***

   Record last updated on 04-Mar-99.
   Database last updated on 19-Apr-99 16:14:16 EDT.
```

Wenn wir eine Antwort dieser Art erhalten, können wir die gleiche Anfrage an den richtigen Server senden, an *whois.apnic.net*.

Als zweite Möglichkeit können wir diese Arbeit einem »schlauen« Whois-Server überlassen. Mein bevorzugter Server dieser Art ist *whois.geektools.com*. Dieser Server untersucht die Anfrage und schickt sie an den richtigen Server weiter. Wer einen solchen Proxy-Server benutzt, braucht sich nicht darum zu kümmern, welcher Whois-Server letztlich die gesuchten Daten besitzt.³

Damit unser Programm nicht zu lang wird und wir uns nicht zu weit vom eigentlichen Thema entfernen, werden wir diese zweite, einfachere Methode benutzen.

Wir verpacken nun alle kleinen Anfragen in ein größeres Programm. Das Programm ruft der Reihe nach die weiter oben entwickelten Subroutinen mit den Daten aus unserer Beispiel-Werbe-Mail auf:

```perl
use Mail::Header;
use Socket;
use BerkeleyDB;
use Net::Telnet;

my $header = new Mail::Header \*STDIN;

$header->unfold('Received');
my @received = $header->get('Received');

my $rbldomain   = ".rbl.maps.vix.com";
my $orbsdomain  = ".relays.orbs.org";
my $duldomain   = ".dul.maps.vix.com";
my $blacklist   = "/etc/mail/blacklist.db";
my $whoishost   = "whois.geektools.com";

my ($ehelo, $validname, $validip, $flags, @iplist, @blisttests);

&blist_einlesen;

for (reverse @received) {
    chomp;

    parseline($_);
    if (!defined $ehelo and !defined $validname and !defined $validip) {
        print "$_\n";
    }
    else {
        $flags  = (&checkaddr($validip, $rbldomain)   ? "R" : "");  # In RBL?
        $flags .= (&checkaddr($validip, $orbsdomain)  ? "O" : "");  # In ORBS?
        $flags .= (&checkaddr($validip, $duldomain)   ? "D" : "");  # In DUL?
        $flags .= (&checkblist($_)                    ? "B" : "");  # Lokale Liste?
        $flags .= (&checkrev($validip, $validname)    ? "L" : "");  # Rev. Lookup?
        push(@iplist, $validip);

        write;
    }
}
```

---

3 Nebenbei: Der Whois-Proxy-Server von GeekTools ist in Perl geschrieben. Mehr Informationen zu diesem Dienst und auch den Quellcode des Proxy-Servers finden Sie auf *http://whois.geektools.com*.

```
for (@iplist) {
    print "\nWHOIS info für $_:\n";
    print &getwhois($_);
}

format STDOUT =
@<<<<<<<<<<<<<<<<<<<<  @<<<<<<<<<<<<<<<<<<<<<<  @<<<<<<<<<<<<<<<  @<<<<
$ehelo,                $validname,              $validip,         $flags
.
```

Das Programm erzeugt folgende (hier leicht gekürzte) Ausgabe:

```
login_0246.whynot.net   mx.whynot.net             206.212.231.88   L
extreme                 host-209-214-9-150.mia    209.214.9.150    DB
isiteinc.com            www.isiteinc.com          206.136.243.2    OB

WHOIS info für 206.212.231.88:

WHOIS info für 209.214.9.150:
BellSouth.net Inc. (NETBLK-BELLSNET-BLK4)
   1100 Ashwood Parkway
   Atlanta, GA 30338

   Netname: BELLSNET-BLK4
   Netblock: 209.214.0.0 - 209.215.255.255
   Maintainer: BELL

   Coordinator:...

WHOIS info für 206.136.243.2:
Brainsell Incorporated (NET-ISITEINC)
   4105-R Laguna St.
   Coral Gables, FL 33146
   US

   Netname: ISITEINC
   Netnumber: 206.136.243.0

   Coordinator:...
```

Viel besser! Jetzt wissen wir folgendes:

- Der Spammer hat einen falschen HELO/EHLO-Namen angegeben.
- Die erste *Received:*-Zeile ist sehr wahrscheinlich gefälscht (nicht im DNS-System verzeichnet und kein Whois-Eintrag).
- Die UCE-Meldung wurde wahrscheinlich von einem Rechner losgeschickt, der nur vorübergehend via Modem angeschlossen war.
- Zwei der Adressen waren bereits in unserer lokalen Schwarzen Liste.

- Bei ORBS ist eine der Adressen bekannt.
- Die Kontaktadressen der Internet-Provider, bei denen wir uns beschweren könnten.

Perl hat uns beim Auseinanderdividieren dieser Werbe-Mail sehr geholfen.

Aber unerwünschte E-Mail-Werbung ist ein trauriges Thema. Befassen wir uns lieber mit etwas Angenehmerem – wie wir E-Mail im Umgang mit Benutzern einsetzen.

E-Mail für die Supportstelle analysieren und erweitern

Auch wenn es in Ihrer Organisation keine ausdrückliche Anlaufstelle für Anwenderprobleme gibt, gibt es sehr wahrscheinlich doch zumindest eine E-Mail-Adresse für Fragen oder Probleme mit Rechnern oder dem Netzwerk. E-Mail ist als Medium für diese Zwecke aus verschiedenen Gründen sehr geeignet:

- E-Mail wird abgespeichert und kann nachgeprüft werden – beim Gespräch zwischen Tür und Angel geht das nicht.
- E-Mail funktioniert asynchron; der Systemadministrator kann Mail auch in den weniger hektischen Randzeiten lesen und beantworten.
- E-Mail kann an nur eine Person, an viele oder an alle geschickt werden. Wenn sich 14 Personen über eine unerwünschte Werbe-Mail beschweren, kann man nach Behebung des Problems allen in einer einzigen E-Mail antworten.
- Eine E-Mail-Meldung kann problemlos an die zuständige Person oder an jemand kompetenteren weitergereicht werden.

Das sind alles sehr gute Argumente für die Verwendung von E-Mail beim Anwender-Support. Es gibt allerdings auch Nachteile:

- Wenn das E-Mail-System selbst von einem Problem betroffen ist oder wenn der Benutzer Probleme mit seinem Mail-Programm hat, dann muß offensichtlich eine andere Kommunikationsform gewählt werden.
- Benutzer können *irgend etwas* in eine Mail-Meldung schreiben und tun das auch. Es gibt keine Garantie, daß eine Problembeschreibung in einer E-Mail alle notwendigen Informationen enthält, damit wir das Problem lösen können. Manchmal kann man aus dem Text der Mail nicht einmal annähernd erfassen, worum es eigentlich geht. Das führt uns zu dem Problem, das wir in diesem Abschnitt zu lösen versuchen.

Hier ist meine Lieblings-E-Mail in voller Pracht abgedruckt – nur die Namen sind geändert, um Unschuldige zu schützen:

```
Date: Sat, 28 Sep 1996 12:27:35 -0400 (EDT)
From: Braver Benutzer <benutzer@example.com>
To: systems@example.com
Subject: [Req. #9531] Hilfe, Drucker

Etwas geht nicht, und ich weiß nicht, was
```

Wenn der Benutzer nicht in der Betreffzeile das Wort »Drucker« benutzt hätte, hätten wir nicht den leisesten Anhaltspunkt, was hier los sein könnte. Wir hätten wohl vermutet, daß der Benutzer in einer persönlichen Krise steckt. Sicher, das ist ein krasses Beispiel. Aber Meldungen wie die folgende sind nicht selten:

```
From: Netter Benutzer <benutzer2@example.com>
Subject: [Req #14563] Rechner kaputt
To: systems@example.com
Date: Wed, 11 Mar 1998 10:59:42 -0500 (EST)

Etwas ist faul mit dem Rechner krakatoa.example.com
```

Ein Benutzer schickt eine solche E-Mail ohne jeden Zusammenhang nicht aus purer Bosheit. Ich glaube, daß die Wurzel dieser Art von Problemen darin liegt, daß Benutzer eine ganz andere Sicht auf die Rechnerumgebung haben als Systemadministratoren, eine Impedanz-Fehlanpassung sozusagen.

Aus der Sicht des typischen Benutzers besteht die Rechnerumgebung aus dem Computer, vor der er gerade sitzt, dem Drucker im gleichen Raum und seinen privaten Dateien (d. h. seinem Home-Verzeichnis). Für den Systemadministrator ist die Sicht der Dinge eine ganz andere. Er sieht Server, die für andere Rechner Dienste anbieten, und alle Rechner haben fast unzählige Peripheriegeräte. Jeder Client-Rechner hat seine Eigenheiten – verschiedene installierte Programme, unterschiedliche Rechnerbelastung, Konfiguration usw.

Für einen Benutzer ist die Frage »Welcher Rechner macht Probleme?« schon ein bißchen merkwürdig. *Der* Rechner selbstverständlich, und das ist natürlich der, den er gerade benutzt. Ist das nicht sonnenklar? Für einen Systemadministrator ist eine Problembeschreibung: »Der Drucker geht nicht« ähnlich nichtssagend; schließlich ist er für viele Drucker zuständig.

Das ist typisch für die Einzelheiten von Computerproblemen. Auf der ganzen Welt ärgern sich Systemadministratoren über Fragen wie »Mein Rechner geht nicht, können Sie mir helfen?«. Sie wissen, daß »geht nicht« eine ganze Palette von ganz verschiedenartigen Symptomen bedeuten kann, die alle ihre Ursache woanders haben. Wenn aber bei einem Benutzer zum dritten Mal in dieser Woche der Bildschirm einfach eingefroren ist, ist für ihn völlig klar, was »geht nicht« bedeutet.

Man kann die Probleme eingrenzen, indem man Regeln aufstellt, was für Informationen in einer Mail an die Supportstelle vorhanden sein müssen. Bei manchen Firmen wird gefordert, daß Systemprobleme nur über eine Eingabemaske im Web gemeldet werden dürfen. Das hat den Nachteil, daß die Benutzer diese rigide Form nicht akzeptieren, das Formular nicht benutzen und lieber anrufen oder im Büro vorbeikommen. Sind wir wieder am Ausgangspunkt angelangt?

Mit der Unterstützung von Perl vielleicht nicht. Mit Perl können wir die beim Support ankommenden Mail-Meldungen analysieren und dem Systemadministrator helfen, das Problem zu lokalisieren: »Was ist das Problem? Welcher Drucker? Welcher Rechner?« usw.

Das folgende Programm habe ich *suss* genannt, es ist ein erster Versuch, diese Unterstützung des Support-Teams zu implementieren. Das Programm liest eine E-Mail-Meldung ein und versucht herauszufinden, um welchen Rechner es in der Meldung geht. Oft ist es nämlich möglich, auch in einer nichtssagenden Meldung der Art »Mein Rechner hat ein Problem« herauszufinden, welcher Rechner betroffen ist, ohne zeitraubend beim Benutzer nachzufragen. Mit dem Rechnernamen kann man das Problem oft schon viel besser angehen.

Suss benutzt einen ganz einfachen Algorithmus, um den betroffenen Rechnernamen zu ermitteln. Im wesentlichen werden alle Wörter der Meldung in einen Hash eingelesen und nach Rechnernamen durchsucht. Zuerst wird die Betreffzeile untersucht, dann der eigentliche Text der Meldung, und wenn auch das nichts fruchtet, wird die letzte *Received:*-Zeile untersucht. Das hier vereinfacht wiedergegebene Programm liest die möglichen lokalen Rechnernamen aus der */etc/hosts*-Datei ein:

```
use Mail::Internet;
my $localdomain = ".example.com";
my (%Rechner, $gefunden, %body);

# Hostdatei einlesen.
open(HOSTS, "/etc/hosts") or die "Kann Hostdatei nicht öffnen: $!\n";
while (defined($_ = <HOSTS>)) {
    next if /^#/;          # Kommentare überspringen.
    next if /^$/;          # Leerzeilen überspringen.
    next if /monitor/i;    # Ein Beispiel für einen problematischen Rechnernamen.

    my $rechner = lc((split)[1]);   # Erster Rechnername in Kleinbuchstaben.
    $rechner =~ s/\Q$localdomain\E//oi; # Domain-Teil abtrennen.
    $Rechner{$rechner}++ unless $Rechner{$rechner};
}

# E-Mail-Meldung einlesen und parsen.
my $message = new Mail::Internet \*STDIN;
$message->head->unfold();

# Betreffzeile überprüfen.
my $subject = $message->head->get('Subject');
$subject =~ s/[.,;?]//g;
for (split(/\s+/, $subject)) {
    if (exists $Rechner{lc $_}) {
        print "Betreff: $_\n";
        $gefunden++;
    }
}
exit if $gefunden;

# Den ganzen Text der Meldung überprüfen.
chomp(my @body = @{$message->body()});
my $body = join(" ", @body);
```

```
    $body =~ s/[^\w\s]+/ /g;              # Alle Sonderzeichen ausblenden.
    @body{split(' ', lc $body)} = ();     # Jedes Wort aus dem Meldungstext nur einmal.
    for (keys %body) {
        if (exists $Rechner{lc $_}) {
            print "Text: $_\n";
            $gefunden++;
        }
    }
    exit if $gefunden;

    # Letzte Rettung: die letzte Received:-Zeile.
    my $received = (reverse $message->head->get('Received'))[0];
    $received =~ s/\Q$localdomain\E//g;
    for (split(/\s+/, $received)) {
        if (exists $Rechner{lc $_}) {
            print "Received: $_\n";
        }
    }
```

Zu diesem Programm nur zwei Bemerkungen:

- Unser Wort-für-Wort-Vergleich stößt sofort an Grenzen, wenn wir absolut zulässige Rechnernamen wie *monitor* antreffen. Wenn Sie Rechnernamen haben, die als ganz normale Wörter in Meldungen an den Support auftauchen, dann müssen Sie diese entweder gesondert behandeln (wie hier mit `next if /monitor/i`) oder ein ausgefeilteres Vergleichsverfahren entwerfen.

- Wir benutzen ein Hash-Slice (`@body{ ... }`), um die Überprüfung aller Wörter im Text schneller zu machen. In einem Schritt werden hier alle Wörter aus dem Text extrahiert und mehrfach vorkommende Wörter gleich beseitigt. Mit `split()` erzeugen wir eine Liste aller Wörter in Kleinbuchstaben. Diese Wörter werden mit dem Hash-Slice zu Schlüsseln im Hash `%body`. Weil es in einem Hash nicht zwei gleiche Schlüssel geben kann, haben wir auch gleich alle mehrfach vorhandenen Wörter zu einem einzigen reduziert. Sachen wie diese machen es aus, daß Programmieren in Perl Spaß macht.

Wenden wir das Programm an. Im folgenden sehen Sie zwei wirkliche Meldungen an den Support:

```
Received: from strontium.example.com (strontium.example.com [192.168.1.114])
          by mailhub.example.com (8.8.4/8.7.3) with ESMTP id RAA27043
          for <systems>; Thu, 27 Mar 1997 17:07:44 -0500 (EST)
From: User Person <user@example.com>
Received: (user@localhost)
          by strontium.example.com (8.8.4/8.6.4) id RAA10500
          for systems; Thu, 27 Mar 1997 17:07:41 -0500 (EST)
Message-Id: <199703272207.RAA10500@strontium.example.com>
Subject: [Req #11509] Monitor
To: systems@example.com
Date: Thu, 27 Mar 1997 17:07:40 -0500 (EST)
```

```
Hallo,
Mein Monitor flimmert ziemlich stark, das ist bei längerer Arbeit
sehr störend. Ist es möglich, den Monitor auszutauschen?

Danke.

Benutzer.
------------------------------------
Received: from example.com (user2@example.com [192.168.1.7])
          by mailhost.example.com (8.8.4/8.7.3) with SMTP id SAA00732
          for <systems@example.com>; Thu, 27 Mar 1997 18:34:54 -0500 (EST)
Date: Thu, 27 Mar 1997 18:34:54 -0500 (EST)
From: Noch ein Benutzer <user2@example.com>
To: systems@example.com
Subject: [Req #11510] Probleme mit zwei Rechnern
Message-Id: <Pine.SUN.3.95.970327183117.23440A-100000@example.com>

Bei Jenolen (Raum 292) steckt eine Diskette im Laufwerk und läßt sich
nicht auswerfen. Bei Intrepid steckt eine Diskette ohne den Deckel
(oder wie immer man das silberne verschiebbare Teil nennen will)
drin. Wir haben versucht, Intrepid zu rebooten, aber das hat nicht
funktioniert. Wir (der Assistent und ich) haben versucht, die kaputte
Diskette herauszufriemeln, aber das ging auch nicht. Der Assistent
hat bei beiden ein "Kaputt"-Schild hingestellt.

Noch ein Benutzer.
```

Wenn wir diese zwei Texte an *suss* verfüttern, erhalten wir

```
Received: strontium
```

und:

```
Text: jenolen
Text: intrepid
```

In beiden Fällen erhalten wir einen Volltreffer – angesichts der Einfachheit des Programms ist das ein schöner Erfolg. Gehen wir einen Schritt weiter, und versuchen wir, auch Meldungen wie diese richtig zu behandeln:

```
Received: from [192.168.1.118] (buggypeak.example.com [192.168.1.118])
          by mailhost.example.com (8.8.6/8.8.6) with SMTP id JAA16638
          for <systems>; Tue, 4 Aug 1998 09:07:15 -0400 (EDT)
Message-Id: <v02130502b1ecb78576a9@[192.168.1.118]>
Date: Tue, 4 Aug 1998 09:07:16 -0400
To: systems@example.com
From: user@example.com (Braver Benutzer)
Subject: [Req #15746] Drucker spinnt

Könnte jemand meinen Drucker davon überzeugen, daß er sich bitteschön
wie ein *braver* Drucker verhalten soll? Vielen Dank :)

- Braver Benutzer.
```

Dem Benutzer ist wahrscheinlich nicht klar, daß der Support für dreißig verschiedene Drucker verantwortlich ist. Aber mit Perl können wir schon feststellen, um welchen Drucker es sich sehr wahrscheinlich handeln muß. Benutzer drucken fast immer auf dem Drucker, der am nächsten bei ihrem Rechner steht. Wenn wir herausfinden können, von welchem Rechner die Mail abgeschickt wurde, können wir wohl auch den nächsten Drucker ermitteln. Für die Zuordnung von Druckern zu Rechnern sind viele Möglichkeiten denkbar. Vielleicht steht die Zuordnung in einer schlichten Datei, vielleicht in einem Feld in einer Rechnerdatenbank wie der aus Kapitel 5, *Namensdienste unter TCP/IP*, oder sie ist sogar in einem Verzeichnisdienst wie LDAP eingetragen. Der folgende Code nimmt an, daß wir eine Berkeley-DB-Datei mit einer einfachen Rechner-zu-Drucker-Zuordnung haben:

```
use Mail::Internet;
use DB_File;

my $localdomain = ".example.com";

# printdb.db ist eine Datei im Berkeley-DB-Format, die Schlüssel sind die
# Rechner und die Werte sind Druckernamen.
my $printdb    = "printdb.db";
my $host;

# Meldung einlesen und parsen.
my $message = new Mail::Internet \*STDIN;
$message->head->unfold();

# Betreffzeile auf »Drucker« oder »Drucken« testen.
my $subject = $message->head->get('Subject');
if ($subject =~ /drucke[rn]/i) {
    # Rechner des Absenders ermitteln (Received:-Zeile im sendmail-Format).
    my $received = ($message->head->get('Received'))[-1];
    ($host) = $received =~ /^from \S+ \((?:\S+\@)?(\S+)\Q$localdomain\E \[/;
}

tie my %printdb, "DB_File", $printdb or die "Fehler bei tie($printdb): $!\n";

print "Das Problem bei $host betrifft wahrscheinlich den Drucker " .
      $printdb{$host} . ".\n";

untie %printdb;
```

Wenn in der Betreffzeile der Meldung das Wort »Drucker« oder »Drucken« vorkommt, holen wir den Rechnernamen aus der *Received:*-Zeile. Beim Spam-Beispiel mußten wir für verschiedene Formate der *Received:*-Zeile gerüstet sein, hier genügt ein einziger regulärer Ausdruck, weil wir ja wissen, welcher MTA eingesetzt wird. Mit dem Rechnernamen können wir den zugehörigen Drucker aus der Berkeley-DB-Datenbank ermitteln. Das Resultat sieht so aus:

```
Das Problem bei buggypeak betrifft wahrscheinlich den Drucker hiroshige.
```

Wenn Sie Ihre eigene Rechnerumgebung genauer studieren, werden Sie viele weitere Möglichkeiten entdecken, wie E-Mail-Meldungen an den Support durch weitere Informationen ergänzt werden können. Die Beispiele in diesem Abschnitt sind klein und einfach und sind nur als Denkanstöße gedacht. Welche andere Hilfestellung können Programme, die E-Mail-Meldungen lesen, noch erfüllen? Mit Perl kann man Meldungen auf vielerlei Arten analysieren, die gewonnenen Informationen in ein größeres Ganzes einbetten und dann darauf reagieren.

In diesem Kapitel verwendete Module

Name	CPAN-ID	Version
`Mac::Glue`	CNANDOR	0.58
`Win32::OLE` (wird mit ActiveState-Perl geliefert)	JDB	0.11
`Mail::Mailer` (Teil des *MailTools*-Pakets)	GBARR	1.13
`Text::Wrap` (wird mit Perl geliefert)	MUIR	98.112902
`IO::Socket` (Teil von `IO`, wird mit Perl geliefert)	GBARR	1.20
`Mail::Internet` (Teil des *MailTools*-Pakets)	GBARR	1.13
`Mail::Header` (Teil des *MailTools*-Pakets)	GBARR	1.13
`Mail::Folder::Mbox` (Teil von `Mail::Folder`)	KJOHNSON	0.07
`Socket` (wird mit Perl geliefert)		
`BerkeleyDB`	PMQS	0.10
`Net::Telnet`	JROGERS	3.01
`DB_File` (wird mit Perl geliefert)	PMQS	1.72

Hinweise auf weiterführende Informationen

Effektiv Perl programmieren, von Joseph Hall und Randal Schwartz (Addison Wesley, 1998) – Ein nützliches Buch mit einer Fülle von guten Perl-Programmiertechniken.

Fortgeschrittene Perl-Programmierung, von Sriram Srinivasan (O'Reilly, 1998) – Der Abschnitt zur Programmierung von Servern ist hervorragend.

http://www.cauce.org/ – Die Homepage der Coalition Against Unsolicited Email. Es gibt natürlich viele Sites, die gegen unerwünschte E-Mail-Werbung ankämpfen; diese hier ist ein guter Ausgangspunkt. Sie enthält Verweise auf viele andere Sites, auch auf solche, in denen die Analyse von E-Mail-Headern bis ins letzte Detail durchgeführt wird.

http://www.eudora.com/developers/scripting.html – Enthält Informationen zur Programmierung mit Eudora und AppleScript und weitere Verweise zu AppleScript.

http://www.microsoft.com und *http://msdn.microsoft.com* enthalten Informationen zu »MAPI«, »active messaging« und »CDO«. Diese Technik wurde bereits zweimal umgetauft, ich bin deshalb zurückhaltend und gebe nur allgemeine Adressen an. Insbesondere die MSDN-Bibliothek enthält viele und gute Informationen zu dem Thema, aber man findet sie öfter an einer anderen Stelle.

Perl Kochbuch, von Tom Christiansen und Nathan Torkington (O'Reilly, 1999). Gibt einige Rezepte zur Programmierung von Servern.

RFC 821: Simple Mail Transfer Protocol, J. Postel, 1982.

RFC 822: Standard for the format of ARPA Internet text messages, D. Crocker, 1982.

RFC 954: NICNAME/WHOIS, K. Harrenstien, M. Stahl und E. Feinler, 1985.

9
Logdateien

Wenn dies nicht ein Buch über Systemadministration wäre, würde ein ganzes Kapitel über Logdateien schon merkwürdig anmuten. Aber Systemadministratoren haben zu Logdateien ein besonderes Verhältnis. So wie Doktor Doolittle mit den Tieren reden konnte, wird von Systemadministratoren erwartet, daß sie sich mit einer ganzen Menagerie von Hard- und Software-»Tieren« unterhalten können. Nicht selten geschieht diese Kommunikation über Logdateien, wir sind also so etwas wie Log-Linguisten. Perl hilft uns dabei.

Wir können natürlich nicht annähernd alle Möglichkeiten zur Verarbeitung und zur Analyse von Logdateien behandeln. Über die statistische Analyse von dieser Art von Daten wurden schon ganze Bücher geschrieben. In diesem Kapitel sollen immerhin ein paar allgemeine Ansätze vermittelt und der Appetit auf mehr geweckt werden.

Logdateien in Textform

Es gibt verschiedene Typen von Logdateien, und darum auch verschiedene Arten, mit diesen umzugehen. Der gewöhnlichste Typ von Logdatei besteht ganz einfach aus Textzeilen. Viele bekannte und häufig verwendete Server wie Apache (Web), INN (Usenet News) und Sendmail (E-Mail) erzeugen solche Logmeldungen in Textform in großen Mengen. Die meisten Logdateien auf Unix-Rechnern sehen ähnlich aus, weil sie über einen zentralen Logging-Mechanismus erzeugt wurden, via *syslog*. Für unsere Zwecke behandeln wir die von *syslog* erzeugten Logdateien wie jede andere Logdatei in Textform oder wie jede andere Textdatei.

Hier sehen Sie ein ganz einfaches Perl-Programm, das eine Textdatei nach Zeilen durchforstet, in denen das Wort »error« vorkommt:

```
open(LOG, "logdatei") or die "Kann logdatei nicht öffnen: $!\n";
while (<LOG>) {
    print if /\berror\b/i;
}
close(LOG);
```

Geübten Perl-Programmierern kribbelt es hier in den Fingern – sie würden dies sofort als Einzeiler formulieren:

```
perl -ne 'print if /\berror\b/i' logdatei
```

Binäre Logdateien

Manchmal ist jedoch der Umgang mit Logdateien nicht so einfach. Statt einfachen, leicht lesbaren Text erzeugen manche Logging-Mechanismen mühsam zu entziffernde, verzwickte Binärformate, die man niemals mit einem Einzeiler bewältigen kann. Perl hat aber auch vor diesen Tieren keine Angst. Wir behandeln einige Ansätze, wie man solchen Dateien beikommt. Dabei untersuchen wir zwei Arten von binären Logdateien: die *wtmp*-Datei von Unix und die Ereignisprotokolle (*Event Logs*) von NT/2000.

Schon in Kapitel 3, *Benutzerkonten*, hatten wir kurz erwähnt, wie sich ein Benutzer bei einem Unix-System an- und wieder abmeldet. Dieses Login und Logout wird in einer besonderen Logdatei festgehalten, die bei den meisten Unix-Varianten *wtmp* heißt. Ein Systemadministrator sieht in dieser Datei nach, wenn sich eine Frage zu den Gewohnheiten eines Benutzers ergibt (d. h., woher und zu welchen Zeiten sich ein Benutzer üblicherweise einloggt).

Unter NT/2000 spielen die Ereignisprotokolle eine größere Rolle. Hier fungieren sie als zentrale Stelle für alles, was irgendwie geloggt werden soll – Login- und Logout-Ereignisse, Betriebssystem-Meldungen, Sicherheitsereignisse usw. Die Funktion ist mit dem oben erwähnten *syslog*-Dienst von Unix vergleichbar.

Verwendung von unpack()

Perl enthält eine Funktion namens unpack(), die für die Verarbeitung von Binärdaten und strukturierten Daten gedacht ist. Wir werden diese Funktion für das Lesen von *wtmp*-Dateien benutzen. Das Format der *wtmp*-Datei ist aber bei fast jeder Unix-Variante ein bißchen anders. In diesem Beispiel beschränken wir uns auf die Formate von SunOS 4.1.4 und Digital Unix 4.0, weil diese relativ einfach aufgebaut sind. Hier sehen Sie die Textdarstellung der ersten drei Datensätze einer *wtmp*-Datei von SunOS 4.1.4:

```
0000000    ~    \0   \0   \0   \0   \0   \0   \0   r    e    b    o    o    t    \0   \0
0000020    \0   \0   \0   \0   \0   \0   \0   \0   \0   \0   \0   \0   \0   \0   \0   \0
0000040    ,    /    ;    4    c    o    n    s    o    l    e    \0   r    o    o    t
0000060    \0   \0   \0   \0   \0   \0   \0   \0   \0   \0   \0   \0   \0   \0   \0   \0
0000100    \0   \0   \0   \0   ,    /    ;  203    c    o    n    s    o    l    e    \0
0000120    \0   \0   \0   \0   \0   \0   \0   \0   \0   \0   \0   \0   \0   \0   \0   \0
0000140    \0   \0   \0   \0   \0   \0   \0   \0   ,    /    <  230
```

Wenn Ihnen das Format dieser Datei nicht bekannt ist, wird Ihnen dieser »ASCII dump« (wie man eine solche Ausgabe nennt) der *wtmp*-Datei wie Buchstabensuppe vorkommen. Wie kann man sich mit solch wirrem Zeug anfreunden?

Am einfachsten konsultiert man dafür den Quellcode der Programme, die diese Datei schreiben oder lesen. Wenn Sie kein C verstehen, ist das allerdings ein abschreckender

Hinweis. Glücklicherweise braucht man den größten Teil eines solchen Programms gar nicht zu verstehen; es reicht, wenn wir den Teil betrachten, in dem das Dateiformat definiert wird.

Alle Programme, die mit *wtmp* zu tun haben, holen sich die Definition der Dateistruktur aus einer einzigen, relativ kleinen Headerdatei, die meist */usr/include/utmp.h* heißt. Darin suchen wir nach »struct utmp {« und haben schon den Abschnitt gefunden, den wir benötigen. In den Zeilen nach »struct utmp {« werden die in dieser Struktur enthaltenen Felder definiert. Meist steht zu jedem Feld ein Kommentar in der Konvention von C: /* ... */.

Nur um Ihnen einen Eindruck zu geben, wie verschieden diese Strukturen aufgebaut sein können, gebe ich hier die entsprechenden Stellen der zwei Betriebssysteme wieder:

SunOS 4.1.4:

```
struct utmp {
        char    ut_line[8];     /* tty name */
        char    ut_name[8];     /* user id */
        char    ut_host[16];    /* host name, if remote */
        long    ut_time;        /* time on */
};
```

Digital Unix 4.0:

```
struct utmp {
        char    ut_user[32];    /* User login name */
        char    ut_id[14];      /* /etc/inittab id- IDENT_LEN in init */
        char    ut_line[32];    /* device name (console, lnxx) */
        short   ut_type;        /* type of entry */
        pid_t   ut_pid;         /* process id */
        struct exit_status {
            short e_termination; /* Process termination status */
            short e_exit;        /* Process exit status */
        } ut_exit;              /* The exit status of a process
                                 * marked as DEAD_PROCESS.
                                 */
        time_t  ut_time;        /* time entry was made */
        char    ut_host[64];    /* host name same as MAXHOSTNAMELEN */
};
```

Das sind schon alle Hinweise, die wir benötigen, um eine entsprechende unpack()-Anweisung zum Lesen einer solchen *wtmp*-Datei schreiben zu können. unpack() benötigt als ersten Parameter eine Schablone (engl. *Template*), ein Formatstring, nach dem unpack() die (üblicherweise binäre) Datenstruktur im zweiten Parameter dekodiert. unpack() nimmt diese Datenstruktur nach der Vorschrift in der Schablone auseinander und erzeugt eine Liste, in der jedes Element einem Eintrag im Muster entspricht.

Kapitel 9: Logdateien

Wir konstruieren ein solches Muster Stück für Stück aus den Informationen aus der obigen *utmp.h*-Datei von SunOS. `unpack()` kennt eine ganze Anzahl von möglichen Buchstaben für die einzelnen Felder. Ich habe die hier benötigten schon übersetzt, Sie sollten aber den Abschnitt zu `pack()` in der Manpage *perlfunc* konsultieren. Das Aufbauen einer solchen Schablone ist nicht immer einfach; manchmal füllen die C-Compiler Werte bis zur nächsten Wortgrenze mit Nullen auf. Das *pstruct*-Programm, das mit Perl mitgeliefert wird, kann hier weiterhelfen.

In unserem Fall gibt es keine Schwierigkeiten dieser Art. Tabelle 9-1 zeigt, wie *utmp.h* übersetzt wird.

Tabelle 9-1: Übersetzung der C-Struktur aus utmp.h in eine unpack()-Schablone

C-Code	unpack()-Schablone	Schablonen-Buchstabe und Größe
`char ut_line[8];`	A8	ASCII-String, 8 Bytes, mit Leerzeichen aufgefüllt
`char ut_name[8];`	A8	ASCII-String, 8 Bytes, mit Leerzeichen aufgefüllt
`char ut_host[16];`	A16	ASCII-String, 16 Bytes, mit Leerzeichen aufgefüllt
`long ut_time;`	l	Ein vorzeichenbehafteter »long«-Wert (unter Umständen nicht das Gleiche, was der C-Compiler unter »long« versteht)

Mit der richtigen Schablone ist das Schreiben eines Programms, das *utmp* liest, sehr einfach:

```
# Dies ist die Schablone für unpack()
my $template = "A8 A8 A16 l";
# Wir bestimmen mit dem Template und pack() die Größe eines Datensatzes.
my $recordsize = length(pack($template, ()));

# Datei öffnen.
open(WTMP, "/var/adm/wtmp") or die "Kann wtmp nicht öffnen: $!\n";

# Jeweils einen Datensatz lesen.
while (read(WTMP, my $record, $recordsize)) {
    # Datensatz mit unserer Schablone dekodieren.
    my ($tty, $name, $rechner, $zeit) = unpack($template, $record);
    # Datensätze mit Null-Zeichen werden separat behandelt (vgl. Text).
    if ($name and substr($name, 0, 1) ne "\0") {
        print "$tty:$name:$rechner:", scalar localtime($zeit), "\n";
    }
    else {
        print "$tty:(logout):(logout):", scalar localtime($zeit), "\n";
    }
}

# Datei schließen.
close(WTMP);
```

Das kleine Programm erzeugt eine Ausgabe der folgenden Art:

```
~:reboot::Mon Nov 17 15:24:30 1997
:0:dnb::0:Mon Nov 17 15:35:08 1997
ttyp8:user:host.mcs.anl.gov:Mon Nov 17 18:09:49 1997
ttyp6:dnb:limbo-114.ccs.ne:Mon Nov 17 19:03:44 1997
ttyp6:(logout):(logout):Mon Nov 17 19:26:26 1997
ttyp1:dnb:traal-22.ccs.neu:Mon Nov 17 23:47:18 1997
ttyp1:(logout):(logout):Tue Nov 18 00:39:51 1997
```

Nur zwei kleine Bemerkungen zu diesem Programm:

- Bei SunOS werden Logout-Ereignisse mit einem Null-Zeichen im `name`-Feld kodiert, daher die Bedingung:

  ```
  if ($name and substr($name, 0, 1) ne "\0") {
  ```

- Für die `read()`-Funktion brauchen wir die Länge des zu lesenden Datensatzes als drittes Argument. Wir könnten auch diese Länge (32) einfach direkt einsetzen, aber hier nutzen wir einen angenehmen Nebeneffekt der `pack()`-Funktion aus. Wenn man diese mit der Schablone und einer leeren Liste aufruft, erzeugt sie einen binären, mit Nullen oder Leerzeichen gefüllten Datensatz der richtigen Länge. So können wir mit `pack()` zu einer beliebigen Schablone die Länge des entsprechenden Datensatzes bestimmen:

  ```
  my $recordsize = length(pack($template, ()));
  ```

Verwendung eines externen Programms

Die *wtmp*-Datei wird so häufig untersucht, daß mit dem Betriebssystem ein Programm namens *last* mitgeliefert wird, das den Inhalt der Datei in Textform ausgibt. Die (ungefähr) gleichen Daten wie oben würde *last* so ausgeben:

```
dnb      ttyp6    traal-22.ccs.neu Mon Nov 17 23:47 - 00:39  (00:52)
dnb      ttyp1    traal-22.ccs.neu Mon Nov 17 23:47 - 00:39  (00:52)
dnb      ttyp6    limbo-114.ccs.ne Mon Nov 17 19:03 - 19:26  (00:22)
user     ttyp8    host.mcs.anl.gov Mon Nov 17 18:09 - crash  (27+11:50)
dnb      :0       :0               Mon Nov 17 15:35 - 17:35  (4+02:00)
reboot   ~                         Mon Nov 17 15:24
```

Ein Programm wie *last* können wir von Perl aus natürlich sehr einfach aufrufen und die Ausgabe dann weiterverarbeiten. Das folgende Skript gibt alle Benutzer aus der *wtmp*-Datei aus, also alle Benutzer, die jemals auf diesem Rechner eingeloggt waren:

```perl
# Pfadname des last-Programms.
my $lastprog = "/usr/ucb/last";
my %seen = ();

open(LAST, "$lastprog|") or die "Kann $lastprog nicht aufrufen: $!\n";
while (<LAST>) {
    my $user = (split)[0] or next;
    print "$user", "\n" unless $seen{$user}++;
}
close(LAST) or die "Kann Pipe nicht schließen: $!\n";
```

Warum sollte man diese Methode verwenden, wenn doch unser erstes Programm mit unpack() das gleiche erledigen kann? Das Programm mit *last* ist portabler. Wie schon erwähnt, sind die *wtmp*-Formate fast aller Unix-Varianten unterschiedlich. Es kann sogar vorkommen, daß ein Hersteller bei einer neuen Betriebssystemversion ein neues Format einführt, worauf das alte Perl-Skript mit unpack() nicht mehr funktioniert.

Man kann aber mit einiger Sicherheit davon ausgehen, daß *jede* Unix-Variante ein Programm namens *last* enthält, das das zugehörige *wtmp*-Format lesen kann. Mit der unpack()-Methode müßten wir für jedes mögliche Format einen eigenen Formatierungsstring vorsehen.[1]

Der größte Nachteil der Methode mit *last* gegenüber der mit unpack() ist die erhöhte Schwierigkeit beim Parsen der Ausgabe. Mit unpack() werden die Felder automatisch getrennt und einzelnen Variablen zugewiesen. Die Ausgabe von *last* läßt sich unter Umständen aber weder mit split() noch mit regulären Ausdrücken auseinandernehmen:

```
user    console                         Wed Oct 14 20:35 - 20:37  (00:01)
user    pts/12         208.243.191.21   Wed Oct 14 09:19 - 18:12  (08:53)
user    pts/17         208.243.191.21   Tue Oct 13 13:36 - 17:09  (03:33)
reboot  system boot                     Tue Oct  6 14:13
```

Das menschliche Auge erkennt hier die Zeilen und Spalten sofort, aber ein Programm, das diese Ausgabe liest, wird mit der ersten und der vierten Zeile seine liebe Mühe haben. Auch solche Zeilen könnte man mit unpack() auseinandernehmen, weil die Spalten wohl manchmal leer, aber immer gleich breit sind; aber auch das ist nicht bei jedem *last*-Programm garantiert.

Verwendung des Log-API des Betriebssystems

Für diesen Ansatz wechseln wir das Betriebssystem und arbeiten mit dem Ereignisdienst von NT/2000. Wie bereits erwähnt, verwendet dieser Dienst keine Textdateien. Die beste und einzige Möglichkeit ist die Verwendung des API für den Ereignisdienst. Für die Bedürfnisse der meisten Benutzer ist das Programm *Ereignisanzeige* (siehe Abbildung 9-1) ausreichend.

Glücklicherweise hat Jesse Dougherty ein Modul geschrieben, das das API der Ereignisanzeige auch für Perl zugänglich macht. Das Modul wurde von Martin Pauley und Bret Giddings erweitert.[2] Das folgende einfache Programm gibt alle Ereignisse aus dem *System*-Ereignisprotokoll in der Art von *syslog* aus. Später in diesem Kapitel werden wir einer erweiterten Version dieses Programms begegnen.

---

[1] So einfach ist es mit dem *last*-Programm auch wieder nicht – das Programm ist bei verschiedenen Unix-Varianten in unterschiedlichen Verzeichnissen untergebracht, und die Ausgabeformate sind unterschiedlich.

[2] Man könnte auch mit den WMI-Methoden (Windows Management Instrumentation), die wir in Kapitel 4, *Benutzeraktivität*, angesprochen haben, auf die Logdaten von NT/2000 zugreifen. Die Methode mit Win32::EventLog ist einfacher und auch einfacher verständlich.

Binäre Logdateien

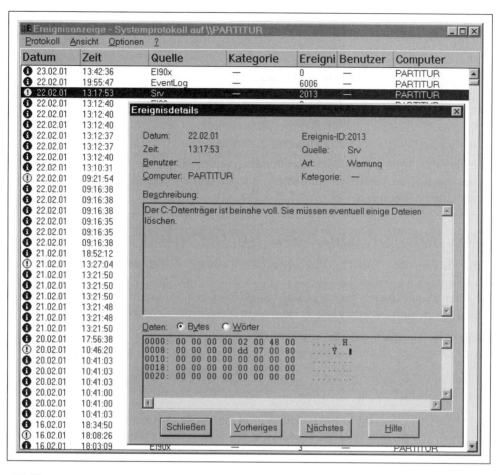

Abbildung 9-1: Die Ereignisanzeige (Event Viewer) von NT 4.0

```
use Win32::EventLog;
# Jedes Ereignis ist von einem bestimmten Typ. Hier sind nur die häufigsten aufgeführt.
my %type = ( 1 => "ERROR",
             2 => "WARNING",
             4 => "INFORMATION",
             8 => "AUDIT_SUCCESS",
            16 => "AUDIT_FAILURE");

# So erhalten wir bei jedem Read() auch den vollständigen Text der Meldung.
$Win32::EventLog::GetMessageText = 1;

# System-Log öffnen.
my $log = new Win32::EventLog("System")
    or die "Kann System-Log nicht öffnen: $^E\n";
```

321

```
# Jeweils einen Datensatz einlesen, beginnend mit dem ersten Eintrag.
my $eintrag;
while ($log->Read((EVENTLOG_SEQUENTIAL_READ|EVENTLOG_FORWARDS_READ),
        1, $eintrag)) {
    print scalar localtime($eintrag->{TimeGenerated}) . " ";
    print $eintrag->{Computer} . "[" . ($eintrag->{EventID} & 0xffff) . "] ";
    print $eintrag->{Source} . ":" . $type{$eintrag->{EventType}} . ": ";
    print $eintrag->{Message};
}
```

Auch bei NT/2000 gibt es Befehlszeilenprogramme in der Art von *last*, die das Ereignisprotokoll im Textformat ausgeben. Wir werden ein solches Programm später in diesem Kapitel benutzen.

Zustandslose und zustandsbehaftete Daten

Außer dem Format einer Logdatei ist natürlich wichtig, *was* in der Datei steht und *wie* die Informationen dargestellt werden. Beim Inhalt von Logdateien ist es oft sinnvoll, zwischen *zustandslosen* und *zustandsbehafteten* Daten zu unterscheiden. Wir werden diese Begriffe anhand von einigen Beispielen illustrieren.

Dies sind drei Zeilen aus der Logdatei des Apache-Webservers. Jede Zeile entspricht einer Anfrage, die der Server beantwortet hat:

```
esnet-118.dynamic.rpi.edu - - [13/Dec/1998:00:04:20 -0500] "GET home/u1/tux/
tuxedo05.gif

HTTP/1.0" 200 18666 ppp-206-170-3-49.okld03.pacbell.net - - [13/Dec/1998:00:
04:21 -0500] "GET home/u2/news.htm

HTTP/1.0" 200 6748 ts007d39.ftl-fl.concentric.net - - [13/Dec/1998:00:04:22
-0500] "GET home/u1/bgc.jpg HTTP/1.1" 304 -
```

Und hier sehen Sie einige Zeilen aus der Logdatei der Printer-Daemons:

```
Aug 14 12:58:46 warhol    printer: cover/door open
Aug 14 12:58:58 warhol    printer: error cleared
Aug 14 17:16:26 warhol    printer: offline or intervention needed
Aug 14 17:16:43 warhol    printer: error cleared
Aug 15 20:40:45 warhol    printer: paper out
Aug 15 20:40:48 warhol    printer: error cleared
```

In beiden Fällen ist jede Zeile von jeder anderen völlig unabhängig. Man kann vielleicht Zusammenhänge zwischen aufeinanderfolgenden Zeilen erkennen, aber die Daten selbst haben diesen Zusammenhang nicht.

Betrachten wir als Kontrast ein paar leicht veränderte Zeilen aus der Mail-Logdatei von *sendmail*:

```
Dec 13 05:28:27 mailhub sendmail[26690]: FAA26690: from=<user@has.a.
godcomplex.com>, size=643, class=0, pri=30643, nrcpts=1, msgid=<199812131032
.CAA22824@has.a.godcomplex.com>, proto=ESMTP, relay=user@has.a.godcomplex.
com [216.32.32.176]

Dec 13 05:29:13 mailhub sendmail[26695]: FAA26695: from=<root@host.ccs.neu.
edu>, size=9600, class=0, pri=39600, nrcpts=1, msgid=<199812131029.FAA15005@
host.ccs.neu.edu>, proto=ESMTP, relay=root@host.ccs.neu.edu [129.10.116.69]

Dec 13 05:29:15 mailhub sendmail[26691]: FAA26690: to=<user@ccs.neu.edu>,
delay=00:00:02, xdelay=00:00:01, mailer=local, stat=Sent

Dec 13 05:29:19 mailhub sendmail[26696]: FAA26695: to="|IFS=' '&&exec
/usr/bin/procmail -f-||exit 75 #user", ctladdr=user (6603/104), delay=00:00:
06, xdelay=00:00:06, mailer=prog, stat=Sent
```

Anders als in den vorherigen Beispielen besteht hier sehr wohl eine Verbindung zwischen bestimmten Zeilen der Datei. In Abbildung 9-2 wird das klar dargestellt:

```
▶Dec 13 05:28:27 mailhub sendmail[26690]: FAA26690:
 from=<user@has.a.godcomplex.com>, size=643, class=0,
 pri=30643, nrcpts=1,
 msgid=<199812131032.CAA22824@has.a.godcomplex.com>,
 proto=ESMTP, relay=user@has.a.godcomplex.com [216.32.32.176]
▶Dec 13 05:29:13 mailhub sendmail[26695]: FAA26695:
 from=<root@host.ccs.neu.edu>, size=9600, class=0,pri=39600
 nrcpts=1,msgid=<199812131092.FAA15005@host.ccs.neu.edu>,
 proto=ESMTP, relay=root@host.ccs.neu.edu [129.10.116.69]
▶Dec 13 05:29:15 mailhub sendmail[26691]: FAA26690:
 to=<user@ccs.neu.edu>, delay=00:00:02, xdelay=00:00:01,
 mailer=local, stat=Sent
▶Dec 13 05:29:29 mailhub sendmail[26696]: FAA26695: to="|IFS='
 '&&exec /usr/bin/procmail -f-||exit 75 #user", ctladdr=user
 pri=30643, nrcpts=1,
 (6603/104), delay=00:00:06, xdelay=00:00:06, mailer=prog,
 stat=Sent
```

Abbildung 9-2: Zusammengehörende Einträge in einer sendmail-Logdatei

Zu jeder Zeile gibt es (mindestens) einen Partner-Eintrag, so daß wir zu jeder E-Mail einen Absender und einen Empfänger haben. Wenn das System eine Meldung empfängt, wird der Meldung als erstes eine eindeutige *Message-ID* zugeordnet. Mit dieser Message-ID können wir die Zeilen identifizieren, die zur gleichen Nachricht gehören, auch dann, wenn diese Zeilen weit auseinanderliegen. Wir können feststellen, ob die Meldung noch im Mail-System drin vorhanden ist, wir erhalten also eine Information über den *Zustand* des Systems.

Manchmal spielt die *Distanz* zwischen Zustandsübergängen eine Rolle. Bei der *wtmp*-Datei von vorhin sind wir nicht nur daran interessiert, wann sich jemand ein- oder ausgeloggt hat (die zwei Zustandsübergänge in dieser Logdatei), sondern auch daran, wie lange der Benutzer eingeloggt war (die Differenz der Zeiten, die Distanz).

Bei noch weiter ausgebauten Logdateien gibt es eine weitere Komplikation. Hier folgen als Beispiel ein paar Zeilen aus dem Log eines POP-Servers (Post Office Protocol) im Debug-Modus. Die Namen und IP-Adressen sind zum Schutz von Unbeteiligten unkenntlich gemacht:

```
Jan 14 15:53:45 mailhub popper[20243]: Debugging turned on
Jan 14 15:53:45 mailhub popper[20243]: (v2.53) Servicing request from "client" at
129.X.X.X
Jan 14 15:53:45 mailhub popper[20243]: +OK QPOP (version 2.53) at mailhub starting.
Jan 14 15:53:45 mailhub popper[20243]: Received: "USER username"
Jan 14 15:53:45 mailhub popper[20243]: +OK Password required for username.
Jan 14 15:53:45 mailhub popper[20243]: Received: "PASS xxxxxxxxx"
Jan 14 15:53:45 mailhub popper[20243]: +OK username has 1 message (26627 octets).
Jan 14 15:53:46 mailhub popper[20243]: Received: "LIST"
Jan 14 15:53:46 mailhub popper[20243]: +OK 1 messages (26627 octets)
Jan 14 15:53:46 mailhub popper[20243]: Received: "RETR 1"
Jan 14 15:53:46 mailhub popper[20243]: +OK 26627 octets
<Text der Nachricht>
Jan 14 15:53:56 mailhub popper[20243]: Received: "DELE 1"
Jan 14 15:53:56 mailhub popper[20243]: Deleting message 1 at offset 0 of length 26627
Jan 14 15:53:56 mailhub popper[20243]: +OK Message 1 has been deleted.
Jan 14 15:53:56 mailhub popper[20243]: Received: "QUIT"
Jan 14 15:53:56 mailhub popper[20243]: +OK Pop server at mailhub signing off.
Jan 14 15:53:56 mailhub popper[20243]: (v2.53) Ending request from "user" at (client)
129.X.X.X
```

Wir sehen hier nicht nur Verbindungsaufnahme (»Servicing request from ... «) und Verbindungsabbruch (»Ending request from ... «), sondern viel detailliertere Informationen über die Ereignisse zwischen diesen Zustandsübergängen.

Jedes dieser Ereignisse dazwischen gibt uns Informationen über eine weitere »Distanz«, die unter Umständen von Bedeutung sein kann. Wenn der POP-Server Probleme verursacht, können wir hier feststellen, wieviel Zeit er für jeden Schritt benötigt hat.

Bei einem FTP-Server kann man aus einer derartigen Logdatei Schlüsse über die Auslastung des Servers und das Verhalten der Benutzer ziehen. Wie lange ist ein Benutzer durchschnittlich mit dem Server in Verbindung, bis er mit dem Herunterladen einer Datei beginnt? Wie groß ist die Zeitspanne zwischen aufeinanderfolgenden Befehlen? Besteht ein Zusammenhang zwischen verschiedenen Dateien, die heruntergeladen werden? Diese Informationen über Ereignisse zwischen den Zuständen können sehr wertvoll und interessant sein.

Probleme mit dem Plattenplatz

Programme, die viele Informationen in Logdateien schreiben, haben natürlich auch Nachteile: Sie verbrauchen dafür viel Plattenplatz. Das ist bei allen drei in diesem Buch behandelten Betriebssystemen ein Problem, bei Unix, MacOS und NT/2000. Am wenigsten vielleicht bei NT/2000, weil das zentrale Ereignisprotokollsystem eine eingebaute Funktion hat, die den für die Protokolle verwendeten Plattenplatz einschränkt. Bei MacOS gibt es kein Logging-System dieser Art, was aber nicht heißt, daß ein Server auf MacOS nicht auch Unmengen von Logdaten generieren und jede Platte vollschreiben kann.

Üblicherweise ist das »Zurückschneiden« dieser Pflänzchen eine typische Aufgabe des Systemadministrators. Von den meisten Unix-Herstellern wird ein automatisch via *cron* aufgerufenes Skript mitgeliefert, das diese Aufgabe übernimmt – allerdings nur für die vom Hersteller vorgesehenen Dateien. Wenn man einen neuen Server einsetzt, der eine separate Logdatei benutzt, muß man entweder das Skript erweitern oder es gleich durch eine bessere Lösung ersetzen.

Rotation von Logdateien

Üblicherweise wird hier so vorgegangen, daß die Logdateien »rotiert« werden (wir werden später in diesem Kapitel auch eine weniger übliche Methode kennenlernen). Nach einer bestimmten Zeit oder wenn die Logdatei eine bestimmte Größe überschreitet, wird die Datei umbenannt, z. B. in *logdatei.0*, und es wird eine neue, leere Logdatei unter dem alten Namen angelegt. Beim nächsten Mal wird zuerst *logdatei.0* in *logdatei.1* umbenannt, und dann wird der Vorgang vom ersten Mal wiederholt. Das geht bis zu einer vorbestimmten Anzahl von alten Logdateien so weiter, aber irgendwann wird die älteste Version endgültig gelöscht. Das Vorgehen ist in Abbildung 9-3 illustriert.

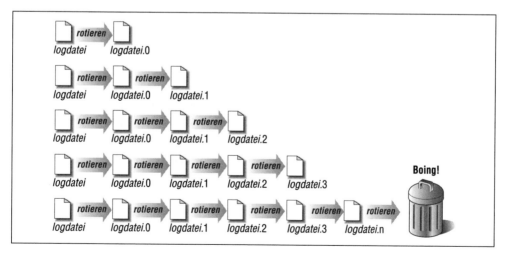

Abbildung 9-3: Vorgehen beim Rotieren von Logdateien

Tabelle 9-2: Ein Rezept für das Rotieren von Logdateien

Vorgang	In Perl
Alte Logdateien aus dem Weg schaffen (d. h. in den nächsten Namen in der Reihe umbenennen).	`rename()` oder `&File::Copy::move()`, wenn in ein anderes Dateisystem verschoben wird.
Dem Serverprozeß wenn nötig mitteilen, daß die aktuelle Logdatei abgeschlossen werden und im Moment nichts geloggt werden soll.	Bei Programmen, die dafür ein Signal erwarten: `kill()`; sonst das dafür vorgesehene Hilfsprogramm mit Backticks oder `system()` aufrufen.
Die eben abgeschlossene Logdatei umbenennen oder in eine andere Datei kopieren.	`&File::Copy` zum Kopieren, `rename()` zum Umbenennen der Datei (oder `&File::Copy::move()`, wenn in ein anderes Dateisystem verschoben wird).
Logdatei wenn nötig leeren.	`truncate()` oder `open(DATEI, "> logdatei")`.
Dem Serverprozeß wenn nötig mitteilen, daß das Logging wieder aufgenommen werden soll.	Wie Schritt 2.
Wenn gewünscht: Kopierte Dateien komprimieren oder sonstwie verarbeiten.	Komprimierungsprogramm oder ein anderes Programm mit Backticks oder `system()` aufrufen.
Älteste Version der Logdatei löschen.	Mit `stat()` Größe feststellen, mit `unlink()` löschen.

Mit dieser Methode bleibt eine vernünftige Menge von Log-Informationen erhalten. In Tabelle 9-2 sind die dafür notwendigen Schritte in der Art eines Kochrezepts festgehalten.

Zu diesem Thema gibt es eine Menge von Variationen. Unzählige Leute haben ihre private Version eines Skripts dieser Art geschrieben. Es erstaunt daher kaum, daß es auch dafür ein Perl-Modul gibt. Werfen wir einen kurzen Blick auf `Logfile::Rotate` von Paul Gampe.

Bei `Logfile::Rotate` wird nach der Art der objektorientierten Programmierung eine neue Instanz für ein Logdatei-Objekt erzeugt, auf die die Methoden für dieses Objekt angewendet werden. Wir erzeugen das Objekt mit den Parametern aus Tabelle 9-3.

Hier sehen Sie ein kleines Programm, das das Modul mit den obigen Parametern benutzt:

```
use Logfile::Rotate;
my $logdatei = new Logfile::Rotate(
                File  => "/var/adm/log/syslog",
                Count => 5,
                Gzip  => "/usr/local/bin/gzip",
```

```
                    Post => sub {
                        open PID, "/etc/syslog.pid" or
                            die "Kann PID-Datei nicht öffnen: $!\n";
                        chomp(my $pid = <PID>);
                        close PID;
                        # $pid sollte genauer überprüft werden.
                        kill 'HUP', $pid;
                    }
);
```

Damit wird die angegebene Logdatei gelockt und das Modul auf die Rotation vorbereitet. Mit diesem Objekt ist das eigentliche Rotieren ein Kinderspiel:

```
$logdatei->rotate();
undef $logdatei;
```

Die Zeile mit `undef` stellt sicher, daß das Lock auf die Datei nach dem Rotieren aufgehoben wird (es bleibt während der ganzen Lebenszeit des Objekts erhalten).

Tabelle 9-3: Parameter bei Logfile::Rotation

Parameter	Zweck
`File`	Name der zu rotierenden Logdatei
`Count` (fakultativ, per Voreinstellung 7)	Anzahl der aufzubewahrenden alten Dateien
`Gzip` (fakultativ, per Voreinstellung das bei der Installation von Perl gefundene *gzip*-Programm)	Voller Pfadname des Komprimierungsprogramms
`Pre`	Code, der *vor* der Rotation ausgeführt werden soll, wie im Schritt 2 in Tabelle 9-2
`Post` (bei älteren Versionen `Signal`)	Code, der *nach* der Rotation ausgeführt werden soll, wie im Schritt 5 in Tabelle 9-2

Wenn das Modul von einem privilegierten Benutzer wie *root* verwendet wird, sind ein paar Vorsichtsmaßnahmen zu beachten, auf die in der Dokumentation zum Modul auch eingegangen wird. Einmal ruft `Logfile::Rotate` das Programm *gzip* über `system()` auf, was ein Sicherheitsproblem ist. Außerdem muß die `Post`-Routine vorsichtig programmiert werden. Im vorliegenden Beispiel prüfen wir beispielsweise nicht, ob die Prozeß-ID, die wir aus der Datei */etc/syslog.pid* einlesen, tatsächlich die eines laufenden *syslog*-Prozesses ist. Es wäre hier besser, die Prozeßtabelle nach einer der in Kapitel 4, *Benutzeraktivität*, behandelten Methoden durchzugehen, bevor man als *root* ein Signal an den falschen Prozeß schickt. In Kapitel 1, *Einführung*, finden Sie weitere Tips zum defensiven Programmieren.

Ring-Pufferung

Wir haben eben das traditionelle Verfahren zur Behandlung von ständig wachsenden Logdateien behandelt. Hier demonstriere ich eine ungewöhnliche Technik, die auch anderswo eingesetzt werden kann.

Eine typische Situation ist diese: Wir sind dabei, ein Fehlverhalten eines Servers aufzuspüren, der tonnenweise Logdaten generiert. Wir sind eigentlich nur an einem kleinen Teil dieser Daten interessiert, vielleicht nur an den paar Zeilen, die der Server nach einem Test mit einem besonderen Client erzeugt hat. Wir könnten wie üblich die gesamten Logdaten auf Platte schreiben, nur wäre diese dann sehr schnell voll. Wir könnten unser Log-Rotationsskript öfter laufen lassen, aber das würde den Server verlangsamen. Was ist zu tun?

Ich habe ein Programm namens *bigbuffy* geschrieben, das aus diesem Dilemma herausführt. Die Idee ist eigentlich ganz einfach: *bigbuffy* liest einzelne Zeilen von der Standardeingabe (oder der »console«). Diese Zeilen werden in einem ringförmig organisierten Speicher vorgegebener Größe abgelegt. Wenn dieser Pufferspeicher voll ist, wird er von der ersten Zeile her wieder überschrieben. Dieses Lesen und Abspeichern dauert an, bis es vom Benutzer mittels eines Signals unterbrochen wird. In diesem Fall schreibt *bigbuffy* den Inhalt des Ring-Puffers in eine Datei und nimmt dann seine normale Funktion wieder auf. In der Datei ist im wesentlichen ein eingefrorenes Zeitfenster aus der normalen Logdatei aufgefangen.

bigbuffy kann mit einem Überwachungsprogramm für Dienste, wie wir sie in Kapitel 5, *Namensdienste unter TCP/IP*, behandelt haben, kombiniert werden. Sobald ein solches Monitor-Programm ein Problem entdeckt, schickt es *bigbuffy* ein Signal und sichert damit die aktuellen Logdaten auf Platte. Wir bekommen so eine Logdatei, die nur Daten aus dem Zeitbereich enthält, als das Problem erkannt wurde (wir nehmen an, daß der Puffer groß genug ist und daß das Monitor-Programm das Problem rechtzeitig entdeckt hat).

Im folgenden sehen Sie eine vereinfachte Version von *bigbuffy*. Das Programm ist trotzdem länger als die bisherigen Beispiele in diesem Kapitel, aber es ist nicht sehr kompliziert geschrieben. Wir besprechen anhand dieses Programms später einige wichtige Themen wie Blocking und Sicherheitsaspekte.

```
my $buffsize = 200; # Voreinstellung für die Puffergröße (200 Zeilen).
my (@buffer, $dumpnow, $dumpfile, $whatline);

use Getopt::Long;

# Parameter auswerten.
GetOptions("buffsize=i" => \$buffsize,
           "dumpfile=s" => \$dumpfile);

# Signal-Handler aufsetzen und Zähler initialisieren.
&setup;
```

```
# Die zentrale Lesen-Abspeichern-Schleife.
while (<>) {
    # Eingelesene Zeile im Puffer abspeichern.
    # Wir tun das auch dann, wenn wir eben ein Signal bekommen haben.
    # Lieber eine Zeile zuviel ausgeben als eine verlieren.

    $buffer[$whatline] = $_;

    # Zeilennummer für die nächste Zeile berechnen.
    $whatline = ++$whatline % $buffsize;

    # Puffer ausgeben, wenn wir ein Signal bekommen haben.
    if ($dumpnow) {
        &dodump();
    }
}

sub setup {
    die "Aufruf: $0 [--buffsize=<lines>] --dumpfile=<dateiname>\n"
        unless defined($dumpfile) and length($dumpfile);

    $SIG{'USR1'} = \&dumpnow;      # Signal-Handler aufsetzen.
    $dumpnow     = 0;
    $whatline    = 0;              # Erste Zeile des Ring-Puffers.
}

# Einfacher Signal-Handler, der nur ein Flag setzt. Siehe perlipc(1).
sub dumpnow {
    $dumpnow = 1;
}

# Ring-Puffer in eine Datei ausgeben. Wenn die Datei existiert, anhängen.
sub dodump {
    my $line;                      # Zeilenzähler bei der Ausgabe.
    my $exists;                    # Existiert die Datei bereits?
    my(@firststat, @secondstat);   # Für die Daten aus lstat()

    $dumpnow = 0;                  # Flag zurücksetzen.
    $SIG{'USR1'} = \&dumpnow;      # Signal-Handler erneut aufsetzen.

    if (-e $dumpfile and (! -f $dumpfile or -l $dumpfile)) {
        warn "ACHTUNG: dumpfile existiert, ist aber keine normale Datei.\n";
        return undef;
    }

    # Beim Anhängen an eine bestehende Datei sind besondere Vorsichtsmaßnahmen
    # notwendig. In den folgenden if-Anweisungen wird eine Reihe von
    # Sicherheitstests vor dem Öffnen durchgeführt.
    if (-e $dumpfile) {
        $exists = 1;
```

```perl
        unless(@firststat = lstat $dumpfile) {
            warn "Fehler bei lstat($dumpfile), kein Dump erzeugt.\n";
            return undef;
        }
        if ($firststat[3] != 1) {
            warn "$dumpfile hat Hard-Links, kein Dump erzeugt.\n";
            return undef;
        }
    }

    unless (open(DUMPFILE, ">>$dumpfile")) {
        warn "Kann nicht an $dumpfile anhängen, kein Dump erzeugt.\n";
        return undef;
    }
    if ($exists) {
        unless (@secondstat = lstat DUMPFILE) {
            warn "Fehler beim zweiten lstat($dumpfile), kein Dump erzeugt.\n";
            return undef;
        }

        if ($firststat[0] != $secondstat[0] or  # Geräte-Nummer überprüfen.
            $firststat[1] != $secondstat[1] or  # Inode-Nummer prüfen.
            $firststat[7] != $secondstat[7])    # Dateigröße prüfen.
        {
            warn "ACHTUNG: lstat-Daten vorher!=nachher, kein Dump erzeugt.\n";
            return undef;
        }
    }

    $line = $whatline;
    print DUMPFILE "-" . scalar localtime() . "-" x 50 . "\n";
    do {
        # Nur die gültigen Zeilen ausgeben, wenn der Puffer noch nicht voll ist.
        print DUMPFILE $buffer[$line] if defined $buffer[$line];
        $line = ++$line % $buffsize;
    } until $line == $whatline;

    close(DUMPFILE);

    # Puffer löschen und so Überbleibsel vermeiden.
    $whatline = 0;
    @buffer   = ();

    return 1;
}
```

Zu einem Programm dieser Art gibt es eine Reihe von interessanten Problemen zu diskutieren.

Blockierender Input bei Programmen, die Logdateien verarbeiten

Ich hatte erwähnt, daß dies eine vereinfachte Version von *bigbuffy* ist. Damit das Programm einfacher wird und auf allen Plattformen läuft, wurde eine unangenehme Eigenschaft in Kauf genommen: Während das Programm den Puffer herausschreibt, kann es keine neuen Daten lesen, es blockiert. Wenn das Programm, das die Logdaten erzeugt, in diesem Moment viele Daten loggt, blockiert auch dieses Programm. Das Problem ist nicht sehr akut, weil der Puffer im allgemeinen klein und schnell auf Platte geschrieben ist. Daher ist das ungünstige Zeitfenster relativ klein, aber das Programm verhält sich doch nicht ganz so, wie wir uns das wünschen.

Man kann dieses Problem auf mehrere Arten lösen. Man könnte zum Beispiel

- Multitasking-Möglichkeiten ausnutzen und das Programm so umschreiben, daß zwei Puffer benutzt werden. Wenn ein Signal empfangen wird, liest das Programm weiter, schreibt aber neue Daten in den zweiten Puffer. Ein zweiter Thread übernimmt die Ausgabe des ersten Puffers in die Dump-Datei. Beim nächsten Signal würden die Aufgaben der Puffer vertauscht.

- *bigbuffy* so umschreiben, daß das Einlesen von Logzeilen und das Schreiben von Ausgabezeilen stärker ineinander verflochten sind. Das wird problematisch, wenn die Logzeilen in Schüben geschrieben werden und nicht langsam, aber stetig hereintröpfeln. Wir wollen natürlich nicht warten, bis eine neue Zeile hereinkommt, bis wir endlich die nächste Zeile in die Dump-Datei ausgeben können. Für diesen Fall müßte ein Timeout-Mechanismus vorgesehen werden.

Beide Ansätze sind schwierig zu implementieren, wenn das Programm portabel bleiben soll; deshalb habe ich es für dieses Buch bei dieser einfacheren Version belassen.

Sicherheitsaspekte bei Programmen, die Logdateien verarbeiten

Ihnen ist sicher aufgefallen, daß sich *bigbuffy* beim Öffnen der Dump-Datei viel vorsichtiger verhält als üblich. Sie sehen hier ein Beispiel für den defensiven Programmierstil, den ich weiter vorn in diesem Kapitel bei »Rotation von Logdateien« kurz angesprochen hatte. Dies ist ein Programm zum Debuggen von Server-Programmen; es ist deshalb sehr wahrscheinlich, daß es von privilegierten Benutzern benutzt wird. Daher muß man sich sehr genau überlegen, wie das Programm mißbraucht werden könnte.

Zum Beispiel kann es sein, daß die für --dumpfile angegebene Datei während der Laufzeit durch ein Link auf eine ganz andere Datei ersetzt wird. Wenn wir die Datei arglos öffnen, haben wir vielleicht gerade eine wichtige Systemdatei wie */etc/passwd* geöffnet. Auch wenn wir die Datei kurz vor dem open() überprüfen, bleibt doch eine kleine Zeitspanne, während der uns ein böswilliger Benutzer eine andere Datei unterschieben kann. In *bigbuffy* wird diese Situation wie folgt vermieden:

- Wir testen, ob die Datei schon existiert. Wenn ja, holen wir mit lstat() die Metadaten zur Datei aus dem Dateisystem.

- Wir öffnen die Datei zum Anhängen von Daten.

- Bevor wir irgendwelche Daten herausschreiben, wenden wir lstat() auf das offene Dateihandle an und bekommen neue Metadaten. Wenn es sich nicht mehr um die gleiche Datei handelt, schreiben wir nichts heraus und beklagen uns lauthals. Mit dieser Technik wird die in Kapitel 1, *Einführung*, angesprochene *Race Condition* vermieden.

Wenn wir nicht an eine bestehende Datei anhängen müßten, könnten wir auch zunächst in eine Temporärdatei mit einem zufälligen Namen (der nicht erraten werden kann) schreiben und die Datei am Ende umbenennen.

Diese Art von Verrenkungen sind deshalb notwendig, weil beim Entwurf von Unix Sicherheit kein besonders wichtiges Thema war. Bösartige Spielchen mit symbolischen Links sind auf NT4 kein Problem, weil es symbolische Links nur im selten benutzten POSIX-Subsystem gibt; auch auf MacOS sind diese Probleme unbekannt, weil es hier so etwas wie einen »privilegierten Benutzer« gar nicht gibt.[3]

Analyse von Logdaten

Bei manchen Systemadministratoren gedeiht die Beziehung zu Logdateien nie inniger als bis zum Stadium der Logdatei-Rotation. Wenn die Log-Information irgendwo auf der Platte vorhanden ist und im Falle eines Problems untersucht werden kann, ist alles in Butter. Das ist eine etwas kurzsichtige Betrachtungsweise. Aus Logdateien lassen sich interessante Statistiken erzeugen. Wir werden einige Ansätze kennenlernen, wie man Logdateien mit Perl analysieren kann. Wir beginnen dabei wie üblich mit einfachen Dingen und gehen dann zu komplexeren weiter.

Die meisten Beispiele in diesem Abschnitt beziehen sich auf Unix, einfach weil ein typisches Unix-System mehr Logdateien aufweist als ein NT/2000- oder MacOS-Rechner. Die dargestellten Ideen sind aber nicht betriebssystemabhängig.

Lesen und Zählen

Die einfachste Technik ist »Lesen und Zählen«. Wir lesen eine Datei von Logdaten, achten auf uns interessierende Merkmale und zählen eine Variable hoch, wenn wir einen solchen Datensatz antreffen. Das folgende Beispiel zählt die Anzahl der Bootvorgänge eines Solaris-2.6-Systems, indem es die entsprechenden Datensätze in der *wtmpx*-Datei[4] zählt:

```
# Schablone für das wtmpx-Format von Solaris 2.6. Siehe die Dokumentation zu pack().
my $template = "A32 A4 A32 l s s2 x2 l2 l x20 s A257 x";
```

---

[3] Der Fairness halber muß gesagt werden, daß es bei NT/2000 und MacOS dafür ganz andere und kaum kleinere Sicherheitsschwächen gibt. Außerdem wird heute viel Arbeit in das Absichern der meisten Unix-Systeme investiert (insbesondere bei OpenBSD).

[4] Die *wtmpx*-Datei unter Solaris 2.x ist eine erweiterte *wtmp*-Datei. Das Format sieht für bestimmte Felder mehr Platz vor als das herkömmliche, bei dem z. B. Rechnernamen auf 16 Zeichen beschränkt sind, es hat außerdem mehr Felder. Bei Solaris wird jedes Ein- und Ausloggen sowohl in *wtmp* als auch in *wtmpx* festgehalten.

```perl
# Länge eines Datensatzes ermitteln.
my $recordsize = length(pack($template, ()));
my $reboots    = 0;

# wtmpx-Datei öffnen.
open(WTMP, "/var/adm/wtmpx") or die "Kann wtmpx nicht öffnen: $!\n";

# Jeden Datensatz der Datei lesen, untersuchen und Reboots zählen.
while (read(WTMP, my $record, $recordsize)) {
    my ($ut_user, $ut_id, $ut_line, $ut_pid, $ut_type, $ut_e_termination,
        $ut_e_exit, $tv_sec, $tv_usec, $ut_session, $ut_syslen, $ut_host) =
        unpack($template, $record);

    if ($ut_line eq "system boot") {
        print "Reboot: " . scalar localtime($tv_sec) . "\n";
        $reboots++;
    }
}

close(WTMP);
print "Anzahl Reboots: $reboots\n";
```

Wir erweitern diese Methode ein wenig und wenden sie auf das Ereignisprotokoll-System von NT/2000 an. Dieses System ist sehr vielseitig, aber dadurch für den Perl-Programmieranfänger auch schwieriger zu benutzen. Wir müssen ein Win32-Modul benutzen, um an die Log-Informationen heranzukommen.

Programme unter NT/2000 senden für das Logging sogenannte »Events« oder Ereignisse an das Betriebssystem. Diese werden vom System entgegengenommen und mit einigen zusätzlichen Daten (Zeit, welches Programm das Ereignis geloggt hat, was für ein Typ von Ereignis – nur Informationen oder etwas Schlimmeres) kombiniert.

Im Gegensatz zu Unix wird die eigentliche Meldung nicht zusammen mit diesen zusätzlichen Daten in eine Logdatei geschrieben. In die Logdatei wird nur eine EventID geschrieben. Diese enthält eine Referenz auf eine ganz bestimmte Meldung, die in eine Programmbibliothek (.*dll*) hineinkompiliert ist. Das Heraussuchen einer vollständigen Meldung zu einer EventID ist deshalb etwas vertrackt. Man muß dazu die korrekte Bibliothek in der Registry suchen und die gefundene .*dll*-Bibliothek von Hand laden. Glücklicherweise gibt es aber das Win32::EventLog-Modul, das dies für uns erledigt (siehe dazu die Verwendung von $Win32::EventLog::GetMessageText bei unserem ersten Win32::Eventlog-Beispiel im Abschnitt »Verwendung des Log-API des Betriebssystems«).

Im nächsten Beispiel erzeugen wir eine einfache Statistik aus den Einträgen im *System*-Ereignisprotokoll – woher die Einträge kommen und wie schwerwiegend sie sind. Das Programm benutzt einen etwas anderen Ansatz als das erste Programm zu NT in diesem Kapitel.

Zuerst laden wir das Win32::EventLog-Modul, das die Verbindung zwischen Perl und den Win32-Loggingroutinen herstellt. Dann wird eine Hashtabelle initialisiert, in der wir die Resultate der Win32-Ereignisroutinen erhalten. An sich würde das Perl von selbst machen, aber es schadet nichts, wenn man eine solche Tabelle hinschreibt, und sei es nur dazu, daß ein anderer Programmierer den Code leichter versteht. Dann wählen wir eine kleine Liste von Ereignistypen aus, über die wir statistische Daten sammeln:

```
use Win32::EventLog;

my $event = { Length              => undef,
              RecordNumber        => undef,
              TimeGenerated       => undef,
              TimeWritten         => undef,
              EventID             => undef,
              EventType           => undef,
              Category            => undef,
              ClosingRecordNumber => undef,
              Source              => undef,
              Computer            => undef,
              Strings             => undef,
              Data                => undef, };

# Liste von Ereignistypen (unvollständig). 1: Error 2: Warning usw.
my @types = ("", "Error", "Warning", "", "Information");
my ($EventLog, $numevents, $oldestevent, %source, %types);
```

Im nächsten Schritt öffnen wir das *System*-Ereignisprotokoll. Der Aufruf von `Open()` schreibt in das erste Argument `$EventLog` ein *EventLog*-Handle, über das alle Aktionen mit der Ereignisdatei ablaufen:

```
Win32::EventLog::Open($EventLog, 'System', '')
    or die "Kann System-Ereignisprotokoll nicht öffnen: $^E\n";
```

Dann stellen wir fest, wie viele Ereignis-Einträge vorhanden sind und wie die Nummer des ältesten Eintrags lautet:

```
$EventLog->GetNumber($numevents);
$EventLog->GetOldest($oldestevent);
```

Mit diesen Zahlen können wir unser Handle beim ersten Aufruf von `Read()` an die richtige Stelle positionieren. Das geschieht ganz analog zur Positionierung in einer normalen Datei mittels `seek()`:

```
$EventLog->Read((EVENTLOG_SEEK_READ | EVENTLOG_FORWARDS_READ),
                $numevents + $oldestevent, $event);
```

Von diesem Punkt an lesen wir in einer Schleife jedes Ereignis ein. Die Konstante `EVENTLOG_SEQUENTIAL_READ` besagt, daß wir von der aktuellen Position aus den nächsten Eintrag lesen wollen, und mit `EVENTLOG_FORWARDS_READ` geben wir an, daß wir in der chronologischen Vorwärtsrichtung lesen wollen.[5] Zu jedem Datensatz erhöhen wir einen Zähler in den Hashes `Source` und `EventType`.

---

[5] Auch in diesem Punkt ist der Logging-Mechanismus von NT/2000 flexibler als üblich. Unser Code hätte das Ereignisprotokoll ebensogut und ebenso einfach chronologisch rückwärts einlesen können.

```
# Schleife über alle Ereignisse.
# Die Herkunft und der Typ des Ereignisses werden in einem Zähler festgehalten.
for (my $i = 0; $i < $numevents; $i++) {
    $EventLog->Read((EVENTLOG_SEQUENTIAL_READ | EVENTLOG_FORWARDS_READ),
                    0, $event);
    $source{$event->{Source}}++;
    $types{$event->{EventType}}++;
}

# Zusammenfassung ausgeben.
print "--> System-Ereignisprotokoll nach Herkunft:\n";
for (sort keys %source) {
    print "$_: $source{$_}\n";
}
print "-" x 30, "\n";
print "--> System-Ereignisprotokoll nach Typ:\n";
for (sort keys %types) {
    print "$types[$_]: $types{$_}\n";
}
print "-" x 30, "\n";
print "Anzahl Ereignisse total: $numevents\n";
```

Bei mir sah die Ausgabe wie folgt aus:

```
--> System-Ereignisprotokoll nach Herkunft:
Application Popup: 4
BROWSER: 228
DCOM: 12
Dhcp: 12
EventLog: 351
Mouclass: 6
NWCWorkstation: 2
Print: 27
Rdr: 12
RemoteAccess: 108
SNMP: 350
Serial: 175
Service Control Manager: 248
Sparrow: 5
Srv: 201
msbusmou: 162
msi8042: 3
msinport: 162
mssermou: 151
qic117: 2
------------------------------
--> System-Ereignisprotokoll nach Typ:
Error: 493
Warning: 714
Information: 1014
------------------------------
Anzahl Ereignisse total: 2220
```

Hier folgt das versprochene Skript, das ein Programm in der Art von *last* benutzt und so die Ereignisdaten liest. Das verwendete Programm ist *ElDump* von Jesper Lauritsen, das man von *http://www.ibt.ku.dk/Jesper/NTtools/* herunterladen kann. Dieses *ElDump* gleicht dem Programm *DumpEl* aus dem NT Resource Kit:

```perl
no strict 'refs';                      # Wir verwenden symbolische Referenzen.
my $eldump = 'c:\bin\eldump';          # Pfadname des ElDump-Programms
# Ausgabe ohne den ausführlichen Meldungstext (schneller) und mit ~ als Separator
my $flags = '-l system -c ~ -M';

open(ELDUMP, "$eldump $flags|") or die "Kann $eldump nicht ausführen: $!\n";

print STDERR "System-Ereignisprotokoll wird gelesen.";

while (<ELDUMP>) {
    my ($datum, $zeit, $source, $type, $category, $event, $user, $computer) =
        split('~');
    $$type{$source}++;
    print STDERR ".";
}
print STDERR " OK.\n";

close(ELDUMP);

# Für jeden Ereignistyp die verschiedenen Quellen und deren Anzahl ausgeben.
foreach my $type (qw(Error Warning Information AuditSuccess AuditFailure)) {
    print "-" x 65, "\n";
    print uc($type) . "-Ereignisse nach Herkunft:\n";
    for (sort keys %$type) {
        print "$_ ($$type{$_})\n";
    }
}
print "-" x 65, "\n";
```

Hier sehen Sie einen Teil der Ausgabe:

```
ERROR-Ereignisse nach Herkunft:
BROWSER (8)
Cdrom (2)
DCOM (15)
Dhcp (2524)
Disk (1)
EventLog (5)
RemoteAccess (30)
Serial (24)
Service Control Manager (100)
Sparrow (2)
atapi (2)
i8042prt (4)
-----------------------------------------------------------------
```

```
WARNING-Ereignisse nach Herkunft:
BROWSER (80)
Cdrom   (22)
Dhcp    (76)
Print   (8)
Srv     (82)
```

Eine Variation zu »Lesen und Zählen«

Manchmal genügt es nicht, eine Logdatei nur einmal zu durchlaufen. Manchmal ist es bei sehr großen Logdateien notwendig, die Datei mehrfach zu lesen, oder aber, wenn erst beim ersten Durchlesen überhaupt klar wird, was die interessanten Informationen sind – wonach also in einem zweiten Durchlauf gesucht werden soll. Programmiertechnisch kann das auf zweierlei Art geschehen:

- Die Datei wird nach dem ersten Durchlauf auf den Anfang positioniert (mit seek()) oder einem entsprechenden API-Aufruf).

- Das Dateihandle wird geschlossen und erneut geöffnet. In manchen Fällen (z. B. wenn man die Ausgabe eines Programms wie *last* liest) ist das auch die einzige Möglichkeit.

Im folgenden geht es um eine Situation, in der es fast nicht anders geht, als eine Logdatei mehrfach zu lesen. Nehmen wir an, es ist in ein Benutzerkonto auf einem Ihrer Rechner eingebrochen worden. Sie wollen feststellen, ob von dem gleichen entfernten Rechner aus auch ein anderes Benutzerkonto angewählt worden ist. Es ist nicht so einfach, die Frage sofort zu beantworten. Diese erste Version läuft auf SunOS (siehe die Schablone für unpack()) und erwartet zwei Argumente: den Benutzernamen des Kontos, in das eingebrochen wurde, und einen regulären Ausdruck, mit dem wir die uninteressanten Rechnernamen herausfiltern:

```
my $template          = "A8 A8 A16 l"; # Für SunOS 4.1.4
my $recordsize        = length(pack($template, ()));
my ($user, $ignore)   = @ARGV or die "Aufruf: $0 user regex\n";
my (%kontakte, $tty, $name, $rechner, $zeit, $connect);

print "-- Logins für $user von folgenden Rechnern --\n";
open(WTMP, "/var/adm/wtmp") or die "Kann wtmp nicht öffnen: $!\n";
while (read(WTMP, my $record, $recordsize)) {
    ($tty, $name, $rechner, $zeit) = unpack($template, $record);

    if ($user eq $name) {
        next if (defined $ignore and $rechner =~ /$ignore/o);
        if (length($rechner) > 2 and !exists $kontakte{$rechner}) {
            $connect = localtime($zeit);
            $kontakte{$rechner} = $zeit;
            write;
        }
    }
}
print "-- Logins auf andere Konten von diesen Rechnern --\n";
```

```
        die "Kann nicht an den Anfang von wtmp zurückspringen: $!\n"
            unless (seek(WTMP, 0, 0));

    while (read(WTMP, my $record, $recordsize)) {
        ($tty, $name, $rechner, $zeit) = unpack($template, $record);

        # Zeile nur dann herausschreiben, wenn der Datensatz kein Logout ist,
        # wenn die Verbindung von einem der im ersten Durchgang gefundenen Rechner
        # ausging und wenn das Benutzerkonto nicht das ist, in das eingebrochen wurde.
        if (substr($name, 0, 1) ne "\0"
                and exists $kontakte{$rechner}
                and $name ne $user) {
            $connect = localtime($zeit);
            write;
        }
    }
    close(WTMP);

    # Das Ausgabeformat muß evtl. der Schablone angepaßt werden.
    format STDOUT =
    @<<<<<<<   @<<<<<<<<<<<<<   @<<<<<<<<<<<<<<<<<<<<<<<<
    $name,     $rechner,        $connect
    .
```

Das Programm durchsucht zunächst die *wtmp*-Datei nach allen Logins zu dem Konto, in das eingebrochen wurde. Die Rechner, von denen aus eingeloggt wurde, werden in einem Hash festgehalten. Dann geht das Programm an den Anfang der Datei zurück und schreibt alle Logins heraus, die von einem der im ersten Durchgang gefundenen Rechner ausgingen. Es wäre einfach, dieses Programm so zu modifizieren, daß es auch alte, rotierte Logdateien durchsuchen würde.

Ein Problem mit diesem Programm ist, daß es zu spezifisch ist. Wenn ein Einbrecher über einen Modem-Pool eines Internet-Providers eindringt (wie das meist der Fall ist), dann geht die Verbindung sehr wahrscheinlich jedesmal von einem anderen Rechnernamen aus. Dennoch ist eine Teillösung wie diese oft eine große Hilfe.

Abgesehen von seiner Einfachheit hat dieser Ansatz – mehrmaliges Durchkämmen – noch andere Vorteile: Es wird wenig Hauptspeicher benutzt, und die Methode ist relativ schnell. Die Methode funktioniert aber nur bei zustandslosen Logdateien gut. In anderen Fällen – und besonders bei zustandsbehafteten Logdaten – muß eine andere Strategie verwendet werden.

Alles einlesen – erst dann verarbeiten

Im Beispiel oben haben wir die Daten so schnell wie möglich ausgegeben und nur die Rechnernamen in einem Hash abgespeichert. Als anderes Extrem kann man die interessant scheinenden Daten vollständig in den Speicher laden und erst dann Berechnungen damit anstellen. Wir werden im folgenden ein paar Programme betrachten, die diesen Ansatz verfolgen.

Wir beginnen mit einem einfachen Beispiel. Sie betreiben einen FTP-Server und wollen wissen, welche Dateien am häufigsten heruntergeladen werden. Die Zeilen aus der Logdatei des *wu-ftpd*-Servers sehen wie folgt aus:

```
Sun Dec 27 05:18:57 1998 1 nic.funet.fi 11868 /net/ftp.funet.fi/
CPAN/MIRRORING.FROM a _ o a cpan@perl.org ftp 0 *
Sun Dec 27 05:52:28 1998 25 kju.hc.congress.ccc.de 269273 /CPAN/
doc/FAQs/FAQ/PerlFAQ.html a _ o a mozilla@ ftp 0 *
Sun Dec 27 06:15:04 1998 1 rising-sun.media.mit.edu 11868 /CPAN/
MIRRORING.FROM b _ o a root@rising-sun.media.mit.edu ftp 0 *
Sun Dec 27 06:15:05 1998 1 rising-sun.media.mit.edu 35993 /CPAN/
RECENT.html b _ o a root@rising-sun.media.mit.edu ftp 0 *
```

Die einzelnen Felder sind in der Manpage *xferlog(5)* zum *wu-ftpd*-Server beschrieben und hier aufgeführt:

Feld	Name des Feldes	Bedeutung
0	current-time	Datum
1	transfer-time	Übertragungszeit in Sekunden
2	remote-host	Rechner, von dem die Verbindung ausging
3	filesize	Dateigröße in Bytes
4	filename	Dateiname
5	transfer-type	Typ (a: ASCII, b: binär)
6	special-action-flag	
7	direction	
8	access-mode	a: *anonymous ftp*
9	username	Benutzername
10	service-name	
11	authentication-method	
12	authenticated-user-id	

Das folgende Programm gibt die übertragenen Dateien nach der Häufigkeit geordnet aus:

```perl
my $xferlog = "/var/adm/log/xferlog";
my %files;

open(XFERLOG, $xferlog) or die "Kann $xferlog nicht öffnen: $!\n";

while (<XFERLOG>) {
    $files{(split)[8]}++;
}

close(XFERLOG);

for (sort {$files{$b} <=> $files{$a} || $a cmp $b} keys %files) {
    print "$_:$files{$_}\n";
}
```

Wir lesen jede Zeile der Logdatei und benutzen den Dateinamen als Schlüssel für einen Hash. Die Werte werden bei jeder gefundenen Datei inkrementiert. Der Dateiname wird aus der Zeile als neuntes Element des von `split()` erzeugten Elements extrahiert:

```
$files{(split)[8]}++;
```

Sie werden bemerken, daß die Feldnummer (8) nicht mit der aus der Tabelle oben übereinstimmt. Das liegt daran, daß unsere Logdatei keine eindeutigen Trennzeichen aufweist: Das erste Feld enthält selbst Leerzeichen. Unser `split()` benutzt diese als Trennzeichen (per Voreinstellung), und daher besteht das Datumsfeld für `split()` aus fünf Feldern.

Die anonyme Vergleichsroutine für das `sort` ist auch bemerkenswert:

```
for (sort {$files{$b} <=> $files{$a} || $a cmp $b} keys %files) {
```

Beim ersten Vergleich sind $a und $b vertauscht – so erhalten wir die Dateien in absteigender Reihenfolge der Übertragungshäufigkeit – die am häufigsten übertragenen zuerst. Beim zweiten Vergleich sind $a und $b in der normalen Reihenfolge (`|| $a cmp $b`), wir erhalten deshalb gleich häufig übertragene Dateinamen in alphabetischer Reihenfolge.

Wenn wir unsere Hitliste nur auf bestimmte Dateien oder Verzeichnisse beschränken wollen, können wir einen regulären Ausdruck als Argument zulassen, der nur die interessierenden Dateien zuläßt. Dazu muß im Programm nur der Inhalt der `while`-Schleife verändert werden:

```
$_ = (split)[8];
next unless /$ARGV[0]/o;
$files{$_}++;
```

Reguläre Ausdrücke

Das Schreiben des passenden regulären Ausdrucks ist nicht selten der zentrale Punkt beim Auswerten von Logdateien. Die Regex wirkt wie ein Sieb, das die interessanten Teile aus dem Sandhaufen der Logdatei herausfiltert. Die hier benutzten regulären Ausdrücke sind recht einfach, weil sie nur zur Illustration dienen, aber bei wirklichen Problemen können Sie sehr bald auf sehr komplizierte Ausdrücke stoßen. Dabei können Sie die Technik mit vorkompilierten regulären Ausdrücken oder mit anonymen Subroutinen aus dem letzten Kapitel gut gebrauchen.

Die Zeit, die Sie zum Lernen von regulären Ausdrücken investieren, zahlt sich auf jeden Fall aus. Eine der besten Informationsquellen zu regulären Ausdrücken ist das Buch *Reguläre Ausdrücke* von Jeffrey Friedl (O'Reilly).

Analyse von Logdaten

Für das nächste Beispiel erweitern wir unseren »Einbruchsmelder« von vorhin. Bisher findet unser Programm nur *erfolgreiche* Logins von verdächtigen Rechnern. Wir wissen nichts über erfolglose Login-Versuche. Dafür müssen wir eine andere Logdatei zu Rate ziehen.

Dieses Problem bringt einen Mangel von Unix ans Tageslicht: Unter Unix werden Ereignisse nicht selten an ganz verschiedenen Orten und in unterschiedlichen Formaten abgespeichert. Es gibt wenige Programme, die mit diesen unterschiedlichen Logdaten umgehen können (aber wir haben ja Perl). Nicht selten muß mehr als eine Logdatei untersucht werden.

Die Logdatei, die uns in diesem Fall hilft, ist die via *syslog* erzeugte Logdatei von *tcpwrappers*. *tcpwrappers* ist ein Programm von Wietse Venema, das den Zugang zu jedem Netzwerkdienst überwachen und so für Sicherheit sorgen kann. Man kann jeden einzelnen Dienst wie etwa *telnet* so konfigurieren, daß das *tcpwrappers*-Programm den Verbindungsaufbau übernimmt. Wenn die Verbindung da ist, loggt *tcpwrappers* diese Information via *syslog* und gibt dann die offene Verbindung an das eigentliche Dienstprogramm weiter, oder es beendet die Verbindung. Was mit einer Verbindung geschehen soll, kann der Systemadministrator mit einigen einfachen Regeln bestimmen (er kann z. B. Verbindungen von bestimmten Rechnern ausschließen oder nur ausgewählte Rechner zulassen). *tcpwrappers* kann auch so konfiguriert werden, daß auch der (über das Ident-Protokoll aus RFC 931 bestimmte) Benutzername abgefragt und geloggt wird. Eine eingehendere Beschreibung von *tcpwrappers* finden Sie in *Practical Unix & Internet Security* von Simson Garfinkel und Gene Spafford (O'Reilly).

Für unsere Zwecke genügt es, unseren »Einbruchsmelder« aus dem letzten Abschnitt um ein paar Zeilen zu erweitern, in denen die *tcpwrappers*-Logdatei (die hier *tcpdlog* heißt) nach den verdächtigen Rechnern abgesucht wird, die wir in *wtmp* gefunden haben. Wir fügen die folgenden Zeilen an unser Programm an:

```perl
# tcpwrappers-Logdatei.
my $tcpdlog       = "/var/log/tcpd/tcpdlog";
my $max_rechner   = 16;   # Max. Länge des Rechnernamens in wtmp.

print "-- Andere Kontakte von diesen Rechnern (tcpdlog) --\n";
open(TCPDLOG, $tcpdlog) or die "Kann $tcpdlog nicht öffnen: $!\n";
while (<TCPDLOG>) {
    next if !/connect from /; # Wir kümmern uns nur um Verbindungsaufnahmen.
    my ($connectto, $connectfrom) = /(.+):\s+connect from\s+(.+)/;
    $connectfrom =~ s/^.+@//;

    # Bei tcpwrappers wird der ganze Rechnername geloggt, nicht nur die ersten
    # N Zeichen wie in manchen wtmp-Dateien. Wir müssen daher die Rechnernamen
    # auf die gleiche Länge bringen, damit wir sie als Hashschlüssel verwenden können.
    $connectfrom = substr($connectfrom, 0, $max_rechner);
    print if (exists $kontakte{$connectfrom}
              and not (defined $ignore and $connectfrom =~ /$ignore/o));
}
```

Wir erhalten eine Ausgabe der folgenden Art:

```
-- Logins für user von folgenden Rechnern --
user          hostxx.ccs.neu.e   Fri Apr  3 13:41:47 1999
-- Logins auf andere Konten von diesen Rechnern --
user2         hostxx.ccs.neu.e   Thu Oct  9 17:06:49 1999
user2         hostxx.ccs.neu.e   Thu Oct  9 17:44:31 1999
user2         hostxx.ccs.neu.e   Fri Oct 10 22:00:41 1999
user2         hostxx.ccs.neu.e   Wed Oct 15 07:32:50 1999
user2         hostxx.ccs.neu.e   Wed Oct 22 16:24:12 1999
-- Andere Kontakte von diesen Rechnern (tcpdlog) --
Jan 12 13:16:29 host2 in.rshd[866]: connect from user4@hostxx.ccs.neu.edu
Jan 13 14:38:54 host3 in.rlogind[461]: connect from user5@hostxx.ccs.neu.edu
Jan 15 14:30:17 host4 in.ftpd[18799]: connect from user6@hostxx.ccs.neu.edu
Jan 16 19:48:19 host5 in.ftpd[5131]: connect from user7@hostxx.ccs.neu.edu
```

Vielleicht ist Ihnen aufgefallen, daß die Verbindungen aus zwei verschiedenen Zeiträumen zu stammen scheinen. In *wtmp* finden wir Logins zwischen dem 3. April und dem 22. Oktober, die von *tcpwrappers* gelogten Verbindungen stammen dagegen alle aus dem Januar. Dieser Unterschied weist darauf hin, daß die Logdateien für *wtmp* und die für *tcpwrappers* mit unterschiedlicher Frequenz rotiert wurden. Wenn Sie Code dieser Art schreiben, müssen Sie auf diese Art von Details achten und nicht stillschweigend annehmen, daß alle Logdateien die gleiche Periode abdecken.

Im letzten Beispiel zu unserem Ansatz »Alles einlesen – erst dann verarbeiten« nehmen wir uns ein Problem vor, bei dem zustandslose Daten mit zustandsbehafteten kombiniert werden müssen. Wenn Sie ein genaueres Bild über den Verkehr auf einem *wu-ftpd*-Server haben wollen, dann müssen Sie die Daten zum Login und Logout aus der *wtmp*-Datei mit den Daten zu jeder übertragenen Datei aus *xferlog* verbinden. Es wäre schön, wenn Sie zu jeder FTP-Verbindung den Anfang, das Ende und die während dieser Verbindung übertragenen Dateien ausgeben könnten.

Im folgenden sehen Sie die Ausgabe des Programms, das wir aufbauen werden. Es zeigt die FTP-Verbindungen im März an. Bei der ersten Verbindung wurde eine Datei auf den Rechner transferiert, bei den nächsten zwei Verbindungen wurde eine bzw. zwei Dateien von dem Rechner heruntergeladen. Beim letzten Eintrag wurde gar keine Datei übertragen:

```
Thu Mar 12 18:14:30 1998-Thu Mar 12 18:14:38 1998 pitpc.ccs.neu.ed
        -> /home/dnb/makemod

Sat Mar 14 23:28:08 1998-Sat Mar 14 23:28:56 1998 traal-22.ccs.neu
        <- /home/dnb/.emacs19

Sat Mar 14 23:14:05 1998-Sat Mar 14 23:34:28 1998 traal-22.ccs.neu
        <- /home/dnb/lib/emacs19/cperl-mode.el
        <- /home/dnb/lib/emacs19/filladapt.el

Wed Mar 25 21:21:15 1998-Wed Mar 25 21:36:15 1998 traal-22.ccs.neu
        (keine Dateien übertragen)
```

Analyse von Logdaten

Das Erzeugen dieser Ausgabe ist nicht einfach, weil wir zustandslose Daten irgendwie einer zustandsbehafteten FTP-Sitzung zuordnen müssen. In *xferlog* werden nur der Name des Rechners und die Zeit des Transfer-Beginns angegeben. In *wtmp* werden dagegen Verbindungsaufnahme und -abbruch von beliebigen Rechnern festgehalten. Wir benutzen für diese Zuordnung den »Alles einlesen – erst dann verarbeiten«-Ansatz. Zunächst definieren wir die benötigten Variablen und rufen dann für jede Logdatei eine Subroutine auf:

```
# Für die Konvertierung Datum -> Unixtime (Zeit seit dem 1. Jan. 1970).
use Time::Local;

my $xferlog      = "/var/log/xferlog";        # Logdatei von wu-ftpd.
my $wtmp         = "/var/adm/wtmp";           # Pfadname von wtmp.
my $template     = "A8 A8 A16 l";             # SunOS-4.1.4-Schablone für wtmp.
my $recordsize   = length(pack($template, ())); # Größe eines wtmp-Eintrags.
my $max_rechner  = 16;                        # Max. Rechnernamenlänge in wtmp.
# Zuordnung Monatsname zu -nummer (beginnend bei 0 wie bei localtime).
my %monat        = qw{Jan 0 Feb 1 Mar 2 Apr 3 May 4 Jun 5
                      Jul 6 Aug 7 Sep 8 Oct 9 Nov 10 Dec 11};
my (%transfers, @sitzungen);

&Xferlog_einlesen;        # Transfer-Logdatei von wu-ftpd absuchen.
&Wtmp_einlesen;           # wtmp-Daten einlesen.
&Transfers_ausgeben;      # Verbindungen herstellen und ausgeben.
```

Die folgende Subroutine liest die interessanten Daten aus der *wu-ftpd*-Logdatei *xferlog* ein:

```
# xferlog von wu-ftpd einlesen und in der Datenstruktur %transfers ablegen.
sub Xferlog_einlesen {

    print STDERR "$xferlog wird eingelesen...";
    open(XFERLOG, $xferlog) or die "Kann $xferlog nicht öffnen: $!\n";

    while (<XFERLOG>) {
        # Mit einem Array-Slice nur die uns interessierenden Felder auswählen.
        my ($mon, $m_tag, $zeit, $jahr, $rhost, $datei, $richtung) =
            (split)[1,2,3,4,6,8,11];

        # Richtung der Übertragung – »i« bedeutet »in«, zum lokalen Rechner hin.
        $datei = ($richtung eq 'i' ? "-> " : "<- ") . $datei;

        # Übertragungszeit in das »Epoch«-Format (Sek. seit 1. Jan. 1970) verwandeln.
        my ($std, $min, $sek) = split(':', $zeit);
        my $epoch = timelocal($sek, $min, $std, $m_tag, $monat{$mon}, $jahr);

        # Die Daten in einen Hash von Listen von Listen eintragen.
        push(@{$transfers{substr($rhost, 0, $max_rechner)}},
            [$epoch, $datei]);
    }
}
```

```
        close(XFERLOG);
        print STDERR "fertig.\n";
}
```

Die Zeile mit push() in dieser Subroutine muß vielleicht etwas näher erläutert werden. Wir erzeugen hier einen Hash von Liste von Listen, der ungefähr wie folgt aussieht:

```
$transfers{rechnername} =
    ([zeit1, dateiname1], [zeit2, dateiname2], [zeit3, dateiname3]...)
```

Die Schlüssel im Hash %transfers sind die Namen der Rechner, von denen die Verbindung ausging. Wir verkürzen diese Namen auf die maximale Länge, die unser *wtmp*-Format zuläßt.

Zu jedem Rechner speichern wir eine Liste von Übertragungen, wobei zu jeder Übertragung der Zeitpunkt und der Dateiname gehört. Die Zeit wird im »Sekunden seit der Epoch«-Format abgespeichert, damit wir sie später leicht mit anderen Zeitangaben vergleichen können.[6] Diese Berechnung nimmt uns das Time::Local-Modul ab. Weil die Einträge in der Logdatei in chronologischer Reihenfolge geschrieben wurden, sind auch unsere Transfer-Listen chronologisch geordnet – diese Eigenschaft vereinfacht den späteren Code.

Die folgende Routine liest die *wtmp*-Daten ein:

```
# Wtmp-Datei nach FTP-Sitzungen absuchen und diese in @sitzungen speichern.
sub Wtmp_einlesen {
    my %login;

    print STDERR "$wtmp wird eingelesen...";
    open(WTMP, $wtmp) or die "Kann $wtmp nicht öffnen: $!\n";

    while (read(WTMP, my $record, $recordsize)) {

        # Datensätze, die nicht mit ftp beginnen, packen wir gar nicht erst aus.
        # Achtung: Das ist zwar schneller, aber so sind wir von diesem speziellen
        # wtmp-Format abhängig.
        next if (substr($record, 0, 3) ne "ftp");

        my ($tty, $name, $rechner, $zeit) = unpack($template, $record);

        # Login-Datensatz gefunden. Wir speichern diesen in einem Hash von Listen
        # von Listen (LoL). Diese LoL wird als Stack benutzt.
        if ($name and substr($name, 0, 1) ne "\0") {
            push(@{$login{$tty}}, [$rechner, $zeit]);
        }
```

---

[6] Die »Epoch« ist ein an sich willkürlicher Nullpunkt für Zeitberechnungen. Auf Unix ist dies zum Beispiel der 1. Januar 1970, 00:00:00 GMT.

```
        # Logout-Datensatz gefunden. Wir suchen den entsprechenden, früher
        # abgespeicherten Login-Datensatz.
        else {
            unless (exists $login{$tty}) {
                warn "Logout ohne Login gefunden: $tty:" .
                    scalar localtime($zeit) . "\n";
                next;
            }
            # Rechnername, Login- und Logoutzeit bilden zusammen eine Sitzung.
            # Wir speichern diese als Liste von Listen. Jedes Element ist eine
            # Liste vom Typ (rechner, login, logout).
            push(@sitzungen, [@{shift @{$login{$tty}}}, $zeit]);

            # Wenn der Stack für diesen TTY keine Logins mehr enthält, wird er
            # vollständig aus dem Hash entfernt.
            delete $login{$tty} unless (@{$login{$tty}});
        }
    }
    close(WTMP);
    print STDERR "fertig.\n";
}
```

Sehen wir uns diesen Code näher an. Wir lesen Datensatz um Datensatz aus *wtmp*. Wenn ein solcher Datensatz mit `ftp` beginnt, wissen wir, daß es sich um eine FTP-Sitzung handelt. Wie im Kommentar ausgeführt, nehmen wir hier an, daß das TTY-Feld das erste Feld in der *wtmp*-Struktur ist. Dafür ist aber dieser Test schneller, als wenn wir jeden Datensatz mit `unpack()` auspacken müßten.

Wenn wir einen `ftp`-Datensatz haben, nehmen wir ihn auseinander und überprüfen, ob er den Aufbau oder den Abbruch einer FTP-Sitzung betrifft. Beim Verbindungsaufbau notieren wir die Daten in `%login`, einer Datenstruktur, die alle im Moment offenen Sitzungen enthält. Wie `%transfers` in der letzten Subroutine ist es ein Hash von Listen von Listen. Diesmal ist der Hashschlüssel der TTY zu jeder Verbindung. Die Werte im Hash enthalten Listen, deren Elemente Listen mit dem Rechnernamen und der Loginzeit sind.

Warum brauchen wir eine derart komplizierte Datenstruktur? Leider kann man aus der *wtmp*-Datei nicht immer auf eindeutige Weise jedem Login sein entsprechendes Logout zuordnen. Nehmen wir zum Beispiel diese Zeilen aus *wtmp* (wie sie unser erstes *wtmp*-Programm in diesem Kapitel ausgibt):

```
ftpd1833:dnb:ganges.ccs.neu.e:Fri Mar 27 14:04:47 1998
ttyp7:(logout):(logout):Fri Mar 27 14:05:11 1998
ftpd1833:dnb:hotdiggitydog-he:Fri Mar 27 14:05:20 1998
ftpd1833:(logout):(logout):Fri Mar 27 14:06:20 1998
ftpd1833:(logout):(logout):Fri Mar 27 14:06:43 1998
```

Beachten Sie die zwei gleichzeitigen Verbindungen auf dem gleichen TTY (die erste und die dritte Zeile). Wenn wir jede Verbindung direkt als Hashschlüssel abspeicherten, überschriebe die zweite die Daten aus der ersten.

Wir benutzen deshalb jeden Wert im Hash %login als Stack. Wenn wir einen Login-Eintrag finden, fügen wir dem Stack für den betreffenden TTY mit push ein kleines Array (rechner, loginzeit) hinzu. Wenn wir einen Eintrag für einen Verbindungsabbruch antreffen, wird das letzte Element auf dem Stack mit pop entfernt, und wir speichern die Login- und Logoutzeit in einer anderen Datenstruktur. Das passiert alles in der einen Zeile:

```
push(@sitzungen, [@{shift @{$login{$tty}}}, $zeit]);
```

Haben Sie das sofort verstanden? Wenn nicht, entwirren Sie die Zeile von innen nach außen. Der halbfett gedruckte Teil ist eine Referenz auf die Liste oder besser auf den Stack, der die Rechner/Loginzeit-Informationspaare zu jeder offenen Verbindung enthält:

```
push(@sitzungen, [@{shift @{$login{$tty}}}, $zeit]);
```

Das hier halbfett Gedruckte ist eine Referenz auf das zuletzt gefundene Informationspaar, die mit pop vom Stack entfernt wurde:

```
push(@sitzungen, [@{shift @{$login{$tty}}}, $zeit]);
```

Wir dereferenzieren und erhalten das eigentliche *(rechner, loginzeit)*-Paar. Dieses bildet den Anfang einer neuen Liste, die mit der eben in *wtmp* gefundenen Logout-Zeit endet. Perl interpoliert die alte Zweierliste automatisch in die neue Liste. Wir bekommen also eine Liste mit drei Elementen, das Tripel *(rechner, loginzeit, logoutzeit)*:

```
push(@sitzungen, [@{shift @{$login{$tty}}}, $zeit]);
```

Wir haben nun alle Teile der FTP-Sitzung (Rechner, Verbindungsaufname und -abbruch) in einer Liste und fügen eine Referenz auf diese Liste an das Array @sitzungen an:

```
push(@sitzungen, [@{shift @{$login{$tty}}}, $zeit]);
```

Wir haben in einer Zeile die Liste der FTP-Sitzungen erzeugt.

Am Ende der Subroutine &Wtmp_einlesen überprüfen wir, ob der Stack zum aktuellen TTY leer ist. Wenn ja, entfernen wir auch gleich den Schlüssel aus dem Hash, da wir wissen, daß es auf diesem TTY keine bestehenden Verbindungen mehr gibt:

```
delete $login{$tty} unless (@{$login{$tty}});
```

Nun müssen wir die Verbindung zwischen den zwei Datenstrukturen herstellen. Dies wird in der Subroutine &Transfers_ausgeben erledigt. Zu jeder FTP-Sitzung wird das Tripel der Verbindung ausgegeben, gefolgt von den in dieser Sitzung übertragenen Dateien.

```perl
# Alle Sitzungen durchgehen und die darin übertragenen Dateien finden.
sub Transfers_ausgeben {

    foreach my $sitzung (@sitzungen) {

        # Login- und Logoutzeit ausgeben.
        print scalar localtime($$sitzung[1]) . "-" .
            scalar localtime($$sitzung[2]) .
            " $$sitzung[0]\n";

        # Die in dieser Sitzung übertragenen Dateien finden und ausgeben.
        print &Dateien_finden(@{$sitzung}), "\n";
    }
}
```

Hier folgt der schwierige Teil – wir müssen herausfinden, ob in einer bestimmten Sitzung überhaupt Dateien übertragen wurden:

```perl
# Gibt die während einer Sitzung übertragenen Dateien zurück.
sub Dateien_finden {
    my ($rhost, $login, $logout) = @_;
    my ($transfer, @gefunden);

    # Einfacher Fall: von diesem Rechner aus gab es überhaupt keine Transfers.
    unless (exists $transfers{$rhost}) {
        return "\t(keine Dateien übertragen)\n";
    }

    # Einfacher Fall: Der erste Dateitransfer von diesem Rechner passierte nach
    # der aktuellen Sitzung.
    if ($transfers{$rhost}->[0]->[0] > $logout) {
        return "\t(keine Dateien übertragen)\n";
    }

    # Während der aktuellen Sitzung übertragene Dateien bestimmen.
    foreach $transfer (@{$transfers{$rhost}}) {

        # Vor der Sitzung übertragene Dateien.
        next if ($$transfer[0] < $login);

        # Nach der Sitzung übertragene Dateien.
        last if ($$transfer[0] > $logout);

        # Diese Datei wurde bereits einer anderen Sitzung zugeordnet.
        next unless (defined $$transfer[1]);

        push(@gefunden, "\t" . $$transfer[1] . "\n");
        undef $$transfer[1];
    }
    ($#gefunden > -1 ? @gefunden : "\t(keine Dateien übertragen)\n")
}
```

Die einfachen Fälle werden zuerst behandelt. Wenn von einem bestimmten Rechner aus gar keine Dateien transferiert wurden, oder das erst nach der gerade untersuchten Sitzung geschah, dann wissen wir sehr schnell, daß in dieser Sitzung nichts übertragen wurde.

Nach den einfachen Fällen müssen wir jeden Transfer in unserer Liste durchgehen und vergleichen, ob dieser nach der Login- und vor der Logoutzeit stattgefunden hat. Wenn wir einem Filetransfer nach der Logoutzeit begegnen, brauchen wir die folgenden, noch späteren Transfers gar nicht mehr zu beachten. Sie erinnern sich, daß wir auf die chronologische Ordnung der Transfers hingewiesen haben? Hier zahlt sich das aus.

Der letzte Test mag zunächst etwas eigentümlich erscheinen:

```
# Diese Datei wurde bereits einer anderen Sitzung zugeordnet.
next unless (defined $$transfer[1]);
```

Wenn sich zwei FTP-Sitzungen vom gleichen Rechner aus überschneiden, gibt es für uns keine Möglichkeit zu entscheiden, zu welcher Sitzung ein bestimmter Dateitransfer gehört. Diese Information ist in unseren Logdateien einfach nicht enthalten. Das beste, was wir tun können, ist, den Dateitransfer nach einer bestimmten Regel einer Sitzung zuzuteilen und diese Regel einzuhalten. Die Regel hier ist ganz einfach: der Dateitransfer wird der Sitzung zugesprochen, die früher beginnt. Der Test überprüft die Regel, und das undef zwei Zeilen später entfernt Dateien, die bereits einer Sitzung zugeordnet und ausgegeben wurden.

Wenn alle diese Prüfungen bestanden sind, geben wir die in dieser Sitzung übertragenen Dateien zurück. Die Sitzung und die darin übertragenen Dateien werden ausgegeben.

Wenn bei Programmen nach dem »Alles einlesen – erst dann verarbeiten«-Verfahren Daten korreliert werden müssen, kann das schnell recht kompliziert werden, insbesondere dann, wenn die Daten und die Korrelation etwas ungenau sind. Ganz nach dem Motto von Perl sehen wir erstmal nach, ob das nicht auch einfacher geht.

Der Blackbox-Ansatz

Wenn Sie in Perl etwas programmieren wollen, das vielleicht von allgemeinem Interesse ist, dann stehen die Chancen nicht schlecht, daß es schon jemand vor Ihnen getan hat und den Code in Modulform veröffentlicht hat. Sie überantworten diesem Modul Ihre Daten und holen die Resultate ab, ohne daß Sie genau wissen, was da vorgeht. Sie haben das Modul als »Blackbox« benutzt.

In unserem Zusammenhang stößt man früher oder später auf das Modul SyslogScan von Rolf Harold Nelson. Weiter vorn in diesem Kapitel haben wir festgestellt, daß das Parsing von *sendmail*-Logdateien etwas schwieriger ist, weil die Daten zustandsbehaftet sind. Zu jeder Zeile gibt es eine oder mehr verwandte Zeilen, die irgendwann später in der Logdatei auftauchen. Mit dem SyslogScan-Paket kann man jede E-Mail-Nachricht einzeln ansprechen, ohne von Hand die zugehörigen Zeilen aus der Logdatei herauszusuchen. Man kann mit dem Modul Meldungen anhand bestimmter Adressen herausfiltern und einfache Statistiken zu den behandelten Meldungen aufstellen.

`SyslogScan` ist objektorientiert, daher besteht der erste Schritt nach dem Einbinden des Moduls im Erzeugen einer Objektinstanz:

```
use SyslogScan::DeliveryIterator;

# Eine Liste von Dateien mit sendmail-Logdaten.
my $maillogs = ["/var/log/mail/maillog"];

my $iterator = new SyslogScan::DeliveryIterator(syslogList => $maillogs);
```

Mit dem Konstruktor new aus `SyslogScan::DeliveryIterator` wird ein *Iterator* erzeugt. Das ist im Grunde ein Zeiger, der von einer Nachricht zur nächsten wandert. Mit einem solchen Iterator brauchen wir die Datei nicht von Hand einzulesen und nach allen zusammengehörenden Zeilen zu suchen. Mit der Methode next() bekommen wir ein *Delivery*-Objekt, das alle Informationen zu einer bestimmten Meldung enthält, die in der Datei über mehrere, vielleicht weit auseinanderliegende Zeilen verteilt ist. Beispielsweise erzeugt dieser Code

```
while (my $delivery = $iterator->next()) {
    print $delivery->{Sender} . " -> " .
        join(",", @{$delivery->{ReceiverList}}), "\n";
}
```

eine Ausgabe der folgenden Art:

```
root@host.ccs.neu.edu -> user1@cse.scu.edu
owner-freebsd-java-digest@freebsd.org -> user2@ccs.neu.edu
root@host.ccs.neu.edu -> user3@ccs.neu.edu
```

Es kommt aber noch besser. Wenn wir ein Iterator-Objekt der new-Methode aus dem `SyslogScan::Summary`-Modul übergeben, wird die Ausgabe der next-Methode des Iterators übernommen und daraus ein *Summary*-Objekt erzeugt. Dieses Objekt enthält die Zusammenfassung von allen *Delivery*-Objekten, die der Iterator findet.

Das `SyslogScan`-Paket kann aber noch mehr. Wir können die Zusammenfassung von `SyslogScan::Summary` an die new-Methode des Moduls `SyslogScan::ByGroup` weitergeben und so die Meldungen und Zusammenfassungen nach Domains gruppieren. Das ist einfacher zu programmieren als zu erklären:

```
use SyslogScan::DeliveryIterator;
use SyslogScan::Summary;
use SyslogScan::ByGroup;
use SyslogScan::Usage;
my ($group, $bmsg, $bbytes, $smsg, $sbytes, $rmsg, $rbytes);

# Pfadname der Syslog-Datei von sendmail.
my $maillogs = "/var/log/mail/maillog"];

# Iterator zu dieser Datei erzeugen.
my $iterator = new SyslogScan::DeliveryIterator(syslogList => $maillogs);

# Mit ::Summary bekommen wir dazu eine Zusammenfassung.
my $summary = new SyslogScan::Summary($iterator);
```

```
# Das ::ByGroup-Modul gruppiert die Zusammenfassung nach Domains.
my $bygroup = new SyslogScan::ByGroup($summary);

# Daten aus diesem Objekt ausgeben.
foreach $group (sort keys %$bygroup) {
    ($bmsg, $bbytes) =
                @{$bygroup->{$group}->{groupUsage}->getBroadcastVolume()};
    ($smsg, $sbytes) =
                @{$bygroup->{$group}->{groupUsage}->getSendVolume()};
    ($rmsg, $rbytes) =
                @{$bygroup->{$group}->{groupUsage}->getReceiveVolume()};
    write;
}

format STDOUT_TOP =
Name                       Bmsg   BBytes    Smsg   SBytes    Rmsg   Rbytes
------------------         -----  --------  -----  --------  -----  --------
.
format STDOUT =
@<<<<<<<<<<<<<<<<<<        @>>>>  @>>>>>>>  @>>>>  @>>>>>>>  @>>>>  @>>>>>>>
$group,                    $bmsg,$bbytes,   $smsg,$sbytes,   $rmsg,$rbytes
.
```

Wir erhalten eine Tabelle mit der Anzahl und der Größe der Meldungen aus der *sendmail*-Logdatei, aufgeteilt nach »Broadcast«, »Sent« und »Received«. Wenn eine Meldung N Adressaten hat, wird sie bei »Broadcast« einmal, bei »Sent« jedoch N-mal gezählt. Hier folgt ein Beispiel für die Ausgabe:

Name	Bmsg	BBytes	Smsg	SBytes	Rmsg	Rbytes
getreminded.com	1	3420	1	3420	0	0
gillette.com	1	984	1	984	4	7812
gis.net	3	10830	3	10830	1	787
globalserve.net	1	1245	4	4980	0	0
globe.com	0	0	0	0	1	2040

Das Gute an der Blackbox-Methode ist, daß sie einem oft sehr viel Arbeit erspart; Arbeit, die der Autor des Moduls für uns geleistet hat. Der Nachteil der Methode ist, daß man dem Autor vertrauen muß. Vielleicht hat der Code im Modul – in der Blackbox – versteckte Mängel, oder es wird ein Algorithmus benutzt, der für Ihre Zwecke gänzlich ungeeignet ist. Manchmal müssen Sie den Code selbst anschauen, bevor Sie ihn in einer produktiven Umgebung einsetzen.[7]

---

[7] Genauso ging es mir bei gerade diesem Modul. Damit die Programme mit `SyslogScan::*` auch unter Perl Version 5.6.0 funktionieren, muß die Konstante am Anfang von *DeliveryIterator.pm* in der Version 0.32 von *SyslogScan* von
    `my $END_OF_TIME = 4294967295; # 2 ** 32 - 1;`
in
    `my $END_OF_TIME = 2147483647; # 2 ** 31 - 1;`
geändert werden. Anm. d. Ü.

Benutzung von Datenbanken

Für den letzten Ansatz benötigen wir Mittel und Fachwissen von außerhalb von Perl. Daher streifen wir das Gebiet nur und geben nur ein sehr einfaches Beispiel für ein Verfahren, das mit der Zeit zweifellos an Bedeutung gewinnen wird.

Die bisherigen Beispiele funktionieren sehr gut, wenn die Datenmengen überschaubar sind und der Rechner genügend Hauptspeicher aufweist, aber sie skalieren nicht. Wenn die Datenmengen größer sind und insbesondere wenn sie aus verschiedenen Quellen stammen, dann ist der Einsatz einer Datenbank die Methode der Wahl.

In Perl gibt es dazu mindestens zwei Möglichkeiten. Die erste davon will ich hier die *Perl-Datenbank*-Methode nennen, weil der Zugriff auf die Datenbank allein in Perl geschieht. Die Datenbank-Bibliotheken sind direkt an Perl angekoppelt. Der zweite Ansatz verwendet Module aus der DBI-Familie und greift so auf eine externe SQL-Datenbank wie MySQL, Oracle oder MS-SQL zu. Wir werden beide Ansätze zum Verarbeiten und Analysieren von Logdateien verwenden.

Benutzung einer Perl-Datenbank

Solange die Datenmengen nicht zu groß sind, kann man sie wahrscheinlich mit einem reinen Perl-Programm bewältigen. Wir werden auch hier unseren »Einbruchsmelder« verwenden und ihn erweitern. Bis jetzt haben wir nur Verbindungen zu einer einzelnen Maschine betrachtet. Wie würden wir vorgehen, wenn wir wissen wollen, ob der Einbrecher auch in andere Rechner in unserem Netzwerk eingedrungen ist?

In einem ersten Schritt fassen wir die *wtmp*-Daten aller beteiligten Rechner in einer Datenbank zusammen. Für dieses Beispiel nehmen wir an, daß alle diese Rechner über das Netz auf ein bestimmtes Verzeichnis zugreifen können, z. B. via NFS. Als nächstes müssen wir nun das Datenbankformat auswählen.

Ich verwende als »Perl-Datenbank« wenn immer möglich das Berkeley-DB-Format. Ich schreibe »Perl-Datenbank« in Anführungszeichen, weil DB nicht eigentlich ein Teil von Perl ist. Die Berkeley-DB muß separat heruntergeladen (von *http://www.sleepycat.com*), erzeugt und installiert werden, bevor man sie von Perl aus benutzen kann. In Tabelle 9-4 werden die für Perl verfügbaren Datenbanktypen miteinander verglichen.

Tabelle 9-4: Vergleich der von Perl unterstützten Datenbankformate

Name	Auf Unix verfügbar	Auf NT/2000 verfügbar	Auf MacOS verfügbar	Max. Größe für Schlüssel und Werte	Unabhängig v. Byte-Ordering
»old« dbm	Ja	Nein	Nein	1 KB	Nein
»new« dbm	Ja	Nein	Ja	4 KB	Nein
Sdbm	Ja	Ja	Nein	1 KB (Default)	Nein
Gdbm	Ja[a]	Ja[b]	Nein	keine	Nein
DB	Ja[a]	Ja[a]	Ja	keine	Ja

[a] Die Datenbank muß separat heruntergeladen und installiert werden.

[b] Die Datenbank und das Perl-Modul müssen separat heruntergeladen werden (*http://www.roth.net*).

Ich mag die Berkeley-DB-Bibliothek, weil sie auch für sehr große Datenmengen geeignet und unabhängig von der Byte-Reihenfolge des verwendeten Rechners ist. Gerade in unserem Beispiel wird diese letztere Eigenschaft von Nutzen sein, weil wir über das Netz von verschiedenen Rechnern aus auf die gleiche Datenbank zugreifen.

Wir beginnen damit, die Datenbank mit Daten zu versehen. Um die Sache einfach und portabel zu machen, benutzen wir das *last*-Programm, damit wir uns nicht mit verschiedenen unpack( )-Schablonen für die einzelnen *wtmp*-Formate herumschlagen müssen. Im folgenden sehen Sie den Code, Erklärungen folgen danach:

```
use DB_File;
use FreezeThaw qw(freeze thaw);
use Sys::Hostname;  # Zur Ermittlung des eigenen Rechnernamens.
use Fcntl;          # Für die Definitionen von O_CREAT und O_RDWR.

# Voller Pfadname zum »last«-Programm.
my $lastprog = "/usr/bin/last";
(-x "/bin/last" and $lastprog = "/bin/last") or
    (-x "/usr/ucb/last" and $lastprog = "/usr/ucb/last");

my $userdb    = "userdata";      # Datenbank mit Benutzerdaten.
my $connectdb = "connectdata";   # Datenbank mit Login/Logout-Daten.
my $thishost  = &hostname;
my (%users, %userdb, %connects, %connectdb);

open(LAST, "$lastprog|") or die "Kann $lastprog nicht aufrufen: $!\n";

# Ausgabe von »last« zeilenweise verarbeiten.
while (<LAST>) {
    next if /^reboot\s/ or /^shutdown\s/ or
            /^ftp\s/ or /^wtmp\s/;
    my ($user, $tty, $rechner, $tag, $mon, $datum, $zeit) = split;
    next unless defined $zeit;
    next if $tty =~ /^:0/ or $tty =~ /^console$/;
    next if (length($rechner) < 4);
    my $wann = $mon . " " . $datum . " " . $zeit;

    # Jeden Datensatz in einem Hash von Listen von Listen speichern.
    push(@{$users{$user}}, [$thishost, $rechner, $wann]);
    push(@{$connects{$rechner}}, [$thishost, $user, $wann]);
}
close(LAST);

# Datenbank mit tie mit dem Hash verkoppeln; wenn sie noch nicht exisiert, erzeugen.
# Beachten Sie die Fußnote im Text zu $DB_BTREE.
tie %userdb, "DB_File", $userdb, O_CREAT|O_RDWR, 0600, $DB_BTREE
    or die "Kann Datenbank $userdb nicht r/w öffnen: $!\n";
```

```
    # Gefundene Benutzer durchgehen und mit freeze in der Datenbank abspeichern.
    foreach my $user (keys %users) {
        if (exists $userdb{$user}) {
            my ($userinfo) = thaw($userdb{$user});
            push(@{$userinfo}, @{$users{$user}});
            $userdb{$user} = freeze $userinfo;
        }
        else {
            $userdb{$user} = freeze $users{$user};
        }
    }
    untie %userdb;

    # Dasselbe mit den Login/Logout-Daten.
    tie %connectdb, "DB_File", $connectdb, O_CREAT|O_RDWR, 0600, $DB_BTREE
        or die "Kann Datenbank $connectdb nicht r/w öffnen: $!\n";
    foreach my $connect (keys %connects) {
        if (exists $connectdb{$connect}) {
            my ($connectinfo) = thaw($connectdb{$connect});
            push(@{$connectinfo}, @{$connects{$connect}});
            $connectdb{$connect} = freeze($connectinfo);
        }
        else {
            $connectdb{$connect} = freeze($connects{$connect});
        }
    }
    untie %connectdb;
```

Unser Programm liest die Ausgabe von *last* und macht damit folgendes:

1. Es ignoriert Zeilen, die nichts mit unserem Problem zu tun haben.

2. Es speichert die Daten in zwei Hashes von Listen von Listen. Diese Datenstrukturen sehen wie folgt aus:

    ```
    $users{benutzername} =
        [[lokaler-rechnername, fremder-rechner, verbindungszeit],
         [lokaler-rechnername, fremder-rechner, verbindungszeit]
         ...
        ];
    $connects{host} =
        [[lokaler-rechnername, benutzername1, verbindungszeit],
         [lokaler-rechnername, benutzername2, verbindungszeit],
         ...
        ];
    ```

3. Es nimmt diese Datenstrukturen aus dem Hauptspeicher und legt sie in der Datenbank ab.

Der letzte Schritt ist der interessanteste, deshalb wollen wir ihn etwas genauer unter die Lupe nehmen. Die Hashes `%userdb` und `%connectdb` werden mit `tie` an Datenbank-Dateien gekoppelt.[8] Perl macht alles hinter den Kulissen – wir benutzen die Hashes wie immer, und Perl besorgt die Speicherung in der Datenbank. Aber in einem DB-Hash kann man nur einfache Strings abspeichern. Wie bekommen wir unsere »Hashes von Listen von Listen« da hinein?

Mit dem Modul `FreezeThaw` (»Einfrieren-Auftauen«) von Ilya Zakharevich kann man beliebig komplizierte Datenstrukturen als String speichern und wieder in die ursprüngliche Form zurückverwandeln. Es gibt auch andere Module zum Serialisieren von Daten. Am bekanntesten sind `Data::Dumper` von Gurusamy Sarathy, das mit Perl mitgeliefert wird, und `Storable` von Raphael Manfredi. Mit `FreezeThaw` ist die Darstellung am kompaktesten, deshalb wird es hier benutzt, aber jedes dieser Module hat seine Vorzüge.

In unserem Skript überprüfen wir, ob es zu diesem Benutzer oder Rechner schon einen Eintrag gibt. Wenn nicht, frieren wir die Datenstruktur in einen String ein und speichern diesen als Hashwert. Wenn doch, tauen wir den vorhandenen Hashwert mit `thaw` auf, fügen die Daten hinzu, frieren die erweiterte Datenstruktur mit `freeze` wieder ein und überschreiben den Hashwert.

Wenn wir dieses Skript auf verschiedenen Rechnern laufen lassen, erhalten wir eine Datenbank, die die relevanten Informationen für die nächste Version unseres »Einbruchsmelders« enthält.

Der beste Moment für das Eintragen der Daten in diese Datenbank ist der Augenblick gerade nach dem Rotieren unserer *wtmp*-Dateien.

Der hier gezeigte Code ist aber für den produktiven Einsatz nicht ausgefeilt genug. Vor allem fehlt jegliche Art von Locking, also eine Einrichtung, die verhindert, daß die Datenbank von mehreren Rechnern gleichzeitig geschrieben wird. Da das Datei-Locking auf einem NFS-Filesystem bestenfalls manchmal funktioniert, ist es wohl einfacher, dieses Skript von einem übergeordneten, zentralen Programm aus der Reihe nach auf allen beteiligten Rechnern laufen zu lassen.

Jetzt sind unsere *wtmp*-Daten in der Datenbank, und unser neuer, erweiterter Einbruchsmelder kann loslegen:

```
use DB_File;
use FreezeThaw qw(freeze thaw);
use Fcntl;

# Verdächtiger Benutzername und zu ignorierende Rechner von der Befehlszeile.
my ($user, $ignore) = @ARGV;
```

---

8 Normalerweise würde man die `DB_File`-Datenbanken nicht in der BTREE-Form organisieren, aber in diesem Skript werden unter Umständen die Hashwerte sehr groß. Bei solchen Datensätzen hatte ich mit der üblicheren DB_HASH-Organisation der Datenbank Probleme (Daten wurden überschrieben), wohl weil die Datenbank im Kompatibilitätsmodus zur alten Version 1.85 lief. Mit BTREE trat dieser Fehler nicht auf, bei neueren Versionen der DB-Bibliothek kommt er möglicherweise auch nicht vor.

```perl
# Unsere Datenbanken mit wtmp-Daten von verschiedenen Rechnern.
my $userdb    = "userdata";
my $connectdb = "connectdata";
my (%userdb, %connectdb, %fremde_rechner, %userseen, $kontakt);

tie %userdb, "DB_File", $userdb, O_RDONLY, 666, $DB_BTREE
    or die "Kann Datenbank $userdb nicht lesen: $!\n";
tie %connectdb, "DB_File", $connectdb, O_RDONLY, 666, $DB_BTREE
    or die "Kann Datenbank $connectdb nicht lesen: $!\n";
```

Wir binden alle benötigten Module ein, setzen und deklarieren ein paar Variablen und öffnen unsere Datenbank. Jetzt beginnt die eigentliche Arbeit:

```perl
# Wenn dieser Benutzer nie eingeloggt war, gibt es nichts zu tun.
unless (exists $userdb{$user}) {
    print "Benutzer $user war nie eingeloggt.\n";
    untie %userdb;
    untie %connectdb;
    exit;
}

my ($userinfo) = thaw($userdb{$user});

print "-- Kontakte von $user --\n";
foreach $kontakt (@{$userinfo}) {
    next if (defined $ignore and $kontakt->[1] =~ /$ignore/o);
    print $kontakt->[1] . " -> " . $kontakt->[0] .
          " am " . $kontakt->[2] . "\n";
    $fremde_rechner{$kontakt->[1]} = '';
}
```

Dieser Code macht folgendes: Wenn der Benutzer überhaupt je eingeloggt war, holen wir die Login/Logout-Daten des Benutzers mit `thaw()` in den Arbeitsspeicher. Wir überprüfen jede Verbindung auf Rechner, die wir ignorieren sollen, und speichern alle anderen Rechner im Hash `%fremde_rechner` ab.

Wir benutzen hier einen Hash als einfache Methode, eine Liste von Rechnern aufzubauen, in der jeder Rechner nur einmal vorkommt. Das ist die Liste der Rechner, von denen aus der Einbrecher jemals eingeloggt war. Wir suchen nun nach anderen Benutzern, die jemals von diesen verdächtigen Rechnern aus eingeloggt waren.

Das geht ziemlich einfach, weil unsere Datenbanken beide Zuordnungen enthalten – an welchen Rechnern ein Benutzer eingeloggt war, und umgekehrt, welche Benutzer auf einem Rechner eingeloggt waren. Wir werten also einfach alle Datensätze für den im ersten Schritt gefundenen Rechner aus. Dabei überspringen wir die Rechner, die wir laut Befehlszeile ignorieren sollen, und speichern die bei den restlichen Kontakten beteiligten Benutzer in einem Hash namens `%userseen` ab:

```perl
print "-- Weitere Logins von den oben beteiligten Rechnern --\n";
foreach my $rechner (keys %fremde_rechner) {
    next if (defined $ignore and $rechner =~ /$ignore/o);
    next unless (exists $connectdb{$rechner});
```

```
        my ($connectinfo) = thaw($connectdb{$rechner});

        foreach my $connect (@{$connectinfo}) {
            next if (defined $ignore and $connect->[0] =~ /$ignore/o);
            $userseen{$connect->[1]} = '';
        }
    }
```

Der letzte Akt in diesem Dreiakter schließt den Kreis. Wir suchen aus der ersten Benutzerdatenbank die Einträge von den eben gefundenen, verdächtigen Benutzern heraus und geben alle Verbindungen von den verdächtigen Rechnern aus:

```
    foreach $user (sort keys %userseen) {
        next unless (exists $userdb{$user});

        ($userinfo) = thaw($userdb{$user});

        foreach $kontakt (@{$userinfo}) {
            next if (defined $ignore and $kontakt->[1] =~ /$ignore/o);
            write if (exists $fremde_rechner{$kontakt->[1]});
        }
    }
```

Danach fällt der Vorhang, und es muß nur noch der Bühnenboden gewischt werden:

```
    untie %userdb;
    untie %connectdb;

    format STDOUT =
    @<<<<<<<< @<<<<<<<<<<<<<<< -> @<<<<<<<<<<<<<<< am @<<<<<<<<<<<
    $user.":",$kontakt->[1],       $kontakt->[0],     $kontakt->[2]
    .
```

Sie sehen hier einen Teil der Ausgabe dieses Skripts (wieder sind Rechner- und Benutzernamen verändert):

```
    -- Kontakte von baduser --
    badhost1.example -> mach1.ccs.neu.ed am Jan 18 09:55
    badhost2.example -> mach2.ccs.neu.ed am Jan 19 11:53
    -- Weitere Logins von den oben beteiligten Rechnern --
    baduser2:  badhost1.example -> mach2.ccs.neu.ed am Dec 15 13:26
    baduser2:  badhost2.example -> mach2.ccs.neu.ed am Dec 11 12:45
    baduser3:  badhost1.example -> mach1.ccs.neu.ed am Jul 13 16:20
    baduser4:  badhost1.example -> mach1.ccs.neu.ed am Jun  9 11:53
    baduser:   badhost1.example -> mach1.ccs.neu.ed am Jan 18 09:55
    baduser:   badhost2.example -> mach2.ccs.neu.ed am Jan 19 11:53
```

Das ist ein schönes Programmbeispiel, aber auch dieses funktioniert nur, wenn die Anzahl der beteiligten Rechner relativ klein ist. Bei jedem Aufruf wird ein Datensatz aus der Datenbank gelesen, mit `thaw()` ausgepackt, erweitert, mit `freeze()` serialisiert und wieder in die Datenbank geschrieben. Das benötigt sowohl Speicher als auch CPU-Zeit, besonders, weil es im schlechtesten Fall einmal für jeden Benutzer und jede Verbindung von einem Rechner aus geschieht.

Benutzung eines Perl-Clients zu einer SQL-Datenbank

Die Benutzung einer externen SQL-Datenbank ist eine Möglichkeit, wie man wirklich große Datenmengen bewältigen kann. Die Daten werden in einer (kommerziellen oder frei erhältlichen) relationalen Datenbank gespeichert und über SQL abgefragt. Wenn Sie mit SQL nicht so bewandert sind, empfehle ich Ihnen vor dem Weiterlesen den Kurzlehrgang in Anhang D, *SQL in fünfzehn Minuten*.

Das Einlesen der Daten in die Datenbank geschieht auf folgende Weise:

```
use DBI;
use Sys::Hostname;

my $db = "dnb"; # Name der verwendeten Datenbank.

# Voller Pfadname zum »last«-Programm.
my $lastprog = "/usr/bin/last";
(-x "/bin/last" and $lastprog = "/bin/last") or
    (-x "/usr/ucb/last" and $lastprog = "/usr/ucb/last");

# Bei der Datenbank als Benutzer »dnb« anmelden. Das Paßwort muß auf der
# Befehlszeile als erster Parameter angegeben werden.
my $dbh = DBI->connect('dbi:Sybase:', 'dnb', $ARGV[0]);
die "Kann nicht verbinden: $DBI::errstr\n" unless (defined $dbh);

# Aktuelle Datenbank anwählen.
$dbh->do("USE $db") or
    die "Kann Datenbank $db nicht anwählen (USE): " . $dbh->errstr . "\n";

# Tabelle »lastinfo« anlegen, wenn sie noch nicht existiert.
unless ($dbh->selectrow_array(
        q{SELECT name FROM sysobjects WHERE name = "lastinfo"})) {
    $dbh->do(q{create table lastinfo (username char(8),
                                    localhost char(40),
                                    otherhost varchar(75),
                                    when char(18))}) or
        die "Kann Tabelle lastinfo nicht anlegen: " . $dbh->errstr . "\n";
}

my $thishost = &hostname;

my $sth = $dbh->prepare(
        qq{INSERT INTO lastinfo(username, localhost, otherhost, when)
            VALUES (?, '$thishost', ?, ?)}) or
    die "Kann insert nicht vorbereiten: " . $dbh->errstr . "\n";
```

Kapitel 9: Logdateien

```
      open(LAST, "$lastprog|") or die "Kann $lastprog nicht aufrufen: $!\n";

      while (<LAST>) {
          next if /^reboot\s/ or /^shutdown\s/ or
                  /^ftp\s/    or /^wtmp\s/;
          my ($user, $tty, $rechner, $tag, $mon, $datum, $zeit) = split;
          next unless defined $zeit;
          next if $tty =~ /^:0/ or $tty =~ /^console$/;
          next if (length($rechner) < 4);
          my $wann = $mon . " " . $datum . " " . $zeit;

          $sth->execute($user, $rechner, $wann);
      }

      close(LAST);
      $dbh->disconnect;
```

Dieses Programm erzeugt eine Tabelle namens *lastinfo* mit den Spalten *username*, *localhost*, *otherhost* und *when*. Wir lesen die Ausgabe von *last* zeilenweise und tragen die Zeilen, die einer Sitzung entsprechen, in die Tabelle ein.

Jetzt können wir die Datenbank für den Zweck benutzen, für den sie geschaffen ist. Im folgenden sehen Sie ein paar SQL-Anweisungen, die man ebensogut von Perl aus mit dem DBI- oder ODBC-Interface absetzen könnte, wie wir das in Kapitel 7, *Administration von SQL-Datenbanken*, gemacht haben:

```
     -- Wie viele Einträge enthält die Datenbank?
     select count (*) from lastinfo;
     -----------
          10068
     -- Wie viele verschiedene Benutzer haben sich jemals eingeloggt?
     select count (distinct username) from lastinfo;
     -----------
            237
     -- Von wie vielen Rechnern gingen die Verbindungen zu unseren Rechnern aus?
     select count (distinct otherhost) from lastinfo;
     -----------
           1000
     -- Auf welchen lokalen Rechnern war der Benutzer "dnb" angemeldet?
     select distinct localhost from lastinfo where username = "dnb";
     localhost
     ----------------------------------------
     host1
     host2
```

Diese Beispiele sollen einen Eindruck davon vermitteln, wie man die Daten »ausschlachten« kann, wenn sie einmal in einer richtigen Datenbank eingetragen sind. Jede dieser

Anfragen dauerte nur etwa eine Sekunde. Datenbanken können auch in der Systemadministration als schnelle und mächtige Werkzeuge eingesetzt werden.

Das Thema der Analyse von Logdateien ist ein weites Feld. Ich hoffe, daß Ihnen dieses Kapitel ein paar Werkzeuge und ein bißchen Inspiration für eigenes Programmieren vermittelt hat.

In diesem Kapitel verwendete Module

Name	CPAN-ID	Version
`Win32::EventLog` (wird mit ActiveState-Perl geliefert)		0.062
`Logfile::Rotate`	PAULG	1.04
`Getopt::Long` (wird mit Perl geliefert)		2.20
`Time::Local` (wird mit Perl geliefert)		1.01
`SyslogScan`	RHNELSON	0.32
`DB_File` (wird mit Perl geliefert)	PMQS	1.72
`FreezeThaw`	ILYAZ	0.3
`Sys::Hostname` (wird mit Perl geliefert)		
`Fcntl` (wird mit Perl geliefert)		1.03
`DBI`	TIMB	1.13

Hinweise auf weiterführende Informationen

http://www.heysoft.de/index.htm – Die Homepage von Frank Heyne Software. Von hier können Sie Software zum Parsen von Ereignisprotokollen auf Win32 herunterladen. Enthält eine gute FAQ (deutsch und englisch) zu Ereignisprotokollen bzw. Event Logs.

http://www.le-berre.com/ – Die Homepage von Philippe Le Berre enthält eine hervorragende Beschreibung zum Gebrauch von `Win32::EventLog` und anderen Win32-Paketen.

Managing NT Event Logs with Perl for Win32, Artikel in *Windows NT Magazine,* Februar/März 1998.

Practical Unix & Internet Security, von Simson Garfinkel und Gene Spafford (2. Auflage, O'Reilly, 1996). Eine weitere gute (und etwas ausführlichere) Einführung in *syslog.* Enthält außerdem Informationen zu *tcpwrappers.*

Unix System-Administration, von Æleen Frisch (O'Reilly, 1996) enthält eine gute, kurze Einführung zu *syslog.*

Windows NT Event Logging von James D. Murray (O'Reilly, 1998).

10

Sicherheitsaspekte und Netzwerk-Monitoring

Jede Behandlung des Themas *Sicherheit* bei Rechnern und Netzwerken läuft Gefahr, leeres Gerede zu sein. Es gibt mindestens drei Aspekte, die jede Überlegung ad absurdum führen können:

1. Unter »Sicherheit« kann man ganz verschiedene Dinge verstehen. Wenn Sie eine Gruppe von Altphilologen über Rom befragen, steht vielleicht einer auf und hält eine Vorlesung über Aquädukte (Infrastruktur und Transport), ein anderer beschwört die *Pax Romana* (Politik und Weltanschauung), ein dritter würde die römischen Legionen loben (ausführende Organe), ein vierter den Senat (Legislative) usw. Bei der Behandlung von Sicherheitsaspekten spielen alle diese Dinge eine Rolle, und die Gefahr ist groß, daß man sich dabei verzettelt.

2. Man ist nur zu leicht versucht, etwas als *sicher* zu bezeichnen, sei es ein Programm, ein Computer oder ein Netzwerk. In diesem Kapitel werden Sie das nie lesen – vielmehr versuche ich, Ihnen zu helfen, daß etwas *sicherer* wird. Sicherheit ist ein Kontinuum.

3. Die größte Gefahr bei der Behandlung des Themas Sicherheit ist, daß Einzelheiten zuviel Beachtung geschenkt wird. Wohl liegt die Crux hier im Detail – weil jedes Sicherheitsproblem ein ganz kleine Lücke ausnutzt –, aber es ist jedesmal ein anderes Detail. Auch wenn man Patches für die Sicherheitsprobleme A, B und C installiert, werden nur genau diese Detailprobleme beseitigt (und manchmal nicht einmal diese), aber das alles hilft nichts, wenn eine neue Sicherheitslücke entdeckt wird. Deshalb versuche ich in diesem Kapitel, auf generelle Prinzipien zur Absicherung von Systemen und Netzwerken einzugehen. Sie werden hier nicht lernen, wie man ein bestimmtes Puffer-Overflow-Problem löst, wie man mit unsicheren Registry-Einträgen umgeht oder wie man für jeden schreibbare Systemdateien besser schützt.

Ein guter Einstiegspunkt in das Thema Sicherheit bei Computern ist der Vergleich mit der normalen Welt. Hier wie in der virtuellen Welt hat Sicherheitsdenken mit *Angst* zu tun. Wird etwas, das mir etwas wert ist, gestohlen, zerstört oder veröffentlicht? Kann ich etwas tun, damit dies nicht passiert? Passiert es *gerade jetzt?*

Wenn wir untersuchen, wie dieser Angst in der realen Welt begegnet wird, lernen wir vielleicht etwas über unser Gebiet. Eine Möglichkeit, die Sicherheit zu erhöhen, ist die stärkere Unterteilung des verfügbaren Raums. In der wirklichen Welt werden Safes und abgesicherte Bunker in Banken benutzt; im virtuellen Raum werden Geheimhaltungsvorschriften befolgt oder Verschlüsselungen benutzt. Aber das ist ein nie endendes Spiel zwischen Gut und Böse. Auch wenn Sie noch so viel Zeit in die Absicherung eines Hauses investieren – irgendein Einbrecher hat seinen Einbruch ebensolange geplant. In unserem Fall gibt es Horden von gelangweilten Teenagern und mißgünstigen ehemaligen Angestellten, die ihre überschüssige Energie loswerden müssen.

Ein etwas besserer Ansatz hat schon Jahrhunderte überdauert: Damals gab es nichts, das so viel Vertrauen einflößte, wie der sichere Schritt des Nachtwächters auf der Straße im mittelalterlichen Städtchen. Wir benutzen dieses idyllische Bild als Vergleich zu unseren Programmen, die mit Perl Sicherheitsprobleme aufdecken und Netzwerke überwachen.

Unerwartete und unrechtmäßige Veränderungen feststellen

Ein guter Nachtwächter bemerkt jede Veränderung auf seinem Rundgang. Er bemerkt, wenn etwas nicht an seinem angestammten Platz ist. Wenn Ihr wertvoller Malteserfalke durch eine Imitation ersetzt wird, ist der Wachmann der erste, der das bemerken sollte. Entsprechend sollte die Schreckbeleuchtung angehen und eine Sirene losheulen, wenn jemand eine wichtige Datei auf Ihrem System verändert oder ersetzt. Meist ist das wohl ein Fehlalarm, aber wenn wirklich einmal jemand in Ihr System einbricht und */bin/login* oder *msgina.dll* verändert, sind Sie wahrscheinlich froh, wenn Sie darüber informiert werden.

Veränderungen am lokalen Dateisystem

Am einfachsten sind Veränderungen im direkt auf dem Rechner vorhandenen Dateisystem festzustellen. Wir untersuchen hier verschiedene Methoden, wie man die Integrität von Programmen oder wichtigen Systemdateien (wie */etc/passwd* oder *msgina.dll*) feststellen kann. Auf dem Netz findet man heute sehr weit ausgebaute Anleitungen zum Cracken von Rechnern, die nach dem eigentlichen Einbruch und dem Ersetzen von Dateien durch sogenannte »Trojanische Pferde« die Spuren fast vollständig verwischen. Das ist die bösartigste Art von Einbruch, die wir aufdecken können. Am anderen Ende der Skala ist es manchmal ganz einfach interessant zu wissen, ob und wann der Inhalt einer Datei geändert wurde, besonders auf Systemen, die von mehreren Personen administriert werden. Die hier behandelten Methoden decken beides ab.

Wenn man wissen will, wann eine Datei zuletzt geändert wurde, untersucht man am einfachsten die von den Perl-Funktionen stat() und lstat() zurückgegebenen Daten. Diese Funktionen erwarten einen Dateinamen oder ein Dateihandle und geben ein Array mit Informationen oder *Metadaten* zu der Datei zurück. Ein Unterschied zwischen den zwei Funktionen tritt nur auf Betriebssystemen wie Unix zutage, die symbolische Links kennen. In diesem Fall gibt stat() die Informationen zum Link selbst zurück, lstat() dagegen die Informationen zu der Datei, auf die der Link zeigt. Auf allen anderen Betriebssystemen besteht kein Unterschied zwischen den zwei Funktionen.

Der Gebrauch von stat() oder lstat() ist ganz einfach:

```
@information = stat("dateiname");
```

In Kapitel 3, *Benutzerkonten*, hatten wir gezeigt, daß man auch das objektorientierte Modul File::Stat von Tom Christiansen verwenden kann.

Die von stat() bzw. lstat() zurückgegebenen Informationen sind vom Betriebssystem abhängig. Sie kommen aus der Unix-Welt, und bis heute merkt man das der mit Perl mitgelieferte Dokumentation an. In Tabelle 10-1 werden diese Rückgabewerte mit denen auf NT/2000 und MacOS verglichen. In den ersten zwei Spalten sind die Feldnummern und Beschreibungen der Unix-Version aufgeführt.

Tabelle 10-1: Rückgabewerte von stat()

Nr.	Feldbeschreibung (Unix)	Auf NT/2000 unterstützt?	Auf MacOS unterstützt?
0	Gerätenummer des Dateisystems	Ja (Nr. der Platte)	Ja (aber vRefNum)
1	Inode-Nummer	Nein (immer 0)	Ja (aber fileID/dirID)
2	Mode (Typ und Zugriffsrechte)	Ja	Ja (aber 777 für Verzeichnisse, 666 für normale und 444 für gelockte Dateien)
3	Anzahl der Hard-Links dieser Datei	Ja (bei NTFS)	Nein (immer 1)
4	Numerische Benutzer-ID des Besitzers	Nein (immer 0)	Nein (immer 0)
5	Numerische Gruppen-ID des Besitzers	Nein (immer 0)	Nein (immer 0)
6	Geräte-ID (nur bei Spezialdateien)	Ja (Nr. der Platte)	Nein (immer 0)
7	Dateigröße in Byte	Ja (enthält jedoch nicht die Größe von anderen Datastreams)	Ja (Größe der Data-Fork)
8	Zeit des letzten Zugriffs in Sekunden seit der »Epoch« (1. Jan. 1970)	Ja	Ja (aber das Epoch-Datum ist 66 Jahre früher: 1. Jan. 1904)[a]

Tabelle 10-1: Rückgabewerte von stat() (Fortsetzung)

Nr.	Feldbeschreibung (Unix)	Auf NT/2000 unterstützt?	Auf MacOS unterstützt?
9	Zeit der letzten Änderung seit der »Epoch«	Ja	Ja (aber gleiche Information wie in Feld 8)
10	Zeit der letzten Änderung des Inode seit der »Epoch«	Ja (aber Zeit seit der *Erzeugung* der Datei)	Ja (aber Zeit seit der *Erzeugung*, und das Epoch-Datum ist der 1. Jan. 1904)
11	Empfohlene Blockgröße für I/O im Dateisystem	Nein (immer 0)	Ja
12	Allozierte Blöcke	Nein (immer 0)	Ja

[a] Außerdem basiert das Epoch-Datum beim Macintosh auf der *lokalen* Zeit, nicht auf UTC (Universal Time Coordinated). Wenn also zwei Macs syncronisiert sind, aber beim einen die Zeitzone (TZ) auf -0500 und beim anderen auf +0100 eingestellt ist, dann sind die Rückgabewerte von time() für diese zwei Rechner um sechs Stunden auseinander.

Auf den Nicht-Unix-Betriebssystemen gibt es in Perl besondere Funktionen, mit denen für das betreffende Betriebssystem spezifische Attribute zu einer Datei abgefragt werden können. In Kapitel 2, *Dateisysteme*, werden Funktionen wie MacPerl::GetFileInfo() und Win32::FileSecurity::Get() näher erläutert.

Nach der Abfrage mit stat() wollen wir die »interessanten« Daten zu einer Datei mit früher ermittelten vergleichen. Wenn die Werte unterschiedlich sind, muß etwas mit der Datei geschehen sein. Das folgende Programm kann einerseits zu jeder Datei einen String von Werten aus lstat() erzeugen oder aber die Werte in solchen Strings mit aktuellen Werten vergleichen. Wir lassen das Feld Nr. 8 bewußt aus, weil die Zeit des letzten Zugriffs bei jedem Lesen der Datei verändert wird.

Wenn das Programm mit *-p dateiname* aufgerufen wird, werden die lstat()-Werte für die angegebene Datei ausgegeben; bei *-c pruefdatei* werden die Werte aus jeder Zeile einer Prüfdatei mit den wirklichen Dateien verglichen.

```
use Getopt::Std;
use vars qw($opt_p $opt_c);

getopt('p:c:');

die "Aufruf: $0 [-p <dateiname>|-c <pruefdatei>]\n"
    unless ($opt_p or $opt_c);

if ($opt_p) {
    die "Kann $opt_p nicht stat()-en: $!\n"
        unless (-e $opt_p);
    print $opt_p, "|", join('|', (lstat($opt_p))[0..7, 9..12]), "\n";
    exit;
}
```

```perl
    if ($opt_c) {
        open(CFILE, $opt_c) or
            die "Kann Prüfdatei $opt_c nicht öffnen: $!\n";
        while (<CFILE>) {
            chomp;
            my @stat_gespeichert = split('\|');
            die "Falsche Anzahl Felder in Zeile $.: '$stat_gespeichert[0]...'\n"
                unless @stat_gespeichert == 13;
            my @stat_jetzt = (lstat($stat_gespeichert[0]))[0..7, 9..12];

            # Geänderte Felder nur ausgeben, wenn sich wirklich etwas geändert hat.
            &printchanged(\@stat_gespeichert, \@stat_jetzt)
                if ("@stat_gespeichert[1..12]" ne "@stat_jetzt");
        }
        close(CFILE);
    }

# Die zwei Listen von Attributen durchgehen und Änderungen ausgeben.
sub printchanged {
    my($gespeichert, $jetzt) = @_;
    # Namen der Felder aus stat().
    my @statfelder = qw(dev ino mode nlink uid gid rdev
                        size mtime ctime blksize blocks);

    # Dateinamen mit shift aus dem Array @{$gespeichert} entfernen - so werden
    # auch gleich beide Arrays gleich lang.
    print shift @{$gespeichert}, ":\n";

    for (my $i = 0; $i < $#{$gespeichert}; $i++) {
        if ($gespeichert->[$i] ne $jetzt->[$i]) {
            print "\t" . $statfelder[$i] . " ist jetzt " . $jetzt->[$i];
            print " (sollte " . $gespeichert->[$i] . " sein)\n";
        }
    }
}
```

Mit diesem Programm wird zuerst durch den Aufruf von *checklstat -p /etc/passwd >> pruefdatei* eine Datei mit den gespeicherten stat()-Daten angelegt, die etwa so aussieht:

```
/etc/passwd|1792|11427|33060|1|0|0|24959|607|921016509|921016509|8192|2
```

Diesen Schritt wiederholen wir für jede Datei, die wir überwachen wollen. Dann können wir mit *checklstat -c pruefdatei* jede Änderung an den in *pruefdatei* vorhandenen Dateien feststellen. Wenn ich auch nur ein Zeichen aus */etc/passwd* lösche, beklagt sich das Programm:

```
/etc/passwd:
        size ist jetzt 606 (sollte 607 sein)
        mtime ist jetzt 921020731 (sollte 921016509 sein)
        ctime ist jetzt 921020731 (sollte 921016509 sein)
```

Wir verwenden hier einen kleinen Perl-Trick, der genauer erläutert werden soll. In der folgenden Zeile werden zwei Arrays schnell, aber auf etwas unsaubere Weise miteinander verglichen:

```
if ("@stat_gespeichert[1..12]" ne "@stat_jetzt");
```

Der Inhalt der zwei Listen wird von Perl automatisch »stringifiziert«, weil sie in Anführungszeichen eingeschlossen sind, als ob die Elemente mit Leerzeichen zusammengesetzt würden:

```
join(" ", @stat_gespeichert[1..12]))
```

Dann werden die entstandenen Strings miteinander verglichen. Bei kurzen Listen, bei denen es sowohl auf die Zahl wie die Reihenfolge der Elemente ankommt, funktioniert diese Technik gut. In allen anderen Fällen – und besonders, wenn die Elemente selbst das Listen-Trennzeichen $" (üblicherweise das Leerzeichen) enthalten – muß eine iterative Lösung gewählt werden oder eine mit einem Hash, wie die in der FAQ zu Perl aufgeführte.

Jetzt wissen wir alles über `stat()`, und doch habe ich schlechte Neuigkeiten für Sie. Das Überprüfen von Dateiattributen ist ein Schritt in die richtige Richtung, aber er genügt nicht. Es ist nicht allzu schwierig, eine Datei so zu verändern, daß Dateiattribute wie die Zeit der letzten Änderung erhalten bleiben. In Perl gibt es sogar eine Funktion dafür, `utime()`. Jetzt wird es langsam Zeit, daß wir den Profi-Werkzeugkasten hervorholen.

Um Änderungen in Dateien festzustellen, wurden spezielle Algorithmen, sogenannte *Message-Digest*-Funktionen entwickelt. In RFC 1321 beschreibt Ron Rivest den MD5-Algorithmus von RSA (»RSA Data Security, Inc. MD5 Message-Digest Algorithm«) wie folgt:

> Der Algorithmus liest eine Nachricht beliebiger Länge und erzeugt daraus einen 128-Bit-»Fingerabdruck« oder »Message-Digest«. Es besteht die wohlbegründete Vermutung, daß es mit rechnerischen Mitteln nicht möglich ist, zwei Nachrichten mit dem gleichen Message-Digest zu erzeugen oder zu einem im voraus bekannten Message-Digest eine Nachricht zu erzeugen, die einen solchen Message-Digest ergibt.

Für unsere Zwecke bedeutet dies, daß die MD5-Prüfsumme zu einer Datei ein eindeutiger »Fingerabdruck« ist. Wenn der Inhalt der Datei in irgendeiner Weise verändert wird, ändert sich damit auch der Fingerabdruck. Diesen fast magischen Algorithmus kann man in Perl sehr leicht benutzen, wenn man die `Digest`-Modulfamilie und im speziellen das `Digest::MD5`-Modul verwendet.

Das `Digest::MD5`-Modul ist sehr einfach im Gebrauch. Man erzeugt ein `Digest::MD5`-Objekt, verfüttert ihm die Daten mit der `add()`- oder `addfile()`-Methode und läßt das Objekt den Message-Digest (den Fingerabdruck) berechnen.

Für die Paßwort-Datei unter Unix würde man die MD5-Prüfsumme wie folgt berechnen:

```perl
use Digest::MD5 qw(md5);

my $md5 = new Digest::MD5;

open(PASSWD, "/etc/passwd") or die "Kann Paßwortdatei nicht öffnen: $!\n";
$md5->addfile(*PASSWD);
close(PASSWD);

print $md5->hexdigest . "\n";
```

In der Dokumentation zu `Digest::MD5` wird auch gezeigt, daß man die Methodenaufrufe aneinanderreihen kann und so kompakteren Code erhält:

```perl
use Digest::MD5 qw(md5);

open(PASSWD, "/etc/passwd") or die "Kann Paßwortdatei nicht öffnen: $!\n";
print Digest::MD5->new->addfile(*PASSWD)->hexdigest, "\n";
close(PASSWD);
```

Beide Programme geben den gleichen Fingerabdruck aus:

```
a6f905e6b45a65a7e03d0809448b501c
```

Wenn wir auch nur die kleinste Änderung an der Datei vornehmen, bekommen wir einen ganz anderen MD5-Message-Digest. Ich habe nur zwei Zeichen in der Datei vertauscht und bekomme:

```
335679c4c97a3815230a4331a06df3e7
```

Damit können wir sehr schnell feststellen, ob der Inhalt einer Datei verändert wurde. Wir erweitern unser Programm von vorhin durch die MD5-Prüfsumme:

```perl
use Getopt::Std;
use Digest::MD5 qw(md5);
use vars qw($opt_p $opt_c);

getopt('p:c:');

die "Aufruf: $0 [-p <dateiname>|-c <pruefdatei>]\n"
    unless ($opt_p or $opt_c);

if ($opt_p) {
    die "Kann $opt_p nicht stat()-en: $!\n"
        unless (-e $opt_p);

    open(F, $opt_p) or die "Kann $opt_p nicht öffnen: $!\n";
    my $digest = Digest::MD5->new->addfile(*F)->hexdigest;
    close(F);

    print $opt_p, "|", join('|', (lstat($opt_p))[0..7, 9..12]),
        "|$digest", "\n";
    exit;
}
```

```perl
    if ($opt_c) {
        open(CFILE, $opt_c) or
            die "Kann Prüfdatei $opt_c nicht öffnen: $!\n";

        while (<CFILE>) {
            chomp;
            my @stat_gespeichert = split('\|');
            die "Falsche Anzahl Felder in Zeile $.: '$stat_gespeichert[0]...'\n"
                unless @stat_gespeichert == 14;

            my @stat_jetzt = (lstat($stat_gespeichert[0]))[0..7, 9..12];

            open(F, $stat_gespeichert[0])
                        or die "Kann $stat_gespeichert[0] nicht öffnen: $!\n";
            push(@stat_jetzt, Digest::MD5->new->addfile(*F)->hexdigest);
            close(F);

            &printchanged(\@stat_gespeichert, \@stat_jetzt)
                if ("@stat_gespeichert[1..13]" ne "@stat_jetzt");
        }
        close(CFILE);
    }

    sub printchanged {
        my($gespeichert, $jetzt) = @_;

        my @statfelder = qw(dev ino mode nlink uid gid rdev
                            size mtime ctime blksize blocks md5);

        print shift @{$gespeichert}, ":\n";

        for (my $i = 0; $i <= $#{$gespeichert}; $i++) {
            if ($gespeichert->[$i] ne $jetzt->[$i]) {
                print "\t" . $statfelder[$i] . " ist jetzt " . $jetzt->[$i];
                print " (war " . $gespeichert->[$i] . ")\n";
            }
        }
    }
```

Veränderungen an Netzwerkdiensten erkennen

Wir können nun Veränderungen an Dateien feststellen – aber wie steht es mit Diensten, die andere Rechner als Server anbieten? In Kapitel 5, *Namensdienste unter TCP/IP*, hatten wir Programme geschrieben, die NIS und DNS überwachen. Es ist relativ einfach, solche Dienste anzufragen und die Antwort auf ungewollte Veränderungen zu überprüfen. Wenn Ihre DNS-Server dies zulassen, können wir vorgeben, ein sekundärer Server zu sein, und die gesamten Daten für eine bestimmte Domain herunterladen, was im Umfeld von DNS unter der Bezeichnung *Zone Transfer* bekannt ist:

```perl
use Net::DNS;

# Erwartet zwei Argumente: Den Namen eines DNS-Servers und die Zone, die von diesem
# Server heruntergeladen werden soll.
my $server = new Net::DNS::Resolver;
$server->nameservers($ARGV[0]);

print STDERR "Zone $ARGV[1] wird von $ARGV[0] heruntergeladen ...";
my @zone = $server->axfr($ARGV[1]);
die $server->errorstring unless @zone;
print STDERR " ok.\n";

for my $record (@zone) {
    $record->print;
}
```

Wir kombinieren diese Idee mit der MD5-Methode von vorhin. Anstatt die Zone auszugeben, berechnen wir den Message-Digest davon:

```perl
use Net::DNS;
use FreezeThaw qw(freeze);
use Digest::MD5 qw(md5);

my $server = new Net::DNS::Resolver;
$server->nameservers($ARGV[0]);

print STDERR "Zone $ARGV[1] wird von $ARGV[0] heruntergeladen ...";
my @zone = $server->axfr($ARGV[1]);
die $server->errorstring unless @zone;
print STDERR " ok.\n";

my $zone = join('', sort map(freeze($_), @zone));

print "MD5-Prüfsumme für Zone $ARGV[1]: ";
print Digest::MD5->new->add($zone)->hexdigest, "\n";
```

Eine MD5-Prüfsumme läßt sich nur von einem Skalar berechnen, nicht von einer komplexen Liste von Hashes wie @zone. Deshalb verwenden wir diese Zeile:

```perl
$zone = join('', sort map(freeze($_), @zone));
```

Wir verwenden hier wieder das `FreezeThaw`-Modul (»Einfrieren-Auftauen«), das wir schon in Kapitel 9, *Logdateien*, kennengelernt haben. Damit können wir jede noch so verschachtelte Datenstruktur serialisieren, also in einen String verwandeln. Hier erzeugen wir aus jedem Element von @zone einen String. Vor der MD5-Berechnung werden diese Strings sortiert und mit `join()` zu einem einzigen, großen String zusammengefaßt. Der Sortier-Schritt ist notwendig, weil ein DNS-Server die einzelnen Resource Records einer Zone in beliebiger Reihenfolge ausgeben kann.

Das Herunterladen einer ganzen Zone von einen Server mag etwas übertrieben sein, und bei großen Zonen dauert es auch eine ganze Weile. Es ist vielleicht vernünftiger, nur bestimmte, wichtige Adressen zu überprüfen. In Kapitel 5, *Namensdienste unter TCP/IP*, finden Sie ein Beispielprogramm dazu. Außerdem ist es für die Betreiber von DNS-Servern sicher sinnvoll, die Liste der Rechner, die überhaupt eine ganze Zone abfragen dürfen, aus Sicherheitsgründen möglichst klein zu halten.

Mit den bisher behandelten Techniken sind wir noch nicht ganz aus dem Schneider. Auch die folgenden Fragen muß man sich genau überlegen:

- Was passiert, wenn ein Einbrecher unsere Datei mit den MD5-Prüfsummen manipuliert und die Daten für die von ihm eingeschleusten Trojanischen Pferde eingibt?
- Was ist, wenn jemand Ihr Skript verändert, so daß es nur so *aussieht*, als würden die MD5-Prüfsummen tatsächlich kontrolliert?
- Was geschieht, wenn jemand das MD5-Modul auf Ihrem System verändert?
- Oder wenn man diese Spur bis ans Ende verfolgt: Was machen wir, wenn der Eindringling den Perl-Interpreter verändert? Oder die von Perl benutzten dynamischen Bibliotheken? Oder gleich den Kernel des Betriebssystems?

Die Standardantwort darauf (so armselig sie ist) heißt: Sie müssen Kopien aller Teile Ihres Einbruchsmelder-Systems (die MD5-Daten, Module, einen statisch gelinkten Perl-Interpreter) auf einem Read-Only-Medium aufbewahren.

Diese Antwort illustriert einmal mehr, daß Sicherheit nicht ein erreichbarer Zustand ist, sondern nur ein Kontinuum. Es ist immer möglich, neue Bedrohungen zu finden und neue Methoden, sich davor zu schützen.

Verdächtige Aktivitäten

Ein guter Nachtwächter bemerkt nicht nur Veränderungen am zu schützenden Objekt, er bemerkt auch verdächtige Vorgänge in der Umgebung. Nicht nur eine Lücke im Zaun, auch unerklärte nächtliche Geräusche müssen gemeldet werden. Wir können auch Programme schreiben, die sich nach diesem Muster verhalten.

Verdächtige Dinge bemerken

Es ist leider so: Man bemerkt verdächtige Anzeichen oft erst dann, wenn schon einmal eingebrochen wurde und man daraus gelernt hat, worauf man achten muß. Nach den ersten Einbrüchen werden Sie bemerken, daß die Einbrecher sich oft nach bestimmten »Regeln« verhalten und bestimmte Indizien zurücklassen. Wenn Sie wissen, worauf Sie achten müssen, können Sie das mit Perl leicht automatisieren.

Zum Beispiel versuchen Einbrecher, besonders die weniger geschickten, nicht selten, ihre Aktivitäten in »unsichtbaren« Verzeichnissen zu verstecken. Auf Unix- oder Linux-Systemen versuchen sie, ihre Skripten und Netzwerkschnüffler in Verzeichnissen wie » ... « (Punkt, Punkt, Punkt), ». « (Punkt und Leerzeichen) oder » Mail« (Leerzeichen-Mail) zu verbergen. Bei einem normalen *ls* fällt so etwas kaum auf.

Nach jedem entdeckten Einbruch ist es sehr wichtig, daß Sie sich Zeit nehmen und so gut wie möglich aufzeichnen, was genau passiert ist. Dokumentieren Sie (so gut es geht), wie sich der Einbrecher Zutritt verschafft hat, was für Werkzeuge er benutzt hat, was er angestellt hat, auf welche anderen Rechner er sich eingeloggt hat, was für Abwehrmaßnahmen Sie ergriffen haben usw.

Es ist nur zu verlockend, zur Tagesordnung überzugehen und den Einbruch zu vergessen – vielleicht ist ja nicht viel Schaden angerichtet worden. Wenn Sie dieser Versuchung widerstehen, können Sie auch etwas aus dem Vorfall lernen; sonst haben Sie nur Zeit, Nerven und Mühe verschwendet. Der Nietzsche-Spruch aus der *Götzen-Dämmerung* »Was mich nicht umbringt, macht mich stärker« gilt oft auch in der Systemadministration.

Ebenso einfach ist es, ein Programm zu schreiben, das solche verdächtigen Verzeichnisse aufspürt. Wie das geht, haben wir schon in Kapitel 2, *Dateisysteme*, gesehen. Das folgende Programm verwendet das `File::Find`-Modul (das auch von *find.pl* benutzt wird):

```
require "find.pl";
use vars qw/$name/;

# Traverse desired filesystems

&find('.');

sub wanted {
    (-d $_) and                         # Ein Verzeichnis ...
      $_ ne "." and $_ ne ".." and      # ... aber weder »dot« noch »dot-dot« ...
      (/[^-.a-zA-Z0-9+,:;_~\$#()]/ or   # ... das ein »verdächtiges« Zeichen enthält ...
       /^\.{3,}/ or                     # ... oder mit drei Punkten beginnt ...
       /^-/) and                        # ... oder mit einem Minuszeichen beginnt.
      print "'" . &druckbar($name) . "'\n";
}

# Verwandelt den Verzeichnisnamen in druckbare Zeichen, d.h. Steuerzeichen werden
# in ^A, ^B usw. verwandelt. Abgewandelt aus &unctrl() aus dumpvar.pl, das mit
# Perl geliefert wird.
sub druckbar {
    my ($name) = $_[0];
    $name =~ s/([\001-\037\177])/'^' . pack('c', ord($1)^64)/eg;

    $name;
}
```

Sie erinnern sich an den Kasten »Reguläre Ausdrücke« von Seite 340 aus Kapitel 9, *Logdateien*? Programme, die in der obigen Art Dateisysteme absuchen, benutzen ebenfalls oft sehr komplexe reguläre Ausdrücke. Nicht selten hängt die Effizienz eines solchen Programms ganz davon ab, wie geschickt die regulären Ausdrücke konstruiert sind. Mit zu restriktiven oder zu wenigen Ausdrücken verfehlt man die Dateien, die aufgespürt werden sollen. Bei zu vielen oder zu ineffizienten regulären Ausdrücken benötigt das Programm zuviel Zeit. Bei zu laschen regulären Ausdrücken bekommt man einen Wust von uninteressanten Dateinamen. Die richtige Mischung ist nicht ganz einfach zu finden.

Verdächtige Muster bemerken

Wenden wir jetzt etwas an, was wir in Kapitel 9, *Logdateien*, gelernt haben. Wir haben gerade von verdächtigen Objekten und Dingen gesprochen; wir gehen nun zu verdächtigen *Mustern* über, also verdächtigen Kombinationen von Ereignissen, die für sich allein noch nicht verdächtig sind. Wir demonstrieren diese Technik mit einem Programm, das Logdateien in ziemlich primitiver Weise analysiert und so mögliche Einbrüche feststellt.

Das Programm geht von folgender Beobachtung aus: Die meisten Benutzer von auswärts loggen sich immer vom gleichen Rechner oder von einer kleinen Anzahl von Rechnern ein. Meist ist das ein Rechner zu Hause oder eine Adresse aus dem immer gleichen Modem-Pool des ISP. Wenn wir ein Konto entdecken, auf das von vielen verschiedenen Domains aus eingeloggt wurde, ist es ziemlich wahrscheinlich, daß dieses Konto geknackt wurde oder daß das Paßwort vielen Leuten bekannt ist. Natürlich gilt das nicht für sehr mobile Benutzer – aber wenn Sie ein Konto finden, in das innerhalb von zwei Stunden von Finnland und von Brasilien aus eingeloggt wurde, dann ist mit diesem Konto schon sehr wahrscheinlich etwas faul.

Wir gehen dieses Programm der Reihe nach durch. Der Code ist für Unix ausgelegt, aber die verwendete Technik ist es nicht. Zunächst ist in dieses Programm seine eigene Dokumentation eingebaut. Es ist eine gute Konvention, Code der folgenden Art an den Anfang des Programms zu setzen, auch für die Programmierer, die Ihren Code lesen werden. Machen Sie sich mit den möglichen Argumenten vertraut, bevor Sie weiterlesen:

```
sub aufruf {
    print <<"EOU";
lastcheck - Ausgabe von "last" darauf überprüfen, von wie vielen Rechnern
            aus sich ein Benutzer eingeloggt hat. Bei mehr als N Domains
            wird Alarm gegeben. (Nach einer Idee von Daniel Rinehart.)

    Aufruf:   lastcheck [args], mögliche Optionen:
    -i:            Alle Adressen im gleichen Klasse-C-Netz gleich behandeln.
    -h:            Diesen Text ausgeben.
    -f <Domain>:   Nur Domains außerhalb der lokalen <Domain> untersuchen.
    -l <Lastprog>: <Lastprog> statt /usr/ucb/last verwenden
                   (Achtung: Ausgabe dieses Programms wird nicht überprüft!).
```

```
            -m <N>:          Max. Anzahl erlaubter fremder Domains (Voreinstellung 3).
            -u <Benutzer>:   Nur diesen Benutzernamen überprüfen.
    EOU
            exit;
    }
```

Zuerst werten wir die angegebenen Argumente aus. Die Zeile mit `getopts` bewirkt, daß die Befehlszeile abgesucht wird und Variablen der Art $opt\_<Buchstabe>$ gesetzt werden. Der Doppelpunkt nach dem Buchstaben besagt, daß nach dieser Option ein Wert angegeben werden muß:

```
    use Getopt::Std;           # Normaler Befehlszeilen-Parser.
    getopts('ihf:l:m:u:');     # Unterstützte Optionen.
    use vars qw($opt_i $opt_h $opt_f $opt_l $opt_m $opt_u);

    &aufruf if (defined $opt_h);

    # Obere Grenze für die Anzahl erlaubter fremder Domains.
    my $maxdomains = (defined $opt_m) ? $opt_m : 3;
```

In den folgenden Zeilen geht es um das gleiche Abwägen zwischen Effizienz und Portabilität, das wir in Kapitel 9, *Logdateien*, bereits angesprochen haben. Hier lassen wir auch ein externes Programm zu. Mit der Methode mit der `unpack()`-Funktion ginge das nicht, dafür wäre das Programm etwas schneller:

```
    my $lastprog = (defined $opt_l) ? $opt_l : "/usr/ucb/last";

    open(LAST, "$lastprog|") || die "Kann $lastprog nicht aufrufen: $!\n";
```

Bevor wir den Code weiter untersuchen, betrachten wir zuerst die Datenstruktur, die die Daten aus *last* aufnimmt: einen Hash von Listen. Die Hashschlüssel sind Benutzernamen, und der zugehörige Wert ist jeweils eine Referenz auf eine Liste von Domains, von denen aus sich der Benutzer eingeloggt hat.

Ein solcher Eintrag in diesem Hash könnte zum Beispiel so aussehen:

```
    $benutzerinfo{ laf } = [ 'ccs.neu.edu', 'xerox.com', 'foobar.edu' ]
```

Das besagt, daß der Benutzer *laf* von Rechnern aus den drei Domains *ccs.neu.edu*, *xerox.com* und *foobar.edu* aus einloggte.

Wir beginnen mit dem Einlesen der Daten aus *last*, die auf dem benutzten System etwa so aussehen:

```
    cindy     pts/10    sinai.ccs.neu.ed    Fri Mar 27 13:51    still logged in
    michael   pts/3     regulus.ccs.neu.    Fri Mar 27 13:51    still logged in
    david     pts/5     fruity-pebbles.c    Fri Mar 27 13:48    still logged in
    deborah   pts/5     grape-nuts.ccs.n    Fri Mar 27 11:43 - 11:53   (00:09)
    barbara   pts/3     152.148.23.66       Fri Mar 27 10:48 - 13:20   (02:31)
    jerry     pts/3     nat16.aspentec.c    Fri Mar 27 09:24 - 09:26   (00:01)
```

Sie werden bemerken, daß die Rechnernamen in der dritten Spalte nach dem 16. Zeichen abgeschnitten sind. Wir haben diese unangenehme Einschränkung schon in Kapitel 9, *Logdateien*, kennengelernt, aber wir haben sie bis jetzt geflissentlich ignoriert. Hier geht das nicht, so direkt können wir diese Domainnamen nicht in unsere Hashdatenstruktur eintragen.

Oben in der `while`-Schleife überspringen wir Zeilen, die Daten enthalten, die uns hier nicht interessieren. Ganz allgemein gesagt, ist es sinnvoll, Spezialfälle so früh wie möglich zu identifizieren, damit mit diesen unnützen Daten nicht CPU-intensive Operationen durchgeführt werden (hier `split()`). Das Programm versucht, solche Zeilen so schnell wie möglich zu überspringen:

```
my %benutzerinfo;
while (<LAST>) {

    # Spezielle Pseudo-Benutzer ignorieren.
    next if /^reboot\s|^shutdown\s|^ftp\s/;

    # Wenn wir mit -u nur einen bestimmten Benutzer überprüfen wollen,
    # überspringen wir hier alle anderen.
    next if (defined $opt_u && !/^$opt_u\s/);

    # Logins auf dem lokalen X-Bildschirm überspringen.
    next if /:0\s+:0/;

    # Benutzername, TTY und Rechnername aus der Zeile herausholen.
    my ($benutzer, $tty, $rechner) = split;

    # Kein Rechner-Eintrag – Zeile ignorieren.
    next unless defined $rechner and $rechner =~ /\./;

    # Benutzername merkwürdig – Zeile ignorieren.
    next if length $benutzer < 2;

    # Domain zu diesem Rechner ermitteln (siehe Erläuterung im Text).
    my $dom = &domain_bestimmen($rechner);

    # Ignorieren, wenn keine Domain zu diesem Rechner gefunden wird.
    next if length $dom < 2;

    # Mit -f angegebene lokale Domain – Zeile ignorieren.
    next if defined $opt_f && ($dom =~ /^$opt_f/);

    # Erster Eintrag für diesen Benutzer – Eine neue Liste mit der einen eben gefundenen
    # Domain im Hash von Listen eintragen.
    unless (exists $benutzerinfo{$benutzer}) {
        $benutzerinfo{$benutzer} = [$dom];
    }
```

```
        # Sonst wird das etwas komplizierter und von einer separaten Subroutine erledigt.
        else {
            &AddToInfo($benutzer, $dom);
        }
    }
    close(LAST);
```

Jetzt nehmen wir die einzelnen Subroutinen unter die Lupe, die die etwas verzwickteren Operationen erledigen. Die erste Routine, &domain_bestimmen(), erwartet einen vollständigen Rechner-Domainnamen (in diesem Zusammenhang oft FQDN genannt – *Fully Qualified Domain Name*) und gibt den Domain-Teil zurück oder die beste Näherung dafür. Die Routine muß aus zwei Gründen ein bißchen schummeln:

1. *last* gibt nicht immer einen Rechnernamen aus. Manchmal ist es auch nur eine IP-Adresse. Wenn der Benutzer die Option –*i* benutzt, dann nehmen wir an, daß alle IP-Adressen aus dem gleichen Klasse-C-Bereich gemeint sind. Wir nehmen mit anderen Worten an, daß die ersten drei Bytes in der IP-Adresse den »Domain-Teil« der Adresse ausmachen. Wir behandeln also Logins von 192.168.1.10 genau so wie die von 192.168.1.12. Das ist eine unter Umständen unzulässige Annahme, aber besser können wir es ohne andere Informationen nicht machen, und meist erfüllt die Annahme durchaus den Zweck. Wenn die Option –*i* nicht angegeben wird, betrachten wir nur die eine Adresse aus der *last*-Ausgabe als Domain-Teil.

2. Wie schon erwähnt, können die Rechner-Domainnamen abgeschnitten sein. Wir bekommen zerstückelte Namen wie grape-nuts.ccs.n und nat16.aspentec.c. Das ist nicht so schlimm, wie es aussieht, weil der FQDN für einen bestimmten Rechner immer an der gleichen Stelle abgeschnitten wird. Wir versuchen, das in der Subroutine &AddToInfo() so gut wie möglich auszubügeln.

Zurück zum Programm:

```
    # Domain-Teil zu einem vollständigen Rechner-Domainnamen (FQDN) finden.
    sub domain_bestimmen {
        # Haben wir eine IP-Adresse?
        if ($_[0] =~ /^(\d+\.\d+\.\d+)\.\d+$/) {
            # Ohne die -i-Option geben wir die ganze IP-Adresse zurück, sonst
            # nur die ersten drei Bytes der Adresse.
            return defined($opt_i) ? $1 : $_[0];
        }

        # Normaler Rechner-Domainname, evtl. abgeschnitten.
        else {
            # In Kleinbuchstaben verwandeln – so werden spätere Vergleiche einfacher
            # und schneller.
            $_[0] = lc($_[0]);

            # Alles nach dem ersten Punkt zurückgeben.
            $_[0] =~ /^[^.]+\.(.*)/;
            return $1;
        }
    }
```

In der nächsten Subroutine ist der schwierigste Teil des Programms verborgen, obwohl die Routine ganz harmlos und kurz erscheint. Die Subroutine &AddToInfo() muß mit abgeschnittenen Rechnernamen umgehen können und zusätzliche Listenelemente in unsere Hashtabelle einfügen. Wir benutzen dabei eine Technik mit Substrings, die sich auch an anderen Orten einsetzen läßt.

Im vorliegenden Fall wollen wir eigentlich nur, daß die folgenden Namen alle auf einen einzigen Eintrag in der Liste abgebildet werden:

```
ccs.neu.edu
ccs.neu.ed
ccs.n
```

Um herauszufinden, ob ein Domainname schon vorhanden ist, überprüfen wir folgende drei Bedingungen:

1. Stimmt der Domainname *exakt* mit einem Eintrag aus der Liste zu diesem Benutzer überein?
2. Ist es ein *Substring* von einem der bereits vorhandenen Namen?
3. Ist einer der *bereits abgespeicherten* Namen ein Substring dieses neuen Domainnamens?

In jedem dieser Fälle brauchen wir den neuen Domainnamen nicht abzuspeichern, weil wir ja einen äquivalenten Namen schon in der Liste haben. Im Fall 3 ersetzen wir allerdings den Substring in der Liste durch den eben gefundenen Namen, damit wir den längstmöglichen Domainnamen-Teil aufheben. Aufmerksame Leser werden bemerken, daß Fall 1 eigentlich nur ein Sonderfall von 2 ist und daß die beiden in einem Schritt abgehandelt werden können.

Wenn alle drei Bedingungen falsch sind, müssen wir den neuen Domainnamen in die Liste eintragen:

```
sub AddToInfo {
    my($benutzer, $dom) = @_;

    for (@{$benutzerinfo{$benutzer}}) {

        # Fälle 1 und 2: Exakte Übereinstimmung oder Substring.
        return if (index($_, $dom) > -1);

        # Fall 3: Ist der bereits abgespeicherte Name ein Substring
        # des zu überprüfenden Namens?
        if (index($dom, $_) > -1) {
            $_ = $dom; # Ja; abgespeicherten Namen durch den neuen ersetzen.
            return;
        }
    }
```

```
        # Ein noch nicht vorhandener Domainname - in die Liste eintragen.
        push @{$benutzerinfo{$benutzer}}, $dom;
}
```

@{$benutzerinfo{$benutzer}} ist die Liste der bisher für diesen Benutzer gefundenen Domainnamen. Wir gehen alle Elemente dieser Liste durch und überprüfen, ob $dom darin enthalten ist. Wenn ja, ist $dom nur ein Substring eines bereits gespeicherten Namens, und wir brauchen nichts weiter zu tun.

Wenn nicht, müssen wir Fall 3 überprüfen. Zu jedem Element der Liste wird überprüft, ob es im neuen Domainnamen enthalten ist. Wenn ja, überschreiben wir dieses kürzere Element mit dem neuen, längeren. Wir benutzen hier eine besondere Eigenschaft der for- und damit auch der foreach-Schleife in Perl. Wenn innerhalb der Schleife die Schleifenvariable $_ verändert wird, ändert sich damit auch das entsprechende Element in dem Array, über das iteriert wird. Die Schleifenvariable hat hier die Funktion eines Alias für das Element der Liste. Wenn wir den Namen durch den längeren ersetzt haben, können wir die Subroutine verlassen. Wenn nicht, sind wir bei allen drei Bedingungen durchgefallen und müssen der Liste einen neuen Eintrag hinzufügen.

Damit haben wir alle Einzelheiten bewältigt, alle Daten eingelesen und unsere Datenstruktur aufgebaut. Jetzt müssen wir nur noch alle gefundenen Benutzer durchgehen und die Anzahl der gefundenen Domainnamen feststellen (d. h. die Größe der zu jedem Benutzer gespeicherten Liste). Wenn das mehr als die geforderte maximale Anzahl ist, geben wir den Inhalt des Eintrags aus:

```
for (sort keys %benutzerinfo) {
    if (@{$benutzerinfo{$_}} > $maxdomains) {
        print "Benutzer $_ war eingeloggt von:\n";
        print join("\n", sort @{$benutzerinfo{$_}}), "\n\n";
    }
}
```

Wir kennen nun das Programm und möchten wissen, ob es auch tatsächlich funktioniert! Im folgenden sehen Sie einen Ausschnitt für einen bestimmten Benutzer, dessen Paßwort gecrackt wurde:

```
Benutzer poorguy war eingeloggt von:
38.254.131
bu.edu
ccs.neu.ed
dac.neu.ed
hials.no
ipt.a
tnt1.bos1
tnt1.bost
tnt1.dia
tnt2.bos
tnt3.bos
tnt4.bo
toronto4.di
```

Manche dieser Einträge sind für jemanden, der in Boston lebt, ganz normal, aber *toronto4.di* sieht verdächtig aus, und *hials.no* ist in Norwegen! Das Konto ist geknackt!

Man könnte das Programm weiter verfeinern und die Zeit berücksichtigen oder mit anderen Daten korrellieren, beispielsweise mit denen aus der Logdatei von *tcpwrappers*. Aber schon so ist das Überprüfen dieses einfachen Verhaltensmusters ganz nützlich.

SNMP

Wir entfernen uns nun etwas vom Thema Rechner- und Netzwerksicherheit und befassen uns mit Themen, die mehr in die Richtung Netzwerküberwachung gehen. Im vorhergehenden Abschnitt haben wir einen ganz speziellen Netzwerk-Service überwacht. Das Simple Network Management Protocol (SMTP) ist im Vergleich dazu ein Quantensprung. Damit kann man auf allgemeine Weise Rechner oder Geräte im Netzwerk abfragen und konfigurieren. Wenn Sie die Grundlagen von SNMP einmal verstehen, können sie fast jedes neuere netzwerkfähige Gerät überwachen und oft auch konfigurieren.

Ganz im Vertrauen: Das *Simple* Network Management Protocol ist nicht besonders simpel. Man muß im Gegenteil einige Anfangsschwierigkeiten überwinden, bis man sich mit SNMP zurechtfindet. Wenn Sie sich noch nicht mit SNMP befaßt haben, empfehle ich Ihnen vor dem Weiterlesen den Kurzlehrgang in Anhang E, *SNMP in zwanzig Minuten*.

SNMP von Perl aus benutzen

Wir könnten natürlich von Perl aus externe Programme benutzen, wie die UCD-SNMP-Programme in Anhang E. Das funktioniert gut, aber es wäre kein bißchen anders als bei den anderen Programmen in diesem Buch, die nach diesem Ansatz funktionieren. Sie würden dabei kaum etwas lernen, und deshalb verfolgen wir diesen Ansatz hier nicht. Es gibt auch gute Gründe, die dagegensprechen: Zum Beispiel muß bei der Verwendung von SNMPv1 oder SNMPv2C der Community-Name auf der Befehlszeile angegeben werden. Wenn dies auf einem Multiuser-Rechner geschieht, können andere Benutzer mit *ps* oder einem ähnlichen Programm den Community-Namen herausfinden und so den Schlüssel zum Tresor stehlen. Diese Gefahr besteht auch bei unseren Beispielen mit *snmpget* in Anhang E, aber sie stellt sich verschärft bei Skripten, die solche Programme wiederholt aufrufen. Auch bei den folgenden Beispielskripten werden der Rechnername und der Community-Name als Argument von der Befehlszeile übergeben. Für Programme im produktiven Einsatz muß das anders gelöst werden.

Wenn wir nicht andere Programme aufrufen, ist der andere Ansatz die Verwendung eines SNMP-Moduls in Perl. Es gibt mindestens drei verschiedene, aber ähnliche Module: `Net::SNMP` von David M. Town, `SNMP_Session` von Simon Leinen und das »SNMP Extension Module v3.1.0 for the UCD SNMPv3 Library« (SNMP-Erweiterungsmodul für die SNMPv3-Bibliothek von UCD), das wir im weiteren im Hinblick auf die Verwendung in der use-Anweisung nur `SNMP` nennen werden. Alle drei Module beherrschen

SNMPv1. `Net::SNMP` und `SNMP` unterstützen Teile von SNMPv2, aber nur `SNMP` unterstützt SNMPv3.

Außer durch die Unterstützung von neueren Protokollversionen unterscheiden sich die Module auch in ihrem Aufbau. `Net::SNMP` und `SNMP_Session` sind reine Perl-Module, während `SNMP` mit den Bibliotheken aus dem UCD-SNMP-Paket gelinkt werden muß. Das ist auch der Hauptnachteil dieses letzteren Moduls – es ist von einem weiteren Paket abhängig, das zuerst installiert werden muß, wenn die UCD-SNMP-Bibliothek für Ihr System überhaupt verfügbar ist.

Dafür aber kann das Modul alle Möglichkeiten der UCD-Bibliothek benutzen, und das sind nicht wenige. Zum Beispiel können Sie mit `SNMP` MIB-Beschreibungsdateien parsen und nackte SNMP-Pakete für Debugzwecke ausgeben; so etwas können die anderen Pakete nicht. Es gibt zwar Hilfsmodule, mit denen man etwas ähnliches erreichen kann (z. B. kann der `SNMP::MIB::Compiler` von Fabien Tassin MIB-Dateien lesen), aber wenn Sie alle Möglichkeiten von SNMP ausschöpfen wollen, sind Sie mit `SNMP` am besten bedient.

Beginnen wir mit einem einfachen Beispiel eines Perl-Skripts, das SNMP benutzt. Wir wollen die Anzahl der Netzwerk-Interfaces eines Geräts feststellen, also die SNMP-Variable `interfaces.ifNumber` abfragen. Mit `Net::SNMP` geht das wie folgt:

```
use Net::SNMP;

# Erwartet Gerätenamen und Community-Namen als Argumente.
my ($session, $error) = Net::SNMP->session(Hostname  => $ARGV[0],
                                           Community => $ARGV[1]);

die "Fehler bei session(): $error" unless $session;

# iso.org.dod.internet.mgmt.mib-2.interfaces.ifNumber.0 = 1.3.6.1.2.1.2.1.0
my $result = $session->get_request("1.3.6.1.2.1.2.1.0");

die "Fehler bei get_request(): " . $session->error unless (defined $result);

$session->close;

print "Anzahl Netzwerk-Interfaces: " . $result->{"1.3.6.1.2.1.2.1.0"} . "\n";
```

Wenn wir mit diesem Skript eine normale Workstation mit einem Ethernet- und dem Loopback-Interface anfragen, erhalten wir 2; bei einem Laptop mit einem zusätzlichen PPP-Interface 3; bei einem kleineren Router erhalten wir beispielsweise `Anzahl Netzwerk-Interfaces: 7`.

Wir stellen fest, daß wir hier Objekt-Identifier (OIDs) und nicht Variablennamen benutzen müssen. Sowohl `Net::SNMP` als auch `SNMP_Session` kümmern sich nur um das SNMP-Protokoll selbst und gar nicht um das Drumherum wie beispielsweise das Einlesen und Parsen von MIB-Beschreibungen. Solche Dinge muß man entweder mit dem

Modul `SNMP::MIB::Compiler` erledigen oder im Falle von `SNMP_Session` mit dem Modul `SNMP_util` von Mike Mitchell (nicht zu verwechseln mit dem `SNMP::Util`-Modul von Wayne Marquette, das mit `SNMP` zusammenarbeitet).

Wenn Sie ausgeschriebene Variablennamen statt der numerischen OIDs benutzen und die Übersetzung nicht selbst vornehmen wollen, dann gibt es für Sie nur `SNMP`, das einen eingebauten MIB-Parser benutzt. Das folgende Skript liest die ARP-Tabelle (ARP: Address Resolution Protocol) mit diesem Modul aus:

```perl
use SNMP;

# Verlangt einen Rechnernamen und einen Community-String als Argumente
my $session = new SNMP::Session(DestHost => $ARGV[0],
                                Community => $ARGV[1],
                                UseSprintValue => 1);

die "Fehler bei Session(): $SNMP::Session::ErrorStr"
    if $SNMP::Session::ErrorStr;

# Datenstruktur für die getnext-Anweisung vorbereiten.
my $vars = new SNMP::VarList(['ipNetToMediaNetAddress'],
                             ['ipNetToMediaPhysAddress']);

# Erste Zeile abholen.
my ($ip, $mac) = $session->getnext($vars);
die $session->{ErrorStr} if ($session->{ErrorStr});

# Alle weiteren Zeilen abholen, bis wir eine Fehlermeldung bekommen.
while (! $session->{ErrorStr}
       and $$vars[0]->tag eq "ipNetToMediaNetAddress") {
    print "$ip -> $mac\n";
    ($ip, $mac) = $session->getnext($vars);
};
```

Das Skript erzeugt eine Ausgabe dieser Art:

```
192.168.1.70 -> 8:0:20:21:40:51
192.168.1.74 -> 8:0:20:76:7c:85
192.168.1.98 -> 0:c0:95:e0:5c:1c
```

Das Programm sieht dem vorhergehenden mit `Net::SNMP` recht ähnlich. Wir gehen die Unterschiede hier Zeile für Zeile durch:

```perl
use SNMP;

my $session = new SNMP::Session(DestHost => $ARGV[0],
                                Community => $ARGV[1],
                                UseSprintValue => 1);
```

Nach dem Einbinden des SNMP-Moduls wird ein Session-Objekt erzeugt, ganz wie im vorherigen Programm. Mit dem Parameter UseSprintValue => 1 kann man angeben, daß SNMP »menschenlesbare« Rückgabewerte erzeugen soll. Ohne diese Option bekämen wir in diesem Beispiel die MAC-(Ethernet-)Adressen in binärer Form.

```
# Datenstruktur für die getnext-Anweisung vorbereiten.
my $vars = new SNMP::VarList(['ipNetToMediaNetAddress'],
                             ['ipNetToMediaPhysAddress']);
```

SNMP akzeptiert als Parameter für seine Routinen auch einfache Variablen in Stringform wie sysDescr.0, aber der Gebrauch eines besonderen Objekts namens »Varbind« bietet verschiedene Vorteile. In diesem Objekt werden die Resultate von Abfragen abgespeichert. Im Beispielprogramm wird mit der getnext()-Methode ein get-next-request-PDU abgeschickt, und zwar genau so, wie wir das in Anhang E von Hand tun. Diesmal speichert SNMP aber die erhaltenen Indizes in der Varbind-Datenstruktur, so daß wir uns nicht um diese Einzelheiten zu kümmern brauchen. Wir geben einfach jedem weiteren getnext() das Varbind-Objekt mit.

In Perl sind Varbinds anonyme Arrays mit den vier Elementen obj, iid, val und type. Für uns sind in diesem Zusammenhang nur obj und iid von Interesse. Das erste Element, obj, ist das Objekt, über das wir Informationen wollen. Es kann auf verschiedene Arten angegeben werden. Hier verwenden wir das *leaf-identifier*- oder Endknoten-Format, d. h. wir geben den Endknoten aus dem MIB-Baum an. Die ausgeschriebene MIB-Variable zum Endknoten IpNetToMediaNetAddress lautet:

```
.iso.org.dod.internet.mgmt.mib-2.ip.ipNetToMediaTable.
ipNetToMediaEntry.ipNetToMediaNetAddress
```

Das zweite Element in einem Varbind ist die Instanz-ID oder iid. In den bisherigen Beispielen hatten wir dafür immer 0 verwendet (z. B. system.sysDescr.0), weil uns bisher nur Objekte untergekommen sind, die nur eine einzige Instanz besitzen. Wir werden aber in Kürze auch anderen Instanz-IDs begegnen, wenn wir in einem späteren Abschnitt ein bestimmtes Netzwerk-Interface eines Routers ansprechen (der ja per definitionem mehrere Interfaces besitzt). Für eine Abfrage mit get müssen nur die Elemente obj und iid angegeben werden. Bei getnext ist iid überflüssig, weil es ja ohnehin die nächste Instanz zurückliefert.

In den obigen zwei Zeilen benutzen wir VarList(), das eine Liste mit zwei Varbinds erzeugt, wobei bei jedem Listenelement nur obj angegeben wurde. Diese Liste wird an die Methode getnext() übergeben:

```
# Erste Zeile abholen.
my ($ip, $mac) = $session->getnext($vars);
die $session->{ErrorStr} if ($session->{ErrorStr});
```

getnext() gibt die Antwortwerte zu unserer Anfrage zurück und führt die Indizes in den Varbind-Datenstrukturen nach. Ab jetzt können wir getnext() wiederholt aufrufen, bis wir an das Ende der Tabelle kommen:

```
while (! $session->{ErrorStr}
        and $$vars[0]->tag eq "ipNetToMediaNetAddress") {
    print "$ip -> $mac\n";
    ($ip, $mac) = $session->getnext($vars);
};
```

Für unser letztes Beispiel kehren wir zum Thema Daten- und Netzwerk-Sicherheit zurück. Wir suchen uns ein Problem aus, das mit den vorhandenen SNMP-Befehlszeilenprogrammen nur sehr schwer oder gar nicht zu bewältigen wäre.

Stellen Sie sich folgendes Szenario vor: Sie bekommen den Auftrag, einen Benutzer zu finden, der Unfug in ihrem Ethernet-Netzwerk treibt. Sie kennen zwar die Hardware-Ethernet-Adresse des Rechners des Benutzers, aber einen Netzwerk-Schnüffler können Sie doch nicht verwenden, weil alle Ethernet-Anschlüsse zu einem Switch gehen. Die MAC-Adresse ist unbekannt, es ist also kein Rechner, den Sie administrieren (sonst wäre die Hardware-Adresse in einer ähnlichen Datenbank wie der eingetragen, die wir in Kapitel 5, *Namensdienste unter TCP/IP*, aufgebaut hatten). Es ist also nicht ganz einfach, den Rechner zu finden. Am besten wäre es, wenn wir alle vorhandenen Ethernet-Switches abfragen könnten, ob sie dieser MAC-Adresse auf einem Port begegnet sind.

Werden wir konkreter, weil wir am Ende eine ganz spezifische MIB-Variable benötigen, und nehmen wir an, daß Ihr Netz aus mehreren Cisco-5500-Switches besteht. Die eigentliche Vorgehensweise ist aber vom genauen Typ der Switches unabhängig, und wir werden im folgenden anmerken, wenn es etwas Herstellerspezifisches gibt.

Wie vorhin müssen wir die richtigen MIB-Moduldateien nach den relevanten Variablen absuchen. Mit etwas Hilfe vom technischen Support von Cisco finden wir heraus, daß wir auf vier separate Objekte zugreifen können müssen:

- Die Tabelle vlanTable, zu finden in der *CISCO-STACK-MIB*-Beschreibung unter enterprises.cisco.workgroup.ciscoStackMIB.vlanGrp.

- Die Tabelle dot1dTpFdbTable (transparent port forwarding table; die Tabelle, die anzeigt, zu welchem Port eines Switches ein Frame mit einer bestimmten MAC-Adresse geschickt wird). Diese Tabelle ist unter dot1dBridge.dot1dTp im RFC 1493 (*BRIDGE-MIB*) zu finden.

- Die Tabelle dot1dBasePortTable aus dem Abschnitt dot1dBridge.dot1dBase im gleichen RFC.

- Die Tabelle ifXTable aus RFC 1573 (*IF-MIB*-Beschreibung, Interfaces).

Warum gleich vier verschiedene Tabellen? Aus jeder benötigen wir nur ein kleines Bißchen für die Antwort am Ende, aber es gibt keine einzelne Tabelle, die die gesuchte Antwort einfach so enthält. Die erste Tabelle ist eine Liste von VLANs (Virtual Local Area Networks) oder virtuellen »Netzwerk-Segmenten« im Switch. Bei einem Cisco-Switch werden für jedes VLAN separate Tabellen mit MAC-Adressen geführt, also müssen wir unsere Informationen aus allen vorhandenen VLANs zusammensuchen. Davon später mehr.

Der zweite Tabellentyp ist eine Liste von Ethernet-Adressen und den dazugehörigen *Bridge-Ports*, auf denen Pakete mit diesen Adressen aufgetaucht sind. Leider sind diese Bridge-Ports nur interne Nummern, die keinen direkten Zusammenhang mit den Steckernummern am Gerät haben. Wir wollen aber den Namen dieses physischen Ports wissen, also an welchem Einschub und an welchen Stecker das inkriminierte Gerät angeschlossen ist.

Es gibt aber keine Tabelle, die Bridge-Ports auf physische Steckernamen abbildet (das wäre auch zu einfach). Mit der `dot1dBasePortTable`-Tabelle bekommen wir immerhin eine Zuordnung von Bridge-Ports zu Interface-Nummern. Diese Interface-Nummer können wir in der vierten Tabelle (`ifXTable`) nachschlagen, wodurch wir den gesuchten physischen Port-Namen erhalten.

In Abbildung 10-1 ist diese vierstufige Dereferenzierung graphisch dargestellt.

Im folgenden sehen Sie das Programm, das diese vier Tabellen abfragt, zusammensetzt und eine Tabelle der aufgefundenen MAC-Adressen mit den zugehörigen VLANs und den physischen Port-Namen ausgibt:

```perl
use SNMP;

# Zusätzlich benötigte MIB-Dateien von Cisco.
# Diese müssen sich im gleichen Verzeichnis wie das Skript befinden.
$ENV{'MIBFILES'} =
    "CISCO-SMI.my:FDDI-SMT73-MIB.my:CISCO-STACK-MIB.my:BRIDGE-MIB.my";

# Session aufbauen und Liste der VLANs in diesem Switch ermitteln.
my $session = new SNMP::Session(DestHost => $ARGV[0],
                                Community => $ARGV[1]);
die "Fehler bei Session(): $SNMP::Session::ErrorStr"
    unless defined $session;

# enterprises.cisco.workgroup.ciscoStackMIB.vlanGrp.vlanTable.vlanEntry
# aus der MIB-Datei CISCO-STACK-MIB.
my $vars = new SNMP::VarList(['vlanIndex']);

my @vlans = ();
my $vlan = $session->getnext($vars);
die $session->{ErrorStr} if ($session->{ErrorStr});

while (! $session->{ErrorStr} and $$vars[0]->tag eq "vlanIndex") {

    # VLANs mit Nummern über 1000 sind bei einem Cisco-5000 nicht »wirkliche«
    # VLANs und werden ignoriert (das wird bei anderen Switches anders sein).
    push(@vlans, $vlan) if $vlan < 1000;
```

Kapitel 10: Sicherheitsaspekte und Netzwerk-Monitoring

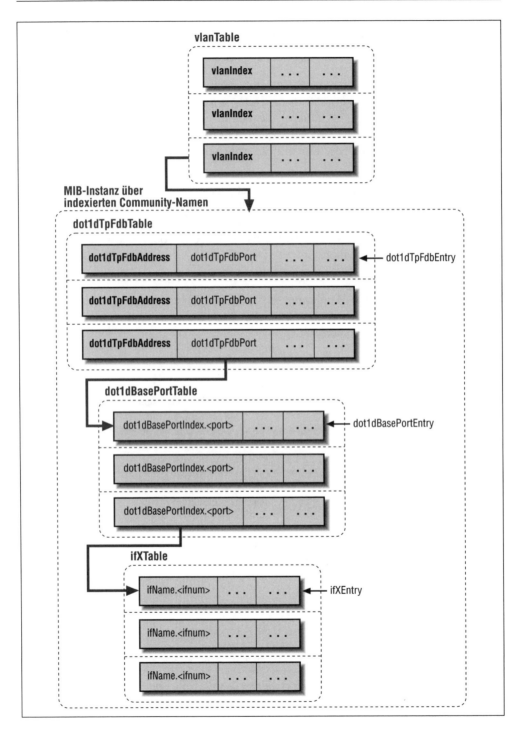

Abbildung 10-1: Die SNMP-Anfragen zum Ermitteln eines Portnamens auf einem Cisco 5000

```
            $vlan = $session->getnext($vars);
    }
    undef $session; undef $vars;

    # Für jedes VLAN den Bridge-Port, die mit diesem Port verbundene Interface-Nummer
    # und den mit dieser Interface-Nummer verknüpften Port-Namen abfragen.
    foreach my $vlan (@vlans) {
        my (%ifnum, %portname);
        # Wir verwenden Ciscos »Indexierte Community-Namen« für unsere Sessions.
        my $session = new SNMP::Session(DestHost   => $ARGV[0],
                                       Community  => $ARGV[1] . '@' . $vlan,
                                       UseSprintValue => 1);

        die "Fehler bei Session(): $SNMP::Session::ErrorStr"
            unless defined $session;

        # Aus der »Transparent Forwarding Port Table« in
        # dot1dBridge.dot1dTp.dot1dTpFdbTable.dot1dTpFdbEntry
        # im BRIDGE-MIB (RFC 1493).
        my $vars = new SNMP::VarList(['dot1dTpFdbAddress'], ['dot1dTpFdbPort']);

        my ($macaddr, $portnum) = $session->getnext($vars);
        die $session->{ErrorStr} if ($session->{ErrorStr});

        while (! $session->{ErrorStr}
               and $$vars[0]->tag eq "dot1dTpFdbAddress") {

            # dot1dBridge.dot1dBase.dot1dBasePortTable.dot1dBasePortEntry
            # aus dem BRIDGE-MIB (RFC 1493).
            my $ifnum =
              (exists $ifnum{$portnum}) ? $ifnum{$portnum} :
                ($ifnum{$portnum} =
                  $session->get("dot1dBasePortIfIndex.$portnum"));

            # Aus ifMIB.ifMIBObjects.ifXTable.ifXEntry im IF-MIB (RFC 1573).
            my $portname =
              (exists $portname{$ifnum}) ? $portname{$ifnum} :
                ($portname{$ifnum} = $session->get("ifName.$ifnum"));

            print "$macaddr auf VLAN $vlan Port $portname\n";

            ($macaddr, $portnum) = $session->getnext($vars);
        };
    }
```

Wenn Sie Anhang E, *SNMP in zwanzig Minuten*, gelesen haben, wird Ihnen das meiste bekannt vorkommen. Hier ein paar Kommentare zu Zeilen, die in dieser Art noch nicht vorgekommen sind:

```
    $ENV{'MIBFILES'} =
      "CISCO-SMI.my:FDDI-SMT73-MIB.my:CISCO-STACK-MIB.my:BRIDGE-MIB.my";
```

Kapitel 10: Sicherheitsaspekte und Netzwerk-Monitoring

Hier wird die Umgebungsvariable `MIBFILES` gesetzt. Die Bibliotheksroutinen im UCD-SNMP-Paket beachten diese und suchen in den darin angegebenen Dateien nach MIB-Objekt-Definitionen. Die einzige merkwürdige Datei ist *FDDI-SMT73-MIB.my*, und diese ist nur aufgeführt, weil im MIB-Modul *CISCO-STACK-MIB.my* ziemlich weit oben diese Definition steht:

```
IMPORTS
        MODULE-IDENTITY, OBJECT-TYPE, Integer32, IpAddress, TimeTicks,
        Counter32, Counter64, NOTIFICATION-TYPE
            FROM SNMPv2-SMI
        DisplayString, RowStatus
            FROM SNMPv2-TC
        fddimibPORTSMTIndex, fddimibPORTIndex
            FROM FDDI-SMT73-MIB
        OwnerString
            FROM IF-MIB
        MODULE-COMPLIANCE, OBJECT-GROUP
            FROM SNMPv2-CONF
        workgroup
            FROM CISCO-SMI;
```

Obwohl wir keine Objekte aus `fddimibPORTSMTIndex` oder `fddimibPORTIndex` benutzen, müssen wir die Datei doch in die Liste aufnehmen, weil sich der MIB-Parser sonst über fehlende Definitionen beklagt. Alle anderen MIB-Definitionen aus dieser `IMPORTS`-Anweisung sind in den übrigen Dateien oder in den Systemdateien von UCD-SNMP vorhanden. Beim Durchkämmen von MIB-Modulen muß man nicht selten den `IMPORTS`-Abschnitt genau unter die Lupe nehmen und alle Abhängigkeiten abdecken.

Weiter unten im Programm finden wir diese merkwürdige Zeile:

```
my $session = new SNMP::Session(DestHost => $ARGV[0],
                    Community => $ARGV[1] . '@' . $vlan,
                    UseSprintValue => 1);
```

An den vom Benutzer angegebenen einfachen Community-Namen hängen wir hier einen String der Art *@VLAN-NUMMER* an. In der Cisco-Terminologie läuft dies unter der Bezeichnung *Indexierte Community-Namen*. Bei VLANs in Bridges erinnern sich Cisco-Geräte an verschiedene »Instanzen« der MIB, eine pro VLAN. Unser Code stellt die gleiche Anfrage für jedes VLAN im Switch:

```
my $ifnum =
        (exists $ifnum{$portnum}) ? $ifnum{$portnum} :
            ($ifnum{$portnum} =
                $session->get("dot1dBasePortIfIndex.$portnum"));
```

Dazu zwei Kommentare: Zur Abwechslung benutzen wir hier für die `get()`-Methode ein einfaches String-Argument. Wir hätten auch ein Varbind nehmen können:

```
($ifnum{$portnum} = $session->get(['dot1dBasePortIfIndex', $portnum]));
```

Außerdem benutzen wir hier einen einfachen Cache. Statt jedesmal eine `get()`-Anfrage abzusetzen, sehen wir zuerst in einem Hash (`%ifnum`) nach, ob wir diese Abfrage schon einmal gestellt haben. Wenn nicht, fragen wir tatsächlich nach und speichern die Antwort im Hash. Der Gültigkeitsbereich der mit `my` deklarierten Session- und Cache-Variablen endet am Ende der `foreach`-Schleife, so daß für jedes VLAN eine neue Session und ein neuer Cache benutzt wird.

Diese Technik ist bei SNMP sehr zu empfehlen. Man soll so wenig Informationen so selten wie nötig abfragen, damit man nicht das Netzwerk und die Geräte darin unnötig belastet. Die CPU in einem Switch muß sich um Ihre SNMP-Abfrage kümmern und hat deswegen weniger Zeit für ihre eigentliche Aufgabe.

Hier sehen Sie ein Beispiel für die Ausgabe unseres Programms:

```
"00 10 1F 2D F8 FB " auf VLAN 1 Port 1/1
"00 10 1F 2D F8 FD " auf VLAN 1 Port 1/1
"08 00 36 8B A9 03 " auf VLAN 115 Port 2/18
"08 00 36 BA 16 03 " auf VLAN 115 Port 2/3
"08 00 36 D1 CB 03 " auf VLAN 115 Port 2/15
```

Gewiß können Sie sich ohne weiteres Wege vorstellen, das Programm zu verbessern. Zunächst könnten Sie die Ausgabe ansprechender gestalten. Das Programm könnte zwischen zwei Aufrufen Zustandsinformationen abspeichern und nach dem ersten Mal nur die Änderungen zum vorherigen Zustand ausgeben. So würde man schnell erkennen, ob neue MAC-Adressen benutzt werden, ob die Port-Belegung wechselt usw. Es gibt da aber einen kleinen Haken: Die meisten Switches sind »selbstlernend«, das heißt, sie vergessen Adressen, die einige Zeit nicht benutzt wurden, und lernen neue, sobald ein neues Gerät in Betrieb genommen wird. Das bedeutet einfach, daß Ihr Programm häufiger aufgerufen werden muß als die Timeout-Zeit des Switches.

Gefahr im Draht

SNMP ist zum Überwachen von Netzwerken gut geeignet (mit SNMP-Traps sogar zum aktiven Alarmieren bei Ausnahmesituationen), aber in bestimmten ungeplanten und unplanbaren Situationen wie Netzwerk-Ernstfällen hilft uns SNMP sehr wenig. In solchen Situationen muß man das Netzwerk auf eine Art überwachen können, die in SNMP nicht vorgesehen ist, für die es keine SNMP-Variablen gibt.

Noch einmal: Perl als Helfer in der Not

Im folgenden erzähle ich eine wahre Geschichte, in der mir Perl wirklich den Kopf aus der Schlinge gezogen hat. An einem Samstagabend wollte ich eigentlich nur meine E-Mail lesen, aber hoppla – unsere Web- und Mail-Server waren nicht mehr erreichbar oder gaben nur ganz langsam Antwort. Wenn ich versuchte, eine E-Mail-Nachricht oder eine Webseite abzurufen, war die Antwortzeit sehr schlecht, und manchmal wurde sogar die Verbindung unterbrochen. Die Mail-Queue begann, bedrohliche Ausmaße anzunehmen.

Ich sah mir zuerst die Server genauer an. Die Antwortzeiten im normalen interaktiven Betrieb waren normal; die CPU-Auslastung war zwar hoch, aber nicht übertrieben hoch. Ein schlechtes Anzeichen war die riesige Anzahl von aktiven Mail-Prozessen. Nach den Mail-Logs zu schließen, waren mehr Prozesse als normal vorhanden, weil viele Mail-Transaktionen nie zu einem Abschluß kamen. Es gab eine große Anzahl »hängender« Prozesse, die eigentlich eingehende Verbindungen verarbeiten sollten – das trieb die CPU-Last in die Höhe. Deswegen konnte das Mail-System auch keine neuen Verbindungen annehmen. Wegen diesen ungewöhnlichen Vorkommnissen überprüfte ich die Tabelle der bestehenden Netzwerk-Verbindungen mittels *netstat*.

Die Ausgabe von *netstat* bestätigte, daß in der Tat viele Verbindungen von vielen verschiedenen Rechnern zu diesem Computer bestanden. Der große Schock kam aber in der letzten Spalte, die den Zustand einer TCP-Verbindung anzeigt! Statt normalen Zuständen wie bei diesen Verbindungen:

```
tcp    0    0    mailhub.3322    mail.mel.aone.ne.smtp       ESTABLISHED
tcp    0    0    mailhub.3320    edunet.edunet.dk.smtp       CLOSE_WAIT
tcp    0    0    mailhub.1723    kraken.mvnet.wne.smtp       ESTABLISHED
tcp    0    0    mailhub.1709    plover.net.bridg.smtp       CLOSE_WAIT
```

gab es fast nur Verbindungen wie diese:

```
tcp    0    0    mailhub.3322    mail.mel.aone.ne.smtp       SYN_RCVD
tcp    0    0    mailhub.3320    edunet.edunet.dk.smtp       SYN_RCVD
tcp    0    0    mailhub.1723    kraken.mvnet.wne.smtp       SYN_RCVD
tcp    0    0    mailhub.1709    plover.net.bridg.smtp       CLOSE_WAIT
```

Auf den ersten Blick sah das wie ein klassischer »Denial-of-Service«-Angriff aus, bei dem ein Rechner mit SYN- oder SYN-ACK-Paketen überschwemmt wird. Um das zu verstehen, ist ein kleiner Exkurs über die Funktionsweise des TCP-Protokolls am Platz.

Jede TCP-Verbindung beginnt mit einem *Handshake*, einem gegenseitigen »Händeschütteln«. Mit diesem kleinen Geplänkel signalisieren Sender und Empfänger, daß sie bereit sind und daß eine Konversation beginnen kann. Der erste Schritt geht von der Station aus, die die Verbindung aufbauen will. Dieser Rechner sendet ein SYN-Paket (SYNchronisieren) an den Empfänger. Wenn der Empfänger mit der Verbindung einverstanden ist, schickt er ein SYN-ACK-Paket (ACKnowledgement, Bestätigung) und erzeugt für die im Aufbau begriffene Verbindung einen Eintrag in einer Tabelle von ausstehenden Verbindungen. Der Sender antwortet darauf mit einem ACK-Paket, das bestätigt, daß das SYN-ACK-Paket empfangen wurde. Wenn der Empfänger das ACK bekommt, entfernt er den Eintrag aus der Tabelle der ausstehenden Verbindungen; nun können die Partner loslegen.

So *sollte* es zumindest ablaufen. Bei einer SYN-Überflutung schickt ein böser Bube eine große Anzahl von SYN-Paketen an den Rechner, oft Pakete mit gefälschter Absenderadresse. Der arglose Rechner schickt SYN-ACKs an jede dieser gefälschten Absenderadressen und legt für jedes empfangene SYN einen Eintrag für die im Aufbau begriffene

Verbindung in der Tabelle an. Diese falschen Einträge bleiben so lange in der Tabelle erhalten, bis das Betriebssystem sie aufgrund eines bestimmten Timeouts entfernt. Wenn zu viele SYNs innerhalb kurzer Zeit eintreffen, wird die Tabelle überfüllt und der Rechner kann keine neuen Verbindungen mehr annehmen. Das führt zu ähnlichen Symptomen, wie ich sie vorgefunden hatte, und auch *netstat* erzeugt eine ähnliche Ausgabe wie oben.

Bei der Ausgabe von *netstat* war aber in diesem Fall merkwürdig, daß die Verbindungen von sehr verschiedenen Rechnern ausgingen. Es könnte ja sein, daß jemand ein Programm geschrieben hatte, das sich für alle diese Rechner ausgibt, weil man bei einem normalen SYN-Angriff erwartet, daß dieser nur von wenigen Computern ausgeht. Viele der Rechner hatten Namen, die völlig unverdächtig erschienen. Noch verwirrender war das Resultat von ein paar Verbindungstests, die ich ausführte. Manchmal konnte ich einen zufällig aus der Liste von *netstat* ausgewählten Rechner mit *ping* oder *traceroute* problemlos erreichen, dann wieder nicht. Ich brauchte bessere Daten, ich mußte wissen, was mit der Verbindung zu diesen entfernten Rechnern los war. Hier kommt Perl ins Spiel.

Weil ich unter großem Druck arbeiten mußte, habe ich nur ein einfaches Skript geschrieben, das die Einzelheiten zwei externen Netzwerk-Programmen überläßt und deren Ausgabe untersucht. Sie sehen im folgenden zuerst diese einfache Version; wir benutzen sie als Ausgangspunkt für eine komplexere.

Die Aufgabe ließ sich im vorliegenden Fall auf die folgende reduzieren: Kann ich die Rechner erreichen, von denen eine Verbindung auszugehen scheint? Um die Rechner zu ermitteln, die scheinbar eine Verbindung zu unserem Rechner aufbauen wollten, benutzte ich das Programm *clog* von Brian Mitchell, das unter *ftp://coast.cs.purdue.edu/pub/mirrors/ftp.saturn.net/clog* zu finden ist. *clog* benutzt die *libpcap*-Bibliothek von der Netzwerk-Forschungsgruppe des Lawrence Berkeley National Laboratory. Diese Unix-Bibliothek erlaubt es Programmen wie *clog*, das Netzwerk nach Paketen zum Verbindungsaufbau wie eben SYN-Paketen abzuhören. Die Bibliothek wird auch von dem sehr bekannten *tcpdump*-Programm genutzt. Die Bibliothek ist unter *ftp://ftp.ee.lbl.gov/libpcap.tar.Z* erhältlich, sie funktioniert auch unter Linux, und eine Portierung für NT/2000 ist unter *http://netgroup-serv.polito.it/windump/* oder *http://www.ntop.org/libpcap.html* zu finden. Eine Version für MacOS ist mir nicht bekannt.

Mit *clog* erhält man Informationen zu SYN-Paketen in dieser Form:

```
Mar 02 11:21|192.168.1.51|1074|192.168.1.104|113
Mar 02 11:21|192.168.1.51|1094|192.168.1.104|23
```

Wir sehen hier zwei Anfragen von 192.168.1.51 nach 192.168.1.104. Die erste Zeile entspricht einer Verbindungsaufnahme auf den Port 113 (Ident-Port) des Zielrechners, die zweite auf den Port 23 (Telnet).

Mit *clog* konnte ich schnell feststellen, welche Rechner versuchten, Verbindung mit meinem aufzunehmen. Nun wollte ich wissen, welche davon erreichbar waren und welche nicht. Dafür ist das Programm *fping* von Roland J. Schemers III wie geschaffen.

fping (unter *http://www.fping.com/* zu finden) ist ein schnelles und vielseitiges *ping*-Programm für Unix, mit dem man testen kann, ob eine Verbindung zu einem Rechner möglich ist. Mit den zwei externen Programmen ergibt sich wie von selbst dieses kleine Perl-Skript:

```perl
my $clog_prg   = "/usr/local/bin/clog";         # »clog«-Programm.
my $fping_prg  = "/usr/local/bin/fping -r1";    # »fping«-Programm mit Optionen.

my $localnet = "192.168.1.";                    # Präfix des lokalen Netzes.

my %cache;
open CLOG, "$clog_prg|" or die "Kann clog nicht aufrufen: $!\n";
while (<CLOG>) {
    my ($date, $src_host, $src_port, $dest_host, $dest_port) = split(/\|/);
    next if ($src_host =~ /^\Q$localnet\E/);
    next if (exists $cache{$src_host});
    print '$fping_prg $src_host';
    $cache{$src_host} = 1;
}
```

Das Programm ruft *clog* auf und liest dessen Ausgabe für immer und ewig. Weil ich davon ausging, daß unsere eigenen Rechner kein Sicherheitsproblem darstellen, wird jede Adresse darauf getestet, ob sie zum lokalen Netzwerk gehört. Dieser lokale Netzverkehr wird ignoriert.

Wie bei unserem letzten SNMP-Programm benutzen wir hier einen Cache. Wir wollen ja rechtschaffene Netzbürger sein und nicht fremde Rechner mit *ping*-Paketen bombardieren, deshalb notieren wir bereits getestete Rechner in einem Hash. Die Option *–r1* von *fping* beschränkt außerdem die Anzahl der »Pings« auf eins statt der normalen drei.

Das Programm muß mit entsprechenden Privilegien aufgerufen werden, weil sowohl *clog* als auch *fping* diese benötigen, um auf besondere Eigenschaften des Netzwerk-Interfaces zuzugreifen. Im meinem Fall sah die Ausgabe so aus:

```
199.174.175.99 is unreachable
128.148.157.143 is unreachable
204.241.60.5 is alive
199.2.26.116 is unreachable
199.172.62.5 is unreachable
130.111.39.100 is alive
207.70.7.25 is unreachable
198.214.63.11 is alive
129.186.1.10 is alive
```

Ganz offensichtlich ist hier etwas faul. Warum sind ungefähr die Hälfte der Rechner erreichbar, die anderen aber nicht? Bevor wir das beantworten, untersuchen wir erst, wie wir das Programm verbessern könnten. Als ersten Schritt wollen wir die Abhängigkeit von externen Programmen loswerden. Wenn wir wissen, wie wir mit Perl *ping*-Pakete verschicken oder das Netzwerk abhören können, eröffnen sich uns ganz neue Möglichkeiten. Beginnen wir mit dem leichteren Abhängigkeit.

Mit dem Modul `Net::Ping` von Russell Mosemann, das mit Perl mitgeliefert wird, können wir Netzwerk-Verbindungen gleich auf drei verschiedene Arten in der Art von *fping* testen: ICMP, TCP und UDP. Das Absenden von ICMP-*echo*-Paketen (Internet Control Message Protocol) ist die »klassische« Art, die von den meisten Befehlszeilenprogrammen à la *ping* benutzt wird. Diese Methode hat aber zwei Nachteile:

1. Zum Abschicken von ICMP-Paketen mit `Net::Ping` brauchen wir (wie für die Programme *clog* und *fping* eben) erhöhte Privilegien.
2. MacPerl unterstützt in der aktuellen Version ICMP nicht. Dies wird vielleicht in neueren Versionen behoben, aber bis dahin bedeutet das eine Einschränkung der Portierbarkeit des Perl-Codes.

Die anderen zwei Möglichkeiten bei `Net::Ping` sind TCP- oder UDP-Pakete. Bei beiden wird ein Paket an den *echo*-Port des zu untersuchenden Rechners geschickt. Das ist zwar portabel, aber dennoch in der Praxis weniger zuverlässig als ICMP. ICMP ist in jedem TCP/IP-Stack eingebaut, aber nicht auf jedem Rechner ist ein *echo*-Server aktiv. Deshalb werden Sie mit ICMP viel eher als mit den anderen zwei Pakettypen eine Antwort erhalten, außer, ICMP würde von einer Firewall gesperrt.

Bei `Net::Ping` wird das übliche objektorientierte Programmierverfahren verwendet, daher besteht der erste Schritt im Erzeugen einer Instanz eines *ping*-Objekts:

```
use Net::Ping;
my $p = new Net::Ping("icmp");
```

Das Objekt ist ganz einfach zu verwenden:

```
if ($p->ping("rechner")) {
    print "Ping OK.\n";
else{
    print "Keine Antwort.\n";
}
```

Jetzt kommen wir zum schwierigeren Teil, zum Netzwerk-Sniffing, wie es *clog* bisher für uns erledigt hat. An diesem Punkt müssen uns die Mac-Leute leider verlassen. Der folgende Code verwendet die weiter oben eingeführte *libpcap*-Bibliothek, die nur auf Unix und seinen Varianten sicher und zuverlässig läuft.

In einem ersten Schritt müssen Sie auf ihrem Rechner die *libpcap*-Bibliothek bauen. Ich empfehle Ihnen, auch gleich *tcpdump* zu installieren. Ganz analog zu den Befehlszeilenprogrammen aus dem UCD-SNMP-Paket kann man mit *tcpdump* die Möglichkeiten der Bibliothek ausloten, bevor man den eigentlichen Perl-Code schreibt; oder man kann mit *tcpdump* vergleichen, ob ein Perl-Programm das tut, was es sollte.

Wenn die *libpcap*-Bibliothek vorhanden ist, ist die Installation des `Net::Pcap`-Moduls ganz einfach. Das Modul wurde ursprünglich von Peter Lister geschrieben; Tim Potter hat es später komplett neu geschrieben. Mit dem Modul hat man vollen Zugriff auf die Möglichkeiten der *libpcap*-Bibliothek. Wir werden im folgenden sehen, wie man damit in der Art von *clog* SYN-Pakete abpassen kann.

Ganz zu Anfang in unserem Code stellen wir fest, welche Interfaces unseres Rechners vorhanden bzw. zum Sniffen geeignet sind und wie dieses Interface konfiguriert ist:

```
use Net::Pcap;

# Ein zum Sniffen geeignetes Interface finden.
my ($err, $netnum, $netmask);
my $dev = Net::Pcap::lookupdev(\$err) ;
die "Kann kein geeignetes Netzwerk-Interface finden: $err\n" unless $dev;

# IP-Adresse und Netzmaske dieses Interfaces bestimmen.
die "Kann Konfiguration von $dev nicht ermitteln: $err\n"
    if (Net::Pcap::lookupnet($dev, \$netnum, \$netmask, \$err));
```

Die meisten *libpcap*-Funktionen halten sich an die Konvention aus der Sprache C, nach der bei Erfolg ein 0 und bei Mißerfolg ein -1 zurückgegeben wird. Deshalb werden Sie die Formulierung »die if ... « bei Perl-Programmen mit Net::Pcap häufiger antreffen. Die genaue Beschreibung der Parameter der obigen Funktionen finden Sie in der Manpage *pcap(3)* aus der Dokumentation zu *libpcap*.

Mit den Daten zum Netzwerkinterface können wir *libpcap* beauftragen, das Netzwerk direkt oder »live« abzuhören (und nicht etwa früher abgehörte und in einer Datei abgespeicherte Netzwerkpakete zu untersuchen). Die Funktion Net::Pcap::open_live gibt einen Deskriptor zurück, den wir für diese Abhörsitzung benutzen:

```
# Das Interface zum »Live«-Abhören öffnen.
my $descr = Net::Pcap::open_live($dev, 100, 1, 1000, \$err);
die "Kann keinen Pcap-Deskriptor erhalten: $err\n" unless $descr;
```

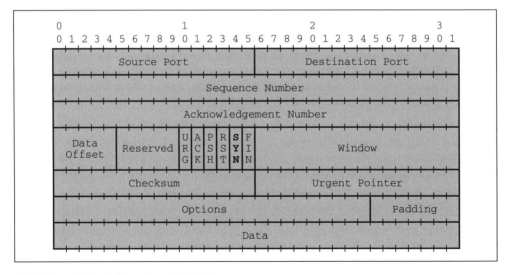

Abbildung 10-2: Aufbau eines TCP-Paketes

libpcap hat die Fähigkeit, den gesamten Netzwerkverkehr abzuhören bzw. nur bestimmte Pakete, die man mit einem Filter angeben kann. Der Filtermechanismus ist sehr effizient, wesentlich schneller, als wenn man die Pakete des kompletten Netzwerkverkehrs mit Perl analysieren müßte. Die Lösung mit *libpcap*-Filtern ist daher in den meisten Fällen vorzuziehen. In unserem Fall sind wir nur an SYN-Paketen interessiert.

Aber was ist überhaupt ein SYN-Paket? Dafür müssen Sie in Grundzügen wissen, wie TCP-Pakete aufgebaut sind. In Abbildung 10-2 ist ein TCP-Paket aus RFC 793 mit allen Header-Feldern dargestellt.

Ein SYN-Paket ist für unsere Zwecke einfach eines, bei dem das SYN-Bit in den Headern gesetzt ist (in Abbildung 10-2 hervorgehoben). Damit *libpcap* nur diese Pakete auffängt, müssen wir angeben, welches Byte im Header des Paketes getestet werden soll. Jeder Unterteilungsstrich in der Horizontalen entspricht einem Bit – also können wir die Bytes einfach abzählen. Im TCP-Paket von Abbildung 10-3 sind die Bytes numeriert.

Wir müssen also überprüfen, ob Byte 13 den Wert binär 00000010 hat, das ist dezimal 2. Wir benötigen daher den Filter-String tcp[13] = 2. Wenn wir alle Pakete wollten, bei denen *mindestens* das SYN-Bit gesetzt ist, dann könnten wir tcp[13] & 2 != 0 benutzen. Dieser Filter-String muß dann in ein *Filterprogramm* übersetzt werden:

```
my $prog = "tcp[13] = 2";
my $compprog;

# Unser »Filterprogramm« übersetzen und einsetzen.
die "Kann Programm '$prog' nicht kompilieren\n"
    if (Net::Pcap::compile($descr, \$compprog, $prog, 0, $netmask)) ;
die "Kann Filterprogramm nicht installieren\n"
    if (Net::Pcap::setfilter($descr, $compprog));
```

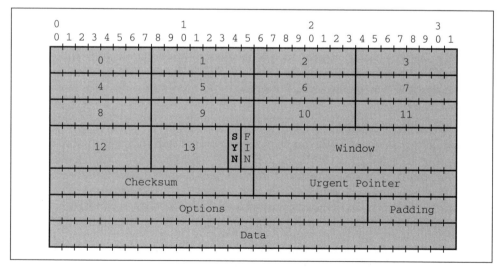

Abbildung 10-3: Das richtige Byte in einem TCP-Paket bestimmen

Jetzt fehlt nur noch etwas, bevor wir *libpcap* auf das Netzwerk loslassen können: Wir müssen angeben, was mit den aufgefangenen Paketen geschehen soll. *libpcap* ruft zu jedem Paket, das den Filter passiert, eine vom Benutzer anzugebende Callback-Routine auf. Diese Subroutine benötigt drei Argumente:

1. Eine Benutzer-ID, das ist ein String, den man zu Anfang der Abhörsitzung angeben kann. Damit können mehrere Paket-Sniff-Sitzungen parallel laufen.
2. Eine Referenz auf einen Hash, der die Header des Pakets enthält.
3. Eine Kopie des Pakets.

Wir benutzen zum Üben eine ganz einfache Callback-Routine, die nur gerade die Länge jedes erhaltenen Paketes ausgibt:

```
sub printpacketlength {
    print length($_[2]), "\n";
}
```

Jetzt können wir die Drähte anzapfen und unser Netzwerk auf `SYN`-Pakete hin abklopfen:

```
die "Kann Sniffer nicht aktivieren: " . Net::Pcap::geterr($descr) . "\n"
    if (Net::Pcap::loop($descr, -1, \&printpacketlength, ''));

die "Kann Netzwerk-Interface nicht sauber schließen\n"
    if (Net::Pcap::close($descr));
```

Das zweite Argument, (-1), beim Aufruf von `Net::Pcap::loop()` gibt an, wie viele Pakete wir auffangen wollen. In diesem Fall wollen wir Pakete auffangen, solange das Programm läuft.

Dieses Übungsprogramm fängt `SYN`-Pakete auf und gibt deren Länge aus. Das ist eigentlich nicht ganz das, was wir zu Anfang dieses Abschnitts wollten. Wir wollten ein Programm, das `SYN`-Pakete von fremden Netzen erkennt und die Rechner anpingt, von denen das Paket kommt. Wir haben jetzt fast alle Einzelteile, wir müssen nur noch herausfinden, wie wir die Absender-IP-Adresse aus den aufgefangenen `SYN`-Paketen herausholen.

Wie im letzten DNS-Beispiel in Kapitel 5, *Namensdienste unter TCP/IP*, müssen wir uns auch hier das nackte Paket vornehmen und es sezieren. Dafür müßte man normalerweise die Protokollspezifikation (RFC) genau studieren und eine entsprechende Schablone für die `unpack()`-Funktion entwerfen. Tim Potter hat die mühsame Arbeit für uns schon erledigt und eine Reihe von `NetPacket`-Modulen veröffentlicht: `NetPacket::Ethernet`, `NetPacket::IP`, `NetPacket::TCP`, `NetPacket::ICMP` usw. Jedes dieser Module stellt zwei Methoden zur Verfügung: `strip()` und `decode()`.

Mit `strip()` erhält man das reine TCP-Paket ohne die Header von der Netzwerk-Ebene. Sie werden sich erinnern: Ein TCP/IP-Paket auf Ethernet ist ein TCP-Paket, das in ein IP-Paket verpackt ist, das wiederum in einen Ethernet-Frame verpackt ist. Wenn also

$pkt ein TCP/IP-Paket enthält, würde mit `NetPacket::Ethernet::strip($pkt)` der Ethernet-Teil entfernt: Man erhält ein IP-Paket. Wenn Sie nur das TCP-Paket brauchen, könnten Sie mit `NetPacket::IP::strip(NetPacket::Ethernet::strip($packet))` sowohl die Ethernet- als auch die IP-Header entfernen.

Die Methode `decode()` geht noch weiter. Sie zerlegt ein Paket in seine Einzelteile und gibt eine Instanz eines Objekts zurück, das alle diese Teile enthält. Zum Beispiel:

```
NetPacket::TCP->decode(NetPacket::IP::strip(NetPacket::Ethernet::strip($pkt)))
```

Diese Zeile gibt eine Instanz eines Objekts mit den folgenden Feldern zurück:

Feldname	Beschreibung
src_port	TCP-Port des Absenders
dest_port	TCP-Port des Zielrechners
Seqnum	TCP-Sequenznummer
Acknum	TCP-Acknowledgement-Nummer (Bestätigung)
Hlen	Länge des TCP-Headers
Reserved	Sechs »reservierte« Bits
Flags	URG, ACK, PSH, RST, SYN und FIN
Winsize	TCP-Windowgröße
Cksum	TCP-Checksumme
Urg	Urgent Pointer
Options	TCP-Optionen in binärer Form
Data	Die eigentlichen Daten (Payload oder »Nutzlast«)

Diese Felder sollten Sie an die von Abbildung 10-2 gemahnen. Mit dem folgenden Code können Sie die Portnummer des Zielrechners aus einem Paket extrahieren:

```
$pt = NetPacket::TCP->decode(
        NetPacket::IP::strip(
          NetPacket::Ethernet::strip($packet)))->{dest_port};
```

Jetzt fassen wir alle Teile zu einem Programm zusammen und verändern doch wieder etwas. Tim Potter hat nämlich auch ein Modul `Net::PcapUtils` mit Hilfsroutinen zum Gebrauch mit `Net::Pcap` geschrieben. Damit läßt sich der ganze Initialisierungsvorgang von `Net::Pcap` stark vereinfachen. Unser Code wird damit kürzer. Hier sehen Sie das Resultat, zusammen mit allen Feinheiten, die wir in diesem Abschnitt gelernt haben:

```
use Net::PcapUtils;

use NetPacket::Ethernet;
use NetPacket::IP;

use Net::Ping;
```

```perl
# Unser lokales Netz.
my $localnet = "192.168.1";
# Ein Filter-String, der nur Pakete aufschnappt, bei denen in Byte 13 nur das SYN-Bit
# gesetzt ist und die nicht aus unserem lokalen Netz stammen.
my $prog = "tcp[13] = 2 and src net not $localnet";
my %cache;

$| = 1; # Pufferung auf der Standardausgabe abschalten.

# Ping-Objekt für späteren Gebrauch erzeugen.
my $p = new Net::Ping("icmp");

# Wir können loslegen!
my $err = Net::PcapUtils::loop(\&grab_ip_and_ping, FILTER => $prog);
die "Kann Sniffer nicht aktivieren: " . Net::Pcap::geterr() . "\n" if $err;

# Absender-IP-Adresse des Pakets feststellen und anpingen (nur einmal).
sub grab_ip_and_ping {
    my ($arg, $hdr, $pkt) = @_ ;

    # IP-Adresse des Absenders aus dem Header.
    my $src_ip = NetPacket::IP->decode(
                  NetPacket::Ethernet::strip($pkt))->{src_ip};

    print "$src_ip ist " . (($p->ping($src_ip)) ?
                  "wohlauf" : "unerreichbar") . "\n"
        unless $cache{$src_ip}++;
}
```

Wir haben unsere Aufgabe gelöst und das Programm ganz in Perl geschrieben (auch wenn es einige Bibliotheksroutinen in C benutzt). Ich will Ihnen doch noch erzählen, wie die Geschichte ausgegangen ist.

Am Sonntagmorgen hat die zentrale Supportgruppe außerhalb meines Bereiches einen Fehler in der Konfiguration eines ihrer Router entdeckt. Ein Student in einem unserer Studentenwohnheime hatte eine Linux-Maschine installiert und den Routing-Daemon auf diesem Rechner falsch konfiguriert. Dieser Rechner hat sich als Defaultrouter zum Internet angeboten und diese Fehlinformation per Broadcast auf das Netz gegeben. Der schlecht konfigurierte Router – an dem auch unsere Abteilung hing – hat diese Broadcasts aufgeschnappt und sofort seine Routing-Tabellen entsprechend geändert. Er hatte nun eine zweite, falsche Route zum Internet. Pakete von der Außenwelt haben uns wohl erreicht, aber unsere Pakete nach außen hat der Router mal an den richtigen Ort, mal an den Studentenrechner geschickt. Dieses »mal hier, mal da« ergab eine asymmetrische Routing-Situation. Sobald das Problem erkannt war, konnte die falsche Route entfernt und der Router so konfiguriert werden, daß er nur Routing-Informationen von vertrauenswürdigen Quellen annahm – das Leben konnte wieder seinen gewohnten Lauf nehmen. Ich werde Ihnen nicht verraten, was mit dem Studenten passierte, der das Problem verursacht hatte.

Sie haben in diesem Abschnitt eine Anwendung von `Net::Pcap`, `Net::PcapUtils` und der `NetPacket::*`-Familie zur Diagnose von Netzwerkproblemen kennengelernt. Geben Sie sich damit nicht zufrieden! Diese Module sind sehr flexibel und bieten enorme Möglichkeiten. Sie können damit maßgeschneiderte Programme für viele Arten von Netzwerkproblemen aufbauen, oder solche, die aktiv auf Probleme im Netzwerk achten.

Verdächtige Aktivitäten verhindern

Die letzte gute Eigenschaft, die ein Nachtwächter haben sollte, ist die, daß er vorausdenken und mögliche Unfälle und Einbrüche präventiv verhindern sollte. Gelegenheit macht Diebe, und wenn der Nachtwächter ein Auge für diese Gelegenheiten hat, wird weniger gestohlen.

Wir schließen dieses Kapitel mit einem Beispiel ab, das – wenn es richtig eingesetzt wird – einen Rechner oder eine ganze Rechner-Infrastruktur sicherer machen kann. Als symbolische Geste gegenüber den Autoren all der in diesem Buch verwendeten Module schreiben wir diesmal unser eigenes Modul, anstatt uns wie sonst auf den Code anderer Leute zu verlassen.

Das anvisierte Ziel dabei ist die Vermeidung oder doch zumindest Verminderung von schlechten Paßwörtern. An sich sichere Systeme wurden schon aufgebrochen, weil sich jemand ein zu einfaches Paßwort ausgewählt hatte, und dies schon lange, bevor es Computer gab. Das Paßwort des Höhlenbewohners Oog, das ihm den Eintritt in die Höhle seines Clans erlaubte, war möglicherweise »oog«. Heute stellt sich das Problem in wesentlich verschärfter Form, weil es heute offen und leicht zugängliche Paßwort-Crack-Programme gibt wie *John the Ripper* von Solar Designer, *L0phtCrack* von Mudge und Weld Pond und *Crack* von Alec Muffett.

Dieser Art von Einbrüchen kann man nur dadurch begegnen, daß man keine schlechten Paßwörter verwendet. Die Benutzer müssen dazu angehalten werden, Paßwörter zu wählen, die nur schwer mit automatischen Mitteln erraten werden können. Eine Methode dafür verwendet die *libcrack*-Bibliothek (auch von Alec Muffett). Bei der Entwicklung von *Crack* hat Muffett den Systemadministratoren einen großen Gefallen getan und einige der in *Crack* verwendeten Methoden gleich als C-Bibliothek zur Verfügung gestellt.

Diese Bibliothek enthält nur eine einzige Routine, die der Benutzer direkt aufrufen kann: `FascistCheck()`. Sie erwartet zwei Argumente: das zu überprüfende Paßwort als String und den vollen Pfadnamen des Verzeichnisses, in dem sich die bei der Installation von Crack erzeugten Wörterbuch-Dateien befinden. Der Rückgabewert von `FascistCheck()` ist NULL, wenn das Paßwort für »sicher« befunden wird, im anderen Fall ein String mit einem erklärenden Text, z. B. »is a dictionary word« (»wurde im Wörterbuch gefunden«). Es wäre sehr praktisch, wenn man diese Routine direkt von Perl aus verwenden könnte. So könnte man bei jedem Programm, das ein Paßwort setzen oder ändern kann, die eingegebenen neuen Paßwörter auf ihre Tauglichkeit prüfen.[1] Im folgenden entwickeln wir ein Modul, das diese Anforderung erfüllt. Dabei wird es unumgänglich sein, daß Sie mit etwas C-Code konfrontiert werden, aber ich verspreche, daß es kurz und schmerzlos abgehen wird.

Zuerst müssen wir das *libcrack*-Paket von *http://www.users.dircon.co.uk/~crypto/* herunterladen, bauen und installieren. Der Vorgang ist in der Distribution gut beschrieben. Zwei Tips dazu:

- Je umfangreicher das verwendete Wörterbuch ist, desto besser. Unter *ftp://ftp.ox.ac.uk/pub/wordlists* sind Wörterlisten in den verschiedensten Sprachen zu finden. Zum Aufbau der von Crack verwendeten Version des Wörterbuchs wird einiges an Plattenplatz benötigt (für den Sortiervorgang im Schritt *utils/mkdict*), planen Sie dafür genügend ein.

- Stellen Sie sicher, daß *libcrack* mit den gleichen Entwicklungswerkzeugen wie Perl installiert wird. Wenn Sie zum Kompilieren von Perl *gcc* verwendet haben, sollten Sie das auch bei *libcrack* tun. Diese Forderung gilt für alle Perl-Module, die C-Code-Bibliotheken einbinden und laden.

Wir haben jetzt die C-Bibliothek *libcrack.a* erstellt und müssen nun entscheiden, wie wir die Routine `FascistCheck()` aus dieser Bibliothek von Perl aus aufrufen wollen. Für das Einbinden von C-Bibliotheken in Perl gibt es zwei gängige Methoden: XS und SWIG. Wir werden XS verwenden, weil es für einfache Aufgaben leicht zu benutzen ist und weil alle dafür benötigten Werkzeuge mit Perl mitgeliefert werden. Die zwei Methoden werden im Buch *Fortgeschrittene Perl-Programmierung* von Sriram Srinivasan (O'Reilly) ausführlich beschrieben und einander gegenübergestellt.

Den einfachsten Einstieg in XS bietet das Programm *h2xs*, das ein Prototyp-Modul erzeugt:

```
$ h2xs -A -n Cracklib
Writing Cracklib/Cracklib.pm
Writing Cracklib/Cracklib.xs
Writing Cracklib/Makefile.PL
Writing Cracklib/test.pl
Writing Cracklib/Changes
Writing Cracklib/MANIFEST
```

Die so erzeugten Dateien werden in Tabelle 10-2 näher erläutert.

Von diesen Dateien müssen wir nur zwei anpassen, damit das Modul wie gewünscht funktioniert. Nehmen wir den schwierigeren Brocken zuerst: den »Glue«-Code in C. In der Dokumentation zu *libcrack* ist die Funktion so definiert:

```
char *FascistCheck(char *pw, char *dictpath);
```

---

[1] Das Programm *npasswd* von Clyde Hoover verwendet genau diesen Ansatz, wenn auch von einem C-Programm aus. Das Programm kann als Ersatz für das Unix-Programm *passwd* verwendet werden; es ist unter *http://www.utexas.edu/cc/unix/software/npasswd/* zu finden.

Tabelle 10-2: Dateien, die mit h2xs -A -n Cracklib erzeugt werden

Datei	Beschreibung
Cracklib/Cracklib.pm	Perl-Prototyp mit Dokumentation
Cracklib/Cracklib.xs	»Glue«-Code in C, der Perl mit der Bibliothek verbindet
Cracklib/Makefile.PL	Perl-Code, der ein Makefile erzeugt
Cracklib/test.pl	Prototyp für ein Test-Skript
Cracklib/Changes	Dokumentation für Änderungen am Code
Cracklib/MANIFEST	»Frachtzettel«, Liste der im Modul enthaltenen Dateien

In unserer »Kitt«-Datei *Cracklib/Cracklib.xs* wiederholen wie diese Definition:

```
PROTOTYPES: ENABLE

char *
FascistCheck(pw, dictpath)
     char *pw
     char *dictpath
```

Mit der Direktive `PROTOTYPES` erhalten wir Prototypen-Deklarationen in Perl für die Funktionen aus unserer *.xs*-Datei. Das spielt in unserem Fall keine große Rolle, wir schreiben die Zeile vor allem deshalb hin, um eine entsprechende Warnmeldung beim späteren Erzeugen des Moduls zu unterdrücken.

Gleich nach der Definition der Funktion beschreiben wir, wie die Funktion aufgerufen werden soll und was sie zurückgibt:

```
CODE:
RETVAL = (char *)FascistCheck(pw, dictpath);
OUTPUT:
RETVAL
```

`RETVAL` ist hier der eigentliche »Kitt«. An diesem Punkt wird der C-Code an den Perl-Interpreter übergeben. Wir sagen Perl, daß es von der Funktion `FascistCheck()` aus der Bibliothek einen String erwarten kann und daß dieser String der Rückgabewert (d. h. `OUTPUT`) der entsprechenden Perl-Funktion `Cracklib::FascistCheck()` werden soll. Das ist alles, was wir in C programmieren müssen.

In der anderen Datei, die wir anpassen müssen, muß nur eine einzige Zeile verändert werden. In *Makefile.PL* müssen wir ein zusätzliches Argument für den Bau des Makefiles mit `WriteMakefile()` angeben, damit Perl die *libcrack.a*-Bibliothek findet. Hier sehen Sie die entsprechende Zeile mit etwas Kontext:

```
'LIBS'      => [''],       # e.g., '-lm'
'MYEXTLIB'  => '/usr/local/lib/libcrack$(LIB_EXT)'  # Pfadname der Cracklib.
'DEFINE'    => '',         # e.g., '-DHAVE_SOMETHING'
```

Das ist das absolute Minimum, um unser Modul zum Laufen zu bringen. Wenn wir jetzt die Zeilen

```
perl Makefile.PL
make
make install
```

eingeben, dann könnten wir unser neues Modul bereits wie folgt verwenden:

```
use Cracklib;
use Term::ReadKey;                          # Für die Eingabe des Paßworts.
my $dictpath = "/usr/local/etc/cracklib/pw_dict";

print "Bitte ein Paßwort eingeben: ";
ReadMode 2;                                 # Echo ausschalten.
chomp(my $pw = ReadLine 0);                 # Paßwort einlesen.
ReadMode 0;                                 # Normaler TTY-Modus.
print "\n";

my $resultat = Cracklib::FascistCheck($pw, $dictpath);
if (defined $resultat) {
    print "Schlecht gewähltes Paßwort. Grund: $resultat\n";
}
else {
    print "Tolles Paßwort, saubere Sache.\n";
}
```

Aber widerstehen wir der Versuchung, das Modul direkt einzusetzen, und erledigen wir zuerst alles andere, was ein Modul mit Profi-Anspruch auch noch enthalten muß.

Zuerst schreiben wir ein Testprogramm, das beim Installieren des Moduls überprüfen soll, ob das Modul korrekt funktioniert. Das Programm soll unsere Funktion mit einigen Werten aufrufen und die Resultate mit im voraus bekannten Werten vergleichen. Das Testskript muß dieses Resultat in einer ganz bestimmten Weise an das aufrufende Programm (die Test-Suite) übermitteln. Vor den eigentlichen Tests muß der Bereich der Testnummern ausgegeben werden. Wenn wir z. B. zehn Testprogramme mitliefern, geben wir den String 1..10 aus. Danach muß bei jedem einzelnen Test einer der Strings »ok« oder »not ok«, gefolgt von der Testnummer ausgegeben werden. Der Perl-Code im normalen Verlauf einer Installation eines Moduls erwartet die Ausgabe der Tests in dieser Art und kann nur dann dem Benutzer eine Zusammenfassung der Testresultate liefern.

h2xs hat bereits einen Prototyp für ein solches Test-Skript erzeugt, den wir anpassen werden. Wir erzeugen ein Verzeichnis namens *t* (das ist der konventionelle Name für das Verzeichnis mit Testskripten) und benennen die Datei *test.pl* in *t/cracklib.t* um. Am Ende von *t/cracklib.t* fügen wir diesen Code hinzu, der die eigentlichen Tests ausführt:

```
my $dictpath = "/usr/local/etc/cracklib/pw_dict";

# Test-Paßwörter und die im voraus bestimmten Antworten der cracklib.
```

```
my %test =
  ("happy"        => "it is too short",
   "a"            => "it's WAY too short",
   "asdfasdf"     => "it does not contain enough DIFFERENT characters",
   "minicomputer" => "it is based on a dictionary word",
   "1ftm2tgr3fts" => "");

# Schleife mit allen unseren Test-Paßwörtern. Wir überprüfen, ob die Resultate
# übereinstimmen. Wenn ja, geben wir ok aus, sonst not ok.
my $testnum = 2;
foreach my $pw (keys %test) {
    my ($resultat) = Cracklib::FascistCheck($pw, $dictpath);
    if ((defined $resultat and $resultat eq $test{$pw}) or
        (!defined $resultat and $test{$pw} eq "")) {
        print "ok ", $testnum++, "\n";
    }
    else {
        print "not ok ", $testnum++, "\n";
    }
}
```

Wir haben insgesamt sechs Tests (fünf aus unserem Hash %test und einen ersten für das Laden des Moduls), und wir ändern daher in *t/cracklib.t* die Zeile

```
BEGIN { $| = 1; print "1..1\n"; }
```

in:

```
BEGIN { $| = 1; print "1..6\n"; }
```

Jetzt können wir *make test* eingeben, und über das *Makefile* überprüft die Test-Maschinerie von Perl, ob unser Modul sich wie vorgesehen verhält.

Ein Testskript ist sicher wichtig, aber unser Modul wird kaum ein großer Erfolg werden, wenn es nicht richtig dokumentiert ist. Nehmen Sie sich Zeit und bauen Sie die dafür vorgesehenen Stellen in *Cracklib.pm* und *Changes* so aus, daß ein Benutzer versteht, worum es geht. Wenn Sie schon dabei sind, kann es nicht schaden, auch eine *README*- oder *INSTALL*-Datei dazuzugeben, die in kurzer Form beschreibt, wie das Modul zu installieren ist, welche anderen Dateien wie *libcrack* dazu benötigt werden und woher man diese bekommt. Diese zusätzlichen Dateien (und auch die eben umbenannte *test.pl*-Datei) sollen im *MANIFEST* nachgeführt werden, sonst beklagen sich die Modul-Aufbauprogramme von Perl.

Und jetzt, ganz am Ende: Installieren Sie das Modul auf allen Ihren Rechnern. Bauen Sie Paßwort-Checks mit `Cracklib::FascistCheck()` in jedes Programm ein, bei dem Paßwörter erzeugt oder geändert werden. In kurzer Zeit wird die Anzahl von schlechten Paßwörtern gegen Null streben, und auf dem Gesicht des Nachtwächters zeichnet sich ein Lächeln ab.

In diesem Kapitel verwendete Module

Name	CPAN-ID	Version
Getopt::Std (wird mit Perl geliefert)		1.01
Digest::MD5	GAAS	2.09
Net::DNS	MFUHR	0.12
FreezeThaw	ILYAZ	0.3
File::Find (wird mit Perl geliefert)		
Net::SNMP	DTOWN	3.01
SNMP	GSM	3.10
Net::Ping (wird mit Perl geliefert)	RMOSE	2.02
Net::Pcap	TIMPOTTER	0.03
Net::PcapUtils	TIMPOTTER	0.01
NetPacket	TIMPOTTER	0.01
Term::ReadKey	KJALB	2.14

Hinweise auf weiterführende Informationen

Programme zum Feststellen von ungewollten Änderungen

http://www.securityfocus.com – Eine der besten Sites auf dem Netz zum Thema Sicherheit. Hier finden Sie einige der besten Mailinglisten zum Thema, außerdem eine erstklassige, freie Bibliothek zum Bau von eigenen Programmen. In der Abteilung »auditing, file integrity« dieser Bibliothek finden Sie Programme im Stil von *tripwire*.

http://www.tripwire.com/tripwire – Der »Stolperdraht« ist das nun schon klassische, frei erhältliche Werkzeug zum Aufspüren von unerlaubten Änderungen an Systemdateien. Es gibt nun auch eine verbesserte kommerzielle Version davon, aber die älteren Versionen sind noch immer frei verfügbar.

MacPerl: Power and Ease, von Vicki Brown und Chris Nandor (Prime Time Freeware, 1998). Aus diesem Buch und der Manpage *perlport* habe ich die Informationen zur stat()-Funktion unter MacPerl im ersten Abschnitt dieses Kapitels.

RFC 1321: The MD5 Message-Digest Algorithm, R. Rivest, 1992.

SNMP

Es gibt etwa sechzig aktive RFCs, bei denen »SNMP« im Titel vorkommt (und in mehr als hundert RFCs wird SNMP erwähnt. Hier sind nur die RFCs aufgeführt, die in diesem Kapitel oder in Anhang E, *SNMP in zwanzig Minuten,* erwähnt werden.

RFC 1157: A Simple Network Management Protocol (SNMP),
    J. Case, M. Fedor, M. Schoffstall und J. Davin, 1990.

RFC 1213: *Management Information Base for Network Management of TCP/IP-based internets: MIB-II*, K. McCloghrie und M. Rose, 1991.

RFC 1493: *Definitions of Managed Objects for Bridges*, E. Decker, P. Langille, A. Rijsinghani und K. McCloghrie, 1993.

RFC 1573: *Evolution of the Interfaces Group of MIB-II*, K. McCloghrie und F. Kastenholz, 1994.

RFC 1905: *Protocol Operations for Version 2 of the Simple Network Management Protocol (SNMPv2)*, J. Case, K. McCloghrie, M. Rose und S. Waldbusser, 1996.

RFC 1907: *Management Information Base for Version 2 of the Simple Network Management Protocol (SNMPv2)*, J. Case, K. McCloghrie, M. Rose und S. Waldbusser, 1996.

RFC 2011: *SNMPv2 Management Information Base for the Internet Protocol using SMIv2*, K. McCloghrie, 1996.

RFC 2012: *SNMPv2 Management Information Base for the Transmission Control Protocol using SMIv2*, K. McCloghrie, 1996.

RFC 2013: *SNMPv2 Management Information Base for the User Datagram Protocol using SMIv2*, K. McCloghrie, 1996.

RFC 2274: *User-based Security Model (USM) for version 3 of the Simple Network Management Protocol (SNMPv3)*, U. Blumenthal und B. Wijnen, 1998.

RFC 2275: *View-based Access Control Model (VACM) for the Simple Network Management Protocol (SNMP)*, B. Wijnen, R. Presuhn und K. McCloghrie, 1998.

RFC 2578: *Structure of Management Information Version 2 (SMIv2)*, K. McCloghrie, D. Perkins und J. Schoenwaelder, 1999.

Einige gute Quellen zu SNMP allgemein:

http://sourceforge.net/projects/net-snmp
Die Homepage von NET-SNMP, ehemals UCD-SNMP.

http://www.cisco.com/public/sw-center/netmgmt/cmtk/mibs.shtml
Bezugsquelle für MIB-Dateien für Cisco-Geräte. Solche Sites gibt es auch von anderen Herstellern.

http://www.snmpinfo.com – Die Homepage der Firma SNMPinfo und auch die von David Perkins, einem SNMP-Guru, der aktiv an der Newsgruppe *comp.protocols.snmp* teilnimmt und Mitautor von *Understanding SNMP MIBs* ist.

http://www.ibr.cs.tu-bs.de/ietf/snmpv3/ – Eine sehr gute Einführung in SNMP Version 3.

http://www.mrtg.org und *http://www.munitions.com/~jra/cricket/* – Die Homepages für den »Multi Router Traffic Grapher« (MRTG) von Tobias Oetiker und des verwandte Programm *Cricket*; zwei gute Beispiele (in Perl!), wie man SNMP für die Langzeit-Überwachung von Geräten einsetzen kann.

Understanding SNMP MIBs, von David Perkins und Evan McGinnis (Prentice-Hall, 1996).

http://www.snmp.org – Die Site der Firma SNMP Research. Der Abschnitt »SNMP Framework« enthält wertvolle Informationen und Verweise, unter anderem auch die FAQ von *comp.protocols.snmp*.

Andere Quellen

Fortgeschrittene Perl-Programmierung, von Sriram Srinivasan (O'Reilly, 1998) – Enthält einen guten Abschnitt zum Schreiben von eigenen Perl-Modulen.

http://www.bb4.com und *http://www.kernel.org/software/mon/* – Die Homepages für *BigBrother* und *Mon*, zwei Pakete, die ein Gerüst für die Echtzeit-Überwachung von Netzwerken mit SNMP ermöglichen (im Gegensatz zu MRTG und Cricket, die historische Daten zum Netzwerkverkehr aufzeichnen).

http://www.tcpdump.org – Die Homepage für *libpcap* und *tcpdump*.

RFC 793: Transmission Control Protocol, J. Postel, 1981.

RCS in fünf Minuten

In dieser kleinen Einführung lernen Sie alles, was Sie wissen müssen, um das Revision Control System (RCS) in der Systemadministration nutzbringend einsetzen zu können. RCS kann aber viel mehr; wenn Sie also RCS häufiger benutzen wollen, sollten Sie die Manpages studieren und den Verweisen am Ende dieses Anhangs folgen.

RCS funktioniert wie eine Autovermietung. Ein bestimmter Mietwagen kann zu einem bestimmten Zeitpunkt nur von einer einzigen Person gemietet werden. Ein neues Auto kann erst dann vermietet werden, wenn es von der Autovermietung erfaßt worden ist. Kunden können die Liste der verfügbaren Autos lesen und sich über die Ausstattung der Wagen informieren, auch wenn der Wagen ausgeliehen ist; aber wenn zwei Kunden dasselbe Auto wollen, muß der zweite warten, bis der erste Kunde das Auto zurückgebracht hat. Schließlich untersuchen die Angestellten der Autovermietung jedes zurückgebrachte Auto auf Schäden, notieren diese, und auch den neuen Kilometerstand. Alle diese Eigenschaften treffen auch auf RCS zu.

In RCS übernehmen Dateien die Rolle der Autos. Wenn man eine Datei von RCS überwachen lassen will, muß sie zuerst aufgenommen werden. Dieser Vorgang heißt bei RCS wie auch beim Fliegen, im Hotel oder bei einer Autovermietung *Check-in*:

```
$ ci -u dateiname
```

ci steht für »check-in«, und die *–u*-Option bedeutet, daß RCS die Datei beim Check-in so belassen soll, wie sie ist. Wenn eine Datei eingecheckt wird (d. h. sie wird von der Autovermietung zum ersten Mal erfaßt), wird sie von RCS auf eine von zwei Arten verändert, damit der Benutzer merkt, daß die Datei nun von RCS verwaltet wird:

1. Die ursprüngliche Datei wird gelöscht, und nur die Archiv-Datei von RCS bleibt übrig. Diese Archiv-Version heißt normalerweise *dateiname,v* und liegt im gleichen Verzeichnis wie die ursprüngliche Datei (oder in einem Unterverzeichnis namens RCS, wenn der Benutzer ein solches erzeugt).

2. Wenn wie oben die *–u*-Option angegeben wird, wird die Datei nach erfolgtem Check-in gleich wieder ausgecheckt, aber die Zugriffsrechte werden auf »read-only« gesetzt.

Damit man eine von RCS verwaltete Datei verändern (d. h. ein Auto mieten) kann, muß man sie auschecken:

```
$ co -l dateiname
```

Die *–l*-Option besagt, daß RCS die Datei mit einem *ausschließlichen Lock* (engl. *strict lock*) versehen soll, daß also kein anderer Benutzer die Datei zur gleichen Zeit auschecken darf. Andere Optionen, die häufig mit *co* benutzt werden, sind:

- *–r<Revisionsnummer>* : Eine ältere Version der Datei auschecken
- *–p*: Eine ältere Version auf dem Bildschirm ausgeben, ohne die Datei wirklich auszuchecken

Wenn die Datei verändert wird, muß sie mit dem gleichen Befehl wie ganz zu Anfang wieder eingecheckt werden (*ci –u dateiname*). Beim Check-in werden dabei nur die Änderungen in platzsparender Weise abgespeichert.

Bei jedem Check-in bekommt die Datei eine neue Revisionsnummer. RCS fragt beim Check-in nach einer Beschreibung für die neue Revision, die als fortlaufender Kommentar zu jeder Datei automatisch gespeichert wird. Diese Kommentare und der Benutzer, der die Datei gerade ausgecheckt hat, werden mit dem Befehlt *rlog dateiname* in der Art einer Logdatei angezeigt.

Wenn ein Benutzer nach Veränderung der Datei vergißt, die Datei wieder einzuchecken (und nach Hause geht und Sie die Datei trotzdem verändern müssen), kann das Lock mit dem Befehl *rcs –u dateiname* aufgebrochen werden. Auch bei diesem Befehl kann man in einem Kommentar angeben, warum das Lock gebrochen werden mußte. Dieser Kommentar wird dem ursprünglichen Inhaber des Locks per E-Mail mitgeteilt.

Nach dem Aufbrechen eines Locks sollte man untersuchen, inwiefern sich die nun zugängliche Datei von der RCS-Archiv-Version unterscheidet. Dazu dient der Befehl *rcsdiff dateiname*. Wenn man die Änderungen im Archiv aktualisieren will, kann man die Datei (mit einem entsprechenden Kommentar) ein- und gleich wieder auschecken. Bei *rcsdiff* kann man wie bei *co* eine *–r<Revisionsnummer>*-Option angeben und die Datei mit einer früheren Version vergleichen.

In Tabelle A-1 werden einige häufig verwendete RCS-Operationen aufgelistet.

Tabelle A-1: Häufig benutzte RCS-Operationen

RCS-Operationen	Aufruf
Erstes Einchecken (aktive Datei bleibt im Dateisystem)	*ci -u datei*
Check-out mit ausschließlichem Lock	*co -l datei*
Einchecken und Lock aufheben (Datei bleibt im Dateisystem)	*ci -u datei*
Version *x.y* einer Datei anzeigen	*co -px.y datei*
Zur Version *x.y* zurückgehen (überschreibt die Datei mit der angegebenen älteren Version)	*co -rx.y datei*
Unterschiede zwischen aktiver Datei und letzter Version ausgeben	*rcsdiff datei*
Unterschiede zwischen Version *x.y* und *x.z* ausgeben	*rcsdiff -rx.y -rx.z datei*
Log aller Check-ins anzeigen	*rlog datei*
RCS-Lock eines anderen Benutzers aufbrechen	*rcs -u datei*

Ob Sie es glauben oder nicht – das ist alles, was Sie für den Anfang für RCS brauchen. Wenn Sie RCS zur Systemadministration einsetzen, werden Sie schnell sehen, daß es sich auszahlt.

Hinweise auf weiterführende Informationen

ftp://ftp.gnu.org/pub/gnu/rcs – Der Quellcode der neuesten RCS-Version.

Applying RCS and SCCS: From Source Control to Project Control, von Don Bolinger und Tan Bronson (O'Reilly, 1995).

http://www.sourcegear.com/CVS – Dies ist das Hauptarchiv für CVS. An diese Stelle müssen Sie sich wenden, wenn Ihnen die Funktionalität von RCS nicht mehr genügt. Der nächste Schritt ist dann das sehr beliebte Concurrent Versions System, eben CVS.

B

LDAP in zehn Minuten

Verzeichnisdienste auf der Basis des Lightweight Directory Access Protocol (LDAP) werden heutzutage auf breitester Basis eingesetzt. Mit der Zeit wird wohl jeder Systemadministrator auf irgendeine Art mit LDAP konfrontiert. Dieser Anhang vermittelt die Begriffe und die verwendete Terminologie, die Sie für Kapitel 6, *Verzeichnisdienste*, benötigen.

Die Datenstruktur eines *Eintrags* spielt eine zentrale Rolle in LDAP. Wenn wir die Komponenten dieser Datenstruktur betrachten, ist es hilfreich, sich Abbildung B-1 zu vergegenwärtigen.

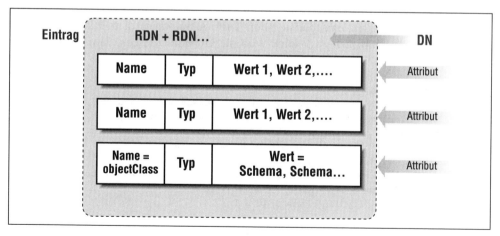

Abbildung B-1: Die Datenstruktur eines Eintrags in LDAP

Ein Eintrag besitzt eine Reihe von Komponenten mit Namen, die hier *Attribute* heißen. Diese machen die Daten des Eintrags aus. In der Begriffswelt der Datenbanken wären das die Felder in einem Datensatz. In Kapitel 6 verwalten wir mit Perl eine Rechnerdatenbank in einem LDAP-Directory. Jeder Rechner hat Attribute wie Name, Hersteller, Standort, Benutzer usw.

Ein Attribut hat außer dem Namen auch einen *Typ* und eine Reihe von *Werten*. Wenn man z. B. Daten über Mitarbeiter speichert, enthält der Eintrag fast sicher ein Attribut namens `Telefon` vom Typ `telephoneNumber`. Die Werte sind die Telefonnummern des Mitarbeiters. Mit dem Typ ist auch eine *Syntax* verknüpft, die besagt, was für Werte gespeichert werden können (Zahlen, Strings usw.), wie diese Werte sortiert werden sollen und wie sie bei einer Suche behandelt werden sollen. (Soll Groß- und Kleinschreibung beachtet werden oder nicht?)

Jeder Eintrag enthält auch ein besonderes Attribut namens *objectClass*. Dieses enthält mehrere Werte, die zusammen mit der Konfiguration des Servers und des Benutzerkontos besagen, welche Attribute immer vorhanden sein müssen und welche vorhanden sein dürfen.

Wir untersuchen nun das *objectClass*-Attribut etwas genauer, weil es die entscheidenden Merkmale von LDAP gut illustriert und weil wir dabei gleich die entsprechenden Begriffe kennenlernen. Beim *objectClass*-Attribut fällt folgendes auf:

LDAP ist objektorientiert

Jeder Wert eines *objectClass*-Attributs ist der Name einer Objektklasse. Diese Klassen definieren entweder, welche Attribute in einer Klasse vorkommen dürfen und müssen, oder sie erweitern die entsprechende Definition, die von einer anderen Klasse vererbt wurde.

Ein Beispiel: Die *objectClass* eines Eintrags enthält den String `residentialPerson`. In RFC 2256, das den einschüchternden Titel »A Summary of the X.500(96) User Schema for use with LDAP v3« trägt, wird die Objektklasse `residentialPerson` so definiert:

```
residentialPerson
    ( 2.5.6.10 NAME 'residentialPerson' SUP person STRUCTURAL MUST l
      MAY ( businessCategory $ x121Address $ registeredAddress $
      destinationIndicator $ preferredDeliveryMethod $ telexNumber $
      teletexTerminalIdentifier $ telephoneNumber $
      internationaliSDNNumber $
      facsimileTelephoneNumber $ preferredDeliveryMethod $ street $
      postOfficeBox $ postalCode $ postalAddress $
      physicalDeliveryOfficeName $ st $ l ) )
```

Diese Definition besagt, daß ein Eintrag der Objektklasse `residentialPerson` ein Attribut `l` (kurz für »locality«) haben *muß* (`MUST`) und daß er eine ganze Reihe von anderen Attributen haben *darf* (`MAY`), nämlich `registeredAddress`, `postOfficeBox` usw. Die Schlüsselstelle in dieser Definition ist der String `SUP person`. Dieser besagt, daß die Objektklasse `person` die übergeordnete Klasse ist, von der `residentialPerson` die Attribute vererbt bekommt. Diese Definition sieht wie folgt aus:

```
person
    ( 2.5.6.6 NAME 'person' SUP top STRUCTURAL MUST ( sn $ cn )
      MAY ( userPassword $ telephoneNumber $ seeAlso $ description ) )
```

Ein Eintrag der Objektklasse `residentialPerson` muß also die Attribute sn (*surname*, Nachname), cn (*common name*, der »allgemeine Name«) und l (*locality*, Ort, Wohnort) aufweisen. Er darf all die anderen Attribute aufweisen, die in diesen zwei Definitionen aus dem RFC vorkommen. Wir wissen außerdem, daß `person` eine Objektklasse zuoberst in der Hierarchie ist, weil ihr nur die besondere, abstrakte Klasse `top` übergeordnet ist. In den meisten Fällen kommt man mit den vordefinierten Standardobjektklassen aus. Wenn man selbst neue Objektklassen entwickeln muß, ist es am einfachsten, wenn man sich eine ähnliche Klasse sucht und die eigene, neue Klasse davon ableitet, so wie `residentialPerson` in diesem Beispiel von `person` abgeleitet ist.

LDAP hat seine Wurzeln in der Welt der Datenbanken

Wir können außerdem erkennen, daß LDAP aus der Datenbank-Welt kommt. Eine Sammlung von Objektklassen, die die Attribute für die Einträge eines LDAP-Servers ausmachen, nennt man *Schema*. Das angegebene RFC ist ein Beispiel für eine Spezifikation eines solchen Schemas. In Verbindung mit Schemas gibt es eine ganze Menge von Problemen und Begriffen, die wir in diesem Buch jedoch nicht berühren. Wie zum Entwurf von Datenbanken kann man auch zum Design von Schemas ganze Bücher schreiben, aber zumindest den Begriff »Schema« muß man in diesem Zusammenhang einordnen können; wir werden ihn häufiger benutzen.

LDAP ist nicht strikt auf Baumstrukturen beschränkt

Ein letzter Hinweis zur *objectClass*, bevor wir von einzelnen Einträgen zum größeren Ganzen übergehen. In der letzten Objektklasse wurde `top` als Spitze der Hierarchie angegeben, aber es gibt noch eine andere Quasi-Superklasse, die erwähnt werden muß: `alias`. Der Name ist Programm: Wenn in einem Eintrag `alias` angegeben wird, dann ist dieser Eintrag ein Alias für einen anderen Eintrag (dessen Name im `aliasedObjectName`-Attribut des Alias-Eintrags angegeben wird). Vieles in LDAP bezieht sich auf einen hierarchischen Aufbau, aber ein solcher ist nicht Bedingung. Man muß sich diese mit `alias` mögliche Flexibilität vergegenwärtigen und nicht vorschnell Annahmen über den hierarchischen Aufbau der Daten in einem Server treffen.

Organisation der Daten in LDAP

Bis jetzt haben wir uns mit einzelnen Einträgen beschäftigt, aber nach Verzeichnisdiensten mit nur einem einzigen Eintrag besteht wohl nur wenig Nachfrage. Wenn wir den Blickwinkel erweitern und ein ganzes Verzeichnis von Einträgen betrachten, stellt sich automatisch die Frage: Wie finde ich hier überhaupt etwas?

Was wir bisher betrachtet hatten, wird in der LDAP-Spezifikation als »Information Model« bezeichnet. Dieser Teil der Spezifikation befaßt sich mit den Regeln, die bestimmen, wie Daten dargestellt werden. Für die Frage nach der Suche müssen wir das »Naming Model« von LDAP untersuchen, das bestimmt, wie Daten organisiert werden.

Wenn wir zu Abbildung B-1 zurückkehren, sehen wir, daß wir alle Aspekte eines Eintrags beleuchtet haben – außer dem offensichtlichen: seinem Namen. Jeder Eintrag hat einen Namen, der in der Sprache von LDAP *Distinguished Name* (DN) heißt. Der DN besteht aus einzelnen Strings, die *Relative Distinguished Names* oder RDN heißen. Auf den DN kommen wir gleich zurück, betrachten wir zuerst die Bausteine, die RDN.

Ein RDN ist aus einem oder mehreren Attributen, also Name/Wert-Paaren aufgebaut. Zum Beispiel ist cn=Jay Sekora ein RDN. Der Name des Attributs ist cn (*common name*) und der Wert ist Jay Sekora.

Weder die Spezifikation von LDAP noch die von X.500 schreibt vor, welche Attribute in einem RDN benutzt werden müssen. Es wird allerdings vorgeschrieben, daß die RDN auf jeder Hierarchiestufe eindeutig sein müssen. Das muß so sein, weil es in einem LDAP-Baum nicht so etwas wie »den vierten Eintrag nach der dritten Gabelung im Verzeichnisbaum« gibt, deshalb müssen die Einträge über eine Kette von Namen anzusprechen sein. Untersuchen wir, wie sich diese Einschränkung in der Praxis auswirkt.

Nehmen wir ein anderes Beispiel für einen RDN: cn=Robert Smith. Das ist vielleicht keine gute Wahl, weil es schon in einer kleinen Organisation ohne weiteres mehrere Robert Smiths geben kann. Wenn in einer Organisation der Namensraum kaum strukturiert ist und es aber viele Personen gibt, wird diese Wahrscheinlichkeit größer. Es ist dann besser, mehrere Attribute in einem RDN zu kombinieren, beispielsweise cn=Robert Smith + l=Stuttgart (Attribute werden in RDN mit Pluszeichen kombiniert).

Auch unser verbesserter RDN (mit dem *locality*-Attribut) ist noch problematisch: Wir haben wohl die Möglichkeit für Namenskonflikte verkleinert, aber nicht beseitigt. Abgesehen davon: Wenn Smith den Arbeitsort in der Firma wechselt, haben wir ein Problem. Vielleicht wäre es gescheiter, jeder Person eine feste Identifikation zu verpassen. Wir könnten etwa die E-Mail-Adresse nehmen, dann wäre der RDN uid=rsmith. Dieses Beispiel soll Ihnen nur einen Einblick in die Entscheidungen vermitteln, die beim Entwurf eines Schemas getroffen werden müssen.

Aufmerksamen Lesern wird auffallen, daß wir den Blickwinkel noch gar nicht erweitert haben: Wir krebsen noch immer beim einzelnen Eintrag herum. Die Beschreibung von RDNs war nur Übung, jetzt kommt der wirkliche Sprung: Einträge sind in einer baumähnlichen Struktur[1] untergebracht, die *Directory Information Tree* (DIT) oder einfach *Verzeichnisbaum* heißt. Man verwendet sogar besser den einfacheren Ausdruck *Verzeichnisbaum*, weil sich DIT in der X.500-Nomenklatur meist auf den einen, weltweiten Baum bezieht, der mit der weltweiten DNS-Hierarchie zu vergleichen ist, oder

---

[1] Baum-*ähnliche* Struktur deswegen, weil mit der erwähnten alias-Objektklasse Strukturen erzeugt werden können, die keine Bäume mehr sind, zumindest nicht Bäume der Art, die die Informatiker als azyklische Digraphen (gerichtete zyklenfreie Graphen) bezeichnen.

mit der Management Information Base (MIB), die wir bei der Behandlung von SNMP kennenlernen werden.

Betrachten wir nun *Distinguished Names*, DNs. Jeder Eintrag im Verzeichnisbaum kann mittels seines DN gefunden und angesprochen werden. Ein DN besteht aus dem RDN des Eintrags, gefolgt (durch Kommas oder Strichpunkte abgetrennt) von allen RDNs, die man auf dem Weg zur Wurzel des Verzeichnisbaums antrifft. Wenn wir in Abbildung B-2 den Pfeilen folgen und die RDNs sammeln, konstruieren wir dabei DNs für jeden der hervorgehobenen Einträge.

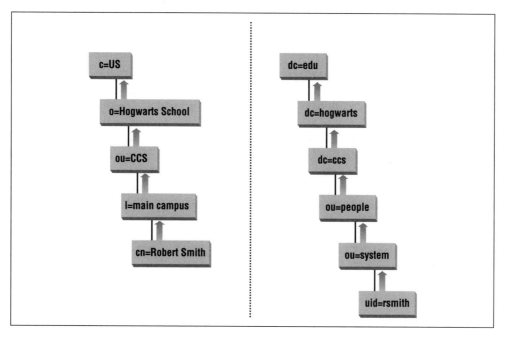

Abbildung B-2: Ein DN wird durch das Durchlaufen eines Baums aufgebaut.

Im ersten Bild wäre der DN:

```
cn=Robert Smith, l=main campus, ou=CCS, o=Hogwarts School, c=US
```

Und im zweiten Bild:

```
uid=rsmith, ou=systems, ou=people, dc=ccs, dc=hogwarts, dc=edu
```

ou steht für *organizational unit*, Organisationseinheit; o für Organisation; dc für *domain component*, eine Domain aus dem DNS-System; und c für *country*, das Land.

Oft wird eine Analogie zwischen DNs und absoluten Pfadnamen in Dateisystemen gezogen, aber der Vergleich hinkt etwas; DNs entsprechen eher Post-Adressen, weil auch hier die Reihenfolge vom Kleinen, Spezifischen, zum Großen, Allgemeinen geht. Eine Adresse wie

Pat Hinds
288 St. Bucky Avenue
Anywhere, MA 02104
USA[2]

beginnt mit dem spezifischsten Objekt (der Person) und wird immer allgemeiner, bis zum Land. Die gleiche Ordnungsreihenfolge wird auch bei DNs benutzt, wie man in unseren Beispielen sieht.

Die Wurzel des Verzeichnisbaums eines Servers wird als *Suffix* bezeichnet, weil alle DN in diesem Verzeichnisbaum so enden. Suffixe werden wichtig, wenn aus mehreren LDAP-Servern eine hierarchische Struktur aufgebaut wird und so Informationen und die Verantwortung darüber delegiert werden. LDAP v3 kennt den Begriff *Referral* (Verweis), mit dem man im Verzeichnisbaum Einträge haben kann, die mehr oder weniger besagen: »Für alle Einträge ab diesem Punkt soll bitteschön dieser andere Server angefragt werden«. Ein solcher Verweis wird mit einem *LDAP-URL* angegeben, der einem normalen URL aus dem Web gleicht, aber auf einen DN oder sonstige LDAP-spezifische Informationen zeigt. Hier folgt ein Beispiel aus RFC 2255, in dem das LDAP-URL-Format definiert wird:

```
ldap://ldap.itd.umich.edu/o=University%20of%20Michigan,c=US?postalAddress
```

---

[2] Die Analogie funktioniert besser mit Adressen aus den USA, weil hier die Hausnummern vor dem Straßennamen angegeben werden. Anm. d. Ü.

C

XML in acht Minuten

Eine der hervorragenden Eigenschaften von XML (eXtensible Markup Language) ist die Tatsache, daß man nur sehr wenig über XML wissen muß, um damit etwas anfangen zu können. In diesem Anhang gebe ich nur einige Schlüsselinformationen. Ausführlicher wird das Thema in den vielen Büchern behandelt, die im Moment gerade erscheinen, oder in den Verweisen am Ende von Kapitel 3, *Benutzerkonten*.

XML ist eine Markup-Sprache

Wegen des hohen Bekanntheitsgrads von HTML, des bejahrteren und altmodischeren Cousins von XML, weiß heute fast jeder, was eine Markup-Sprache ist. Wie HTML besteht auch ein XML-Dokument aus normalem Text, in den kleine beschreibende oder definierende Textstückchen eingestreut sind – eben Markup oder Auszeichnungen –, die man *Tags* nennt. In HTML sind die verfügbaren Tags fest definiert, während man in XML selber Tags erfinden kann.

XML kann damit einen viel größeren Bereich abdecken als HTML. Ein Beispiel dieser größeren Ausdruckskraft haben Sie in Kapitel 3, *Benutzerkonten*, kennengelernt. Hier gebe ich ein weiteres kleines Beispiel, das auch für den verständlich ist, der noch nie etwas von XML gehört hat:

```
<rechner>
  <name> quidditch </name>
  <abteilung> Software-Zauberei </abteilung>
  <raum> 129A </raum>
  <besitzer> Harry Potter </besitzer>
  <ipadresse> 192.168.1.13 </ipadresse>
</rechner>
```

XML ist pingelig

Trotz seiner großen Flexibilität ist XML in mancher Hinsicht oberlehrerhafter als HTML. Die Daten müssen einer bestimmten Syntax und grammatikalischen Regeln genügen. Diese Regeln sind überaus knapp in der XML-Spezifikation festgelegt, die unter *http://www.w3.org/TR/1998/REC-xml-19980210* zu finden ist. Anstatt sich durch dieses trockene, offizielle Dokument durchzukämpfen, empfehle ich eine kommentierte Version, zum Beispiel die von Tim Bray unter *http://www.xml.com*, oder das Buch *XML: The Annotated Specification* von Robert Ducharme (Prentice Hall). Die erste Quelle ist online und gratis, die letztere enthält viele gute Beispiele von XML-Code aus der Praxis.

Hier die zwei Regeln von XML, über die gestandene HTML-Benutzer immer wieder stolpern:

1. Wenn man ein Tag beginnt, muß man es beenden. Im Beispiel oben haben wir die Beschreibung eines Rechners mit `<rechner>` eröffnet und mit `</rechner>` abgeschlossen. Das Weglassen der End-Tags ist in XML in keinem Fall erlaubt.

    In HTML dürfen Tags wie `<img src="picture.jpg">` ganz legal für sich allein stehen. Das ist in XML anders; hier muß das gleiche so formuliert werden:

    `<img src="picture.jpg"> </img>`

    oder so:

    `<img src="picture.jpg" />`

    Der zusätzliche Slash am Ende dieses letzten Tags ist eine Abkürzung, die dem XML-Parser sagt, daß dieses Tag sowohl Start- als auch End-Tag ist. Durch Start- und End-Tags eingefaßte Daten nennt man *Elemente*.

2. Start- und End-Tags müssen exakt übereinstimmen, Groß- und Kleinbuchstaben werden dabei als verschieden angesehen. Wenn beispielsweise ein Element mit dem Tag `<ReChNeR>` beginnt, muß es mit `</ReChNeR>` aufhören und nicht etwa mit `</REChner>` oder irgendeiner anderen Groß-/Kleinbuchstaben-Kombination. HTML ist auch in dieser Hinsicht nachsichtiger.

Das sind nur zwei der Grundregeln von XML. Aber manchmal möchte man eigene Regeln aufstellen, die der XML-Parser überprüfen und erzwingen soll. Mit »erzwingen« ist hier gemeint, daß sich der Parser lauthals beklagen soll oder daß er gar aufgeben soll, wenn ein XML-Dokument gegen eine solche Regel verstößt. Wenn wir das obige Beispiel einer Rechnerdatenbank in XML nehmen, könnte eine zusätzliche Regel etwa sein: »Jeder `<rechner>`-Eintrag muß ein `<name>`- und ein `<ipadresse>`-Element enthalten.« Manchmal will man z. B. den Inhalt eines Elements auf bestimmte mögliche Werte wie »JA« oder »NEIN« einschränken.

Die Art, wie man diese Regeln definiert, ist weniger klar als das bisher Behandelte, weil es im Moment mehrere inkompatible und miteinander konkurrierende Vorschläge gibt, wie denn eine Definitions-»Sprache« für XML aussehen soll. Irgendwann wird XML selbstbeschreibend sein (das bedeutet, daß im Dokument selbst oder in einem Verweis darin die Struktur des Dokuments definiert wird).

Die momentane XML-Spezifikation benutzt die DTD (Document Type Definition), das ist ein Erbstück aus SGML. Hier sehen Sie ein XML-Beispiel aus der XML-Spezifikation selbst, das mit der Definition der eigenen Struktur beginnt:

```xml
<?xml version="1.0" encoding="UTF-8" ?>
<!DOCTYPE greeting [
  <!ELEMENT greeting (#PCDATA)>
]>
<greeting>Hello, world!</greeting>
```

Die erste Zeile bezeichnet die benutzte Version von XML und den im Dokument verwendeten Zeichensatz (Unicode). Die nächsten drei Zeilen definieren die im Dokument verwendeten Datentypen. Darauf folgt der eigentliche Inhalt (das `<greeting>`-Element) in der letzten Zeile.

Wenn wir definieren wollen, wie der XML-Code für die Rechnerdatenbank vom Anfang dieses Anhangs geprüft werden soll, könnten wir eine Definition wie diese zuoberst in die Datei einfügen:

```xml
<?xml version="1.0" encoding="UTF-8" ?>
<!DOCTYPE RechnerDaten [
  <!ELEMENT rechner   (name,abteilung,raum,besitzer,ipadresse)>
  <!ELEMENT name      (#PCDATA)>
  <!ELEMENT abteilung (#PCDATA)>
  <!ELEMENT raum      (#PCDATA)>
  <!ELEMENT besitzer  (#PCDATA)>
  <!ELEMENT ipadresse (#PCDATA)>
]>
```

Die Definition verlangt, daß ein Rechner-Eintrag aus den Elementen `name`, `abteilung`, `raum`, `besitzer` und `ipadresse` bestehen muß, und zwar in dieser Reihenfolge. Jedes dieser Elemente ist vom Typ `PCDATA` (siehe dazu den Abschnitt »Übriges« am Ende dieses Anhangs).

Ein anderer, oft benutzter Ansatz – der aber noch nicht Teil der Spezifikation ist – schlägt vor, eine Datenbeschreibung namens *Schema* für den gleichen Zweck wie eine DTD zu benutzen. Schemas sind selbst in XML geschrieben. Hier ein Beispiel, das die Implementation des Vorschlags für XML-Data von Microsoft benutzt, den man unter *http://www.w3.org/TR/1998/NOTE-XML-data/* nachlesen kann:

```xml
<?XML version='1.0' ?>
<schema id='RechnerSchema'
        xmlns="urn:schemas-microsoft-com:xml-data"
        xmlns:dt="urn:schemas-microsoft-com:datatypes">

<!-- Definition unserer Elemente (hier nur Strings/PCDATA) -->
    <elementType id="name">
        <string/>
    </elementType>
```

```
            <elementType id="abteilung">
                <string/>
            </elementType>
            <elementType id="raum">
              <string/>
            </elementType>
            <elementType id="besitzer">
                <string/>
            </elementType>
            <elementType id="ipadresse">
                <string/>
            </elementType>

            <!-- und nun das eigentliche Rechner-Element -->
            <elementType id="rechner" content="CLOSED">
                <element type="#name"      occurs="REQUIRED"/>
                <element type="#abteilung" occurs="REQUIRED"/>
                <element type="#raum"      occurs="REQUIRED"/>
                <element type="#besitzer"  occurs="REQUIRED"/>
                <element type="#ipadresse" occurs="REQUIRED"/>
            </elementType>
       </schema>
```

Das Thema XML-Schemas ist (zum Zeitpunkt der Drucklegung dieses Buches) noch immer in der Diskussionsphase des Standardisierungsprozesses. XML-Data, das wir in diesem Beispiel benutzt haben, ist nur einer der Vorschläge, die von der Working Group geprüft werden. Weil sich dieser Teil der Welt rasch verändert, muß man sich dauernd über den aktuellen Stand der Standardisierung informieren (bei *http://www.w3.org*) und die eigene Software diesen neuen Standards anpassen.

Sowohl der ausgereifte DTD- als auch der neue Schema-Mechanismus werden bald sehr komplex, wenn man tiefer in die Materie eindringt. Weitergehende Informationen überlasse ich deshalb Büchern, die sich ausschließlich mit XML und SGML befassen.

Zwei Schlüsselbegriffe von XML

Ohne die hier vorgestellten zwei Begriffe wird man in der XML-Welt nicht sehr weit kommen. XML-Daten werden als *wohlgeformt* (engl. *well-formed*) bezeichnet, wenn sie alle Regeln der XML-Syntax und der Grammatik erfüllen (z. B. zusammenpassende Start- und End-Tags). Ein relativ simpler Test auf wohlgeformte Daten genügt oft schon, Tippfehler in XML-Dokumenten zu erkennen. Das ist bereits ein Vorteil, wenn man Dateien liest, die wie die Rechnerdatenbank oben Konfigurationsdaten enthalten.

XML-Daten werden als *gültig* oder *valid* bezeichnet, wenn sie den Regeln genügen, die wir mit einem der Datendefinitionsmechanismen von vorhin aufgestellt haben. Wenn die Daten zum Beispiel der DTD entsprechen, dann handelt es sich um gültige XML-Daten.

Gültige Daten sind immer auch wohlgeformt, aber das Umgekehrte ist nicht immer richtig. Es ist durchaus möglich, wunderschön wohlgeformte XML-Daten zu haben, zu denen es keine DTD und kein Schema gibt. Man kann diese Daten problemlos parsen, sie sind daher wohlgeformt, aber nicht gültig.

Übriges

Hier finden Sie noch drei Begriffe, die in der XML-Literatur immer wieder auftauchen und die den XML-Anfänger aufhalten können:

Attribut
: Die Beschreibung eines Elements innerhalb seines Start-Tags. Auf das Beispiel von vorhin angewendet: In `<img src="picture.jpg"/>` ist der Teil `src="picture.jpg"` ein Attribut dieses Elements. Die führenden Köpfe in der XML-Welt sind etwas uneins darüber, wann der Inhalt eines Tags verwendet werden soll und wann ein Attribut. Zu diesem Thema gibt es gute Richtlinien unter *http://www.oasis-open.org/cover/elementsAndAttrs.html*.

CDATA
: Der Ausdruck CDATA (*Character Data*, Zeichendaten) wird in zwei verschiedenen Zusammenhängen benutzt. Meistens bezieht er sich auf die Teile eines XML-Dokuments, die nicht Markup (Tags usw.) sind. Im zweiten Fall geht es um CDATA-Abschnitte (*CDATA sections*). So werden Teile eines XML-Dokuments deklariert, die der Parser in Ruhe lassen soll, auch wenn darin Text vorkommt, der wie Markup aussieht.

PCDATA
: In der kommentierten Version der XML-Spezifikation von Tim Bray wird etwa die folgende Definition gegeben:

Der String PCDATA ist eine Abkürzung für »Parsed Character Data«. Das ist ein weiteres Erbstück aus SGML; in diesem Zusammenhang bedeutet »parsed«, daß der XML-Prozessor diesen Text liest und dabei auf Markup achtet, das durch die Zeichen < und & signalisiert wird.

Man kann sich PCDATA als allgemeinen CDATA-Text vorstellen, der möglicherweise Markup enthält. Die meisten XML-Daten fallen in diese Kategorie.

Man lernt XML nicht von einem Tag auf den anderen. Dieser kleine Anhang soll Ihnen das Rüstzeug geben, um selbst weiterzulernen.

D

SQL in fünfzehn Minuten

Relationale Datenbanken können exzellente Werkzeuge für die Belange der Systemadministration sein. Eine relationale Datenbank wird über die *Structured Query Language* (SQL) angesprochen und verwaltet. Daher ist es für Systemadministratoren sicher von Vorteil, zumindest Grundkenntnisse von SQL zu haben. In diesem Anhang werden Sie nicht zum hauptberuflichen Datenbank-Programmierer, nicht einmal zu einem richtigen Datenbank-Administrator; dafür braucht es Jahre und einiges an Fachwissen. Immerhin werden Sie so viel SQL hören, daß Sie es nachsprechen und einfache Sätze bilden können. Sie werden kaum wirklich SQL »sprechen«, aber Sie werden das Wesentliche verstehen, wenn jemand SQL spricht, und genügend über SQL wissen, um selbst tiefer in die Materie einzudringen. In Kapitel 7, *Administration von SQL-Datenbanken*, benutzen wir diese Grundlagen dauernd bei der Integration von SQL in Perl.

SQL ist eine Befehlssprache, mit der man Operationen auf Datenbanken und ihren Komponenten ausführen kann. Die am häufigsten anzutreffenden Komponenten sind Tabellen. Tabellen haben Zeilen und Spalten und erinnern daher an Tabellenkalkulationsprogramme, aber die Ähnlichkeit ist nur ziemlich oberflächlich. Die Tabellen-Elemente werden hier nicht für Verbindungen zu anderen Elementen benutzt, sie enthalten ausschließlich Daten. Die meisten SQL-Anweisungen bearbeiten diese Daten in den Zeilen und Spalten von Tabellen, man kann damit Daten hinzufügen, löschen, auswählen, sortieren und Relationen zu anderen Daten aufbauen.

Wir behandeln hier einige SQL-Operatoren. Wenn Sie mit diesen herumexperimentieren wollen, brauchen Sie natürlich Zugriff auf eine SQL-Datenbank. Vielleicht haben Sie eine kommerzielle Datenbank von Oracle, Sybase, Informix, IBM, Microsoft usw. Wenn nicht, gibt es sehr gute frei erhältliche Datenbanken wie MySQL (zu finden unter *http://www.mysql.org*).

In diesem Anhang verwende ich fast ausschließlich Standard-SQL, das von jeder Datenbank verstanden wird – jeder SQL-Dialekt hat seine Besonderheiten. Wenn SQL-

Anweisungen vorkommen, die nur für eine bestimmte Datenbank-Implementation gelten, wird dies explizit erwähnt.

In den folgenden SQL-Programmen wird wie in den meisten SQL-Büchern die Standard-Groß/Kleinschreibung verwendet. Danach werden alle reservierten Wörter in SQL-Anweisungen groß geschrieben.

Die meisten SQL-Beispiele drehen sich um eine Tabelle, die der Rechnerdatenbank entspricht, die wir in Kapitel 5, *Namensdienste unter TCP/IP*, aufgebaut haben. Zur Erinnerung sind die Daten in Tabelle D-1 tabellarisch dargestellt.

Tabelle D-1: Unsere Rechnerdatenbank in Tabellenform

name	adresse	aliases	benutzer	abteilung	gebaeude	zimmer	hersteller	modell
shimmer	192.168.1.11	shim shimmy shimmy-doodles	David Davis	Software	Hochhaus	909	Sun	Ultra60
bendir	192.168.1.3	ben bendoodles	Cindy Coltrane	IT	Altbau	143	Apple	7500/100
sander	192.168.1.55	sandy micky mickydoo	Alex Rollins	IT	Hochhaus	1101	Intergraph	TD-325
sulawesi	192.168.1.12	sula su-lee	Ellen Monk	Design	Hochhaus	1116	Apple	G3

Datenbanken und Tabellen erzeugen und löschen

Im Anfang ist der SQL-Server wüst und leer, er enthält keine für uns interessanten Objekte. Wir müssen zuerst eine Datenbank anlegen:

```
CREATE DATABASE sysadm ON userdev=10 LOG ON userlog=5
GO
```

Diese SQL-Anweisung erzeugt eine 10 MB große Datenbank auf dem Device `userdev` und eine 5 MB große Logdatei auf `userlog`. Diese Anweisung wird so nur auf Sybase- oder Microsoft-SQL-Servern funktionieren; die Art, wie eine neue Datenbank erstellt wird, ist von Hersteller zu Hersteller sehr unterschiedlich (wenn dieser Schritt überhaupt benötigt wird).

Der `GO`-Befehl bewirkt bei interaktiven Client-Programmen, daß die vorausgehenden SQL-Anweisungen jetzt ausgeführt werden sollen. `GO` ist kein SQL-Befehl per se. Im weiteren werden wir annehmen, daß dieser Befehl nach jeder SQL-Anweisung eingegeben wird, wir werden ihn nicht jedesmal hinschreiben. Wir benutzen außerdem die Kommentar-Konvention von SQL: »--« leitet einen Kommentar ein, der bis zum Ende der Zeile reicht.

Datenbanken kann man mit der DROP-Anweisung wieder löschen:

```
DROP DATABASE sysadm
```

Wir erzeugen nun in dieser Datenbank eine vorerst leere Tabelle, die die Daten aus Tabelle D-1 aufnehmen soll:

```
USE sysadm
-- Letzte Warnung: Im interaktiven Programm müssen Sie hier, vor
-- dem nächsten SQL-Befehl, ein GO eingeben.
CREATE TABLE hosts (
    name          character(30)    NOT NULL,
    adresse       character(15)    NOT NULL,
    aliases       character(50)    NULL,
    benutzer      character(40)    NULL,
    abteilung     character(15)    NULL,
    gebaeude      character(10)    NULL,
    zimmer        character(4)     NULL,
    hersteller    character(10)    NULL,
    modell        character(10)    NULL
)
```

Zuerst geben wir den Namen der Datenbank an (*sysadm*), in der wir die Tabelle unterbringen wollen. Die USE-Anweisung wird nur dann ausgeführt, wenn sie separat, d. h. nicht zusammen mit anderen SQL-Anweisungen auftritt, daher muß hier ein separates GO eingegeben werden.

Dann stellen wir die eigentliche Tabelle auf, mit Namen, Datentyp und einem Flag NULL/NOT NULL für jede Spalte. Betrachten wir zunächst die Datentypen.

Tabellen können Daten verschiedener Typen enthalten, z. B. Zahlen, Datumsangaben, Text, sogar Bilder oder andere Binärdaten. Spalten in Tabellen werden mit einem Datentyp deklariert. Unsere Ansprüche sind sehr bescheiden, daher enthalten unsere Spalten nur einfache Strings, die hier character heißen. Man kann in SQL auch eigene Datentypen definieren, zum Beispiel ip_adresse oder Mitarbeiter_ID. Solche selbstdefinierten Datentypen machen den Code oft wesentlich leichter lesbar, und es verbessert die Datenkonsistenz, wenn gleiche Datentypen in verschiedenen Tabellen vorkommen.

Der letzte Parameter in den obigen SQL-Anweisungen besagt, ob diese Spalte unbedingt vorhanden sein muß oder ob Daten dafür optional sind. Wenn eine Spalte auf NOT NULL gesetzt ist, können nur Zeilen eingefügt werden, die in dieser Spalte Daten enthalten. In unserem Beispiel fordern wir, daß jeder Eintrag zumindest einen Namen und eine IP-Adresse haben muß – sonst ist der Eintrag für unsere Zwecke wertlos. Wir geben also bei den ersten zwei Spalten NOT NULL an. Alle anderen Felder sind optional (aber sie sollen durchaus angegeben werden). Außer NULL/NOT NULL gibt es noch weitere mögliche Einschränkungen (engl. *constraints*). Zum Beispiel kann man fordern, daß keine zwei Maschinen gleich heißen dürfen, indem man die Zeile

```
    name          character(30)    NOT NULL,
```

wie folgt abändert:

```
name        character(30)      NOT NULL CONSTRAINT eindeutiger_name UNIQUE,
```

Wir geben dieser speziellen Einschränkung den Namen `eindeutiger_name`, obwohl das nicht notwendig ist. Der Vorteil von benannten Constraints ist, daß die Datenbank viel klarere Fehlermeldungen ausgeben kann, wenn eine solche Einschränkung verletzt wird. Ihre Datenbank kennt sehr wahrscheinlich noch andere Typen von möglichen Einschränkungen für Tabellen. Konsultieren Sie dafür die Dokumentation.

Das Löschen von Tabellen ist wesentlich einfacher als das Erzeugen:

```
USE sysadm
DROP TABLE hosts
```

Daten in Tabellen einfügen

Wir haben jetzt eine leere Tabelle und wollen sie naturgemäß mit Daten versehen. Dazu gibt es mindestens zwei Möglichkeiten. Die erste:

```
USE sysadm
INSERT hosts
    VALUES (
        'shimmer',
        '192.168.1.11',
        'shim shimmy shimmydoodles',
        'David Davis',
        'Software',
        'Hochhaus',
        '309',
        'Sun',
        'Ultra60'
    )
```

Die erste Zeile sagt dem Server, daß wir mit Objekten aus der *sysadm*-Datenbank arbeiten wollen. Die zweite wählt die Tabelle *hosts* aus und fügt dann eine Zeile ein, wobei ein Feld nach dem anderen angegeben wird. Bei dieser Verwendungsart von *INSERT* muß eine ganze Zeile angegeben werden (d. h. eine, in der alle Spalten ausgefüllt sind). Wenn wir Daten nur in bestimmte Spalten eintragen wollen, können wir die Namen der Spalten angeben:

```
USE sysadm
INSERT hosts (name,adresse,benutzer)
    VALUES (
        'bendir',
        '192.168.1.3',
        'Cindy Coltrane'
    )
```

Die INSERT-Anweisung erzeugt einen Fehler, wenn in der eingefügten Zeile nicht alle obligatorischen Spalten (NOT NULL) vorhanden sind.

Mit INSERT kann man auch Daten von einer Tabelle in eine andere übertragen, dazu sehen wir später ein Beispiel. In den weiteren Beispielen wird angenommen, daß unsere *hosts*-Tabelle mit der ersten Form der INSERT-Anweisung vollständig ausgefüllt ist.

Informationen abfragen

Die SQL-Anweisung, die Sie als Administrator wahrscheinlich am häufigsten benutzen werden, ist SELECT. Mit SELECT fragt man den Server nach Informationen ab. Zunächst eine Warnung: Mit SELECT betreten wir einen eigenen, großen Unterbereich der Sprache SQL. Wir werden nur einige der einfacheren Formen von SELECT kennenlernen. Die Konstruktion von guten, effizienten SELECT-Anweisungen will gelernt sein, sie ist (wie der Entwurf von effizienten Datenbanken überhaupt) eine kleine Kunstform. Dies kann dieser kleine Anhang nicht leisten, mehr zu diesem Thema finden Sie in Büchern, die sich ausschließlich mit SQL und Datenbanken befassen.

Die einfachsten Formen von SELECT fragen nach Informationen zum Server und zur Verbindung. Dabei muß nicht immer eine Datenquelle angegeben werden. Zwei Beispiele:

```
-- Beide Anfragen sind herstellerabhängig
SELECT @@SERVERNAME

SELECT VERSION();
```

Die erste Anfrage gibt den Namen eines Sybase- oder MS-SQL-Servers zurück, die zweite fragt nach der Versionsnummer eines MySQL-Servers.

Alle Zeilen einer Tabelle auslesen

Mit diesem SQL-Code erhalten wir alle Zeilen aus unserer Rechner-Tabelle:

```
USE sysadm
SELECT * FROM hosts
```

Wir erhalten die komplette Tabelle in Textform, wobei die Zeilen in der gleichen Reihenfolge zurückgegeben werden, in der sie eingegeben wurden:

```
name        adresse        aliases                    benutzer         abteilung
gebaeude    zimmer   hersteller    modell
--------    -------------  -------------------------  ---------------  ---------
--------    ------   ----------    --------
shimmer     192.168.1.11   shim shimmy shimmydoodles  David Davis      Software
Hochhaus    309      Sun           Ultra60
bendir      192.168.1.3    ben bendoodles             Cindy Coltrane   IT
Altbau      143      Apple         7500/100
sander      192.168.1.55   sandy micky mickydoo       Alex Rollins     IT
Hochhaus    1101     Intergraph    TD-325
```

```
sulawesi  192.168.1.12  sula  su-lee           Ellen Monk      Design
Hochhaus  1116          Apple       G3
```

Wenn wir nur an den Daten bestimmter Spalten interessiert sind, können wir die Spaltennamen angeben:

```
USE sysadm
SELECT name,adresse FROM hosts
```

Dabei werden die Spalten in der Reihenfolge ausgegeben, die wir in der SELECT-Anweisung angeben, ganz unabhängig davon, in welcher Reihenfolge die Spalten in der Tabelle aufgebaut wurden. Als Beispiel folgt eine Ausgabe mit Gebäuden und IP-Adressen:

```
USE sysadm
SELECT gebaeude,adresse FROM hosts
```

Das ergibt:

```
gebaeude     adresse
-----------  ------------
Hochhaus     129.168.1.11
Altbau       129.168.1.3
Hochhaus     129.168.1.55
Hochhaus     129.168.1.12
```

Bestimmte Zeilen aus einer Tabelle auswählen

Datenbanken wären nicht besonders nützlich, wenn man nicht die vorhandenen Daten nach bestimmten Kriterien auswählen könnte. Bei SQL wird dafür die SELECT-Anweisung durch eine WHERE-Klausel und eine Bedingung erweitert:

```
SELECT * FROM hosts WHERE gebaeude="Hochhaus"
```

Das ergibt:

```
name       adresse       aliases                   benutzer         abteilung
gebaeude   zimmer   hersteller    modell
---------  ------------  ------------------------  ---------------  ----------
---------  ------   ----------    ---------
shimmer    192.168.1.11  shim shimmy shimmydoodles David Davis      Software
Hochhaus   309      Sun           Ultra60
sander     192.168.1.55  sandy micky mickydoo      Alex Rollins     IT
Hochhaus   1101     Intergraph    TD-325
sulawesi   192.168.1.12  sula su-lee               Ellen Monk       Design
Hochhaus   1116     Apple         G3
```

Die unterstützten Operatoren bei der WHERE-Bedingung kennen Sie aus vielen anderen Programmiersprachen:

```
    =      >      >=      <      <=      <>
```

Im Gegensatz zu Perl unterscheidet SQL hier nicht zwischen String- und numerischen Vergleichsoperatoren.

Die Vergleichsoperatoren können mit AND und OR kombiniert und mit NOT negiert werden. Mit IS NULL oder mit IS NOT NULL können Sie testen, ob in einer Spalte überhaupt ein Wert vorhanden ist. Diese SQL-Anweisung gibt die Rechnernamen aus, für die in unserer Tabelle kein Benutzer eingetragen ist:

```
USE sysadm
SELECT name FROM hosts WHERE benutzer IS NULL
```

Wenn man Zeilen auswählen will, bei denen eine Spalte einen von mehreren möglichen Werten aufweist, kann man mit dem IN-Operator eine Liste angeben:

```
USE sysadm
SELECT name FROM hosts WHERE abteilung IN ('IT', 'Software')
```

So erhalten wir die Namen der Rechner, die entweder in der Abteilung IT oder Software stehen. Mit dem BETWEEN-Operator kann man Werte auch darauf prüfen, ob sie in einem bestimmten Bereich liegen (das ist vor allem für Zahlen oder Datumswerte interessant). Das folgende Beispiel gibt die Rechner aus, die irgendwo im Hochhaus zwischen dem zehnten und neunzehnten Stock untergebracht sind (wir nehmen an, daß die Hunderter der Zimmernummer das Stockwerk angeben):

```
USE sysadm
SELECT name FROM hosts
  WHERE (gebaeude = 'Hochhaus') AND (zimmer BETWEEN '1000' AND '1999')
```

Schließlich kann man WHERE auch noch mit LIKE kombinieren und auf diese Weise rudimentäre (im Vergleich zu den regulären Ausdrücken in Perl) Suchmuster auf die Daten anwenden. In diesem Beispiel werden Rechnernamen ausgewählt, deren Aliases den String »doodles« enthalten:

```
USE sysadm
SELECT name FROM hosts WHERE aliases LIKE '%doodles%'
```

In Tabelle D-2 sind die verfügbaren Jokerzeichen oder *Wildcards* aufgeführt.

Tabelle D-2: Jokerzeichen oder Wildcards bei LIKE

Wildcard	Bedeutung	Entspricht etwa bei den Regex von Perl
%	Null oder mehr beliebige Zeichen	.*
_	Ein einzelnes beliebiges Zeichen	.
[]	Ein Zeichen aus der in der Klammer angegebenen Aufzählung oder dem dort angegebenen Bereich	[]

Bei manchen Datenbanken ist diese Funktion etwas weiter ausgebaut und erlaubt den Einsatz von richtigen regulären Ausdrücken. Bei MySQL z. B. kann man mit dem

REGEXP-Operator in der SELECT-Anweisung reguläre Ausdrücke benutzen, die zwar nicht so mächtig wie die von Perl, aber immerhin wesentlich leistungsfähiger als die Standard-Wildcards von SQL sind.

Einfache Manipulation der gefundenen Daten

Es gibt in SQL zwei Klauseln zur SELECT-Anweisung, die für die Weiterverarbeitung der gefundenen Daten oft sehr nützlich sind: DISTINCT und ORDER BY.

Mit der ersten kann man mehrfach vorhandene Datensätze herausfiltern, man bekommt nur die unterschiedlichen (engl. *distinct*) Zeilen. Wenn wir eine Liste der Hersteller unserer Rechner haben wollen, verwenden wir DISTINCT:

```
USE sysadm
SELECT DISTINCT hersteller FROM hosts
```

Wenn die gefundenen Daten in nach einem bestimmten Kriterium sortiert werden sollen, kann man ORDER BY verwenden:

```
USE sysadm
SELECT name,adresse,abteilung,benutzer FROM hosts ORDER BY abteilung
```

SQL enthält einige Operatoren, mit denen man das Resultat einer Anfrage verändern kann. Sie können damit beispielsweise die Namen der Spalten verändern, alle Werte einer Spalte summieren, zwischen Spalten und Zeilen Berechnungen vornehmen, die Formatierung von Werten angeben, Unter-Anfragen starten usw. Jedes SQL-Buch enthält viele Informationen zu den vielen möglichen Klauseln der SELECT-Anweisung.

Die Resultate einer Suche in einer anderen Tabelle speichern

Bei manchen SQL-Servern kann man das Resultat einer Suche mit SELECT mittels INTO direkt eine andere Tabelle eintragen:

```
USE sysadm
SELECT name,adresse INTO itrechner FROM hosts WHERE abteilung = 'IT'
```

Die Anweisung bewirkt die gleiche Suche wie vorhin, aber diesmal werden die gefundenen Einträge nicht ausgegeben, sondern in eine Tabelle mit dem Namen *itrechner* eingetragen. Bei manchen SQL-Servern muß die Tabelle vorher gar nicht existieren, sie wird im gleichen Schritt erzeugt. Dieses Verhalten erinnert etwas an die Umlenkung der Standardausgabe in einer Unix- oder NT-Shell.

 Manche Datenbanken (z. B. MySQL) unterstützen SELECT INTO nicht; hier müssen Sie dies »zu Fuß« mit einer INSERT-Anweisung machen. Bei wieder anderen Herstellern (Sybase, MS-SQL) müssen Sie bei der Erzeugung der Datenbank ganz zu Anfang angeben, ob Sie SELECT INTO benutzen wollen, sonst ergibt sich hier ein Laufzeitfehler.

Daten in Tabellen verändern

Was wir bisher über SELECT gelernt haben, können wir auch bei anderen Anweisungen wieder brauchen. Zum Beispiel kann die INSERT-Anweisung direkt mit SELECT kombiniert werden. Damit kann man Informationen aus einer Abfrage in eine bestehende Tabelle eintragen. Wenn z. B. die Software-Abteilung mit der IT-Abteilung verschmolzen würde, könnte man deren Rechner der Tabelle *itrechner* hinzufügen:

```
USE sysadm
INSERT itrechner
   SELECT name,adresse FROM hosts
      WHERE abteilung = 'Software'
```

Zum Verändern von Spalten oder den Elementen darin ist die UPDATE-Anweisung vorgesehen. Wenn z. B. die Firma und damit alle Abteilungen in ein neues Zentralgebäude umziehen, könnten wir alle Gebäudenamen in der entsprechenden Spalte auf Zentrale setzen:

```
USE sysadm
UPDATE hosts
   SET gebaeude = 'Zentrale'
```

Viel häufiger will man aber nur bestimmte Einträge in einer Spalte verändern. Auch hier können Sie den WHERE-Operator benutzen, den wir bei der SELECT-Anweisung kennengelernt hatten:

```
USE sysadm
UPDATE hosts
   SET abteilung = 'Entwicklung'
   WHERE abteilung = 'Software'
```

Damit wurde die Software-Abteilung in »Entwicklung« umbenannt. Mit der folgenden Anweisung wird der Rechner *bendir* in unser Hochhaus verschoben (zumindest, was die Datenbank betrifft):

```
USE sysadm
UPDATE hosts
   SET gebaeude = 'Hochhaus'
   WHERE name = 'bendir'
```

Zum Löschen von einer oder mehreren Zeilen aus einer Tabelle dient die DELETE-Anweisung:

```
USE sysadm
DELETE FROM hosts
   WHERE gebaeude = 'Neubau'
```

Man kann Löschungen mit DELETE nicht rückgängig machen, hier ist also Vorsicht geboten.

Tabellen miteinander verbinden

Bei relationalen Datenbanken gibt es viele Möglichkeiten, Verknüpfungen oder eben Relationen zwischen den Daten aus verschiedenen Tabellen zu erzeugen. Man nennt eine solcherart erhaltene Verbundtabelle »Join«. Solche Verbindungen können rasch sehr kompliziert werden, wenn man die Anzahl der Auswahlmöglichkeiten ansieht und die Kontrolle berücksichtigt, die der Datenbankprogrammierer über die gefundenen Daten hat. Wenn Sie sich näher dafür interessieren, müssen Sie sich in einem spezialisierten SQL-Buch weiter umsehen.

Wir geben hier nur ein Beispiel für ein Join von zwei Tabellen. Dafür benötigen wir eine weitere Tabelle namens *vertraege*, die die Daten zu den Wartungsverträgen unserer Rechner enthält. Diese Tabelle ist in Tabelle D-3 dargestellt.

Tabelle D-3: Unsere Wartungsverträge

name	wartungsfirma	anfangsdatum	enddatum
bendir	Dec	1999-09-09	1998-06-01
sander	Intergraph	1998-03-14	1999-03-14
shimmer	Sun	1998-12-12	2000-12-12
sulawesi	Apple	1995-11-01	1998-11-01

Hier ist eine Möglichkeit, wie man die Tabelle *hosts* mit der *vertraege*-Tabelle verknüpfen kann:

```
USE sysadm
SELECT vertraege.name,wartungsfirma,enddatum,gebaeude,zimmer
   FROM vertraege, hosts
   WHERE vertraege.name = hosts.name
```

Am einfachsten ist das zu verstehen, indem man die Anweisung von der Mitte aus aufschlüsselt. `FROM vertraege, hosts` bedeutet, daß wir die Tabellen *vertraege* und *hosts* miteinander verknüpfen wollen. `WHERE vertraege.name = hosts.name` besagt, daß wir eine Zeile aus *vertraege* mit einer Zeile aus *hosts* verkoppeln, sofern das `name`-Feld übereinstimmt. Am Ende wählen wir mit `SELECT ...` die Spalten aus, die wir ausgeben wollen.

Ergänzendes zu SQL

Am Ende dieses Kurzlehrgangs tippe ich ein paar fortgeschrittene Themen an, die Sie auf Ihren Reisen durch die verschiedenen Datenbankwelten antreffen könnten.

Views

Manche SQL-Server kennen sogenannte *Views* oder Ansichten. Views sind so etwas wie magische permanente `SELECT`-Abfragen. Wenn ein View einmal mit einer speziellen

Form der SELECT-Anweisung erzeugt worden ist, bleibt diese Ansicht der entsprechenden Tabelle bestehen und verhält sich in vielem wie eine eigene Tabelle. Man kann Views genauso wie Tabellen abfragen. Wenn die Daten in einem View verändert werden, wird die Änderung auch in der ursprünglichen Tabelle nachgeführt (mit ein paar Einschränkungen).

Ich hatte *Tabellen* gesagt. Aber hier kommt das Magische der Views zum Zuge: Man kann auch Views erzeugen, die einem Join von mehreren Tabellen entsprechen – man erhält eine große, virtuelle Tabelle. Auch hier wirken sich Änderungen am View auch auf die Daten in den ursprünglichen Tabellen aus.

Es können auch Views erzeugt werden, die eine zusätzliche Spalte enthalten, die Resultate von Berechnungen zwischen anderen Spalten enthalten, ganz ähnlich wie bei einer Tabellenkalkulation. Views sind aber auch bei ganz normalen Aufgaben hilfreich, man kann damit Anfragen vereinfachen (indem man nur wenige Spalten auswählt) oder Daten umstrukturieren (indem man nur die Daten anzeigt, die den Benutzer gerade interessieren).

In diesem Beispiel wird ein View erzeugt, damit die späteren Abfragen einfacher formuliert werden können:

```
USE sysadm
CREATE VIEW ipaddr_view AS SELECT name, adresse FROM hosts
```

Jetzt erhalten wir mit einer ganz einfachen Suche nur genau die Daten, an denen wir wirklich interessiert sind:

```
USE sysadm
SELECT * FROM ipaddr_view
```

Das Resultat dieser Abfrage sieht wie folgt aus:

```
name                            adresse
------------------------------  --------------
shimmer                         192.168.1.11
bendir                          192.168.1.3
sander                          192.168.1.55
sulawesi                        192.168.1.12
```

Views kann man wie Tabellen mit der DROP-Anweisung wieder löschen:

```
USE sysadm
DROP VIEW ipaddr_view
```

Cursor

In allen bisherigen Beispielen hatten wir Abfragen so an den Server geschickt, daß alle Resultate auf einmal ausgegeben wurden. Manchmal ist es wesentlich angenehmer, die Resultate zeilenweise zu bekommen. Meist ist dies der Fall, wenn SQL-Anfragen von anderen Programmen aus gestartet werden. Wenn die Antwort Zehntausende von Zeilen umfaßt, will man diese Daten nicht komplett in den Hauptspeicher laden; meist will man diese Antworten Zeile für Zeile verarbeiten. Die meisten SQL-Programme in Perl verwenden diesen zeilenbasierten Ansatz. Hier folgt ein kleines SQL-Programm, das demonstriert, wie man Cursor bei einem Sybase- oder MS-SQL-Server einsetzt:

```
USE sysadm
-- Variablen deklarieren
DECLARE @hostname character(30)
DECLARE @ip character(15)

-- Unseren Cursor deklarieren
DECLARE hosts_curs CURSOR FOR SELECT name,adresse FROM hosts

-- Cursor öffnen
OPEN hosts_curs

-- Tabelle zeilenweise durchgehen, bis ein Fehler auftritt
FETCH hosts_curs INTO @hostname,@ip
WHILE (@@fetch_status = 0)
   BEGIN
      PRINT "----"
      PRINT @hostname
      PRINT @ip
      FETCH hosts_curs INTO @hostname,@ip
   END

-- Cursor schließen
-- (bei direkt folgendem DEALLOCATE eigentlich nicht notwendig)
CLOSE hosts_curs

-- Cursor-Definition löschen
DEALLOCATE hosts_curs
```

Damit erhalten wir die folgende Ausgabe:

```
----
shimmer
192.168.1.11
----
bendir
192.168.1.3
----
sander
192.168.1.55
----
sulawesi
192.168.1.12
```

Stored Procedures

Bei den meisten Datenbanken ist es möglich, SQL-Programme in den Server zu laden, wo sie in einem optimierten, bereits vorkompilierten Format gespeichert werden und später schneller ablaufen. Dies bezeichnet man mit dem Begriff *Stored Procedures*. Diese spielen nicht selten bei der Administration von SQL-Datenbanken eine zentrale Rolle, weil bei bestimmten Servern die eigentliche Administration des Servers damit durchgeführt wird. Wenn Sie z. B. in Sybase den Besitzer (*dbowner*) der *sysadm*-Datenbank ändern wollen, könnten Sie dies mit einer Stored Procedure wie folgt erledigen:

```
USE sysadm
sp_changedbowner "jay"
```

In Kapitel 7, *Administration von SQL-Datenbanken*, finden Sie Beispiele zu Stored Procedures.

Jetzt kennen Sie die Grundlagen von SQL und sind für Kapitel 7 bestens gerüstet.

E

SNMP in zwanzig Minuten

Das Simple Network Management Protocol (SNMP) ist heute das allgegenwärtige Protokoll zum Überwachen und Konfigurieren von Netzwerken und den Geräten darin. Wie in Kapitel 10, *Sicherheitsaspekte und Netzwerk-Monitoring*, erwähnt wurde, ist SNMP allerdings nicht besonders simpel. In diesem etwas längeren Lehrgang lernen Sie so viel über SNMP Version 1, daß Sie selbst weiter lernenkönnen.

Zentral an SNMP ist das Konzept, daß eine *Management-Station* vorhanden ist, die einen *SNMP-Agent* abfragt. Der Agent kann auch so programmiert werden, daß er bei bestimmten wichtigen Ereignissen die Management-Station von sich aus anruft (wenn z. B. ein Zähler einen bestimmten Wert erreicht). Bei unseren Perl-Programmen in Kapitel 10, *Sicherheitsaspekte und Netzwerk-Monitoring*, geben wir uns im wesentlichen als Management-Station aus, die SNMP-fähige Geräte auf dem Netz abfragt.

Wir konzentrieren uns hier auf SNMP Version 1. Es wurden bis jetzt sieben neue Versionen des Protokolls (SNMPv1, SNMPsec, SNMPv2p, SNMPv2c, SNMPv2u, SNMPv2* und SNMPv3) vorgeschlagen, aber nur Version 1 ist einigermaßen verbreitet. Version v3 wird sich wohl mit der Zeit durchsetzen, weil darin die Sicherheitsaspekte endlich besser berücksichtigt sind.

Sowohl in Perl als auch in SNMP gibt es einfache Datentypen. In Perl ist das der Skalar. Auch in SNMP gibt es skalare *Variablen*. Variablen können in SNMP Werte von einem der vier Grundtypen annehmen: Integers, Strings, Objekt-Identifier (mehr dazu in Kürze) oder Null-Werte. Und wie in Perl kann man aus den Basistypen größere Strukturen aufbauen (hier meist *Tabellen*). Damit erschöpft sich aber die Ähnlichkeit.

Perl und SNMP unterscheiden sich bei den Variablennamen radikal. In Perl können Sie (mit ein paar Einschränkungen) Variablen so benamsen, wie es Ihnen gerade paßt. Variablennamen in SNMP sind viel stärker eingeschränkt. Alle SNMP-Variablen müssen in einer virtuellen Hierarchie eingeordnet sein, die man Management Information Base oder meist abgekürzt MIB nennt. Alle gültigen Variablen müssen in dieses Gerüst eingebaut werden. Die MIB (in der aktuellen Version die MIB-II) ist eine Baumstruktur, die alle über SNMP ansprechbaren Objekte (und ihre Namen) enthält.

In bestimmter Weise ist die MIB mit einem Dateisystem zu vergleichen. Statt Dateien werden hier Management-Informationen in einer hierarchischen Baumstruktur organisiert. Jeder Knoten in diesem Baum besitzt einen kurzen Textstring, sein *Label*, und eine dazugehörige Zahl, die die Position im Baum bezeichnet. Damit Sie ein Gefühl dafür bekommen, wie das funktioniert, suchen wir aus der MIB die SNMP-Variable heraus, die die Beschreibung eines Systems enthält. Sie werden es kaum glauben: Dafür müssen wir den Baum bereits durch acht Verzweigungen hindurch verfolgen.

In Abbildung E-1 sehen Sie die Spitze (oder, je nach Auffassung, die Wurzel) des MIB-Baums.

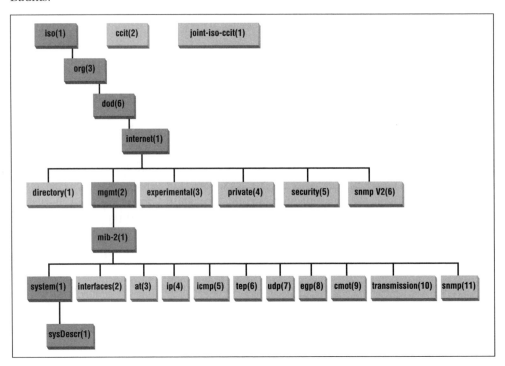

Abbildung E-1: sysDescr(1) im MIB-Baum finden

An der Spitze des Baums findet man drei Standardisierungsorganisationen, iso(1), ccitt(2) und joint-iso-ccitt(3). Unter iso(1) gibt es einen Knoten namens org(3), der andere Organisationen enthält, darunter dod(6) für das US-Verteidigungsministerium, das Department of Defense. Unter dessen Ägide wurde das ARPAnet entwickelt, der Vorläufer des Internets, und daher ist internet(1) darunter angesiedelt.

Hier werden die Dinge langsam interessant. Das IAB (Internet Activities Board) hat die in Tabelle E-1 aufgeführten Unterbäume vergeben.

Tabelle E-1: Unterbäume des Knotens internet(1)

Unterbaum	Beschreibung
directory(1)	OSI Directory (X.500)
mgmt(2)	Standard-SNMP-Objekte aus den RFC
experimental(3)	Experimentelles
private(4)	Herstellerspezifisches
security(5)	Sicherheit
snmpV2(6)	Interne Belange von SNMP

Weil wir SNMP zur Abfrage und zur Steuerung von Geräten einsetzen wollen, verzweigen wir in den Unterbaum mgmt(2). Der Knoten darunter ist die MIB selbst (das ist schon fast eine Rekursion), und weil es nur eine gibt, ist mib-2(1) der einzige Knoten unterhalb von mgmt(2).

Erst auf dieser Stufe ist wirklich Fleisch am Knochen (oder Tofu). Von hier gehen elf Verzweigungen (oder Objektgruppen) aus, in denen die Variablen enthalten sind, die uns interessieren:

```
system(1)
interfaces(2)
at(3)
ip(4)
icmp(5)
tcp(6)
udp(7)
egp(8)
cmot(9)
transmission(10)
snmp(11)
```

Wir suchen ja eigentlich nach der SNMP-Variable »system description« (Systembeschreibung), dafür ist wohl system(1) die richtige Verzweigung – und in der Tat, darunter finden wir das gesuchte Objekt, sysDescr(1).

Warum müssen wir uns um den ganzen Weg durch den Baum zu diesem Objekt kümmern? Nun, nur so bekommen wir den Objekt-Identifier zum Objekt sysDescr(1). Der Objekt-Identifier oder OID besteht aus den Zahlen jedes Knotens auf dem Weg zum Objekt, die durch Punkte voneinander getrennt werden. In Abbildung E-2 ist das graphisch dargestellt.

Der OID für den Internet-Teilbaum ist also 1.3.6.1, der OID für die System-Objektgruppe ist 1.3.6.1.2.1.1, und der OID für unser gesuchtes sysDescr-Objekt ist 1.3.6.1.2.1.1.1.

Wenn wir diesen OID wirklich benutzen, müssen wir noch eine weitere Zahl anhängen, um den Wert der Variablen zu erhalten. Wenn wir ein .0 anhängen, bekommen wir die

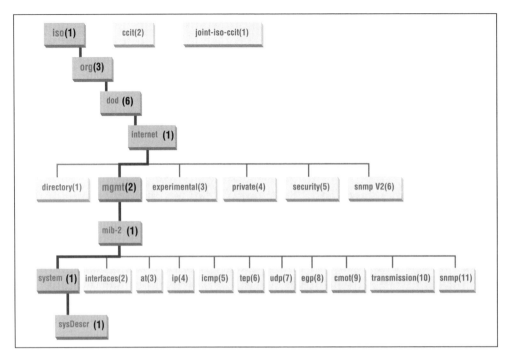

Abbildung E-2: Den OID zu unserem Objekt ermitteln

erste (und in diesem Fall einzige, weil ein Objekt nur eine Beschreibung haben kann) *Instanz* dieses Objekts.

Wir probieren das gleich aus: Wir benutzen diesen OID als Testobjekt für unsere erste SNMP-Anfrage. In diesem Anhang verwenden wir zur Illustration die Befehlszeilenprogramme aus dem UCD-SNMP-Paket, einer hervorragenden, frei erhältlichen Implementation von SNMPv1 und v3.[1] Wir verwenden dieses SNMP-Paket vor allem auch deshalb, weil auch die Perl-Module, die wir verwenden, die darin enthaltenen Bibliotheken benutzen. Für die Tests in diesem Kapitel können Sie aber auch jeden anderen SNMP-Client verwenden. Wenn Sie sich mit einem solchen Client angefreundet haben, ist der Schritt zum Perl-Programm mit SNMP nicht mehr weit.

Bei den UCD-SNMP-Programmen muß ein Punkt vor dem OID angegeben werden, wenn dieser ganz an der Spitze des MOB-Baums beginnen soll. Ohne den Punkt wird angenommen, daß der OID beim Knoten mib-2 beginnt. Den Rechner *solarisbox* kann man auf diese zwei Arten nach seiner Systembeschreibung abfragen:

```
$ snmpget solarisbox public .1.3.6.1.2.1.1.1.0
$ snmpget solarisbox public .iso.org.dod.internet.mgmt.mib-2.system.sysDescr.0
```

---

[1] UCD-SNMP wurde nach dem Erscheinen der Originalausgabe dieses Buches in NET-SNMP umbenannt und ist jetzt unter *http://net-snmp.sourceforge.net* bzw. *http://sourceforge.net/projects/net-snmp* zu finden. Die Version 4.2 der dort erhältlichen Software heißt aber noch immer ucd-snmp. Anm. d. Ü.

Beide Zeilen ergeben:

```
system.sysDescr.0 = Sun SNMP Agent, Ultra-1
```

Aber zurück zur Theorie. Wir sollten uns daran erinnern, daß das P in SNMP für *Protokoll* steht. SNMP ist eigentlich nur das Protokoll für die Kommunikation zwischen zwei Einheiten in der Rechner-Infrastruktur. Die Operationen, die hier PDU (Protocol Data Units) genannt werden, sind eigentlich recht einfach. Sie werden den folgenden Typen von PDUs begegnen, besonders, wenn Sie mit Perl programmieren:[2]

get-request

> `get-request` ist das Arbeitspferd der PDU-Familie. Damit fragt man eine SNMP-Einheit nach dem Wert einer Variablen. Viele Leute benutzen in ihrem ganzen SNMP-Leben nichts anderes als diese Operation.

get-next-request

> `get-next-request` ähnelt `get-request`, aber es wird das Element gerade *nach* dem angegebenen aus dem MIB-Baum zurückgegeben (der »lexikographische Nachfolger«). Diese Methode wird vor allem dann benutzt, wenn man alle Elemente aus einer Tabelle abfragen will. Um beispielsweise die ARP-Tabelle einer Workstation abzufragen, würde man eine Serie von `get-next-request`-Anfragen abschicken, von der jede eine Zeile aus der Tabelle zurückgibt. Wir werden dafür in Kürze ein Beispiel sehen.

set-request

> `set-request` tut, was man erwartet: Es versucht, den Wert einer SNMP-Variablen zu ändern. Mit dieser Operation konfiguriert man über SNMP Geräte, die das unterstützen und zulassen.

trap/snmpV2-trap

> `trap` ist der Name aus SNMPv1, und `snmpV2-trap` ist der aus SNMPv2/3. Traps werden in diesem Buch nicht behandelt. Mit Traps kann ein SNMP-Gerät einer Management-Station signalisieren, daß ein bestimmtes Ereignis eingetreten ist (z. B. ein Reboot, das Erreichen eines vorbestimmten Maximalwerts eines Zählers), ohne daß es dazu von der Management-Station aufgefordert werden muß.

response

> `response` ist die PDU, die als Antwort auf eine der obigen PDUs zurückkommt. Damit kann der Wert auf eine `get-request`-Anfrage zurückgegeben werden, es kann signalisiert werden, daß ein `set-request` erfolgreich war usw. Man benutzt diesen PDU-Typ kaum je explizit in einem Programm, weil die SNMP-Bibliotheksroutinen und die Perl-Module die `response`-PDUs automatisch verarbeiten. Trotzdem ist es wichtig, daß man nicht nur versteht, wie Anfragen abgeschickt werden, sondern auch, wie sie beantwortet werden.

---

[2] Die Liste der möglichen PDUs ist für SNMPv2 und v3 in RFC 1905 zu finden. Diese wiederum erweitert die Liste von SNMPv1 aus RFC 1157. Die Liste umfaßt nicht viel mehr PDU-Typen, als wir hier behandeln, Sie verpassen also fast nichts.

Wenn Sie noch nie mit SNMP in Berührung gekommen sind, werden Sie sich jetzt fragen: »Das war's? Variablen abfragen, verändern, bei einem Ereignis benachrichtigt werden – das ist schon alles?« Aber *simpel* – das ist den Entwicklern von SNMP schon früh klargeworden – ist nicht das Gegenteil von *mächtig*. Wenn ein Hersteller eines SNMP-fähigen Geräts seine Variablen richtig wählt, gibt es wenig, was man mit SNMP nicht erreichen kann. Das Paradebeispiel aus den RFCs ist das Rebooten eines SNMP-Geräts. Es gibt keine »Reboot-request«-PDU, aber der Hersteller kann diese Funktion einfach einbauen, indem er eine Variable vorsieht, in der man die Anzahl der Sekunden bis zum nächsten Reboot eintragen kann. Wenn diese Variable mit `set-request` gesetzt wird, kann man das Gerät in der angegebenen Zeit rebooten.

Wenn man dies alles machen kann – was gibt es denn für Sicherheitsvorkehrungen? Es kann ja nicht angehen, daß jeder einen Rechner rebooten kann. In frühen Versionen des Protokolls waren nur sehr kümmerliche Absicherungsmöglichkeiten vorhanden. Manche hatten die Abkürzung deshalb auch zu »Sicherheit? Nicht Mein Problem« uminterpretiert, weil die Schutzmechanismen von SNMPv1 so schlecht waren. Für das *Wer*, *Was* und *Wie* dieser Schutzmechanismen müssen wir aber erst noch etwas Nomenklatur pauken.

Bei SNMPv1 und SNMPv2C kann man administrative Beziehungen zwischen *Communities* knüpfen. Communities sind einfach eine Möglichkeit, SNMP-Agents mit ähnlichen Zugriffsbedingungen so zu gruppieren, daß sie von entsprechenden Management-Stationen aus angesprochen werden können. Alle Einheiten in einer Community haben den gleichen *Community Name*. Um dazuzugehören, braucht man nur den Namen der Community zu kennen. Das beantwortet die Frage nach dem *Wer*.

Was abgefragt oder verändert werden darf – dafür definiert RFC 1157 den Begriff *SNMP MIB View*, der je nach Gerät sehr verschieden sein kann. Zum Beispiel wird ein SNMP-fähiger Toaster[3] nicht die gleichen SNMP-Konfigurationsvariablen haben wie ein SNMP-fähiger Router.

Jedes Objekt in der MIB hat ein Zugriffsrecht (einen *SNMP Access Mode*): Entweder `read-only`, `read-write` oder `none`. SNMP MIB View und SNMP Access Mode bilden zusammen das *SNMP Community Profile*, das beschreibt, auf welche Weise auf welche Variablen des MIB-Baums von einer bestimmten Community zugegriffen werden kann.

Wer- und *Was*-Teil zusammen bilden die *SNMP Access Policy*, die beschreibt, welche Arten von Zugriff Mitglieder einer Community untereinander zulassen.

Wie sieht das in der Praxis aus? Man kann ein Gerät wie einen Router oder eine Workstation so konfigurieren, daß es zu mindestens zwei Communities gehört – die eine für den lesenden, die andere auch für den schreibenden Zugriff. Oft werden diese Communities `public` und `private` genannt. Das sind aber nur übliche Namen dafür, sie

---

[3] Da es SNMP-fähige Cola-Automaten (*http://www.nixu.fi/limu/*) gibt, ist der Vergleich gar nicht so weit hergeholt.

könnten auch ganz anders heißen. Bei einem Cisco-Router könnte die Konfiguration etwa diese Zeilen enthalten:

```
! MyPublicCommunityName ist der Community-Name für nur lesenden Zugriff
snmp-server community <mein-public-Community-Name> RO

! MyPrivateCommunityName setzt den Namen für die Community mit Schreibrecht
snmp-server community <mein-private-Community-Name> RW
```

Auf einem Solaris-Rechner schreibt man etwa folgendes in */etc/snmp/conf/snmpd.conf*:

```
read-community  <mein-public-Community-Name>
write-community <mein-private-Community-Name>
```

Eine SNMP-Anfrage an beide Geräte muß `<mein-public-Community-Name>` benutzen, um Werte auszulesen, und `<mein-private-Community-Name>`, um Werte zu verändern. Der Community-Name fungiert hier als eine Art Pseudo-Paßwort. Das ist ein sehr dürftiges Sicherheitskonzept. Der Name der Community wird im Klartext übertragen, und außerdem wird versucht, Sicherheitsmängel durch unklare Konzepte zu verbergen (»security by obscurity«).

Bei neueren Protokollversionen, insbesondere bei SNMPv3, ist der Sicherheitsmechanismus wesentlich besser. In RFC 2274 und RFC 2275 werden ein User Security Model (USM) und eine View-Based Access Control (VACM) definiert. Mit USM werden Meldungen nach kryptographisch sicheren Verfahren verschlüsselt und authentifiziert. Mit VACM kann man sehr viel weitergehende Zugriffsrechte für MIB-Objekte vergeben. Diese Methoden sind aber noch immer relativ neu und noch nicht allzu häufig anzutreffen (sie sind z. B. nur in einem der verfügbaren Perl-Module implementiert). Wir werden darauf hier nicht näher eingehen, aber da SNMPv3 immer mehr an Bedeutung gewinnt, kann es nicht schaden, sich die RFCs anzuschauen.

SNMP in der Praxis

Wir wissen jetzt einiges über die theoretischen Belange von SNMP und wollen nun mit diesem Wissen etwas anfangen. Wir hatten in einem ersten kleinen Beispiel gesehen, wie man die Beschreibung eines Rechners abfragen kann; jetzt geht es um wesentlichere Dinge: Wir fragen ab, wie lange ein Rechner schon läuft und wie dessen IP-Routingtabelle aussieht.

Bis jetzt hatte ich einfach gesagt, wie eine bestimmte Variable heißt und wo im MIB-Baum sie untergebracht ist. Das müssen wir ändern. Der erste Schritt bei der Abfrage einer SNMP-Variablen ist etwas, was ich »Klettern im MIB-Baum« nennen möchte:

1. Schritt
   Finden Sie die richtige Beschreibung für den Teil der MIB, der Sie interessiert. Wenn Sie einen geräteunabhängigen Parameter suchen, der in jedem SNMP-fähigen

Gerät vorkommen kann, dann finden Sie ihn wahrscheinlich in RFC 1213[4]. Wenn Sie herstellerspezifische Variablennamen benötigen, z. B. den Namen der »blinkenden LED vorne links oben auf der Frontplatte eines bestimmten ATM-Switches«, dann müssen Sie vom Hersteller des Geräts das *MIB-Modul* und seine Beschreibung bekommen. Ich formuliere das hier etwas pedantisch, weil man nicht selten hört: »Ich brauche die MIB für dieses Gerät.« Das ist eigentlich falsch: es gibt nur die eine, weltweite MIB; alles andere muß irgendwo (oft in die Verzweigung `private(4)`) hineinpassen.

2. Schritt
Durchsuchen Sie die MIB-Beschreibung, bis Sie etwas Passendes finden.

Dieser zweite Schritt ist nicht so einfach, wie er klingt – das Format eines MIB-Moduls ist etwas vertrackt.

Aber auch das ist eine Sache der Gewöhnung. MIB-Definitionen sehen aus wie lange Abschnitte von Variablendeklarationen, wie man sie in jeder Programmiersprache antreffen kann. Das ist kein Zufall, denn es *sind* Variablendeklarationen. Wenn sich der Hersteller etwas Mühe gegeben hat, sind die Deklarationen auch gut kommentiert, wie jede gute Quelldatei.

Die MIB-Informationen werden in einer vereinfachten Form von ASN.1 (Abstrakte Syntax-Notation Eins) geschrieben, der Standardnotation in der OSI-Welt (Open Systems Interconnection). Diese vereinfachte Notation und andere SNMP-Einzelheiten werden in den SMI-RFCs (Structure for Management-Information) beschrieben. Diese begleiten die RFCs, die das eigentliche Protokoll und die aktuelle MIB definieren. Zum Zeitpunkt der Drucklegung dieses Buches war die neueste SNMP-Protokolldefinition die aus RFC 1905, die dazugehörende Basis-MIB-Definition die aus RFC 1907, und der SMI zu dieser MIB war der aus RFC 2578. Ich schreibe das hier so ausführlich hin, weil man bei der Suche nach Einzelheiten von SNMP nicht selten zwischen mehreren Dokumenten hin und her springen muß.

Wenden wir dieses Vorgehen auf unser erstes SNMP-Projekt an: die Ermittlung der *uptime*, der Zeit seit dem letzten Bootvorgang eines Rechners. Das ist ein weitgehend herstellerunabhängiger Parameter; wir erwarten also, daß diese SNMP-Variable in RFC 1213 enthalten ist. Eine kurze Suche nach »uptime« in RFC 1213 ergibt die folgende ASN.1-Definition:

```
sysUpTime OBJECT-TYPE
        SYNTAX   TimeTicks
        ACCESS   read-only
        STATUS   mandatory
```

---

[4] RFC 1213 wurde in RFC 2011, RFC 2012 und RFC 2013 geringfügig erweitert. In RFC 1907 wurden Neuerungen von SNMPv2 hinzugefügt.

```
              DESCRIPTION
                      "The time (in hundredths of a second) since the
                      network management portion of the system was last
                      re-initialized."
              ::= { system 3 }
```

Nehmen wir das Zeile für Zeile auseinander:

`sysUpTime OBJECT-TYPE`
  Definiert das Objekt `sysUpTime`.

`SYNTAX TimeTicks`
  Das Objekt ist vom Typ `TimeTicks`. Objekttypen werden im eben erwähnten SMI definiert.

`ACCESS read-only`
  Das Objekt kann via SNMP nur gelesen werden (mit `get-request`); es kann nicht verändert werden (mit `set-request`).

`STATUS mandatory`
  Das Objekt muß im SNMP-Agent implementiert sein, es ist obligatorisch.

`DESCRIPTION ...`
  Eine Beschreibung des Objekts, hier etwa: »Die Zeit (in Hundertstelsekunden), seit der Netzwerk-Management-Teil des Systems zuletzt initialisiert wurde.«

  Lesen Sie den Text in diesem Feld sorgfältig. In diesem Fall ist eine Überraschung mit eingebaut: Hier wird unter *uptime* die Zeit seit der Initialisierung des SNMP-Agenten verstanden. Das ist in vielen Fällen wohl auch die Zeit seit dem letzten Bootvorgang, aber man kann sich nicht darauf verlassen.

`::= { system 3 }`
  Der Ort, an dem dieses Objekt im MIB-Baum untergebracht ist. Das `sysUpTime`-Objekt ist offenbar die dritte Unterverzweigung unter `system` im MIB-Baum. Damit bekommt man auch einen Teil des Objekt-Identifiers (OID), sollte man ihn später benötigen.

Mit dem folgenden Aufruf können wir den Rechner *solarisbox* mit unseren UCD-SNMP-Programmen nach dieser Information abfragen:

```
$ snmpget solarisbox MyPublicCommunityName system.sysUpTime.0
```

Wir erhalten:

```
system.sysUpTime.0 = Timeticks: (5126167) 14:14:21.67
```

Also wurde der SNMP-Agent vor 14 Stunden zuletzt initialisiert.

Wir nehmen für diese Beispiele an, daß unsere SNMP-Agenten so konfiguriert sind, daß sie dem anfragenden Rechner auch antworten. Ganz allgemein: Wenn Sie den Zugriff auf einen SNMP-Agent auf eine Anzahl von »vertrauenswürdigen« Rechnern beschränken können, dann sollten Sie das tun.

Dahinter steckt das Sicherheitskonzept, daß nur derjenige Informationen bekommt, der sie auch braucht, auch wenn die Information banal scheint. Wenn Sie einen bestimmten Netzwerkdienst nicht brauchen, schalten Sie ihn ab. Wenn Sie ihn benötigen, beschränken Sie den Zugriff auf die Rechner, die ihn wirklich brauchen.

Nun zu unserem ambitiöseren Projekt: Wir wollen die IP-Routingtabelle eines Gerätes abfragen. Das Beispiel wird deshalb komplizierter, weil wir eine Sammlung von skalaren Daten in einer Tabelle anordnen müssen. Dazu müssen wir die `get-next-request`-PDU benutzen. Als ersten Schritt suchen wir die MIB-Definition für die IP-Routingtabelle. Mit einer Suche nach dem Wort »routing« werden wir in RFC 1213 fündig:

```
-- The IP routing table contains an entry for each route
-- presently known to this entity.
ipRouteTable OBJECT-TYPE
    SYNTAX   SEQUENCE OF IpRouteEntry
    ACCESS   not-accessible
    STATUS   mandatory
    DESCRIPTION
            "This entity's IP Routing table."
    ::= { ip 21 }
```

Das sieht zunächst gar nicht so anders als das vorhergehende Beispiel aus. Aber es gibt Unterschiede bei den `ACCESS`- und `SYNTAX`-Zeilen. Die `ACCESS`-Zeile sagt, daß dieses Objekt ein Platzhalter für eine ganze Tabelle ist und daß es selbst nicht abgefragt werden kann. Die `SYNTAX`-Zeile sagt uns, daß dies eine Tabelle ist, die aus `ipRouteEntry`-Objekten besteht. Betrachten wir den Anfang der Definition von `ipRouteEntry`:

```
ipRouteEntry OBJECT-TYPE
    SYNTAX   IpRouteEntry
    ACCESS   not-accessible
    STATUS   mandatory
    DESCRIPTION
            "A route to a particular destination."
    INDEX    { ipRouteDest }
    ::= { ipRouteTable 1 }
```

Bei `ACCESS` lesen wir, daß wir wieder nur einen Platzhalter gefunden haben – den für die einzelnen Zeilen der Tabelle. Aber noch etwas lernen wir aus dieser Definition: Wir können über ein Index-Objekt (`ipRouteDest`) auf die einzelnen Spalten der Zeile zugreifen.

Wenn Sie von diesen mehrfach verschachtelten Definitionen abgeschreckt werden, ist es vielleicht von Vorteil, einen Vergleich mit Perl zu ziehen. Nehmen wir als Datenstruktur einen Hash von Listen an. Die Schlüssel für den Hash wären in diesem Beispiel die Werte der ipRouteDest-Variable. Die zugehörigen Werte wären Referenzen auf Listen, die die einzelnen Elemente dieser Zeile enthalten, also den Rest des Routing-Eintrags.

Die Definition für ipRouteEntry geht wie folgt weiter:

```
ipRouteEntry ::=
    SEQUENCE {
        ipRouteDest
            IpAddress,
        ipRouteIfIndex
            INTEGER,
        ipRouteMetric1
            INTEGER,
        ipRouteMetric2
            INTEGER,
        ipRouteMetric3
            INTEGER,
        ipRouteMetric4
            INTEGER,
        ipRouteNextHop
            IpAddress,
        ipRouteType
            INTEGER,
        ipRouteProto
            INTEGER,
        ipRouteAge
            INTEGER,
        ipRouteMask
            IpAddress,
        ipRouteMetric5
            INTEGER,
        ipRouteInfo
            OBJECT IDENTIFIER
    }
```

Das sind die Spalten, also die Elemente, die jede Zeile der Tabelle bzw. jeden Routing-Eintrag ausmachen. In der MIB wird jedes einzelne Element davon beschrieben. Hier die ersten zwei davon:

```
ipRouteDest OBJECT-TYPE
    SYNTAX   IpAddress
    ACCESS   read-write
    STATUS   mandatory
    DESCRIPTION
            "The destination IP address of this route. An
            entry with a value of 0.0.0.0 is considered a
            default route. Multiple routes to a single
```

Anhang E: SNMP in zwanzig Minuten

```
                destination can appear in the table, but access to
                such multiple entries is dependent on the table-
                access mechanisms defined by the network
                management protocol in use."
        ::= { ipRouteEntry 1 }

ipRouteIfIndex OBJECT-TYPE
    SYNTAX  INTEGER
    ACCESS  read-write
    STATUS  mandatory
    DESCRIPTION
            "The index value which uniquely identifies the
            local interface through which the next hop of this
            route should be reached. The interface identified
            by a particular value of this index is the same
            interface as identified by the same value of
            ifIndex."
        ::= { ipRouteEntry 2 }
```

In Abbildung E-3 wird der `ipRouteTable`-Teil aus der MIB graphisch dargestellt.

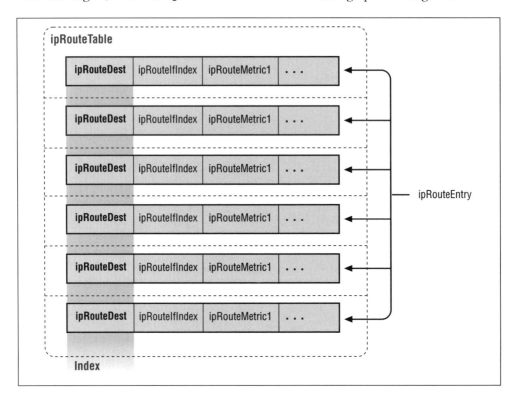

Abbildung E-3: Die Datenstruktur ipRouteTable und der Index dazu

Wenn Sie diesen Teil des MIB-Baumes verstanden haben, können Sie die entsprechenden Variablen abfragen. Dieser Vorgang nennt sich »table traversal«. Die meisten SNMP-Pakete enthalten ein Befehlszeilenprogramm namens *snmptable* oder *snmp-tbl*, das die ganze Tabelle abfragt und ausgibt, aber diese Programme lassen dafür den Zugriff auf jede einzelne Zeile und Spalte nicht zu. Vielleicht wollen Sie ja nicht die ganze Tabelle, sondern nur die Spalte `ipRouteNextHop`. Außerdem sind nicht in allen Perl-SNMP-Modulen Routinen vorhanden, die ganze Tabellen abfragen können. Daher ist es ganz gut, wenn Sie wissen, wie das zu Fuß gemacht wird.

Um diesen Vorgang zu verstehen, ist es sicher nützlich zu wissen, welche Art von Ausgabe wir eigentlich erwarten. Damit wird jeder Schritt beim Zusammenbau von Zeilen aus der Tabelle klarer. Wenn wir uns auf einen beliebigen Rechner einloggen und uns mit *netstat –nr* (und nicht etwa mittels SNMP) die Routingtabelle ausgeben lassen, so erhalten wir:

```
default           192.168.1.1       UGS      0    215345    tu0
127.0.0.1         127.0.0.1         UH       8    5404381   lo0
192.168.1/24      192.168.1.189     U        15   9222638   tu0
```

Das sind die Routing-Einträge auf das interne Loopback-Interface und das lokale Netzwerk-Interface.

Untersuchen wir nun, wie wir eine Untermenge von diesen Informationen mit den Befehlszeilenprogrammen von UCD-SNMP erhalten können. Wir belassen es hier bei den ersten zwei Spalten (dem Ziel des Routing-Eintrags und der Adresse des nächsten »Hops«). Die erste Anfrage betrifft die erste Instanz dieser zwei Variablen aus der Tabelle. Die Eingabe ist halbfett gedruckt und geht über zwei Zeilen:

```
$ snmpgetnext gold public ip.ipRouteTable.ipRouteEntry.ipRouteDest
      ip.ipRouteTable.ipRouteEntry.ipRouteNextHop
ip.ipRouteTable.ipRouteEntry.ipRouteDest.0.0.0.0 = IpAddress: 0.0.0.0
ip.ipRouteTable.ipRouteEntry.ipRouteNextHop.0.0.0.0 = IpAddress: 192.168.1.1
```

Jede Ausgabezeile enthält zwei interessante Daten. Die eigentlichen Antwortdaten erhalten wir rechts, nach dem Gleichheitszeichen. `0.0.0.0` bedeutet das gleiche wie »Default Route«, also entspricht die erste Zeile auch der ersten Zeile aus der Routingtabelle von *netstat –nr*. Der zweite wichtige Teil der Antwort ist das `.0.0.0.0`, das an die Variablennamen angehängt wurde. Das ist der Index für den `ipRouteEntry`-Eintrag, der die Zeile enthält.

Wir haben also die erste Zeile und können mit einem weiteren `get-next-request`-Aufruf die weiteren Zeilen erhalten, indem wir den eben erhaltenen Index angeben. Ein `get-next-request` liefert immer den *nächsten* Eintrag in der MIB; wenn wir also den Index der eben erhaltenen Zeile angeben, bekommen wir die Zeile gleich danach:

```
$ snmpgetnext gold public ip.ipRouteTable.ipRouteEntry.ipRouteDest.0.0.0.0
      ip.ipRouteTable.ipRouteEntry.ipRouteNextHop.0.0.0.0
ip.ipRouteTable.ipRouteEntry.ipRouteDest.127.0.0.1 = IpAddress: 127.0.0.1
ip.ipRouteTable.ipRouteEntry.ipRouteNextHop.127.0.0.1 = IpAddress: 127.0.0.1
```

Den nächsten Schritt werden Sie wohl erraten. Wir setzen eine weitere Anfrage mit `get-next-request` ab, diesmal mit dem Teil 127.0.0.1 (dem Index) aus der Antwort `ip.ipRouteTable.ipRouteEntry.ipRouteDest.127.0.0.1`:

```
$ snmpgetnext gold public ip.ipRouteTable.ipRouteEntry.ipRouteDest.127.0.0.1
      ip.ipRouteTable.ipRouteEntry.ipRouteNextHop.127.0.0.1
ip.ipRouteTable.ipRouteEntry.ipRouteDest.192.168.1 = IpAddress: 192.168.1.0
ip.ipRouteTable.ipRouteEntry.ipRouteNextHop.192.168.11.0 = IpAddress: 192.
168.1.189
```

Wenn wir dieses Resultat mit der Ausgabe von *netstat* von oben vergleichen, haben wir jetzt unser Ziel erreicht und alle Zeilen der IP-Routingtabelle ausgelesen – aber wie hätten wir das gewußt, wenn uns die Routingtabelle nicht schon im voraus bekannt gewesen wäre? Normalerweise hätten wir ganz einfach weitergemacht:

```
$ snmpgetnext gold public ip.ipRouteTable.ipRouteEntry.ipRouteDest.192.168.1.0
      ip.ipRouteTable.ipRouteEntry.ipRouteNextHop.192.168.1.0
ip.ipRouteTable.ipRouteEntry.ipRouteIfIndex.0.0.0.0 = 1
ip.ipRouteTable.ipRouteEntry.ipRouteType.0.0.0.0 = indirect(4)
```

Hoppla – Die Antwort entspricht gar nicht der Anfrage! Wir haben nach `ipRouteDest` und `ipRouteNextHop` gefragt, aber wir erhalten `ipRouteIfIndex` und `ipRouteType`. Wir hatten das Ende der Tabelle erreicht, aber die `get-next-request`-PDU macht nichts anderes, als was sie tun soll: Sie liefert den »ersten lexikographischen Nachfolger« im MIB-Baum. Wenn wir die MIB in RFC 1213 konsultieren, stellen wir fest, daß `ipRouteIfIndex(2)` der Nachfolger von `ipRouteDest(1)` ist und daß `ipRouteType(8)` in der Tat auf `ipRouteNextHop(7)` folgt.

Die Frage von vorhin »Wie wissen wir, wann wir die ganze Tabelle eingelesen haben?« ist damit beantwortet: »Wenn wir bemerken, daß wir über das Ende der Tabelle hinausgekommen sind.« Programmiertechnisch ausgedrückt muß das OID-Präfix aus der Anfrage mit dem aus der Antwort übereinstimmen. Um sicherzustellen, daß sich alle Antworten zu einem `ipRouteDest`-Objekt wirklich auf dieses Objekt beziehen, müßten Sie Antworten auf `ip.ipRouteTable.ipRouteEntry.ipRouteDest` oder das entsprechende 1.3.6.1.2.1.4.21.1.1 überprüfen.

Damit haben Sie so viel von den SNMP-Grundlagen gelernt, daß Sie für den Abschnitt »SNMP« in Kapitel 10, *Sicherheitsaspekte und Netzwerk-Monitoring*, gerüstet sind. Dort wird behandelt, wie man SNMP von Perl aus benutzt. Die Verweise am Ende von Kapitel 10 geben Hinweise auf weiterführende Informationen.

Index

A

Access Control Listen (ACL)   16, 18
Account (Benutzerkonto)   *siehe* Konto
Active Directory   218
Active Directory Service Interfaces   *siehe* ADSI
ActiveState, Repository   6
adcomplain, Programm   293
ADO (ActiveX Data Objects)   227–229
ADSI (Active Directory Service Interfaces)   58, 218–220
   Dokumentation   220
   Suchen mit   227–229
   Systemadministration   231–236
   von Perl aus benutzen   221–222
ADSIDump, Programm   227
ADsPfade (ADsPaths)   219, 224, 230
Algorithmus, Message-Digest   366
American Registry for Internet Numbers (ARIN)   302
APNIC (Asia Pacific Address Allocations)   302
Apple Events   273
AppleScript   271, 273
@ARGV, Abfrage unter MacOS   27
ARIN (American Registry for Internet Numbers)   302
Asia Pacific Address Allocations (APNIC)   302

B

Base-DN (LDAP)   194
Benutzer
   Identität   47
      Unix   56
      Windows NT/2000   56–66
   Rechte, Windows NT/2000   63–66
Benutzer-ID (UID)
   Unix   49
   Windows NT/2000   58
Benutzereingaben, Sicherheitsaspekte   10
Benutzerkonten
   erzeugen und löschen   67
      mit API-Aufrufen   89
      mit Modulen   89
   verdächtige Logins   372–378
   Verwaltung
      mit ADSI   231
      Verarbeitungsskripten   92–98
Berkeley DB
   Format   352
   Modul   297
Berkeley Fast File System (Dateisystem)   16
bigbuffy, Programm   328–332
Bind-DN (LDAP)   193
Blacklists   *siehe* Schwarze Listen
blat, Programm   270
Bots   138
   Sicherheitsaspekte   127
BSD 4.4 Paßwort-Dateien   55

C

chpasswd-Befehl (BSD 4.4)   55
CIM (Common Information Model)   117
   Schema   117
clog, Programm   389
Closure (Perl-Programmierung)   277

449

Index

co, RCS-Befehl 406
Collaborative Data Objects Library 272
COM (Component Object Model) 120, 218
Common Information Model (CIM) 117
Component Object Model *siehe* COM
Comprehensive Perl Archive Network
    siehe CPAN
Container-Objekte (COM) 219, 223
    identifizieren 223
CPAN (Comprehensive Perl Archive
    Network) 6
    Installation von Modulen unter Unix 7
    Suchmaschine 6
Crack, Programm 397

D

Data Source Name (DSN) 249
Datei-Shares, mit ADSI verwalten 233
Dateien
    Auditing unter Windows NT/2000 131
    Beispielprogramme aus diesem Buch
        herunterladen xii
    finden
        beschädigte 24–26
        core-Dateien 21–24
        Installationsdateien auf Windows
            NT/2000 24
        verborgene, auf Windows NT/2000
            30
        zusätzliche 33–37
    Locking 99
    Logs *siehe* Logdateien
    offene überwachen 130
    Sicherheitsaspekte beim
        (Über-)Schreiben 11, 331
    Veränderungen feststellen 362–368
Dateinamen, lange finden 31
Dateioperationen 103
    überwachen
        Unix 134–139
        Windows NT/2000 130–134
Dateisystem-Driver, Linux 15
Dateisysteme
    Absuchen 20–37
        Unix 21–24
        Windows NT/2000 24–26
    Auslastung abfragen 43–45
    Berkeley Fast File System (FFS) 16
    FAT 17

MacOS 18
NTFS 16
Unix 16
Unterschiede 16–20
VFAT 17
Windows NT/2000 16
    Suche nach beschädigten Dateien
        24–26
Datenbank-Handle, DBI 249
Datenbank-Interface *siehe* DBI
Datenbanken
    zur Analyse von Logdateien 351–359
    zum Erzeugen von DNS-Konfigurations-
        dateien 162–171
    zum Erzeugen von Host-Dateien
        146–149
        Ausgabe verbessern 150–153
        Fehlerkorrektur 149
    MySQL 421
    Rechnerdatenbank zur
        Netzwerküberwachung 147
    relationale 430
    SAM 56
    SQL (relationale)
        Daten verändern 428
        erzeugen und löschen 422–424
        Informationen abfragen 425–428
        Konten verwalten 258–260
        von Perl aus überwachen 260–267
        in Perl dokumentieren 252–258
        Perl-Client 357–359
        Stored Procedures 433
        Zugriff mit DBI 242–248
        Zugriff mit ODBC 249–251
        Zugriff von Perl aus 240–242
    Verwendung bei
        Kontenverwaltungssystemen 68
Datenstruktur umorganisieren 81
`DB_File`-Modul 354
DBAs (Datenbankadministratoren) 239
`DBD::ODBC`-Modul 240, 243
`DBD::Sybase`-Modul 243
DBD-Module (Datenbanktreiber) 241
DBI (Datenbank-Interface)
    Architektur 240
    Datenbank-Handle 249
    dokumentieren
        MySQL 253
        Sybase 254

Index

Methoden
    Abkürzungsmethoden 248
    zur Daten-Abfrage 245
    Platzhalter 244
    Statement-Handle 244
    Zugriff von Perl aus 242–248
»Denial-of-Service«-Angriff 388
Dial-Up User List (Schwarze Liste) 301
Dienste
    TCP/IP 158–180
    siehe auch Verzeichnisdienste
`Digest::MD5`-Modul 366, 369
Directory Information Tree (DIT),
    Verzeichnisbaum 413
Disks *siehe* Festplatten
Distinguished Name (DN) 412–414
Distributed Management Task Force
    (DMTF) 117
DIT (Directory Information Tree) 413
DMTF (Distributed Management Task
    Force) 117
DN (Distinguished Name) 412–414
    Base-DN 194
    Bind-DN 193
    Root-DN 193
DNS (Domain Name Service) 161
    Abfrage mit Perl
        mit `Net::DNS` 179–180
        mit *nslookup* 173
        mit Sockets 174
    Konfigurationsdateien
        Administrativer Header (SOA)
            162–165
        Erzeugung 165–171
    Pakete 175
Document Type Definition (DTD) 417
Dokumentation von Datenbanken
    `DBI`
        MySQL-Server 253
        Sybase-Server 254–256
        mit `Win32::ODBC`, MS-SQL-Server
            256–267
Domain Name Service *siehe* DNS
Drucker, Administration mit ADSI 233–235
DSN (Data Source Name) 249
DTD (Document Type Definition) 417
Dynamically Linked Libraries (DLLs), von
    Prozessen verwendete 108

E

E-Mail
    Betreffzeile, informative 287
    Mailboxen und Meldungen
        auseinandernehmen 290–291
    als Medium für den Support 306–312
    Parsen von Logdateien 348–350
    mit Perl verschicken 269–276
        Fehler 276–289
        Häufigkeit und Menge begrenzen
            276–287
        MacOS 271
        Windows NT/2000 270, 272
    Relaying 293
    Spam *siehe* Spam
    als Werkzeug für die
        Systemadministration 269–312
edquota, Befehl (Unix) 38–42
Eggdrop, Bot 127
Eigenschaften
    Schema- und Schnittstellen (ADSI) 219
ElDump, Programm 336
Endknoten-Objekte (LDAP) 219, 223
Entwicklung eines Kontenverwaltungs-
    systems 66–100
Ereignisdienst (Windows NT/2000) 320
Errata xii
/etc/hosts 143, 157
    siehe auch Unix, Hostdateien
/etc/passwd 157
    Sicherheitsaspekte 362
Eudora, Programm 271
Event Viewer, Programm 320
Event-Handlers 74
Extensible Markup Language *siehe* XML

F

FAT, Dateisystem 17
Fenster
    Benutzereingaben an ein Fenster senden
        116
    Text in Menüleiste ändern 115
    zu Prozessen gehörende
        Eigenschaften 114
    Steuerung 112

451

Index

Festplatten
    volle vermeiden 33–43
    volle, wegen wachsender Logdateien
        325–332
File::Find-Modul 26–37
    unter MacOS 29
    unangebrachte Verwendung 32
    unter Unix 26–29, 33–37
    versteckte Verzeichnisse finden 371
    unter Windows 31
File::Spec-Modul 20
File::Stat-Modul 363
Filesys::Df-Modul 45
Filesys::DiskFree-Modul 45
Filesys::DiskSpace-Modul 45
find2perl, Programm 26
Finger 184–188
fping, Programm 389
FreeTDS-Bibliothek 243
FreezeThaw-Modul 354, 369
Freigaben *siehe* Datei-Shares
FTP, Korrelation von Filetransfers 342

G

GCOS-Feld (Unix) 51
GetFileInfo(), Funktion (MacPerl) 29
Getopt::Std-Modul 364
GetWindowProperties()-Funktion
    (Windows NT/2000) 114
GID (Gruppen-ID) 50
GNU RCS 5.7 154
GO-Anweisung (SQL) 422
Gruppen, mit ADSI verwalten 232
Gruppen-ID (GID) 50

H

h2xs, Programm 398
HFS (Hierarchical File System) 18
    siehe auch MacOS
Homeverzeichnis-Feld (Unix) 52
Hostdateien 143–156
    aus einer Datenbank erzeugen
        146–148
        dabei auf Fehler prüfen 149
        dabei Ausgabe verbessern 150–153
    Macintosh HD:System
        Folder:Preferences:hosts 143
    Module zum Erzeugen von 216

Parsing 145
    mit Perl einlesen 145
    \%systemroot%\System32\Drivers
        \Etc\hosts 144
    Unix 144
    Versionskontrollsysteme 154–156

I

INSERT-Anweisung (SQL) 425
Internet Protocol *siehe* TCP/IP
Internet Service Provider (ISP), Beschwerde
    bei 292
InterNIC/Network Solutions WHOIS Server
    190
Interprozeßkommunikation (IPC) 271
IO::Socket-Modul 283
IP-Adressen 143
    abfragen/nachschlagen 159
    überprüfen zur Abwehr von Spam 296
    Verantwortliche kontaktieren 189
    Zuordnung zu Namen
        Unix 143–156
        Windows NT/2000 160
    siehe auch Hostdateien
IPC (Interprozeßkommunikationon) 271
IRC-Bots, laufende Prozesse finden 127
ISP (Internet Service Provider), Beschwerde
    bei 292
iterative Programmentwicklung 171

J

John the Ripper, Programm 397

K

Kernel-Prozeßstrukturen untersuchen 124
kill.exe, Programm (Windows NT/2000)
    107
Konfigurationsdateien
    DNS
        Administrativer Header (SOA)
            162–165
        Erzeugung 165–171
        Sicherheitsaspekte beim Lesen 10
Kontenverwaltungssysteme 69
    Entwicklung 66–100
    Verwendung von Datenbanken 68
Konto einrichten/löschen, Programme
    Unix 84–89
    Windows NT/2000 89–92

Index

L

L0phtCrack, Programm   397
lange Dateinamen finden   31
last, Programm (Unix)   319, 352, 357
LDAP (Lightweight Directory Access
 Protocol)   191
 anonyme Authentifizierung   193
 Kurzlehrgang   409–414
 objectClass-Attribut   410
 Organisation der Daten   411
 Perl-Module, Vergleich   192
LDAP Data Interchange Format   *siehe* LDIF
LDAP-Einträge
 Attribute
  bei Suchvorgängen   194–196, 198
  Methoden zur Abfrage   199
  Trennzeichen   213
  verändern   208–211
  Werte, Quoting   194
 Darstellung in Perl   199
 mit Perl verändern   207
LDAP-Operationen
 Binding   193
 hinzufügen und löschen   205, 207
 suchen   194–201
LDIF (LDAP Data Interchange Format)
 197, 212–216
 lesen/schreiben
  LDAP-Einträge   201
  mit Perl   202–205
libcrack-Bibliothek   397–401
libnet-Modulpaket   275
libpcap-Bibliothek   389, 391–396
Lightweight Directory Access Protocol
 siehe LDAP
LIKE-Suchmuster (SQL)   427
Linux
 Driver   15
 NIS+   160
 Privilegien abgeben   8
 Sybase OpenClient-Bibliothek   243
 versteckte Verzeichnisse   370
lockfile, Programm   99
Logdateien   315–331
 Analyse   332–359
  »Alles einlesen – erst dann
   verarbeiten«-Ansatz   338–348
  Blackbox-Ansatz   348–350

Datenbank-Ansatz   351–359
»Lesen und zählen«-Ansatz   332–338
binäre   316–322
 Ereignisdienst (Windows NT/2000)
  320
 wtmp   316–320
Plattenplatzprobleme   325–332
 Ring-Pufferung   328–332
 rotieren   325–327
 Sicherheitsaspekte beim Verarbeiten
  331
Textdateien   315
Zusammenfassung per Mail   348
zustandslose und zustandsbehaftete
 322–324
`Logfile::Rotate`-Modul   326–327
lsof, Programm   134–138
`lstat()`-Funktion (Perl)   363

M

`Mac::Apps::Launch`-Modul   105
`Mac::Glue`-Modul   271
`Mac::Processes`-Modul   104
MacOS
 @ARGV von einer Dialogbox einlesen
  27
 Dateisystem   18
  Auslastung abfragen   44
 E-Mail verschicken   271
 Kontrolle von Prozessen   104
 Perl-Module   6
  installieren   8
 `stat()/lstat()`-Funktionen   364
MacPerl Module Porters, Mailingliste   6
Mail Abuse Prevention System Realtime
 Blackhole List (RBL)   301
`Mail::Folder`-Modul   292
`Mail::Header`-Modul   290–291, 294
`Mail::Internet`-Modul   290–291
`Mail::Mailer`-Modul   274
`Mail::POP3Client`-Modul   290
`Mail::Sendmail`-Modul   274
Mail Transport Agent (MTA)   270
Mailboxen, Komponenten   292
MailTools-Modulpaket   274, 275
Makefile (in */var/yp*)   158
Managed Object Format (MOF)   117

Index

Management Information Base *siehe* MIB
Manager-DN (LDAP)   193
MAPI (Messaging Application Programming Interface)   273
mehr_platz, Skript   33
Message-Digest-Algorithmus   366
Messaging Application Programming Interface (MAPI)   273
MIB (Management Information Base)   382, 386, 435–437, 441, 447
Microsoft SQL Server
   dokumentieren mit dem ODBC-Modul   256–258
   Kommunikation mit Unix-Rechnern   243
Module
   Anbindung
      ADSI von Perl aus   221–223
      Berkeley-Datenbank   297, 354
      DBI- und Datenbanktreiber   242–248
      ODBC und Datenbanken   249–251
      Sockets   285
   Auswahl des richtigen   90
   Auswertung von Argumenten (*Getopt*)   364
   belegte Ports auf Windows NT/2000 ausgeben   134
   Benutzerkonten
      anlegen und löschen   89
      überprüfen   52
      Windows NT/2000   57–60, 65
   »Besitzer« eines Rechners ermitteln   217
   CPAN   6
   Dateien
      Änderungen feststellen   363, 366
      finden   26–37
      Locking   100
      Operationen überwachen (Windows NT/2000)   131
   Dateisysteme
      Auslastung abfragen   43–45
      Durchsuchen   26–37
   Datenstrukturen als String kodieren   354, 369
   DBI, Treiber für   240, 243
   Diskquotas   37–43
   DNS, Abfrage von Perl aus   179–180

dokumentieren von Datenbanken   253, 254
E-Mail
   Adressen aus Logdateien herausfiltern   348
   unter MacOS mit AppleEvents verschicken   271
   Mailboxen auseinandernehmen   292
   Meldungen auseinandernehmen   290–291
   Statistik erzeugen   348
   übertragen   290
   unter Unix verschicken   285
   unter Windows NT/2000 verschicken   272
Event-basierende   73
finden von verfügbaren   6
Finger-Protokoll   184, 188
installieren
   unter MacOS   8
   unter Unix   7
   unter Windows NT/2000   7
Interprozeß   272, 283
IO::Socket   283
LDAP   192
für Logdateien
   Analyse   334
   rotieren   326–327
   Windows NT/2000   320
Netzwerk
   Änderungen feststellen   369
   E-Mail   274
   überwachen   378–387
   Verbindung nach außen testen   391
   Verbindungen von außerhalb feststellen   186
NIS (Network Information Service)   158
Optionen parsen   41
Paßwort ohne Echo einlesen   400
Pakete auseinandernehmen   394
Pfadnamen parsen   33
Prozesse starten   111
Prozeßkontrolle
   unter MacOS   104
   unter Unix   125–129
   unter Windows NT/2000   107–111
Rechnername   352
selbst schreiben   397

SNMP, Vergleich 379
SYN-Pakete feststellen 391–396
Verzeichnisse
    Arbeitsverzeichnis feststellen 24
    rekursiv löschen 91
    verborgene aufspüren 371
WHOIS-Client 189
XML
    Debug-Ausgabe 74
    Lesen und Schreiben 71–84
    zur Installation von Software (Windows NT/2000) 111
MOF (Managed Object Format) 117
`Mozilla::LDAP`-Modul 192–199, 202–204
    Hostdateien erzeugen 216
    LDAP-Einträge
        einfügen und löschen 205, 207
        suchen nach 194–199
        verändern 207
    Methoden zur Manipulation von Einträgen 208
msgina.dll-Datei, Sicherheitsaspekte 362
MTA (Mail Transport Agent) 270
MySQL, Datenbank 421
    Dokumentation mit dem DBI-Modul 253

N

Namensdienste, TCP/IP 158–180
Namensraum
    ADSI 218
    LDAP 229
    WinNT 229
net-Befehl (Windows NT/2000) 57
`Net::DNS`-Modul 179–180, 369
`Net::Finger`-Modul 187
`Net::LDAP`-Modul 192–199, 202–205
    LDAP-Einträge
        einfügen und löschen 206
        verändern 208, 210
`Net::NIS`-Modul 158
`Net::NISPlus`-Modul 160
`Net::Pcap`-Modul 391–396
`Net::PcapUtils`-Modul 395
`Net::Ping`-Modul 391
`Net::SMTP`-Modul 275
`Net::SNMP`-Modul 378
`Net::Telnet`-Modul 186, 274, 302
`Net::Whois`-Modul 190

`Net::XWhois`-Modul 190
netmail95, Programm 270
NetPacket-Modulpaket 394
Network Information Center (NIC) 144
Network Information Service *siehe* NIS
Netzwerk-Operationen überwachen
    Unix 134–139
    Windows NT/2000 130–134
Netzwerk-Ports
    benutzte auflisten 134
Netzwerke 103
    mit NIS verwalten 157
    »pingen« und »sniffen« von Perl aus 391
    überwachen
        mit Perl 387–397
        mit SNMP von Perl aus 379–387
        verdächtige Aktivitäten 397–401
    Veränderungen feststellen 368–370
    Verzeichnisdienste 183
NIC (Network Information Center) 144
NIS (Network Information Service) 157–159
    und DNS 162
    von Perl aus abfragen 158
NIS+ 160
    siehe auch NIS
nslookup, Programm 173
ntrights.exe, Programm (Windows NT/2000) 65

O

Object Identifier (OID) 437
ODBC (Open Database Connectivity) 240
    DSN (Data Source Name) 249
    von Perl aus benutzen 249–251
ODBC Driver Manager 241
OID (Object Identifier) 437
Open Database Connectivity *siehe* ODBC
ORBS (Open Relay Behaviour-Modification System) 301

P

passwd-Befehl (Unix) 87
`Passwd::Solaris`-Modul 56
Paßwort-Datei
    BSD 4.4 55
    shadow 55
    Unix 48–54

Paßwort-Feld (Unix)   51
Paßwörter
   Programme zum Ändern   398–401
   Sicherheitsaspekte   397
   Unix   87
   Windows NT/2000   59
PDUs (Protocol Data Units)   439
Perl
   als Sprache für die Systemadministration   1
   Dateisysteme, Unterschiede   20
   Datenbanken
      Datenbank-Konten verwalten   258–260
      überwachen   260–267
   DBI, Anbindung von Datenbanken   242–248
   Diskquotas   38–42
   DNS-Abfrage
      mit »nackten« Netzwerk-Sockets   174
      mit Net::DNS   179–180
      mit *nslookup*   173
   E-Mail
      Meldungen/Mailboxen auseinandernehmen   290–292
      verschicken   269–276
   edquota-Befehl, Aufruf   38
   Finger, Verwendung   186–187
   Hostdateien lesen   145
   LDAP
      Einträge verändern   207
      Programmierung   192
   LDIF, lesen und schreiben   202–205
   Logdateien
      absuchen   315
      Analyse   332–359
      mit unpack() lesen   316–319
      rotieren   325–327
   Module   siehe Module
   NIS-Abfrage   158
   ODBC, Anbindung   249–251
   »pingen« und »sniffen«   391
   Repositories (PPM)   6
   Sicherheitsaspekte   8–12
   SNMP, Verwendung   378–387
   Spam, Urheber feststellen   293–306
   SQL-Anweisungen absetzen   250
   SQL-Datenbanken dokumentieren   252–258

SQL-Server benutzen   240–242
   stat()/lstat()-Funktion zur Überwachung von Dateien   363
   SYN-Angriff feststellen   389
   Vor- und Nachteile   2
   WHOIS, Verwendung   189
   WMI, Verwendung   118
Perl Package Manager   6, 7
Platten   siehe Festplatten
Platzhalter, DBI   244
»Poison Null Byte«-Angriff   10
PPM (Perl Package Manager)   6, 7
Privilegien   9
   siehe auch Benutzerkonten
/proc-Dateisystem   124
Proc::ProcessTable-Modul   125–129
procmail, Programm   99
Programme
   Paßwort ändern   398–401
   Beispiele aus diesem Buch herunterladen   xii
   Paßwort-Cracker   397
Programmieren
   Sicherheitsaspekte   8–12
Protocol Data Units (PDUs)   439
Provider (ADSI)   218
Prozeß-Handle   109
Prozesse   103
   auflisten
      unter MacOS   104
      unter Unix   123–124
      unter Windows NT/2000   106, 111
   beeinflussen von aktiven Fenstern (Windows NT/2000)   112
   killen
      unter Unix   126
      unter Windows NT/2000   107, 112
   verwendete DLLs   108
   zugehörige Programme   108
Prozeßkontrolle
   unter MacOS   104
   unter Unix   123–129
   unter Windows NT/2000   106–122
ps, Programm (Unix)   123
pulist.exe, Programm (Windows NT/2000)   106
pwd_mkdb-Befehl (BSD 4.4)   55

Index

Q

qmail, Programm 292
QuitApps()-Funktion (MacOS) 105
Quota-Befehl 37
Quota-Modul 43
Quotas, Diskquotas *siehe* Festplatten, volle

R

Race Condition, Vermeidung 12
RBL (Mail Abuse Prevention System Realtime Blackhole List) 301
Rcs-Modul 155
RCS (Revision Control System) 154
    Befehle 406, 407
    GNU RCS 5.7 154
    Kurzlehrgang 405–407
    Schlüsselwörter 155
rcsdiff-Befehl (Unix) 156, 406
RDN (Relative Distinguished Name) 412
Rechnernamen, Zuordnung zu IP-Adressen
    Unix 143–156
    Windows NT/2000 160
Reguläre Ausdrücke 340
    Sicherheitsaspekte 372
Rekursion, Verwendung 22
Relative Distinguished Name (RDN) 412
Relative Identifier (RID) 58
    siehe auch Benutzer, Identität, Windows NT/2000
Relaying von E-Mail 293
Repositories für vorkompilierte Module und Pakete 6
Revision Control System *siehe* RCS
RID (Relative Identifier) 58
    siehe auch Benutzer, Identität, Windows NT/2000
RunAs (Windows 2000) 9

S

SAM (Security Accounts Manager) 56
SASL (Simple Authentication and Security Layer) 193
Schema-Eigenschaften (ADSI) 219, 224, 225
Schnittstellen-Eigenschaften (ADSI) 219
schreiben von Dateien, Sicherheitsaspekte 11

Schwarze Listen
    Nachschauen für Spam-Mails
        Listen im Internet 301–306
        lokale Listen 297–300
Scope, Bereich von LDAP-Suchvorgängen 194
Secure Socket Layer (SSL) 193
Security Accounts Manager (SAM) 56
Security Identifier (SID) 58
    siehe auch Benutzer, Identität, Windows NT/2000
sekundäre DNS-Server 161, 163
SELECT-Anweisung (SQL) 425, 428
sendmail, Programm 270, 275
    lokale Schwarze Listen 298–300
Sendmail for NT, Programm 270
Shadow-Paßwort-Dateien (Unix) 55
Shell-Feld (Unix) 53
Sicherheit
    Bots 127
    »Denial-of-Service«-Angriff 388
    Einbruch in ein System, Dokumentation 371
    Perl 8–12
    SNMP 440
    SYN-Angriffe 389
    Veränderungen bemerken
        bei Dateien 362–368
        im Netzwerk 368–370
    verdächtige Aktivitäten 370–378
SID (Security Identifier) 58
    siehe auch Benutzer, Identität, Windows NT/2000
Simple Authentication and Security Layer (SASL) 193
Simple Mail Transport Protocol (SMTP) 274
Simple Network Management Protocol *siehe* SNMP
Skript
    E-Mail verschicken 276
        Hauptteil der Meldung 288
    Verarbeitungsskript,
        Kontenverwaltunsssystem 92–98
    siehe auch Perl
Slave-Server
    DNS 161, 163
    NIS 157

SMI RFCs 442
SMTP (Simple Mail Transport Protocol) 274
SNMP (Simple Network Management Protocol) 439
   Access Policy 440
   Communities 440
   Kurzlehrgang 441–448
   Module, Vergleich 379
   Netzwerküberwachung mit 378–401
   von Perl aus benutzen 378–387
   Sicherheitsaspekte 440
   Theorie 435–441
   Variablen 435
`SNMP::MIB`-Modul 379
`SNMP_Session`-Modul 378
`SNMP_utility`-Modul 380
SNMP-Modul zur SNMPv3-Bibliothek von UCD 380–387
SOA (Start of Authority, DNS) 162
Source Control Systeme *siehe* Versionskontrollsysteme
Spam, Urheber ermitteln 293–297
   lokale Schwarze Listen 297–300
   Schwarze Listen im Internet 301–306
`split()`-Funktion (Perl) 148
SQL (Structured Query Language) 240
   Befehle vom Perl aus absetzen 250
   Datenbanken
      Daten darin verändern 428
      Datenbank-Benutzer mit Perl verwalten 258–260
      mit DBI 242–248
      erzeugen und löschen 422–424
      in Perl dokumentieren 252–258
      Informationen abfragen 425–428
      mit ODBC 249–251
      Perl-Clients 357–359
      mit Perl überwachen 260–267
      Stored Procedures 433
      Zugriff von Perl aus 240–242
   Kurzlehrgang 421–433
   Tabellen
      Daten eintragen 424
      erzeugen und löschen 422–424
      Relationen und Verknüpfungen 430
      Resultate abfragen und umspeichern 428
      verändern 429

Views 430
Zeilen auslesen 425, 426
SSL (Secure Socket Layer) 193
Start of Authority (SOA, DNS) 162
`stat()`-Funktion (Perl) 363
Statement-Handle, DBI 244
Structure for Management Information (SMI) 442
Structured Query Language *siehe* SQL
Suchbasis, Base-DN (LDAP) 194
Suchfilter (LDAP) 194
SunOS
   Hostdateien 144
   wtmp-Datei 316
Supportgruppe, Unterstützung mit E-Mail 306–312
suss, Programm 308
Sybase OpenClient-Bibliotheken 243
Sybase-Server, dokumentieren mit dem DBI-Modul 254–256
SYN-ACK-Angriff 388
SYN-Überflutung 388
`Sys::Hostname`-Modul 352
SyslogScan-Paket 348–350
Systemadministration
   mit ADSI 231–236
   E-Mail 269–312
      als Medium für Benutzersupport 306–312
      Menge kontrollieren 276–287
      versenden 269–276
   Logdateien 315–359
   Perl als Programmiersprache 1
   SQL-Datenbanken 239–267
   Überwachung
      Netzwerke 378–401
      Sicherheit 361–378
Systemadministratoren
   kontaktieren 188
   Mechaniker und Architekten 69
\%systemroot%\System32\Drivers\Etc\hosts 144

T

TCP/IP (Transmission Control Protocol/Internet Protocol) 143
   Hostdateien erzeugen 146–156
   Namensdienste 158–180

Index

TCPVstat, Programm 134
tcpwrappers, Programm 341
Term::ReadKey-Modul 400
top, Programm 124
Transmission Control Protocol/Internet Protocol *siehe* TCP/IP
TurboPerl, Programm 119

U

Überwachung
    Dateioperationen unter Unix 134–139
    Konfigurationsdatenbanken 147
    Netzwerke
        mit Perl 387–397
        mit SNMP von Perl aus 379–387
    Netzwerkoperationen
        Unix 134–139
        Windows NT/2000 130–134
    offene Dateien 130
    Sicherheit
        Änderungen feststellen 362–370
        verdächtige Aktivitäten bemerken 397–401
    Windows NT/2000 130–134
UCD-SNMP-Bibliothek 379
UID *siehe* Benutzer-ID
Universal Naming Convention (UNC) 18
Unix
    Benutzer 56
    Dateioperationen überwachen 134–139
    Dateisysteme 16
        Auslastung abfragen 45
        durchsuchen 21–24
        /proc 124
    Diskquotas 37–43
    Gruppen-ID (GID) 50
    Hostdateien 144
        erzeugen 146–149
        Parsing 145
    Versionskontrollsysteme 154–156
    Installation von Modulen 7
    Logdateien
        Analyse 332–359
        wtmp-Datei 316–320
    Microsoft-SQL-Server ansprechen 243
    Netzwerkoperationen überwachen 134–139
    password-Datei 48–54
    Paßwörter 87

Privilegien abgeben 8
Programme zum Erzeugen und Löschen von Konten 84–89
Prozesse auflisten 123–124
Prozeßkontrolle 123–129
Prozeßtabelle lesen, Modul dazu 125–129
Shells, Feld in */etc/password* 53
stat() und lstat()-Funktion 364
»unsichtbare« Verzeichnisse 370
unpack()-Funktion (Perl) 316–319
Unsolicited Commercial E-mail (UCE) *siehe* Spam
UPDATE-Anweisung (SQL) 429
USE-Anweisung (SQL) 423
User Security Model (USM) 441
USM (User Security Model) 441

V

Varbind-Objekt (SNMP) 381
Versionskontrollsysteme 154–156
    RCS *siehe* RCS
Verzeichnisbaum (DIT) 413
Verzeichnisdienste 183–236
    Auditing 131
    Einträge
        erzeugen und löschen 205, 207
        verändern 207
    Finger 184–188
    LDAP 191–218
    Suchen in
        ADSI 227–229
        LDAP 194–199
        WHOIS 188–191
            mit Net::Whois 189
        X.500 191
Verzeichnisse (in Dateisystemen)
    Suche nach versteckten 370
VFAT-Dateisystem 17

W

WBEM (Web-Based Enterprise Management) 117
WHERE-Klausel (SQL) 426
WHOIS 188–191
    zuständigen Server finden 302

Index

Win32::AdminMisc-Modul   57
Win32::AdvNotify-Modul   131
Win32::EventLog-Modul   320
   Analyse von Logdateien   334
Win32::IpHelp-Modul   134
Win32::IProc-Modul   107–111
   Installationshinweise   140
Win32::Lanman-Modul   90
Win32::MAPI-Modul   273
Win32::NetAdmin-Modul   57, 62, 90
Win32::ODBC-Modul   249–251, 256–267
Win32::OLE-Modul   58, 119, 221–228, 272
Win32::Process-Modul   107
Win32::Setupsup-Modul   111–116
   Installationshinweise   141
Win32::UserAdmin-Modul   57, 90
Win32-Schema   118
Win32API::Net-Modul   90
Window Management Instrumentation   116–122
Windows 2000
   Gruppen   62
      siehe auch Windows NT, Gruppen
   Prozeßkontrolle mit WMI   116–122
   siehe auch Windows NT/2000
Windows 2000 Resource Kit   64
Windows 2000, Die technische Referenz   64
Windows Internet Name Server   *siehe* WINS
Windows NT
   Dienste, Verwaltung mit ADSI   235
   Gruppen   60–63
   Logdateien, Analyse   333
   Zuordnung von Rechnernamen zu IP-Adressen   160
   siehe auch Windows NT/2000
Windows NT Resource Kit   64
   Programme für die Prozeßkontrolle   106
   Programme für WINS   160
Windows NT, Die technische Referenz   64
Windows NT/2000
   Benutzer   56–66
   Benutzerrechte   63–66
   Dateien
      Auditing   131
      Installationsdateien finden   24

      Logdateien   316, 320
      verborgene finden   30
   Dateioperationen überwachen   130–134
   Dateisysteme   16
      Auslastung abfragen   45
   E-Mail
      Anzahl und Größe beschränken   276
      verschicken   272
   Installation von Modulen   7
   Konten erzeugen und löschen   89–92
   Module für   6
   Netzwerkoperationen überwachen   130–134
   Privilegien abgeben   9
   Prozeßkontrolle   106–122
   sendmail, Installation   270
   stat() und lstat()-Funktion   364
windowse, Programm   115
WINS (Windows Internet Name Server)   160
   Vergleich mit DNS   162
wmailto, Programm   270
WMI (Window Management Instrumentation)   116–122
wtmp-Datei   316–320
   analysieren   338, 342–348
Wurzelverzeichnis, FAT-Dateisystem   18

X

X.500 Directory Service   191
XML (Extensible Markup Language)
   Benutzerdatenbank, erzeugen   70
   Kurzlehrgang   415–419
   mit Perl lesen   73
   mit Perl schreiben   71–73, 84
XML::Generator-Modul   71
XML::Parser-Modul   73–77
XML::Simple-Modul   77–84
XML::Writer-Modul   71, 73

Y

Yellow Pages   *siehe* NIS
yppoll, Programm   159

Z

Zugriffskontrolllisten (ACL)   16, 18
Zuordnung von Rechnernamen zu IP-Adressen   143–156, 160

Über den Autor

David N. Blank-Edelman ist der technische Leiter am College of Computer Science an der Northeastern University in Boston. Seit vierzehn Jahren ist er System- und Netzwerkadministrator von großen Installationen mit verschiedenartigen Rechnern, unter anderem an der Brandeis University bei Boston, bei der Cambridge Technology Group, am Media Lab des MIT. David N. Blank-Edelman war auch technischer Redakteur für *The Perl Journal* und hat viele Zeitschriftenartikel zum Thema »World Music« verfaßt. In seiner Freizeit lernt er, das *Mbira* zu spielen, ein Instrument des Shona-Volkes aus Simbabwe.

Über den Übersetzer

Andreas Karrer wurde 1957 bei Zürich geboren und lebt in Zürich. Nach zehn Jahren Chemie (ETH Zürich bis zum Doktorat, Post-Doc in den USA, Max-Planck-Institut für Biochemie) arbeitete er mehr als zehn Jahre als Unix- und Netzwerk-Systemadministrator an der ETH. 1997 wurde er von O'Reilly für die Übersetzung von *Reguläre Ausdrücke* angefragt und hat seither auch *Algorithmen mit Perl* übersetzt.

Dieses Buch hat er vorwiegend in San Francisco übersetzt, wo er die dort in großer Zahl vorhandenen Thai-Restaurants schätzen gelernt hat.

Kolophon

Das Cover von *Perl für System-Administration* zeigt einen Nordamerikanischen Seeotter. Diese Tiere leben entlang der Pazifikküste in der Nähe von Seetang-Bänken, überall dort, wo Schalentiere, ihre Hauptnahrung, zahlreich vorhanden sind. Seeotter werden bis zu 20-30 kg schwer, fast dreimal so schwer wie die eurasischen Fischotter. Sie sind von Alaska bis nach Südkalifornien häufig anzutreffen.

Seeotter sind außerordentlich flinke und kluge Säugetiere, die insbesondere für ihren geschickten Werkzeuggebrauch bekannt sind. Auf dem Rücken im Wasser treibend halten sie eine Muschel oder eine Meeresschnecke auf ihrem Bauch und benutzen einen Stein, um die harte Schale zu knacken.

Als sehr soziale Tiere schließen sich Seeotter zu Gruppen zusammen. Sie sind erstklassige Schwimmer, die mittels ihrer zu Schwimmflossen umgebildeten Hinterpfoten flink im Wasser dahingleiten. Ihr dicker Pelz isoliert sie hervorragend gegen die Kälte. Wegen dieses Pelzes wurden Seeotter gnadenlos bejagt, so daß ihr Fortbestand zeitweise stark gefährdet war.

Der Entwurf des Umschlags dieses Buchs basiert auf dem Reihendesign von Edie Freedman und stammt von Hanna Dyer, die hierfür eine Illustration von Lorrie LeJeune verwendete. Das Umschlaglayout wurde von Pam Spremulli und Risa Graziano mit QuarkXPress 3.32 und der Schriftart ITC Garamond von Adobe erstellt.

Perl

Einführung in Perl, 2. Auflage

Randal L. Schwartz & Tom Christiansen
320 Seiten, 1998, 59,- DM
ISBN 3-89721-105-X

Einführung in Perl ist ein sorgfältig abgestimmter Kurs für Einsteiger: Mit vielen Programmierbeispielen sowie Übungen und ausgearbeiteten Lösungen zu jedem Thema zeigen die Autoren Schritt für Schritt, wie man mit Perl (Version 5) programmiert.

Einführung in Perl für Win32-Systeme

Erik Olson, Randal L. Schwartz & Tom Christiansen
324 Seiten, 1998, 59,- DM
ISBN 3-89721-106-8

Einführung in Perl für Win32-Systeme ist eine auf die Besonderheiten von Win32-Systemen angepaßte Version des Buches Einführung in Perl, 2. Auflage.

Programmieren mit Perl

Larry Wall, Tom Christiansen & Jon Orwant
ca. 1000 Seiten, 2001, 99,- DM
ISBN 3-89721-144-0

Dieses Buch ist das maßgebliche Handbuch zu der Skriptsprache Perl. Gemeinsam mit anderen Perl-Experten lüftet Larry Wall, der „Schöpfer" von Perl, die Geheimnisse von Perl 5.

Programmieren mit Perl-Modulen

Nate Patwardhan u.a.
538 Seiten, 1999, 74,- DM, inkl. CD-ROM
ISBN 3-89721-108-4

Diese Einführung in die Anwendung von Perl-Modulen erklärt, wie man die passenden Module findet, installiert und einsetzt. Dabei werden Module für die wichtigsten Anwendungsbereiche (Datenbanken, Textbearbeitung, GUI, Grafiken, E-Mail, CGI usw.) vorgestellt.

Reguläre Ausdrücke

Jeffrey E. F. Friedl
378 Seiten, 1998, 59,- DM, ISBN 3-930673-62-2

Es gibt bestimmte subtile, aber sehr nützliche Arten, in regulären Ausdrücken zu denken. Jeffrey Friedl macht mit diesen Denkweisen vertraut und zeigt Schritt für Schritt, wie man gekonnt reguläre Ausdrücke formuliert, um anfallende Aufgaben effizient zu erledigen.

Perl in a Nutshell

Ellen Siever, Stephen Spainhour & Nathan Patwardhan
728 Seiten, 59,- DM
ISBN 3-89721-115-7

Die umfassende Referenz zu der Programmiersprache Perl und den wichtigsten CPAN-Modulen.

Perl Kochbuch

Tom Christiansen & Nathan Torkington
836 Seiten, 1999, 89,- DM
ISBN 3-89721-140-8

Das Perl Kochbuch bietet sowohl Einsteigern, als auch fortgeschrittenen Programmierern „Rezepte" aus allen wichtigen Bereichen der Programmierung mit Perl.

Algorithmen mit Perl

Jon Orwant, Jarkko Hietaniemi & John Macdonald
716 Seiten, 2000, 79,- DM
ISBN 3-89721-141-6

Das erste Programmierbuch über Algorithmen, das auf Perl eingeht. Beschrieben werden klassische Programmiertechniken, deren Anwendungsmöglichkeiten und – am wichtigsten – deren Umsetzung in Perl-Code.

Einführung in Perl /TK

Nancy Walsh
384 Seiten, 1999, 69,- DM
ISBN 3-89721-142-2

Eine Einführung in die Perl-Erweiterung Perl/Tk zur Programmierung grafischer Benutzeroberflächen, die anhand von vielen Beispielen und Abbildungen schrittweise jedes Element (Widget) von Perl/Tk erklärt.

O'REILLY®

anfragen@oreilly.de • http://www.oreilly.de • +49 (0)221-97 31 60-0

O'Reillys Taschenbibliothek
kurz & gut

Perl 5, 3. Auflage
Johan Vromans, 110 Seiten, 2000, 14,80 DM
ISBN 3-89721-227-7
Überblick über Perl 5.6, u.a. über Syntaxregeln, Quotierung, Variablen, Operatoren, Funktionen, I/O, Debugging, Formate, Standardmodule und reguläre Ausdrücke.

Perl/Tk
Stephen O. Lidie, 120 Seiten, 1998, 14,80 DM
ISBN 3-89721-200-5
Referenz zu Perl/Tk, die sämtliche Widgets von Perl/Tk einschließlich deren Methoden und Variablen u.v.a.m. beschreibt.

Tcl/Tk
Paul Raines, 96 Seiten, 1998, 14,80 DM
ISBN 3-89721-210-2
Kompaktes Nachschlagewerk aller wichtigen Tcl-Sprachelemente, Tcl- und Tk-Befehle sowie der Tk-Widgets.

Python
Mark Lutz, 82 Seiten, 1999, 14,80 DM
ISBN 3-89721-216-1
Diese Sprachreferenz gibt einen Überblick über Python-Statements, Datentypen, eingebaute Funktionen, häufig verwendete Module und andere wichtige Sprachmerkmale.

PHP
Rasmus Lerdorf, 111 Seiten, 2000, 14,80 DM
ISBN 3-89721-225-0
Eine ideale Kurzeinführung in Syntax und Struktur der Skriptsprache sowie eine Schnellreferenz für die Vielzahl der Funktionen.

CVS
Gregor N. Purdy, 84 Seiten, 2001, 14,80 DM
ISBN 3-89721-229-3
Behandelt die zentralen Konzepte der CVS-Versionskontrolle und enthält eine vollständige Befehlsreferenz sowie eine Anleitung für die Konfiguration und Installation von CVS.

vi-Editor
Arnold Robbins, 63 Seiten, 1999, 14,80 DM
ISBN 3-89721-213-7
Zum Nachschlagen für die wenig intuitiven vi und ex: Optionen und Befehle, Shortcuts, reguläre Ausdrücke sowie Optionen der Klone nvi, elvis, vim und vile.

GNU Emacs
Debra Cameron, 64 Seiten, 1999, 14,80 DM
ISBN 3-89721-211-0
Referenz zu den Optionen und Befehlen des Editors GNU Emacs 20.2: von den Grundlagen der Textverarbeitung bis zu speziellen Befehlen für Programmierer.

GNU-Tools
M. K. Dalheimer, 88 Seiten, 1998, 14,80 DM
ISBN 3-89721-209-9
Zum Nachschlagen der Optionen und Befehle des Compilers gcc, des Debuggers gdb, des Makefile-Prozessors GNUmake und der Versionskontrollwerkzeuge RCS und CVS.

LaTeX
M. K. Dalheimer, 72 Seiten, 1998, 14,80 DM
ISBN 3-89721-204-8
LaTeX-Befehle und ihre Optionen, die jeder immer wieder benötigt. Behandelt auch Zusatzpakete zur Grafikanbindung und für die Anpassung an den deutschen Sprachraum.

sed & awk
Arnold Robbins, 49 Seiten, 2000, 14,80 DM
ISBN 3-89721-226-9
Kompaktes Nachschlagewerk zu den Unix-Tools sed und awk und zur Mustererkennung mit allen notwendigen Informationen, um die Bearbeitung von Textdateien unter Unix zu automatisieren.

O'REILLY®

anfragen@oreilly.de • http://www.oreilly.de • +49 (0)221-97 31 60-0

Netzwerk-Administration

UNIX System-Administration

Æleen Frisch
806 Seiten, 1996, 79,- DM
ISBN 3-930673-04-5

Dieses Buch stellt eine grundlegende Hilfestellung bei allen Fragen der Administration von Unix-Systemen dar. Themenschwerpunkte sind: Organisation und Aufbau des Dateisystems, Backup-Sicherungen, Restaurieren verlorener Dateien, Netzwerk, Kernel-Konfiguration, Mail-Services, Drucker und Spooling-System sowie grundlegende System-Sicherheitsvorkehrungen.

TCP/IP Netzwerk-Administration, 2. Auflage

Craig Hunt
654 Seiten, 1998, 79,- DM
ISBN 3-89721-110-6

Die 2. Auflage von *TCP/IP Netzwerk-Administration* ist eine komplette Anleitung zur Einrichtung und Verwaltung von TCP/IP-Netzwerken. Neben den Grundlagen der TCP/IP Netzwerk-Administration werden in dieser Auflage fortschrittliche Routing-Protokolle (RIPv2, OSPF und BGP), die Konfiguration wichtiger Netzwerk-Dienste (PPP, SLIP, sendmail, DNS, BOOTP und DHCP) und einige einfache Installationen für NIS und NFS besprochen. Weitere Kapitel befassen sich u.a. mit Themen wie Fehlersuche und Sicherheit.

DNS und BIND, 2. Auflage

Übersetzung der 3. engl. Auflage
Paul Albitz & Cricket Liu
494 Seiten, 1999, 74,- DM
ISBN 3-89721-160-2

DNS und BIND gibt einen Einblick in die Entstehungsgeschichte des DNS und erklärt dessen Funktion und Organisation. Außerdem werden die Installation von BIND (für die Versionen 4.9 und 8) und alle für diese Software relevanten Themen wie Parenting (Erzeugen von Sub-Domains) oder Debugging behandelt.

Sendmail – kurz & gut

Bryan Costales & Eric Allman
88 Seiten, 1997, 14,80 DM
ISBN 3-89721-201-1

Dieses Büchlein dient als komprimiertes Nachschlagewerk, das alle Befehle, Optionen, Makro-Definitionen und vieles mehr zu sendmail (V8.8) auflistet und knapp erklärt.

Samba

Robert Eckstein, David Collier-Brown & Peter Kelly
448 Seiten, 2000, 74,- DM, inkl. CD-ROM
ISBN 3-89721-161-0

Diese maßgebliche Dokumentation zu Samba, die vom Samba-Entwicklerteam offiziell anerkannt wurde, behandelt die Themen Konfiguration, Performance, Sicherheit, Protokollierung und Fehlerbehebung und erläutert sie an zahlreichen Beispielen.

TCP/IP – Netzanbindung von PCs

Craig Hunt
474 Seiten, 1996, 69,- DM
ISBN 3-930673-28-2

TCP/IP – Netzanbindung von PCs bietet Ihnen praktische, detaillierte Informationen, wie Sie PCs an ein TCP/IP-basiertes Netzwerk und einen Unix-Server anschließen. Es erklärt ausführlich Theorie, Grundlagen, Installation und Konfiguration von TCP/IP auf PCs.

Aufbau und Betrieb von IP-Netzwerken mit Cisco-Routern

Scott M. Ballew
368 Seiten, 1998, 69,- DM
ISBN 3-89721-117-3

Das Buch gibt detaillierte Hinweise zum Entwurf eines IP-Netzwerks und zur Auswahl der Geräte und Routineprotokolle und erklärt dann die Konfiguration von Protokollen wie RIP, OSPF, EIGRP und BGP. Die dargestellten Prinzipien sind auf alle IP-Netzwerke übertragbar, unabhängig davon, welcher Router verwendet wird.

Virtuelle Private Netzwerke

Charlie Scott, Paul Wolfe & Mike Erwin
230 Seiten, 1999, 69,- DM
ISBN 3-89721-123-8

Ein virtuelles „privates" Netzwerk ist eine Kombination verschiedener Technologien, die es ermöglichen, sichere Verbindungen – sogenannte Tunnels – über reguläre Leitungen herzustellen. Dieses Buch geht neben der Planung und dem Aufbau eines solchen Netzwerkes auch auf die Kosten, die Konfiguration und die Abstimmung von VPNs mit anderen Technologien z.B. Firewalls ein.

O'REILLY®

anfragen@oreilly.de • http://www.oreilly.de • +49 (0)221-97 31 60-0

Kontaktieren Sie uns

1. Besuchen Sie uns auf unserer Homepage
http://www.oreilly.de/

- Ankündigungen von Neuerscheinungen
- Gesamtkatalog der englischen und deutschen Titel
- Probekapitel und Inhaltsverzeichnisse unserer Bücher

2. Tragen Sie sich in unsere Mailingliste ein

Neuerscheinungen
Wenn Sie automatisch per E-Mail über Neuerscheinungen informiert werden möchten, schicken Sie eine E-Mail an:
majordomo@oreilly.de
Setzen Sie die folgende Information in die erste Zeile Ihrer Nachricht (nicht in die Subject-Zeile):
- für Informationen über neue englische Titel:
  subscribe ora-news + Ihre E-Mail-Adresse
- für Informationen über neue deutsche Titel:
  subscribe oreilly-aktuell + Ihre E-Mail-Adresse

Oder füllen Sie einfach das entsprechende Formular auf unserem Web-Server aus:
- *http://www.oreilly.de/oreilly/majordomo.form.html*

3. Bestellen Sie unseren gedruckten Katalog

- über unseren Web-Server:
  http://www.oreilly.de/oreilly/katalog.html
- oder per Post, telefonisch oder per Fax

4. Beziehen Sie die Beispiele aus unseren Büchern (per FTP)

- ftp an:
  ftp.oreilly.de
  (login: *anonymous*
  password: Ihre E-Mail-Adresse)

- oder mit Ihrem Web-Browser über:
  ftp://ftp.oreilly.de/

5. Treten Sie mit uns per E-Mail in Kontakt

- *anfragen@oreilly.de*
  für generelle Anfragen und Informationen

- *order@oreilly.de*
  für Bestellungen

- *kommentar@oreilly.de*
  für Anmerkungen zu unseren Büchern

- *proposals@oreilly.de*
  um Manuskripte und Buchvorschläge an uns zu senden

- *presse@oreilly.de*
  für Journalisten, die mehr über uns oder unsere Bücher erfahren möchten

O'Reilly Verlag GmbH & Co. KG
Balthasarstraße 81, 50670 Köln
Tel.   49 (0)221/973160-0   •   (9 bis 18 Uhr)
Fax   49(0)221/973160-8

O'REILLY

anfragen@oreilly.de   •   http://www.oreilly.de   •   +49 (0)221-97 31 60-0